Aus Freude am Lesen

Ihre Verse haben Jahrtausende überdauert wie Sapphos Poesie, sie schrieben in düsteren Verhältnissen wie die Schwestern Brontë, erfanden den weiblichen Fantasy-Roman wie Irmtraud Morgner, radikale Schreibweisen wie Elfriede Jelinek und die berühmteste Romanfigur der Gegenwart, Harry Potter.

99 schreibende Frauen haben die Autorinnen für ihren weiblichen Kanon der Literaturgeschichte ausgewählt. Sie porträtieren die Autorinnen, betten ihr Werk in Lebens- und Zeitumstände, positionieren sie innerhalb literarischer Traditionen und anderen Bruchstellen. Eine Wanderung durch die weiblichen Gefilde der Weltliteratur, für die man nichts mitbringen muss als Neugier und Leselust.

Sie schreiben für bekannte Medien wie *Die Zeit, Süddeutsche Zeitung, Der Spiegel, NZZ am Sonntag, ARD* sowie den Hörfunk und sind erfolgreiche Autorinnen: ELKE SCHMITTER mit dem Roman »Frau Sartoris«; URSULA MÄRZ mit dem biographischen Essay »Du lebst wie im Hotel«; GUNHILD KÜBLER mit einer Neu-übersetzung von Gedichten von Emily Dickinson und VERENA AUFFERMANN mit der Romanze »Nelke und Caruso«.

Verena Auffermann | Gunhild Kübler
Ursula März | Elke Schmitter

Leidenschaften

99 Autorinnen der Weltliteratur

btb

Verlagsgruppe Random House FSC® N001967
Das für dieses Buch verwendete FSC®-zertifizierte
Papier *Lux Cream* liefert Stora Enso, Finnland.

1. Auflage
Genehmigte Taschenbuchausgabe Dezember 2013,
btb Verlag in der Verlagsgruppe Random House GmbH, München
Copyright © 2009 by C. Bertelsmann Verlag, München,
in der Verlagsgruppe Random House GmbH
Umschlaggestaltung: © semper smile, München
Umschlagmotiv: © Ullstein Bild – adoc-photos / Photographe inconnu;
Ullstein Bild - Roger Violett / Jacques Rouchon
Satz: Uhl + Massopust, Aalen
Druck und Einband: CPI – Clausen & Bosse, Leck
LW · Herstellung: sc
Printed in Germany
ISBN 978-3-442-74706-1

www.btb-verlag.de
www.facebook.com/btbverlag
Besuchen Sie auch unseren LiteraturBlog www.transatlantik.de

INHALTSVERZEICHNIS

VORWORT
EINE FEHLT IMMER ...

Eine fehlt immer. Das ist die übliche Erfahrung bei Anthologien, in Gemälde-sammlungen, sogar bei Geburtstagspartys und Trauerfeiern: Irgendeinem fällt immer irgendeiner ein, der doch dazugehört hätte, den man aus diesen und je-nen Gründen vermisst. Und wenn ihr schon Jules eingeladen habt, warum dann nicht auch Jim?

Darüber kann man lange reden; zum Schluss kommt immer der letzte Satz, der auch der Erste sein könnte: Wir hatten nicht mehr Stühle. Es gab nicht mehr Geld für den Bildertransport. Es hätten dann nicht eins, sondern zwei Bücher sein müssen.

Deshalb heißt es bei »Leidenschaften« schon im Untertitel: »99 Auto-rinnen« – weil immer eine fehlt zum vollen, zufriedenen Hundert. Natürlich kommt bei begrenztem Platz die anregende Diskussion, warum dann Mascha und nicht Vicky, gleich noch besser auf Touren. Unser vorläufig letztes Wort dazu findet sich am Schluss dieses Buches. Davor gibt es 99 Porträts, die von Autorinnen erzählen, die alle nur zweierlei gemeinsam haben: ihre Berufung und ihr Geschlecht. Und ein Drittes allerdings auch: Sie haben uns fasziniert.

Verena Auffermann, Gunhild Kübler, Ursula März, Elke Schmitter

HERZSCHLAG DER ERINNERUNG

Anna Achmatowa *1889–1966*

Ihr Stern ist klein. Er ist selten zu sehen und schimmert nur schwach. Aber er wird nicht sinken. Seine Form ist beinahe ein Kreis, sein Durchmesser beträgt neun Kilometer, seine Entfernung von der Erde mindestens 141 Millionen Kilometer. Der Planet Nr. 3067 wurde im Jahr 1982 in das Verzeichnis der »Minor Planet Circulars« aufgenommen, »named in honor of Anna Andreevna Akhmatova. Outstanding Poetress.«

Zwei Leserinnen sorgten dafür. Ljudmila Karatschkina und Ljudmila Schurawljowa nutzten ihre Tätigkeit am Astrophysischen Institut auf der Krim in den achtziger Jahren zu einer so diskreten wie nachhaltigen Korrektur der sowjetischen Kulturgeschichte: Im selben Jahr wie Achmatowa erhielten der Regisseur Andrei Tarkowski sowie die Schriftsteller Michail Bulgakow und MARINA ZWETAJEWA einen Himmelskörper auf ihren Namen – Tote und Totgeschwiegene.

Anna Achmatowa hat das nicht mehr erlebt, doch es ist anzunehmen, dass es ihr gefallen hätte. Nicht nur wegen der Unsterblichkeit – die sie verdient zu haben sicher war. Nicht nur, weil die Literaturzeitschrift ihrer Lebensstadt Petersburg den Titel »Swesda« (Stern) trug. Sondern auch, weil in ihren Gedichten der Himmel, die Wolken und die Gestirne das sprechende Ich treulich begleiten: als Resonanzräume einer Seele, der die Welt nicht groß genug sein kann.

Mit Liebesgedichten fing sie an. Die großgewachsene, überwältigend schöne Anna Andrejewna Gorenko war von Anfang an überzeugt, dass die Stimmungen eines einzelnen, eines einzigen Menschen, formuliert man sie nur gut genug, von mitteilenswerter Bedeutung sind. Die Schwüle eines Abends im Sommer, der silbern glitzernde Teich, die vertrockneten Immortellen – sind das nicht sprechende Zeichen für ein denkendes Herz? Der Mensch und das Universum, das Ich und sein Wetter, das war von Anfang an ihr Programm. Wörtlich und konkret: Die Metaphern der Symbolisten, die den Ton angaben, als sie die literarische Bühne betrat, verachtete sie. Kein Antlitz *wie* eine Blume, kein Vogelzwitschern, wenn man Liebesgeflüster meint – sondern das Antlitz, genau wie es war, »schmerzlich« und »böse« vielleicht, und die Worte grob oder zärtlich, so wie sie waren. »Gedichte müssen schamlos sein«, nur dann kann entstehen, worum es geht: Die Geheimnisse der Psyche werden offenbar, und das Einzelne wird allgemein, das Unbegriffene verständlich, die tiefste Einsamkeit mitteilbar.

Die Hörer und Leser dankten ihr die Radikalität. Von ihren ersten Auftritten an war die junge Dichterin, die sich den klangvollen Namen Achmatowa gab (der nicht genuin russisch ist, sondern an eine tatarische Ahnin erinnert), ein populäres Phänomen. Ihre Gedichte – kurz oder lang, aber streng im Versmaß gehalten und gereimt – konnten ihre Leser auswendig. Sie waren, am Beginn ihrer Laufbahn, modern. Am Ende waren sie Klassiker. Literarische Programme, Parteitagsbeschlüsse und Kulturrevolutionen zogen daran vorbei. Zweimal wurde vernichtet, was es gedruckt von ihr gab – auf staatlichen Befehl. Über Jahrzehnte hatte sie Berufsverbot. Sie schrieb kaum etwas auf, sondern trug ihre Gedichte den engsten Freunden vor, damit sie die Verse im Gedächtnis behielten. Manuskripte zu verstecken, in einem spärlich möblierten Zimmer, wäre zu gefährlich gewesen. So wanderte, was sie schrieb, unmateriell ins Bewusstsein. Das passte zu ihrem Werk. Das Politische wurde sphärisch, und die stupid-brachiale Kulturpolitik der Sowjetunion gekontert mit dem letzten Unerreichbaren: dem menschlichen Gedächtnis.

Sie selbst war, am Ende des Lebens, verkörperte Erinnerung. »Ich aber wuchs in buntbestickter Stille / Im kühlen Kinderzimmer des Jahrhunderts.« Im Kinderzimmer des Jahrhunderts, das heißt: in der Vorzeit der Russischen

Revolution, in einer Epoche, die kulturell vollständig vernichtet wurde. Eine melancholische, von Ehestreitigkeiten und Todesfällen in der Familie belastete Kindheit – zwei Schwestern starben früh an Tuberkulose – im russischen Bürgertum: hohe Spiegel in Rahmen aus Nussholz im gelben Licht der Öllampen, gepolsterte Sessel, enge Mieder und raschelnde Röcke. Ein einziges Buch im Haus: die Hinterlassenschaft des ersten Manns ihrer Mutter, der in das Attentat auf den Zaren Alexander II. im Jahr 1881 verwickelt war und sich erschossen hatte, um der Verhaftung zu entgehen. Hinter den Kulissen rumorte es in Russland längst.

Ein paar Jahre lang gab es für Achmatowa das, was man eine emanzipierte Künstlerjugend nach europäischem Vorbild nennen kann. Sie begann ein Jurastudium in Petersburg, sie schrieb, sie verliebte sich und heiratete. Als Jungvermählte ging sie mit ihrem Mann nach Paris, eine entschlossene Bohemienne und bald schon eine unglückliche Ehefrau. Ihr erster Mann – Dichter und Exzentriker wie sie, aber auch Reisender aus Passion – zog weiter nach Afrika und ließ sie zurück. Achmatowa blieb zunächst in Paris, freundete sich mit dem italienischen Maler Amedeo Modigliani an (ein von Modigliani gemaltes Porträt von ihr hing zeitlebens über ihrem Bett) und bereiste, wieder mit ihrem Mann, den Norden Italiens. Zurück in Russland, gab es für sie noch ein Jahr der reinen Künstlerexistenz: Lesungen und Partys, programmatische Zusammenkünfte ihrer literarischen Gruppe, der Akmeisten, Freundschaften mit Boris Pasternak und Ossip Mandelstam, mit der Tänzerin Olga Glebowa-Sudejkina. Als Anna Achmatowa ihren zweiten Gedichtband publizierte, brach der Erste Weltkrieg aus, an dessen Ende stand in Russland die Revolution. Von nun an war ihr Leben nicht nur überschattet, sondern geprägt von der trostlosen Geschichte ihrer Heimat. Von den siebenhundert Autoren, die 1934 am Ersten Schriftstellerkongress der Sowjetunion in Moskau teilgenommen hatten, überlebten nur fünfzig bis zum Zweiten Kongress im Jahr 1954. Von denen, die nicht im Krieg gefallen waren, wurden Unzählige liquidiert, verschwanden in Arbeitslagern oder starben an staatlich organisierter Verelendung. »Ihr aber, Freunde, letztes Aufgebot! / Mir blieb das Leben, damit ich Euch bewein.«

Achmatowas erster Mann meldete sich 1914 freiwillig an die Front; sie blieb mit dem einzigen Kind zunächst bei den Schwiegereltern auf deren ländlichen Gut. Dann ging sie zurück nach Petersburg und zog in das Palais des Grafen Scheremetjew, das in kleine Wohnungen aufgeteilt worden war – ihre Heimat mit wechselnder Besetzung bis in die fünfziger Jahre. Die zweite und dritte Ehe fand hier statt, in der typischen sowjetischen Enge: Phasenweise lebte sie mit der ersten und der aktuellen Gattin ihres geschiedenen dritten Mannes zusammen, nie hatte sie mehr als »ein Zimmer für sich allein« (Virginia Woolf), und manchmal nicht einmal das.

Ihre Ehen waren nicht glücklich, das Verhältnis zum Sohn belastet von Angst: Dessen Vater war 1921 als »Verräter« erschossen worden, Lew selbst verbrachte über fünfzehn Jahre im Gefängnis, in Arbeitslagern und Verbannung. Um ihn zu retten, schrieb sie patriotische Hymnen und Bittgesuche an Stalin. Unmittelbar half das nicht, aber immerhin wurde sie vorübergehend wieder in den Schriftstellerverband aufgenommen, was hieß: garantierter Wohnraum, Anspruch auf ein Minimum an Lebensmitteln und medizinischer Versorgung.

Die Umschwünge der Kulturpolitik ertrug sie mit äußerer Gelassenheit, doch niemals war sie ohne Grund zur Furcht. Als »halb Nonne, halb Hure« wurde sie öffentlich verfemt, da die Bohème zum Klassenfeind geworden war: ihre rein subjektive Lyrik, in der jede, auch die politische Erfahrung, zur Wahrnehmung verschmolz (»Und in der toten Stadt mit ihrem gnadenlosen Himmel / Schweif ich umher nach Brot und Obdach«), ihre Anrufung Gottes und der vorrevolutionären Vergangenheit waren dem Regime immer suspekt. Doch gerade weil sie nur ihrer Wahrnehmung vertraute, fand sie Worte für die leidvollen Erfahrungen des Krieges, die sie zur inoffiziellen Nationaldichterin machten: »Und wieder gehen in Reih und Glied die Leningrader, / Lebende, Tote im Rauch: Der Ruhm kennt keine Toten.« Ihre Verse waren aus dem kollektiven Gedächtnis nicht zu tilgen.

Lebenslang materiell bedürfnislos, brachte sie sich über Jahrzehnte mit Übersetzungen durch. In der Sowjetunion erhielt sie niemals eine offizielle Ehrung; in der »Tauwetterperiode« unter Chruschtschow, Mitte der fünfziger Jahre, wurde ihre Existenz allerdings leichter, nach 1957 durfte sie Einzelnes wieder publizieren. Sie lebte abwechselnd in ihrem kleinen Sommerhaus bei Petersburg und bei Freunden in Moskau, immer umgeben von Vertrauten und ihrem Sekretär, und empfing Bewunderer aus der ganzen Welt. Neben Alexander Solschenizyn ist sie die wichtigste literarische Zeugin des Stalinismus – Zeugin der Vernichtung einer literarischen Hochkultur, wie sie ihre Freunde Pasternak, Mandelstam und Marina Zwetajewa repräsentierten, aber auch der Qualen des russischen Volkes, als deren Stimme sie sich empfand. Wie hunderttausende andere hatte sie jahrlang nicht gewusst, ob die ihr Liebsten noch lebten, ob sie in der Verbannung waren, ob man ihnen etwas zukommen lassen durfte. »In den furchtbaren Zeiten der Herrschaft Jeschows brachte ich siebzehn Monate in den Warteschlangen vor den Gefängnissen Leningrads zu. Irgendwann irgendwie erkannte mich jemand wieder. Eine hinter mir stehende Frau mit blaugefrorenen Lippen, die natürlich noch nie meinen Namen gehört hatte, erwachte aus der uns allen eigenen Erstarrung und Vereinzelung und fragte dicht an meinem Ohr (alle sprachen dort nur im Flüsterton): Und können Sie das hier beschreiben? Da sagte ich:

Ich kann. Da ging so etwas wie ein Lächeln über das, was einstmals ihr Gesicht gewesen war.«

Biografisches

Anna Andrejewna Gorenko wurde am 23. Juni (nach dem russischen Kalender: 11. Juni) 1889 in Bolschoi Fontan bei Odessa als viertes Kind des Marineoffiziers Andrei Gorenko und seiner Ehefrau Inna Erasmowna geboren. Die Ehe der Eltern wurde 1905 geschieden; mehrere Geschwister Annas starben früh an Tuberkulose. Ab 1907 studierte sie Jura an der Universität Kiew und veröffentlichte Gedichte in Literaturzeitschriften. 1910 heiratete sie den Studenten, Reisenden und Dichter Nikolai Stepanowitsch Gumiljow. Sie ging mit ihm nach Paris, wo sie Amedeo Modigliani begegnete. 1911 gründete sich in St. Petersburg, dem von nun an dauerhaften Wohnsitz Achmatowas, die Gruppe der Akmeisten, zu der neben ihr und Gumiljow auch Ossip Mandelstam, Michail Kusmin und andere Dichter gehörten. Anna Achmatowa, die seit etwa einem Jahr unter ihrem selbsterdachten Pseudonym veröffentlichte, wurde bald die bekannteste Vertreterin dieser Gruppe. Ein Jahr später, kurz nach der Geburt des Sohnes Lew, trennten sich Achmatowa und Gumiljow.

Zwei weitere Ehen folgten: 1918 heiratete sie den Assyrologen Wladimir Schileiko, 1922 den Kunstwissenschaftler Nikolai Punin. Im selben Jahr erschien ihr fünfter und letzter Gedichtband vor dem Berufsverbot. 1935 erfolgte die erste Verhaftung des Sohnes Lew. Nachdem sich dieser durch den Frontdienst im Zweiten Weltkrieg vorübergehend rehabilitieren konnte. wurde er 1949 erneut verhaftet und zu zehn Jahren Lagerhaft in Sibirien verurteilt. 1956 wurde er aus der Haft entlassen. Ab 1940 vollzog sich die zeitweilige Rückkehr Anna Achmatowas ins literarische Leben der UdSSR. Im Jahr 1950 verfasste sie ihre Stalingedichte, 1951 erfolgte die Wiederaufnahme in den Sowjetischen Schriftstellerverband. 1962 widmete Alexander Solschenizyn ihr die Erzählung »Ein Tag im Leben des Iwan Denissowitsch«; im selben Jahr erschien ihr »Poem ohne Held«. 1964 nahm sie in Sizilien den Ätna-Taorima-Literaturpreis entgegen, ein Jahr später in Oxford die Ehrendoktorwürde. Am 5. März 1966 starb Anna Achmatowa an den Folgen ihres vierten Herzinfarktes in einem Sanatorium in Domodedowo bei Moskau.

Leseempfehlung

»Vor den Fenstern Frost« (Gedichte und Prosa). Aus dem Russischen von Barbara Honigmann und Fritz Mierau.

»Gedichte. Russisch–Deutsch«. Herausgegeben von Ilma Rakusa. Aus dem Russischen von Heinz Czechowski.

»Liebesgedichte«. Aus dem Russischen von Alexander Nitzberg.

»Ein niedagewesener Herbst« (Gedichte). Aus dem Russischen von Sarah und Rainer Kirsch.

»Briefe, Aufsätze, Fotos«. Herausgegeben von Siegfried Heinrichs. Aus dem Russischen von Irmgard Wille u. a.

Elke Schmitter

GEBOREN, UM ZU VERSCHWINDEN

Ilse Aichinger *1921*

Für eine weiblich-zierliche Frau war sie zu grausam, für eine Poetin auch. An die Schon- und Schweigefristen nach dem Zweiten Weltkrieg hielt sie sich nicht. Sie beschrieb, was sie Schreckliches erlebt hatte, worüber aber erst vierzig Jahre später offen diskutiert wurde. Sie sagte die Wahrheit, bevor es erlaubt war, die Wahrheit zu sagen. Sie dachte nicht daran, auf die Täter Rücksicht zu nehmen.

Ilse Aichinger war siebenundzwanzig Jahre alt, als 1948 im Bermann Fischer Verlag (Amsterdam) ihr erster und einziger Roman »Die größere Hoffnung« publiziert wurde. Ein Buch, das man totschwieg. So war es fast, als sei es niemals geschrieben worden. Es dauerte drei Jahre, bis 1951 die erste Rezension zu diesem finsteren Märchen erschien, das die Geschichte vom Mädchen Ellen erzählt. Ellen heftet sich den Judenstern an, den sie als Halbjüdin mit einem Vater, der ein richtiger Nazi war, gar nicht zu tragen brauchte. Ellen geht in ihrem zu kurzen Mantel mit ihrem gesparten Geld in eine Konditorei, um für ihren Freund Georg die Torte zu kaufen, auf der mit Zuckerguss »Zum Geburtstag« steht. Sie wollte Georg den Kuchen schenken, denn diese Torte »war der Friede selbst«. Aber es herrschte kein Frieden, weder in der Konditorei noch in den Köpfen der kuchenessenden Konditoreibesucher, noch im Kopf der Verkäuferin, die Ellen aus dem Geschäft jagte. Es herrschte die Judenhatz. »Die Pest ist ausgebrochen, aber niemand bemerkt es.«

»Ein Buch, das geduldig auf uns wartet«, schrieb am 22. November 1980 der Schriftsteller Peter Härtling über »Die größere Hoffnung« in der »Süddeutschen Zeitung«, und der Kritiker Joachim Kaiser erwiderte: »›Wir‹ hatten nämlich kurz nach dem Krieg nicht jene poetische Freiheit gegenüber Phänomenen wie der Nazi-Judenverfolgung und dem KZ-Staat, die eine junge als Halbjüdin betroffene Dichterin sich einfach nahm.« Ilse Aichinger kam in ihrem langen Leben immer zu früh oder zu spät: »Warte, wenn du erst entdecken wirst, wie falsch das Richtige ist.« Sie entschied sich, nur noch das Wichtigste zu sagen, komprimierte Sätze, Einsichten in das komplexe Verhalten der Menschen. Sie ließ Personen in Hörspielen reden, erfand Szenen, schrieb knappe Texte und sprach über Weniges so oft wie über die Sehnsucht, zu schweigen und zu verschwinden.

»Wenn meine Sprache die Stimme verliert, hat sie einen Grund mehr, das Gespräch mit mir sein zu lassen.« Doch die Poesie ließ sie nicht in Ruhe, die Poesie verbot ihr zu schweigen und kämpfte gemeinsam mit ihr gegen den Hohn, überlebt zu haben. Alle tot oder abwesend. Die eigene geliebte Großmutter deportiert, die Zwillingsschwester Helga nach England geflohen, der Vater getürmt. Sie selbst musste in Wien bei der Mutter bleiben, weil nur sie, das halbjüdische Kind, der Mutter durch ihre Existenz das Leben retten konnte – was sie schließlich auch tat. Wie die Mutter wollte sie Ärztin werden, beendete ihr Studium aber wegen der Arbeit am Roman nicht. Später hat sie das oft bedauert. In ihren schlanken Büchern mit den kompakten Sätzen, den Aphorismen, den Szenen, den ganz kurzen Erzählungen, macht Ilse Aichinger minimale Ausflüge. Ausgangspunkt und Endpunkt ist die eigene Biografie. Zentrale Wunde, das Naziregime. »Born to be murdered«, heißt es im »Dritten Mann«. Im Fall von Ilse Aichingers eigener Familie heißt das: »Born to disappear«.

Zur falschen Zeit, im falschen Land, mit zwei »falschen« und zwei »richtigen« Großeltern, mit der »falschen« Begabung für und gegen das Verschwinden zu leben ist die Schizophrenie an sich. Ilse Aichinger kämpfte um die Essenz der Wörter, die sie am liebsten ausgelöscht hätte und doch aufschreiben musste. Das eine mag besser sein als das andere, der Tod im Kino besser als der Tod im Krankenhaus, die schlechten Wörter besser als die schönen, der »schwindende Herbst« besser als der »lärmende Frühling«, die Gescheiterten besser als die Erfolgreichen und so weiter und so weiter. Irgendwann ging Ilse Aichinger dazu über, das Maß zwischen Lebenszeit und Weltzeit als philosophische Séance hinzunehmen und sich in ihrer melodischen Wiener Sprache für das »Flüchtige« zu entscheiden. Eine Schriftstellerin als Nomadin, die sich von den irdischen Zielen ihrer Kollegen nach Werk, Ruhm und Nachruhm absetzt. Fünfzehn Jahre veröffentlichte sie nichts, ging ins Wiener »Fasankino« und in die anderen Kinos der Stadt, jeden Tag drei bis vier Vorstellungen, jeden Nachmittag und Abend im Dunkeln. So übte sie das Verschwinden, und dazwischen, sie weiß selbst nicht wie oft, sah sie Louis Malles »Auf Wiedersehen Kinder«, ihren Lieblingsfilm. Filme wie diesen nennt sie »Träumen ähnlich, die einen auch tagsüber begleiten, sehr präzisen Träumen«.

Der Wunsch zu verschwinden ist weder Koketterie noch ein Einfall, um Aufmerksamkeit zu erreichen. Sie hat ihn oft ausgesprochen, und immer klang er fremd, Worte zwischen warm und kalt, eine Zumutung für das Gegenüber. Der Wunsch ist Ilse Aichingers Kommentar zur Judenvernichtung. Die erste Szene in der Realität ihres langen Lebens datiert sie auf den Tag der Geburt. Weil sie als eineiiger Zwilling zur Welt kam, konnte sie sich hinter dem zweiten Ich, hinter dem Rücken ihrer Schwester verstecken. Wer bist du? Helga? Oder Ilse? Von Anfang an verschwunden zu sein, »fast ein zu großer Ehrgeiz« und doch ihr unerbittlicher. Vergessen ist für Ilse Aichinger die Quelle der Erinnerung. »Jeder Augenblick muss verloren gehen, um wieder auftauchen zu können.« Sie war mit dem vierzehn Jahre älteren »schweigsamen« Schriftsteller Günter Eich verheiratet, dessen Name wie die Kurzform ihres eigenen Namens klingt.

Gelassen sitzt sie auf einem bequemen Sessel am Tisch im gesprenkelten Licht der Kronleuchter des Wiener »Hotel Imperial«, wo man die »Dame« wie eine Hausheilige behandelt und wofür sich diese mit einem scheuen Blick bedankt. Die »Gleichgültigkeit«, in die sich Ilse Aichinger seit mindestens dreißig Jahren einübt, spricht nicht gegen ihre Liebenswürdigkeit. »Phantasie?« Ilse Aichinger phantasiert nicht, keine Abschweifung, keine Ungenauigkeit, und vor allem die »guten Wörter« vermeiden. Sie will nicht die »gute Welt«, sondern die »richtige Welt« sehen.

Ilse Aichinger führt Beweis, dass die Wörter sich oft besser verstehen als diejenigen, von denen sie gebraucht werden.

Biografisches

Ilse Aichinger kam am 1. November 1921 mit ihrer Zwillingsschwester Helga in Wien zur Welt. Sie war die Tochter einer jüdischen Ärztin und eines Lehrers, wurde im katholischen Glauben erzogen und wuchs nach der Scheidung der Eltern bei den Großeltern auf. Nach der Besetzung Österreichs durch die Deutschen versuchte die Familie nach England zu emigrieren, was nur der Zwillingsschwester Helga gelang. Aichingers Roman »Die größere Hoffnung« erschien 1948, es folgte eine Tätigkeit als Lektorin im S. Fischer Verlag und 1952 der Preis der »Gruppe 47«. Im Jahr darauf heiratete Ilse Aichinger den Lyriker und Hörspielautor Günter Eich, zog mit ihm aufs Land an der österreichisch-deutschen Grenze, bekam zwei Kinder (den Schriftsteller Clemens Eich und Mirjam Eich) und schrieb Hörspiele, Erzählungen, Dialoge, Gedichte. 1988 zog Ilse Aichinger wieder nach Wien. Sie bekam viele wichtige Literaturpreise, den Büchner-Preis bekam sie nicht.

Leseempfehlung

»Die größere Hoffnung« (Roman).
»Verschenkter Rat« (Gedichte).
»Kleist, Moos, Fasane« (Prosa).
»Film und Verhängnis. Blitzlichter auf ein Leben« (Prosa).

Verena Auffermann

IN DER SCHNEEKUGEL

Isabel Allende *1942

Ob der Küchentisch wirklich wackelte? So etwas, würde sie wohl sagen, interessiert überhaupt nur Kritiker und Journalisten, ihre Leser jedenfalls nicht. Und damit hätte sie recht. Er klingt jedenfalls gut, der Satz, dass sie ihr erstes Buch an einem wackligen Küchentisch schrieb, und es passt zu all dem, was dem Namen Isabel Allende seinen spezifischen Klang verleiht: Lebensnähe und Humor, Weiblichkeit, Hoffnung auf Glück und eine Spur Trotz. Wenn man außerdem berücksichtigt, dass ihr erster Roman »Das Geisterhaus« – ebenso wie ihr späterer großer Erfolg, »Paula« – als Brief an ein Familienmitglied entstanden sein soll (im Falle des »Geisterhauses« an den Großvater, im anderen an die Tochter), dann hat man beisammen, was ihr Publikum liebt: die Inszenierung größtmöglicher Intimität. Wer Isabel Allende liest, der kennt ihre weise Großmutter, den liebenswürdigen Stiefvater, diverse verrückte Tanten und freundliche Onkel, neurotische Hunde und Papageien, der war am Strand im Sommerhaus, und der weiß, wie schön ihre Tochter Paula war, denn er hat deren Foto auf dem Buchumschlag gesehen. Wer Allende liest, gehört zur Familie.

Und mit der Familie begann ihre große Karriere. Anfang der achtziger Jahre setzte sich die chilenische Journalistin und zweifache Mutter Isabel Allende im venezolanischen Exil an den wahrscheinlich wackligen Küchentisch und beschrieb Hunderte von Seiten mit einer Familiengeschichte, in der die märchenhaftesten Begebenheiten, die schauerlichsten Ereignisse und die zauberhaftesten Wendungen einander ablösten wie die winzigen Panoramen einer Laterna magica.

Das Publikum war reif für diese Art Reichtum. Fünfzehn Jahre zuvor hatte Gabriel García Márquez mit dem Epos »Hundert Jahre Einsamkeit« Kolumbien auf die literarische Weltkarte gemalt und den »magischen Realismus« begründet. Márquez, ursprünglich Journalist wie Allende, hatte die Wunder seiner Welt in ein Kuhdorf namens Macondo versetzt, in dem Männer mit Schweineschwanz, Sintfluten und Zahlenmystik wenn nicht als etwas Natürliches, so doch als unabwendbar erschienen. Allende, Nichte des ersten demokratischen chilenischen Präsidenten Salvador Allende, kommt aus einem anderen Stall, und so spielt die Geschichte des »Geisterhauses« zwar teils auf dem Land, unter den Armen, Verrückten und Untröstlichen. Doch teils eben auch im gesitteten Bürgertum von Santiago de Chile, im Glanz einer selbstbewussten Kultur und demokratischen Ordnung – bis ein Militärputsch ihren Onkel in den Tod und sie selbst außer Landes trieb.

»Barrabas kam auf dem Seeweg in die Familie.« Mit diesem Satz, den die zehnjährige Clara in die Familienchronik schreibt, beginnt und endet das Epos. Es schickt die Leser in einen Erzählstrom hinaus, von dem sie willenlos getragen werden, hin und wieder im Strudel der Ereignisse beinahe untergehend. Denn die eine Geschichte geht unaufhaltsam in die nächste über, wie das bei Familienszenen eben so ist. Es hören ja nie alle gleichzeitig auf zu sprechen und zu handeln. Und wie bei Familienerzählungen üblich, ist die Logik totalitär. Nicht nur hat der eine vom anderen dieses und jenes geerbt, so dass Jähzorn und Diabetes, Hellseherei und rotes Haar gleichermaßen schicksalhaft erscheinen – es gibt auch für alles eine Erklärung. Die letzte Erklärung ist von jeher die beste: Es war ein Wunder. »Siehst du diesen ernsten Herrn mit dem Seeräuberschnurrbart?«, erklärt die Mutter der Tochter ein Bild an der Wand: »Das ist Onkel Mateo, der wegen eines Smaragdgeschäfts nach Brasilien fuhr, und dort hat eine feurige Mulattin den bösen Blick auf ihn geworfen. Sein Haar ging aus, seine Nägel fielen ab, alle seine Zähne wackelten. Er musste einen Medizinmann aufsuchen, einen Voodoo-Zauberer, der ein pechschwarzer Neger war. Der gab ihm ein Amulett, und damit wurden seine Zähne wieder fest, die Nägel wuchsen nach, und er bekam sein Haar wieder. Sieh ihn dir an, Clara, er hat dichteres Haar als ein Indio. Er ist der einzige Glatzkopf auf der Welt, dem das Haar nachgewachsen ist.«

Wie in einer Schneekugel finden die Dinge den für sie vorgesehenen Platz; man kann rütteln an dieser Welt en miniature, doch in sie eindringen kann man nicht. Sie bleibt possierlich und immer sie selbst. Die europäische Leserin betrachtet Allendes Kosmos als Touristin, mit jener kindlichen Andacht, die deren Stil gewissermaßen fordert. Sie wird dafür mit Stunden der Versunkenheit und Selbstvergessenheit belohnt. Wenn sie das Buch benommen und erschüttert schließt, dann tröstet sie die Gewissheit, dass es in Chile, am anderen Ende der Welt, noch Schicksale gibt. Das sind besonders kostbare Gefühle für Menschen, die unter der eigenen Ernüchterung, unter der Entzauberung der Welt, unter Zeitnot und dem Gesetz der Effizienz leiden. Freilich sind jene Stunden gewissermaßen auch folgenlos. Das ist der Preis für den Besuch einer fernen Fabelwelt. Das Innere der Schneekugel ist, wieder zur Ruhe gekommen, von unveränderter Vollkommenheit.

Was diese Familienwelt à la Allende im Innersten zusammenhält, wechselt seine Erscheinungsform: Es kann das Wunder sein, die materielle Vererbung, es kann die Vorsehung sein, die sich als Zufall tarnt. Doch es gibt keine Leere in diesem Heilsplan der Fülle. Das macht die beschauliche Faszination der Lektüre aus, und es erklärt wohl auch die geradezu herzliche Beliebtheit der Autorin, die sich – in den klaren politischen Konturen der Demokratin und Frauenrechtlerin Allende – ihrem Publikum mit verlässlich weiblicher Anmut präsentiert: Man kann die größten Schrecken durchleben, lautet ihr Credo, und vielleicht daran zerbrechen, das Leben aber, das Leben selbst wird immer weitergehen und schenkt dem Suchenden sinnlichen Trost und tröstlichen Sinn.

Diese Botschaft verkünden alle Bücher Allendes – ihre Erzählungen, die historischen Romane, ihre Ausflüge in Fantasy- und Jugendliteratur. Und diese Botschaft hat mit »Paula«, ihrem zweiten Welterfolg, an Eindringlichkeit gewonnen. In dem tagebuchartigen Bericht an ihre im Koma liegende, erwachsene Tochter erzählt Allende 1994 noch einmal im realistischen Ton, aber diesmal ohne Magie, wie ihr Leben bis zu dem Unglück verlaufen ist: »Hör mir zu, Paula, ich werde dir eine Geschichte erzählen, damit du, wenn du erwachst, nicht gar so verloren bist.« Mit diesen Satz springt sie aus der Gegenwart am Krankenbett in ihre Autobiografie, die sich in vielem deckt mit dem, was sie zuvor geschrieben hat und was fortgeschrieben wird mit weiteren Büchern. In »Paula« erzählt sie unprätentiös, mit Witz und Selbstironie vom Schicksal einer Chilenin im Land der unbegrenzten Möglichkeiten – und von den Aufgaben des Lebens, die mit Erfolg, mit Berühmtheit und Geld nicht zu lösen sind: die eheliche Liebe, die Beziehung zu den Kindern, das Alter, die Sterblichkeit.

Mein Leben, lautet die Konsequenz, gehört meinem Publikum. Nicht nur, weil es alles erfährt, was sich gut erzählen lässt, sondern weil es Mitspieler ist in der »Soap« (sie selber hat es so genannt). So suchte sie, wie sie berichtet, unter den Frauen, die ihr zu »Paula« schrieben, nach einer neuen Lebensgefährtin für den verwitweten Schwiegersohn, hatte aber kein Glück – Ernesto war noch nicht bereit. Wie sie trotzdem für ihn fündig wurde, liest man im »Siegel der Tage«. Und so kann die Leserin ihrer Website auch für die Stiftung spenden, die Allende im Andenken an ihre Tochter gegründet hat und die von einer Schwiegertochter geleitet wird. Zuschriften an Allende werden ausgewählt für das Buch »Briefe für Paula«, das zwei Jahre nach »Paula« erscheint. Es bleibt alles in der Familie.

Biografisches

Isabel Allende wurde am 2. August 1942 in Lima, Peru, geboren. Sie entstammt einer weitverzweigten bürgerlichen Familie, der ehemalige chilenische Präsident Salvador Allende ist ihr Onkel. Nach der Trennung der Eltern im Jahre 1945 kehrt sie mit der Mutter und ihren Geschwistern nach Chile zurück. Sie wächst bei der Mutter auf – zunächst im großelterlichen Haus in Santiago de Chile, dann – mit dem Lebensgefährten der Mutter – in der bolivianischen Hauptstadt La Paz und in Beirut.

Ab 1960 war sie als Fernsehjournalistin in Santiago de Chile. 1962 heiratete sie einen chilenischen Ingenieur, aus der Ehe gingen zwei Kinder hervor. Als Allende im Jahr 1975 nach dem Putsch Pinochets mit ihrer Familie die Heimat verließ, hatte sie die erste feministische Zeitschrift Südamerikas (»Paula«) mitbegründet und bereits Theaterstücke und Kurzgeschichten publiziert. Im venezolanischen Exil erschien 1982 der Roman »Das Geisterhaus«. Seitdem veröffentlichte Isabel Allende in dichter Folge Romane unterschiedlichster Art, darunter solche mit historischen Themen und Abenteuergeschichten, sowie Kinder- und Jugendbücher. Der 1994 verstorbenen Tochter Paula ist das gleichnamige Erinnerungsbuch gewidmet. 1987 heiratete Allende einen amerikanischen Anwalt, mit dem sie heute in Kalifornien lebt. Ihre Bücher sind in siebenundzwanzig Sprachen übersetzt und erreichen eine Gesamtauflage von 35 Millionen Exemplaren.

Leseempfehlung

»*Das Geisterhaus*« *(Roman)*. Aus dem Spanischen von Anneliese Botond.
»*Von Liebe und Schatten*« *(Roman)*. Aus dem Spanischen von Dagmar Ploetz.
»*Paula*« *(Roman)*. Aus dem Spanischen von Lieselotte Kolanoske.

Elke Schmitter

ZUM WELTUMWÄLZEN GEBOREN

Bettine von Arnim *1785–1859*

Vier Jahre hat sie sich selbst nicht gesehen. Mit neun Jahren, als ihre Mutter starb, wurde sie in ein Kloster nach Fritzlar bei Kassel gebracht, in dem es keinen Spiegel gab. Nun, als auch der Vater gestorben ist, soll sie bei der Großmutter leben. In deren Haus in Offenbach erlebt sie die Überraschung, sich selbst zusammen mit zwei Schwestern und der Großmutter im Spiegel zu erblicken. »Ich erkannte alle«, schreibt sie im Tagebuch, »aber die eine nicht, mit feurigen Augen, glühenden Wangen, mit schwarzem, feingekräuseltem Haar; ich kenne sie nicht, aber mein Herz schlägt ihr entgegen, ein solches Gesicht hab ich schon im Traum geliebt; in diesem Blick liegt etwas, was mich zu Tränen bewegt, diesem Wesen muss ich nachgehen, ich muss ihr Treue und Glauben zusagen.«

So nahm sie von sich selbst Besitz. Sie war begeistert von sich, und sie blieb es bis zu ihrem Tod. Die Romantikerin Bettine von Arnim, geborene Brentano, war, allen Zeugnissen nach, von vielen Leiden ganz unberührt, die in ihrer Umgebung notorisch waren: Selbstzweifel und Ambivalenz, Grübelsucht und Schwermut, Lähmung des Willens und Langeweile. Als ihr bewunderter älterer Bruder Clemens ihr schreibt, sie solle mehr auf ihr Benehmen achten, um heiratswürdig zu sein, hilft alle Bewunderung nicht. Sie weist das Ansinnen zurück, sie könne sich auch nur im Geringsten beugen und biegen: »Ich bitte dich um Gottes willen, gib doch auch deine Stoßseufzer auf um einen lieben Mann, den du mir herbeiwünschest ... es ist Vorsorge, geliebter Clemens, aber glaube, dass ich keiner Stütze im Leben bedarf, und dass ich nicht das Opfer werden mag von solchen närrischen Vorurteilen. Ich weiß, was ich bedarf – ich bedarf, dass ich meine Freiheit behalte. Zu was? – Dazu, dass ich das ausrichte und vollende, was eine innere Stimme mir aufgibt zu tun.« So hat sie es – trotz zwanzigjähriger Ehe – gehalten. Sie tat, was die innere Stimme ihr aufgab, und die innere Stimme sprach sich auch immer gern aus. Beides führte zur Verstörung, beim konventionellen Publikum und in ihrer Umgebung, und obwohl sie die Kränkungen spürte, blieb sie der treu, die sie war: glücklich mit sich und »zum Weltumwälzen geboren«.

Die ganze Welt hat sie nicht umgewälzt, aber doch einiges erreicht. In ihrer dritten Lebensphase, als Witwe Achim von Arnims, nutzte sie ihre Verbindungen und ihre Bildung, ihre ungeduldige Zähigkeit und schließlich ihr überragendes rhetorisches Talent, um den Teil der Welt, den sie übersah, zu verändern. Als Menschenrechtsaktivistin, wie wir heute sagen würden. Im biedermeierlichen Deutschland, vor und nach der gescheiterten 48er-Revolution, gab es für sie eine Menge zu tun. Für inhaftierte Revolutionäre, für vertriebene Demokraten, für arme und ganz arme Leute. Für die polnische Freiheitsbewegung, für diskriminierte Juden, für Kinder ohne Schulbildung und Verbrecher ohne Verteidiger. Für Cholerakranke, für Wahnsinnige, für hungernde Weber. Sie bewahrte dabei ihren Witz. »Bettina«, erinnert sich einer, »hatte die Laune, uns ihre ›Demokraten‹ zu nennen und so vorzustellen. Eines Abends klopft es stark an der Tür; sie eilt selbst hinaus; wir hören rasches Gespräch, da stürzt sie auf einmal mit lautem dämonischem Gelächter herein, lässt aber die Tür halb offen, so dass der Draußenstehende alles hören kann: ›Denken Sie sich nur, da kommt der Savigny, um meine Töchter zum Hofball abzuholen; ich sag ihm, er solle hereinkommen, ich wolle ihn mit meinen Demokraten bekannt machen; aber da bekam er Angst; und nun wartet und trippelt er draußen im Finstern herum.‹« Savigny, ihr Schwager und alter Freund, war preußischer Justizminister. Vermutlich wollte er sich nicht der Gefahr aussetzen, mit Leuten Tee zu trinken, die heute bespitzelt wurden, morgen verhört und übermorgen womöglich von seinen Beamten verhaftet. Bettine von Arnim hatte neben allem anderen auch sehr gute Nerven.

Sie galt lebenslang als »das Kind«, und das war ihr im mehrfachen Sinne recht. Das Versprechen der Kindheit, Unschuld und Geradlinigkeit, die Fähigkeit, zu staunen und an Wunder zu glauben, die Abwesenheit von Planung und Sorge, die Freude am Spiel – all das schätzte sie und hielt daran fest. Sie hatte die unerschöpfliche Energie eines gesunden Kindes. »Wär ich schon so, wie es in mir werden will, dann ritt ich stehend auf zwei Gäulen und spränge dazu durch den Reif!« Auch nutzte sie weidlich aus, dass ein Kind niemals verurteilt werden darf: Es mag eine Nervensäge sein, aber böse Absichten hat es doch nicht! Und schließlich passte es zu ihrer Erscheinung, die klein und behände war und deren knäbische Anmut sie unterstrich, indem sie noch als ältere Dame vorzugsweise hockte, wo andere saßen, und lief, wo andere schritten. Mit Brotkügelchen zu werfen, wenn ihr das Gespräch nicht gefiel, war auch eine Option.

Dabei kam sie aus sehr gutem Hause, und sie genoss an Erziehung, was üblich und möglich war: in den Kindheitsjahren im Kloster bei den Ursulinen, dann bei der berühmten Großmutter. Die Schriftstellerin Sophie von La Roche – deren Werk heute nur noch von historischem Interesse ist – war bis ins hohe Alter geistig lebendig, eine Freundin des französischen Aufklärers Mirabeau und des Schweizer Physiognomen Lavater. Der eine plädierte für den Umsturz der Verhältnisse, der andere, politisch ebenso radikal, verfuhr psychologisch nach der Devise: die Nase ist dein Schicksal. Von beidem nahm Bettine etwas mit – wenn sie auch die Nase, stillschweigend, durch das Gemüt ersetzte.

Der Haushalt der La Roche wurde weitläufig geführt. Für das frühe Interesse Bettines am Leben außerhalb ihrer Sphäre gab es allerdings kein Verständnis: das Goldstickermädchen Veilchen, mit dem sie sich anfreundete, sollte ebenso wenig ein Umgang für sie sein wie der Jude, den sie sich einbestellte, um Hebräisch zu lernen. Gegen den Antisemitismus des deutschen Bürgertums wird Bettine, die Freundin RAHEL LEVIN VARNHAGENS, lebenslang protestieren – politisch, persönlich und literarisch.

Ihr Leben als Jungfer war komfortabel. Mal mit, mal ohne den Bruder Clemens reiste sie von Landhaus zu Schlösschen, von Städtchen zu Stadt. Die Jugend des reichen Bürgertums war damit beschäftigt, sich zu bilden, zu musizieren und zu tanzen, lange, vertrauliche Briefe zu schreiben, die gern herumgezeigt wurden, und über Gott und den Menschen zu philosophieren. Das Geschlechterverhältnis sortierte sich neu. Zum ersten Mal überhaupt dachten Männer und Frauen gemeinsam nach, entwarfen neue Lebensmodelle und warfen sich entschlossen in jene bürgerliche Unordnung, die heute selbstverständlich ist: Die Liebe, eine Himmelsmacht, sollte auf Erden regieren. Ehen wurden geschieden, die Selbstverwirklichung wurde zum kostbaren Gut. Talente aller Art standen hoch im Kurs. Bettine, die hervorragend zeichnete, sehr musikalisch war und von leichter Auffassungsgabe, brachte es in allem weit und nicht weit genug – so befand jedenfalls ihre Freundin, die Dichterin Karoline von Günderrode. Die Stiftsdame, fünf Jahre älter als ihre Bewunderin, versuchte, sie systematisch zu bilden. Sie las ihr Schelling vor, worauf die immer gesunde Bettine fieberkrank die naturphilosophischen Begriffe halluzinierte. Die historische Bildung, das philosophische Studium, das systematische Denken: all das, befand Bettine, war schließlich nichts für sie. »Wozu ein Prinzip? Ein solches ist nur ein Pfosten, an dem man die Gedanken anbindet, um keine zu verlieren. Man lasse die Gedanken laufen. Es kommen immer neue. Mein Prinzip war stets, keins zu haben.«

Karoline von Günderrode wird ihre erste große Enttäuschung sein, und Bettine verfährt damit wie stets: produktiv. Sie macht schließlich ein Buch daraus. »Die Günderrode«, ein Briefroman, der dreiunddreißig Jahre nach dem Tod der Dichterin erscheint, zeigt das Missverständnis an: Es sind vor allem Bettines Briefe, die – mehr oder weniger stark bearbeitet – tagebuchartig erzählen, den Alltag und ihre Gedanken, Naturerlebnisse und Begegnungen intim und lebendig präsentieren. Bettines Günderrode hält sich zurück; sie räsoniert mehr, als sie erzählt, und sie erzieht mehr, als sich anzuvertrauen; hin und wieder legt sie Gedichte bei. Als sie sich in einen verheirateten Mann unglücklich verliebt, der Bettine – wie so manche – eher anstößig als interessant findet, löst sie die Freundschaft auf. Wenige Monate später, nach dem Bruch mit dem Mann, erdolcht sie sich am Rhein. »Nein, es kränkt mich und ich mache ihr Vorwürfe, wie ich ihr damals in Träumen machte, dass sie die schöne Erde verlassen hat; sie hätt' noch lernen müssen, dass die Natur Geist und Seele hat und mit dem Menschen verkehrt und sich seiner und seines Geschickes annimmt, und dass Lebensverheißungen in den Lüften uns umwehen; ja, sie hat's bös mit mir gemacht, sie ist mir geflüchtet, grade wie ich mit ihr teilen wollte alle Genüsse.«

Bettine sucht und findet schnell eine neue Vertraute. Sie sitzt zu Füßen von Goethes Mutter, verbringt zahllose Stunden bei ihr. Die große Goethe-Schwärmerei hatte sie längst erfasst; nun verschafft sie sich eine Empfehlung und reist auf eigene Faust nach Weimar, wo der fast Sechzigjährige sie wohlwollend empfängt. Er war einmal in ihre Mutter verliebt, er schätzt ihre Großmutter, und er findet anfangs Gefallen an ihrer Gesellschaft. Doch lange geht die Sache nicht gut. Ein Auftritt mit der Ehefrau Christiane, bei dem Bettines Brille zertrümmert wird und sie sich rächt, indem sie der Vulpius »Blutwurst!« hinterherzischt, beendet einstweilen den Kontakt. Jahre später, nach Christiane Vulpius' Tod, verstimmt Bettine Goethe wieder durch eine »Klatscherei«, nun geht es um Ottilie, die Schwiegertochter. Erneut, und diesmal endgültig, erhält sie Hausverbot. Es gibt keine Versöhnung mehr. »Frau von Arnims Zudringlichkeit abgewiesen«, heißt es im Tagebuch am 7. August 1830. Was sie nicht hindert, ein Denkmal für ihn zu entwerfen. Und drei Jahre nach seinem Tod das Buch zur Enttäuschung zu schreiben. »Goethes Briefwechsel mit einem Kinde«, erschienen 1835, ist zwar auch nicht eigentlich ein Briefwechsel, sondern eher eine redigierte Sammlung von Briefen an ihn mit knappen und seltenen Antworten. Doch er begründet Bettines Ruhm und ist der Auftakt für ihre dritte Lebensphase, ihre Existenz als Autorin.

1831 war Achim von Arnim gestorben. Zwanzig Jahre Ehe lagen hinter ihr, und es sollten zwanzig Bände folgen, die Gesamtausgabe Achim von Arnims, bei deren Herausgabe sie getreulich assistierte. Sie hatte daran festgehalten, dass der Mann, den sie als einen Freund von Clemens kennen- und lieben gelernt, eben auch Dichter sei. Sie hatte sieben Kinder geboren und, obwohl sie ein Stadtkind war, auf dem mäßig idyllischen Gut Wiepersdorf die Jahre hingebracht, während er, der märkische Landedelmann, vor allem in Berlin und auf Reisen war. Sie hatte sich von ihm zur Sparsamkeit anhalten lassen und empört protestiert: »Ich gehe täglich nach dem Herde, nehme das überflüssige Holz zurück ... Ich trage nur Schwarz, auch keine Mützen, um die Wäsche nicht zu vermehren, trage jetzt einen 6 Jahr alten Winterhut ... gehe nicht ins Konzert und Oper, obschon Musik mein einziger Lebensgenuss ist.« Die Mittel waren so knapp gewesen, dass zu manchen Weihnachten nur das Jüngste ein Spielzeug bekam, die anderen Zuckerzeug. Bettine hatte die Kinder mit Muttermilch, Homöopathie und Äpfeln allesamt durchgebracht, für ihre Erziehung und Bildung gesorgt. Und nun war damit Schluss. Nun zog sie nach Berlin.

»Ausgerechnet«, so fasst es CHRISTA WOLF in ihrem »Brief über die Bettine« 1979 zusammen, »in dem versteinertsten Jahrzehnt des vorigen Jahrhunderts beginnt Frau von Arnim aktiv zu werden, macht ihre Wohnung im Herzen der preußischen Großstadt, Unter den Linden 21, zum Zentrum für unabhängige Geister, schert sich den Teufel um Bespitzelung, Postzensur und Observation, empfängt Durchreisende und Verehrer, bewältigt kaum ihren täglichen Posteingang, kümmert sich um die Cholerakranken ebenso wie um die Armen im ›Vogtland‹ vor dem Hamburger Tor. Und schreibt.«

Sie schreibt, was Herz und Verstand ihr gebieten: Dass es unmenschlich sei, dem Verbrecher nicht zu vergeben. Dass die Politiker satt und verkommen sind, der Adel nichts mehr »als nur mürbe verloderte Lumpen«. Dass die Religionen einander ebenbürtig sind, was die Menschlichkeit anbelangt, und dass es im Staatswesen um materielle Chancengleichheit geht: »Ihr wollt den Armen an den Boden fesseln seiner Geburt. Kann er da säen und ernten?« Sie geht in die Proletarierhäuser – nicht nur, um zu helfen, sondern auch, um zu recherchieren. Sie rechnet Miete und Heizkosten nach, zählt unterernährte Kinder, hält Lebensläufe des Elends dem Publikum vor. »92 a, Stube Nr. 35. Tischler *Krellenberg*. – Ich musste einigemal anklopfen, bis die Stube aufgeschlossen wurde. Die Frau entschuldigte sich damit, dass sie ihre dürftige Lage vor den Leuten im

Hause geheim halten möchte. Es ist leider jetzt so, dass sich die Armen, anstatt der Reichen, der Armut schämen.« Damit das Werk nicht verboten werden kann, gibt sie der mehrhundertseitigen Komposition aus sokratischen Gesprächen, Erzählungen und Sozialprotokollen, die 1841 erscheint, den Titel »Dies Buch gehört dem König«. Doch ist das nicht nur ein Schachzug von sardonischem Witz. Sie glaubt aufrichtig an den Preußen Friedrich Wilhelm IV. Schwach und begabt, mal nobel, dann wieder ausweichend, ist er eine Projektionsfigur par excellence.

Sie ist nun ebenso berühmt wie berüchtigt; nach ihrem Tod setzt sich Letzteres durch. Vom zweiten Teil des Königsbuchs, »Gespräche mit Dämonen«, das 1852 postum erscheint, wird praktisch nichts mehr verkauft. Die Kritik verhöhnt die »Fastnachtsscherze im tollgewordenen Kothurn-Stile«. Ihre Weitschweifigkeit geht auf die Nerven, für Utopisches fehlt inzwischen der Sinn. Auch ist ihre Treue zur Monarchie bei der Linken restlos überholt. Die späte, die politische Bettine ist bis heute ein abseitiger Fall – im Gegensatz zur Romantikerin, die ein Lieblingskind der Forschung ist. Wenn es die Kolleginnen nicht gäbe ... Nicht zuletzt SARAH KIRSCH, die Anfang der siebziger Jahre als Stipendiatin im Künstlerhaus Wiepersdorf weilte, Gast des Staatsministeriums für Kultur der Deutschen Demokratischen Republik, und über ihre Erfahrung von Einsamkeit und Zensur ein Gedicht an Bettine schrieb:

> Dieser Abend, Bettine, es ist
> Alles beim alten. Immer
> Sind wir allein, wenn wir den Königen schreiben
> Denen des Herzens und jenen
> Des Staats. Und noch
> Erschrickt unser Herz
> Wenn auf der anderen Seite des Hauses
> Ein Wagen zu hören ist.

Biografisches

Als Elisabeth Brentano wurde Bettine von Arnim am 4. April 1785 im »Haus zum Goldenen Kopf« in der Großen Sandgasse, Frankfurt am Main, geboren. Ihr Vater, einer italienischen Kaufmannsfamilie entstammend, brachte sechs Kinder aus erster Ehe mit, als er 1774 Maximiliane von La Roche heiratete. Die Tochter der seinerzeit bekannten Schriftstellerin Sophie von La Roche brachte zwölf weitere Kinder zur Welt, Bettine ist das siebte. Sie war acht Jahre alt, als ihre Mutter starb. Bevor er wenig später eine neue Ehe einging, übergab der

Vater Bettine und drei ihrer Schwestern dem Erziehungsinstitut des St. Ursula-Ordens in Fritzlar bei Kassel. Dort verlebte Bettine vier Jahre, bis sie vor den einmarschierenden Franzosen im Herbst 1797 mit den Schwestern Meline und Lulu nach Frankfurt in Sicherheit gebracht wurde. Der Vater war kurz vorher verstorben, seine Witwe verließ das Haus bald mit dem einzigen ihr aus dieser Ehe gebliebenen Kind. Bettine kam nach Offenbach zu ihrer Großmutter Sophie von La Roche. Der ältere Bruder Clemens machte sie mit seinen Freunden Achim von Arnim und Friedrich Karl von Savigny bekannt. 1801 begann Bettines Freundschaft mit der Dichterin Karoline von Günderrode, 1807 ihre Bekanntschaft mit Goethe. Im Alter von sechsundzwanzig, ein Jahr nach Erreichen ihrer Mündigkeit, heiratete Bettine den Dichter und Landedelmann Achim von Arnim. In der Zeit ihrer Ehe lebte sie hauptsächlich auf dem Gut Wiepersdorf. Sie brachte sieben Kinder zur Welt und war, auch knapper Verhältnisse wegen, vor allem mit Wirtschaft und Erziehung beschäftigt. 1835, vier Jahre nach Arnims Tod, übersiedelte Bettine nach Berlin und begann ihre Existenz als Schriftstellerin, politische Publizistin und »Menschenrechtsaktivistin«. Sie pflegte Freundschaften mit den Brüdern Grimm, Hoffmann von Fallersleben, Robert Schumann, Karl August Varnhagen von Ense. Friedlich im Kreis ihrer Kinder starb sie am 20. Januar 1859.

Leseempfehlung

»Die Günderrode« (Briefroman). Mit einem Essay von Christa Wolf.
»Die Sehnsucht hat allemal Recht. Gedichte, Prosa, Briefe«.
Herausgegeben von Gerhard Wolf.
»Aus meinem Leben. Lesebuch«. Zusammengestellt von Dieter Kühn.
»Dies Buch gehört dem König«. Herausgegeben von Wolfgang Bunzel.
»Goethes Briefwechsel mit einem Kinde« (Prosa). Herausgegeben von
Wolfgang Bunzel.

Elke Schmitter

KÖRPER, KLEIDER, KATASTROPHEN

Margaret Atwood *1939

Als am 11. September 2001 zwei Flugzeuge das New Yorker World Trade Center durchbohrten, arbeitete Margaret Atwood gerade an einem Roman über das Leben nach der Apokalypse. Unser Luxusleben ist darin Geschichte, Unwetter und Seuchen haben die Erde verwüstet. Die Schreckensnachricht des Großangriffs auf die westliche Welt traf Margaret Atwood mitten in ihren Grübeleien über die Wahrscheinlichkeit des Unvorstellbaren. Zum Beispiel über ein neuartiges Schwein, das man nicht schlachtet und portioniert aufisst, sondern dessen nachwachsende Organe als Ersatzteillager für Menschen taugen könnten. Margaret Atwood erfand am Schreibtisch ihres Brownstone-Hauses im Zentrum Torontos einen durch die Erkenntnisse der Genmedizin gestalteten »Jurassic Park«. Die Nachricht von der realen Katastrophe lähmte ihre Phantasie, und das begonnene Manuskript von »Oryx und Crake« blieb wochenlang liegen.

Ihr fehlte der Mut weiterzuschreiben, der Schock, von der Wirklichkeit überboten zu werden, saß tief.

Das ist ihr allerdings nicht zum ersten Mal in ihrem Leben passiert, denn die meisten ihrer vielen Romane haben brisante Themen: Umweltverschmutzung, das kolonisatorische Verhältnis Amerikas zu Kanada, die Wellen des Feminismus – und der in »Oryx und Crake« beschriebene postume Mensch, dessen Uhren keine Zifferblätter mehr haben, weil die Zeit sowieso abgelaufen ist. Oryx ist eine künstliche Frau im Schmetterlingskimono, die auf einer asiatischen Kinderpornografie-Website auftaucht und von sich sagt: »Ich könnte jemand anders sein.« In ihrer traumschönen transitorischen Präsenz macht sie den Biogenetiker Crake ganz verrückt und quält den Werbefachmann Jimmy, der sie wie ein schön eingewickeltes Geschenk auspacken möchte und sich doch davor fürchtet, kein lebendiges Lebewesen unter der Oberfläche zu finden.

»Stunde null ... Zeit zu gehen«, lauten die letzten Worte des Romans. »Oryx und Crake« steht in Verbindung mit MARY SHELLEYS »Frankenstein«, George Orwells Zukunftsroman »1984« und Aldous Huxleys »Schöne neue Welt«. »Oryx und Crake« ist spekulative Fiktion. Das Horrorszenario tritt den Beweis an, dass der Mensch grausamer ist als die Natur und seine kriminelle Energie, wie nicht zuletzt der 11. September beweist, immer wieder den Rahmen des Vorstellbaren sprengt.

Fern von den Menschen und ihrer Zivilisation wuchs Margaret Atwood auf, das zweite von drei Kindern des Insektenforschers Carl Edmund Atwood. Die Familie lebte im nördlichen Québec auf einer Waldinsekten-Forschungsstation. Der Vater hatte auf einer Insel in einem der vielen Seen Québecs eine Holzhütte gebaut, elektrisches Licht und Leitungswasser gab es dort nicht. Bis zum siebten Lebensjahr war Margaret, umgeben vom Knacken und Rascheln der Äste und Zweige, einer menschenleeren Natur ausgesetzt. Die Einschulung in Toronto war für sie ein Schock. Verweise auf diese ungewöhnlich abgeschiedene Kindheit tauchen an vielen Stellen ihrer Bücher auf: das einsame Kind in Margaret Atwoods Roman »Katzenauge«, die einsame junge Frau in »Der lange Traum«, oder die elfjährige Nell, die im Roman »Moralische Unordnung« irgendwo in den kanadischen Wäldern wie die Besessene eine Ausrüstung für ein Baby strickt. Nell bildet sich ein, dass ihre schwangere träge Mutter sich in einem lebensbedrohlichen Zustand befindet, und phantasiert sich in die Rolle der Retterin, die ein Feuer entfacht, damit Ranger zu Hilfe eilen. Gleichzeitig fürchtet sich das Kind, als Brandstifterin im Gefängnis zu landen. Um die Gedanken zu beruhigen, liest es ein Kochbuch. Im Vorwort des Kochbuchs werden die Verhaltensweisen für einen Haushalt mit einem »Bediensteten« und ohne »Bedienstete« dargelegt. Nell, die nichts anderes kennt als eine selbstgezimmerte Hütte, ohne Telefon und sieben Meilen mit dem Boot vom nächsten

Dorf entfernt, fragt sich, ob sie lieber eine »freundliche Hausherrin« oder ein »unordentliches Hausmädchen« werden soll. Diese Frage des Kindes ist aufschlussreich für Margaret Atwoods Denken. Für ihre Phantasie ist die Realität der Auslöser. Ihre Themen sind aktuell, aber nicht aktualistisch. Margaret Atwood hat ein untrügliches Gespür für den passenden Augenblick und für die Möglichkeiten, Realität und Fiktion leicht lesbar zusammenzuschließen. Sie erfindet Romanstoffe und integriert ihre gesellschaftspolitisch relevanten Botschaften mit großer Selbstverständlichkeit. Ihre Sprache ist direkt, anschaulich und in Maßen poetisch, die Dialoge sind von lässiger Einfachheit.

Als 2008 das globale Wirtschaftssystem aus den Fugen zu geraten begann, erschien »Payback«, eine Aufsatzsammlung über das Geld. Das Buch beginnt mit einer Anekdote über den kanadischen Schriftsteller und Naturforscher Ernest Thompson Seton. Der nahm an seinem einundzwanzigsten Geburtstag von seinem Vater keinen Glückwunsch, sondern die Rechnung über die bisherigen Kosten seines Lebens seit seiner Geburt entgegen. Atwood nennt Mr. Seton senior einen »Mistkerl«, dann hält sie inne und fragt: Was wäre, wenn Seton recht hätte? Was schulden wir wem, weil es uns gibt? Empörung oder Wut sind für sie kein Grund, das Nachdenken einzustellen. Margaret Atwood ist der seltene Fall einer gutgelaunten und leider treffsicheren Kassandra. Sie sieht die Katastrophen kommen, beschreibt sie und die Folgen, aber ohne den schwarzen Fatalismus Cormac McCarthys und ohne Süffisanz, immer mit Sympathie für die Menschen, trotz der Verzweiflung über die irreparabel falschen Entscheidungen.

Als sie acht Jahre alt war, wollte Margaret Atwood unbedingt Modedesignerin werden, bis ihr klarwurde, dass man zwar einen Bananenhut oder ein Kleid aus Ahornblättern für bunte Magazine zeichnen, aber leider nicht anziehen kann. Also entschied sie, offenbar früh von pragmatischer Eindeutigkeit gelenkt, Schriftstellerin zu werden. Dem Thema der Mode blieb sie auf der Spur und dekorierte ihre Schuluniform mit Stoffreptilien statt wie die anderen Mädchen mit Blümchen. Und sie hatte eine wunderbare Lehrerin, die ausgefallene Kleidungsstücke und ausgefallene Wörter ebenso liebte wie sie. Im Dezember 2002 erläuterte sie in der Zeitschrift »Vogue« die Parallelen zwischen Schreiben und Nähen. Ein Schriftsteller und eine Schneiderin benutzen Muster und fabrizieren etwas. Aus Konzepten schneidet man sich etwas so zurecht, wie man es haben möchte: »Text« ist in »Textilie« enthalten. Styling und Selbstinszenierung durch Kleidung ist eine Überlebensmethode von Atwoods Heldinnen. Deren Kleider allerdings ständig in Gefahr sind: In sie werden Löcher hineingebrannt und auf ihnen wird Tinte ausgeschüttet. Sie werden aus dem Fenster geworfen, zerhackt und mit Heu ausgestopft wie Voodoo-Figuren. »Ich schaffe mir mein Selbst durch Kleidung. Ich kann mich an nichts erinnern, wenn ich nicht weiß, was ich anhatte. Jedes Mal, wenn ich einen Pullover oder ein Kleid wegwerfe, entsorge ich einen Teil meines Lebens. Wenn ich alle Erinnerungen sammle, eine nach der anderen, die aus Baumwolle und Wolle, sie zusammenhefte, bekomme ich das Patchwork meiner selbst.« Margaret Atwood trägt bei ihren vielen öffentlichen Auftritten meist einen wirkungsvollen Hut mit breiter Krempe, bunte Tücher, scheinbar nachlässig um den Hals geschlungen, eine burleske, Land- und Stadtleben verbindende Mischung, die das Grün ihrer Katzenaugen diskret, aber wirkungsvoll betont. Sie ist davon überzeugt, dass Kleider das Bild herstellen, das Frauen von sich selbst besitzen oder erträumen. Kleider, behauptet sie, halten Körper und Seele zusammen, verbergen etwas und stellen es gleichzeitig aus.

In »Lady Orakel«, einem Roman im Stil der Gothic Novel, hört die Protagonistin dem Gespräch der unter den Grundmauern des Hauses begrabenen Kleider zu, die sich einen neuen Körper erschaffen wollen. Bekleidung und Verwandlung des Körpers durch Übergewicht, Magersucht, Schwangerschaft oder Krankheit haben in Margaret Atwoods Büchern eine emanzipatorische Funktion. So auch für Zenia in »Die Räuberbraut«. Sie ist populär, ihr Aussehen changiert wie ihre Handlungen zwischen Gut und Böse. Sie hat es satt, gut und lieb und unterwürfig zu sein. Gleichheit meint ja schließlich nicht nur gleich gut, sondern auch gleich schlecht. All die vielen, die Margaret Atwood als eine komplizierte feministische Schriftstellerin mit Hang zu subversiven und oppositionellen Konfrontationen vereinnahmen wollen, bekommen eine Absage. »Bin ich eine Propagandistin?« Nein, sagt sie klar und deutlich, »ich bin eine Beobachterin der Gesellschaft. Und keiner, der die Gesellschaft beobachtet, darf den Fehler machen, feministische Beobachtungen zu betreiben.« Das ist die typische Atwood, die Einseitigkeit verabscheut. Was nicht der Tatsache widerspricht, dass Frauen und die Beziehung der Geschlechter untereinander ihr zentrales Thema sind. Als sie Mitte der sechziger Jahre an ihrem ersten Roman »Die essbare Frau« schrieb, war die Frauenbewegung noch nicht in Sicht, aber bereits Zentrum ihres Schreibens. Alle wirklich erbitterten Machtkämpfe werden in ihrem Werk unter Frauen ausgetragen. Machtstreben ist keineswegs nur männlich. Atwoods Frauen kämpfen gegen Feindbilder, gegen Täter- und Opferklischees.

Margaret Atwood war als Kind ein Außenseiter, dem die anderen, wenn sie nach einem halben Jahr in den Wäldern zurück in die Stadtschule kam, nichts glaubten. Fand sie eine Freundin, musste sie diese, wenn sie im Frühling mit der Familie zurück zu den Insekten zog, wieder verlassen. Es war schwierig für sie, immer die »Neue« mit dem Forschervater zu sein, eine, die sich in den viktorianischen Romanen von GEORGE ELIOT viel besser auskannte als in der gängigen Jungmädchenliteratur. Ihre ausgeschlossene Position schärfte ihren

Blick für die soziale und politische Wirklichkeit. Aus dem Mädchen mit dem »wood« im Namen wurde eine streitbar engagierte Autorin und eine sympathisch unverkrampfte Denkerin, die sich auch heute noch wochenlang in ihr Blockhaus in den Wäldern des nördlichen Québec zurückzieht, vom Trubel der Welt entfernt.

Mit dem Roman »Moralische Unordnung«, der streng genommen aus elf einzelnen Erzählungen zusammengesetzt ist, hat sie im Jahr 2006, fast zur gleichen Zeit wie ihre Freundin ALICE MUNRO, ein Buch über das eigene Leben geschrieben. Nell, die patente Hauptfigur des Romans, zweifellos das Alter Ego der Autorin, hilft allen: der Schwester, durchs Leben zu kommen; den Eltern, die Nerven zu behalten; dem Jugendfreund, Lyrik zu interpretieren. Als Studentin und Dozentin zieht sie später durch Städte, Universitäten, Pensionen, Apartments und Kellerzimmer, davon überzeugt, nichts als ein »umherziehendes Gehirn« zu sein. Nell, die Intellektuelle, stößt auf Frauen, die wie ein Wachhund auf ihre Ehemänner aufpassen, und auf trostlose Männer, die niemand behütet. Bis sie auf Tig trifft, den Mann ihrer Freundin Oona. Die »Moralische Unordnung« beginnt mit der Weigerung der älter gewordenen Nell, morgens aufzustehen und die Zeitung mit den schlechten Nachrichten zu lesen, und endet mit einem Traum. Die Träumende begegnet ihrem Vater, der einen roten metallenen Benzinkanister in der Hand hält. Die Träumende ruft: »Ich will. Ich will, dass es mehr zu erzählen gibt – mehr zu erzählen, als ich weiß, und mehr, als in der Wirklichkeit geschehen ist ...«

Die Erzählerin Atwood beim schönsten Teil ihrer Arbeit. Sie sagt: »Ich will«, und ein unbekannter Wald oder ein See taucht auf, und ihre versammelten Leser besteigen den Hügel und verschwinden zwischen den Bäumen.

Biografisches

Margaret Atwood wurde am 18. November 1939 in Ottawa geboren und verbrachte die ersten sieben Jahre ihres Lebens auf Forschungsstationen in den Wäldern Québecs, wo der Vater, ein Entomologe, das Leben der Insekten erforschte. In Toronto und an der Harvard University studierte sie Englische Sprache und Literatur und lehrte anschließend an verschiedenen nordamerikanischen Universitäten. Früh ließ sie sich von ihrem ersten Mann scheiden. Sie heiratete in zweiter Ehe den Schriftsteller Graeme Gibson und bekam mit ihm eine Tochter. Ihre Romane, die in über dreißig Sprachen übersetzt sind, beschäftigen sich mit weltpolitisch wichtigen Themen wie Feminismus, die Veränderung der Natur durch den Menschen, das internationale Geldsystem und Zukunftsszenarien. Sie beruft sich dabei auf unterschiedliche literarische

Traditionen wie Gothic Novel und Science-Fiction. Neben Romanen entstanden auch Kurzgeschichten, Kinderbücher, Gedichte und Essays. Im Jahr 2000 erhielt Margaret Atwood für »Der blinde Mörder« den Booker-Preis. Dass ihr Name seit Jahren auf der Liste der Nobelpreis-Kandidaten steht, bringt sie nicht aus der Ruhe. Heute lebt sie mit ihrer Familie in Toronto, besitzt aber im Norden von Québec ein Blockhaus ohne Strom und fließendes Wasser. Der kanadische Schriftstellerkollege Michael Ondaatje nennt Margaret Atwood, die wie Alice Munro ihre Besucher in einem Lokal empfängt, weil sie ihre Privatsphäre schützt, eine stille »Mata Hari«, die sich wie eine Brandstifterin gegen die geordnete, zu saubere Welt wirft.

Leseempfehlung

»Der Report der Magd« (Roman). Aus dem Englischen von Helga Pfetsch.
»Katzenauge« (Roman). Aus dem Englischen von Charlotte Franke.
»Oryx und Crake« (Roman). Aus dem Englischen von Barbara Lüdemann.
»Moralische Unordnung« (Roman). Aus dem Englischen von Malte Friedrich.
»Payback. Schulden und die Schattenseiten des Wohlstands« (Essays).
Aus dem Englischen von Bettina Abarbanell u. a.

Verena Auffermann

ENGE RÄUME, WEITE GEDANKEN

Jane Austen 1775–1817

In Jane Austens »Emma«, einem ihrer konzentriertesten Romane, wird über sechs Druckseiten die folgende Frage diskutiert: Ist es für eine junge Dame schicklich, sich bei ungewissem Wetter erstens ohne Begleitung und zweitens ohne Schirm auf den Weg zu machen, um einen Brief beim Postamt abzuholen? Die Diskussionsgesellschaft, repräsentativ zusammengesetzt aus Mitgliedern der Gentry – die als »oberer Mittelstand« niederen Adel und landbesitzendes Bürgertum umfasst –, bescheidet diese Frage abschlägig: Es ist nicht erlaubt.

An dieser Szene, typisch für die Welt Jane Austens, können sich die Geister scheiden: Wie kann man so etwas, darf man fragen, heute überhaupt noch lesen? Die Gegnerschaft ist mächtig. Sie besteht aus Millionen aufgeklärter, leidenschaftlicher Leserinnen, die mit feuchten Augen und klugen Worten ihre Hörigkeit verteidigen, deren Subjekt immer ganz wohlerzogen war: Jane Austen war eine Meisterin der guten Sitten; eine Verfechterin romantischer Hörigkeit war sie keineswegs.

Jane Austen, geboren 1775 im südenglischen Hampshire, schrieb sechs Romane und hinterließ bei ihrem Tod 1817 zwei Romanfragmente. Diese Romane spielen innerhalb ihrer Lebenszeit, die immerhin die Französische Revolution umfasste, die Herrschaft Napoleons und einen blutigen, langanhaltenden Krieg, der nach und nach fast ganz Europa in Mitleidenschaft zog. Und diese Welt war nicht weit fort: Eine Kusine Janes, die auch eine Jugendfreundin war, verlor 1794 ihren Gatten, einen Comte, unter der Guillotine; zwei ihrer Brüder waren Soldaten bei der Marine. Austens Romane aber haben, bis auf eine Ausnahme, alle dasselbe Drehbuch: Im Süden Englands kommt eine junge Dame der Gentry schließlich zu einem Mann. (Es können auch mehrere Damen sein.) Die charakterlichen Entwicklungen und gesellschaftlichen Verwicklungen, die Adam und Eva zunächst trennen und schließlich zusammenführen, sind von unterschiedlicher Art und Dauer. Es handelt sich um soziale Distanzen von Rang und Vermögen (»Stolz und Vorurteil«, »Überredung«), um fatale familiäre Einflüsse und charakterliche Defizite (»Vernunft und Gefühl«), mangelnde Selbsteinsicht der Heldin (»Emma«) oder Intrige (»Mansfield Park«). Die Heldin selbst ist selten fleckenlos gezeichnet; es gelingt ihr aber, durch Selbsterkenntnis und Reflexion, nicht durch Kalkül, ihr solides Glück zu erringen. Mit dem Helden verhält es sich ebenso. Wenn beide einander versprochen sind, hört die Geschichte auf: »die Glocken läuteten und alle Welt lächelte«, heißt es lapidar. Denn die Autorin weiß, dass da eine neue Geschichte beginnt, über die sie aber nicht schreibt, denn sie hat sie nicht erlebt.

Wo bleibt Napoleon? Er wird am Rande erwähnt. Wie werden die Kriege abgehandelt? Hauptsächlich mittels der Frage, ob Seeluft dem Teint eines Marineoffiziers zu- oder abträglich sei. Sekundär wird erörtert, ob die Marine überhaupt zu der Klasse zu zählen sei, auf die es ankommt – ob es schicklich sei oder degoutant, an einen Marineoffizier zu vermieten. Und die Französische Revolution? Ist in Südengland scheinbar nicht bekannt. »Wie schrecklich, meine Liebe, sie schlagen dort den Leuten, wie man hört, die Köpfe ab! – Ja, ein Tässchen Tee nehme ich noch, vielen Dank!« So würde Lady Bertram, die in »Mansfield Park« auf dem Sofa sitzt, die Sache wohl kommentiert haben.

Aber worüber hat Austen dann nachgedacht? Über die Tugend und die Zufriedenheit. Über die Chancen einer Frau, glücklich zu werden in einer Gesellschaft, die komplizierte Muster wob, aus denen es kein Entkommen gab. Verheiratet mit einem Gecken oder Tölpel, einem Spieler oder Gutsbesitzer: glücklich oder nicht? Allein lebend als Lehrerin oder Gesellschafterin, in dieser unangenehm undefinierten Position der sozialen Bettritze: glücklich oder nicht? Das Dasein fristen als alte Tante, durchgefüttert und leicht bespottet, aber tugendhaft? »Die arme Mrs. Stent!«, schreibt die knapp dreißigjährige Jane Austen an ihre Schwester über eine beiläufig Bekannte. »Es ist ihr Schicksal, überall im Weg zu sein; aber wir müssen Mitleid mit ihr haben, denn wer weiß, vielleicht sind wir eines Tages selbst Mrs. Stents, zu nichts zu gebrauchen und nirgendwo willkommen.«

Wenig Möglichkeiten, gar kein Spielraum. Und jeder Schritt will wohlbedacht sein, denn in dieser Gesellschaft gibt es kein Zurück. Jane Austen hat viele dieser Lebensläufe schriftlich durchgespielt. Sie stellt das Leben einer alleinstehenden jungen Lehrerin auf dem Lande so herzzerreißend hoffnungslos und schäbig dar, dass wir uns für die halbwaisen Watson-Schwestern glühend eine Verheiratung wünschen. Sie beschreibt das Leben der nur geduldeten, unverheirateten Schwester so genau und zum Steinerweichen, dass wir für Anne Elliot, die doch über gewisse Mittel verfügt, dasselbe ersehnen müssen. Belächelt und als alte Jungfer bedauert werden, wenn die Endzwanzigerin mit klammen Fingern den jungen Paaren zum Tanz aufspielt, dabei noch den Lebensmut bewahren, das erscheint als ein heroisches, aber zum Scheitern verurteiltes Unterfangen. Wir befürworten also die Heirat – fast gleichgültig schon, mit wem.

Aber dann: Bis ans frühe Lebensende an einen aufgeblasenen, despotischen Snob gefesselt wie Lady Elliot? An einen liebenswerten, gleichwohl zwanghaft umständlichen Hypochonder geraten wie Mr. Woodhouse, einen, der jedem Menschen das Leben lächelnd zur Mausefalle macht? Wie Lydia Bennet nach Schottland durchbrennen, um einen Offizier zu heiraten, und sich dann mit einem Eheschwindler in London verstecken müssen? Oder, wie Charlotte Lucas, im allerklarsten Bewusstsein dessen, was man tut, einen Hohlkopf wie Mr. Collins nehmen, der sich immerhin dirigieren lässt? Das alles ist so wenig attraktiv ... Doch sind auch die Männer nur selten zu beneiden. Mr. Bennet plagt sich mit einer stimmgewaltigen, zänkischen und dazu noch dummen Hysterikerin, deren zarte Wangenlinie es ihm vor zwanzig Jahren einmal angetan hat; Tom Musgrave – der es allerdings nicht besser verdient – kann seine Frau nicht daran hindern, sich und ihn fortwährend zu blamieren und das Haus zu einem Vogelkäfig zu verputzen; Mrs. John Dashwood treibt ihrem Gatten die letzten menschlichen Impulse aus.

Kein Zweifel, diese Lebensläufe sind nicht mehr die unseren. Warum also Jane Austen lesen?

Zunächst einmal: zum Vergnügen. Jane Austen schrieb Komödien in Prosa, so souverän und leicht gestaltet, dass Amusement und Spannung sich die Waage halten. Ihre Dialoge zählen zu den lebendigsten der Literatur überhaupt – mit einem Satz sind wir im Leben des Ehepaares Bennet, das seine Töchter unter die Haube bringen will; beklommen wohnen wir der Auseinandersetzung der

Dashwoods bei, mit wie geringen Mitteln die Schwestern bei der Erbschaft abzufinden sind … Jane Austens Sottisen sind so fein gestickt, wie es sich für eine junge Dame ihrer Zeit geziemt: Sie reißen nicht ins Fleisch, aber sie treffen genau – und sie schmerzen empfindlich. Ihre Psychologie ist so präzise und erregend, dass eine ständig wachsende Schar aufgeklärter, emanzipierter Leserinnen atemlos Anne Elliots tappenden Schritten ins Dunkel der Ungewissheit folgt, ob Captain Wentworth sie immer noch liebt.

Zum Zweiten wegen ihrer Genauigkeit. So wie man das Frankreich der Restauration nach der »Comédie Humaine« Balzacs wiedererrichten könnte, geben Jane Austens Romane ein getreues Abbild des sittlichen Codes ihrer Gesellschaftsschicht. Sie ist, wie CHARLOTTE BRONTË widerstrebend anerkennt, »von miniaturhafter Genauigkeit und chinesischer Zartheit in ihrer Schilderung«. Aber Jane Austens Präzision bezeichnet nur die äußere Seite ihrer Authentizität. Inhaltlich wird sie bestätigt durch die Auswahl ihrer Themen, durch die Kulturlandschaften des Innenlebens, die sie erschlossen hat.

Die Tatsache, dass in ihrem Werk niemals ein Mann allein – oder eine reine Männergesellschaft – beobachtet wird, bildet die großartige Kehrseite zur Enge der eingangs beschriebenen Regenschirmszene: Jane Austen beschreibt nur, was sie wissen kann. Sie versetzt sich niemals in den Kopf eines Mannes, weil sie nicht weiß, was er denkt. Zu ihrer Zeit gab man nicht im Café, im Schlafzimmer, auf »Facebook« redselig über sich Auskunft. So erfindet sie weder männliche Seelenzustände noch Gespräche unter Gentlemen: Sie bleibt bei ihrem Saum.

Und dieser Saum war schmal. Im Laufe ihres einundvierzigjährigen, äußerlich ereignisarmen Lebens hat sich Jane Austen aus den Grafschaften Südenglands – von kurzen Ausflügen nach London abgesehen – nicht fortbewegt. Den Kontinent hat sie nie gesehen – und vielleicht nie sehen wollen: Der Kontinent hatte in ihren Kreisen einen schlechten Ruf. Sogar eine Begegnung mit MADAME DE STAËL hat sie, der familiären Überlieferung nach, abgelehnt. So werden wir nie erfahren, was eine kapriziöse, libidinös erfahrene, weltläufige Französin und eine gewissenhafte, geistvolle und spöttische englische Jungfer sich hätten mitteilen können. Angebahnte Verlobungen soll es gegeben haben, doch schließlich haben weder Ehe noch Witwenstand ihr die Bewegungsfreiheit ermöglicht, die andere Frauen ihres Alters nutzen konnten.

Das Reisen war, wie man weiß, beschwerlich. Unbeobachtete, unkommentierte Korrespondenzen konnten nicht geführt werden; nichts führte heraus aus der Enge der Zimmer. Umso intensiver wurde im engsten Kreis, um den Kamin versammelt, diskutiert, was in der Grafschaft vor sich ging: Ein einziger Ball gab für Wochen Gesprächsstoff. Jane Austen hat diesen vertrauten Kreis in ihrer Jugend genutzt, ihre schriftstellerischen Versuche auf Wirkung hin zu erproben (meist handelte es sich um Parodistisches wie »Die Geschichte Englands«, eine Porträtgalerie englischer Royals); erst später, als sie anonym und mit beträchtlichem Erfolg zu veröffentlichen begann, schränkte sie den Kreis der Mitwisser ein. Lange wurde mit Rührung und Emphase eine Szene zitiert, nach der sie ihre Manuskripte unter einem Löschblatt verschwinden ließ, wenn jemand den Raum betrat – dazu gehört das Detail, sie habe nichts gegen das Quietschen der Tür unternommen, weil es sie früh genug warnte; inzwischen weiß man, dass das eine Legende ist, ihren Nachkommen geschuldet, die Austens stetig wachsenden Ruhm mit einem Jungfernkranz der Bescheidenheit versahen, den sie nicht wollte. »Ich muss selbst sagen«, schreibt sie über die Heldin von »Stolz und Vorurteil« in der ihr eigenen Mischung aus Munterkeit und leichtem Spott, »ich halte sie für eine der hinreißendsten Gestalten, die je gedruckt erschienen sind, und ich habe keine Ahnung, wie ich mit denen gnädig sein soll, die nicht wenigstens *sie* leiden mögen.«

Zweifellos war es Jane Austen nicht möglich, den literarischen Ruhm, den sie gewissermaßen indirekt erwarb – »by a Lady«, lautet die Autorenangabe auf ihren Büchern, später »by the Author of...« –, für ein Mehr an Leben zu nutzen: mehr Freiheit, mehr Handlungsmöglichkeit, mehr Sicherheit, mehr Kapital. Was sie mit ihren Romanen verdiente, wurde für Kleider und Hüte gebraucht. Und dennoch ginge man fehl in einer düsteren Beschreibung ihres Lebens. Ihre ökonomischen Möglichkeiten waren nicht groß, gemessen an den Standards gut verheirateter Freundinnen, aber sie ermöglichten ihr ein Leben, das, ungetrübt von häuslichen Verrichtungen, aus gesellschaftlichen Begegnungen, langen Spaziergängen, intensiver Lektüre und Korrespondenz sowie der Pflege bedürftiger Familienangehöriger bestand. Klagte sie auch selbst hin und wieder über die unerbittliche Verpflichtung zur Konversation, die in ihrer gesellschaftlichen Sphäre erhoben wurde, so war sie sich doch der Tatsache bewusst, dass eben diese gesellschaftlichen Verpflichtungen das Material ergaben für ihre oft satirischen, immer präzisen Beschreibungen ihrer Gegenwart.

Jane Austen ist der Aufklärung verpflichtet; die Aufklärung ist es ihr. Das idealisierte weibliche Glück ihrer Zeit, »inmitten ihrer Lieben, die sie vergötterte, ganz erfüllt von ihren Vorzügen und blind gegen ihre Fehler und immerzu friedlich geschäftig« (wie es in »Emma« heißt), belegt sie mit freundlicher Geringschätzung. Leitstern der inneren wie äußeren Bewegung soll die Vernunft sein; eine Vernunft, in der die Vereinigung von Verstand und Gefühl, Selbstverwirklichung und Sittlichkeit, Glücksbedürfnis und Mitgefühl Ziel der Bestrebungen ist. Die Summe aller Anstrengung, eine helle, ruhige Zufriedenheit, ist weder Zufall noch Geschenk.

Das klingt ein wenig streng – und so ist es, bei aller Güte den mit weniger Vernunft begabten Lebewesen gegenüber, auch gemeint. Mit den Strudeln von Leidenschaft, Schuld und Verstrickung der romantischen Pfarrerstöchter BRONTË hat die Pfarrerstochter Jane Austen nichts zu schaffen. Ihr Humor, der nicht ohne Schärfe ist, steht der dramatischen Egozentrik entgegen; ihr gepflegter Ernst, der nur einen Anflug von Tragik gestattet, ist jedem Verhängnis abhold. Enge Räume, weite Gedanken.

Biografisches

Jane Austen wurde am 16. Dezember 1775 in Steventon in der südenglischen Grafschaft Hampshire geboren. Sie war das siebte von acht Kindern des mäßig wohlhabenden Pfarrers George Austen und seiner Frau Cassandra. Weibliche Kinder waren zu ihrer Zeit nicht erbberechtigt und hatten die Wahl zwischen Verheiratung, wenig angesehener Berufstätigkeit – als Gouvernante oder Lehrerin – oder dem Dasein als Jungfer, die auf die Mildtätigkeit der Verwandtschaft angewiesen war. Austen, die lebenslang unverheiratet blieb, begann schon als Kind zu schreiben und unterhielt die Familie mit historischen Sketchen und Liebeskomödien. Sie publizierte ihre Romane – ein damals wenig angesehenes Genre – anonym, aber kenntlich gemacht als »von einer Lady« geschrieben. Jane Austen verstarb, vermutlich an den Folgen einer Nierenkrankheit, am 18. Juli 1817 in Winchester. Ihr Werk wurde bereits zu Lebzeiten geschätzt – der Prinzregent Georg IV. wünschte sich von ihr ein ihm gewidmetes Buch –, gewinnt aber vor allem seit der Mitte des zwanzigsten Jahrhunderts beständig an Bedeutung: sowohl als Teil der weiblichen Unterhaltungsindustrie, nicht zuletzt durch immer neue Verfilmungen, als auch als Klassiker der Prosa.

Leseempfehlung

»*Vernunft und Gefühl*« *(Roman).* Aus dem Englischen von Ruth Schirmer.
»*Stolz und Vorurteil*« *(Roman).* Aus dem Englischen von Andrea Ott.
»*Emma*« *(Roman).* Aus dem Englischen von Ursula und Christian Grawe.
»*Mansfield Park*« *(Roman).* Aus dem Englischen von Ursula und Christian Grawe.
»*Überredung*« *(Roman).* Aus dem Englischen von Ursula und Christian Grawe.

Elke Schmitter

DIE ZERRISSENE

Ingeborg Bachmann *1926–1973*

Sie war der Star der deutschsprachigen Literatur in der Nachkriegszeit, und sie ist, wie das enorme Interesse an ihrem dreieinhalb Jahrzehnte nach ihrem Tod erschienenen Briefwechsel mit Paul Celan gezeigt hat, eine Kultfigur geblieben weit über ihren mysteriösen Feuertod hinaus. Gebannt ins Bild der Unschuld (»ich denke an sie wie an ein Mädchen«, schrieb Heinrich Böll in seinem Nachruf), geistert sie im Gedächtnis des Literaturbetriebs als tragische Dichterin. Und noch ihre feministische Auferstehung als Prosa-Autorin in den achtziger Jahren, als ihr Werk als Vermächtnis der »Frauenliteratur« gefeiert wurde, setzte die Bachmann-Legende fort. Nun mit dem Akzent auf ihrer genuin »weiblichen« Ästhetik und Identität.

Wie alle, die früh sterben, bleibt sie als jung in Erinnerung. Sie bleibt präsent mit ihrem schmalen, klugen Gesicht, sorgfältig geschminkt und feminin gekleidet. Sie ist unterwegs in Rom, macht Wahlkampf mit Willy Brandt, sitzt in der Zürcher »Kronenhalle« oder liest Zeitung in ihrer Küche – und nie wird sie dabei älter als etwa Mitte vierzig. Heute wäre sie über achtzig Jahre alt. Schwer vorstellbar. Aber eins ist sicher: Noch immer wäre sie eine Ausnahmeerscheinung unter den deutschsprachigen Schriftstellern nicht bloß ihrer eigenen Generation.

Dass die Neugier für ihre Person das Interesse an ihrer literarischen Arbeit überwucherte, war ihr bewusst. Zeitlebens wehrte sie sich dagegen durch rigorose Diskretion auch gegenüber Freunden. Nach ihrem Tod, als sie sich nicht mehr wehren konnte, ihr Nachlass zum Zankapfel zwischen Erben und Philologen und ihre gesamte Korrespondenz für ganze fünfzig Jahre gesperrt wurde, kam die Produktion von Phantombildern »der Bachmann« erst so richtig in Schwung. Einstige Liebespartner wie der Schweizer Schriftsteller Max Frisch oder sein wesentlich jüngerer Wiener Kollege Adolf Opel zerrten sie vor die Öffentlichkeit und beuteten ihre Liaison mit der Schriftstellerin ungeniert literarisch aus. Gleich drei »Förderer« machten sich das Privileg streitig, in der jungen Ingeborg Bachmann, die in Wien Philosophie, Germanistik und Psychologie studierte und als Vierundzwanzigjährige »summa cum laude« promovierte, das lyrische Genie entdeckt zu haben. Die intrigantesten Texte dazu stammen von den Wiener Autoren Hermann Hakel und Hans Weigel. Letzterer, für junge Autoren damals eine Institution im Wiener Kulturbetrieb, führte seine junge Protegée mit verehrungsvoll auf ihn selbst gerichtetem Blick als »die Freundin bedeutender Männer« vor. Auch Hans Werner Richter, Chef der Autorengruppe 47, dem sie eine Auswahl ihrer Gedichte im April 1952 in Wien vorgelegt hatte, sonnte sich im Ruhm des Entdeckers. Er hatte sie zur Tagung der Gruppe 47 eingeladen, die im Mai dieses Jahres in Niendorf an der Ostsee stattfand.

Ihr Auftritt dort wurde legendär. Zwar ließen ihre Gedichte, die einen unverwechselbar eigenen Ton hatten, die Mehrheit ihrer Kollegen zunächst ratlos. Erst im Rückblick wurde das »Ende der Kahlschlagperiode« auf die Niendorfer Lesungen der drei aus Wien angereisten Autoren Bachmann, AICHINGER und Celan datiert. Zudem trug sie ihre Verse so leis und stockend vor, dass jemand anders ihr das Blatt aus der Hand nahm und die Lesung fortsetzte. In ihrem Verhalten spiegelte sich ihre zeitlebens ambivalente Haltung gegenüber der Öffentlichkeit, jenes Ineinander konträrer Wünsche – dem nach Anerkennung und Liebe und dem nach Verborgenheit und Distanz. Zerrissenheit war ein Leitmotiv ihres Lebens.

In den Augen der mehrheitlich von kollektiven Kriegserinnerungen geprägten Gruppenmitglieder, die einen hemdsärmligen Landserton pflegten, war die »scheue«, »zerbrechliche«, »scheinbar hilflose« Dichterin ein Faszinosum.

Sie war eine kreative, gut informierte und umfassend belesene junge Frau mit einem Doktorhut in Philosophie. Zielstrebig und findig hatte sie sich in Wien die Tagungseinladung zu verschaffen gewusst. Aber mit ihrer demonstrativen Hilfsbedürftigkeit bediente sie die alten patriarchalischen Erwartungen. War diese Unsicherheit nur Folge ihrer verheimlichten starken Kurzsichtigkeit und damit ihrer Eitelkeit geschuldet? Oder wies sie nicht eher darauf hin, wie isoliert sie war als intellektuelle Frau im männlich dominierten deutschen Nachkriegsliteraturbetrieb, wo es für sie schlicht keine Möglichkeit und kein Beispiel gab für eine ganz selbstverständliche Teilnahme an einer Kultur des Gesprächs – noch dazu ohne den Druck der weiblichen Schönheitsverpflichtung.

Die junge Dichterin war eine hochwillkommene Ergänzung der Gruppe, die seit ihrer Gründung den Ursprungsmythos gepflegt hatte, man schreibe so hart, wie das Erlebnis des Kriegs gewesen war. Höchste Zeit, endlich das ganz andere, nämlich das Weibliche, einzubeziehen. Und umso besser, wenn es auf männliche Obhut angewiesen war. So wurde Ingeborg Bachmann zur Vorzeigefrau der Gruppe 47. Ein Jahr später, bei der Tagung auf Schloss Elmau, erhielt sie den Preis der Gruppe, der sie dazu ermunterte, nach Deutschland, nach Paris und dann nach Rom auszubrechen und als freie Schriftstellerin zu leben. In den folgenden Jahren machten ihre beiden erfolgreichen Lyrikbände »Die gestundete Zeit« (1953) und »Anrufung des Großen Bären« (1956) sie zur wichtigsten Repräsentantin der deutschen Nachkriegsliteratur.

Ihre Gedichte waren formvollendet und offen für eine Vielfalt von Assoziationen. Man konnte sich an Rilke, Mörike, Hölderlin, Goethe, selbst an Dichtungen der Antike erinnert fühlen. Sie war zu Haus in der lyrischen Tradition. Kritiker priesen die Zartheit ihrer Verse, die »reine Poesie«. Damals begann eine Entwicklung, die Ingeborg Bachmann nicht ganz zehn Jahre später zu der Auffassung brachte, ihre Lyrik habe ihr einen »fatalen Applaus« eingetragen, sei verharmlost und zu Tod gelobt worden, und es sei Zeit für einen »Umzug im Kopf« von der Lyrik zur Prosa. In der Tat wurde der politische Gehalt ihrer Lyrik oft übersehen, die Tatsache, dass diese Gedichte Bezug nahmen auf konkrete zeitgeschichtliche Erfahrungen vor und nach 1945, auf Restauration, Kalten Krieg und die verdrängte historische Schuld: »Sieben Jahre später, / in einem Totenhaus, / trinken die Henker von gestern / den goldenen Becher aus. / Die Augen täten dir sinken.« So heißt es in dem Gedicht »Früher Mittag«. Brecht, der es im Erscheinungsjahr in Bachmanns Lyrikband »Die gestundete Zeit« las, strich sich die Verse rot an. Sie hätten von ihm sein können.

Zur Niendorfer Tagung der Gruppe 47 war auf Bachmanns Wunsch hin auch Paul Celan eingeladen worden und mit seiner Lesung der »Todesfuge«

auf spöttische Ablehnung gestoßen. Nicht zufällig. Es war ein ungeschriebenes Gesetz in der Gruppe, sich von jeder Debatte über die jüngste Geschichte freizuhalten. Selbst interne Außenseiter wie ILSE AICHINGER und Wolfgang Hildesheimer hielten sich an dieses Shoah-Tabu und fanden sich im Spannungsfeld zwischen Schweigegebot und Freundschaft zurecht. Nicht so Celan und Bachmann. Für beide gehörte ein reflektiertes Verhältnis zum jüngst Vergangenen zur Voraussetzung ihrer Arbeit. Beide waren seit Mai 1948, als er auf seinem Weg ins Exil von Bukarest nach Paris in Wien Station gemacht hatte, eng verbunden in einer persönlichen und künstlerischen Beziehung. Die überstand auf ihrer Seite auch das Scheitern dieser Liebe, die lange Entfremdung und selbst seinen Tod, wie inzwischen die akribisch gesammelten Spuren eines verschwiegenen Dialogs im Werk beider Autoren bezeugen.

Besonders interessant ist die Koinzidenz einer Zäsur im Schreiben von beiden und ihre intensive Beschäftigung mit einer Ethik der Sprache. Ende der fünfziger Jahre hat Celan angesichts der Aufnahme seiner »Todesfuge« in Deutschland (das Gedicht wurde als ästhetische Überwindung der Gräuel von Auschwitz gepriesen) dem »schönen« Gedicht eine Absage erteilt zugunsten einer »graueren« Sprache. Um dieselbe Zeit ging Bachmann in ihrer Frankfurter Poetik-Vorlesung auf das völlige Verschwinden von Metaphern in Celans neuestem Lyrikband »Sprachgitter« ein. Kurz darauf radikalisiert sie seine Einsicht. In ihrem Gedicht »Keine Delikatessen« heißt es: »Nichts mehr gefällt mir. / Soll ich / eine Metapher ausstaffieren / mit einer Mandelblüte? / Die Syntax kreuzigen / auf einen Lichteffekt?/ Wer wird sich den Schädel zerbrechen / über so überflüssige Dinge – ... (Soll doch. Sollen die andern.) / Mein Teil, es soll verloren gehen.« In einem Kommentar zu einem ihrer letzten und schönsten Gedichte »Böhmen liegt am Meer« tilgte sie auch noch den eigenen Autornamen: »Es ist für alle und es ist geschrieben von jemand, der nicht existiert.«

Dieser Bruch mit der Lyrik war ein Affront für die damaligen Bachmann-Verehrer, die ihre Gedichte mit wolkigen Phrasen zu vernebeln pflegten. Sie haben ihn nie verziehen. Mit dem Ende der Lyrik sei der »Quell ihres Darstellungsvermögens« versiegt, wird es später heißen, und beim Erscheinen des Romans »Malina« 1971 ist von Bachmann als einer »gefallenen Lyrikerin« die Rede. Das offenbart, was hinter dem Lob der Zartheit ihrer Verse stand: die aggressiv verteidigte Formel weiblich gleich zart gleich lyrisch, mit der die Autorin auf eine bestimmte Gattung festgelegt werden sollte. Als Prosaschreiberin zog indes Bachmann jene Linien weiter, die in ihrer Lyrik übersehen worden waren. Ihr Blick blieb auf die verstörende Kontinuität der Vergangenheit gerichtet, etwa wenn sie im Prosastück »Unter Mördern und Irren« (In: »Das dreißigste Jahr«, 1961) in eine zehn Jahre nach Kriegsende am Stammtisch ver-sammelte Wiener Herrenrunde hineinleuchtet, wo die Älteren Kriegsanek-doten zum Besten geben, während die Jüngeren sich als Außenseiter, ja als Juden fühlen, sich betrinken, später auf der Toilette auskotzen und in einem Neben-saal alte Frontsoldaten in ihren Liedern schwelgen. Für die ganze Runde gilt, was einer der Jüngeren so formuliert: »Ich denke, dass wir alle miteinander leben müssen und nicht miteinander leben können.«

Nach der Trennung von Max Frisch, mit dem sie von 1958 bis 1963 in Zü-rich und Rom zusammengelebt hatte, zog sie auf Einladung der Ford Founda-tion nach Berlin. Sie war in der schwierigsten Phase ihres Lebens. Nach einem Selbstmordversuch hatte sie wochenlang in einer Zürcher Klinik gelegen, wäh-rend der damals einundfünfzigjährige Frisch mit seiner jüngsten Eroberung und späteren Frau, der achtundzwanzig Jahre jüngeren Studentin Marianne Oellers, in die USA reiste. In einem erschütternden Brief an ihren alten Freund, den in Italien lebenden Komponisten Hans Werner Henze, der sie als Librettistin sei-ner Opern hochschätzte und Gedichte von ihr vertont hatte, schreibt Ingeborg Bachmann von einem »totalen, fast tödlichen Zusammenbruch«: »Das Ganze war eine lange, lange Agonie. Woche für Woche, und ich weiß wirklich nicht warum. Es ist nicht Eifersucht, sondern etwas völlig anderes; vielleicht weil ich, vor vielen Jahren, wirklich etwas Dauerhaftes, ›Normales‹ begründen wollte ... Tatsache ist, dass diese Trennung die größte Niederlage meines Lebens bedeu-tet.«

Als Folge davon litt sie an schwerer Alkohol- und Medikamentenabhängig-keit, die den Rest ihres Lebens fortdauern sollte und ihren Tod mitverschul-det hat. Erfolglos versuchte sie, sich durch Klinikaufenthalte davon zu kurieren. Verschärft wurde ihr körperliches und psychisches Elend in jener Zeit durch Frischs Publikation seines »Gantenbein«-Romans im Jahre 1964. Für heu-tige Leser wird das oft kleinbürgerlich wirkende chauvinistische Gehabe von Frischs Romanheld, vor allem aber dessen Ekel vor der weiblichen Sexualität, eher ein trübes Licht auf den Autor selber als auf seine Partnerin werfen, die für die weibliche Hauptfigur des Romans Pate stand. Ingeborg Bachmann aber fühlte sich emotional zerstört, im Innersten verraten und verkauft. Sie reagierte darauf mit ihrem Fragment gebliebenen großen »Todesarten«-Zyklus, einem Romanvorhaben, das von sozialen Torturen handelt, die vor keinen Richter kommen.

Hinweise auf die mit dem Ende der Naziherrschaft nicht aus der Welt geschaffte Gewalt, auf den »Virus des Verbrechens«, der weiterhin aktiv sei, wenn auch subtiler geworden, gibt es in Bachmanns Werk schon frü-her. Etwa im Hörspiel »Der gute Gott von Manhattan« (1958), wo eine Liebesbeziehung unter dem Druck der Konvention zum Mordschauplatz wird. Das Roman-Panorama aber, zu dem sie jetzt ansetzt, berichtet mit einer Vehemenz, die neu ist in ihrem Werk, von der psychischen Zerstörung von Frauen durch Männer und bringt diese Vernichtung mit den Verbrechen der Nazis in Verbindung. »Faschismus«, betonte Bachmann in einem Kommentar (nicht ganz unproblematisch Persönliches mit Historischem parallelisierend), sei »das erste in der Beziehung zwischen einem Mann und einer Frau«.

Zu Lebzeiten fertiggestellt wurde von diesem Projekt nur seine »Ouvertüre«, der Roman »Malina«, die Beschreibung des Identitätsverlusts einer Wiener Schriftstellerin durch ihre Liebe zu dem etwas jüngeren Ivan. Glanzvoll, rauschhaft und mit einer an EMILY DICKINSONS Liebesgedichte erinnernden Intensität wird darin das Aufblühen der ganzen Welt im Licht der Liebe beschrieben. Zugleich wird klar, dass diese Liebeseuphorie auf Ivan bald langweilig und abstoßend wirkt. Das Dilemma wird durch Mord gelöst. Die grundsätzliche Feindschaft zwischen Mann und Frau zwingt die namenlose Ich-Erzählerin aus der Welt. Auf der letzten Seite verschwindet sie in der sich öffnenden Küchenwand. Übrig bleibt allein Malina, der männlich rationale Teil dieses Ichs, der folgerichtig einen weiblichen Vornamen trägt – ein starkes, unvergessliches Bild für das Auseinandertreten von Intellektualität und Leidenschaft und damit für jene Zerrissenheit, die Ingeborg Bachmann charakterisiert. Eingelagert in diese Geschichte ist ein Traumkapitel, in dem davon erzählt wird, wie sich der »Vater«, *die* allmächtige männliche Täterfigur in den verschiedensten Rollen (als Prediger, als Opernregisseur, als Experte für Torturen et cetera) an seiner Tochter vergeht, was auf das Drama der Zerstörung alles »Weiblichen« unter einem »Gesetz im Namen des Vaters« verweist. Als Vater im SS-Ornat gebietet er über einen »Friedhof der ermordeten Töchter« und die größte Gaskammer der Welt – eins der raren Beispiele in der deutschsprachigen Prosa nach dem Krieg, wo die ganze Vernichtungswelt der Nazis hereingenommen wird in die eigene Phantasie. Kontrapunktisch dazu stehen utopische lyrische Texte, in die Zitate aus Gedichten Celans hineinmontiert sind.

Der formal innovative, vielstimmige Roman gibt einen Vorgeschmack auf das, was im »Todesarten«-Zyklus hätte folgen sollen: das »Buch Franza« und »Requiem für Fanny Goldmann«, zwei Frauengeschichten mit ebenfalls letalem Ausgang. Die Entwürfe dazu wurden nach Bachmanns Tod aus dem Nachlass publiziert und erreichten bei einer neuen Generation von jungen Leserinnen Kultstatus. Waren diese provokanten Texte mit gutem Grund Fragment geblieben? War es grundsätzlich unmöglich, mit einer patriarchalisch geprägten Sprache aus dem Innern eines weiblichen Erzähl-Ichs zu sprechen? Offene Fragen. Tausende von Seminar- und Abschlussarbeiten haben sie inzwischen zu beantworten versucht. Bachmann selber lenkte sich in ihren letzten Lebensjahren von der Arbeit an den »Todesarten« ab durch die Arbeit an fünf unter dem Titel »Simultan« (1972) publizierten Geschichten, in denen sie unter anderem drei weibliche Figuren leicht und heiter über sich selbst und ihre Liebesbeziehungen plaudern ließ. Dies wurde von der Kritik als »Trivialliteratur« missverstanden, »Lesestoff für jene Damen, die beim Friseur oder im Wartezimmer des Zahnarztes in Illustrierten blättern«.

Seit 1965 lebte und arbeitete Ingeborg Bachmann wieder in Rom. Im September 1973 verletzte sie sich bei einem Brandunfall nachts in ihrer Wohnung so schwer, dass sie an den Folgen der Verbrennungen bald darauf starb. Vermutlich war sie eingeschlafen oder ohnmächtig geworden, und eine Zigarette hatte ihren Schal entzündet. Mit schweren Verbrennungen wurde sie in ein römisches Spital eingeliefert, wo sich die Ärzte hilflos darüber wunderten, dass diese Frau sich so schwere Verbrennungen hatte zufügen können, ohne zu Bewusstsein zu kommen. Über das erschreckende Ausmaß ihrer Tablettensucht wusste niemand Bescheid. Die über Jahre eingenommenen Medikamente hatten sie erfolgreich unempfindlich gemacht.

Biografisches

Ingeborg Bachmann wurde am 25. Juni 1926 in Klagenfurt/Kärnten geboren. Ihr früh in die NSDAP eingetretener Vater war Lehrer und wurde bei Kriegsende seines Amts als Schuldirektor enthoben. Sie besuchte das Gymnasium in Klagenfurt und studierte später Philosophie, Germanistik und Psychologie in Wien, wo sie 1950 mit einer Arbeit über die »kritische Aufnahme der Existentialphilosophie Martin Heideggers« promovierte. 1952 trat sie zum ersten Mal bei einer Tagung der Gruppe 47 auf und wurde in den folgenden Jahren zur bedeutendsten Dichterin ihrer Generation. Seit 1954 lebte sie mit längeren Unterbrechungen in Rom, arbeitete als Radio-Korrespondentin und schrieb Essays, Hörspiele und Opern-Libretti für den Komponisten Hans Werner Henze. Im Wintersemester 1959/60 hielt sie an der Universität Frankfurt am Main die erste Poetik-Vorlesungsreihe. Ein Jahr später erhielt sie den Büchner-Preis und verlegte sich auf das Schreiben von Prosa. Die Modalitäten ihrer Trennung von Max Frisch brachten sie dem Tod nah und machten sie für den Rest ihres Lebens medikamentensüchtig. Von ihrem großangelegten Romanzyklus »Todesarten« konnte sie nur die »Ouvertüre«, den Roman »Malina«, fertigstellen. Am 17. Oktober 1973 starb sie an den Folgen eines Brandunfalls in Rom.

Leseempfehlung

»Sämtliche Gedichte«.
»Das dreißigste Jahr« (Erzählungen).
»Malina« (Roman).
»Simultan« (Erzählungen).
»Römische Reportagen. Eine Wiederentdeckung« (Essays). Herausgegeben von Jörg-Dieter Kögel.

Gunhild Kübler

VERTAUSCHTE ROLLEN

Djuna Barnes *1892–1982*

Wie ein Überraschungsei liegt im Heuhaufen der Weltliteratur des zwanzigsten Jahrhunderts das grandiose Buch »Nachtgewächs«. Ein Überraschungsei, das, wenn das glänzende Stanniolpapier abgezogen, die süße Schokolade aufgegessen und die Samtvorhänge aufgezogen sind, den Blick auf die fünfundvierzigjährige Witwe Hedwig Volkbein freigibt. Hingestreckt unter den Pfosten eines Himmelbetts, stößt sie mit der »Geste eines Fahnen salutierenden Generals« ihren Neugeborenen von sich und stirbt. Mit diesem Tod beerdigt Djuna Barnes nicht nur eine soldatische Wienerin, sondern eine ganze Epoche und genießt es, dieses Kind Felix, das ohne Eltern, ohne Wien und ohne den Reichtum, den es gerne gehabt hätte, aufwachsen und groß werden muss, als Denkmal zu benutzen, als Denkmal für eine unwiederbringlich versunkene Zeit.

»Nachtgewächs«, schreibt Djuna Barnes 1935 an ihre Freundin Emily Coleman, »Nachtgewächs, einfach so, in einem Wort, es klingt nach Nachtschatten, nach Gift und Nacht und Wald, und nach Zähigkeit, im fleischlichen Sinn…« Das ist gut ausgedrückt, aber viel zu rücksichtsvoll umschrieben. Denn in »Nachtgewächs« verbergen sich sexuelle Delikte, von Inzest bis zum Missbrauch Minderjähriger und Spielformen der Bigamie. »Nachtgewächs« ist das Porträt der aus dem puritanischen Amerika geflüchteten und erlösten Pariser Exil- und Künstlergesellschaft der zwanziger Jahre. In »Nachtgewächs« taucht aber auch der gesamte Barnes'sche Familienclan auf. Der unmögliche Vater, der seine Tochter vergewaltigt, und eine Frau, die, weil sie eine andere Frau liebt, sich als Mann verkleidet. Jeder liebt jeden und jeder den falschen. Weil aber damals wie heute Inzest ein Tabu war, über das man nicht schreiben durfte, packte Djuna Barnes die Wahrheit in Rätsel, erfand Namen und Figuren, fügte Erinnerungen an ihre eigene verworrene Kindheit und Jugend in das »Nachtgewächs« ein und setzte die Kunst des Schreibens mit der Kunst der Denunziation gleich. Sie denunzierte die europäische und die amerikanische Gesellschaft, das jüdische Bürgertum und die Bohème ihrer Zeit. Um zu denunzieren, übertrieb sie.

Djuna Barnes war vom Leben in vertauschten Rollen fasziniert. Hinter diesem Spiel verbirgt sich die Erkundung der eigenen Sexualität, allerdings mit selbstzerstörerischem Affekt. Djuna Barnes warnte ausdrücklich davor, mit dem Leid »Inzucht« zu treiben. Inzest ist ein Thema, das zwischen ihrem Vater und ihr, wie zwischen VIRGINIA WOOLF und ihren Stiefbrüdern, als Menetekel auftaucht. Vor allem aber ist der Schmerz und die Wut über die 1931 beendete leidenschaftliche Beziehung zu der Bildhauerin Thelma Wood in »Nachtgewächs« eingeflossen. Djuna Barnes schrieb das Buch in »Trauer«, von der Außenwelt abgeschottet und aufrecht im Bett sitzend.

Angesiedelt ist der Roman in jenem wuseligen Paris, in dem James Joyce lebt, den Djuna Barnes verehrt wie niemand sonst. Aber auch Ezra Pound, T. S. Eliot, Ernest Hemingway und Scott Fitzgerald haben sich dort eingefunden. Sie alle hatten ihre Rolle beim Aufbruch in die Moderne. Die Rolle der Frauen im Kreis der Intellektuellen und Künstler war weit mehr als die der »Hebamme bei der Geburt des *Modernism*«. 1922 verlegte Sylvia Beach, die in der Rue de l'Odéon ihre Buchhandlung betrieb, den »Ulysses« von James Joyce. Die Journalistin Janet Flanner schrieb ihre »Letters from Paris«, die im »New Yorker« erschienen. Berenice Abbott fotografierte das Pariser Leben, GERTRUDE STEIN hielt Hof und arbeitete nachts an ihrer eigenen Moderne. Djuna Barnes war 1919 im Auftrag von »McCall's Magazine« nach Paris gekommen und hatte ein Zimmer im Hôtel d'Angleterre in der Rue Jacob bezogen, in der auch die Mäzenatin und Freundin Natalie Clifford Barney wohnte. Mit einer schick umgeschlagenen Hutkappe, einer Nase wie ein scharf gespitzter Bleistift, einem unwiderstehlichen Mund, einer Zigarettenspitze, die wie ein Bajonett zwischen ihre Ober- und die sauber geschminkte Unterlippe geschoben war, so zeigte sich Djuna Barnes dem Fotografen. Eine mondän stilisierte, furchterregend anspielungsreiche Schriftstellerin, die gegen das bürgerliche Verhalten revoltierte.

Inzest als Dunkel der Gefühle ist das Hauptthema von Djuna Barnes' beiden Romanen, »Nachtgewächs« und »Ryder«, ihrer Gedichte und des Theaterstücks »Antiphon«. Die brillant bissigen Kurzerzählungen, der »Ladies Almanach«, die Porträts und journalistischen Arbeiten – sie alle zeigen ihre eindeutige Haltung als luzide schonungslose Beobachterin und Grenzgängerin zwischen den Geschlechtern und literarischen Genres.

In »Ryder«, 1928 erstmals in New York erschienen, erzählt Djuna Barnes die Geschichte ihrer Vorfahren und steckt dabei das Gelände ab, von dem sie acht Jahre später, 1936, das »Nachtgewächs« erntet. Der Vater Wald Barnes erhält ein Abbild in der furchteinflößenden Hauptfigur Wendell Ryder, die Mutter, Elizabeth Barnes, bekommt den Decknamen Amelia. Und die Frau, die eines Tages im Haushalt der Familie Barnes auftaucht, mit Vater Ryder ins Bett steigt und in seinem Bett bleibt, heißt »Sorglose Kate«. Djuna Barnes hat ihre Verachtung für das männliche Geschlecht, oder sagen wir, ihre totale Respektlosigkeit, ihrem Vater zu verdanken. Er trug ein markantes Gesicht, mit Habichtsnase und langer Lippe, war aufgewachsen als Muttersohn, frei von parvenühaften Tugenden wie Fleiß und Ehrgeiz und mit einem übermäßigen Zeugungstrieb gesegnet. Das Zeugen ist die große Leidenschaft des Romanhelden Wendell Ryder. Während die Frau vor und während der Geburt leidet, flüchtet sich Ryder zu seiner geliebten, monströsen Mutter Sophia. »Ich stamme«, sagt Wendell Ryder, »aus einer gefühlvollen Epoche und dementsprechend benehme ich mich, wie ich mich befinde. Was ich sein möchte, behaupte ich zu sein ... Ich bin eine Gesellschaft für sich.« Einer, der so redet, hat das Selbstbewusstsein eines Großen und eine große Mutter. Djuna Barnes lässt die kolossale Sophia in »Ryder« auf dem Sterbebett bekennen: »Ich bin liederlich und herzhaft gewesen ... durch die verschiedenen Hitzen, die der Leib eines Weibes ausströmt.« Djuna Barnes spricht durch die Münder von Wendell Ryder und Sophia über sich selbst. Ryder behauptet zum Beispiel, seine Tochter sei schon immer ein trotziges Luder und ein trotziges Mädchen gewesen. Sophia antwortet kühl: »Sie war schon immer du.«

Die Schriftstellerin Djuna Barnes interessierte sich nur für die unmoralischen Aspekte des Lebens, für Klatsch, die Aufhebung von Normen und für eine Neuinterpretation der Gebote. Sie interessierte sich nicht für den biederen Alltag oder für das in ihren Augen ebenso biedere wie verachtenswerte Berufsleben. Sie begeisterte sich für die Obsessionen allgemein, für die Mutterschaftsbesessenheit der Frauen, die Vaterschaftsbesessenheit der Männer. Sie polemisierte gegen die panischen Kastrationsängste der Männer und stattete die Frauen mit Mut aus, mit dem Mut, den sie brauchen, um ihr Leben zu ändern. Sie spottete gegen den lieben Gott und gegen die Regeln der Schule. »Was nützt es«, fragt Wendell Ryder den Lehrer, »wenn die Kinder den Hamlet rückwärts und die Zehn Gebote seitwärts aufsagen können?«

Djuna Barnes selbst besuchte nur kurze Zeit eine öffentliche Schule. Den Rest lernte sie von ihrer Großmutter, Zadel Barnes-Gustafson. Ihre eigenen Zehn Gebote stellten die Regeln auf den Kopf: »Treib du nicht, denk du nicht, folg du nicht ... greife du nicht hinter die Bilder ... Treib du nicht Handel mit fremder Redeweis.« In »Ryder« zeigt sie das bizarre Milieu ihrer Herkunft, zeigt die Umgebung, in der sie lernte, den Mund aufzutun und gegen alles Vorgefundene erst einmal zu rebellieren. In »Ryder« heißt es: »Mein Herz ist ein Sumpf des Bösen.« »Nachtgewächs« handelt von der Tragödie der Gefühle, und »Ryder« ist das Vorspiel dazu. Jede Form der Liebe führt in Djuna Barnes' Texten zwangsläufig zu Schmerzen, Leid und Zerstörung. Jede Liebe bedeutet den Tod. In »Ladies Almanach«, einem Buch, das die »neue Frau« der späten achtziger Jahre des zwanzigsten Jahrhunderts besonders liebte, werden die Beziehungen der »Ladies« zueinander noch als positive Alternative zu heterosexuellen Beziehungen und zur traditionellen Rolle der Frau dargestellt. In »Ladies Almanach« dürfen Rebellionen glücken, darf Evangeline Musset erfolgreich die patriarchalen Normen einreißen und glücklich werden. In »Nachtgewächs« jedoch scheitert Nora Flood mit ihren Vorhaben und ihren Ideen. Noras Wünsche zerschellen an der Wirklichkeit – wie die von Djuna Barnes. Als das Interesse an ihren Büchern und ihrer Person nachließ und sie kein Geld mehr hatte, vagabundierte sie eine Zeitlang zwischen Tanger und London umher. Dann kehrte die freiwillige »Expatriate« wieder nach New York zurück.

Spötter behaupten, Djuna Barnes habe mit ihrem feingestochenen Stil, der bombastisch und theatralisch, aber auch kalt und messerscharf sein kann, keine Romane, Theaterstücke, Kurzgeschichten, Essays und so weiter verfasst, sondern lauter erste Sätze. Wahr ist, dass viele ihrer Sätze so komplex sind, dass man ihre Bedeutung nicht beim ersten Lesen verstehen kann. Es war aber nicht die abgründig komplexe Poesie, es waren ihre Liebschaften, die das Interesse an Djuna Barnes bei den Mitgliedern der Frauenbewegung weckte. Dass sie zur Galionsfigur wurde, ist ein Irrtum, denn, schreibt ihre Biografin Kyra Stromberg, »ihr Verhältnis zu Frauen reicht von kritischem Interesse bis zu herablassender Aversion«.

Ihr Ruhm, ihre Karriere als Ikone einer sich emanzipierenden Generation, der Djuna Barnes als Vorkämpferin auch für lesbische Beziehungen diente, kam Mitte der achtziger Jahre für sie selbst viel zu spät. Von 1941 bis zu ihrem Tod bewohnte sie, wenn man ihren Berichten glauben darf, einsam, wenn nicht total vereinsamt, im New Yorker Village einen Raum von etwa vier mal vier Metern, mit einem winzigen Badezimmer und einer noch kleineren Kochnische, einem begehbaren Schrank, zwei Fenstern zum Hof, einer Reiseschreibmaschine, verstaubten Büchern und einer Dose Kakerlaken-Spray. Als ihr Tod am 18. Juni 1982 bekannt wurde, wunderte sich die literarische Welt, dass Djuna Barnes noch gelebt hatte.

Biografisches

Djuna Barnes kam am 12. Juni 1892 als Kind der Violinistin Elizabeth Barnes, geborene Chappell, und Henry Budington, der sich Wald Barnes nannte, in Cornwall-on-Hudson zur Welt. Wald Barnes betrieb eine kleine Farm, war ein erfolgloser Schriftsteller und brillierte als moralischer Chaos-Vater. Zur Familie in dem dörflichen Künstlerort, den man heute mit dem Vorortzug von der New Yorker Grand Central Station in etwas mehr als einer Stunde erreicht, gehörten vier Söhne und Djuna als einzige Tochter, dazu die Großmutter Zadel Barnes-Gustafson und neben der Mutter eine Geliebte des Vaters. Die Großmutter war eine Frühemanzipierte und ein Segen für Djunas Bildung. Was Djuna, die auf Wunsch des Vaters nur kurze Zeit die Schule besuchte, in Kindheit und Jugend gelernt hat, verdankte sie ihr. Mit Zadel Barnes-Gustafson studierte sie die Texte der Bibel und die Shakespeare'schen Dramen. Im Alter von neunzehn Jahren zog sie nach New York, um zu malen, ab 1912 veröffentlichte sie ihre journalistischen Texte in New Yorker Tageszeitungen. Sie heiratete den Theaterkritiker Courtenay Lemon und ließ sich nach dreijähriger Ehe scheiden. 1919 ging sie nach Paris, verkehrte im Salon der Mäzenatin Natalie Barney und lernte 1923 Thelma Wood kennen, mit der sie bis 1931 zusammenlebte. Nach der Trennung von Thelma Wood wurde sie von Peggy Guggenheim unterstützt. 1940 verließ sie Paris und kehrte nach New York zurück. Dort starb sie verarmt, vereinsamt und vergessen am 18. Juni 1982.

Leseempfehlung

»Ladies Almanach« (Prosa). Aus dem Englischen von Karin Kersten.
»Ryder« (Roman). Aus dem Englischen von Henriette Beese.
»Nachtgewächs«(Roman). Aus dem Englischen von Wolfgang Hildesheimer.

Verena Auffermann

ARITHMETIK DES VORSPRUNGS

Simone de Beauvoir *1908–1986*

Ein geistiges Ausnahmekind – das merkten die Eltern früh und standen der Lernbegier des Mädchens nicht im Weg. Mit vier Jahren konnte das Kind lesen und machte sich Bücher zu Freunden. Noch früher aber, im Alter von zweieinhalb, erahnte die Kleine ein paar Lebensmotive und Lebensregeln, denen sie für immer treu bleiben sollte. Das Ereignis, mit dem der kindliche Bewusstseinsschub in Simone de Beauvoirs Erinnerung zusammenfällt, ist ein Kostümfest im Jahr 1910. Das auffallend schöne Mädchen mit den schwarzen Haaren und dunklen Augen ist als Rotkäppchen verkleidet. Es trägt einen Faltenrock, eine Kappe und, so schreibt sie Jahrzehnte später in ihren Memoiren, »einen Korb am Arm mit einem Kuchen und einem Topf Butter darin«. Stolz und selbstbewusst schaut sie in die Kamera des Fotografen, bei dem es sich vermutlich um den Vater handelt. Auf dem Bild befinden sich indes noch zwei andere

Personen: Simone de Beauvoirs Mutter und ein Säugling, den die Mutter zärtlich im Arm hält, die kurz zuvor geborene Schwester Hélène. Betrachtet man das Bild der fröhlichen Szene im Lichtkegel der Psychologie, zeigt es eine süße, schutzbedürftige, dem mütterlichen Körper hautnahe Zweitgeborene und eine, so darf man annehmen, entthronte Erstgeborene, die für den familiären Neuzugang nicht nur liebevolle Gefühle hegte. »Ich war«, schreibt Beauvoir in den Memoiren, »eifersüchtig, aber nur kurze Zeit.«

Nur kurze Zeit? Eifersucht ist ein Schlüsselthema im gesamten literarischen Werk der schönen französischen Philosophin und Schriftstellerin, die in die Literaturgeschichte als Ikone freien weiblichen Denkens und Lebens einging, als Urmodell der modernen Intellektuellen schlechthin. Um nichts anderes als Eifersucht geht es im thematischen Kern des Romans »Sie kam und blieb« aus dem Jahr 1943, der Beauvoir berühmt machte. Der Roman erzählt von einer weitgehend autobiografischen Dreiecksgeschichte zwischen einem gebildeten Paar und einer jungen Frau. Eine Geschichte, in der es an der Oberfläche liberal, analytisch und kultiviert zugeht, unter der Oberfläche aber aggressiv brodelt. Zehn Jahre später schüttet die Eifersucht ihr Seelengift in die Titelgeschichte des Erzählbandes »Eine gebrochene Frau«. Der Band erschien 1953, danach schrieb Simone de Beauvoir kaum mehr in den Formen literarischer Fiktion, beschränkte sich auf Autobiografie und Essayistik. Eifersucht ist folglich eines der Themen, die ihr literarisches Werk einklammern. Mit Eifersucht, diesem Gefühl, in dem Konkurrenz, Lust am Wettbewerb, Siegesdrang des Egos und dessen Furcht vor Niederlagen kulminieren, kannte sie sich aus. Sie hatte es schon als Rotkäppchen neben dem Baby Hélène begriffen. Und sie begriff es erst recht, als sie 1929 einen schmuddeligen, schieläugigen, kleingewachsenen, aber umwerfend charmanten und geistig überragenden Kommilitonen kennenlernte und mit ihm einen legendären antibürgerlichen Liebespakt schloss: keine Lügen, keine Geheimnisse, größtmögliche Offenheit, größtmögliche erotische und emotionale Freiheit. Und größtmögliche Loyalität. Dass dieser Pakt, den Simone de Beauvoir und Jean-Paul Sartre tatsächlich von der Studienzeit bis zum Tod durchhielten, nicht zuletzt auf einer Bewältigungstechnik der Eifersucht beruhte, das darf man annehmen.

Auch diese Technik legte sie sich schon sehr früh, eben im Alter von zweieinhalb Jahren, zu. »Soweit ich mich zurückerinnern kann, war ich stolz darauf, die Ältere, die Erste zu sein ... Ich fühlte mich interessanter als ein auf seine Wiege beschränkter Säugling. Ich hatte eine kleine Schwester. Aber das Baby hatte mich nicht.«

Merkwürdige Sätze, genau genommen prophetische Sätze. Denn der Ehrgeiz, die Erste zu sein, ein weibliches Pionierleben zu führen und geistige Pionierleistungen zu vollbringen, dieser Ehrgeiz erfüllte sich mit Beauvoirs epochemachendem Hauptwerk »Das andere Geschlecht«. Ein Buch, das im Jahr 1949 in die Kulturgeschichte der Moderne einschlug wie ein Meteorit. Ein Buch, das die Energie besaß – darin vergleichbar dem »Kapital« von Karl Marx –, unabhängig von der Richtigkeit oder Unrichtigkeit seiner Thesen das Denken der Menschheit zu teilen in ein Davor und ein Danach. Ein Buch, das nichts weniger sein wollte als eine Gesamtdarstellung der Lebens- und Existenzbedingungen der einen, der weiblichen Hälfte der Menschheit. Nie zuvor hatte irgendein Autor, geschweige denn eine Autorin, universalistischer und radikaler über Frausein, Weiblichkeit und Emanzipation nachgedacht. So selbstverständlich gilt »Das andere Geschlecht« inzwischen als die Bibel des Feminismus, dass die Ungeheuerlichkeit, welche die Veröffentlichung der tausendseitigen Schrift 1949 darstellte, darüber fast vergessen wurde. Der Vatikan setzte das Buch auf den Index. Albert Camus verachtete es. Spott vergossen auch linke Gesinnungsgenossen über die Frau, die mit radikaler Courage deutlich machte, mehr zu sein als das philosophische Double eines Philosophen namens Sartre. Noch drei Jahrzehnte nach seiner Veröffentlichung schuf »Das andere Geschlecht« abstruse Allianzen zwischen reaktionären Saubermännern und jenen Feministinnen, die dem sogenannten Differenzprinzip anhingen, das im Verhältnis zwischen Männern und Frauen den Unterschied betont.

Beauvoir schrieb mit ungekannter Offenheit über den weiblichen Orgasmus, über die einschränkende Last der Kinderaufzucht, über die Nichtswürdigkeit ewig sich wiederholender Hausarbeit. Der Gegenwart sind diese Themen und Gedanken geläufig. Im Jahr 1949 waren sie ihrer Zeit auf provokanteste Weise voraus. Man denkt, wenn man den Namen »Beauvoir« hört, an eine nahe, fast vertraute Kulturepoche; an die Epoche der schwarzen Rollkragenpullover, der Musik Juliette Grécos, man denkt an Libertinage, an Whisky, Jazz, politisch linkes Engagement und munter modernes, existentialistisches Philosophieren. Und übersieht, wie die politische Lage für Frauen tatsächlich aussah: Dass das Frauenwahlrecht in Frankreich erst im Oktober 1944 eingeführt worden war und Ehefrauen noch weit davon entfernt waren, sich ohne Zustimmung ihres Mannes ein eigenes Bankkonto zulegen oder einen Arbeitsvertrag unterschreiben zu dürfen. Simone de Beauvoir veröffentlichte »Das andere Geschlecht« in einer Zeit und in einem Land, in dem noch wenige Jahre zuvor die Anwendung von Verhütungsmitteln verboten war. Sie war einundvierzig Jahre alt, rasend in ihren amerikanischen Geliebten Nelson Algren verliebt und insgeheim längst entschlossen, diese Liebe der erfolgreichen Partnerschaft mit Sartre zu opfern, als sie vermutlich an einem Pariser Kaffeehaustisch einen Satz zu Papier brachte, der als Dogma Geschichte machte. Er lautet: »Man wird nicht als Frau geboren, man wird es.«

Sie war nicht nur Pionierin des Denkens, sie genoss auch den Vorzug, einer intellektuell pionierfreudigen Frauengeneration anzugehören, die im Unterschied zu ihren Vorläuferinnen die Chance auf formale Gleichberechtigung erhielt. Frauen, die lasen, dachten, schrieben, die sich bildeten, Frauen wie Madame de Staël, George Sand, George Eliot hatte es natürlich auch vor Beauvoir schon gegeben. Aber sie zählte mit Hannah Arendt, Margaret Mead, Mary McCarthy, Alva Myrdal zu jener Anfang des zwanzigsten Jahrhunderts geborenen Generation von Frauen, die zum ersten Mal in der Geschichte Zugang hatten zu offiziellen Bildungsinstitutionen, zu Hochschulen und Universitäten, deren Besuch bis dahin ausschließlich Männern vorbehalten war. Individuelle Faktoren sind im Fall Simone de Beauvoirs von kulturellen Faktoren nicht zu trennen. Das geistige Ausnahmekind, geboren im Jahr 1908, war auch ein Glückskind seiner historischen Lebensbedingungen. Dem Ehrgeiz, die Erste zu sein, stand die Welt offen. Die Rechnung des Beauvoir'schen Erfolgsrezepts, ihre Arithmetik des Vorsprungs, ergab mit dem Bewusstsein ihrer Zeit eine glatte Summe. »Das andere Geschlecht« war ein Skandal, aber ein Skandal, auf den die Moderne, zumal die frühe Nachkriegsepoche, gewartet hatte. Die, die den Skandal ausgelöst hatte, kam nicht ins Gefängnis, sondern zu Weltruhm.

Die Erste sein – nie zuvor hatte eine Frau das berüchtigte Abschlussexamen an der École Normale Supérieure im Fach Philosophie bestanden, die jünger war als Simone de Beauvoir, und nie zuvor eine Frau mit besseren Noten. Sie war die Erste unter den Frauen, in ihrem Abschlussjahrgang insgesamt allerdings nur die Zweite. Vor ihr gab es einen, der mit noch besseren Noten abschnitt: Jean-Paul Sartre. Die Zweite hinter ihm zu sein war keine Kränkung. Im Gegenteil, aus dieser Rangordnung ergab sich das logische Modell eines gefeierten Paares mit fester Rollenverteilung. Zeitlebens akzeptierte sie Sartres intellektuellen und philosophischen Vorrang. Hinter einem Jahrhundertgenie einen Schritt zurückzustehen, ist für keine Frau, auch wenn sie selbst etwas Genialisches an sich hat, eine Schande. Und an der Seite Sartres blieben ihr die Frostgefühle intellektueller Unweiblichkeit erspart. Ansonsten pflegte sie die Rolle der geistigen Klassenprima und später, in den siebziger und achtziger Jahren, die Rolle der geistigen Mutter der feministischen Befreiungsbewegung. Ihren perfekt lackierten Fingernägeln sah man an, dass sie sich wenig in der Küche aufhielt. Sie schätzte das Hotelleben, den täglichen Besuch von Cafés und Restaurants. Sie genoss es, eine Schönheit zu sein, sie genoss die vielfältigen amourösen Erfolge und Vergnügungen, die sich daraus ergaben, und verschwendete dabei an ihre weibliche Erscheinung wenig Zeit. Als sie an »Das andere Geschlecht« arbeitete, machten Freunde sie darauf aufmerksam, dass es der Jahreszeit entsprechend Zeit sei, ein Sommerkleid anzuziehen und das Wollkleid in den Schrank zu hängen, das sie seit dem Winter trug. Wer ihr Bild kennt, kennt auch die Kollektion der Tücher, Bänder, Turbane, die sie über ein halbes Jahrhundert lang um die Haare band; Emblem einer sich praktisch und vor allem schnell frisierenden Frau; Attribut der Erscheinung einer Philosophin, die weiß, was sie interessant macht: ihr Kopf und ihr Verstand. Beauvoirs Attraktivität war gebunden an den Selbstentwurf als weiblicher Verstandesmensch.

Wie schrieb sie? »Ich fühlte mich interessanter als ein auf seine Wiege beschränkter Säugling.« Aus dem trotzigstolzen Satz leitet sich nichts weniger ab als das existentialistische Basistheorem des »Anderen Geschlechts«, die Unterscheidung zwischen weiblicher Immanenz und männlicher Transzendenz. Denn was ist ein auf Versorgung angewiesener, im schieren, unproduktiven Dasein dämmernder Säugling anderes als ein Extremfall der Immanenz? Daneben aber sie selbst: Simone in ihrem Rotkäppchenkostüm. Was ist ein Kostüm anderes als ein Zeichen für jenes Projekt transzendenter Selbsterschaffung, die sich als Selbstverausgabung in Schriften und Büchern wiederfindet? Ein Mädchen, das sich in seiner Verkleidung nicht nur hübsch und niedlich fühlt, sondern sich als interessante Kreation betrachtet, ein solches Mädchen ist schon nicht mehr weit entfernt von der erwachsenen Frau, die sich mit dem Verfassen ihrer Texte und Bücher erschaffen wird. Diese Botschaft: Haltet euch nicht bei Niedlichkeiten auf, haltet euch ans Interessantwerden!, sie gab Simone de Beauvoir den Frauen des zwanzigsten Jahrhunderts mit.

Längst ist diese Botschaft zum Grundgeräusch der Emanzipationskultur abendländischer Gesellschaften geworden. Längst ist die Botschafterin selbst ins Image der etwas lehrerinnenhaften Klassikerin entrückt. Beauvoirs Aura des Pionierhaften ist verblasst. An ihrem Werk, an ihrer Person haftet stattdessen ein Hauch von Anachronismus, von Überlebtheit. Ganz unschuldig ist sie daran nicht. Denn mag sie als feministische Essayistin auch radikal gewesen sein, als Literatin war sie es nicht. Beauvoirs umfang- und dialogreiche Gesellschaftsromane huldigen erzählerischer Konvention. Nicht umsonst war NATHALIE SARRAUTE, die renommierte Vertreterin des Nouveau Roman, ihre Antipodin in der Pariser Literaturszene der Nachkriegszeit. Simone de Beauvoir war eine Avantgardistin des Lebensstils, der Idee und der Reflexion. Sie war keine Avantgardistin der Ästhetik. Ihre Ideen aber sind zu populär geworden, um noch heute so avantgardistisch zu wirken, wie sie es vor einem halben Jahrhundert vermochten. Und etwas anderes kommt dazu: Sehr früh, schon im Alter von achtundvierzig Jahren, begann Simone de Beauvoir, das erste ihrer autobiografischen Bücher zu verfassen. Band um Band rekapitulierte sie in ihrem Spätwerk ihr Leben. So wurde, so früh, wie das Kind Simone die Arithmetik des Vorsprungs begriff, Vergangenheit zum Thema – ein wenig auch zum Stigma – ihres Schreibens.

Biografisches

Simone de Beauvoir wurde am 9. Januar 1908 in Paris geboren. Schon in ihrer Kindheit prophezeite der Vater ihr und ihrer Schwester Hélène: »Ihr, meine Kleinen, werdet nicht heiraten. Ihr werdet arbeiten müssen.« Denn hinter dem großbürgerlichen Schein der Familie Beauvoir verbargen sich materieller Abstieg und Notstand. Auf ein Erbe konnte Simone de Beauvoir nicht hoffen. Sie arbeitete, um ihrem Geist Genüge zu tun und um sich zu ernähren. Ihre Leidenschaft für Philosophie diente einer materiellen Funktion: 1931 ging Beauvoir als Philosophielehrerin nach Marseille, danach unterrichtete sie in Rouen, anschließend bis 1943 in Paris. Für den Rest ihres Lebens hatte sie mit dem Gefährten Jean-Paul Sartre gemeinsame Kasse. Wie es der Vater vorherbestimmte, heiratete sie nie. Zumindest nicht auf dem Standesamt und nicht in der Kirche, im Herzen vielleicht schon. Denn als sie auf dem Friedhof von Montparnasse neben Jean-Paul Sartre beerdigt wurde, trug sie noch immer den Ring am Finger, den ihr der amerikanische Schriftsteller Nelson Algren, die große romantische Liebe ihres Lebens, Anfang der vierziger Jahre geschenkt hatte. Ihn nannte sie in ihren Briefen »Mein Gatte«. Darauf, tatsächlich seine Gattin zu sein, ein amerikanisches Eheleben zu führen, verzichtete sie zugunsten eines Traums, der noch stärker war: die Beauvoir zu sein. Die berühmteste französische Denkerin ihrer Zeit. Sie starb am 14. April 1986 in Paris.

Leseempfehlung

»*Sie kam und blieb*« *(Roman)*. Aus dem Französischen von
Eva Rechel-Mertens.
»*Das andere Geschlecht*« *(Essay)*. Aus dem Französischen von
Eva Rechel-Mertens und Fritz Montfort.
»*Die Mandarins von Paris*« *(Roman)*. Aus dem Französischen von
Ruth Ücker-Lutz und Fritz Montfort.
»*Memoiren einer Tochter aus gutem Hause*« *(Erinnerungen)*.
Aus dem Französischen von Eva Rechel-Mertens.
»*Das Alter*« *(Essay)*. Aus dem Französischen von Anjuta Aigner-Dünnwald
und Ruth Henry.

Ursula März

SAG, WER BIN ICH?

Karen Blixen *1885–1962*

Vielleicht wäre diese gutaussehende Frau lieber als Mann zur Welt gekommen. Sie wollte selbst bestimmen, wer und was sie war. Frau, Mann, Löwenjäger, Geliebte, Farmerin in Afrika, Boss von tausend Menschen, Schriftstellerin. Sie wollte nicht untätig sein, nicht feine Dame spielen, wie es ihre Herkunft vorschrieb. Sie wollte arbeiten, viel arbeiten und dabei weniger müde werden als andere, und sie wollte ein gleichberechtigtes und abwechslungsreiches Leben führen. All diese Wünsche sind in Erfüllung gegangen. Abenteuerlicher als das Leben von Karen Blixen konnte eine weibliche Biografie in der ersten Hälfte des zwanzigsten Jahrhundert kaum sein. Ihre Erlebnisse aus achtzehn Jahren Afrika beschrieb sie in einem beeindruckenden Roman so authentisch, dass der Leser denken muss – ja, das war ihr Leben, so und nicht anders ist es gewesen. Was natürlich richtig und natürlich auch ganz falsch ist.

Mit den berühmt gewordenen ersten Sätzen: »Ich hatte eine Farm in Afrika am Fuße der Ngongberge. Hundert Meilen nördlicher lief der Äquator durchs Hochland, aber die Farm lag in einer Höhe von über zweitausend Metern …«, beginnt die mitreißende Beschreibung. Ein zu Tränen gerührtes Millionenpublikum kennt diese Sätze, seit Sydney Pollack 1985 Karen Blixens Roman »Jenseits von Afrika« verfilmte und dafür sieben Oscars bekam. Karen Blixen war einundfünfzig Jahre alt, als der Roman 1937 herauskam und schnell zum Mythos wurde, zur weiblichen Antwort auf Ernest Hemingways Afrikabücher. Ihre afrikanische Farm wurde nicht gerade ein Nationalheiligtum, aber ein kleines Museum. Ebenso das Elternhaus Rungstedlund, etwa zwanzig Kilometer nördlich von Kopenhagen gelegen, wohin sie 1931 zurückkehrte und dort als erfolgreiche, aber schwerkranke Schriftstellerin bis zu ihrem Lebensende blieb.

Sie wurde geboren als Tochter eines Offiziers, Politikers und Schriftstellers und als Karen Christence Dinesen ins Taufregister eingetragen. Bald hatte sie es satt, die höhere Tochter aus vermögenden dänischen Kreisen zu spielen. Sie litt darunter, dass sich ihr Vater, als sie zehn Jahre alt war, auf brutale Weise ums Leben gebracht hatte, wollte das Getue mit Teeeinladungen, Rebhuhnjagden und Nachbarschaftsgeschwätz vor dem Hintergrund der herrschenden pietistischen Gesinnung nicht länger ertragen. Und sie musste einsehen, dass ihre Liebe zu Baron Hans von Blixen-Finecke nicht erwidert wurde. Also beschloss sie, mit dessen Zwillingsbruder Bror nach Kenia zu gehen. Dass sie nur als Ehepaar vor der hochnäsigen Kolonialgesellschaft in Nairobi auftreten konnten, war ihnen bewusst, sie heirateten gleich nach ihrer Ankunft. Im Roman nennt sie ihn »mein Mann«, und nach Hause schrieb sie, Bror sei ein guter Krankenpfleger und ein begnadeter Masseur.

Bror Blixen hatte keine Milchfarm erworben, wie man es im Familienrat der Dinesens beschlossen hatte – das Geld für die Investition kam von ihnen –, sondern eine Kaffeefarm. Und Kaffee wuchs in der Höhe über 1700 Meter, auf der die Farm gelegen war, langsam und schlecht. Bror war ein Draufgänger und Jäger, der sich nicht mit so langweiligen Sachen wie Geldverdienen oder Kaffeeanbau das Leben verderben lassen wollte. Er wollte Spaß haben: Safaris organisieren, Trophäen sammeln, auf die Jagd gehen mit Prinz Edward von Wales oder Ernest Hemingway.

Erst die erwachsene Karen Blixen, 1925 vom ignoranten Großwildjäger Baron Bror von Blixen-Finecke geschieden, wagte es, sich von der besitzergreifenden »Güte« und »Liebe« ihrer eigenen Familie loszusagen. Karen Blixen hatte erkannt, dass Güte und Liebe gut und schön, aber auch Knebelinstrumente sind, die den Menschen kritikunfähig und unselbständig machen. Unselbständig wollte sie um keinen Preis sein. Es sollten lange arbeitsame Jahre mit vielen fremdartigen Erfahrungen werden, bis Karen Blixen wirklich wusste, dass sie mit dem »Paradies« brechen und in ihr »eigenes Reich hinabgestürzt« werden musste. Sie wusste auch, dass sie nicht länger von Männern abhängig sein durfte. Weder von einem »Womanizer« wie Bror Blixen, der sie mit Syphilis angesteckt hatte, noch von ihrer großen Liebe, dem freiheitsliebenden Großwildjäger Denys Finch Hatton.

»Ihr versteht mich nicht«, schreibt sie 1926 aus Afrika nach Rungstedlund. »Nein, siehst du, ich muss ich selber sein, in mir selbst etwas sein, muss etwas haben und besitzen, das wirklich mein Eigentum ist, etwas schaffen, was von mir kommt und mein Ich darstellt, um überhaupt leben zu können.« Thomas Dinesen bewahrte die vielen Briefe mit den vielen Gedanken seiner Schwester, die schon als junges Mädchen das Leben als eine »Marionettenkomödie« diagnostiziert hatte, sorgsam auf. Karen Blixen war, von ein paar Jugendschriften abgesehen, eine späte Autorin. Wenn sie Zeit hatte, malte sie oder las die Geschichten des unheimlichen Edgar Allan Poe. Die Arbeit auf der Farm und das Zusammenleben mit den vielen von ihr abhängigen Menschen nahm sie ganz in Anspruch. Seit der Scheidung 1925 führte sie die »Karen Coffee Corporation« alleine, ein hartes Dasein und eine außerordentlich mutige und »männliche« Existenz.

Die Suche nach dem Kern ihres Ichs war mühsam, nervenaufreibend und ein langer Prozess. Schreiben, behaupten viele Autoren, ist ein Beruf für Unglückliche, für Zweifler, für existentiell Erschütterte. Als Karen Blixen 1931 nach Dänemark zurückkehrte, war ihr alles, was sie geliebt hatte, entglitten. Denys Finch Hatton war mit seinem Flugzeug auf der Suche nach Elefantenherden tödlich abgestürzt, die Farm war bankrott und an einen Geschäftsmann aus Nairobi überschrieben, der das Land parzellierte und an Siedler verkaufte. Der Verlust Afrikas sei für sie wie ein Schrei, wie das Brüllen eines Löwen gewesen, schreibt sie im Rückblick. Sie hatte ihre Identität verloren, wollte niemals mehr ein »Schicksal« haben und nie wieder unter einer Identität leiden. Es war der richtige Augenblick, um aufzuschreiben, was ihr widerfahren war. Afrika und ihre eigenen Erlebnisse waren nah genug, aber doch schon von ferne gesehen, wie es im letzten Satz des Romans heißt: »Von da sah ich im Südwesten die Ngongberge liegen. In edlem Schwung erhob sich das Gebirge luftig-blau über das umliegende Flachland, doch war es so fern, dass die vier Gipfel ganz klein erschienen ...«

Karen Blixen liebte Afrika, die Natur, die Tierwelt und seine Bewohner. Ohne die Arroganz des Europäers schilderte sie die Sitten der Schwarzen. Die Ich-Erzählerin aus »Jenseits von Afrika« war eine distanzierte Beobachterin. Die zeitliche Entfernung erlaubte ihr den nüchternen Blick auf die befremdliche Undankbarkeit der Afrikaner, auf ihr Gedächtnis für Kränkungen, ihre rätselhafte Furchtlosigkeit dem Tod gegenüber, ihren Glauben an die Zauberwesen. »Jenseits von Afrika« ist mit Respekt vor der Natur, vor Mensch und Tier und ohne falsches Pathos geschrieben. Den Menschen brachte die Autorin Anerkennung, den Tieren Zuneigung, der Natur Bewunderung entgegen. Bei einem hereinbrechenden Erdbeben glaubte sie, ein Leopard müsste auf den Dachboden gekommen sein; und als sich der Fußboden bewegte, hatte sie den Wunsch, die Erde mit der »Hand zu tätscheln« und zu sagen: »Na, na, du bist also doch lebendig, meine gute alte Erde.« Auch in ihren 1934 erschienenen »Phantastischen Erzählungen« interessiert sie sich für die Gemeinsamkeiten von Mensch und Tier. Jedes Geschöpf und die Natur selbst waren, behauptete sie, von Gott gedacht und letzten Endes Ausdruck von Gott selbst. Was für die wildesten Tiere gilt, gilt auch für die Menschen.

Nur als Erzählerin standen ihr die Welt und die Rollen, die es darin zu verteilen gibt, schrankenlos offen. Sie erfand eine Mailänder Sängerin, die bei einem Brand ihre Stimme verliert, sich umbringen will und doch beschließt, etwas Neues zu beginnen. Sie möchte, sagt die Sängerin in der Erzählung »Der Träumer«, »eine Frau werden, eine Frau namens so und so, und wenn sie unglücklich ist, wollen wir uns nicht groß darum kümmern. Wenn ich aber so weit komme, dass ich mir um die eine bestimmte Frau zu viel Gedanken mache, dann will ich auf der Stelle weggehen und will eine andere werden... ich will eine Vielfache werden! Ich will mein Herz und mein Leben nicht mehr an eine einzige Frau binden, die dann so schrecklich leiden muss. Ich habe es lange genug getan. Man kann es nicht mehr von mir verlangen – es ist vorüber.« Als Karen Blixen von einer Journalistin gefragt wurde, ob sie selbst diese Sängerin sei, sagte sie unumwunden: »Ja, das bin ich gewesen«.

Unter dem Namen Isak Dinesen publizierte sie in Amerika und England. In Deutschland nannte sie sich Tania Blixen. Dieses Verwirrspiel reichte nicht. Sie wechselte ihre Identitäten wie andere die Haarfarbe: Karen Blixen, Tania Blixen, Isak Dinesen oder Pierre Andrézel. Fand sie es langweilig, einfach zu wenig, nur ein einzelner Mensch zu sein? Bis ins Alter, als sie sich, von Krankheit gezeichnet, nur noch von Austern und Champagner ernähren konnte und ihr Profil dem eines schönen Vogels glich, schlug sie sich mit der erbarmungslosen Frage herum: »Wer bin ich?«

Keiner wusste nach einem Treffen mit ihr auf Rungstedlund zu sagen, was für ein Mensch diese Frau eigentlich ist, und viele fragten sich, ob diese sonderbare Person überhaupt noch lebe. So war es für sie leicht, die Menschen auf Abstand zu halten und in ihrer selbstgewählten Einsamkeit vermessen genug zu sein, den »Sonnengesang« ihres großen Vorbilds Franz von Assisi weiterzudichten. Einen »Heiligen« zu verehren gehörte im pietistischen Dänemark nicht gerade zum guten Ton. Aber erstens ist der heilige Franz ein Sonderfall, der jede religiöse Barrikade zum Einstürzen bringt, und zweitens hatte sich diese starke

Frau von den Konventionen und Glaubenssätzen ihrer Gesellschaftsschicht nicht aus Trotz, sondern durch Nachdenken befreit. Als Schriftstellerin nutzte sie die Möglichkeit, ihre Gedanken über die Religion in ihre Geschichten einzuschleusen. In der kleinen Novelle »Babettes Fest«, 1987 von Gabriel Axel verfilmt, erzählt Tania Blixen vom enthaltsamen Leben – und von der Liebe und der Sinnenfreude als etwas Schönem, Hohem, aber Vergänglichem. Die Französin Babette, die als Flüchtling in das Haus zweier gottesfürchtiger dänischer Schwestern kommt, dient ihnen treu und bescheiden. Babettes einziger Luxus ist die Teilnahme an einer Lotterie. Als sie wirklich die ersehnten 10 000 Francs gewinnt, fährt sie nach Paris, die Schwestern glauben für immer. Doch Babette kehrt zurück, und mit ihr Kisten voller kulinarischer Köstlichkeiten. Sie bereitet den Schwestern und den Bewohnern des Dorfs ein Drei-Sterne-Menü, und niemand, der an diesem Essen teilnahm, wird jemals in seinem Leben diesen Sinnenrausch vergessen.

»Ich warne Sie«, sagte Karen Blixen in einer Rede zu ihrem eigenen fünfundsechzigsten Geburtstag, »ich warne Sie vor Ihrer moralischen Wahl und Ihrer Neigung zum Ethischen. Hat uns nicht gerade diese Wahl in unseren protestantischen Kulturen gegen den eigenen Willen direkt in den Abgrund geführt? Hat nicht das Christentum die Sinnlichkeit verleugnet und verdrängt und uns von den Wonnen ausgeschlossen, die die Gaben und Mysterien dieses Lebens für uns bereithalten? Und«, fuhr sie im Ton eines Predigers fort, »weil wir den sinnlichen Menschen nicht ausleben durften, wurden wir auch von der Welt des Geistes ausgesperrt.« Sie, die den christlichen Moralismus ablehnte, das bürgerliche Leben gegen eine wilde Existenz vertauscht hatte und sich eine »demütige Dienerin Luzifers« nannte, bildete sich ein, vom christlichen Ethos befreit zu sein. Den Menschen gegenüber nüchtern und streng, der Natur und den Tieren, die in ihr lebten, ergeben. Ihre Freunde irritierte sie mit ihren Selbstzuschreibungen zwischen Schlange, Freundin des Teufels und Hexe. Sie wusste sehr genau, dass sie eine für ihre Umwelt äußerst schwierig zu begreifende und zwiespältige Person war. Das tat ihr selbst leid, aber sie konnte nicht anders. Nach ihrem Tod, das wünschte sie sich, würde man einsehen, dass sie auf eine »lange lange Reise geschickt wurde, um zu erzählen, dass es Hoffnung in der Welt gibt«.

Ihre stärkste Hoffnung galt den Frauen, denn sie hatte, ohne darüber zu sprechen, das Leben einer selbsternannten Feministin geführt und sah ein Jahrhundert »voll herrlicher Offenbarungen« für die Frauen voraus. Frauen, prophezeite sie, werden freien Zutritt zur Wissenschaft haben und die Zahl ihrer Kinder regulieren können. In ihren postum erschienenen Essays »Moderne Ehe« versammelte sie hellsichtige und weniger hellsichtige Gedanken, gipfelnd in der emphatischen Empfehlung der freien Liebe.

Karen Blixen war eine Kämpferin und Denkerin. Sie hatte ertragen, worüber sie nachdachte: Die Qual unerwiderter Liebe und eine Ehe mit einem Mann, dessen Augen Hemingway als außerordentlich blau und kalt beschreibt. Eine Ehe, die sie selbst als »Tragödie« bezeichnete. Und sie erlebte ihre große freie Liebe zu einem Mann, der sie auch liebte, der aber für die Dauer nicht zur Verfügung stand: Denys Finch Hatton. In »Jenseits von Afrika« beschreibt Karen Blixen den geliebten Denys als freiheitsversessen, unabhängig, lesewütig, liebenswürdig und außergewöhnlich nüchtern, abgesehen von eigentümlichen Stimmungen und Ahnungen, die ihn auch vor Antritt seiner letzten Reise erfasst hatten.

Es muss ein sonderbarer Moment in ihrem Schriftstellerleben gewesen sein, als 1954 das Gerücht verbreitet wurde, sie habe den Nobelpreis bekommen. Vergeben wurde er schließlich an Ernest Hemingway. Hemingway war äußerst generös und erklärte, Karen Blixen sei des Preises würdiger gewesen als er, aber auch ohne Preis müsse man sie immer zu den »großen Frauengestalten ihres Jahrhunderts« zählen. Auf der dänischen Fünfzig-Kronen-Banknote sieht man die Silhouette ihres schönen schmalen Gesichts, umrahmt von der Krempe eines großen dunklen Huts. Gut, dass die Dänen ihre Krone als Währung behalten haben.

Biografisches

Karen Blixen wurde am 17. April 1885 als Karen Cristence Dinesen in Rungsted bei Kopenhagen geboren. Der mit Syphilis infizierte Vater Wilhelm Dinesen nahm sich 1895 das Leben, ein großer Schmerz für das behütet aufgewachsene Mädchen. Karen und ihre vier Geschwister bekamen Privatunterricht. Sie hat später sehr bedauert, keine ordentliche Schulbildung gehabt zu haben. Ihr Kunststudium führte sie nach Kopenhagen, Paris und Rom. 1907 veröffentlichte sie unter dem Pseudonym Osceola Kurzgeschichten. 1913 fuhr Karen Dinesen nach Afrika, wo sie 1914 den Dänen Baron Bror von Blixen-Finecke heiratete und mit dem Geld der Familie Dinesen eine Kaffee-Farm erwarb. 1915 erkrankte sie, infiziert von ihrem Mann, an Syphilis und wurde in Afrika einer Quecksilbertherapie unterzogen und in Dänemark mit dem neu entdeckten Mittel Arsphenamin behandelt. Mit dem arsenhaltigen Arsphenamin konnte die Krankheit so weit kontrolliert werden, dass sie nicht mehr ansteckend war. 1918 lernte sie den englischen Armee-Offizier und Großwildjäger Denys Finch Hatton kennen, mit dem sie 1920 eine intensive Liebesbeziehung begann. 1925 wurde die Ehe mit Bror Blixen geschieden, und Karen Blixen leitete die Kaffeefarm alleine. Dürreperioden und Brände erschwerten die Existenz der Farm.

Als 1931 Denys Finch Hatton mit seinem Flugzeug tödlich verunglückte und die Farm bankrott war, ging sie zurück nach Dänemark. Sie starb auf dem elterlichen Gut am 7. September 1962. Rungstedlund ist heute Vogelschutzgebiet und Museum.

Leseempfehlung

»*Jenseits von Afrika*« *(Roman)*. Aus dem Dänischen von Rudolf von Scholtz.
»*Phantastische Erzählungen*«. Aus dem Dänischen von Thyra Dohrenburg.
»*Briefe aus Afrika 1914–1941*«. Herausgegeben von Frans Lasson, aus dem Dänischen von Sigrid Daub.
(Alle Werke auf Deutsch erschienen unter dem Autorennamen Tania Blixen.)

Verena Auffermann

BESUCHE VOM MARS

Jane Bowles *1917–1973*

Ein kleines großes Werk. Beschränkt und intensiv, bewegt es sich nicht von der Stelle; von Anfang an ist alles da: kein sogenanntes künstlerisches Wachstum, keine Veränderung, keine Entwicklung. Ein Wunder, und gleich als solches erkannt; lautstark von Kollegen gepriesen: Tennessee Williams, Truman Capote, John Ashbery gehörten zu ihren ergebenen Lesern. Dabei schrieb Jane Bowles, die auf den erhaltenen Bildern an einen freundlichen Kobold erinnert, beinahe ausschließlich über Frauen. Nichts Realistisches. Nichts Idealistisches. Nichts Psychologisches. An den Konturen scharf gestellt, geben ihre Figuren, wie überbelichtete Porträts, viel Raum für die Phantasie. Die immer noch arbeitet, auch mehr als sechzig Jahre nach deren Entwicklung.

Frieda Copperfield beispielsweise. »Für Mrs. Copperfield war das einzige

Lebensziel, glücklich zu sein; Leute allerdings, die ihr Verhalten über einige Zeit hin beobachtet hatten, wären angesichts einer solchen Feststellung überrascht gewesen.« Sie ist eine Ehefrau und erst mal nichts weiter als das; klein, dünn und nervös hockt sie auf ihrem Stuhl und macht jede Party kaputt, weil sie ausschließlich von ihren Ängsten spricht. Ihr Mann will mit ihr nach Panama und auch noch ins Landesinnere, um sich das alles mal anzusehen, und so, wie Jane Bowles ihn uns zunächst nicht zeigt, sehen wir ihn genau: Er hat eine Menge Geld verdient, er weiß, was er will, und nun will er einmal den Touristen spielen, weil sich das so gehört, wenn man eine Menge Geld verdient hat. Er hat seine Frau am Bändel und schleppt sie erfolgreich mit; womit er aber nicht rechnet, das ist die Entfaltung von Naivität in der Fremde. Die macht seine Frau zu einer Reisenden, während er sein Programm herunterspult. Sie folgt einer schwarzen Hure, weil sie nicht Nein sagen kann, und es gefällt ihr in diesem Bordell, mit all diesen unbekümmerten Damen in Rüschen, die sie so gar nicht versteht und mit denen man herrlich Whisky und Rum trinken kann. Sie lässt ihren Mann ziehen und bleibt, wo man ihr freundlich einen Platz angeboten hat. Für die professionellen Mädchen um sie herum ist sie eine leicht zu rupfende Dollargans, doch kommt sie vollkommen auf ihre Kosten, während ihr Gatte, der ernst-beflissene Tourist, nur sieht, was er schon erwartet hat: Ihr Leben hat sich gedreht, obwohl sie kaum einen Schritt getan. Sie verliebt sich in eine spanische Prostituierte, die sie aushält, wie es sonst Männer tun, und kommt schließlich zurück als ein Wrack: häufig betrunken, ein wenig verwahrlost, bald wird sie geschieden sein. »Ich bin vor die Hunde gegangen – und das ist etwas, das ich mir seit Jahren gewünscht habe. Ich weiß, meine Schuld könnte nicht größer sein, aber ich habe mein Glück, und das verteidige ich wie eine Wölfin, und Autorität habe ich jetzt und etwas mehr Kühnheit; Eigenschaften, die ich vorher nie besessen habe.«

Es sieht nicht gut aus für Mrs. Copperfield, und doch will man ihr gratulieren; bei den Angeboten, die das Leben ihr macht, scheint ein euphorischer Gang vor die Hunde keine ganz schlechte Wahl. Sie entgeht jedenfalls einem Schicksal, wie es Mütter und Gattinnen in ihren Kreisen nicht selten haben, ob es ihnen bewusst ist oder nicht. Manchmal wissen die Männer besser Bescheid, und da es ihnen an Rücksicht fehlen muss, damit sie geschäftsfähig bleiben, können sie es auch aussprechen: »Ich habe sie geheiratet, als sie zwanzig war«, sagt ein New Yorker Ehemann über seine Frau, »gewisse finanzielle Interessen spielten da mit. Jedes Mal, wenn ich sie daran erinnere, fängt sie an zu heulen. Sie liebt mich zwar nicht im Geringsten, aber allein der Gedanke, dass es so ist, ängstigt sie so, dass sie weint. Sie ist blind vor Eifersucht; und wie eine Pythonschlange hat sie sich um ihre Familie und um ihren Haushalt geschlungen, auch wenn sie es hier wahrlich nicht gerade schön hat. Ihr Leben ist wirklich verkorkst, geb' ich ja zu.«

All die verkorksten Lebensentwürfe, die DJUNA BARNES und GERTRUDE STEIN in die Flucht nach Europa treiben und die DOROTHY PARKER umkreist, bis sie selbst darin untergeht, all diese Havarien beschreibt die New Yorkerin Bowles scheinbar kühl bis ans Herz hinan: amüsiert, nicht ohne Mitgefühl, aber schon auf der anderen Seite. Von einer Versuchung dazuzugehören ist ebenso wenig zu merken wie von einem tragischen Kampf. Kein Ringen um Emanzipation ist ihrem Schreiben abzulesen, fremd wie ein scharfkantiger, zierlicher Komet liegt es in der Zivilisation, die aus den Frauen neurotische Mädchen oder erstickende Mütter macht und aus den Männern Schwächlinge oder Terrier. Zwischen den Geschlechtern: Wüste. »Die Herren, die meisten in mittleren Jahren, standen rauchend in einer Ecke des Zimmers zusammen und hörten einander aufmerksam zu. Die Damen saßen frisch gepudert im Zimmer herum und sprachen nur wenig.« Was sollten sie sich auch erzählen, da sie selber nicht daran glauben, dass irgendwas, das sie denken oder empfinden, von irgendeiner Bedeutung ist?

Das alles ist lange her. Für die Lektüre von Bowles spielt das aber keine Rolle; das Historische ihrer Figuren ist eben rein äußerlich. Im Unterschied zu Autorinnen wie GEORGE SAND oder SYLVIA PLATH sind die Umstände nichts als das; für Bowles' existentialistischen Blick geht es doch immer nur um den einen wahren Augenblick, in dem man sich als abgerichtet erweist oder sich der Unberechenbarkeit der Welt überlässt, in dem man das Leben verfehlt oder ergreift. Eine Perlenkette, beim Rendezvous in der Bratensoße auf dem Dinnerteller abgelegt, ist eine Geste, die beide befreit, den Frauenhals und das Männerherz. Und eine vollkommene Trunkenheit kann das innere Auge für jene Wahrheiten schärfen, die nüchtern gar nicht zu haben sind; jedenfalls nicht in einer Gesellschaft, die so offensichtlich verdreht ist, wie Bowles sie ganz richtig sieht: ebenso sachlich wie kühn, mit den Maßstäben eines Besuchers vom Mars.

Die Eleganz ihrer Texte, deren lässige Komik und sprunghafter Ernst waren Ergebnis harter und mühsamer Arbeit, von Selbstzweifeln begleitet, von Blockaden gestört, von Experimenten mit Drogen und vom Alkohol mal beflügelt, dann wieder gelähmt. Der künstlerische Destillationsprozess war sehr langsam. Ihr Leben als junge Frau in einer Pension auf den Brooklyn Heights, zwischen W. H. Auden, Benjamin Britten, CARSON MCCULLERS und anderen Celebritys der New Yorker Bohème der vierziger Jahre, hat sie selbst nie beschrieben. Auch ihr zweites Leben, als Amerikanerin in Marokko an der Seite von Paul Bowles und als Nomadin mit wechselnden Partnern, fand keinen Niederschlag in ihrem zu Lebzeiten veröffentlichten Werk. Truman Capote erinnert sich an den Januar 1951 in Paris: »Manch kalten Abend verbrachten wir in Janes gemütlichem Zimmer, das vollgestopft war mit Büchern und Papieren, Nahrungsmitteln und einem bissigen, weißen Pekinesenbaby, das sie von einem spanischen Seemann gekauft hatte; lange Abende mit Grammofonmusik und warmem Apfelschnaps und Jane, die unglaubliche, matschige Eintöpfe auf einer Elektroplatte fabrizierte.« Das war sechs Jahre vor ihrem Schlaganfall, nach dem sie nichts mehr publizierte. Ihre Gesammelten Werke erschienen, kurz bevor sie in eine Nervenheilanstalt kam, wo sie weitere sechs Jahre überstand. Die Unberechenbarkeit der Welt, von der ihre Heldinnen leben, hatte sie niedergeschlagen.

Biografisches

Jane Bowles wurde am 22. Februar 1917 in New York als Jane Stajer Auer geboren. Die Familie übersiedelte 1927 nach Long Island, kehrte aber nach dem Tod des Vaters 1930 nach New York zurück. Jane besuchte eine Privatschule. Bei einem Reitunfall 1931 brach sie sich das Bein, nach mehrjähriger Behandlung in der Schweiz und schließlich einer missglückten Operation blieb das Knie steif. 1938 heiratete »Crippie the Kike Dyke«, die verkrüppelte jüdische Lesbe, wie sie sich selbst nannte, den homosexuellen Schriftsteller und Komponisten Paul Bowles, der mit seinem Roman »Himmel über der Wüste«, erschienen 1949, zu einer internationalen Hippie-Legende werden sollte. Jane und Paul Bowles bereisten Südamerika und Europa; 1948 ließen sie sich in der marokkanischen Hafenstadt Tanger nieder, wo sie den Mittelpunkt einer Künstlerkolonie bildeten. Dandytum, Orientalismus, preiswertes Leben und Drogen à la carte machten die Hafenstadt zu einem Mythos. Truman Capote, Cecil Beaton, Somerset Maugham kamen vorbei, William S. Burroughs, Allen Ginsberg, Jack Kerouac folgten. Jane Bowles lebte vorübergehend mit anderen Partnern in New York, in Paris und in Ceylon, kehrte aber immer wieder nach Tanger zurück, wo sie eine langjährige, quälende Liebesbeziehung mit einer Marokkanerin führte. 1957 erlitt sie in England einen Schlaganfall, von dem sie sich nicht mehr erholte. Paul Bowles brachte sie 1967 in einer psychiatrischen Klinik in Málaga unter. Sie starb dort, blind und gelähmt, am 4. Mai 1973.

Leseempfehlung

»*Zwei sehr ernsthafte Damen*« *(Roman).* Aus dem amerikanischen Englisch von Adelheid Dormagen.

»Einfache Freuden« (Erzählungen). Aus dem amerikanischen Englisch von Adelheid Dormagen.
»Eine richtige kleine Sünde. Prosa, ein Drama und eine Auswahl von Briefen«. Aus dem Nachlass übersetzt von Adelheid Dormagen und Friederike Roth.

Elke Schmitter

DAS TÄUSCHENDE TRIO

Anne Brontë *1820–1849*
Emily Brontë *1818–1848*
Charlotte Brontë *1816–1855*

Im Jahr des Herrn 1847 gaben drei Jungfrauen aus England drei Bücher in die Welt, um die ein stetes Gemurmel entstand, das seither immer lauter geworden ist. Die drei nannten sich Currer, Ellis und Acton Bell, es waren die tuberkulösen Töchter des Alkoholikers Reverend Patrick Brontë. Sie wurden neben dem Friedhof geboren, auf dem sie später begraben worden sind. Die Romane hießen »Jane Eyre«, »Sturmhöhe« (»Wuthering Heights«) und »Agnes Grey«. Sie stehen in jeder Bibliothek; ihre Autorinnen sind unverzichtbar für das Wachsfigurenkabinett der Literatur, wie wir es heute bestücken. Sie waren

Außenseiterinnen und trostlose Fragmente ihrer Möglichkeiten; wohlfeile Objekte der schaudernd entzückten Entrüstung mithin für Gesellschaften, die sich der Befreiung der Frau rühmen.

»Jane Eyre« war ein Erfolgsroman. Seine Aufnahme war schnell, intensiv und enthusiastisch. Sein Thema war das Leben seiner Autorin Charlotte Brontë – ergänzt um Feuersbrunst und Leidenschaft, Unabhängigkeit und Geld. Und Glück. Charlotte war, als das Buch erschien, eine gescheiterte Gouvernante und mäßig erfolgreiche Lehrerin. »Ich bin ganz grau, alt, verbraucht, ausgeschöpft bis zum Grunde. Ich werde bald einunddreißig Jahre alt, meine Jugend ist wie ein Traum verschwunden, und ich habe sie nutzlos verstreichen lassen.« Ihr Leben begann wie das ihrer Geschwister im Pfarrhaus auf der Heide; sie verlor ihre Mutter mit fünf Jahren und war mit neun, nachdem zwei Schwestern an Vernachlässigung und Tuberkulose gestorben waren, die Älteste – vor Emily, Anne und dem einzigen Bruder Branwell.

Die Vernachlässigung rührte nicht direkt vom Elternhaus her. Dort waren die Wände und Fußböden zwar feucht, das Wasser vermutlich verseucht, die Ernährung dürftig und das Klima nicht heiter, aber all das war noch paradiesisch zu nennen, vergleicht man das elterliche Pfarrhaus in Haworth mit jenem wohltätigen Institut für die Erziehung von Pastorentöchtern, in dem alle Töchter Patrick Brontës die Jahre ihrer Kindheit hinbrachten und das Charlotte in »Jane Eyre« so realistisch schilderte, dass man nach der Veröffentlichung dem Leiter kündigte und das Internat an einen anderen Ort verlegte. Zum Essen gab es dort angebrannten Haferbrei, faulige Kartoffeln, trockenes Schwarzbrot; die Betten waren klamm, die Schlafräume zugig. »Unsere Kleidung vermochte uns nicht vor der strengen Kälte zu schützen; wir hatten keine Stiefel, der Schnee drang in die Schuhe und schmolz dort; unsere Finger ohne Handschuhe wurden starr und bekamen Frostbeulen wie unsere Füße; ich erinnere mich nur zu gut, wie sehr sie mich jeden Abend brannten, und was für eine Pein es morgens war, die geschwollenen Wunden und steifen Zehen in die Schuhe zu zwängen.«

Die Mädchen wurden mit Predigten über die Hölle traktiert, mit der Rute gezüchtigt und mit vereinten Kräften von korrupter Internatsleitung und verängstigtem Personal auf ein freudloses Leben vorbereitet, gefestigt allenfalls in einem Glauben, der Masochismus, Abtötung aller Sinne und stabile Selbstverleugnung vereinigte. Aus dem Internat wurden die ältesten Schwestern todkrank nach Hause geschickt, zuerst Maria, dann Elisabeth. Beide starben im Abstand weniger Wochen zu Hause –, und endlich durften auch die jüngeren Geschwister zurückkommen. Ihr Vater war ein Protestant seiner Zeit, aber er war kein Sadist.

Die furchtlose Heldin Jane Eyre verlässt die Lebensbahn ihrer Erfinderin Charlotte in moralischer Hinsicht niemals, aber doch in praktischer: Sie heiratet ihren Liebsten. Der ist im Roman »ihr Herr« und war im Leben Charlottes Internatsleiter in Brüssel. Dort probierte sie mit ihrer Schwester Emily einige Monate lang so etwas wie ein normales Leben – in einer weiteren geschlossenen Anstalt nach dem Gefängnis ihrer Kindheit und den diversen Herrenhäusern, in denen sie als junge Gouvernante die Kinder beaufsichtigte, sie zum Lernen anhielt und anschließend in ihrer Kammer ein bisschen weinte und sehr viel schrieb.

Charlottes Brüsseler Liebster war allerdings verheiratet und offenbar desinteressiert an der stillen, von Selbstkritik zermarterten Engländerin, die ihm noch Jahre nach ihrem Aufenthalt ungemein zarte, ihn nicht im mindesten rührende Briefe schrieb. Seine Frau unterband schließlich den Kontakt. Kann es bei all dem erstaunen, dass die schauerlichsten Elemente des Erfolgsromans »Jane Eyre« sich lesen wie von Freud – »Jeder Traum ist Wunscherfüllung« – diktiert? Der erfahrene, geheimnisvolle Mr. Rochester: bis zum Wahnsinn in seine bescheidene, aber stolze Gouvernante vernarrt. Seine Frau: eine bösartige Irre, weggesperrt auf dem Dachboden. Die sittsame, doch leidenschaftlich liebende Jane Eyre: der Versuchung sinnlicher Erfüllung (die Bigamie hieße) widerstehend und schließlich doch siegend. Die Irre hat das Schloss in Brand gesteckt, Rochester ist nun Witwer und ein versehrter Mann, verkrüppelt, ohne Augenlicht; ihre Liebe ist ein Pflegefall geworden. Und Jane Eyre kann – rund zehn Jahre vor dem Siegeszug der englischen Jungfer Florence Nightingale durch die Militärlazarette – Liebe und den Sadismus der Mildtätigkeit, Leidenschaft und Keuschheit, Demut und Herrschsucht aufs allerschönste verbinden.

Das Buch brachte Charlotte 500 Pfund und eine Menge Aufregung ein – und ihren Schwestern die Chance ihres Lebens. Der clevere Verleger gedachte, dem Erfolgsroman von »Currer« (Charlotte) die Manuskripte seiner vermeintlichen Brüder »Ellis« (Emily) und »Acton« (Anne) hinterherzuschicken – freilich auf Kosten und Risiko der Verfasserinnen, die den von ihnen aufgebrachten Druckkostenvorschuss nie wiedersahen. Allerdings gab es auch für den Verleger keinen Gewinn.

»Sturmhöhe« und »Agnes Grey« erschienen praktisch unbemerkt. Dabei sind, von heute aus gesehen, die Unterschiede zwischen Charlottes Gothic Novel und Annes gesitteter Studie eines tristen Gouvernantenlebens nicht übermäßig groß. »Agnes Grey« fängt, wie »Jane Eyre«, traurig an und geht gut aus; bis es soweit ist, dauert es allerdings eine Weile. Auch Miss Grey ist eine einsame Erzieherin, auch die ihr anvertrauten Kinder sind brutale und verlogene Geschöpfe, und auch sie verliebt sich mit glücklichem Ausgang – doch ohne dramatische Beigaben, ohne Feuersbrunst und Wahn. Auch ihre Bescheidenheit ist eine hart erworbene Tugend. Dahinter lauert die Selbstgerechtigkeit, vermutlich zwangsläufige Folge einer grausamen Erziehung zur Selbstverleugnung. Größere, bessere und kompetentere Opfer hat wohl die gesamte viktorianische Literatur nicht aufzuweisen – mit Sicherheit aber keine, die sich ebenso beredt in der Wertschätzung der Erziehung und der missmutigen Betrachtung der Leidenschaften ergehen.

Charlotte und Anne Brontë sind ganz Autorinnen ihrer Epoche. Als Bekenntnisschriften sind beide Bücher wesensgleich, ihre Wirkung speist sich aus unterschiedlichen Quellen. Charlottes »Jane Eyre« machte die Öffentlichkeit aufmerksam auf die elende Lage der arbeitenden jungen Frauen Englands, ihre peinliche Not, das ungelenke Dazwischen ihrer trostlosen Biografien, eingeklemmt zwischen Herrenrasse und Dienstbotenklasse, zu arm für die einen und zu gebildet für die anderen. »Agnes Grey« ist, psychoanalytisch gesagt, der Roman fürs Über-Ich, eine Sonntagspredigt in Prosa, die der Heldin wenig Chancen gibt, Erfahrungen zu machen; »Jane Eyre« ist ein Buch des Ich, voller Konflikte, welche die Hauptfigur mit der Realität und ihrem Gewissen ausmachen muss, an denen sie wächst und erstarkt. Und »Sturmhöhe« (»Wuthering Heights«), Emilys Roman? Nun, das ist etwas ganz anderes. Das Buch ist ein Roman des Es. Es ist die reine Kunst. Und nur als solche zu ertragen.

Zwei Generationen, die sich das Leben zur Hölle machen, das ist die Geschichte von »Sturmhöhe«. Die Kunst des Romans besteht nicht zuletzt in der Kunst der Wiederholung, in der zähen Abfolge des Immergleichen, in der geduldigen Beschreibung jener großen langen Liebesqual, die Menschen einander bereiten können, wenn sie sich durchaus nicht ablenken lassen. Die Welt steht still auf den »Stürmischen Höhen«; ein Außerhalb gibt es nicht. Auch wenn einzelne Personen sie vorübergehend verlassen – sie kommen ohne Geschichten zurück, ohne Erinnerungen, wie Tiere mit einer Beute: ein akademischer Titel, Geld oder eine Frau. Im Buch zählt nur zweierlei: die große unglückliche Liebe des verwahrlosten Knaben Heathcliff zu seiner Ziehschwester Catherine – und der gnadenlose Verfolg dieser Liebe. Mit Stumpf und Stiel soll ausgerottet werden, was ihr im Wege stehen könnte, was Zeuge ist und was nicht hilft. Das Leben in diesem Herrenhaus ist eine düstere, nach Maß gebaute Hölle für Menschen, die so lange Auge um Auge zahlen, bis alle Beteiligten blind sind.

Die Heldin Catherine, früh verstorben, verfolgt schließlich als Geist und als Erinnerung die Überlebenden. Nur in der oberflächlichsten Weise stellt dieses spiritistische Element eine Verbindung zu »Jane Eyre« und anderen zeitgenössischen Veröffentlichungen dar, denn anders als in der Gothic Novel, dem klassischen englischen Schauerroman, geht es hier nicht um Nervenkitzel und Wahn, sondern um die Etablierung des Gefühls als einer Wirklichkeit eigenen Rechts. Diese Elementarkraft ist den Erscheinungen der Natur und dem »normalen« Modus des Lebens, in dem man Kuchen backt und reitet, Briefe schreibt und flucht und betet, ganz einfach gleichgestellt. Die Geschichte bannt ihre Leser durch das Nebeneinander von vertrauten, trivialen Details und Zeichen der im Hintergrund lauernden Welt, in der das ungelebte Leben der Verstorbenen, ihre Wünsche und Triebe fortexistieren. Es gibt auf dem Landsitz Wuthering Heights rohe, ursprüngliche Gefühle sowie deren Pervertierung (in Glaubensfanatismus, Trunksucht, Spielleidenschaft, Sadismus), aber keinerlei Sublimierung.

Die absolute Abwesenheit von sittlichen Bedenken, die nachgerade reine und unschuldige Weise, in der das Böse in Absicht und Tat »Sturmhöhe« beherrscht, hat die Rezeption des einzigen Romans von Emily Brontë immer bestimmt. Zunächst fiel das Buch durch. Doch je weiter die Zeit voranschritt, umso näher schob sich Publikum an die »Wuthering Heights« heran, und inzwischen hat die Geistesgeschichte dem Bösen einen anderen Rang zugeteilt, dem Triebleben einen Sitz mitten im Humanum, der Trostlosigkeit eine Berechtigung ihrer ästhetischen Darstellung, der Wiederholung einen Spannungswert, der Höllenfahrt eine gewisse, zärtliche Zuneigung. Was von Freud und Nietzsche, Hamsun und Beckett ins allgemeine Bewusstsein gesichert ist, ermöglicht es, das Buch als Kunstwerk zu lesen. Es ist das einzige dieser drei Bücher, das die Erziehung des Menschen nicht idealisiert, das sich nicht in historischer Bedingtheit erschöpft. Es ist gleichsam autistisch, desinteressiert an der Emanzipation der Frau, der Bürgerin, des Herzens, es ist moralisch gleichgültig wie ein Stein.

Schön ist das nicht. Und es taugt, wie seine Autorin, auch nicht für das Wachsfigurenkabinett des neunzehnten Jahrhunderts, wie wir es mit Vorliebe bestücken. Dort steht Emily zwischen ihren Schwestern: das tuberkulöse tragische Trio, das Wehmut und Pilgerfahrten nach Haworth auslöst, literaturhistorische Debatten und feministische Rührung. Aber das Trio täuscht. Denn vermutlich wäre keine der Figuren Emily Brontës, versetzte man sie in die Jetztzeit, dem, was wir uns heute unter Glück vorstellen, um eine Schuhspitze näher gerückt. Freie und geheime Wahlen, Vermögensrechte für die Frau, die Ausrottung der Schwindsucht und kostenlose Bildung: alles feine Sachen, die Agnes Grey sowie Jane Eyre manches hätten ersparen können. Heathcliffs Liebestobsucht allerdings, Catherines wilde Freude am Verhängnis, die Möglichkeit der Selbstzerstörung, der freie Wille zum Wahn: all das, was den Aufenthalt auf den Wuthering Heights so ungemütlich macht, ist zeitlos und fortschrittsimmun.

In allerdings anderer Hinsicht gehören »die taubengrauen Schwestern«, wie ihr Verehrer Arno Schmidt sie nannte, dennoch zusammen: Wie die Schicksalsfäden spinnenden drei Nornen haben Charlotte, Emily und Anne in ihrem Werk die kommende Literaturgeschichte vorweggenommen, ihre Teilungen vollzogen. Charlottes und Annes Werke gehören zum Fundament des sozialreformerischen Schreibens: Literatur zum Zweck der Aufklärung, historisch in ihrem Material, psychologisch interessant und in der Form ohne Überraschung. Das Werk Emile Zolas gehört dazu, so wie die Romane von WILLA CATHER, Vicky Baum, SIMONE DE BEAUVOIR. Diese Art von Literatur kann in Sozialgeschichte übergehen und wird durch sie erübrigt, wenn sie schlecht oder mittelmäßig ist.

Emily Brontës »Sturmhöhe« aber begründet mit, was – als literarische Reaktion auf die Aufklärung – vom neunzehnten Jahrhundert in unsere Gegenwart hineinreicht: eine Art Gothic Novel der Ideengeschichte, die Rückmeldung aller Gespenster. Erben dieses Erzählens sind Dostojewski, die Surrealisten, Autorinnen wie LEONORA CARRINGTON und DJUNA BARNES. Emily Brontë war die erste Autorin, deren Helden keiner Moral zu verpflichten, für keine Erziehung erreichbar, keinem Fortschritt zuführbar sind.

Biografisches

Die schreibenden Schwestern Charlotte, Emily Jane und Anne Brontë wurden zwischen 1816 und 1820 in Thornton, Yorkshire, geboren, wo der Vater eine Pfarrstelle versah. Aus der Ehe Patrick Brontës mit Maria Branwell gingen sechs Kinder hervor, fünf Mädchen und ein Junge. Charlotte kam am 21. April 1816 als drittes Kind zur Welt, Emily am 30. Juli 1818 und Anne Brontë am 17. Januar 1820. Im selben Jahr zog die Familie nach Haworth, wo Reverend Brontë eine neue Pfarrstelle antrat. Nach dem Tod der Mutter, sie starb 1921, kümmerte sich eine Tante, Elizabeth Branwell, um den Haushalt. Viele Jahre verbrachten die Töchter in der berüchtigten Internatsschule Cowan Bridge – bis die beiden älteren Schwestern Marie und Elizabeth 1825 dort an Tuberkulose erkrankten (sie starben beide innerhalb weniger Wochen). Schon im Kindesalter hatten die verbliebenen Geschwister zu schreiben angefangen, gemeinsam erschufen sie die Phantasiereiche Angria und Gondal. Charlotte, Emily und Anne arbeiteten zeitweise als Gouvernanten, Lehrerinnen und Erzieherinnen, bevor sie sich im Pfarrhaus von Haworth wiederfanden und dort ihre Romane zu schreiben begannen. Erfolg war zunächst nur Charlotte Brontë mit »Jane Eyre« beschieden, der 1847 erschien, Annes »Agnes Grey« und Emilys »Sturmhöhe« – im selben Jahr und ebenfalls unter männlichem Pseudonym veröffentlicht – blieben lange Zeit ohne Beachtung. Am 19. Dezember 1848 verstarb Emily Brontë an Lungenentzündung, kaum ein halbes Jahr darauf, am 28. Mai 1849, Anne an Tuberkulose. Charlotte Brontë starb am 31. März 1855, nur wenige Monate nach ihrer Heirat mit Arthur Bell Nicholls, dem Hilfspfarrer ihres Vaters.

Leseempfehlung

Charlotte Brontë, »Jane Eyre« (Roman). Aus dem Englischen von Andrea Ott. *Anne Brontë, »Agnes Grey« (Roman)*. Aus dem Englischen von Sabine Kipp. *Emily Brontë, »Sturmhöhe« (Roman)*. Aus dem Englischen von Ingrid Rein. *»Angria & Gondal«* (Die gemeinsamen Schriften der Geschwister aus Kindheit und Jugend aus dem Nachlass). Herausgegeben von Elsemarie Maletzke. Aus dem Englischen von Hans J. Schütz.

Elke Schmitter

DIE VERDREHTE SICHT DER DINGE

Leonora Carrington *1917

Leonora Carringtons Leben könnte man mit einer der genialsten Erfindungen des Surrealismus verwechseln. Aber sie hat sich als Gesamtkunstwerk aus dem Nichts selbst erfunden. Als Tochter neureicher Eltern interessierte sie sich für keltische Mythen und Geschichten über Elfen und Geister und nicht für das familiäre Gesellschaftsgetue. Die langweiligen Kinderpflichten wie Schule und Gehorsam verweigerte sie – wie alles Nützliche; am Rationalen konnte sie einfach keinerlei Interesse finden. Mit ungelenker Hand schrieb sie konsequent alles falsch herum in Spiegelschrift und beugte sich keinem Zwang, außer ihrem eigenen. Ihre früh begonnenen Entdeckungsfahrten ins Ungewisse sollte sie ihr Leben lang fortsetzten.

Zu Leonora Carringtons »verkehrter« Sicht auf die Dinge gehört, dass sie schon als Kind das Alter interessanter fand als das Jungsein. Deshalb sind auch die meisten Figuren ihrer Romane, Erzählungen und Theaterstücke steinalt oder alterslos. Sie leiden nicht unter dem Alter, sie empfinden das Altsein als Entlastung und Befreiung. Marian, die Ich-Erzählerin in dem kurzen Roman »Das Hörrohr«, ist zweiundneunzig Jahre alt. Leonora Carrington schrieb das Buch in den fünfziger Jahren, dann verlor sie das Manuskript und fand es erst 1973 wieder. Das Buch erschien ein Jahr später in Frankreich. Marian ist eine Rebellin. Sie hat einen kurzen grauen Bart, ist fast taub, geht gebeugt, isst, weil ihr die Zähne fehlen, zermatschten Gemüsebrei und lebt zusammen mit der Familie ihres Sohnes. Das frühere Leben hat ausgedient, als sie mit Hilfe ihres neuen Hörrohrs von den Plänen ihrer Familie, sie in ein Altersheim abzuschieben, Wind bekommt. Das Altersheim ist ein merkwürdiger Kasten, umgeben von einem Park, eine skurrile Herberge an der Schwelle zwischen Leben und Tod, in der verrückte Wünsche ganz alltäglich sind.

In Leonora Carringtons »Hörrohr« ist das Altsein die Erlösung von allen Pflichten. Der morbide Körper ist nebensächlich, die Phantasie triumphiert. Im Kampf zwischen den Senioren und ihrem Pflegepersonal siegen die Alten auf ihre Weise, geschützt und eingehüllt von Bienenschwärmen, begleitet von Wölfen, einem Postboten, einem Dichter, und ausgestattet mit einer atomkraftgetriebenen Arche. André Breton, der Theoretiker des Surrealismus, wird, als er eine von Leonora Carringtons Erzählungen in sein berühmt gewordenes »Brevier des Schwarzen Humors« aufnimmt, ihre bis zum Äußersten gespannte Neugier preisen und sich an ihrer Suche nach dem Verbotenen erfreuen.

Leonora Carrington hält ihr aus Malerei und Literatur bestehendes Werk wie zwei vor einen Wagen gespannte Pferde auf gleicher Höhe. Überhaupt, das Pferd. Leonora Carrington war eine leidenschaftliche Reiterin. Tartar, das Pferd ihrer Kindheit, taucht immer wieder auf: zuerst als der mit Sägemehl ausgestopfte Schimmel, der auf zwei Kufen in ihrem Kinderzimmer in dem finsteren brandneuen Schloss in Nordengland stand, das der Vater für die Familie erbaute; und dann als Traumbild in ihren Geschichten und Gemälden. In Paris wird sie sich auf dem Flohmarkt ein Holzpferd kaufen, und in der Erzählung »Das Haus der Angst« wird die Protagonistin auf der Straße von einem Pferd angehalten: »Kommen Sie«, spricht das Pferd zu ihr, »ich muss Ihnen etwas unter vier Augen zeigen.« Es führt die Erzählerin zu einem alljährlich stattfindenden großen Fest. Im kalten Saal sitzen weitere Pferde im Halbkreis. Rittlings auf einem großen Bett thront die »Angst«, die Hausherrin des Schlosses. Sie hat sich ein Spiel ausgedacht. Die Pferde sollen so schnell wie möglich von einhundertzehn bis fünf zählen, für die Verstorbenen Tränen vergießen und dabei mit dem linken Vorderhuf die Melodie der »Wolgaschiffer« klopfen, mit dem rechten Vorderhuf die »Marseillaise« und mit den Hinterbeinen eine dritte Melodie. Die Erzählerin versteckt sich hinter den wild stampfenden Tieren, in der Hoffnung, dass die Gastgeberin sie mit ihrem großen Auge, das zehnmal größer ist als ein gewöhnliches, nicht entdeckt. »Die Angst« selbst hat Ähnlichkeit mit einem Pferd, aber sie trägt einen Morgenmantel aus lebenden Fledermäusen, die an den Flügeln zusammengenäht sind. Was für eine Vorstellungswelt!

In einem Vorwort zu »Das Haus der Angst« stellte Max Ernst 1938 die Erzählerin vor. Leonora Carrington hatte den surrealistischen Maler als knapp Zwanzigjährige 1936 während eines Dinners in London kennengelernt. Es war eine Amour fou zwischen der jungen Kunststudentin, die in Amédée Ozenfants Londoner Malschule Unterricht nahm, und dem sechsundzwanzig Jahre älteren deutschen Künstler. Max Ernst erkannte in der Engländerin mit dem sehr schönen schmalen Gesicht und den schwarzen gewellten Haaren seine »Windsbraut«. »Die Windsbraut«, so heißt auch eines seiner weltberühmt gewordenen Gemälde, das Max Ernst gemalt hatte, bevor er Leonora Carrington kennenlernte: eine Ansammlung rasender, ineinander verschlungener Pferdeleiber. Die leidenschaftliche Liebes- und Künstlerbeziehung Carrington/Ernst endete in dem einsam oberhalb des französischen Örtchens Saint-Martin d'Ardèche gelegenen, mit Skulpturen von Max Ernst und Gemälden von Leonora Carrington geschmückten Haus mit dem Einmarsch der Deutschen in Frankreich. Max Ernst wurde als feindlicher Ausländer zweimal festgenommen und von den Franzosen interniert, zweimal gelang ihm die Flucht. Im Mai 1940 führte ihn die Gestapo in Handschellen ab. Die zurückgebliebene dreiundzwanzigjährige »Windsbraut« verlor die Nerven, weinte, fastete, soff und arbeitete bis zur völligen Erschöpfung in den Weinbergen, um sich den Trennungsschmerz aus dem Körper zu reißen.

Als diese martialischen Maßnahmen keine Linderung brachten, floh sie mit einer Freundin über die Grenze nach Spanien. Ihr verwirrter, aggressiver Zustand, ihre Allmachtsphantasien, ihre Furcht vor dem eigenen Ich machten – Leonoras verhasster Vater war zu Hilfe gerufen worden und hatte sich eingeschaltet – eine Einlieferung in die Psychiatrische Anstalt von Santander notwendig. In »Unten«, dem kurzen Buch über die Qualen der gezüchtigten und mit Spritzen ruhiggestellten Kranken, schildert Leonora Carrington mitleidlos die Auswüchse ihres monatelangen Wahns. In der Nagelbürste blickt ihr das »Unbekannte« entgegen, ihrem Taschenspiegel überträgt sie die Aufgabe, »das Ganze festzuhalten«. Entlassen aus Santander, entkam sie durch die Eheschließung mit einem mexikanischen Botschaftsangehörigen nach New York. Die großen europäischen Künstler waren schon vor ihr dort angekommen. Ein Foto aus dem Jahr 1941 zeigt sie zusammen mit André Breton, Marcel Duchamp, Piet Mondrian, Amédée Ozenfant, Max Ernst und Peggy Guggenheim. Max Ernst hatte nach seiner Befreiung aus dem Internierungslager die reiche ameri-

kanische Kunstsammlerin Peggy Guggenheim geheiratet. 1948 präsentierte die
New Yorker »Pierre Matisse Gallery« Leonora Carringtons Bilder unter der
Überschrift: »I am armed with madness for a long voyage.«

Der Surrealismus, der ihr in Ozenfants Unterricht und während der drei-
jährigen Beziehung zu Max Ernst begegnet war, diese Vereinigung aus Traum
und Revolution, entsprach ihrem eigenen rebellischen, phantasiebegabten
Wesen, ihrem Drang, Überkommenes umzudrehen und das Leben vom möglichen Ende oder von »unten« zu betrachten. Ihre Phantasmagorien sind in
ihre Malerei und in ihre Texte eingeflossen. Unter allen Abenteuern in Leonora
Carringtons Leben hat keines eine ähnliche Bedeutung wie jene Schizophrenie,
die sie im Laufe des Jahres 1940 durchlebte. Drei Jahre später, zwischen dem
23. und dem 26. August 1943, in ihrer neuen Heimat Mexiko angekommen,
schreibt sie »Unten, das Tagebuch des Wahns«. Einer Neuausgabe stimmte
sie erst 1973 unter der Bedingung eines Vorworts zu. Sie schildert sich darin
als einen alten »Maulwurf, der unter den Friedhöfen schwimmt«. – »Ich versuche«, schreibt Leonora Carrington, »die Bilder, die mich blind gemacht
haben, loszuwerden.«

Leonora Carrington ist eine Künstlerin des genuinen Surrealismus. Sie interessierte sich nicht für André Bretons »Surrealistisches Manifest« oder andere
theoretische Abhandlungen. »Sie hat nichts gelesen, doch sie hat alles getrunken«, schreibt Max Ernst in seiner Einleitung zu »Das Haus der Angst«. Ihre
Bildergeschichten illustrieren Episoden und Räume ihrer Kindheit, alleingelas-
sen mit den Puppen, Katzen und dem Schaukelpferd Tartar. Aus ihrem Theaterstück »Ein Flanellnachthemd« spricht die Verachtung für das Leben ihrer
Aufsteigerfamilie, das so einsam sei »wie das Leben eines verlassenen Reisenden«. Und die achtzehnjährige Penelope in dem gleichnamigen Theaterstück
sagt: »Vater, du bist das Oberhaupt der Schweinehunde!«, oder: »Mein Vater
ist ein Halunke.« Harold Wilde Carrington war ein Parvenü, der als Textil-
industrieller genug Geld verdient hatte, um sich ein finsteres Schloss bauen zu
lassen und für seine Tochter eine französische Gouvernante und einen Pastor als
Hauslehrer einstellen zu können.

Ihr abgrundtiefer Vaterhass gipfelt in kannibalischen Vorstellungen. In
»Penelope« skandiert ein gesprenkelter Vogel: »Koch ihn, brat ihn, zerbrich
ihn, zerhack ihn.« Auch die alte Marian im »Hörrohr« wird im Kochkessel
sterben und mit schönem britischem Sarkasmus bekennen, niemals einen glor-
reichen Tod erhofft, aber auch niemals daran gedacht zu haben, »als Bouil-
lon zu enden«. Das blubbernde Kochgeräusch der ungenießbaren Speisen wird
übertönt von einem furchterregend nervösen Gelächter. Fortwährendes Lachen
ist eine Widerstandshaltung gegen den Schrecken. Das Phantastische, Unheimliche, Grausame in Leonora Carringtons Werk ist das Resultat einer mit iri-

schen Volksmärchen und phantastischen und komischen Geschichten, die sie bei Lewis Carroll, Edward Lear und Beatrix Potter kennengelernt hatte, unterfütterten Weltsicht.

Dass Leonora Carrington einmal das hohe Alter ihrer Romanfigur aus dem »Hörrohr« erreichen würde, ist die Ironie ihres Lebens. Die sich als Maulwurf bezeichnende Leonora Carrington bittet die Welt, sie um Himmels willen nicht eines »jungen Geistes« zu bezichtigen: »Ich habe einen alten Geist«, sagt sie im Vorwort zu »Unten«, »versuchen Sie, das zu verstehen.«

Auf dem Kunstmarkt werden ihre qualitativ keineswegs herausragenden surreal-phantastischen Bilder mit dem Hinweis auf Max Ernst hoch gehandelt. Eigenständiger als ihr malerisches Werk sind ihre Erzählungen, der Roman »Das Hörrohr« und ihre Theaterstücke. Sie war das ununterbrochen zeichnende, in einem Schloss versteckte Enfant terrible; die Künstlergeliebte, die, den schönen Körper nackt, den Badeanzug als Mütze um den Kopf geschlungen, vom Fluss zurück in ihr französisches Haus in Saint-Martin d'Ardèche hüpfte, Max Ernst an der Hand. Und sie war die Frau, die – der Irrenanstalt Santander, Europa und dem Krieg entflohen – 1941 in New York grußlos an Luis Buñuel vorbei durch eine New Yorker Wohnung rannte, die Badezimmertür öffnete, duschte, und sich mit ihren klatschnassen Kleidern auf einen Sessel setzte, den berühmten Buñuel mit starren Augen ansah, am Arm packte und auf Spanisch zu ihm sagte: »Sie sehen gut aus. Sie erinnern mich an meinen Wärter.« Buñuel, der Großmeister des Schreckens, war, wie er in seiner Autobiografie schrieb, für den Bruchteil einer Sekunde verblüfft. In ihrem Haus in Mexico City malt sie bis heute und ist mit ihren Arbeiten an vielen großen Ausstellungen beteiligt. Zu ihrer eigenen Person befragt, sagt Leonora Carrington ebenso schlagfertig wie unwirsch: »Denken Sie sich eine andere Frage aus, mich kenne ich ja schon.«

Biografisches

Leonora Carrington wurde am 6. April 1917 in Clayton Green, Lancashire, England, geboren. Ihr Vater war ein erfolgreicher Textilkaufmann, der im Baumwollhandel sein Vermögen machte und ein Schloss erbauen ließ, in dem Leonora eine unglückliche Kindheit verbrachte. Strikt und erfolgreich verweigerte sie sich dem Leben einer höheren Tochter. Der Neunzehnjährigen erlaubten die Eltern endlich ein Kunststudium bei Amédée Ozenfant in London, wo sie 1936 Max Ernst kennenlernte. Zusammen mit ihm ging sie nach Frankreich. Im südfranzösischen Saint-Martin d'Ardèche erwarb sie für sich und Max Ernst ein einsames Haus, das zu ihrem Künstlerdomizil wurde. Leonora bemalte die

Innenräume, Max Ernst fertigte Skulpturen für Mauervorsprünge, Brüstungen und für den Garten. Nach der erzwungenen Trennung von Max Ernst – als Deutscher wurde er nach Kriegsausbruch 1940 interniert – floh sie nach Spanien. In Santander verbrachte sie etliche Monate im Psychiatrischen Krankenhaus. Durch die Eheschließung mit einem mexikanischen Diplomaten gelangte sie nach New York. 1943 ließ sie sich von diesem scheiden und zog nach Mexico City. Drei Jahre später heiratete sie den ungarischen Fotografen Emerico »Chiki« Weisz, das Paar hat zwei Söhne. 1984, beim Erdbeben in Mexico City wurde ein Großteil ihrer Gemälde zerstört, und sie zog für fünf Jahre zurück nach New York. Seit 1990 lebt Leonora Carrington wieder in Mexico City und arbeitet in ihrem Atelier.

Leseempfehlung

»Das Hörrohr« (Roman). Aus dem Englischen von Tilman Spengler.
»Das Haus der Angst« (Gesammelte Prosa; darin enthalten auch »Unten«). Aus dem Französischen und Englischen von Heribert Becker und Edmund Jacoby.

Verena Auffermann

DIE HARTE HERRLICHKEIT

Willa Cather   *1873–1947*

Wo die Welt zu Ende geht, beginnen ihre Geschichten. Als die Wege aller, die etwas werden wollen, in die Städte führen, da gehen ihre Helden in die Wüste, in die Prärie, an die Ränder des menschlichen Lebens. Tschechows Schwestern träumen von Moskau, Maupassants Bel Ami erobert Paris, die Damen von Henry James verlieben sich in New York. Selbst Dickens' arme Leute verhungern lieber in London als auf dem Land.

Doch Willa Cathers ungewöhnlichster Held, der Franzose Jean Marie Latour, am Mittelmeer geboren, macht sich auf den Weg in die mexikanische Diaspora, um in Hitze und Wildnis Kirchen zu bauen und Gemeinden zu gründen (»Der Tod bittet den Erzbischof«, 1927). Die begabte Lucy Gayheart aus dem gleichnamigen Roman (1935), die in Chicago das Künstlertum entdeckt, zieht den Obstgarten auf der Familienfarm in Haverford dem städtischen Getriebe vor. Und der Erzähler von »Meine Antonia« (1918) lernt seine Heldin in der Eisenbahn unterwegs in den weiten Westen kennen.

Wo die Welt zu Ende geht, beginnt diese große, ihre bekannteste Geschichte. Der Mann, der sie erzählt, ist entwurzelt – wie seine Heldin Antonia auch. Er hat seine Eltern verloren, sie ihre Heimat Europa. Als Waise zieht der Junge zu seinen Großeltern, um bei ihnen zu leben. Im selben Zug sitzt ein Mädchen aus Böhmen, nicht viel älter als er, das nur ein paar Worte Englisch spricht: »Wir fahren Black Hawk, Nebraska.« Mit Nachbarschaft und Zufall fängt es an. Beide »fahren Black Hawk, Nebraska«, beide wissen nichts von diesem Land, und es gibt auch nicht viel zu sehen: »Das Einzige, was mir an Nebraska auffiel, war, dass es den lieben langen Tag über Nebraska war, immer nur Nebraska.« Aber gerade darum ist Nachbarschaft eben viel mehr als ein höfliches Nebeneinander. In einem Land, in dem die Menschen in Erdhöhlen leben, bis sie ein Haus bauen können, sind die Nachbarn Freund oder Feind, Unterhaltung oder Bedrohung, Überlebensretter und Totengräber. Sie sind die Nächsten, die man sich nicht aussuchen kann.

Und es sind arme Leute. In nicht wenigen Familien gibt es nur einen Mantel. Die Einwanderer aus Europa sind vagen Verheißungen gefolgt und haben ihre Ersparnisse aus Unkenntnis und falsch platziertem Misstrauen binnen Wochen verloren. Ein kaputter Spaten ist eine Katastrophe, und die winddurchtoste Stille macht manche verrückt oder depressiv. Wer nicht empfänglich wird für die Natur, mit der er kämpft, ist in der Prärie verloren. Es sind die Kinder, die deren Schönheit sehen und die den ungeheuren Raum, dem sie ausgesetzt sind, mit allen Sinnen aufnehmen. Andacht ist nicht in der Kirche. »Die Erde, auf der ich saß, war warm, und warm war die Erde, die ich zwischen den Fingern zerbröckelte. Komische kleine rote Käfer kamen hervor und krabbelten in Kolonnen langsam um mich herum. Sie hatten glänzende zinnoberrote Panzer mit schwarzen Punkten. Ich verhielt mich so still, wie ich nur konnte. Nichts geschah. Ich erwartete nicht, dass etwas geschehen würde. Ich war da, spürte die Sonne, war wie die Kürbisse, und mehr wollte ich gar nicht sein. Ich war vollkommen glücklich.«

Cather selbst kam 1883, mit zehn Jahren in die Prärie. Ihre Familie – Willa hatte sechs Geschwister – übersiedelte aus Virginia nach Nebraska. Das Farmleben war hart. Das Land war »mit allen ägyptischen Plagen gestraft, von Trockenheit ausgedörrt und von Regengüssen durchweicht, mit Hagel geschlagen und von Bränden verzehrt und in den Heuschreckenjahren kahl- und reingefressen wie Knochen, welche die Geier übriglassen.« Sie hatte die erste Entwurzelung so erlebt wie ihre Helden: aus einer rhythmischen, kultivierten Umgebung in ein Land geraten, in dem es kaum Bäume gibt, in dem die Sommer schattenlos heiß, die Winter kalt und gnadenlos sind, in dem der Wind unaufhörlich über die Ebene streicht und alles in Bewegung hält, »als wäre das struppige Gras ein locker übergeworfenes Laken, und darunter galoppierten Herden wilder Büffel dahin, dahin...«. Als sie dort ankam, in der riesigen Mitte Amerikas, war sie verstört, und sie brauchte Jahre, um sich an die Leere, *the unfurnished room*, zu gewöhnen. Vom dreiundzwanzigsten Lebensjahr an lebte sie in großen Städten; Pittsburgh und später New York. Ihre Familie hatte Geld aufgenommen, um sie studieren zu lassen, und sie nutzte ihre Chancen gründlich aus. Bereits an der Universität (die sie mit dem Doktorgrad verließ) schrieb sie für Zeitungen und veröffentlichte ihre ersten Geschichten. Sie war als Journalistin rege und erfolgreich, als Autorin bald eine Celebrity – und alles andere als provinziell. Als Studentin hatte sie Männerkleidung getragen und sich »William« rufen lassen; später wohnte sie mit ihrer Geliebten zusammen. (Der erzählerische Umweg, den »Meine Antonia« nimmt, indem ein männlicher Erzähler eine Frau preist, war im Leben später nicht mehr nötig.) Cather wohnte in Greenwich Village, später auf der Park Avenue, sie frequentierte die Oper und aß um Mitternacht Austern im Waldorf Astoria. Sie schätzte Komfort und Geselligkeit. Doch die harte Herrlichkeit der Prärie war der bleibende Stoff ihres Lebenswerks.

Willa Cather wollte *unfurnished novels* schreiben, unmöblierte Romane. Details interessierten sie nicht als Beglaubigung, dass etwas »wirklich so war« – das gehörte zum Journalismus. Ihre Literatur geht aufs Elementare: Menschen, Erde, Beziehungen. Sie zielt immer auf etwas, das sich der direkten Beschreibung entzieht. Das, was Menschen verbindet und trennt, eine Atmosphäre im Haus, in einer Familie, eine Erfahrung von Transzendenz. »The thing not named«, nannte Cather das. Man kann es mit Sätzen umkreisen, doch benennen lässt es sich nicht.

Die Ambitionen ihrer Figuren sind in der Regel extrem, sehen aber bescheiden aus: es geht ihnen nicht um gesellschaftliche Geltung, um Besitz, Macht oder Ruhm; es geht ihnen auch selten um das, was man Vergnügen nennt. Sie suchen mit zähem Eigensinn das Seelenheil. Und das kann religiös sein oder pantheistisch, es kann in der Bestimmung zur Fürsorge liegen, zum Dienst an der Kunst oder der Liebe. Es kann die Lust umfassen, sein Grundstoff aber ist ernst: Verfehle deine Bestimmung – so das moralische Credo –, und du vergeudest dein Leben. Und auch wer an das ewige Leben glaubt, kann sein irdisches durchaus verplempern.

Die höchsten Prinzipien der Neuen Welt, der Glaube an den Einzelnen und an *the pursuit of happiness*, sind hier vereint. Dieser ur-amerikanische Kern ihres Werks ist sicher ein Grund für Willa Cathers Popularität in den Vereinigten Staaten. Mit Dankbarkeit verehrt aber wird sie, weil sie eine ganze Ära dem kollektiven Gedächtnis vermachte, ohne sie zu glorifizieren. Der wilde Westen, *the frontier,* wie er heute noch schwärmerisch heißt, ist in ihrem Werk kein Tummelplatz männlicher Abenteuer, sondern eine existentielle Prüfung. Und sie verschweigt nicht die Opfer, die seine Besiedelung kostete: Die Vertreibung der Navajo aus ihrem Stammland nennt ihr Held, der Erzbischof Latour, ein »himmelschreiendes Unrecht«; dem indianischen Pantheismus widmet sie eines der schönsten Kapitel in »Der Tod bittet den Erzbischof«, ihrem Roman über die christliche Mission. Ihr Werk gibt Amerika eine Erinnerung, an der es sich messen kann: loyal und würdevoll, barmherzig und zivil.

Willa Cather sei eine von denen, sagte Sinclair Lewis bei der Verleihung des Nobelpreises 1930, die diese Ehrung mehr verdient hätten als er. Auch Truman Capote hat sie tief bewundert. Allerdings wählte sie Mittel der Kunst, die vor lauter Diskretion und Können beinahe unsichtbar bleiben. Die Scheinschlichtheit ihres Stils – das einfache Vokabular, die melodisch schwingenden Sätze, die Klarheit ihrer Wahrnehmung – ließ sie, wie ihre Themen, weniger interessant erscheinen als ihre Zeitgenossen. (Sie schrieb, immerhin, zur selben Zeit wie Djuna Barnes, James Joyce, Gertrude Stein.) Die Avantgarde beschäftigte sie nicht. Für ihren Ehrgeiz, für ihre Suche nach der Essenz lebenslanger Erfahrung – mit Menschen und der Natur, in der Nussschale der Notwendigkeit – war nur von Bedeutung, wie sie schrieb: betörend, hochmusikalisch, scheinbar ohne Aufwand.

Biografisches

Willa Cather wurde am 7. Dezember 1873 bei Winchester, Virginia, geboren. Ihre Eltern waren baptistische Farmer, die mit der zahlreichen Familie nach Nebraska zogen, als sie zehn Jahre alt war. Für ihr Studium in Lincoln musste ein Kredit aufgenommen werden. Cather arbeitete als Lehrerin, Theaterkritikerin und Journalistin und ging 1912 noch einmal an die Universität, um zu promovieren. Sie veröffentlichte zwölf Romane und zahlreiche Storys, 1923 erhielt sie den Pulitzer-Preis. Trotz ihrer Berühmtheit lebte sie zurückgezogen; zu Fragen der Zeit äußerte sie sich nicht, ihr lesbisches Privatleben schirmte sie ab. Vor ihrem Tod vernichtete sie ihre privaten Papiere. Sie starb am 24. April 1947 in New York.

Leseempfehlung

»Meine Antonia« (Roman). Aus dem amerikanischen Englisch von Stefanie Kremer.

»Der Tod bittet den Erzbischof« *(Roman)*. Aus dem amerikanischen Englisch von Irma Wehrli.

»Lucy Gayheart« *(Roman)*. Aus dem amerikanischen Englisch von Elisabeth Schnack.

»Mein ärgster Feind« *(Roman)*. Aus dem amerikanischen Englisch von Stefanie Kremer.

Elke Schmitter

DUNKLER MOND

Eileen Chang *1921–1995*

Am 8. September 1995 verschaffen sich Beamte der amerikanischen Polizei Zutritt zu einer kleinen Apartmentwohnung in Los Angeles. Sie reagieren auf einen Hinweis, demzufolge der Bewohnerin des Apartments, einer alten Chinesin, etwas zugestoßen sein könnte. Sie wurde lange nicht mehr im Hausflur gesehen. Genauere Auskünfte können die Wohnungsnachbarn nicht geben. Sie kennen die schmale, fast abgemagerte Frau nur vom Sehen, haben über Jahre hinweg nie ein Wort mit ihr gesprochen, nie ein Wort von ihr gehört. Sie wissen nicht einmal, ob sie überhaupt Englisch spricht.

Als die Polizisten das Apartment betreten, finden sie die äußerst karg möblierten, ganz in Weiß gehaltenen Räume in intaktem Zustand vor. Alles ist aufgeräumt, die Klimaanlage läuft, im Kühlschrank stehen ein paar Dosen mit Lebensmitteln. An den Wänden hängen keine Bilder, keinerlei Dekoration. Über die persönliche Situation der Bewohnerin gibt das Interieur so wenig Auskunft wie über ihren Beruf. Denn Eileen Chang – dies ist ihr westlicher Autorenname, eigentlich heißt sie Zhang Ailing – lebte in Los Angeles ohne Schreibtisch. Ausgestreckt, in eine weiße Decke gehüllt, wird die Tote von den Beamten gefunden. Sie ist eines natürlichen Todes gestorben. Der Zeitpunkt ihres Todes liegt mehrere Tage, vielleicht eine ganze Woche zurück. Ihrem eigenen, schriftlich hinterlassenen Wunsch gemäß, wird Eileen Changs sterbliche Hülle in zeremonienloser Weise verbrannt und ihre Asche über dem Pazifik verstreut. Nur eine Handvoll Menschen hat sich eingefunden, um einer Schriftstellerin die letzte Ehre zu erweisen, deren Literatur im chinesischen Sprachraum erst umstritten, dann verdrängt und schließlich vergessen war, die aber heute als interessanteste und modernste Autorin Chinas des zwanzigsten Jahrhunderts gilt. Tauchen ihr Werk und ihr Name im westlichen Sprachraum auf, ist bisweilen von der VIRGINIA WOOLF Asiens die Rede.

Dass ihr Ruhm erschreckend weit hinter diesem Rang zurückblieb, ist den ideologischen Verhältnissen Chinas geschuldet. Dass ihre Person auch nach der Renaissance ihres Werks – ab den sechziger Jahren in Taiwan, ab den achtziger Jahren auch auf dem chinesischen Festland – in der Anonymität verschwunden blieb und Eileen Chang wie eine namenlose, verarmte, vereinsamte Großstadtgreisin starb, diesem extremen Schicksal indes hatte sie selbst den Weg bereitet. Drei Jahre nachdem in China das kommunistische Regime errichtet worden war, emigrierte Eileen Chang, deren Literatur als Produkt des Bourgeoisen und Dekadenten verdächtigt wurde, 1952 nach Hongkong; nach weiteren drei Jahren übersiedelte sie, vermutlich, weil sie sich in Hongkong nicht sicher genug fühlte, in die USA. Sprachlich bereitete ihr der Neubeginn in der amerikanischen Kultur keinerlei Probleme. Was ihre Wohnungsnachbarn in Los Angeles nicht wissen konnten: Eileen Chang war zweisprachig. Zwei ihrer bekanntesten Bücher – »Das Reispflanzerlied« und den nicht ins Deutsche übersetzten Roman »Naked Earth« – verfasste sie zwischen 1952 und 1955 in Hongkong sogar auf Englisch und übersetzte sie später selbst ins Chinesische. Einige ihrer älteren, in den vierziger Jahren in Shanghai veröffentlichten Erzählungen wiederum übersetzte sie selbst aus dem Chinesischen ins Englische. Sie verfasste für die amerikanische Filmwirtschaft Drehbücher, Treatments und Filmskripts, unterrichtete Literatur an US-Universitäten und arbeitete bis 1972 am China-Forschungszentrum der Universität Berkeley.

Sie war: Kosmopolitisch. Modern. Hochgebildet. Hochkultiviert. Selbstbewusst. Atemberaubend attraktiv. Mit Humor und Feinsinn muss sie obendrein beschenkt gewesen sein. Zu deutlich drückt sich beides in ihrem literarischen Erzählstil aus, um nicht auch persönliche Eigenschaft gewesen zu sein. Sie besaß all das Potential, woraus sich in der Phantasie ein ganzes Bündel schöner biografischer Möglichkeiten ableiten lässt. Eines aber nur schwer: die Situation ihres Todes. Und das Dasein, das ihm vorausgegangen sein muss.

Nicht immer hatte sie in Amerika so einsiedlerhaft gelebt, wie sie starb. Kurz nach ihrer Ankunft im Jahr 1955 lernte sie ihren zweiten Ehemann, den dreißig Jahre älteren deutschstämmigen Ferdinand Reyher, kennen. Reyher war Schriftsteller und Dramatiker, Kommunist und ein Freund Bertolt Brechts. Nach seinem Tod 1967 aber hüllte Eileen Chang ihre Existenz in Stummheit und Isolation. Sie war, als sie begann, mit dem Rücken zur Welt zu leben, sechsundvierzig Jahre alt. Eine Frau in den besten Jahren. Und, so darf man vermuten, noch immer eine schöne Frau. Die wenigen bekannten, aus ihren jüngeren Jahren stammenden Fotografien zeigen eine – um auch hier einen Vergleichsmaßstab heranzuziehen – Greta Garbo Asiens. Mit Beginn der siebziger Jahre zog sie sich vollkommen zurück. Sie verkehrte mit fast niemandem mehr. Sie sprach auch mit niemandem mehr und bat ihre wenigen Bekannten, Wünsche oder Mitteilungen auf Zettel zu schreiben und ihr diese zu übermitteln. Um dem Kontakt mit Universitätskollegen aus dem Weg zu gehen, legte sich Eileen Chang spezielle Arbeitszeiten zu. Sie kam erst um 16 Uhr ins Institut und blieb bis Mitternacht. Anfragen von Zeitungen, von Rundfunk- und Fernsehsendern wehrte sie kategorisch ab. Sie lebte ein Leben, das keinerlei öffentliche und soziale Beachtung mehr erlaubte. Über den privaten, intimen Inhalt dieses gleichsam verabschiedeten Lebens, das immerhin fünfundzwanzig Jahre währte, kann man nicht einmal spekulieren.

Man kann indes von Eileen Changs Literatur auf eine Haltung radikaler Desillusioniertheit schließen. Auf eine Haltung, die das Lebensprinzip entschlossener Weltabwehr zumindest als möglich erscheinen lässt. Denn was alle Geschichten Eileen Changs zum Ausdruck bringen, das sind – neben der Freude am Sinnesrausch der Großstadt, der Freude am Universum der Gegenstände, der Freude an der unendlichen Verästelung menschlicher Psychologie und an den Unterschieden sozialer Milieus – Pessimismus und Fatalismus in schonungsloser Form. Ohnmächtig sehen Changs Romanmenschen und Erzählfiguren zu, wie ihre Bemühungen um Glück oder wenigstens um materielles und gesellschaftliches Auskommen verpuffen in Sinnlosigkeit. Egal, ob sie energisch mit den Füßen scharren oder sich im Gegenteil um nichts mehr scheren und sich im Opiumrausch begraben; ob es Shanghaier Bürger sind, die in den vierziger Jahren ihren Schmuck, ihre Pelze, ihr Erspartes über die japanische Besatzung und über den Bürgerkrieg hinwegretten wollen, oder Bauern, die in den fünfziger Jahren die Zähne zusammenbeißen und ihr heimlich angelegtes Reisdepot gegen das kommunistische Regime verteidigen; ob den Menschen entwurzelnde Leidenschaften durch die Seelen fegen oder vom Verstand diktierte, kalt kalkulierte Versorgungsehen geschlossen werden: Am Ende bleibt vom ganzen menschlichen Tun fast nichts übrig. Am Ende erwarten die Menschen nichts mehr. Und es wartet nichts auf sie. Auch kein Jenseits, keine Hoffnung auf Wiederkehr.

Betrachtet man Eileen Changs Geschichten von ihrem Ende aus, sieht man etwas Paradoxes. Man sieht, dass die Handlung auf eine untergründige Weise der Entleerung jedweden Handelns zustrebte. Und betrachtet man so Eileen Changs eigene Geschichte, ihre eigene Biografie, hat man eben dieses Bild vor sich: eine Bewegung auf die Bewegungslosigkeit, auf den Stillstand zu.

Eileen Chang war aufregend jung, sie war erst zweiundzwanzig Jahre alt, als sie 1943 innerhalb von ein paar Monaten zum Star der Shanghaier Kulturszene aufstieg. Fünf Jahre zuvor hatte sie die Aufnahmeprüfung an der Londoner Universität bestanden. Sie wollte unbedingt nach England. Weg aus ihrer Heimat Shanghai, weg von den entsetzlichen Eltern. Dem verkommenen, drogensüchtigen und gewalttätigen Vater, der das siebzehnjährige Mädchen halb totgeschlagen und über Monate hinweg wie ein Tier in einer dunklen Kammer eingesperrt hatte. Weg von der kühlen, missgünstigen Mutter, zu der Eileen Chang aus der Gefangenschaft geflohen war. Doch aus dem Studium in London wurde nichts. Der Zweite Weltkrieg kam dazwischen. Eileen Chang ging stattdessen zum Studium nach Hongkong. Die Kronkolonie war, anders als Shanghai, Ende der dreißiger Jahre noch nicht von den Japanern besetzt. Aber der Krieg holte sie auch dort ein, im Dezember 1941 wurde Hongkong von japanischen Truppen schwer bombardiert, dabei wurden auch alle ihre Universitätsdokumente zerstört. Kurz vor ihrem geplanten Studienabschluss kehrt Eileen Chang 1942 mit leeren Händen nach Shanghai zurück. Sie beginnt zu schreiben, sehr viele Erzählungen und Essays in sehr kurzer Zeit. Schon ein Jahr später wird Eileen Chang als weibliches Nachwuchsgenie gefeiert, als Frühvollendete gepriesen. Zwei Sammelbände mit Prosa und Essays erscheinen 1944. Sie schreibt kühn, verbindet chinesische Kultur- und Gesellschaftsgeschichte mit freudianischer Menschendurchleuchtung, farbige Metaphorik mit Hemingway'scher Knappheit.

Als Meisterwerk dieser Zeit gilt die Novelle »Das goldene Joch«. Die Protagonistin der Geschichte, Cao Qiqiao, entstammt einer sozial niedrigen Familie, die einen Sesamölladen betreibt. Eine Ehevermittlerin arrangiert die Heirat zwischen Qiqiao und dem Sohn einer reichen großbürgerlichen Familie. Die Heirat ist ein Geschäft, ein Tausch von Handicaps: Denn der junge Ehemann ist ans Bett gefesselt, er leidet an Knochentuberkulose. Nie hätte er ein Mädchen seines Milieus heiraten können. Nie wiederum Qiqiao einen gesunden Mann aus der Oberschicht. Der materielle Aufstieg kommt sie emotional teuer zu stehen. Sie wird von der neuen Familie für ihre Derbheit und Schlichtheit verachtet. Sie erträgt das sexuelle Eheleben nur mit Überwindung. Als sie ihrem

Schwager, einem Schönling und Frauenvernascher, Avancen macht und der sie auf kränkende Weise abblitzen lässt, entflammt Qiqiaos Bitterkeit zu lodernder Bosheit. Sie wächst zu einer wilden, rachsüchtigen, verrückten, zerstörerischen Dämonin heran, die kein Glück, keine Liebesgeste, kein Liebesgefühl um sich duldet. Planmäßig und intrigant zerstört sie die Heiratspläne ihrer eigenen Kinder, bringt sie die eigenen Töchter um die Zukunft. Aus jungen macht sie gewaltsam alte Menschen, die das Leben hinter sich haben. Menschen, deren Zeit vorbei ist.

Dieses Motiv aber ist der Schlüssel des literarischen Werks Eileen Changs. Vielleicht auch der Schlüssel des gespenstischen Verlaufs ihrer Biografie. Tatsächlich hat Eileen Chang nach ihrer Ankunft in Amerika zwar unermüdlich gearbeitet und geschrieben. Aber sie schrieb, genau betrachtet, fast nichts Neues. Sie arbeitete alte Erzähl- und Romanstoffe um, formte beispielsweise aus »Das goldenen Joch« einen leicht abgewandelten Roman, verwandelte vorhandene Erzählungen in Filmskripts. Die Neue Welt Amerikas verweigerte sich ihrer literarischen Phantasie. Ihre Zeit als Schriftstellerin war, so muss sie es selbst gesehen haben, vorbei. Sie muss diese Einsicht von ihrem Werk auf ihr Leben übertragen haben. Sie war in ihrem Apartment in Los Angeles nicht nur aus der Welt gefallen, sie war aus der Zeit gefallen. Auch deshalb legte sie sich jenen Arbeitsalltag an der Universität zu, in dem der Nachmittag zum Morgen wurde und der Feierabend nach Mitternacht begann. Frappierend glich ihre Existenz derjenigen, die zur gleichen Zeit die Schriftstellerin DJUNA BARNES an der Ostküste des amerikanischen Kontinents in New York führte. Eileen Chang führte ein, wie sie es nannte, »Trappistenleben«, schweigend, allein, isoliert, so weltfern, als hätte sie sich selbst überlebt und wäre nur durch Zufall noch da.

In das Bewusstsein des Aus-der-Zeit-gefallen-Seins wurde Eileen Chang indes bereits hineingeboren. Sie entstammte einer Herrschaftsfamilie, die über Generationen hinweg eine entscheidende Rolle in der historischen Geschichte Chinas gespielt, sie bewegt, beeinflusst, geprägt hatte. Ruhm und Reichtum rahmten das Geschlecht ihrer Familie. Eileen Changs Urgroßvater Li Hongzhang war im neunzehnten Jahrhundert einer der wichtigsten Politiker Chinas gewesen, Minister und Generalgouverneur der Qing-Dynastie, der letzten, im Jahr 1911 nach fast vier Jahrhunderten endenden Dynastie des chinesischen Kaiserreiches. Der Vater Eileen Changs aber war nichts anderes als ein klassisches Relikt der Vergangenheit. Ein Mensch ohne das geringste Ziel, ein Mensch im vollkommenen Vakuum. Er hatte zeit seines Lebens weder einen Beruf, noch übte er irgendeine Tätigkeit zum Gelderwerb aus. Sein Alltagsleben bestand aus Opiumrausch, Glücksspiel und Bordellbesuchen. Im Lauf von ein paar Jahren verlebte und verspielte er einen gigantischen Familienbesitz, darunter siebenundzwanzig Gebäude in der Shanghaier Innenstadt. In einer ganzen Reihe von Erzählungen lässt Eileen Chang solche, aus den historischen Verhältnissen gefallene Männer auftreten, die dem Typus ihres Vaters ähneln. In der Erzählung »Verwelkte Blüte« aus dem Jahr 1944 heißt der Protagonist Herr Zheng, geistert in einer teuren, aber verschmuddelten altchinesischen Seidenbluse durchs Haus und schikaniert die Familie. Auffallend an der Darstellung dieses Herrn Zheng ist die Prägung seiner Physiologie, ja seiner Biologie, durch die Entfremdung zum Geschehen der Zeit:

»Herr Zheng sah aus wie ein typischer junger Gentleman aus Shanghai, der einem Werbeplakat für Getränke von Lekoufu oder Zigaretten entstiegen sein könnte: Er hatte ein rundes Gesicht, weit auseinanderstehende Augen und Augenbrauen und nach oben gezogene Mundwinkel. Zöge er eine kurze Hose an, so würde er wie ein kleiner Junge aus der Werbung für Babytabletten aussehen; malte man ihm zwei Schnauzbärte, würde er sich wieder in einen alten Mann verwandeln, der immer rechtzeitig sein Tonikum einnimmt; bekäme er aber einen weißen Bart, wäre er ein Weihnachtsmann. Herr Zheng war ein Hinterbliebener. Da er die Republik nicht anerkannte, wurde er seit deren Entstehung nicht mehr älter. Obwohl er viel von gutem Schnaps, Frauen und Opium verstand, blieb sein Herz weiterhin das eines Kindes. Er glich einer Kinderleiche in einem Glas mit Formalin.«

Wie viele bedeutende Schriftsteller der Moderne hatte Eileen Chang die Risse im Blick, die das Erdbeben des donnernden Fortschritts zu Beginn des zwanzigsten Jahrhunderts in der Kultur- und in der Mentalitätsgeschichte auslöste – im Abendland ebenso wie im Morgenland, dort aber mit höheren Werten auf der Richterskala der gesellschaftlichen Veränderung. Denn die Modernisierung im Reich der Mitte ging einher mit einer rasanten Verwestlichung. Eileen Chang war keine politische Schriftstellerin, sie war eine psychologische, philosophische Schriftstellerin. Sie trauerte nicht der politischen Vergangenheit Chinas nach, pries weder nostalgisch das Kaiserreich, noch bejubelte sie die junge Republik. Sie schrieb nach 1949 auch keine literarischen Attacken gegen die kommunistische Volksrepublik. Aber sie beschrieb die menschliche Existenz im Zustand der Trauer, der Sinnlosigkeit und einer diffusen Rückwärtsgewandtheit. Im Zeitnebel historischer Asymmetrie. In diesem Nebel, in karikaturhaft widersprüchlichen Verhältnissen war sie aufgewachsen. Während ihr Vater in der Shanghaier Stadtwohnung in einem abgedunkelten Zimmer tagein, tagaus, umgeben von zwei Konkubinen, die er in die Familie geholt hatte, auf dem Bett lag und sich Opium injizierte, studierte Eileen Changs moderne, emanzipierte Mutter Kunstgeschichte an der Sorbonne in Paris und fuhr in den Schweizer Bergen Ski. Zwischen dem Elternpaar, das sich schließlich scheiden ließ, lag, von Zwist und Untreue abgesehen, ein kultureller Graben von hundert Jahren.

Ungeheuerliche zeitliche Verschiebung – sie betrifft auch die Rezeption des Werkes von Eileen Chang. Denn wir Mitteleuropäer kennen ihren Namen erst seit ein paar Jahren, seit der Verfilmung der Erzählung »Gefahr und Begierde« durch den taiwanischen Filmregisseur Ang Lee im Jahr 2006. Eileen Chang schrieb diese Erzählung 1950, aber sie bearbeitete sie fast zwanzig Jahre lang, formte um, entwarf neu und erfand immer wieder ein anderes Ende. Das Melodram thematisiert, wenn auch auf indirekte Weise, ihre erste, 1944 geschlossene Ehe mit einem hohen chinesischen Beamten, der für die japanische Besatzungsregierung arbeitete und nach deren Ende als Kollaborateur verfolgt wurde. Nicht aus politischen Gründen indes ließ sich Eileen Chang von ihm scheiden, sondern weil er sich ein paar Jahre nach der Heirat zwei Geliebte zulegte und sich dabei auf die alte chinesische Tradition des Konkubinats berief.

In der Erzählung wird die Studentin Jiazhi als erotischer Lockvogel auf den Geheimdienstchef Lao Yi angesetzt. Sie agiert im Auftrag einer chinesischen Widerstandgruppe, die aus dem Untergrund die japanische Besatzung bekämpft. Sie soll den Kollaborateur Lao Yi in eine Falle locken und den Attentätern der Gruppe in die Arme treiben. Tag, Stunde und Gelegenheit des Attentats sind verabredet. Der Geheimdienstchef führt die Geliebte in ein Juweliergeschäft, um ihr einen Ring zu kaufen, einen in Gold gefassten rosafarbenen Diamanten, »groß wie eine Erbse«. Während sie den Ring anprobiert, erwartet sie jeden Moment das verabredete Attentat, die Ermordung des Mannes, von dem sie plötzlich weiß: Er liebt sie wirklich. Sie warnt ihn. Lao Yi entkommt. Noch am gleichen Abend lässt Lao Yi die am Attentatsversuch beteiligten Studenten liquidieren. Auch die junge Frau, von der er weiß: Sie hat ihn wirklich geliebt. In der letzten Szene der Erzählung zieht er Resümee: »Was den Kriegsausgang betraf, war er wenig optimistisch. Genauso wenig wusste er, was ihn persönlich erwartete. Doch wer einmal die Liebe einer solchen Frau erfahren hatte, konnte dem Tod ohne Bedauern entgegensehen. Er spürte, dass ihr Schatten ihn auf ewig begleiten und trösten würde, auch wenn sie ihn zuletzt gehasst hatte.«

Nicht nur, dass ihn sein Leben auf einmal nicht mehr sonderlich zu interessieren scheint. Ihn interessiert auch die Lebenszeit nicht mehr, die ihn von seinem Tod trennt. Er stellt die Zeit still. Dies hatte, so darf man annehmen, auch Eileen Chang getan, lange bevor sie in ihrem Apartment von Beamten der amerikanischen Polizei tot aufgefunden wurde.

Biografisches

Zhang Ailing, so der chinesische Name Eileen Changs, wurde am 30. September 1921 in Shanghai geboren. Ihr Vater war das letzte Glied einer ehemals mächtigen, berühmten und reichen chinesischen Familie, die vor Eileen Changs Augen unterging. Auf einer englischen Missionsschule in Shanghai genoss Eileen Chang eine fundierte Ausbildung. Von 1939 bis 1941 studierte sie in Hongkong, in den vierziger Jahren machte sie in Shanghai eine glanzvolle literarische Karriere, die sich nach ihrer Emigration in die USA im Jahr 1955 nicht fortsetzte. Sie war zweimal verheiratet und kinderlos. Nicht alle Umstände der Biografie Eileen Changs sind zweifelsfrei nachgewiesen. So wird ihr Geburtsjahr gelegentlich auch mit 1920 angegeben. Am 8. September 1995 wurde sie in ihrem Apartment in Los Angeles tot aufgefunden.

Leseempfehlung

»*Gefahr und Begierde*« *(Erzählungen)*. Aus dem Chinesischen von
Susanne Hornfeck, Wang Jue und Wolf Baus.
»*Das Reispflanzerlied*« *(Roman)*. Aus dem Englischen von
Susanne Hornfeck.

Ursula März

GEZEITEN IM KRIEG

Paulina Chiziane *1955*

Eine Siedlung in Mosambik an den Ufern des Save. Das Zuckerrohr, die Palmen wiegen sich im Wind, der Duft von gebratenem Fleisch zieht über den großen Platz. Die Frauen bereiten das Festmahl vor, die Männer bauen im Schatten der Kaschubäume Sitzgelegenheiten auf. Die Mädchen warten, reich geschmückt und noch gespannter als alle anderen, auf die vielleicht zwanzig Jungen, die ihre Initiationsriten erfolgreich absolviert haben. Ein wenig zitternd von den tagelangen Anstrengungen laufen die schließlich Spalier; noch ungeübte, halbwüchsige Helden. Einer von ihnen ist der jungen Sarnau unbekannt: Mwando, der in der nahe gelegenen Stadt in der Priesterschule lebt, dessen Vater aber zur Dorfgemeinschaft gehört. »Dieser entrückte und durchdringende Blick, diese ruhige Stimme ... und dieses kluge Gesicht.« Er beachtet sie anfangs nicht. Doch wozu hat sie von den Frauen gelernt, wie man einen Mann für sich interessiert? Sarnau, die aus bescheidenen Verhältnissen kommt und keine Schönheit ist, hört Mwando aufmerksam zu. Im gerade richtigen Moment rückt sie ein bisschen näher und täuscht eine Schwäche vor.

Ein Shakespeare-Stoff: Hier stehen Romeo und Julia im Vordergrund, die nicht zueinanderdürfen und deren Anziehung durch das Verbot dauerhaft angeheizt wird. Im Weiteren stirbt der König, und während der Erbstreit um sein Reich mit allen Mitteln ausgetragen wird – mit Fehde, Intrige, mit Mord und Magie –, verlieren und finden sich die beiden immer wieder neu. Ein Freitodversuch wird vereitelt, eine Flucht schlägt fehl, und nicht einmal jahrelange Verbannung kann die füreinander Bestimmten endgültig trennen. Krankheit und Tod greifen nicht ein. Niemand darf die Geschichte verlassen, bevor sie zu Ende erzählt worden ist.

In Paulina Chizianes erstem Buch, dem »Liebeslied an den Wind«, treffen sich Elemente, die mit dem Besteck der Literaturgeschichte auseinanderzunehmen wären in moralische Fabel und romantisches Märchen, historische Saga aus dem zwanzigsten Jahrhundert und realistischen Roman – mit einem radikal modernen, nämlich bitteren, offenen Ende. Aus Sarnaus Perspektive erzählt, ist die Geschichte allerdings in Ton und Rhythmus der Oratur – wie man die mündlich tradierte Literatur inzwischen nennt – entlehnt: Klage und Hoffnung, Bericht und Beschwörung aus einem Mund wechseln einander ab. Hinweise zum psychologischen oder historischen Verständnis werden gewissermaßen ad hoc gegeben, gerade immer so viel, wie man zur Würdigung der laufenden Szenen braucht. Denn Sarnau, die nach der ersten Trennung von Mwando den Prinzen ihres Reiches heiratet, vom Aschenputtel zur späteren Herrscherin wird, wechselt so nicht nur den Liebhaber, den Status, die Erwartungen für die Zukunft – sie wechselt auch das Ordnungssystem der Geschlechter. Mwando, der zukünftige Priester, war so selbstverständlich christlich-monogam, wie Nguila, der künftige König, nach den alten Gesetzen lebt; ein Macho, wie er auch im Buche steht: »Er ist ein riesiger und kräftiger Büffel, so wie es der Adel seines Geschlechts verlangt. Seine Haut ist sehr schwarz, Stirn und Nase sind fein geschnitten, blendend weiß sind seine Zähne, was ihm ein besonderes Aussehen verleiht. Sein Gang ist dynamisch, herrisch, verführerisch. Er ist ein ausgezeichneter Jäger, der beste Bogenschütze. Es gibt keinen, der sich mit ihm messen könnte. In den Kneipen und Spelunken ist er der Erste, der kommt, und der Letzte, der geht, und wenn er sich betrinkt, ist er das Unerträglichste auf dieser Welt. Man sagt, er sei verrückt nach dem anderen Geschlecht, was den König, seinen Vater, mit Stolz erfüllt.«

Sarnau, der Chronologie und dem Rang nach die erste Frau, erfährt alle Reize und Übel der Vielweiberei: Sie wird vergöttert und umschmeichelt und als Gattin geehrt, solange sie Hoffnung auf männlichen Nachwuchs erlaubt. Mit jedem

Monat, der ohne Empfängnis verstreicht, und mit jeder Entbindung, bei der nicht ein gutgewachsener, gesunder Sohn das Licht der Welt erblickt, sinken ihr Ansehen und ihr Wert. Am Schluss der Ehe verbringt sie ihre Zeit im Wartestand; vor allem ignoriert, hin und wieder geprügelt und seltener begattet von einem häufig betrunkenen Ehemann.

Die Literatur Afrikas klagt mit weiblicher Stimme unablässig über die Polygamie. In diesem System, das ursprünglich die sexuelle und die ökonomische Kraft bündelt und so den diversen Haupt- und Nebenfrauen eine auskömmliche Existenz sichert – denn nur wer potent *und* reich ist, soll mehrere Gattinnen haben –, ist ein würdevolles Frauenleben auch in wirtschaftlich guten Zeiten der Ausnahmefall. Wer lediglich Töchter zur Welt bringt oder gar unfruchtbar ist, kauert am Ende der Nahrungskette, und selbst strahlende Mütter von Söhnen müssen ihren Platz – auch den im Bett – früher oder später für die nächste Rivalin räumen. Das hermetische System von Triumph und Demütigung, von Neid und Ohnmacht verhindert eine solidarische Unterstützung zwischen den Frauen, die zwar alle das grundsätzlich gleiche Schicksal erleiden, aber zur Konkurrenz gezwungen sind, bis sie das fahle Stadium des Klimakteriums erreichen. Allein die wenigen Frauen, die ein hohes Alter in materieller Sicherheit erleben, können Selbstlosigkeit, Gelassenheit und Fürsorge entwickeln. Sie registrieren auch den einzigen Vorteil des polygamen Systems über die Monogamie: Die Kinder haben alle ein Zuhause. Das uneheliche, unwürdige, das verstoßene Kind gibt es nicht. Dies gilt allerdings nur, solange Frieden herrscht.

Wie fast alle Länder Afrikas hat auch Mosambik seit dem siebzehnten Jahrhundert koloniale Zwänge und verheerende Kriege erlebt. Die Polygamie der meisten dort lebenden Stämme vertrug sich so wenig mit der Monogamie der christlichen Besatzer wie die Amtssprache Portugiesisch mit den fünfzehn Sprachgruppen der vorwiegend analphabetischen Mosambikaner, und der Monotheismus so wenig mit dem afrikanischen Animismus wie die europäische Ethik mit der Praxis der verschiedenen Ethnien, Konflikte auszutragen. Der bewaffnete Widerstand gegen die Kolonisatoren und vor allem der sechzehn Jahre während Bürgerkrieg von 1976 bis 1992 haben das Land traumatisiert. Aus den Kriegsgegnern von einst sind politische Parteien geworden, aus den Anführern Staatsmänner. Die Opfer wollen nur noch vergessen. »Die Mosambikaner haben keine Kraft mehr zu hassen«, erklärt Paulina Chiziane.

Aber die Schriftsteller erinnern sich. Während die Portugiesin LÍDIA JORGE eine am Realismus geschulte Chronik der Ereignisse schreibt, ist Chizianes Literatur nicht auf einen Stil, auch nicht auf eine Absicht festzulegen. In ihrem zweiten Roman »Wind der Apokalypse« erzählt sie, wie Jorge, von der Zeit des Bürgerkriegs, allerdings in einer Haltung, die in ihrer Zuwendung schwankt. Wenn sie vom Abwehrzauber berichtet, mit dem die Dorfgemeinschaft von

Mananga den Krieg von sich fernhalten will, gleicht sie einer loyalen Ethnologin, die Aufklärung betreibt: Die einen wollen Tiere schlachten, um sie den Göttern zu opfern und diese friedlich zu stimmen, die anderen lieber eine Jungfrau. Die Auserwählten, die Seher, die Schamaninnen sind vor mehr als hundert Jahren mitsamt ihrem Wissen gestorben, die Traditionen sind abgerissen. Verschleppung in die Zwangsarbeit, Versklavung, Christianisierung, all das hat dafür gesorgt, dass nun keiner mehr weiß, was zu tun ist. »Der Himmel von Mananga ist ein mit Mythen geschmückter Mantel, jahrhundertealte Traditionen werden auf zweifelhafte Art wieder zum Leben erweckt, denn es ist nicht mehr möglich, die eigenen Traditionen und die Zeremonien für die ausländischen Götter auseinanderzuhalten.«

Der Abwehrzauber, den ein gewählter Schamane schließlich ins Werk setzt, hat nicht geholfen. Das Dorf erlebt ein Massaker durch Soldaten, von denen niemand sagen kann, in wessen Auftrag und mit welcher Absicht sie verwüsten und töten. Doch sind Söhne und Neffen der Alten dabei, die nun zu Mördern ihrer Verwandten geworden sind, und von den Überlebenden werden manche darüber verrückt.

Der Ton, in dem Chiziane erzählt, wie diese Überlebenden, ein trauriger Zug von Versehrten, sich um einen neuen Führer scharen, der sie durch den Dschungel führt, wechselt zu dem einer Predigt. Die Aufklärung wird durch einen neuen Mythos ersetzt: den der absoluten Gemeinschaft, die durch Not und die Erfahrung gegenseitiger Hilfe eine neue, nicht-magische Kraft gewinnt. Als die Überlebenden ein Dorf erreichen, das ihnen freundliche Aufnahme gewährt, scheint sich das Schicksal zu wenden. Doch der Krieg, undurchschaubar und ohne Erklärung, barbarisierend und buchstäblich verheerend, erreicht schließlich auch diesen letzten Flecken des Friedens. Auch dieser Roman Chizianes endet – der Wirklichkeit angemessen – ratlos und düster.

Unberührt von ihrer literarischen Diskussion der Weltbilder bleibt in Chizianes Literatur allerdings der Glaube an eine Natur gegenwärtig, in der nichts verloren geht, sondern jede Art von Leben, in einer endlosen Kette der Transformationen, für immer erhalten bleibt. Flora und Fauna, das Meer und seine Gezeiten, die Steine, die Erde und die Gestirne sind nicht nur eine Elementarschule für die poetische Empfindung und die ästhetischen Sinne, sie sind vor allem ein unerschöpfliches Reservoir der Kraft, der Inspiration, der psychischen Wiederbelebung. Die Erfahrung der Vereinzelung, der Trennung von der Gemeinschaft, ein immer wiederkehrendes Thema in der afrikanischen Literatur, kann durch die Wahrnehmung der Natur nicht geheilt, aber doch beantwortet werden; sie ist im klassischen Sinne die Aufhebung aller Schmerzen. Dass dies in Kriegszeiten nicht gilt, davon berichtet sie ebenso. Wo das Tatsächliche fassungslos macht, bleibt die Literatur es auch.

Biografisches

Paulina Chiziane, geboren 1955 im ländlichen Manjacaze, Mosambik, zog mit sechs Jahren mit ihren Eltern aus dem Dürregebiet ihrer Heimat in die Hauptstadt Lourenço Marques, heute Maputo. Die Familie bezog eine Schilfhütte in einem Slum am Stadtrand, der Vater arbeitete als Schneider. Die ersten Weißen, die Paulina zu Gesicht bekam, waren ein Kaufmann und ein Priester und später die Nonnen in ihrer Schule. Sie besuchte die Handelsschule und arbeitete als Sekretärin, bevor sie an der Universität Maputo Linguistik studierte. Danach arbeitete sie für das mosambikanische Rote Kreuz und verschiedene internationale Organisationen. Ihre Liebe zu den Büchern erwarb Paulina Chiziane eigenen Aussagen zufolge von ihrem Vater, der ein leidenschaftlicher Leser war. Heute zählt sie zu den wichtigsten Schriftstellern ihres Landes. Für ihren Roman »Niketche. Uma História de Poligamia« erhielt sie 2003 den Prémio José Craveirinha.

Leseempfehlung

»Wind der Apokalypse« (Roman). Aus dem mosambikanischen Portugiesisch von Erika Fuchs.
»Liebeslied an den Wind« (Roman). Aus dem mosambikanischen Portugiesisch von Claudia Stein und Michael Kegler.

Elke Schmitter

ORDNUNG IST DAS HALBE DICHTEN

Inger Christensen *1935–2009*

Eine Frau sitzt da und schweigt. Eine Katze streicht ihr um die Beine: Zeit, Schluss zu machen, genug Zeit vertrödelt, oder was eine Katze über einen taten-los dasitzenden Menschen so denkt. Inger Christensen schweigt und sieht viel. Sieht die Welt, wie sie ist, die Straßen und die hastenden Menschen, die schö-nen Häuser und die hässlichen, den roten Jaguar, der mit quietschenden Reifen um die Ecke biegt, den blühenden Aprikosenbaum, den Himmel, an dem sich weiß Gott was alles zusammenbraut, und den Großen Wagen, der nachts leer am Himmel steht. Wer an ihr vorbeiging oder ihr in irgendeiner x-beliebigen Stadt zufällig im Café gegenübersaß, hätte sie mit einer abgearbeiteten Haus-frau verwechseln können, die sich am hellen Mittag ein Gläschen und eine Ver-schnaufpause gönnt.

Inger Christensen ist selbst ihre beste Tarnung gewesen. Vier Wochen hat die

Dichterin Tag für Tag im Esszimmer gesessen, meditiert, und die Katze hat sich quer auf das Bett im Schlafzimmer gelegt und gewartet, bis endlich das erste Wort des Romans »Azorno« auf dem leeren Papier stand: »Louise«. Einfach Louise, sie schrieb diesen Namen oben auf jedes einzelne Blatt. Louise, das war ihr nach vier Wochen eingefallen, und mit diesem Namen war der Roman in der Welt, die Arbeit konnte beginnen. Oft hat sie das nichtsnutzige Herumdösen als »Vorhölle« bezeichnet, als das seelenlose Warten im leeren Raum, aus dem sie, wenn es soweit ist, mit dem ersten Satz eines Gedichts oder Romans auftaucht. Ob das Werk vom Wort, der Hölle, von Mördern, Engeln, Brombeeren oder Brom, vom Guten oder vom Bösen handelt: In jedem Fall wird es ein streng komponiertes Werk sein, streng und melodisch nach ihren Regeln der Dichtkunst.

Ihre Dichtkunst ist, was große Musik auszeichnet: rational, seriell und organisch, Herzton und Atem und niemals Pathos, Jammer oder lyrische Soap. Der Leser oder Zuhörer bewegt sich in diesem Labyrinth aus Buchstaben zwischen schierer Daseinsfreude und Desillusionierung. »Mit jedem Schritt, den wir tun«, sagt die Dichterin, »bewegt sich das Labyrinth mit uns zusammen in genau derselben Geschwindigkeit und Richtung wie wir.« Wer die Geduld zur Strecke hat, gelangt bei Inger Christensens abgespeckter Poetik einigermaßen schnell zu den großen Fragen: Was ist Liebe, was Schönheit, was der Weltuntergang, was der Tod, der jedem bevorsteht?

Inger Christensen versteckte die Unerbittlichkeit ihres Denkens hinter großen Brillengläsern, einem milden Lächeln und einem dunkelblauen Konfektionskostüm. Sie hatte sich geschworen, die Sprache nicht dem Spiel der Zufälligkeit zu überlassen, und benutzte Modelle, wie sie aus der Musik und der Mathematik bekannt sind. Ihr Misstrauen und ihre Abneigung gegenüber der eigenen Seelentiefe waren groß, deshalb konnte ihr der dichterische Zufall gestohlen bleiben. Das Korsett selbstgeschaffener Systeme half ihr und ihrer Dichtung, anderswo herzukommen, aus allen möglichen fernen Ecken, bloß nicht aus ihr selbst.

Einer der Gründe, weshalb sie Modelle mit gleichlautenden Strophenanfängen und vorbestimmte Wörter, zum Beispiel in der Buchstabenfolge des Alphabets und einem bestimmten Rhythmus benutzte, lag darin, dass sie etwas anderes sagen wollte als »das, was ihr zuerst einfällt«. Bloß keine Verführbarkeit, bloß keine Willkür.

Ordnung, sagte sie, ist das halbe Dichten. War Inger Christensen ein pedantischer Mensch, einer, der hundertmal überlegt, bevor er ein Wort aufschreibt? Nein, aber eine strenge Denkerin. Quälend und eine Geduldsprobe ist es gewesen, und wahrscheinlich noch viel Schlimmeres, aber das geht uns nichts an. Das Gedicht ist das, was es ist. Und Inger Christensens Gedichte und ihre Romane

»Azorno« und »Das gemalte Zimmer« sind, ohne zu übertreiben, groß. Aus der in Wörter zerlegten Welt gilt es Präzises zu berichten. Weltgeschichte, Natur- und Lebensgeschichte, und immer stellt sie die Frage, wer betrachtet wen, der Schmetterling uns oder wir den Schmetterling? Ohne Klugheit ist ein sinnvolles Nachdenken nicht möglich, und wenn die Poesie dazukommt, müssen die Gedanken in eine kurze Form gebeugt werden und sich die ausgesuchten Wörter miteinander vertragen wie ungewöhnlich nette Geschwister. Denn die Wörter sitzen in einer Zeile nebeneinander, bilden Verwandtschaften und Strophen, sind ein »Gemeinschaftswesen«, das miteinander einen Sinn oder ein Sinnbild ergeben soll. Der Sinn der Strophe: »Wenn ich allein / im Schnee steh / wird es klar / dass ich eine Uhr bin / wie sonst sollte die Ewigkeit über die Runden kommen«, erschließt sich nach Sekunden.

Sprachbilder löst sie durch Denkschocks aus. Inger Christensen war vielleicht die einzige Dichterin, die kompromisslos Logik mit Sprache und Poesie verband. Und dort, wo sie als Kind einer Schneiderfamilie aufgewachsen ist, im Arbeiterviertel der ostjütländischen Stadt Vejle, ist die Sprache langsam und träge, als hätte die nordische Dunkelheit die Münder der Menschen gelähmt. »Irgendwo werde ich plötzlich geboren / in einem ausdruckslosen Haus; wenn man / schreit, geben die Wände nach ...«. Sie mochte es nicht, nach ihrem Privatleben und ihren eigenen vier Wänden ausgefragt zu werden. Wenn man wissen wollte, welches Gedicht sie als Erstes selbst gelesen hat, wie alt sie damals war, wer ihr das Gedicht zu lesen gegeben hat, weshalb sie den Dichter Novalis vor allen anderen Dichtern schätzte und so weiter; wer wissen wollte, weshalb sie Dichterin und doch nicht Ärztin geworden oder Lehrerin geblieben ist, erhielt nur selten und unwillig Auskunft. Wenn man aber fragte, was das überhaupt für ein tollkühnes Vorhaben sei, ein Gedicht zu schreiben! – Da hob sie den Kopf und hatte sofort eine Antwort parat.

Ich tue dann so, sagte sie, als schreibe nicht ich, sondern die Sprache selber. Ich tue dann so, als wäre es möglich, als Person ein wenig zurückzutreten und die Sprache sozusagen von außen zu überwachen, so als hätte ich selber sie nie benutzt. Da ist es: der Respekt und die Demut vor der Sprache, die Inger Christensen wie einen empfindlichen und nachtragenden Liebhaber behandelte. Jedes Wort birgt Wissen und Erinnerung, und das wirft es wie ein Echo zurück. Man sollte die Kraft des Wortes nicht unterschätzen.

Das Nachdenken über ein Wort, beispielsweise über das Wort »Seide«, beginnt bei Inger Christensen mit der klaren Aussage, dass Seide ein Substantiv sei. Dann schwenkt sie zum Dichter Lu Chi, der 303 nach Christus in China hingerichtet wurde und neben Gedichten ein auf Seide gemaltes Buch über die Schreibkunst hinterließ. In einem einzigen Meter Seide, schrieb Lu Chi, befindet sich der »unendliche Weltraum«. Lu Chi, fährt Christensen in dem Essay

»Die Seide, der Raum, die Sprache, das Herz« fort, konnte das Wort »Seide« nicht schreiben, ohne an die Seidenraupe zu denken, die in ihrem Kokon einen viertausend Meter langen Seidenfaden gesponnen hat. Jeder, der das Wort Seide hört, wird sich an etwas anderes erinnern, vielleicht an ein Kleid, ein Gefühl auf der Haut, eine Reise durch Indien oder an einen Schrank mit tausend Rollen bunter Seidenfäden.

Weich klang es, als Inger Christensen ihre Gedichte in Dänisch oder Deutsch vorlas, voll und schleppend, wenn sie den Sonettenkranz »Schmetterlingstal« vortrug, in dem die Anfangszeile des ersten Sonetts die Schlusszeile des vierzehnten abgibt, und das fünfzehnte sich aus den vierzehn Anfangszeilen des vorhergehenden Textes zusammensetzt. Gefangen in diesem Satzbau aus Anfang und Wiederholung, schweben die Schmetterlinge zwischen Totenreich und »Kindersommerland«, und der Kindheitstraum entpuppt sich als »göttlichste Falle der Natur«. Das Schöne hat einen Schatten, wie der Komet einen Schweif.

Der Zauber, der von diesem Sprechen und von ihren Worten ausgeht, macht sie einer Circe ähnlich. Einer Circe, die das Schlimmste in bestmöglicher Sprache erfasst. Die Mathe-Spezialistin unter den Gegenwartsdichtern unterwarf alles einem Zahlenprinzip. Der biblischen Zahl Sieben, der Zahlenfolge des um 1180 in Pisa geborenen Rechenmeisters Fibonacci. Jede Zahl ist bei der nach Fibonacci benannten Reihung die Summe der beiden vorangegangenen. Auf Fibonacci ist Inger Christensen zufällig im Lexikon auf der Suche nach guten Wörtern gestoßen, als der Gedichtband »alfabet/alphabet« schon fertig war, der mit der Strophe beginnt: »die aprikosenbäume gibt es / die aprikosenbäume gibt es / die farne gibt es; und brombeeren, brombeeren und brom gibt es; / und den wasserstoff, den wasserstoff die zikaden gibt es ...« Am Ende ist es in »gottverlassenes licht getaucht, dieses giftige, weiße, verwitterte gedicht«.

Schnörkellos über die Welt erzählen bedeutet bei Inger Christensen, schnörkellos über den Widerborst Sprache aufzuklären. In ihrem ersten, 1962 in Dänemark erschienenen Gedichtband »Lys/Licht« ebenso wie in dem späteren Band »alfabet/alphabet«, in dem das Gedicht als »Welt-Modell« vorgeführt wird und der Leser den Eindruck eines »Gemeinschaftsgefühls« erfährt – Gemeinschaftsgefühl als Ausdruck einer »klassenlosen Sprache«, die nichts Belehrendes an sich hat, gänzlich dem Anliegen verschrieben, die Welt »lesbar« zu machen und teilzunehmen am »Gedicht der Welt«.

Schriftsteller haben die Aufgabe, sich mit dem Unmöglichen zu befassen und versuchsweise eine Sprache einzusetzen, die vielleicht noch gar nicht und nirgendwo existiert. Um die nicht existierenden Worte in die Welt zu bringen, reiste Inger Christensen als Minnesängerin der Poesie durch die Lesezimmer Europas, bestaunt und bewundert wie eine Außerirdische, die allein durch die Sprache und die von ihr geschriebenen Strophen und Sätze ihr Publikum in

Trance versetzt. Der Dichter Durs Grünbein schildert das erste Treffen mit dieser »unglaublich sanften, wunderbar unverdrossenen Stimme« und vergleicht den regelmäßigen Singsang mit Bachs »Partiten«. Ein solches Vertrauen, bekennt Grünbein, sei bei Christensens Lesung auf ihn übergegangen, wie er es nur von Wiegenliedern kenne. Durs Grünbein wird sich unbewusst an die Stimme der Mutter erinnert haben und an den schönen Schlaf, der ihn als Kind während des regelmäßigen Singsangs überfiel.

Inger Christensen war und ist die moderne Dichterin par excellence. Nirgendwo zu erreichen, nicht in den hohen Räumen ihrer Kopenhagener Wohnung, immer schon weitergefahren. »Nach Armenien sehne ich mich unablässig«, heißt es in einem langen Gedicht. Je länger das Ich unterwegs ist, desto abgerissener fühlt es sich. Obdachlos, ausgesetzt der Sprache oder der Erde, auf der die Sprache Medium ist. Von all diesen Reisen profitierte die Dichterin auf ihre Art. Ihre Souvenirs – »rauchendes Licht, triefnasse Tauben, ein galaktisches Schweben« – beschwerten kein Gepäck. Um die Fundstücke zusammenzufügen, wird jedes Mal der Kontrakt zwischen den Wörtern und der Welt erneuert. Inger Christensen gehört zu den Dichtern, die niemals vergaßen, in welcher Zeit sie lebten. Ihr Realitätssinn erlaubte es ihr nicht, vor der Gegenwart die Augen zu verschließen, sie tischte sie in ihren Gedichten auf, wenn auch manchmal nur mit einem fallengelassenen Wort.

Auch wenn sie sich mit einem mehr als fünfhundert Jahre alten Renaissance-Gemälde auseinandersetzte, stand nicht die Schönheit der Kunst, sondern die Gemeinheit der Menschen im Zentrum, die mit Hilfe der Kunst etwas vorspiegelt, was es gar nicht gibt. Der Fürst Lodovico Gonzaga hatte Andrea Mantegna verdingt, im oberitalienischen Mantua in seinem Palazzo Ducale die Camera degli sposi, das Hochzeitszimmer, auszumalen. Mantegna dachte, es müsste seinem Auftraggeber gefallen, im Hochzeitszimmer im Bett zu liegen und nicht an eine öde Zimmerdecke, sondern in einen blauwolkigen Himmel zu blinzeln und ringsum speckig-nackte Hinterteile von Putten zu sehen. Um es mit Mantegnas illusionistischer Perspektive aufzunehmen, dringt Inger Christensen in ihrem Roman »Das gemalte Zimmer« aus drei wechselnden Perspektiven in die »Seele« des Bildes vor. Formal erwidert sie die Manier des Malers Mantegna, Kunst und Realität durch augentäuschende Tricks ineinander zu verschränken. Respektvoll ist Inger Christensen weder dem Maler Mantegna noch dem Fürsten Gonzaga gegenüber. Der Text ist im rotzigen Jargon des Dieners Marsilio, in der Sprache einer türkischen Prinzessin und in den kindlichen Worten Bernardinos, des zehnjährigen Sohnes von Mantegna, verfasst. Diese drei aus dem großen Wandbild ausgesuchten Personen erzählen jeweils einer anderen Person im Bild ihre Geschichten, die von Mord und Totschlag und auch von einer Eheanbahnung handeln: »Bilder sind wie alle große Kunst Gespenster ...«

Mit der Lust, geordnete Formen darzustellen, ist der Mensch nicht allein. Überall in der Natur sind Symmetrien und Wiederholungen zu sehen, die Äste eines Baumes und seine Blätter, die Flügel eines Schmetterlings, die Blüte einer Margerite, alles Zahlenwerk, überall haargenaue Entsprechungen. Bei der Eisblume, die der Frost ans Fenster wirft, ebenso wie bei den schwarzen Kernpunkten der Kiwi. In der Natur existiert die Symmetrie in der Perfektion, ihre Hervorbringung im Text bedeutet Kampf. Inger Christensen hat sich nie geschlagen gegeben. Tollkühn nahm sie es sogar mit der Erschaffung der Welt auf – in ihrem komplexen 240-Seiten-Langedicht »det/das«, das am Nullpunkt der Schöpfung beginnt: »Das. Das war es. Jetzt hat es begonnen. Es ist. Es währt fort. Bewegt sich. Weiter. Wird.« – Und endet so: »Es ist das ganze in einer menge verschiedenes / Es ist das ganze in einer menge / Es ist das ganze / Das ist es / Das«.

Alles, »was ein Schriftsteller schreibt, hätte genauso gut anders sein können, aber erst, wenn es geschrieben ist«. So wie das Leben anders hätte sein können, »aber erst«, sagt Inger Christensen, »wenn es gelebt ist«. Es ist gelebt! Ihr Leib wurde schmaler, ihr Gedächtnis mächtiger. Dann war es vorbei mit dem irdischen Leben der dänischen Circe, die Worte festhielt, um sie nach langem Zögern an der richtigen Stelle für die Zukunft der Literatur einzusetzen.

Biografisches

Inger Christensen wurde am 16. Januar 1935 in Vejle, Ostjütland, als Tochter eines Schneiders geboren. Im Alter von zwölf Jahren wurde sie ins Gymnasium versetzt und von ihrem sozialen Milieu isoliert. Sie studierte ein paar Semester Medizin, Chemie und Mathematik, brach das Studium ab, wurde schließlich, um Zeit fürs Schreiben zu haben, Lehrerin und unterrichtete unter anderem an der Kunsthochschule Holbœk. 1959 heiratete sie den Kritiker und Lyriker Poul Borum. Sie bekam einen Sohn, 1976 wurde sie geschieden. Ihr erster Gedichtband »lys« (»licht«) erschien 1962, mit dem Band »Grœs« (»Gras«) wurde sie 1963 bekannt. Inger Christensen lebte, wenn sie nicht zu ihren vielen Lesungen in der Welt unterwegs war, in Kopenhagen. Dort ist sie auch am 2. Januar 2009 gestorben. Sie wurde mit vielen wichtigen in- und ausländischen Preisen geehrt und war wiederholt für den Literatur-Nobelpreis nominiert.

Leseempfehlung

»lys/licht« (Gedichte).
»alfabet/alphabet« (Gedichte).
»det/das« (Gedichte).
»Das gemalte Zimmer. Eine Erzählung aus Mantua«.
»Der Geheimniszustand und Gedicht vom Tod« (Essays).
Alle Titel aus dem Dänischen von Hanns Grössel

Verena Auffermann

MORD UND GEMÜTLICHKEIT

Agatha Christie *1890–1976*

Und jeden Abend öffnet sich der rote Vorhang, und man sieht: eine schwach beleuchtete Hotelhalle mit durchgesessenen Sitzmöbeln in jenem unbestimmten Stil, der sagt: »Wir erinnern uns noch an den Krieg. Im Übrigen schätzen wir es gemütlich, und wir sind anständige Leute.« In diesem Ambiente, zwischen sehr anständigen Leuten, spielt seit 1952 täglich »The Mousetrap« – am Wochenende viermal. Im immer vollen Londoner Theatersaal sitzen japanische Schüler, indische Pensionäre, Gruppen aus Kenia und Libyen. Agatha Christies »Mausefalle« behauptet sich zwischen dem »König der Löwen« im Musicaltheater und dem neuesten Blockbuster in den Kinos – und zwischen »Hamlet« und Yasmina Rezas »Kunst« als das erfolgreichste Theaterstück der Welt. Fast jeder Tourist, der durch das Westend schlendert, bleibt irgendwann einmal verblüfft am St. Martin's Theatre stehen und sagt: »Agatha Christie,

The Mousetrap – du, das läuft hier immer noch! Da müssen wir rein. Weißt du eigentlich, worum es da geht?«

Es gehört zu Christies Erfolg, dass man sich an die Spielregeln hält. Tatsächlich weiß auch, wer weiß, worum es geht, nicht, wer der Mörder ist, denn die Presse und das Publikum wahren das Geheimnis. Sie werden bei Schluss der Vorstellung freundlich darum gebeten. Nur die wenigsten Besucher kennen das Hörspiel »Three Blind Mice«, auf das »Die Mausefalle« zurückgeht; Christie schrieb es 1947 zu Ehren der Königinmutter Mary, die sich zu ihrem achtzigsten Geburtstag etwas von ihrer Lieblingsautorin wünschte. Tatsächlich ist man verdutzt, wenn man das Theater verlässt, obwohl man sich hätte sagen können, dass es Hinweise gab... »Ich folge bestimmten Regeln«, sagte Christie: Keine falschen Behauptungen des Autors. Keine Morde mit bisher unbekannten Giften. Keine erstmalig auftauchende Figur in den letzten Szenen, die sich als Täter herausstellt. »Sie hat uns alle hereingelegt«, gab Dorothy Sayers anlässlich des Romans »The Murder of Roger Ackroyd« (»Alibi«) zu. Das sei nur fair: »Es ist die Aufgabe des Lesers, jeden zu verdächtigen.« Und es ist Christies Kunst, ihn daran zu hindern: durch subtile, doch wirkungsvolle Manöver, aufgrund deren wir dem stattlichen Colonel trauen, dem smarten jungen Banker aber weniger. Und gerade der älteren Dame, die so gerne Rhabarbertörtchen vertilgt, hätten wir einen Mord nicht zugetraut. Noch dazu mit Arsen.

Von Giften verstand sie viel. Als junge Frau – ihr Mann diente als Flieger im Ersten Weltkrieg an der französischen Front – meldete sie sich freiwillig zum Apothekendienst. 3400 Arbeitsstunden leistete sie insgesamt beim Roten Kreuz; sie lernte dort schätzen, was Blauer Eisenhut, Zyanid et alii bewirken – zu einer Zeit, da die lazaretteigene Herstellung von Salben und Säften noch selbstverständlich war. »Schließlich fand ich mich doch zurecht und begriff die einfacheren Fakten, und nachdem uns bei einer Probe zum Nachweis geringster Arsenmengen unsere Kaffeemaschine explodiert war, machte ich doch recht gute Fortschritte.«

In ihren Memoiren erinnert sie sich, dass ihre Schwester einmal zu ihr sagte: »Krimis sind schwer zu schreiben ... Wetten, du schaffst es nicht?« Aus Langeweile und Ehrgeiz fing sie damit an. »Damals fand ich es richtig, an der Sherlock-Holmes-Tradition festzuhalten. Also: ein Detektiv musste her.« Der Mann, den sie erfand, wurde derart berühmt, dass die »New York Times« sein literarisches Ableben mit einem Nachruf auf der ersten Seite beantwortete. Ein kleinwüchsiger, schnurrbärtiger, überaus von sich eingenommener Belgier war für Millionen Menschen zum verlässlichen Begleiter jener Stunden geworden, in denen man alles hinter sich lassen will: fort von den eigenen Stimmungen und Sorgen, vollständig absorbiert von einer Geschichte, die in angenehmer Balance Verstand und Gefühl anregt und beschäftigt, aber nicht überfordert.

Agatha Christie hat Hercule Poirot, mit dem sie fünfundfünfzig Jahre verbrachte, keineswegs geliebt: »Manchmal habe ich gedacht: Warum – warum – warum nur habe ich diese abscheuliche, bombastische, entnervende kleine Kreatur geschaffen? Ich bin zwar finanziell von ihm abhängig. Andererseits verdankt er mir seine Existenz. In Augenblicken des Zorns male ich mir aus, wie ich ihn mit ein paar Federstrichen völlig vernichten könnte. Großspurig antwortet er: Unmöglich, Poirot auf diese Weise loszuwerden! Dazu ist er viel zu klug!«

Mit ihrer zweiten Schöpfung, Miss Marple, war sie besser befreundet. Weitab von ihrer beliebtesten Darstellerin, Margaret Rutherford, ist das schriftstellerische Original von zarter Konstitution, mit den filmischen Verkörperungen ihrer Figuren war Agatha Christie nur selten einverstanden. Wie der Profi Poirot wird die Hobbydetektivin Marple von ihrer Umgebung notorisch unterschätzt – ein wichtiger Faktor ihres Erfolgs. »Du warst immer ein liebes, unschuldig aussehendes Wesen, Jane, doch hinter dieser Fassade hat dich niemals etwas wirklich überrascht«, sagt eine Freundin zu der schusselig und altjungferlich wirkenden Plaudertasche Marple. Poirot hingegen, ein Ausländer, spielt trotz seiner Eitelkeit gern eine andere Karte aus: »Das Englische gebrochen zu sprechen ist ein enormes Hilfsmittel. Es führt die Leute dazu, mich gering einzuschätzen. Ein Ausländer, der noch nicht einmal richtig Englisch spricht, denken sie. Und so lulle ich die Menschen ein und mache sie sorglos.«

Marple und Poirot verlassen sich auf ihre Menschenkenntnis und ihren Verstand – und sind damit Geschwister all ihrer Leser: »Die Lösung jedes Rätsels liegt in den kleinen grauen Zellen des Gehirns.« Hilfreich ist die Überzeugung, dass ein Verbrechen schlichter gedacht ist, als es im Rückblick erscheint, doch immer wieder lässt man sich in die Irre führen, bis man das Rätsel begreift: »Es war so simpel, dass man es einfach nicht sah. Parbleu, war ich dumm!« Beide Detektive sind sportliche Naturen, die hin und wieder von Entsetzen gepackt werden, sich aber von Erschütterungen aller Art nicht lähmen lassen. Poirot motiviert der narzisstische Ehrgeiz, Marple das Engagement für die Unschuldigen, den Kampf gegen das Böse zu führen. Gärtnern gleich stöbern sie das moralische Unkraut auf, reißen es aus – und wissen, dass ihr Werk nie abzuschließen ist und auf ewig notwendig bleibt. Ihr grimmiges Vergnügen, die Welt zu verbessern, um sie zu bewahren, ihr selbstverständlicher Konservativismus und ihr natürliches Misstrauen gegen das Fremde und Undurchschaubare machen sie zu typischen Vertretern von Christies Generation und Milieu: ein britisches Bürgertum, das sein Empire für, nehmt alles nur in allem, die beste der möglichen Welten hält.

Christies Handwerk ist keineswegs nur bewundert worden. Ein gewisser

Neid hat dabei vielleicht eine Rolle gespielt: Ihr Werk ist in 109 Sprachen übersetzt und hat die Zwei-Billionen-Auflage längst überschritten. »Ihr Englisch ist schulmädchenhaft, die Situationen sind zum größten Teil künstlich, die Details fehlerhaft«, meinte der Schriftsteller Robert Graves. »Mord im Orient-Express« – eines ihrer bekanntesten Bücher und spektakulär verfilmt mit Stars wie Lauren Bacall, Ingrid Bergman, Anthony Perkins und Sean Connery – präsentiert eine Lösung, die Raymond Chandler geradezu wütend kommentierte: »Nur ein Schwachkopf könnte darauf verfallen.« Aber nicht nur die Auflösung – die ihr zweiter Mann Christie einredete –, der ganze Verbrechensplan verlange eine derartige Mitarbeit des Zufalls, dass kein vernünftiger Mensch an sein Gelingen hätte glauben können. Poirot »spaltet den Vorgang in eine Reihe simpler Verrichtungen auf, wie die Montage eines Schneebesens«.

Es ist wohl jene Einfachheit, die ihr Werk so beruhigend macht – technisch wie psychologisch. Nicht nur bei Marple und Poirot, sondern auch bei Christie selbst gibt es wenig Interesse am Bösen und an den Abgründen der Psyche. Sie war lebenslänglich gläubige Christin, dabei aber keine Gegnerin der Todesstrafe, und moralphilosophisch Agnostikerin: Das Gute versteht sich von selbst, und woher das Böse kommt, wissen wir letztlich nicht. Wer seine durchaus menschlichen Impulse – wie Geltungsbedürfnis, Rachegelüste, Missgunst, Gier, Eifersucht et cetera – nicht im Zaum halten kann, der muss unschädlich gemacht werden.

Ihre unterhaltsame Autobiografie zeigt unbefangen ihre Neigung, sich auf das Gelungene und das Erheiternde zu beziehen. Als Sechzigjährige beginnt sie mit ihren Erinnerungen, gestützt einzig auf ihr Gedächtnis. Sie sitzt zufrieden in einem eigens für sie gemauerten kleinen Raum auf dem Ausgrabungsgelände im irakischen Nimrud, täglich für einige Stunden. Abends säubert sie lustvoll die Scherben, Vasen und Schalen, die das archäologische Team unter der Leitung ihres zweiten Mannes, Max Mallowan, gesammelt hat. Sie blickt mit Freuden auf ihre viktorianische Kindheit zurück, in der sie viele Stunden alleine verbrachte, in einem großen Garten, mit einem zerbeulten Reifen zum Spielen, in ihrer Welt der Phantasie: »Ich erzählte mir selbst Geschichten.« Der wenig glückliche Verlauf ihrer ersten Ehe wird kurz zusammengefasst, der darauffolgende psychische Zusammenbruch gar nicht erst verhandelt. Dabei war sie damals, im Dezember 1926, eine Woche verschwunden gewesen und von der Polizei gesucht worden. Die letzte Spur, die sie hinterließ, war ein auf dem Kopf liegendes Auto im Straßengraben, darin ein Koffer mit Garderobe. Sie war als Autorin bereits so bekannt, dass die »Daily News« für sachdienliche Hinweise hundert Pfund Belohnung aussetzte; eine Zeitlang verdächtigte die Polizei ihren Gatten Archibald (der sie verlassen hatte, von dem sie aber noch nicht geschieden war) des Mordes: eine Geschichte, wie von ihr selbst erzählt.

Das gute Verhältnis zu ihrer Tochter und ihrem Enkel, die lange, glückliche Ehe mit ihrem zweiten, deutlich jüngeren Mann – auf der Heiratsurkunde schummelten beide den Altersunterschied herunter; sie machte aus vierzig siebenunddreißig, er aus sechsundzwanzig einunddreißig –, seine Erfolge als Archäologe, ihre geliebten Häuser und Gärten: von all dem wird mit souveräner Heiterkeit erzählt. Ihre Tapferkeit in beiden Kriegen, ihre Triumphe als Autorin spielt sie herunter. Sie veröffentlichte Gedichte und Romane ohne Kriminalhandlung unter dem Pseudonym Mary Westmacott und pflegte zu ihren Leistungen ein realistisches Verhältnis: »Wenn ich wie Elizabeth Bowen, Muriel Spark oder Graham Greene schreiben könnte, würde ich vor Freude in die Luft springen, aber ich weiß, ich kann es nicht.« Erst spät nahm sie ihr Schreiben so ernst, dass sie sich ein Arbeitszimmer gönnte. Trotzdem hatte sie handwerklichen Stolz. »Zehn kleine Negerlein« beispielsweise wurde gut besprochen, »aber am meisten war ich selbst damit zufrieden, denn ich konnte besser als jeder Kritiker beurteilen, wie schwierig seine Konstruktion gewesen war«.

An einem familiären Detail zeigt sich besonders deutlich ihre Gabe, die Dinge von der möglichst guten – und komischen – Seite zu nehmen: Während sie mit ihrem ersten Mann für ein knappes Jahr auf Reisen war, wurde für die in England zurückbleibende dreijährige Tochter Rosalind ein vollkommen überfordertes Kindermädchen engagiert, »Kuckuck« genannt. »Heute erscheint es mir möglich«, schreibt Christie rund dreißig Jahre später, »dass es Kuckucks Albernheit und Untauglichkeit waren, die aus Rosalind ein selbständiges Kind machten. Sie musste selbständig denken. Jemand musste ja schließlich für ein Mindestmaß an Ordnung im Kinderzimmer sorgen.«

Schuldgefühle quälten sie nicht; Tragisches nahm sie wahr, ohne sich ausgeliefert zu fühlen, Verluste nahm sie als Tatsachen hin. Darin blieb sie ihrer Herkunft treu: »Ich glaube, dass die viktorianischen Eltern vernünftiger dachten und mehr Verständnis für ihre Kinder hatten und für das, was sie brauchten, um ein glückliches und erfolgreiches Leben zu führen. Man bemühte sich weit weniger, mit den Nachbarn Schritt zu halten. Die Viktorianer beurteilten ihre Kinder leidenschaftslos und schätzten ihre Fähigkeiten realistisch ein. Aus A. würde offensichtlich eine ›Schönheit‹, aus B. der Kopf der Familie werden, C. würde unansehnlich bleiben und war ganz gewiss kein intellektueller Typ. Für Sozialarbeit war sie noch am besten geeignet … Natürlich lagen sie manchmal falsch, aber im Großen und Ganzen funktionierte das System.« Ihr Leben erschien ihr selbst als ein beglückendes Kontinuum, in dem sie blieb, wie sie war: »gutmütig, lebensbejahend, leicht verrückt, schüchtern, zärtlich, ohne jedes

Selbstvertrauen«. Letzteres ist vielleicht nicht ganz wahr. Irgendwann widersprach sie ihrer Tochter nicht mehr, wenn die nüchtern und ernsthaft – wie sie eben war – sagte: »Doch, Mama, du bist eine Schriftstellerin!«

Biografisches

Agatha Christie wurde als Mary Clarissa Miller am 15. September 1890 als spätes drittes Kind eines Paares geboren, das eine glückliche und weitgehend sorglose Ehe führte: Der Vater lebte von seinem Erbe und hatte für die Familie eine Villa an der englischen Südküste gekauft, das über alles geliebte Ashfield. Spätviktorianischen Grundsätzen folgend, verbrachte Agatha viel Zeit mit ihren Nannys, hatte aber auch zu ihrer impulsiven und unkonventionellen Mutter ein inniges Verhältnis, vor allem nach dem frühen Tod des Vaters. Ihre Schulkarriere glich einer sprunghaften Reise durch verschiedene Institute, in denen unterschiedliche pädagogische Rezepte verwirklicht wurden; ihre Einführung in die Gesellschaft erlebte die zwanzigjährige höhere Tochter während der Wintersaison in Kairo. Sie hatte da bereits ihren ersten Romanversuch einem Schriftsteller zur Begutachtung vorgelegt, aber keine Ermutigung erfahren. Agatha lernte ihren ersten Mann Archibald Christie auf einem Ball kennen; die beiden heirateten Weihnachten 1914, als Christie Fronturlaub hatte. 1919 kam Christies einziges Kind, die Tochter Rosalind, zur Welt, 1920 erschien der erste Kriminalroman »The Mysterious Affair at Styles« (»Das fehlende Glied in der Kette«). Archibald Christies berufliche Karriere und vor allem Agathas Erfolge als Kriminalautorin ermöglichten den Umzug der Familie aus bedrängten Verhältnissen in London nach Sunningdale, wo Christie bald zur »Golfwitwe« wurde. Im Jahr 1926 zerbrach die Ehe, 1928 kam es zur Scheidung. 1930 heiratete Christie den Archäologen Max Mallowan, den sie auf einer Reise in den Nahen Osten kennenlernte. In den folgenden Jahrzehnten begleitete sie seine Ausgrabungsarbeiten und schrieb Kriminalromane, aber auch nicht-kriminalistische Prosa und Gedichte in rascher Folge. 1971 wurde sie zur »Dame of the British Empire« ernannt. Sie starb am 12. Januar 1976; im Jahr darauf erschienen postum ihre Memoiren.

Leseempfehlung

»*16 Uhr 50 ab Paddington*« *(Roman)*. Aus dem Englischen von Ulrich Blumenbach.
»*Der Tod auf dem Nil*« *(Roman)*. Aus dem Englischen von Pieke Biermann.

»Ein Frühling ohne Dich« *(Roman).* Erschienen unter dem Pseudonym Mary Westmacott. Aus dem Englischen von Ingeborg Neske.
»Erinnerung an glückliche Tage« *(Autobiografischer Rückblick).*
Aus dem Englischen von Claudia Mertz-Rychner.
»Meine gute alte Zeit« *(Autobiografie).* Aus dem Englischen von Hans Erik Hausner.

Elke Schmitter

DIE ERSTE INTELLEKTUELLE

Christine de Pizan *1364–1429*

Die zierliche junge Frau sitzt in einer gotischen Studierstube. Schmales, blaues Gewand, leicht gebauschte weiße Haube, Hals, Schultern und Dekolleté mit weißen Spitzen verschleiert. Sie schreibt in ein vor ihr auf dem Pult liegendes aufgeschlagenes Buch und führt dabei mit der rechten Hand die Feder, mit der linken, wie Ende des vierzehnten Jahrhunderts üblich, das Radiermesser. Zu ihren Füßen sitzt ein kleiner Hund. Auf einem anderen Bild belehrt sie mit dezenter Gestik von ihrem erhöhten Pult aus vier Herren, die sich vor ihr aufgebaut haben, darunter zwei Gelehrte, heftig gestikulierend. Dann wieder sieht man sie in einem luxuriös mit Kissen und Tapisserien ausgestatteten Raum. Im Kreis von sechs mondänen Hofdamen mit Kleidern, deren Ärmel bis auf den Boden fallen, und abenteuerlich über den Ohren zur Seite ragenden Frisuren kniet sie – auch hier im schlichten blauen Kleid – vor der französischen Königin Isabeau.

Sie überreicht ihrer Mäzenin eine schön gebundene Handschrift ihrer Werke. Oder sie berät sich mit der als Kriegerin gerüsteten Göttin Minerva, mit der sie umzugehen scheint wie mit einer guten, alten Bekannten, während draußen vor ihrer Studierstube ein Reiterheer, behelmt und mit langen Lanzen, bedrohlich heranrückt.

Von kaum einer anderen Frau jener Zeit gibt es so viele Abbildungen wie von Christine de Pizan. Oft und gern erscheint sie auf den von ihr in Auftrag gegebenen Miniaturen ihrer Bücher, sofort erkennbar am blauen Gewand mit Schleier. Dabei fungiert das Blau als Symbol der ehelichen Treue über den Tod hinaus. Christine zeigt sich in der Witwentracht des späten Mittelalters. Und doch fallen diese Bilder aus dem Rahmen der damaligen Zeit: Denn immer setzt sich hier ein weibliches Ich selbstbewusst in Szene – als Schriftstellerin, Hofdichterin, weltliche Intellektuelle mit europäischen Verbindungen, Geschichtsschreiberin, politische Denkerin und Reformerin. Und als Verlegerin.

Um 1400, unmittelbar vor der Erfindung des Buchdrucks, wurden Bücher nicht mehr nur in klösterlichen Schreibwerkstätten hergestellt. Im Umkreis von Fürstenhöfen und Universitäten florierten viele weltliche Skriptorien, in denen Frauen als Kopistinnen und Illustratorinnen beschäftigt waren. In Paris war die Gegend um Notre-Dame und die Rue St.-Jacques ein Zentrum der Buchhersteller, in dem sich der Hof, die Universität und die hohen Adeligen mit Büchern versorgten. Hier hat vermutlich auch Christine de Pizan ihre kostbar ausgestatteten Bücher anfertigen lassen, vielleicht sogar auf Bestellung ihrer fürstlichen Mäzene. Umstritten ist, ob sie selber Besitzerin einer Schreibwerkstätte war. Aber auf jeden Fall war sie selbständige Buchmacherin, die erste weltliche Frau, die mit ihrer Familie vom Publizieren leben konnte, und damit die Ahnherrin heutiger Verlegerinnen.

Dabei war ihre Zeit für solche extravaganten weiblichen Grenzüberschreitungen alles andere als günstig. Ihre Jahre fallen in den von den Zeitgenossen als apokalyptische Endzeit erfahrenen »Herbst des Mittelalters«. Der letzte Kapetinger war 1328 gestorben, und bald darauf brachen zwischen Frankreich und England mehr als hundert Jahre anhaltende, erbitterte dynastische Kämpfe aus. Krieg wurde zum Dauerzustand. Die Pest kehrte nach Europa zurück, Hungersnöte, wilde Revolten der Bauern und der städtischen Unterschichten, Massaker marodierender Söldnertrupps und Judenpogrome dezimierten zusätzlich die Bevölkerung. Eine Atempause gab es einzig zwischen 1364 und 1380, als der politisch umsichtig taktierende Karl V. regierte. Er lud Christines Vater Tommaso da Pizzano ein, als Hofarzt und Astrologe nach Paris zu kommen, das sich damals zu einem der glanzvollsten intellektuellen Zentren der mittelalterlichen Welt entwickelte. Hier wuchs Christine in behüteten Verhältnissen auf, heiratete früh den königlichen Notar Etienne de Castel und wurde Mutter von drei Kindern. Dann starben nacheinander erst Karl V., der Schirmherr ihrer Familie, dann ihr Vater und zuletzt ihr Ehemann. Nach zehnjähriger glücklicher Ehe stand die Fünfundzwanzigjährige mit drei Kindern, ihrer alten Mutter und einer mittellosen Nichte als Witwe da. Und zur selben Zeit geriet Frankreich, regiert von Karl VI. mit dem Beinamen »der Wahnsinnige«, in eine der schwersten Krisen seiner Geschichte.

Ohne männlichen Schutz waren Witwen in dieser Zeit rechtlos. »Ach, mein Gott, wenn ich dran denke, wie viele Morgen ich im königlichen Gericht vergeudet habe und wie ich dabei im Winter vor Kälte fast starb – das alles nur, um meinen Gönnern aufzulauern, sie an meine Anliegen zu erinnern ... O Gott, wie viele Belästigungen und widerliche Blicke, wie viel Spott aus dem Mund angesäuselter Männer, die selbst im Überfluss lebten, musste ich mir dort gefallen lassen!«, klagt Christine in einem ihrer Bücher. Aber klar macht sie auch, dass sie erst Witwe werden und selbst für ihre Kinder aufkommen musste, damit sie sich entschloss, wie ein Mann von ihrer Feder zu leben. Es ist schon ungewöhnlich genug, dass eine Frau im Mittelalter so viele autobiografische Details erzählt. »Je, Christine« – »Ich, Christine« ist eine in ihren Büchern immer wieder vorkommende Wendung. Aber sie geht noch einen Schritt weiter, baut ihre privaten Erfahrungen in größere soziale und politische Zusammenhänge ein, geißelt den Niedergang der Ständegesellschaft, und im Kampf um die Menschenrechte von Witwen und Waisen greift sie Adel, Klerus und königliche Beamte an.

Zunächst schlägt sie sich als Kopistin fremder Texte in Schreibwerkstätten durch. Ab 1394 beginnt sie – autodidaktisch geschult – selber mit dem Schreiben, und fünf Jahre später kann sie ihr erstes Buch, kunstreich gebunden und illustriert, der neuen, literarisch interessierten französischen Königin Isabeau, Ehefrau Karls VI., überreichen: »Cent Balades« (Hundert Balladen). Hier demonstriert sie, wie perfekt sie inzwischen das elegante Spiel mit den lyrischen Formen ihrer Zeit beherrscht. Inhaltlich aber setzt sie neue Akzente, spricht von ihren Erfahrungen nach dem Tod ihres Mannes, von ihrer schlecht zur Freude des Hoflebens passenden Einsamkeit und Trauer. Ausgehend von der weiblichen Lebens- und Rechtswirklichkeit, kritisiert sie die höfische Liebesrhetorik. Dieser Diskurs war bislang ausschließlich von Männern geführt worden. Die Realität der weiblichen Lebenswelt hatte darin wenig Platz.

Der Ruhm der brillanten, jungen Dichterin verbreitete sich in Europa, auch weil eine intellektuelle Frau um 1400 etwas Besonderes war. Doch begnügt sich Christine nicht mit dem Erreichten, auch das eines ihrer Markenzeichen. Zwei Jahre nach ihren lyrischen Anfängen im späthöfischen Stil entfacht sie die erste öffentlich geführte Literaturdebatte in der französischen Geschichte, den Streit um den »Rosenroman«. Das Buch, verfasst im dreizehnten Jahrhundert von

zwei Klerikern, war eine Fundgrube für grob frauenfeindliche Sprüche und Anekdoten, eins der am häufigsten abgeschriebenen Bücher, ein Jahrhundertbest-
seller. Christine attackiert ihn als Spitze des Eisbergs einer jahrtausendealten
Tradition und zerpflückt ideologiekritisch seine Argumentation. Zum ersten
Mal ergreift eine Frau die Feder, um ihr Geschlecht in Schutz zu nehmen. Sofort erheben sich die Kleriker wie ein Mann, um ihre »Bibel« zu verteidigen.
Aber auch Christine bekommt Verstärkung. Der Kanzler der Pariser Universität stellt sich auf ihre Seite und verfasst seinen Traktat sogar auf Französisch, um
ein größeres Publikum zu erreichen. Christine erweitert umgehend den Streit
zu einer Bildungsdebatte und fordert, was damals noch Jahrhunderte in der Zukunft lag: gleichen Schulunterricht für Mädchen und Knaben. Und schließlich
überreicht sie ihrer Königin eine kleine Dokumentation des Streits und bittet sie
um Beistand im Kampf gegen Positionen, die sich »gegen die Ehre und den guten Ruf der Frauen« richten. Womit der Gelehrtenstreit die öffentliche Bühne
des Hofs erreicht.

Dass die von Männern verfasste Literatur nur ein Zerrbild der realen Frau
vermittle und es die Aufgabe der Frauen sei, selber diese Fälschungen zu korrigieren, war ein Gedanke, der Christine nicht wieder losgelassen hat. Beküm-
mert wendet sich in ihrem Buch »Die Stadt der Frauen«, erschienen 1404/05,
die Allegorie der Gerechtigkeit an die Autorin: »Ach, teure Freundin, du weißt
selbst, wie viele Frauen es gibt, die, vor Hunger und Armut, umgeben von einer
großen Kinderschar, sterben, während sich ihre Männer in zweifelhaften Loka-
litäten herumtreiben und mit nichtsnutzigen Frauenzimmern in der Stadt oder
in Wirtshäusern umherziehen; kommen diese Männer nach Hause, dann werden ihre Frauen auch noch geschlagen, und das ist ihr einziges Abendessen: Sag
an, erfinde ich das alles? Hast du nie eine deiner Nachbarinnen in ähnlichen
Umständen leben sehen?«

So bewegend an die bitteren Realitäten weiblichen Lebens erinnert, macht
sich Christine daran, einen allegorischen Zufluchtsort für alle Frauen zu errichten, die durch die Diffamierung ihres Geschlechts in Leben und Literatur deprimiert sind. An diesem Ort herrscht die personifizierte Gerechtigkeit. Vernunft
legt die Fundamente, auf denen Rechtschaffenheit mauert, Baumaterial sind die
im Buch gerühmten Taten und Werke großer Frauen. Die Beispiele dafür ent-
nimmt die Autorin – mit der im Mittelalter üblichen Gleichgültigkeit gegenüber einer säuberlichen Trennung von Fiktionen und Fakten – der Bibel, den
Heiligenlegenden, verschiedenen Geschichtsdichtungen und Boccaccios »Darstellung berühmter Frauen«. Dabei rückt sie auch gleich einige Details zurecht:
Xanthippe, seit fast zweitausend Jahren bekannt als Ehedrache des Sokrates,
wird bei Christine zur vorbildlichen Ehefrau umgemodelt – eine Anleitung für
Leserinnen, sich selber Gedanken zum Wert des eigenen Geschlechts zu ma-

chen, auf die eigene Lebenserfahrung zurückzugreifen und sie gegen die Autorität der überlieferten Texte und Autoren zu setzen.

Kurz vor ihrem Tod griff sie 1429 noch ein letztes Mal zur Feder, um in einer Hymne mit einundsechzig achtversigen Strophen Jeanne d'Arc zu preisen, die im selben Jahr den englischen Belagerungsring um Orléans gesprengt und Karl VII. triumphal zu seiner Krönung in die Kathedrale von Reims geführt hatte. Diese unerschrockene junge Frau bäuerlicher Herkunft, deren Zeitgenossin sie war, wollte Christine mit allen ihr zur Verfügung stehenden dichterischen Mitteln unverlierbar dem französischen Gedächtnis einprägen. Wie vorausblickend das war, sollte sich bald zeigen. Hundert Jahre später galt die Jungfrau von Orléans bei Chronisten und Geschichtsschreibern nur mehr als ein bloßes Gerücht, eine Figur der Legende. Ihren heutigen Platz als Nationalheldin der französischen Geschichte hat sie erst im neunzehnten Jahrhundert erhalten.

Christine de Pizan hat ein umfang- und facettenreiches Werk hinterlassen, Schriften zur Reform der Ständegesellschaft, zum Waffenhandwerk, zur verzweifelten innenpolitischen Lage, Aufrufe an die Fürsten, sich endlich für den Frieden einzusetzen, eine Biografie Karls V. und mehrere Erziehungsschriften für beide Geschlechter. Schon zu Lebzeiten wurden ihre Bücher in verschiedene europäische Sprachen übersetzt. Dass sie noch lange nach ihrem Tod gelesen würde, davon war Christine überzeugt. Sie sollte recht behalten. Männliche und weibliche Autoren des fünfzehnten und sechzehnten Jahrhunderts beriefen sich auf sie und verfassten ähnliche Schriften zur Verteidigung des weiblichen Geschlechts. Ihre prächtigen Handschriften waren die Juwelen der Bibliotheken von großen Fürsten wie etwa dem Duc de Berry. Regentinnen wie Anne de France, Margarete von Navarra oder Diana von Poitiers besaßen Abschriften und vererbten sie an ihre Töchter. Große Wandteppiche mit den berühmtesten Szenen aus der »Stadt der Frauen« hingen in den Schlössern Europas.

Erst die aufkommende Italien- und Antikebegeisterung und die damit einhergehende Verachtung des Mittelalters drängte Christines Einfluss zurück. Steigendes Interesse an der nationalen Geschichte sorgte jedoch im achtzehnten Jahrhundert für ihre Wiederentdeckung, und im neunzehnten Jahrhundert erschienen erste Neuausgaben einzelner Werke. Als Vorkämpferin für die Menschenrechte von Frauen wurde sie im zwanzigsten Jahrhundert neu entdeckt. »Die Stadt der Frauen« wurde jetzt als frühfeministische Streitschrift gelesen und übersetzt. Trotzdem ist der weitaus größte Teil ihres Gesamtwerks nach wie vor weder gesichtet noch ediert. Zweifellos ist sie jedoch eine der wichtigsten frühen Vordenkerinnen der europäischen Geistesgeschichte.

Biografisches

Christine kam um 1364 als jüngstes der drei Kinder des italienischen Wissenschaftlers Tommaso Benvenuto de Pizzano in Venedig zur Welt. Die Familie dürfte den Status von Landadeligen gehabt haben. Die Bezeichnung »de Pizzano« verweist auf die Herkunft der väterlichen Familie aus einem Ort südöstlich von Bologna, das damals eines der wichtigsten europäischen Zentren der Buchherstellung war. 1365 kam Christine mit ihrer Familie an den französischen Hof und heiratete als Fünfzehnjährige. In ihrer Ehe muss sie ausgesprochen glücklich gewesen sein. 1389 verstarb ihr Mann an der Pest, für den Rest ihres Lebens blieb sie Witwe. Dass Christine als Autorin den französisierten Vaternamen »de Pizan« annahm, zeigt ihren Stolz auf ihre norditalienische Herkunft und ihre Selbstdefinition als Vatertochter in einer maskulinen Gelehrten-Genealogie. Nach der Vertreibung des französischen Königs aus Paris und dem Ausbruch einer Blatternepidemie 1418 verlieren sich Christines Lebensspuren für die letzten elf Jahre. Vermutlich hielt sie sich mit ihrer Tochter im Frauenkloster von Poissy in der Nähe von Paris versteckt. Einen ihrer beiden Söhne hatte sie schon zuvor verloren, der andere, der ihr literarisch nacheiferte, kam in jenen Jahren ums Leben. Christines letztes Werk ist eine Hymne auf Jeanne d'Arc, deren Verbrennung durch die Engländer als Hexe und Ketzerin auf dem Scheiterhaufen von Rouen sie nicht mehr erlebt hat. Sie starb 1429, wahrscheinlich im Kloster in Poissy.

Leseempfehlung

»*Das Buch von der Stadt der Frauen*«. Aus dem Mittelfranzösischen und kommentiert von Margarete Zimmermann.

Gunhild Kübler

GESAMTKUNSTWERK À LA FRANÇAISE

Colette *1873–1954*

Im Winter 1924 nahm die französische Schriftstellerin Colette im schweizerischen Gstaad den ersten Skiunterricht ihres Lebens. Sie war, als sie lernte, auf Brettern Berge hinunterzufahren, einundfünfzig Jahre alt. Da sie merkte, wie viel Freude ihr der bis dahin unbekannte Wintersport bereitete, versuchte sie es gleich noch mit zwei anderen Disziplinen, dem Rodeln und dem Schlittschuhfahren. Zurück aus dem Urlaub, vergrub sie sich in die Arbeit an einem Roman, setzte sich morgens um halb neun an den Schreibtisch und verließ ihn bisweilen erst nach Mitternacht. Im Sommer 1929 ackerte sie bei der Weinlese in Südfrankreich und erwirtschaftete fünfzehnhundert »lieblich« schmeckende Liter Wein. Kurz darauf unternahm die skifahrende Weinbauerin, Zeitungsreporterin, Theaterkritikerin, Kolumnistin, Schauspielerin, Varietékünstlerin und nicht zuletzt: Romanautorin Colette, die damals bereits im In-

und Ausland als eine der berühmtesten Schriftstellerinnen ihrer Zeit gefeiert wurde, eine Vortragsreise nach Berlin. Pressefotografen drängten sich am Bahnhof, Reporter belagerten ihr Hotel. Auf dem Bankett, das ihr zu Ehren gegeben wurde, präsentierte sie sich in der deutschen Hauptstadt neben dem französischen Botschafter.

Colette – das ist der Name einer Frau, die das Leben mit all seinen Möglichkeiten ausschöpfte, kaum ein Abenteuer ausließ, sich mindestens so sehr als sinnlich-instinktiven wie als geistigen Menschen sah, und dabei doch immer fest auf dem Boden blieb. Und »Colette« ist ein Markenzeichen des zwanzigsten Jahrhunderts. Für den Spagat zwischen Unterhaltungsliteratur und hoher Literatur. Für den Spagat zwischen erotischer und emanzipierter Weiblichkeit.

In der Literaturgeschichte der Frauen stellt Colette in mancher Hinsicht eine Ausnahme dar. In einer Hinsicht besonders: Sie fühlte sich in ihrer Haut rundum wohl – zumindest bis ihr Körperumfang in späteren Lebensjahren eine gewisse Korpulenz annahm und ein Hüftgelenksleiden sie im Alter zu einem Dasein an Krücken und im Bett verurteilte. Sie schätzte das Essen, sie schätzte die körperliche Vitalität und die körperliche Liebe. Sie stand gern auf der Bühne, sie zeigte gern ihre wohlgerundeten, zwischen Stämmigkeit und Weichheit ideal balancierten Glieder. Sie mochte ihre etwas breiten Hüften, ihre festen Brüste und Oberschenkel und erst recht ihre prachtvollen dunklen Locken.

Als junge Frau war Colette eine leidenschaftliche Turnerin. Sie turnte regelmäßig und diszipliniert und besaß sogar ein Ensemble transportabler Turngeräte, das sie auf Reisen mit sich führte und, wo auch immer sie hinkam, aufbaute, um in den Morgenstunden daran zu trainieren. Ein Foto, aufgenommen irgendwann zwischen 1905 und 1908, zeigt die Schriftstellerin Colette an ihren Geräten. Schauplatz der Sportstunde ist der Garten der Villa Belle-Plage in der Normandie, die Colette mit ihrer damaligen Geliebten (Spitzname »Missy«), einer transvestitischen Marquise aus hohem Adelsgeschlecht, bewohnte. Missy, von einem vierschrötigen Mann optisch kaum zu unterscheiden, wohnt den Turnübungen als Zuschauerin bei. Colette vollführt eine akrobatische Übung am Barren, hängt kopfüber, die Wirbelsäule halbrund nach hinten durchgedrückt, an den beiden Querstangen. Die Fingerspitzen berühren leicht den Boden. Neben dem Barren steht eine hohe Schaukel, am oberen Ende ihres Pfostens ist eine schräg postierte Leiter befestigt. Zu Colettes Turnausrüstung gehörten des Weiteren ein Podest und ein Sortiment langer Stangen. Colette ist sportlich gekleidet, sie trägt ein schwarzes, enganliegendes Trikot, Arme und Unterschenkel sind nackt.

Es existieren eine ganze Reihe von Fotografien, auf denen die junge Colette recht luftig oder recht transparent bekleidet in Erscheinung tritt. Die meisten dieser Bilder zeigen Colette bei Bühnenauftritten und stammen aus der Zeit ihrer Varietékarriere. Es war zugleich die Zeit ihrer Turnleidenschaft. In den Jahren 1905 und 1906 ließ sich Colette zur Pantomimin ausbilden, bis dahin war sie gelegentlich bei privaten Veranstaltungen der Pariser Bohème mit Sketchen und kleinen Szenen aufgetreten. Nach der endgültigen Trennung von ihrem ersten Ehemann, dem Literaten, Kritiker und Pariser Salonlöwen Henry Gauthier-Villars (Spitzname und Autorenpseudonym »Willy«) nahm sie ab dem Jahr 1905 ihre Bühnenlaufbahn professionell in die Hand und beendete sie erst 1912, als sie von ihrem zweiten Ehemann, dem Journalisten und Politiker Baron Henry de Jouvenel (ein Angehöriger der französischen Elite ohne Spitznamen), eine Tochter bekam. Sie war bei der Geburt knapp vierzig Jahre alt. Sie hatte Monate und Jahre auf Tourneen quer durch Frankreich verbracht, hatte in schäbigen Pensionen übernachtet, während der Zugfahrten oder in den Garderoben der Provinzbühnen an ihren Zeitungsfeuilletons, Sketchen und Romanen geschrieben. Sie genoss dieses Leben aus vollem Herzen, sie liebte den Umgang mit den Randexistenzen des ärmlichen Varietémilieus. In diesem, in der Theater- und Tourneewelt, spielt auch einer ihrer frühen Romane, »La Vagabonde« – erschienen 1910, auf Deutsch zunächst unter dem Titel »Renée Néré«.

Einige der Bühnenfotos, die in dieser Lebensepoche entstanden, lassen auf skandalöse Umstände schließen. Jenes Bild beispielsweise, das Colette in dem Stück »La Chair« mit entblößter linker Brust zeigt. Das Stück wurde 1907 erstaufgeführt und dank seiner großen Beliebtheit jahrelang gespielt. Im Jahr 1907 trat Colette auch als Mumie in dem Stück »Rêve d'Égypte« auf die Bühne, in einem ebenfalls sehr freizügigen Kostüm. Als ihre Partnerin agierte hierbei Missy, jene adlige Geliebte, die mit Colette den Lebensabschnitt zwischen den ersten beiden Ehen teilte. Missy spielt, mit kurzem Herrenhaarschnitt und Herrenanzug, einen Ägyptenforscher. Auf dem Höhepunkt des Stückes küssen sich Mumie und Forscher. Im Publikum brachen daraufhin Tumulte aus. Die Polizei griff ein und brach die Vorführung ab. Das Stück wurde verboten, das Verbot aber nach kurzer Zeit wieder aufgehoben. Und die französische Schriftstellerin Colette – die 1949 zur Präsidentin der Académie Goncourt gewählt, deren achtzigster Geburtstag im Jahr 1953 von der französischen Nation wie ein Staatsereignis gefeiert werden sollte, der bei ihrem Tod im Jahr 1954 ein pompöses, mit den Trauerfeierlichkeiten für den Philosophen Jean-Paul Sartre vergleichbares Staatsbegräbnis zuteil wurde – diese Colette konnte wieder als Mumie auf die Bühne und sich Missy öffentlich entgegenbiegen.

Skandale hin, Skandale her: Colette wurde von Marcel Proust und André Gide geschätzt, vom breiten Lesepublikum wie eine Freundin geliebt, vom französischen Establishment getragen und von der französischen Gesellschaft zum Idol erhoben. Sie war ein bezwingendes Phänomen, sie genoss den Status eines wahrhaft populären Stars – berühmt und zugleich berüchtigt, verehrt und zugleich gerüchteumwittert –, wie er sonst nur großen Schauspielerinnen vorbehalten ist. Sie war ein Gesamtkunstwerk aus eigener Kraft. Literatur, Lebenskunst und Libertinage verschmolzen in der Französin Colette in schönster Harmonie. Sie war provinzieller Herkunft und blieb mit halbem Herzen immer tüchtige Provinzlerin. Die andere Hälfte wusste, wie man mit Ausschweifung und urbaner Dekadenz umgeht, ohne sich davon verheeren zu lassen. Ihr Leben lang hatte sie energisch erkämpften Erfolg. Ihr Leben lang blieb sie ihrer literarischen Handschrift treu, ihrem temperamentvollen, persönlichen und präzisen Colette-Stil sowie ihrer Methode, Romane nicht mit Einleitungen und Erklärungen zu beginnen, sondern in der Direktheitsform des Dialogs. Und sie blieb ihren Romanthemen treu: Liebe, Ehe, Seitensprung, Liaisons und Mesalliancen in den verschiedensten Variationen und Konstellationen. Jene Sphäre des Daseins also, in der sich das Gemisch aus menschlicher Vernunftfähigkeit und menschlicher Triebhaftigkeit am deutlichsten ausbildet. Der Standpunkt, von dem aus Colette dieses Gemisch betrachtet, ist ebenfalls ein solches: ein schönes Gemisch aus weiblicher Lebensklugheit, weiblicher Abenteuerlust, weiblicher Lebenserfahrung. Den Großteil der Erfahrungen, über die Colette schrieb, hatte sie selbst gesammelt. Oder sie holte sie anschließend nach. So im Fall ihres bekanntesten Bestsellers, »Chéri«.

Kurz nachdem Colette die Arbeit an »Chéri« beendet hatte, jenem Roman über die wechselvolle, dramatische Liebesaffäre zwischen der fünfzigjährigen Lea und einem halb so alten jungen Mann, eben »Chéri«, ließ sich Colette selbst zu einer leidenschaftlichen Affäre mit ihrem drei Jahrzehnte jüngeren Stiefsohn Bertrand de Jouvenel hinreißen. Ihre Lust auf Erfahrungen, so darf man mutmaßen, war groß genug, nicht nur das auskosten zu wollen, was die Wirklichkeit hergab, sondern auch jene Möglichkeiten, die sich aus den Fiktionen ihrer eigenen Bücher ergaben. Als »Chéri« im Jahr 1920 veröffentlicht wurde, verbrachte Colette den Sommer zur Erholung auf dem Land, umgeben von Gästen und Freunden und eben auch dem eigenen Stiefsohn Bertrand.

»Chéri« markiert allerdings eine Wende in Colettes Literatur. Es herrscht in diesem Roman ein illusionsloser Realismus. Um einiges sachlicher, schonungsloser, analytischer, folglich auch untrivialer und moderner als in ihrem in der Spätzeit der Belle Époque entstandenen Frühwerk sah Colette ab den zwanziger Jahren auf das Fühlen und Treiben der Menschen. Sie war nun eine Frau in der zweiten Lebenshälfte. Sie lernte Skifahren, Schlittschuhfahren und Rodeln, sie verliebte sich in ihren dritten Ehemann, den Diamantenhändler Maurice Goudeket, sie ging im Sommer im Bois de Boulogne allein Boot fahren und fühlte sich in ihrer Haut und ihrem Ego so wohl wie eh und je. Aber sie war nicht mehr jung. Und das bürgerliche Zeitalter war es nach der Katastrophe des Ersten Weltkriegs ebenfalls nicht mehr. Exemplarisch für Colettes etwas ernüchterte Menschenbetrachtung ist ein wenig bekannter Roman, an dem sie im Lauf des Jahres 1928 in Paris und in ihrem Haus in Saint-Tropez arbeitete. Der Roman erschien später unter dem Titel »La Seconde«, auf Deutsch »Die Andere«: Er erzählt eine Dreiecksgeschichte zwischen einem Ehepaar und einer jungen Frau im bürgerlichen Bildungsmilieu und erinnert in vielem an SIMONE DE BEAUVOIRS zwei Jahrzehnte später entstandenen Erfolgsroman »Sie kam und blieb«. Im Mittelpunkt von »Die Andere« steht der erfolgreiche Dramatiker Farou, ein aufreibender Egozentriker, über dessen kleinere Affären seine Ehefrau Fanny generös hinwegsieht. Dann beginnt Farou eine amouröse, offensichtlich bedeutungsvolle Geschichte mit seiner jungen Sekretärin Jane. Alle drei bewegen sich auf ein emotionales Desaster zu, wobei sich die Geliebte als Verbündete der Ehefrau gegen die Zornesausbrüche und Zumutungen des Ehemannes bewährt. Einer harmonischen Einigung zu dritt steht am Ende Farou entgegen, der sich so den Respekt der beiden Rivalinnen verspielt.

Colettes literarisches Werk ist umfangreich, es erstreckt sich über mehrere Dutzend Bücher. Neben ihren bekanntesten Romanen, die bis heute weltweit aufgelegt und gelesen werden – vor allem »Chéri« aus dem Jahr 1920, »Mitsou«, 1919, »Gigi«, 1945 –, enthält es Bände, in denen allein ihre regelmäßigen Theaterkritiken versammelt sind, Bände ihrer Briefe, ihrer essayistischen und autobiografischen Arbeiten bis hin zu einem Buch, in dem die Schriftstellerin von all den Häusern und Wohnungen erzählt, die sie im Lauf ihres Lebens zur Heimstatt hatte. Es sind prachtvolle Landsitze darunter und ein Zwei-Zimmer-Appartement im Dachgeschoss des Pariser Hotels Claridge an den Champs-Élysées. Der Liste ihrer Buchtitel macht die Liste ihrer beruflichen und persönlichen Aktivitäten Konkurrenz. Wie überhaupt die Romanhaftigkeit ihrer Biografie mit der ihrer Romane konkurriert. Im Ersten Weltkrieg berichtet sie von der Front in Verdun, 1932 eröffnet sie in Paris in der Rue de Miromesnil Nr. 6 einen Schönheitssalon und demonstriert, bekleidet mit einem weißen Kosmetikerinnenkittel, ihre Technik der Gesichtsbehandlung zu Werbezwecken an ihrer eigenen Tochter. Obwohl sie selbst kaum rauchte, da sie, von gesundheitlichen Aspekten abgesehen, die »Tyrannei der Gewohnheit« hasste, zierten ihr Bild und ihr Namenszug in den dreißiger Jahren ein Werbeplakat der Zigarettenmarke Lucky Strike.

Nichts fasst die Beschaffenheit des Phänomens Colette so gut zusammen, wie jenes zwischen 1905 und 1908 entstandene Foto, das sie im schwarzen Trikot beim Turnen an ihren Geräten darstellt. Denn es zeigt zwei wesentliche, gleichsam muskuläre Eigenschaften, die vom Menschen der bürgerlichen Moderne erwartet werden und die Colette in überragendem Maß besaß: individuelle Kraft und Elastizität. Zugleich scheint Colette das Ideal einer Persönlichkeit zu verkörpern, die von den Reibungen, Konflikten, neurotischen Zerreißproben der Moderne ganz einfach verschont blieb. Während Sigmund Freud zu Beginn des zwanzigsten Jahrhunderts die Menschheit über ihr psychisches Unglück, die ewige Unvereinbarkeit von Über-Ich, Ich und Es in Kenntnis setzte, demonstrierte Freuds Zeitgenossin Colette, dass es sehr wohl auch anders geht. Den Normen und Zwängen des autoritären Über-Ich entzog sie sich in bewundernswerter Weise. Ihrem Ich verschaffte sie gehörig großen Raum. Ihrem Es und seinen unbewussten Trieben und Impulsen erlaubte sie, sich auszuleben. Die Widersprüche zwischen bürgerlichem und antibürgerlichem Dasein, zwischen künstlerischem und kommerziellem Streben, zwischen Geist und Physis, all diese Konflikte, von denen in der Kultur der Neuzeit die Rede ist, scheinen sie so wenig erreicht zu haben wie die Widersprüche zwischen den verschiedenen Rollen weiblicher Identität. Erotische Erfolge und produktive Kreativität hielten sich bei Colette die Waage, und sie war an beidem wahrlich reich. Die einzige Frauenrolle, die Colette überhaupt nicht behagte, war die als Mutter eines Kleinkinds. Natürlich kannte auch sie Trauer, Ungemach, Verdüsterung, Verbitterung als betrogene Ehefrau. Aber sie kannte auch Rezepte, solchen Krisen zu entkommen und sie abzukürzen: intensive Arbeit und »körperliche Ertüchtigung« oder das Gegenteil, vierundzwanzigstündige Bettruhe. Auf fast märchenhafte Weise war Colette Triebverzicht so fern wie jede Art Undiszipliniertheit und Untüchtigkeit. »Colette« – das ist vielleicht das Synonym für die Utopie jenes bürgerlichen Wesens, von dem die Französische Revolution einst geträumt hatte.

Nach 1945 wurde, zumal in Frankreich, indes gern vergessen, dass Colettes Biegsamkeit auch politischer Natur war. Die französische Geschichtsschreibung erwähnt gern, dass es Colette während der deutschen Besetzung Nordfrankreichs und der antisemitischen Kollaboration der Vichy-Regierung gelang, ihren jüdischen Ehemann Maurice Goudeket 1942 aus dem Internierungslager von Compiègne herauszuholen, und sie ihm bis zur Befreiung 1944 beim Untertauchen half. Von Colettes Auskommen mit der Vichy-Regierung, ihren Kontakten mit Kollaborateuren und ihren, wenn auch unpolitischen, Artikeln in Kampfblättern der faschistischen Miliz wird weniger gern gesprochen. Noch ein anderes Kapitel ihrer literarischen Biografie ist in den Schatten ihres Ruhmes und ihres Markenzeichens geraten: der Beginn dieser Biografie. Die selbstbewusste Schriftstellerin Colette begann ihr Schreibleben nämlich als Schreibsklavin. Und keineswegs unter dem Künstlernamen Colette.

Sie lebte in einem Dorf im Burgund, als sie 1889, im Alter von sechzehn Jahren, bei einer Reise nach Paris, die sie mit ihrem Vater unternahm, den dreißigjährigen »Willy«, ihren ersten Ehemann, kennenlernte. Willy entführte das temperamentvolle Provinzmädchen mit den dicken, bis zu den Knien reichenden Zöpfen in die Hauptstadt und führte es in die Salons der Pariser Belle Époque ein. Willy, unter dessen Namen in hoher Dichte Bücher erschienen, die er allenfalls anregte, aber von einer Reihe anonymer Autoren verfassen ließ, erkannte in seiner jungen Geliebten ein veritables Schreib- und Geschäftspotential. Unter seinem Namen erschienen um die Jahrhundertwende Serienromane, die »Claudine«-Romane, die in chronologischer Folge von der Schulzeit, dem Heranwachsen, den erotischen Abenteuern und schließlich der Ehe eines Mädchens namens Claudine erzählten; »Claudine erwacht«, »Claudine in Paris«, »Claudine in der Ehe«, »Claudine geht«. Colette war nicht nur die eigentliche Verfasserin dieser Bücher, die indes unter dem Autornamen »Willy« erschienen. Sie war auch das reale Original hinter der literarischen Figur, sie schrieb für Claudine ihr Leben ab. Das Publikum hatte das Markenzeichen Claudine zu lieben begonnen, bevor es Colette kennenlernte und seine anhaltende Liebe auf sie übertrug.

Biografisches

Sidonie-Gabrielle Claudine Colette wurde am 28. Januar 1873 in dem Dorf Saint-Sauveur-en-Puisaye im Burgund geboren. Ihr Vater, ein kriegsversehrter Offizier, war als Steuereinnehmer tätig. Colette hatte drei ältere Geschwister und besuchte anders als diese keine weiterführende Schule, was auch an ihrem trotzig-renitenten Schulverhalten lag. Als Sechzehnjährige lernte sie in Paris den ersten ihrer drei Ehemänner kennen, Henry Gauthier-Villars, der unter dem Pseudonym »Willy« Kritiken und Bücher veröffentlichte, unter anderem die von Colette ab 1896 verfasste Serie der »Claudine«-Romane. Vom geschäftlichen Erfolg der Serie profitierte sie in keiner Weise, da Willy sich im Verlauf des Ehescheidungsverfahrens die Autorenrechte sicherte und diese, da er in Geldnot war, für einen geringen Preis verkaufte. Nach der Trennung von Willy wählte Colette noch einige Jahre lang das Pseudonym »Colette Willy« für ihre Veröffentlichungen, erst ab den zwanziger Jahren schrieb sie einfach als »Colette«. Sie war in beruflichen und amourösen Angelegenheiten vielseitig, hatte eine Reihe von Affären mit Frauen, war Schriftstellerin, Varietékünstlerin, Pantomimin und Journalistin, in den ersten beiden Jahrzehnten des zwanzigsten Jahrhunderts bisweilen alles nebeneinander. Viele ihrer Romangeschichten wurden verfilmt, allein zwischen 1948 und 1991 entstanden zwölf Filme nach literarischen Vorlagen Colettes. Bekannt ist Colette unter anderem für ihre freizügige Darstellung von Erotik und Sexualität. Vom Publikum und zahlreichen

Kollegen geschätzt, wurde sie von der Literaturwissenschaft und der akademischen Literaturkritik lange Zeit ignoriert und unterschätzt. Als erste Frau wurde Colette in die Académie Goncourt berufen und bekam als erste Frau in Frankreich ein Staatsbegräbnis. Colette starb am 3. August 1954 in Paris.

Leseempfehlung

»*Chéri*« *(Roman)*. Aus dem Französischen von Roseli und Saskia Bontjes van Beek.

»*Mitsou*« *(Roman)*. Aus dem Französischen von Alexandra Auer.

»*Gigi*« *(Roman)*. Aus dem Französischen von Stefanie Neumann.

Ursula März

OPIUM FÜRS FRAUENHERZ

Hedwig Courths-
Mahler *1867–1950*

Ihr Werk ist gewaltig und könnte noch um einiges gewaltiger sein. Denn Hedwig Courths-Mahler, die, von unbekannten Jugendwerken abgesehen, im Lauf von fünfunddreißig Jahren nicht weniger als zweihundertacht Romane schrieb, in Spitzenzeiten mehr als einen Roman pro Monat, diese Massenschreiberin hinterließ ein Arbeitsheft, das Ideen für weitere zweihundert Romane versammelte.

Die Frage ist nur: Waren das wirklich Ideen? – Ideen im Sinn des Schöpferischen und des Originellen? Dass Hedwig Courths-Mahler die Königin des Kitsches, die Königin der Trivial- und Konsumliteratur ist, weiß jedes Kind. Ihr Name ist der Inbegriff jener Heftchenprosa, aus der das Schmalz trieft und die als billig gilt. Billig in zweifacher Hinsicht: als künstlerisch wertlos zum einen, als erschwinglich für die ärmere Leserschaft weiblichen Geschlechts und sozial niederer Herkunft zum anderen. Daher auch die Bezeichnung Groschenroman. Gemeinhin stellt man sich diesen als eine Blüte des Biedermeierlichen, des naiv Sentimentalen und Ungebildeten vor. Man stellt sich den Groschenroman als Kuriosum kultureller Rückwärtsgewandtheit vor. Und das stimmt ja auch, soweit es den Inhalt des Courths-Mahler'schen Opus betrifft. Vom Kitsch abgesehen, ist das Kennzeichen ihrer Romane ihr Anachronismus. Geschrieben in der ersten Hälfte des zwanzigsten Jahrhunderts, entfalten sie eine Pseudowelt des frühen neunzehnten Jahrhunderts, bevölkert mit Grafen und Gräfinnen, Junkern und Kutschen, Schlössern und Schlösslein, Landsitzen im Kerzenschein. Eine feudal-frühbürgerliche, vor allem aber eine vorindustrielle Welt. Es treten auch Fabrikbesitzer auf, Bankleute, Büroangestellte und Ladenmädchen, aber das ist Kostüm. Der sittliche Kern von Courths-Mahlers Dutzendgeschichten ist auf wundersame Weise unberührt von der Moderne.

Für die Entstehung und Verbreitung des monströsen Werks gilt dies mitnichten, im Gegenteil. Hedwig Courths-Mahler, über die sich seit einem Jahrhundert ebenso viel Ruhm wie Spott ergießt, darf als die Erfinderin des industriellen Schreibens gelten. Sie war eine Fließbandarbeiterin in hochmoderner Weise. Nicht nur, weil sie wie am Schnürchen schrieb, bis zu vierzehn Stunden am Tag; sondern weil sie es vermochte, Geschichten aus Fertigbauteilen zu fabrizieren und in Serie gehen zu lassen. Sie schrieb Romane, wie man Autos zusammenbaut. Eine Grafschaft als Karosserie, eine unstandesgemäße Liebe als Motor, eine böse Stiefmutter, Schwiegermutter oder Grafenschwester als Getriebe, ein verlorenes Testament als Zündung – schon ist der typische Courths-Mahler-Roman technisch auf den Beinen. Der Rest ist Ausstattung: Irrungen, Wirrungen und variierende Intrigen als dramaturgischer Antrieb in Richtung Happy End. Denn darauf läuft die Montage zwingend hinaus, auf ein Romanprodukt mit dem Kennzeichen »Happy End«. Standardisiert und ohne Ausnahme. Sämtliche, im hinterlassenen Arbeitsheft skizzierte Romanprojekte, die auszuführen Courths-Mahler keine Gelegenheit mehr hatte, besaßen eben diesen Vermerk: »Happy End«.

Dass dies Kitsch ist – geschenkt. Literarisch mag der Fall Courths-Mahler belanglos sein. Kulturgeschichtlich aber ist er interessant und wohl recht einmalig. Denn der Provinzlerin Courths-Mahler, der nicht mehr als sechs Schuljahre vergönnt waren, gelang es, das Modell eines alten Volksmärchens in das Produktionsmodell des Industriezeitalters zu übertragen. Das Märchen heißt: Aschenbrödel. Die Methode industriellen Schreibens heißt: Serialität. In zweihundertacht Romanen hat Hedwig Courths-Mahler die Geschichte vom Aschenbrödel erzählt. In zweihundert weiteren Romanen hätte sie es gleichermaßen vollbracht. Eine solche Leistung indes fällt nicht vom Himmel. Sie bedarf glücklich sich fügender Umstände. Und eben diese fanden sich, die richtige Frau mit der richtigen Biografie war zum richtigen Zeitpunkt am richtigen Ort. Und so ergab sich Aschenbrödels Thronbesteigung im Palast der Unterhaltungsindustrie.

Der Beginn der Geschichte Hedwig Courths-Mahlers stand allerdings unter denkbar schlechten Vorzeichen. Sie wurde im Jahr 1867 nicht nur in Armut hineingeboren, die bekanntlich viele Gesichter hat, sondern obendrein in Verhältnisse sozialer Verworfenheit. Als uneheliches Kind kam sie in dem kleinen Ort Nebra an der Unstrut zur Welt. Ihr leiblicher Vater war ein paar Monate vor ihrer Geburt an Cholera gestorben. Ihre Mutter Henriette Mahler, vierundzwanzig Jahre alt, kommt mit dem Neugeborenen zunächst bei einer Schwester unter, heiratet aber wenig später. Ein Glücksfall für die arbeits- und mittellose Frau mit ihrem Kind, wenn auch nicht für dieses. Der Stiefvater will das fremde Geschöpf nicht im Haus haben. Die Kleine wird, im neunzehnten Jahrhundert nicht unüblich, als sogenanntes Kostkind weggegeben, zu einem Schusterehepaar nach Weißenfels. War sie dort liebevoll umsorgt? Oder wurde sie gepeinigt? Beides ist denkbar, in beiden Versionen hat Hedwig Courths-Mahler ihre Aschenbrödel-Kindheit in Romanform dutzendfach verarbeitet. Alles aber, was sie über die ersten Jahre ihres Lebens autobiografisch mitgeteilt hat, ist mit Vorsicht zu genießen. Denn sie legte im Nachhinein den Schleier über ihre Herkunft, deutete um, hellte die Düsternis der Verhältnisse auf, mit einem früh entwickelten Sinn für das Rosarot der Schönfärberei. Noch früher aber muss ihr eiserner Wille entwickelt gewesen sein, sich gegen das Schicksal zu stemmen und um keinen Preis zu werden, was dieses für sie vorsah, ein verlorenes Arme-Leute-Kind. Von früh auf lehnte sie den Namen ab, unter dem sie im Geburtsregister eingetragen ist: Ernestine. Sie ignorierte ihn einfach und hörte nicht auf Ernestine. Stattdessen gab sie sich einen neuen Namen, Hedwig, und egal, ob sie dafür geschimpft oder geprügelt wurde, sie reagierte nur, wenn sie als Hedwig gerufen wurde. So entsteht die Ahnung, dass jede, auch die grausamste Realität, einen Ausweg lässt, die romantische Umdeutung.

Ernestine/Hedwig kam, so viel ist sicher, im Haus des Schusterpaares mit dem Geschichtenerzählen, mit Märchen, Sagen und Versen in Berührung, besuchte zwischen den Jahren 1873 und 1879 in Weißenfels die Volksschule, lernte das für ihr Leben Entscheidende: Lesen und Schreiben. Vor allem aber kam sie in ihrer Jugendzeit mit der bekanntesten und auflagenstärksten Unterhaltungszeitschrift ihrer Epoche in Berührung, der in Leipzig erscheinenden »Gartenlaube«. Sie verschlang die Fortsetzungsromane einer Trivialautorin, die unter dem Künstlernamen Marlitt zur Hausautorin der »Gartenlaube« avancierte. Einer Legende nach lernte die jugendliche Hedwig Mahler die Marlitt in Leipzig sogar persönlich kennen. Ob es der Realität entspricht oder nicht, wahr an der umstrittenen Episode ist ihr tieferer Sinn. Denn Hedwig Courths-Mahler darf als Schülerin und direkte Erbin der Marlitt gelten, deren Œuvre allerdings nur acht Romane umfasst. Trivial ist das Werk der einen wie das der anderen, doch gelten die Bücher Marlitts denen Courths-Mahlers als ein wenig überlegen in künstlerischer Hinsicht. Als weniger holzschnittartig in der Figurenzeichnung, weniger schematisch im Lauf der Handlung, als weniger kunstgewerblich fabriziert im Ganzen. Andererseits gab es zu Marlitts Lebzeiten eben noch nicht jene Kulturindustrie der kommerziellen Endlosverwertung in Zeitschriften, Groschenheftchen, Filmdrehbüchern, Theaterfassungen, die Courths-Mahlers literarische Massenproduktion nach 1900 erst anregte und auf deren Bedürfnisse ihre Schreibfabrik so ideal zugeschnitten war.

Aber noch ist es nicht so weit. Noch ist Hedwig Mahler, als sie im Alter von zwölf Jahren das Schusterehepaar in Weißenfels und auch die Schule verlässt, von ihrem Aufstieg zur bekanntesten Volksautorin der Weimarer Republik undenkbar weit entfernt. Das schlimmste Kapitel ihrer frühen Biografie steht ihr im Jahr 1879 noch bevor. Sie kehrt zur Mutter zurück. Diese ist inzwischen geschieden, hat zwei weitere uneheliche Kinder und lebt nun in Leipzig. Wovon? Von, sagt die Forschung, Prostitution. Hedwig Courths-Mahler hat darüber nie ein Wort verloren, doch ein Prototyp ihrer Romane ist das liederliche, verderbte, mehr entblößte als bekleidete, männer- und geldgierige Frauenzimmer, das einem herzensguten, unberührten Aschenbrödel das Leben zur Hölle macht. Und so, als Hölle, darf man sich das Dasein eines Mädchens vorstellen, dessen Mutter sich im neunzehnten Jahrhundert in einer deutschen Stadt als Hure verdingt. Wohnen in zwei Zimmern. Abtreibungen auf dem Küchentisch. Beständiger Besuch von Herren, die diesen Namen nicht verdienen. Geschäftserledigung, die den Kindern nicht verborgen bleiben kann. Körperliche Bedrängung durch die Freier der Mutter, die Jagd machen auf die älteste Tochter im Haus. Hedwig gibt, auch darin ist sich die Forschung recht sicher, nicht nach – nicht den Männern und nicht dem Milieu. Wie und warum entkommt ein Mensch seiner Herkunft? Aus einem einfachen Grund: weil er es beschließt. Nur braucht der Beschluss, wenn sich rundherum niemand findet, ihn zu fördern, eine Brücke, um in die Wirklichkeit zu gelangen. Und diese Brücke ist für die Autodidaktin Hedwig Mahler das heimliche Ausdenken von Kitschgeschichten. Sie arbeitet als Dienstmädchen in privaten Haushalten, als Ladenmädchen in Leipziger Geschäften, legt Groschen zurück für Theaterbesuche. Mit etwa fünfzehn Jahren kommt Hedwig Mahler als Betreuerin zu einer gichtkranken alten Dame in ein bürgerliches Haus. Im Haus ist eine Bibliothek, sie liest der Kranken vor, über Stunden und Tage hinweg. Sie lernt die »Gartenlaube« kennen und damit eine Welt, die sofort die ihre ist. »In der Nacht aber schrieb ich jetzt selbst kleine Geschichten, die zumeist erst in den Morgenstunden fertig wurden.«

Noch ein Glücksfall: der fröhliche Rheinländer Fritz Courths, Dekorationsmaler von Beruf, ein paar Jahre älter und eine gute Seele. Er wartet eine vierjährige Verlobungszeit ab, bis Hedwigs Mutter die Hochzeit nicht mehr verbieten kann, weil die Tochter volljährig ist. Im Januar 1889 heiratet das junge Paar und geht nach Halle an der Saale. Neun Monate später kommt die erste Tochter auf die Welt. Eineinhalb Jahre darauf die zweite Tochter. Leicht ist das Leben nicht. Fritz Courths verliert die Arbeit, die Familie nagt am Hungertuch, muss obdachlos zurück nach Leipzig. Streit um die Schreiberei der Gattin bringt Gift ins eheliche Miteinander. Fritz Courths will keine Frau, die am Schreibtisch sitzt; er wird noch ein Jahrzehnt brauchen, sich eines Besseren zu belehren. Mit einem neuerlichen Umzug geht es 1897 aufwärts. Fritz Courths nimmt eine Stelle in Chemnitz als »künstlerischer Direktor« einer Textilfabrik an. Die Gehaltsverhandlungen indes hat seine Ehefrau geführt. Sie ist entschlossen, in einem bürgerlich geordneten, wirtschaftlich gesicherten Leben anzukommen. Und sie kommt an.

Hedwig Courths-Mahler ist siebenunddreißig Jahre alt, als am 26. Februar 1904 im »Chemnitzer Tageblatt« die erste Folge ihres ersten Zeitungsromans erscheint. Er hat den Titel »Licht und Schatten«. Sie erhält für den Roman 250 Mark. Für den nächsten Fortsetzungsroman bietet die Konkurrenzzeitung, die »Chemnitzer Allgemeine«, bereits 500 Mark. Jetzt geht es schnell und steil nach oben. Richtig steil allerdings erst mit dem Umzug der Familie Courths-Mahler in die Welt- und Kaiserstadt Berlin. Ins Zentrum der Unterhaltungskultur des jungen zwanzigsten Jahrhunderts.

Courths-Mahler in Zahlen: Die weltweite Gesamtauflage ihrer Romane wird auf fünfzig bis achtzig Millionen geschätzt. Zwischen 1906 und 1932 veröffentlichte sie in achtzehn Zeitschriften Fortsetzungsromane, manchmal mehrere zugleich. Bei Ausbruch des Ersten Weltkriegs hatte sie bereits vierundzwanzig Romane verfasst. Fritz Courths äußert gelegentlich zwar immer noch: »Eine Frau, die schreibt, ist keine Hausfrau mehr«, widersetzt sich aber nicht länger der Evidenz wirtschaftlicher Tatsachen. Er hängt seinen Beruf an den Nagel und sorgt dafür, dass allmorgendlich ein Sortiment frisch gespitzter Bleistifte auf dem Schreibtisch der Ehefrau bereitliegt. Im Jahr 1924 legt Hedwig Courths-Mahler sich die erste Schreibmaschine zu, was die Produktion erhöht. Sie verfasst in diesem einen Jahr dreizehn Romane. In den folgenden fünfzehn Jahren, bis Propagandaminister Goebbels den »Schund« einer »bürgerlichen oder feudalen Lebensauffassung« verwirft und der Leipziger Rothbarth Verlag alle Verträge mit ihr kündigt, schreibt Courths-Mahler noch hundertvierzehn Romane. Insgesamt fünfundzwanzig davon wurden in Theaterstücke umgesetzt, zweiundzwanzig verfilmt. »Griseldis« der wohl bekannteste, 1916 erschienen, sogar zweimal. Und noch eine Zahl: In vierundzwanzig Romantiteln kommt das Wort »Liebe« vor, (»Durch Liebe erlöst«, »Das ist der Liebe Zaubermacht«, »Zwischen Stolz und Liebe« et cetera) und in vierzehn Romantiteln das Wort »Glück«.

Glück, das kaum zäher erarbeitet werden kann. Hedwig Courths-Mahler, die gerne kochte, für ihr Leben gerne Süßes aß und dieser Lust die Erscheinung runder Matronenhaftigkeit verdankte, war, was man heute ein *selfmade woman* nennen würde. Aus dem Nichts heraus sich selbst erschaffend und im Ergebnis ein globaler und dauerhaft bekannter Markenname. Die Zeit der Weimarer Republik stellte den Gipfel ihres Erfolges dar. Hedwig Courths-Mahler wird dem englischen Außenminister Austen Chamberlain vorgestellt und dem päpstlichen Nuntius Pacelli, dem späteren Papst Pius XII. Die Exzellenzen erinnern sich dunkel, ihren Namen schon einmal gehört zu haben. Hedwig, Fritz und die beiden Töchter bewohnten nun eine Etage in einem großbürgerlichen Haus im Stadtteil Charlottenburg, gehörten zur Berliner Kulturprominenz, verkehrten mit Regisseuren, Schauspielern, Schriftstellern und Kritikern. Sie wurde damals schon belächelt für den Kitsch, den sie in Massen schrieb. Sie wurde auch damals schon parodiert, war Figur zahlreicher Satiren, wurde auf Kabarett-Bühnen »Kotz-Mahler« und »Furz-Malheur« genannt. Und doch war Hedwig Courths-Maler zu Lebzeiten weithin geachtet. Der gefürchtete Kritiker Alfred Kerr sprach, wenn es um ihre Person ging, in respektvollen Worten. Denn niemals erlag Courths-Mahler der Versuchung, ihre Fließbandprodukte mit hoher Literatur zu verwechseln. Sie kannte Dostojewski, Flaubert und Thomas Mann; sie liebte Lichtenberg und über alles Friedrich Schiller und wusste jederzeit, dass ihr Werk in dieser Runde nichts zu suchen hatte. Sie schrieb Opium fürs weibliche Volk und für die Herzen der einfachen Frauen. »Ich habe nichts anderes getan als später der Film: Ich habe schwer arbeitenden Menschen jenes Leben gezeigt, nach dem immer ihre Sehnsucht ging, das sie jedoch nie kennenlernen würden. Ich habe Märchen für große Kinder erdacht.« So ist ihr geistiger Bruder im Reich der Literatur wohl kein anderer als Karl May.

Zwar münden alle ihre zweihundertacht Romane in ein Happy End. Aber sie enden erzählerisch fast alle vor jenem Moment, in dem das Happy End am Traualtar institutionelle Form annimmt. Denn Hedwig Courths-Maler erzählt an erster Stelle von den Umwegen, die dem Happy End vorausgehen. Wie dieses sich nachher verwirklicht, das auszumalen überlassen ihre Romane der Phantasie der Leserin. So bringt ihr Werk die Dramaturgie eines religiösen Versprechens ins Spiel: das Versprechen, dass die Mühsal des Diesseits dereinst in ein Jenseitsglück übergeht.

Ihre gewaltige Renaissance nach dem Zweiten Weltkrieg erlebte Hedwig

Courths-Mahler nicht mehr. Sie starb 1950 in ihrer prachtvollen Villa am Tegernsee, wohin sie 1935 übergesiedelt war, um dem NS-Regime aus dem Weg zu gehen. Beide Töchter folgten ihr dorthin, samt ihren Ehemännern. Beide Töchter traten in das Unternehmen Courths-Mahler ein und schrieben selbst höchst fleißig Groschenprosa. Frieda, die bis 1985 lebte, übernahm die postume Vermarktung des mütterlichen Werks und trat mit den ererbten Rechten in den Verlag Bastei-Lübbe ein. Sie überlebte die Mutter nicht nur, sie übertraf sie auch. Sie verfasste unter dem Namen Friede Birkner zweihundertachtzehn Trivialromane.

Biografisches

Hedwig Courths-Mahler wurde am 18. Februar 1867 in Nebra im heutigen Sachsen-Anhalt als uneheliche Tochter einer Tagelöhnerin geboren. Den Vornamen Hedwig legte sie sich selbst zu. Eigentlich hieß sie Ernestine Friederike Elisabeth. Sie wuchs bei Pflegeeltern auf und lebte ab dem zwölften Lebensjahr bei ihrer Mutter in Leipzig. 1889 heiratete sie Fritz Courths, er starb 1936. Es war Hedwig Courths-Mahlers einzige Ehe, Liebschaften oder Affären sind nicht bekannt. Der große Durchbruch gelang ihr im Jahr 1905 mit dem Roman »Der Scheingemahl«. In der Zeit des Nationalsozialismus geriet sie in Konflikt mit der Reichsschrifttumskammer, da sie der Forderung, in ihre Geschichten eine literarische Blut-und-Boden-Ideologie einzuziehen, nicht nachkam. Sie stellte das Schreiben ein, lebte zurückgezogen und wurde vom NS-Regime in Ruhe gelassen. Zweimal verlor sie fast ihr gesamtes Vermögen, bei der Inflation 1923 und bei der Währungsreform 1948. Sie schrieb nicht nur sehr viel, sie las auch in großen Mengen und besaß eine stattliche Bibliothek der Weltliteratur. Auf ihren Grabstein ließen Hedwig Courths-Mahlers Töchter den Titel ihres 1921 erschienenen Romans einmeißeln: »Arbeit adelt«. Hedwig Courths-Mahlers starb am 26. November 1950. Ihr Grab befindet sich auf dem Friedhof von Tegernsee.

Leseempfehlung

»*Die Bettelprinzeß*« *(Roman).*
»*Griseldis*« *(Roman).*

Ursula März

EINE SEELE IN WEISSGLUT

Emily Dickinson *1830–1886*

Mag sein, Sie lächeln über mich. Mich wird das nicht aufhalten«, schrieb Emily Dickinson im Juli 1862 selbstbewusst in einem ihrer ersten Briefe an den politisch progressiven Redner und Essayisten Thomas Higginson. Da war sie einunddreißig Jahre alt und ständig auf der Suche nach Mentoren, weil ihre schulische Ausbildung ihr ungenügend vorkam. Seit Jahren verstand sie sich zudem als Dichterin. Higginson hatte wenige Monate zuvor in der Zeitschrift »Atlantic Monthly« Ratschläge für literarische Anfänger publiziert, weshalb er ihr besonders vertrauenswürdig vorkam. »Meine Tätigkeit ist das Umkreisen«, ließ sie ihn wissen, »eine Unwissenheit, nicht dessen, was sich schickt, doch wenn die Morgendämmerung mich ertappt – der Sonnenuntergang mich sieht – Mich, einziges Känguru im Schönen, Sir, ich bitte Sie, es plagt mich und ich dachte, dass Unterweisung es wegnehmen würde.«

Higginson war ein Förderer weiblichen Talents, ein versierter Leser und ein freundlicher Mensch. Aber die ihren Briefen beigelegten Gedichte überforderten ihn. Nie setzte sie einen Titel, und schon das Schriftbild mit den wahllosen Großschreibungen war eine Zumutung. Statt Satzzeichen verwendete sie Gedankenstriche, die das Lesen verlangsamten, einzelne Wörter hervorhoben und wie ein Atemholen vor dem nächsten Überraschungscoup wirkten. Auffallend ihre vielen unreinen Reime und ihre Verzerrung von Syntax und Grammatik, die die Verse schräg, vieldeutig, ja rätselhaft machte. Auffallend aber auch ihre enorme Musikalität. Viele ihrer Verszeilen wirkten wie Zaubersprüche.

Higginson ging auf ihre Bitte ein, und damit war eine der wichtigsten Korrespondenzen der Dichterin eröffnet. Jahrzehntelang unterschrieb sie ihre Briefe an ihn mit »Your Scholar«. Aber sagen ließ sie sich von ihm nichts. Ihren kühnen lyrischen Stil hatte sie längst für sich entwickelt, und sie suchte Bestätigung, nicht Belehrung. Sie blieb bei ihrer »schrägen« Sprechweise und dichtete später sogar eine Begründung dafür:

Tell all the truth but tell it slant –	Sag Wahrheit ganz, doch sag sie schräg –
Success in Circuit lies	Erfolg liegt im Umkreisen
Too bright for our infirm Delight	Zu strahlend tagt der Wahrheit Schock
The Truth's superb surprise	Unserem Begreifen
As Lightning to the Children eased	Wie Blitz durch freundliche Erklärung
With explanation kind	Gelindert wird dem Kind
The Truth must dazzle gradually	Muss Wahrheit sachte blenden
Or every Man be blind –	Sonst würde jeder blind –

»Umkreisen« blieb ihre Lieblingsmetapher für ein poetisches Sich-Annähern an etwas Geheimnisvolles, ein Ausgreifen vom Bekannten ins Unbekannte, vom Konkreten ins Abstrakte, ins Kosmische. Das einzige »Känguru im Schönen« war sie im Grund ganz gern. Exotisch, unzähmbar und so atemberaubend sprunghaft, wie es die Assoziationsläufe ihrer Lyrik waren. Hier schloss sich Unvereinbares blitzschnell zusammen: Liebe und Tod mit riskanten Börsengeschäften oder private Verlusterfahrungen mit dem Naturgesetz der Gravitation wie in diesem schmerzvoll-zauberischen Vierzeiler:

Each that we lose takes part of us;	Wen wir verlieren, nimmt ein Stück
A crescent still abides,	Von uns; ein halbes Rund
Which like the moon, some turbid night,	Bleibt stehn, das nächtliche Gezeiten
Is summoned by the tides.	Anrufen wie den Mond.

Higginson riet ihr, die Gedichte in der Schublade zu lassen. Diesem Rat folgte sie. Sie wusste selbst, dass ihr lyrisches Werk zu früh kam. Schon in der Schulzeit hatte sie zu schreiben angefangen, aber zwei Jahre vor ihrem dreißigsten Geburtstag alles gesichtet, Vorstufen vernichtet und begonnen, ihre Gedichte in nach Haustöchterart selber zusammengenähten Heftchen zu bündeln. Als sie ihren ersten Brief an Higginson schrieb, muss sie schon über vierhundert Gedichte in ihrer geheimen Sammlung gehabt haben. Zur selben Zeit geriet sie in eine emotionale Krise, über deren Ursachen viel spekuliert worden ist. Sie fühlte sich in ihrem Vaterhaus wie lebendig begraben. Ein Augenleiden verschärfte noch ihre Isolierung. Brauchte es da noch den Abschied von einem geliebten, aber ohnehin unerreichbaren Mann, um ihr Unglück voll zu machen?

Als wahrscheinlichster Kandidat für die Rolle des unnahbaren Geliebten gilt Reverend Charles Wadsworth, sechzehn Jahre älter als sie, ein brillanter Kanzelredner, den auch Mark Twain seines schrägen Humors wegen schätzte. Sie muss ihn als Fünfundzwanzigjährige bei einem Besuch in Philadelphia gehört haben und seitdem über Deckadressen in Briefkontakt mit ihm gestanden haben. Ende 1861 zog er mit seiner Familie nach Kalifornien. Das kann, muss aber nicht die Krise ausgelöst haben. Sei's drum. Zu jenem Zeitpunkt hat sie einen schweren Verlust erlebt und kam in den folgenden Jahren darüber nicht hinweg. Wollte nicht drüber hinwegkommen. Ein produktives Desaster. Allein in den folgenden drei Jahren entstanden rund achthundertfünfzig im doppelten Wortsinn »unerhörte« Gedichte.

»In jeder Trennung liegt ein Keim von Wahnsinn, man muss sich hüten, ihn nachdenklich auszubrüten und zu pflegen«, schreibt Goethe in seinen »Maximen und Reflexionen«. Einen solchen Keim hat Emily Dickinson mit größter Hingabe ausgebrütet und gepflegt. Lust und Qual gingen ein in Aberhunderte von Liebes-, Sehnsuchts-, Klage-, Zorn-, Erzähl- und Bilanzgedichten, in denen sie sich ihr inneres Drama vor Augen führte. Wie die alten Mystiker überblendete sie dabei erotische Bilder mit religiösen und umgekehrt. Sie war ein Genie der Verwandlung dessen, was sie bewegte, in lyrische Ich-Erzählungen. Einige ihrer schönsten Gedichte skizzieren Reisen hin zum Geliebten, Hochzeit und stürmische Nächte der Erfüllung. Es gibt Liebeserklärungen von entschlossenem Pathos und daneben witziges lyrisches Geplauder über die Zugeknöpftheit des Unerreichbaren. Manche Gedichte rechnen ab mit diesem »schoflen Einen«, wehren sich gegen seine Zweifel, seine Abwertung ihrer Poesie, seine wie mit dem Tropfenzähler zugemessene Freundlichkeit. Andere umkreisen intensivste Schmerz-, Mangel- und Angsterfahrungen. Eines davon fasst das Thema Trennung als brutale Vergewaltigung: Ein gesichtsloser Richter übergibt das in ewigen Winter verbannte Ich seinen Handlangern mit dem Befehl: »Go manacle your icicle / Against your Tropic Bride« – Sie sollen ihren Eiszapfen bei der tropischen Braut in Stellung bringen. Wobei das Wortspiel, das im Hinweis auf das »Tropische« steckt, sowohl die Körpertemperatur dieser überhitzten Braut als auch ihre Besessenheit mit Poesie anspricht.

Wie bei vielen großen Dichtern beschränkt sich auch bei Emily Dickinson die stürmische lyrische Produktion auf wenige Jahre. Es sind Jahre äußerster kreativer Anspannung, ein Zustand der poetischen Erhitzung, den sie in einem Gedicht als »a Soul at the White Heat«, »eine Seele in Weißglut«, beschreibt. Von 1866 an dichtet sie markant weniger, die Verse werden knapper, ja elliptisch. Nun blickt dieses Ich auf seine Kämpfe zurück, ernüchtert, trotzig, sarkastisch. Jetzt geht es um »Schicksalsüberlegenheit«, Selbstvergewisserung. Auch ihre Einstellung zur eigenen Produktion ändert sich. Immer häufiger notiert sie ihre Einfälle nur noch auf fliegenden Blättern, Abrissen von Briefumschlägen, Rückseiten von Reklamezetteln. Am Wandel dessen, was ihre Ich-Stimmen erzählen, lässt sich die Lebensleistung dieser Dichterin ablesen: Eine äußerste Gefährdung der Existenz mit den Mitteln der Sprache zu pflegen, zu transformieren, zu bannen: »My wars are laid away in Books« – »In Büchern lagern meine Kämpfe«, heißt es 1882, vier Jahre vor ihrem Tod, in einem Gedicht.

In jener Krisenzeit um 1862 begann sie, schlichte weiße Hauskleider zu tragen. Sie wurde dafür bekannt, dass sie nicht bekannt sein wollte. Undenkbar, dass sie zum Geplauder in Higginsons Bostoner Literaturzirkel erschienen wäre. Seine Einladung lehnte sie mit dem Hinweis ab, sie verlasse das Grundstück ihres Vaters nicht mehr. Später war sie auch dort nicht mehr zu sehen und verkehrte mit Gästen nur durch den Spalt ihrer angelehnten Schlafzimmertür. Selbst bei der Begräbnisfeier ihres Vaters blieb sie in ihrem Zimmer, ließ aber immerhin einen alten Freund vor, den sie seit zwölf Jahren nicht gesehen hatte. So wurde sie schon zu Lebzeiten eine Legende – die Eremitin von Amherst, klein, schlank, mit braunrotem Kräuselhaar und immer weißgekleidet.

Trotzdem kann von Selbstisolierung nicht die Rede sein. Sie hat zwar weltabgeschieden gelebt, aber mehr als tausend Briefe an fast hundert Briefpartner hinterlassen, die – sorgfältig rhythmisiert und verdichtet – mit ihrer Lyrik verwandt sind. An menschlichen Beziehungen war sie alles andere als desinteressiert, das belegen auch ihre Gedichte. Wie Menschen miteinander umspringen (etwa wie sie Freundschaften schließen und wieder aufkündigen), das ist eins ihrer zentralen Sujets neben der Auseinandersetzung mit der Natur, der Vergänglichkeit, dem Tod und mit dem eigenen Dichtertum. »Freilich ist Gott neidisch –«, lautet eine ihrer Einsichten, »Er kann es nicht ertragen / Dass wir uns lieber miteinander / Als mit Ihm selbst abgeben.«

Rund sechshundert ihrer Gedichte hat sie im Lauf der Jahre an befreundete Briefpartner geschickt und sich so ein privates Lesepublikum verschafft. Aber zwei Drittel ihres Werks, etwa tausendzweihundert Gedichte, behielt sie für sich. Was ihrem Schreiben Freiheit garantierte. So blieb ihre Lyrik jahrzehntelang offen für Revisionen. Varianten umspielen viele ihrer Gedichte. Auch brauchte sie auf ihre frömmlerische, alle paar Jahre von religiösen Erweckungsbewegungen erfasste Umwelt keine Rücksicht zu nehmen. Ihr Nachdenken über Leben und Tod, Gott und Unsterblichkeit war schon immer frei von jeder Dogmatik gewesen. »Alle sind religiös – außer mir – und beten jeden Morgen zu einer Eklipse – die sie ›Vater‹ nennen«, schrieb sie schon früh an ihren Mentor. Aus späterer Zeit gibt es von ihr sogar blasphemische Gedichte wie dieses zornige Vaterunser aus dem Jahr 1879, das Gott Ungerechtigkeit, Hinterlist und Mangel an Respekt vor den Menschen vorwirft:

»Heavenly Father« – take to thee	»Himmelsvater« – nimm auf dich
The supreme iniquity	Was du äußerst ungerecht
Fashioned by thy candid Hand	Hast geformt mit freier Hand
In a moment contraband –	In erschlichenem Moment –
Though to trust us – seem to us	Mag manierlicher Vertraun
More respectful – »We are Dust« –	Uns erscheinen – »Wir sind Staub« –
We apologize to thee	Um Verzeihung bitten wir
For thine own Duplicity –	Für dein Doppelspiel, o Herr –

Eingegraben in ihre Verschwiegenheit konnte sie ohne jede Rücksicht auf Konvention ihren charakteristischen Tonfall entwickeln: Dieses einzigartige Hin und Her zwischen Ekstase und Ernüchterung, Innigkeit und Witz, hohen und umgangssprachlichen Tonlagen – genau jene Registerwechsel, die das kraftvolle Pathos dieser singulären Dichterin heute noch überzeugend machen. Kein Wunder, dass ihre Gedichte als moderne Lyrik gelesen und von einem ständig wachsenden Publikum in aller Welt geliebt werden.

Biografisches

Emily Dickinson wurde am 10. Dezember 1830 in Amherst (Massachusetts) geboren und wuchs in einer angesehenen Familie auf. Ihr Großvater war einer der Gründer des renommierten Amherst-College, ihr Vater und später auch ihr Bruder waren dort Finanzverwalter. In diesen Kreisen wurden Frauen ins gesellige Leben einbezogen, weswegen Emily und ihre Schwester Lavinia eine hervorragende Schul- und Collegeausbildung bekamen. Im Haus ihres Vaters, der ein puritanisch steifer Patriarch, Jurist und zeitweiliger Kongressabgeordneter der Konservativen war, verkehrten bedeutende Wissenschaftler und Intellektuelle. Edward Dickinson trug in seiner Bibliothek all jene Bücher zusammen, deren Lektüre die heimlich schreibende Tochter prägte: Neben der Bibel und Websters Wörterbuch von 1844, die ständig auf ihrem Tisch lagen, las sie Shakespeare, Dickens, Emerson, Hawthorne, GEORGE ELIOT, die BRONTËS, die Brownings und Keats. Im Lauf ihres Lebens zog sie sich mehr und mehr aus der Öffentlichkeit zurück. Auf eine Publikation ihrer Gedichte hat sie verzichtet. Nach ihrem Tod entdeckte Lavinia das umfangreiche lyrische Werk in einer Schublade der Schlafzimmerkommode ihrer Schwester. Das hatte gravierende Folgen für die Edition. Es dauerte mehr als hundert Jahre, bis 1998 unter der Herausgeberschaft von Ralph W. Franklin eine philologisch befriedigende, vollständige, chronologisch plausibel geordnete Ausgabe ihrer Gedichte zustande kam. Emily Dickinson starb am 15. Mai 1886 im Alter von fünfundfünfzig Jahren an einem Nierenleiden.

Leseempfehlung

»Gedichte. Englisch–Deutsch«. Herausgegeben und übersetzt von Gunhild Kübler.
»Dichtungen«. Herausgegeben und aus dem Englischen von Werner von Koppenfels.
»Wilde Nächte. Ein Leben in Briefen«. Herausgegeben und aus dem Englischen von Uda Strätling.

Gunhild Kübler

DIE GELEHRTE DER WEGE

Assia Djebar *1936*

Wenn die Schriftstellerin Assia Djebar, die vor über siebzig Jahren in einem algerischen Küstenstädtchen geboren wurde und heute zwischen Paris und New York pendelt, durch Manhattan wandert, zieht es sie oft in den Süden der Insel. Mal startet sie in Greenwich Village, denn dort liegt die New York University, wo Assia Djebar seit 2001 arabische Geschichte lehrt. Mal startet sie in SoHo, wo sie wohnt. Ihr Ziel ist meistens das Gleiche: die Brooklyn Bridge. Fast täglich, erzählte sie vor ein paar Jahren, stattet sie der legendären Brücke einen Besuch ab, schaut zwischen dem Stadtgebirge Manhattans auf der einen und der Stadtlandschaft Brooklyns auf der anderen Seite hin und her und steht dazwischen.

»In between« oder »transkulturell« – so bezeichnet die neuere Literaturwissenschaft die Position von Schriftstellern wie Assia Djebar, die ihr Heimatland, ihre Heimatsprache verlassen haben, sie gegen die Sprache eines anderen Landes eintauschten und ihr ursprüngliches Denken mit dem Gedankenkosmos einer anderen Kultur vermischten. Sie sind Kinder der Vagabondage des zwanzigsten Jahrhunderts; des Exils, der Emigration und der Globalisierung. So verschieden ihre literarischen Werke auch sein mögen: Die unmittelbare Wechselbeziehung zwischen Zeitgeschichte und Literaturgeschichte drückt sich in diesem transkulturellen Schreiben besonders deutlich aus. Es öffnet neue Fenster für die Literatur. Und bringt neue Konflikte hervor.

Mit gleichem Recht könnte man Assia Djebar als algerische wie als französische Autorin bezeichnen. Denn Djebar ist frankophon. Sie schreibt und schrieb all ihre Bücher in französischer Sprache. Sie gilt in Europa und Amerika als die berühmteste weibliche Stimme der arabischen Welt, ihr Werk wurde vielfach ausgezeichnet, einmal sogar fast mit dem Nobelpreis, den dann aber im Jahr 2004 Elfriede Jelinek erhielt. In ihrer Heimat jedoch, in Algerien, waren Assia Djebars Bücher bis vor kurzem so gut wie unbekannt, nicht nur aus sprachlichen, sondern auch aus politischen Gründen. Assia Djebar ist eine scharfe Gegnerin des Fundamental-Islamismus, dessen Macht in Algerien in den vergangenen Jahrzehnten wuchs. Von 1962, dem Jahr der algerischen Unabhängigkeit, bis 1980 lebte Assia Djebar abwechselnd in Algier und Paris, zog sich dann aber, weil sie sich persönlich nicht mehr sicher fühlte, aus Algerien zurück. In einem ihrer neueren Bücher, dem 1997 erschienenen Prosaband »Oran – Algerische Nacht«, reagierte sie auf die Ermordung von Freunden und Verwandten durch islamische Fanatiker. Mina, eine fünfzigjährige Französischlehrerin, Mutter von vier Kindern, erhält »Anfang 1995 Drohungen übers Telefon: Eine unbekannte Stimme leiert Verwünschungen und verheißt ihr das Totenhemd. Mina, sprachlos, versteht überhaupt nichts. Ist es ein Verrückter? Soll sie das wirklich als ›Drohung‹ bezeichnen? Aber warum? Welches Gesetz hat sie unwissentlich übertreten? Sie unterrichtet eine Fremdsprache, na und? Was hat die Religion damit zu tun?« Einige Tage später geht Mina wie immer zu Fuß zu ihrem Lycée. Zwei Unbekannte sprechen sie an, kreisen sie ein. »Beide ziehen eine Waffe. Beide zielen aus nächster Nähe auf die Schläfe. Minas Kopf platzt.«

Mina ist eine der vielen arabischen Frauen, deren Geschichten und Stimmen in Assia Djebars Werk wie in einem historischen Archiv verwahrt sind; Frauen verschiedenster ethnischer Abstammung, Frauen der Gegenwart und der Vergangenheit, Frauen der Moderne und des Mittelalters. Ihnen Gehör zu geben, ihren Konflikt zwischen kultureller Gefangenschaft und individueller Befreiung zu untersuchen ist das Hauptthema aller Bücher, die Djebar verfasst hat. Sie ist eine arabische Feministin, ihr Feminismus indes ist unverbohrt und undogmatisch, er baut eine Brücke zwischen Morgenland und Abendland und ist frei von einseitiger Parteinahme. Ein Berberzelt und die Brooklyn Bridge schließen sich in Assia Djebars Wahrnehmung der Welt nicht gegenseitig aus. Auch darin liegt ein Grund, weshalb sie von islamischen Fundamentalisten ihrer Heimat nicht eben geschätzt wird. Und davon abgesehen: Ihr persönliches Leben hat mit dem einer traditionellen Araberin seit einem halben Jahrhundert nichts mehr zu tun. Assia Djebar führt das Leben einer freien Intellektuellen. Das Leben einer Frau, die im Herbst die Frankfurter Buchmesse besucht, in Paris ins Theater und ins Cafe geht, auf Kongressen auftritt, mit ihren internationalen Agenturen und Verlagen verhandelt und in New York an der Universität lehrt. Einer Frau, die nie einen Schleier trug und nur dann heiratete, wenn sie sich der Liebe ihres Mannes und ihrer eigenen Liebe gewiss war.

Assia Djebar ist ein Kind der europäischen Kolonialgeschichte, die für Algerien mit der Eroberung durch Frankreich in den dreißiger Jahren des neunzehnten Jahrhunderts begann und nach einem langen blutigen Krieg schließlich 1962 zu Ende ging. Zu diesem Zeitpunkt war Assia Djebar sechsundzwanzig Jahre alt. Lange schon verbrachte sie ihre Nachmittage nicht mehr im Innenhof ihres Elternhauses, sondern in den Hörsälen und Bibliotheken ausländischer Universitäten. Fatima-Zohra Imalayène, wie sie eigentlich heißt, hatte ihr Land im Herbst 1954, ein paar Wochen vor dem Ausbruch des Algerienkrieges, verlassen und war nach Paris gegangen, um an der École Normale Supérieure ein Geschichtsstudium zu beginnen – jener Eliteuniversität, an der SIMONE DE BEAUVOIR eine Studentengeneration vorher glänzte. Fatima-Zohra Imalayène wurde indes nach vier Semestern vom Lehrbetrieb ausgeschlossen. Sie hatte an einem Proteststreik algerischer Studenten gegen die Kriegführung Frankreichs teilgenommen. Sie verliebte sich in einen algerischen Widerstandskämpfer und heiratete ihn. Vom Hinauswurf von der Universität ließ sie sich nicht beirren. Sie nutzte die studienlose Zeit und verfasste ihren ersten Roman, eine Liebesgeschichte über das erotisch stürmische Frühlingserwachen einer jungen arabischen Frau.

Dieser Roman, »Durst«, erschien 1957, er wurde in Frankreich sofort ein Bestseller, seine Verfasserin galt als die FRANÇOISE SAGAN aus dem Maghreb; temperamentvoll, ironisch, geschichtenreich, unbekümmert und unerschrocken gegenüber Tabus und ihren Grenzen. Die Debütantin gab sich, zur eigenen Tarnung und zum Schutz ihrer Familie, ein Autorenpseudonym, das sich in aller Welt leicht aussprechen lässt: Assia Djebar. Der Name fiel ihr im Taxi ein, als sie zu dem Pariser Verlag, der ihr Manuskript angenommen hatte, unterwegs war, um den Vertrag zu unterschreiben. Sie machte sich nicht nur wegen ihres Namens Sorgen, sondern auch wegen ihres Alters. Als noch nicht Einundzwanzigjährige war sie gar nicht berechtigt, einen Vertrag zu unterschreiben. Also änderte sie ihr Geburtsdatum und schnitt sich außerdem, zur Abrundung ihrer neuen Identität, bevor sie losfuhr schnell noch die Haare ab. Bei ihrem Pseudonym Assia Djebar blieb sie, als schon im folgenden Jahr ihr zweiter Roman »Die Ungeduldigen« erschien, der thematisch dem ersten ähnelt. In Algerien wurde sie dafür als bourgeoise Hure beschimpft, die sich literarisch mit frivolen Liebeshändeln à la française beschäftigt statt mit der brutalen Kriegswirklichkeit im eigenen Land.

Bis heute ist sie bei ihrem Pseudonym geblieben. Aber die Unbefangenheit, mit der Assia Djebar in die Literatur eingetreten war, wich mit den Jahren einer blockierenden Ungewissheit gegenüber den kulturellen und sprachlichen Voraussetzungen ihrer Künstlerschaft. Denn ihren Erfolg und ihre persönliche Befreiung verdankte sie einer Sprache, die historisch und politisch betrachtet die des Feindes, die Sprache Frankreichs war. Auch dafür wurde sie in ihrer Heimat heftig kritisiert. Sie lernte Transkulturalität als Flickwerk des Ichs, als Summe unauthentischer, unharmonischer Teile der Identität kennen. Über ein Jahrzehnt lang verstummte sie.

Zwischen 1967 und 1980, bis zu dem Erzählband »Die Frauen von Algier«, erschien von Assia Djebar kein Buch. In dieser Zeit begab sie sich auf die Suche nach ihren verzweigten Wurzeln, arbeitete für das Theater, drehte Dokumentarfilme über das Leben von Algerierinnen und über die berberischen Vorfahren ihrer Mutter. Sie erforschte mit Bildern vergessene weibliche Traditionen, die nur mündlich überliefert sind. Diese Filme aber drehte sie in arabischer Sprache. Erst in den achtziger Jahren, nach einer langen Schaffenspause und der endgültigen Übersiedlung nach Paris, schrieb und publizierte sie erneut auf Französisch. Die Bücher indes, die Assia Djebar in ihrer zweiten Lebens- und Werkhälfte verfasste, unterscheiden sich von ihren früheren in formaler Weise stark. Denn es sind Bücher, die keiner linearen Geschichte folgen, sondern den Strukturen symphonischer Textgebilde. Sie versammeln und verschränken die verschiedensten Stimmen, Idiome und Epochen. Sie springen hin und her zwischen Autobiografie und historischer Forschung, zwischen Fiktion und Dokumentation – und natürlich kommen sie dem entspannten Lesegenuss weniger geschmeidig entgegen als die Liebesgeschichten und zarten Erotika der fünfziger Jahre. Man merkt der späteren literarischen Periode Assia Djebars ihre Bekanntschaft mit der Schule des Dekonstruktivismus an. Vor allem aber merkt man das Bemühen der arabisch-frankophonen Schriftstellerin, für ihre Position – die Position einer transkulturell Schreibenden, Fühlenden und Denkenden – ein literarisches Pendant zu finden und Romane zu schaffen, die von der Architektur des Brückenbaus getragen werden.

Das Kernstück dieser Periode ist Djebars »Algerisches Quartett«, ein auf vier Romane angelegtes, nur lose verbundenes Projekt. Der erste Band »Fantasia« erschien 1985. In diesem Band erzählt Djebar von ihrer Kindheit im algerischen Küstenstädtchen, vom Spracherwerb, vom Lesen- und Schreibenlernen, anders gesagt, von der Kinderstube ihrer Identität. Zugleich ist »Fantasia«, wie die folgenden Bände auch, eine Geschichte der kollektiven Identität ihres Heimatlandes. Die persönliche Erfahrung aus der Mitte des zwanzigsten Jahrhunderts verspiegelt Djebar mit Erfahrungen der algerischen Gesellschaft aus der Mitte des neunzehnten Jahrhunderts, dem Beginn der französischen Kolonisierung, die sie nur aus historischen Quellen kennt. Im dritten Band ihres Quartetts, dem 1995 erschienenen Roman »Weit ist mein Gefängnis«, geht sie von der Gegenwart aus historisch noch weiter zurück. Und im zweiten, mit dem Titel »Das Erlöschen in Stein« überschriebenen Romanteil setzt sie zwischen zwei nummerierte Unterkapitel ein Textstück in Kursivschrift. Sie erzählt darin in der Form eines Traums die Geschichte der Tuareg-Prinzessin Tin Hinan, von der kaum mehr bekannt ist als der Ort ihrer Grabstätte aus dem vierten Jahrhundert. Es gibt keine schriftlichen Quellen von Tin Hinan. Aber sie gehört zu der Frauengemeinschaft der Ahninnen und Zeuginnen, denen Djebar in ihrer Literatur Raum verschafft und die sie inmitten ihrer französisch verfassten Texte mit arabischen und berberischen Sprachwendungen auftreten lässt.

Wollte man Assia Djebars Leben und ihre Literatur mit einem Bild bezeichnen, dann ist es tatsächlich das der Brücke. Aber zu diesem kommt ein zweites: das Bild der Schule, der Institution, des Ortes, an dem gelernt, gelehrt, geforscht wird. Denn aus Fatima-Zohra Imalayène wäre niemals die Schriftstellerin und Professorin Assia Djebar geworden ohne jenes Ereignis an einem Tag im Frühherbst 1941, das sie zu Beginn von »Fantasia« beschreibt. Am Morgen dieses Tages nahm ihr Vater, einer der wenigen Algerier, die an einer französischen Schule unterrichteten, seine kleine Tochter und nahm sie mit zu seinem Arbeitsplatz. Er war mit einem europäischen Anzug bekleidet, trug einen Fes auf dem Kopf, an einer Hand hielt er eine Aktentasche mit Heften und Büchern darin, an der anderen die blitzgescheite Kleine. »An der Hand des Vaters«, schreibt Assia Djebar, wanderte sie über die staubigen Wege, hin zur französischen Schule. Als sie ankamen, setzte der Vater das Kind in die Bank einer Klasse. Sie war das einzige Mädchen unter lauter Jungen und die einzige Algerierin unter lauter französischen Kindern. Für keine andere Schriftstellerin des zwanzigsten Jahrhunderts dürfte der Tag der Einschulung, der Tag, an dem ein Mädchen zum ersten Mal zu einem Lehrer aufschaut, so lebensentscheidend gewesen sein wie für Assia Djebar. So radikal die Initiation und der Aufbruch, so einschneidend der erste Schritt auf einer Brücke, die in die westliche Welt und zu literarischem Weltruhm führte. Sie verdankte diesen Schritt der revolutionären, verwegenen Entscheidung ihres Vaters. Eine Entscheidung gegen das Leben als verschleiertes Mädchen im Harem, im Frauentrakt des Hauses. Während für ihre gleichaltrigen Kusinen eben dieses Leben begann, saß Fatima-Zohra Imalayène in der Bank, lernte lesen und schreiben. Sie war die große Ausnahme, die die

Regeln der Kulturgeschichte bisweilen gewähren. Eine Ausnahme zudem, die in der islamischen Kultur schwerer wiegt als in der christlichen. Denn in dieser existiert seit je eine Ikonografie der lesenden, sich am Schrifttum bildenden Frau, was schon durch jene Bilder bezeugt wird, die die Gottesmutter Maria beim Erscheinen des Engels, der ihr die Geburt des Heilands ankündigt, mit einem Buch in der Hand zeigen. Das heißt keineswegs, dass es für Frauen einfach und selbstverständlich war, den Weg vom Lesen zum Schreiben einzuschlagen. Auch hier war ein Tabu zu überwinden – das paulinische Schweigegebot für Frauen in der Kirche und damit im öffentlichen Raum. Die islamische Frau indes, die sich in Büchern, im Schreiben mitteilt, setzt sich einer anderen Gefahr aus. Sie riskiert, das Gebot ihrer Verhülltheit zu verletzen.

Auch Assia Djebars aufgeklärter, toleranter Vater war nicht frei von der Sittengeschichte seiner Religion. Zum ersten großen Zerwürfnis zwischen ihm und seiner schrifttüchtigen Tochter kam es, als er in den Sommerferien einen kleinen Liebesbrief fand, den ein Junge der siebzehnjährigen Internatsschülerin Fatima-Zohra geschrieben hatte. Vor ihren Augen zerriss er, »bebend vor stummem Zorn«, den Brief. »Das junge Mädchen wird während der Sommerferien in der Wohnung über dem Schulhof eingesperrt wie in einem Kloster; in der Stunde während der Siesta hat sie den Brief wieder zusammengesetzt.« Bis zu seinem Tod ignorierte der Vater Assia Djebars Bücher und erwähnte sie nie in ihren Gesprächen.

Sie blieb der Schule, den Institutionen von Lehre und Forschung treu. Ende der fünfziger Jahre ging sie mit ihrem Ehemann nach Tunesien ins Exil und beendete in Tunis ihr Geschichtsstudium. Ab 1959 arbeitete sie als Assistentin an der Universität von Rabat in Marokko, drei Jahre später kehrte sie in das unabhängige Algerien zurück und unterrichtete in Algier an der Universität. Sie bekleidete Gastprofessuren rund um die Welt, 1996 lehrte sie arabische Geschichte in Cambridge, 1997 wurde sie Professorin am Zentrum für frankophone Studien der Louisiana State University in den USA, und vier Jahre später winkte das akademische Leben New Yorks. Ihr Leben als Schriftstellerin und Intellektuelle begann mit einem kurzen Weg vom Elternhaus zur französischen Grundschule. Es waren viele, bisweilen mühsame und lange Wege, die Assia Djebar gegangen ist; eine Scheherazade mit wissenschaftlichem Gepäck auf der Brooklyn Bridge.

Biografisches

Assia Djebar wurde am 30. Juni 1936 unter dem Namen Fatima-Zohra Imalayène in der kleinen algerischen Küstenstadt Cherchell in der Nähe von Algier geboren. Ab ihrem zehnten Lebensjahr besuchte sie als einziges muslimisches Mädchen die französische Grundschule. Als erste Algerierin studierte sie ab 1955 in Paris an der École Normale Supérieure. Nachdem sie sich an einem Proteststreik algerischer Studenten beteiligt hatte, wurde sie von der Universität ausgeschlossen. Daraufhin begann sie ihren ersten Roman zu schreiben. Ab 1959 war Assia Djebar neben ihren literarischen Arbeiten auch als Historikerin an verschiedenen Universitäten tätig. Assia Djebar ist zum zweiten Mal verheiratet und hat eine Tochter. Sie wurde mit zahlreichen renommierten Preisen ausgezeichnet: 1979 erhielt sie auf der Biennale von Venedig den Internationalen Kritikerpreis für ihren Dokumentarfilm »La Nouba des femmes du Mont Chenoua« (»Die Frauen vom Berg Chenoua«). Im Jahr 2000 wurde ihr der Friedenspreis des Deutschen Buchhandels verliehen. Am 16. Juni 2005 wurde Assia Djebar als erste Autorin – und erster Autor – des Maghreb in die Académie Française gewählt. Da die vorwiegend männlichen Mitglieder der Académie eine traditionelle, für Frauen nicht verwendbare Uniform tragen, steht die Institution der »Unsterblichen« bei der Aufnahme eines weiblichen Mitglieds immer wieder vor einem modischen Problem. Die erste in die Académie aufgenommene Schriftstellerin war MARGUERITE YOURCENAR. Der französische Modezar, der für sie ein spezielles Académie-Gewand schuf, kleidete später auch Assia Djebar ein.

Leseempfehlung

»*Die Frauen von Algier*« *(Erzählungen).* Aus dem Französischen von Alexandra von Reinhardt.
»*Fantasia*« *(Roman).* Aus dem Französischen von Inge M. Artl.
»*Die Schattenkönigin*« *(Roman).* Aus dem Französischen von Inge M. Artl.
»*Weit ist mein Gefängnis*« *(Roman).* Aus dem Französischen von Hans Thill.
»*Das verlorene Wort*« *(Roman).* Aus dem Französischen von Beate Thill.

Ursula März

ERSCHÜTTERT, ABER NICHT ERDRÜCKT

Annette von Droste-Hülshoff *1797–1848*

Ja, wenn sie sanft und still gewesen wäre wie ihre Schwester Jenny, die sechzehnjährige Annette wäre sicher besser aufgenommen worden von jener Ferienclique, die im Sommer 1813 im Herrenhaus ihrer Großeltern zusammenkam. Im Kreis der jungen westfälischen Landadeligen auf dem Bökerhof waren damals Studenten aus Göttingen aufgetaucht, darunter berühmte Literaten. Die Stimmung war locker, man war viel in der freien Natur, lernte und sang alte Volkslieder und erzählte sich Sagen und Märchen. Bei ihrer romantischen Rückbesinnung auf das »ehrliche deutsche Empfinden« konnten sich die jungen Leute als Teil einer nationalen Bewegung fühlen. Zwar beherrschte Napoleon immer noch den größten Teil Europas. Aber im Vorjahr war seine Große

Armee vor Moskau gescheitert. Drei Monate noch – und Napoleon würde in der Völkerschlacht bei Leipzig vernichtend geschlagen und Deutschland bis zum Rhein befreit werden.

Mit dreißig Menschen an einer Tafel zu sitzen und vor ihnen ohne Furcht reden zu können, das genoss Wilhelm Grimm damals auf dem Bökerhof besonders. Der erste Band seiner berühmten »Kinder- und Hausmärchen« war gerade erschienen, der zweite in Vorbereitung. Fünfundsiebzig der insgesamt zweihundert Märchen steuerte der Bökerhof-Kreis bei. An seinen Bruder Jakob schreibt Wilhelm Grimm: »Die Fräulein aus dem Münsterland wussten am meisten, besonders die jüngste.« Damit ist Annette gemeint. Und plötzlich zieht Grimm gegen sie los: »Es ist schade, dass sie etwas Vordringliches und Unangenehmes in ihrem Wesen hat, es war nicht gut, mit ihr fertig zu werden; sie ist mit 7 Monaten auf die Welt gekommen und hat so durchaus etwas Frühreifes bei vielen Anlagen. Sie wollte beständig brillieren.« Wenig später dämonisiert er das aufgeweckte und schlagfertige junge Mädchen gar als Hexe: »Von Fräulein N(ette) hat mir's neulich wunderbarlich und ängstlich geträumt: sie war ganz in dunkle Purpurflamme gekleidet und zog sich einzelne Haare aus und warf sie in die Luft nach mir; sie verwandelten sich in Pfeile und hätten mich leicht blind machen können, wenn's Ernst gewesen wäre.«

Annettes Begabungen waren durch Hauslehrer früh gefördert worden. Neben Naturkunde und Fremdsprachen hatte sie Klavierspielen, Singen und Komponieren gelernt, und Dutzende ihrer Gedichte zirkulierten in der Verwandtschaft. Zudem wirkte sie mit Erfolg in privatem Kreis bei Komödien mit. Doch war ihr Leben zugleich von Verboten umstellt. Weil sie oft kränkelte, war nichts erlaubt, was sie hätte aufregen können, und mit dem Theaterspielen war es wegen drohender »Sittenverderbnis« auch bald vorbei. Noch im Alter von fünfzehn Jahren verbot man ihr die Lektüre von Schiller, dessen Freigeisterei beim westfälischen Landadel schlecht ankam. Trotzdem arbeitet sie in jenem Sommer 1813 an einem Drama im Schiller'schen Stil, in dem es um Krieg und Frieden, aber auch um ihre eigenen Erfahrungen in einer patriarchalisch autoritären Gesellschaft geht. Auch einen literarisch versierten Mentor hatte sie schon: Anton Sprickmann, Rechtsprofessor an der Universität Münster. Allerdings war er fast fünfzig Jahre älter als sie. Kein Wunder, dass sich die angehende Schriftstellerin Hoffnungen auf Gespräche mit den jungen Literaten des Bökerhofer Kreises machte.

Und dann eckte sie an, ausgerechnet mit ihrer Begeisterung für die Dichtkunst. Kritik hätte sie akzeptieren können, nicht aber Spott. In diesem Literatenkreis waren Frauen nur als Zudienerinnen, nicht als Konkurrenz willkommen. Mehr als dreißig Jahre später erinnert sie sich, immer noch spürbar verletzt, an jenes Sommertreffen: »Ich habe Ihnen ja schon früher erzählt«, schreibt sie einer Freundin, »wie wir sämtlichen Kusinen … durch die bittere Not gezwungen wurden, uns um den Beifall der Löwen zu bemühen, die die Onkels von Zeit zu Zeit mitbrachten, um ihr Urteil danach zu regulieren, wo wir dann nachher einen Himmel oder eine Hölle im Hause hatten, nachdem diese uns hoch- oder niedriggestellt. Glauben Sie mir, wir waren arme Tiere, die ums liebe Leben kämpften.« Trotzdem war und blieb die Atmosphäre des Bökerhofes für die junge Annette attraktiv. Wenn sie auch schwierig im Umgang waren, so war ihr doch klar geworden: Hier waren die Löwen.

Sechs Jahre später kehrte sie für einige Zeit auf den Bökerhof zurück, auch weil sie in einem nahen Heilbad ihre ständigen Kopf-, Augen- und Magenschmerzen lindern wollte. In diesen Monaten lernte sie Heinrich Straube näher kennen und lieben, einen bürgerlichen, protestantischen Jurastudenten mit lyrischen Ambitionen, der im Bökerhofer Kreis mindestens so exotisch wirkte wie sie selber. Die beiden schlossen sich zusammen – und wurden durch ein perfides Familienkomplott für immer getrennt. Wollte man Annette eins auswischen, oder ging es darum, eine nicht standesgemäße Ehe zu verhindern? Offene Fragen. Doch die Intrige selbst ist bekannt: Während Straube sein Studium in Göttingen fortsetzte, wurde einer seiner Studienkollegen als Verführer Annettes angeheuert. Von seinen Avancen ließ sie sich kurzzeitig den Kopf verdrehen, beteuerte dann aber, in Wahrheit allein Straube zu lieben. Es war zu spät. Der Verführer reiste nach Göttingen, um Straube die Augen zu öffnen, und schrieb gemeinsam mit ihm einen Brief, in dem beide Männer ihr die Freundschaft kündigten. Damit war sie als moralisch verwerflich bloßgestellt, ein Desaster, das der Dreiundzwanzigjährigen jede weitere Hoffnung auf eine standesgemäße Ehe nahm und ihre spätere Einsamkeit mitverschuldet hat. Achtzehn Jahre lang ließ sie sich auf dem Bökerhof nicht mehr blicken. Auf die Erfahrung aber kam sie viel später zurück in »Die Taxuswand«, einem langen, schwermütigen Liebesgedicht, das um ein nicht gelebtes Leben klagt.

Wie lange kann man Gedichte schreiben, ohne je gelesen und geschätzt zu werden? Droste-Hülshoff brauchte Menschen, die an ihrem Schreiben Anteil nahmen. Nach dem Bruch mit Straube zog sie sich zerknirscht und enttäuscht ins Elternhaus nach Hülshoff zurück. Dort übergab sie 1820 ihrer Mutter, um deren Anerkennung sie ein Leben lang rang, die Reinschrift ihres Gedichtzyklus »Das geistliche Jahr«, eine Sammlung religiöser Gedichte, die der Erbauung ihrer Großmutter hätten dienen sollen. Doch die Spuren der Trostlosigkeit der jungen Dichterin waren so deutlich, dass sie als Lektüre für die fromme Großmutter nicht taugten. Die Mutter las die Widmung und – so beschrieb es die Droste später in einem Brief – »legte das Buch dann in ihren Schrank, ohne es weiter anzurühren, wo ich es acht Tage liegen ließ, und dann wieder fortnahm – sie hat auch nie wieder danach gefragt«. Von da an blieb die Droste als Autorin zehn Jahre lang stumm. Erst viele Jahre später nahm sie die Arbeit am »Geistlichen Jahr« wieder auf. Ihre Jugendwerke, der Roman »Ledwina«, das Versepos »Walther« und das Drama »Berta« blieben Fragment.

Reisen nach Köln und Bonn brachten später Abwechslung in ihr Leben durch Begegnungen mit geistig profilierten Frauen, die ihr Wege aus der Enge ihrer Welt zeigten. Umso trister muss ihr die Rückkehr in die Provinz vorgekommen sein, zumal sie 1826 nach dem Tod des Vaters mit Mutter und Schwester in das einsam gelegene Rüschhaus bei Münster umziehen musste, das als Witwensitz erworben worden war. Mittlerweile dichtete sie Verserzählungen. Diese literarische Form war schon damals altmodisch, aber keiner war da, mit dem sie darüber hätte reden können. In einem kleinen westfälischen Verlag ließ sie 1838 drei ihrer Verserzählungen, einige Gedichte und geistliche Lieder erscheinen. Das Echo war vernichtend. Ihre Verwandtschaft fand, sie habe sich blamiert, und eine der spärlichen Rezensionen warf der Dichterin »unreifen Dilettantismus« vor. Von den fünfhundert aufgelegten Exemplaren verkauften sich vierundsiebzig.

Doch der Flop leitete den Durchbruch ein. Noch im selben Jahr bildete sich in Münster ein kleiner Club von angehenden Schriftstellern, die jeden Sonntagabend zusammenkamen, um über neue Bücher zu sprechen, einander vorzulesen und zu kritisieren. Diesem Kränzchen gehörte der vierundzwanzigjährige Levin Schücking an, Jurist, Autor und Kritiker, der sich bestens im Literaturbetrieb auskannte und obendrein der Sohn einer verstorbenen Freundin der Droste war. Von ihm fühlte sie sich als Autorin verstanden, und bald wurde aus der engen Freundschaft eine Arbeitspartnerschaft: Sie versorgte Schücking mit Ideen für seinen jüngsten Roman und lieferte auf seine Bitten Prosa und Balladen für einen von ihm herausgegebenen Westfalen-Band.

In den folgenden Jahren, von 1840 bis 1842, wird die Droste als Autorin so produktiv wie noch nie in ihrem Leben. Sie trifft sich mit ihrem Freund im Rüschhaus und auf der Meersburg am Bodensee, wo die inzwischen verheiratete Schwester Jenny mit ihrem Mann lebte. Monatelang ist sie dort zu Gast, und auch Schücking wird für ein halbes Jahr eingeladen, um die Hausbibliothek zu ordnen. Der Gedankenaustausch mit ihm setzt alles frei, was in ihrer Isolation herangereift war. Plötzlich zeigt ihre Lyrik eine kräftige, ganz eigene Handschrift. Ihre berühmtesten Gedichte entstehen, darunter die gruslige, doppelbödige Ballade »Der Knabe im Moor« und das leidenschaftliche »Am Turme«, wo sie Visionen eines erotisch erfüllten und zugleich aktiven Lebens ekstatisch aufeinandertürmt. Hoch oben auf ihrem Balkon gibt sie sich mit flatterndem Haar dem Wind als Liebhaber hin und schwelgt in Wunschbildern eigener heroischer Taten (»O, sitzen möcht' ich im kämpfenden Schiff, / Das Steuerruder ergreifen / Und zischend über das brandende Riff / Wie eine See-

möve streifen«), um am Ende abzustürzen – nicht in die tobenden Wogen, sondern in ihr stilles, starres, in Stand und Familie eingekerkertes Dasein:

> Wär' ich ein Jäger auf freier Flur,
> Ein Stück nur von einem Soldaten,
> Wär' ich ein Mann doch mindestens nur,
> So würde der Himmel mir raten;
> Nun muss ich sitzen so fein und klar,
> Gleich einem artigen Kinde,
> Und darf nur heimlich lösen mein Haar,
> Und lassen es flattern im Winde

Selten ist die schmerzhafte Enge eines Frauenlebens im neunzehnten Jahrhundert so prägnant lyrisch gefasst worden.

Die Droste fabriziere täglich ein Gedicht, schreibt Schücking in jener Zeit
stolz an seinen Freund, den Poeten Freiligrath, worauf der verblüfft zurückfragt:
»Alle Tage eins? Das ist stark, auf Ehre!« Zweifellos schreibt sie für ihn, den
siebzehn Jahre jüngeren, innig geliebten Freund, ihren scharfsinnigsten Kritiker
und genauesten Leser. Innerhalb kurzer Zeit profiliert sie sich zur bedeutendsten Balladenautorin ihres Jahrhunderts. Er mausert sich indessen zum Literaturagenten und ebnet ihr den Weg zum berühmten Stuttgarter Cotta-Verlag.
Als er im April 1842 Meersburg verlässt, hat er das Manuskript der »Judenbuche« in der Tasche, ein der Kriminalliteratur nahes Stück Prosa, das eine Gesellschaft vorführt, in der gnadenlos jeder gegen jeden kämpft. Eine raffinierte
Erzähltechnik zwingt dem Leser die Rolle des Detektivs auf. Es ist ihr Lebens-
werk, fast fünfundzwanzig Jahre hat sie daran gearbeitet. Knapp drei Wochen
nach Schückings Abschied kann sie die erste Folge davon in Cottas »Morgen-
blatt« lesen.

Mit Schückings Abreise brach ihre produktive Phase jäh ab: »Mein Talent
steigt und stirbt mit Deiner Liebe«, schrieb sie ihm, »was ich werde, werde
ich durch Dich und um Deinetwillen; sonst wäre es mir viel lieber und beque-
mer, mir innerlich allein etwas vorzudichten.« Im Herbst 1842 verließ auch
sie Meersburg. Ein Jahr später heiratete Schücking Luise von Gall, was er seiner Freundin im Rüschhaus erst vier Wochen später mitteilte. Die hatte seinen Abgang noch nicht verwunden: »Säße mein liebstes Kind mir noch gegenüber, ich würde wieder zwei Gedichte täglich machen.« Im Herbst 1843 fuhr
sie nach Meersburg, wo sie das unweit der Burg gelegene »Fürstenhäuschen«
für 400 Taler ersteigern konnte, ungefähr die Summe, die ihr Cotta für die Ausgabe ihrer Werke zugesagt hatte. Der beinah sechshundert Seiten starke Band
erschien 1844 – mit überwältigendem Erfolg. Kritiker priesen ihr Genie, und

im Auftrag ihres Mannes fragte Clara Schumann wegen eines Opernlibrettos an.

Noch vor Erscheinen der Werkausgabe war Schücking mit seiner jungen Frau zu Besuch bei Annette in Meersburg gewesen. Die beiden Frauen kamen nicht besonders gut miteinander aus. Bei der Abreise des Paars gab die Droste Schücking ein Gedicht mit, in dem sie sich von ihm lossagt und behauptet, im Dichten Ersatz für die verlorene Liebe gefunden zu haben. »Lebt wohl, es kann nicht anders sein! ... Lasst mich in meinem Schloss allein«, heißt es da, und dass sie »erschüttert, aber nicht zerdrückt« sei, »solange noch der Arm sich frei / Und waltend mir zum Äther streckt, / Und jedes wilden Geiers Schrei / In mir die wilde Muse weckt.« Das war groß gedacht und großartig gesagt, und der sich einstellende Ruhm schien ihr Recht zu geben. Der Lesehunger des Bürgertums hatte zahlreiche Zeitungen und Leihbibliotheken ins Leben gerufen und für einen sich rasch ausbreitenden öffentlichen Literaturbetrieb gesorgt. Schreibende Frauen konnten reüssieren und von ihren Einkünften leben. Schücking, mittlerweile Chef des Feuilletons der »Kölnischen Zeitung«, setzte sich weiterhin unermüdlich für sein »treues Mütterchen« ein und erhöhte dadurch auch sein eigenes Prestige. In seinem Blatt erschien damals eins ihrer bedeutendsten Gedichte, das traumverlorene »Im Grase« mit seiner fast trotzig vorgebrachten Hoffnung auf Glück in der Freundschaft und der wunderbaren Verwandlung bitterster Lebenserfahrung in leise, verwehte Melodien:

> Tote Lieb, tote Lust, tote Zeit,
> All die Schätze, im Schutt verwühlt,
> Sich berühren mit schüchternem Klang
> Gleich den Glöckchen, vom Winde umspielt.

Durch Schückings nur schlecht verhüllte missgünstige Beschreibung seiner adeligen Freundin in dem Roman »Die Ritterbürtigen« kam es 1846 endgültig zum Bruch. Von diesem Rückfall in Einsamkeit und Stagnation erholte sich die Droste nicht mehr. Sofort waren auch all ihre Schmerzen und Krankheiten wieder da. Um »sich innerlich allein etwas vorzudichten«, war sie nun viel zu deprimiert. »Sie können sich die Tiefe meiner Verschollenheit gar nicht denken!«, schrieb sie an eine Freundin. »Kein Brief, kein neues Buch, keine Zeitung, kein Besuch, auch keine mündlichen Nachrichten.« Am Ende ihrer Kräfte erreichte sie im Oktober 1846 Meersburg, wo eine Herzschwäche eintrat, die ihr jede weitere Reise und sogar den Spaziergang von der Burg hinauf zu ihrem Fürstenhäuschen verbot. Eineinhalb Jahre später starb sie in ihrem Zimmer auf der Meersburg.

Biografisches

Annette von Droste-Hülshoff wurde am 12. Januar 1797 auf dem Wasserschloss Hülshoff bei Münster geboren, in einer damals als hinterwäldlerisch verschrieenen Provinz. Der engstirnige Regionalismus, Katholizismus und Traditionalismus des westfälischen Landadels prägte ihre Welt. Kein Wunder, dass sie seit ihrer Jugend an Atemnot litt, die sich in späteren Jahren zu Erstickungsanfällen steigerte. Noch als längst Erwachsene fühlte sie sich ihrer sittenstrengen Mutter gegenüber wie ein Schulmädchen zu Gehorsam verpflichtet. Ihr Leben war von Verboten und den dazugehörigen Ängsten umstellt. Erst die Begegnung mit emanzipierten Frauen in Köln und Bonn ließ sie erkennen, dass es auch für Frauen möglich war, freier zu leben, als sie es gewohnt war. Trotzdem war sie noch als Fünfundvierzigjährige gegenüber ihrer Mutter darauf bedacht, jeglichen Verdacht zu zerstreuen, bei ihrer rauschhaften Seelenfreundschaft zu dem siebzehn Jahre jüngeren Levin Schücking handle es sich um eine intime Beziehung. Als junges Mädchen war sie schlank und zierlich und trug ihr blond gelocktes Haar offen. Später flocht sie es zu einer auf dem Hinterkopf festgesteckten Krone. Drei Jahre vor ihrem Tod ließ sie eine Daguerreotypie von sich machen. Darauf ist sie sitzend abgebildet, infolge ihrer starken Kurzsichtigkeit leicht vornüber geneigt. Sie trägt ein schwarzes Kleid mit schlichtem weißem Kragen und ein dunkles Tuch um die Schultern. Einzige Extravaganz: ein großer Ring am Zeigefinger der linken Hand. Annette von Droste-Hülshoff starb am 24. Mai 1848 in Meersburg an Herzversagen.

Leseempfehlung

»Gedichte«. Herausgegeben von Bernd Kortländer.
»Die Judenbuche« (Erzählung).

Gunhild Kübler

LIEBE, MYSTIK, POLITIK

Marguerite Duras *1914–1996*

Bei den Filmfestspielen in Cannes wurde 1977 der Film »Le Camion« von Marguerite Duras vorgeführt. Zwei Wochen später kam er in Paris ins Kino, einige Zeit danach mit dem Titel »Der Lastwagen« nach Deutschland, wo er als Geheimtipp für Cineasten in Programmkinos lief. Marguerite Duras war, als sie »Der Lastwagen« drehte, dreiundsechzig Jahre alt. Ihr künstlerisches Werk bestand zu diesem Zeitpunkt ihres Lebens aus einem guten Dutzend Bücher, einer Handvoll Filmen, einer Reihe Theaterstücke und Theaterinszenierungen. Von dem Weltbestseller »Der Liebhaber« war die Französin noch sieben Jahre entfernt. In den Kreisen der linken Intelligenzija galt sie als Berühmtheit, aber sie war keineswegs populär. So lief »Le Camion« in Cannes auch nicht im Wettbewerb, sondern in einem Nebenprogramm, was nicht wenige Fans und Kritiker für einen regelrechten Skandal hielten. Nach ihrer Meinung hätte »Le

Camion« der Gewinnerfilm des Festivals sein müssen. Nach ihrer Meinung war »Le Camion« ein ultimatives Kunstwerk. Der gültige Film über das halluzinatorische Wesen des Kinos: einer Black Box, die mit Leinwandbildern mystische Gegenwart erschafft.

Ob Marguerite Duras die Goldene Palme tatsächlich verdient hätte oder nicht, lässt sich schwer entscheiden. Eines aber lässt sich mit Sicherheit sagen: »Der Lastwagen« ist ein ganz und gar typisches Duras-Werk. Vor allem aber ein Werk, das als Schlüssel zum sehr speziellen, sehr geheimnishaften und sogartigen Wesen der Duras-Kunst dient. »Der Lastwagen« öffnet gleichsam die Tür zu jener Werkstatt, in der entstand, was in Frankreich kurz »effet Duras« genannt wird. Der Duras-Effekt. Er ergibt sich aus elliptisch abgehackten Sätzen und monotonen, fast abstrakten Sentenzen, die weniger Inhalt vermitteln als Begriffe und Begriffsfelder beschwören: die Liebe, das Begehren, das Haus das Meer, die Sehnsucht, die Erinnerung, die Gewalt, der Tod ... Vor allem aber ergibt sich der Duras-Effekt, dem zwei Generationen von Lesern, vor allem Leserinnen, wie in Trance erlagen, aus dem unverkennbaren Duras-Ton. Aus dem somnambulen, suggestiven Ton, den jeder Text von Marguerite Duras an sich hat. Der Ton schwüler Tropenträgheit, den sie ihr ganzes Werk hindurch kultivierte, den sie von Buch zu Buch minimalistisch verfeinerte. Ein Ton, der, über die unmittelbare Wirkung hinaus, ihr Publikum daran erinnerte, dass sie tatsächlich ein Kind des tropischen Klimas war. Dass sie ihr Leben bis zu ihrem achtzehnten Lebensjahr in der französischen Kolonie Cochinchina, heute Vietnam, verbracht, mit der verwitweten, verarmten Mutter und ihren zwei Brüdern in Phnom Peng, Vinh Long, Sa Dec gelebt und 1931 in Saigon das Abitur abgelegt hatte, bevor sie zum Studium nach Frankreich übersiedelte. Das buchstäblich entrückte und etwas irreale Kolonialdasein scheint aus der Tonspur von Duras-Texten immer herauszuklingen. Nicht wenige halten diesen Sound heute allerdings für schieren Kitsch. Hergestellt nach dem Rezept quasi-auratischer, sentimentaler Erhabenheit. Ob Kitsch oder nicht, mit Sicherheit lässt sich jedenfalls sagen: Marguerite Duras hat zeitlebens für Streit gesorgt zwischen Duras-Anbetern und Duras-Verächtern. So war es auch in Cannes, im Jahr 1977, bei der Aufführung von »Der Lastwagen«.

Was war auf der Leinwand überhaupt zu sehen? Nicht viel. Schon gar kein konventioneller Spielfilm mit Handlung, wechselnden Orten, Haupt- und Nebenfiguren. In »Le Camion« sind nur zwei Personen zu sehen, die an einem Tisch sitzen. Die eine Person ist Marguerite Duras. Die andere Person ist der Schauspieler Gérard Depardieu. Sie sitzen da und reden. Genauer gesagt, redet vor allem Marguerite Duras. Sie redet und redet, sie monologisiert, bisweilen in Rätseln, bisweilen in wüsten Attacken. Sie sitzt nur da und redet. Eine kleine Frau, die in ihrer Jugend sehr zierlich, sehr apart war, jetzt, im Alter von dreiundsechzig Jahren, ein wenig gedrungen, ein wenig aufgedunsen ist, die Spuren ihrer Trunksucht sind unübersehbar. Sie trägt einen burschikosen Kurzhaarschnitt und eine Brille mit dickem schwarzem Gestell, die das Gesicht dominiert und die Augen verbirgt. Sie spricht im Konjunktiv. Sie sitzt mit Depardieu am Tisch und erfindet mit Worten einen Film, der, wenn es ihn gäbe, den Titel »Der Lastwagen« hätte. In diesem Film träten zwei Personen auf: eine Frau mit einer dicken Brille und ein Lastwagenfahrer, der von Gérard Depardieu dargestellt würde. Der Lastwagenfahrer nähme in dem fiktiven Film die Frau im Lastwagen mit. Sie säßen zu zweit in der Fahrerkabine und sprächen. Das heißt, vor allem die Frau spräche, der Lastwagenfahrer hörte ihr zu. Von diesem fiktiven Film ist in dem existierenden Film die Rede, in dem Duras mit Depardieu in einem Zimmer am Tisch sitzt. Das Zimmer verkörpert das Führerhaus des Lastwagens. Der Tisch das Lenkrad. Genauso gut kann man sagen: Das Führerhaus würde das Zimmer verkörpern, in dem der Dialog stattfindet, und das Lenkrad den Tisch. Der sichtbare Film »Der Lastwagen« ist so konjunktivisch, also fiktiv, wie der erfundene Film »Der Lastwagen« durch seine Beschreibung real wird, also sichtbar. Beides stimmt. Und sie, Marguerite Duras, bringt dieses Paradox zustande, aus dem sich ein Zug ins Mystische, ein gleichsam mystischer Effekt ableitet. Sie sitzt da, redet und redet und halluziniert. Von ihrem ersten bis zu ihrem letzten Buch hat sie nichts anderes getan als das Leben einer kleinen Frau mit dicker Brille namens Marguerite Duras zu halluzinieren.

Voilà! Man kann ihr Werk schmähen oder anbeten. Man kann sie für die größte Lügnerin der französischen Literatur des zwanzigsten Jahrhunderts halten, ihr gigantische Selbststilisierungen, dreiste biografische Anmaßungen und Erfindungen vorwerfen. Man kann es genau umgekehrt sehen und ihre literarische Formung unbewusster Wahrheiten, unbewusster Wirklichkeiten als Geniestreich preisen. Sicher ist auf alle Fälle: Sie hat den Autobiografismus, diesen entscheidenden Energielieferanten der modernen Literatur, in eine Art Paradox überführt. Denn bei Marguerite Duras geht es nicht darum, das Leben möglichst wahrheitsgetreu in Literatur zu verwandeln. Sondern darum, das Leben möglichst literaturgetreu in biografische Wahrheit zu verwandeln.

Kaum ein anderer Schriftsteller hat den Blick der Leserschaft und der Öffentlichkeit so intensiv und rücksichtslos auf sein Leben gelenkt wie Marguerite Duras, kaum ein anderer Schriftsteller das gesamte Werk so ausschließlich um ein Reservoir immergleicher biografischer Szenen, Geschichten, Traumata kreisen lassen. Wer ihr Werk kennt, kennt dieses Reservoir in vielfältigen, immer wiederkehrenden Variationen und Refrains: die geschäftliche Niederlage der Mutter, die in Kambodscha auf Schwemmland Reis anbauen wollte, sich dabei ruinierte und über dem Ruin verrückt wurde. Der älteste kriminelle Bruder,

der die Schwester Marguerite schlug. Der vergötterte, zweitälteste Bruder, über dessen Tod im chinesisch-japanischen Krieg sie nie hinwegkam. Der chinesische Liebhaber, der sich nach der Mädchenfrau Marguerite verzehrte wie sie sich nach ihm – und der sie bezahlte. Die Untergrundarbeit in der französischen Résistance in den vierziger Jahren. Die Mitgliedschaft in der Kommunistischen Partei. Die Verhaftung des Ehemannes Robert Antelme 1944 durch National-sozialisten, seine Deportation ins KZ Buchenwald, von da aus ins KZ Dachau. Antelmes Rückkehr aus Dachau als lebendes Gespenst. Der Ausschluss aus der Kommunistischen Partei Frankreichs 1950. Die glücklichen, die unglück-lichen Lieben. Die letzte, platonische Leidenschaft mit dem dreißig Jahre jün-geren homosexuellen Yann Andréa, den sie 1980 kennenlernte.

Gab es ihn überhaupt? Natürlich gab es ihn, denn es existieren Fotos, die ihn mit Marguerite Duras zeigen. Andererseits hat sie seine Existenz in einem Bündel von Büchern in eine Art abstrakte Schimäre verwandelt und mit der Schimäre anderer literarischer Figuren vermischt. Das letzte Buch, das Marguerite Duras im Jahr 1992 veröffentlichte, vier Jahre vor ihrem Tod, hat den Titel »Yann Andréa Steiner«. Aurelia Steiner ist indes der Name einer ihrer ältesten literarischen Figuren, die in Texten der sechziger Jahre entstand. Und gab es ihn, den legendären, schönen, steinreichen Chinesen, der bei einer Überfahrt auf dem Mekong die vierzehnjährige Marguerite sah und ihr sofort verfiel? So zu-mindest erzählt sie es in ihrem Bestseller »Der Liebhaber« aus dem Jahr 1984, der mit dem Prix Goncourt ausgezeichnet wurde und eine Millionenleserinnen-schaft in Trance verfallen ließ. Oder war der Liebhaber in Wirklichkeit ein eher unansehnlicher, eher mittelloser Vietnamese, vor dem das Mädchen Marguerite sich ekelte? Beides stimmt. Das heißt: In der Duras-Welt stimmt der Roman mit der Wirklichkeit allein deshalb überein, weil diese keine Rolle spielt. Mit der Schule des Nouveau Roman, der die Literatur Marguerite Duras' häufig zu-geschlagen wurde, jedenfalls hat sie nur wenig gemeinsam. Ihr Lehrmeister in der Kunst der Textreduktion war Samuel Beckett. Ihr heimlicher literarischer Übervater indes Gustave Flaubert, der Emma Bovary, je nach dem Stand des in-neren, unbewussten Verlaufs der äußeren Romanhandlung eine andere Augen-farbe gab und sie in einer verdunkelten Kutsche durch die Stadt fahren ließ. Mit einem Mann. Niemand konnte von außen in die Kusche hineinsehen. Aber je-der wusste, was darin geschah. Auch diese Kutsche ist eine Black Box der Hallu-zination. Und »Der Lastwagen« ist nichts anderes als Flauberts Kutsche. Oder umgekehrt.

Nach der Vorführung des Films von Marguerite Duras bei den Filmfestspie-len in Cannes 1977 gab es eine lange Pressekonferenz. Duras saß da, redete und redete. Sie erklärte den »Lastwagen« zum politischen Akt. Sie erklärte ihren antibürgerlichen, antikommunistischen Linksradikalismus. Sie behauptete, in

Moskau und in Äthiopien sei »das Hitlertum« zurückgekehrt. Sie prophezeite, als der Film vierzehn Tage später in die Kinos kam, das Ende des Kommunismus in einigen Jahren oder Jahrzehnten. Voilà! Sie behielt recht. 1989 war es so weit.

So sitzt sie da, redet und redet und halluziniert. Die Meisterin der literarischen Politik eines mystischen Autobiografismus, den sie für sich erfunden hat, damit das Leben wenigstens im Nachhinein hält, was die Bücher versprochen haben.

Biografisches

Geboren wurde Marguerite Donnadieu am 4. April 1914 in Gia Dinh, im heutigen Vietnam. Den Nachnamen Duras wählte sie später als künstlerisches Pseudonym. Ihr Vater, ein Mathematiklehrer, verstarb früh. Ihre Mutter, die unter den Bedingungen des Koloniallebens in Französisch-Indochina drei Kinder als Lehrerin durchbringen musste und sich in dubiose ökonomische Projekte verrannte, war für Marguerite Duras ein abschreckendes Beispiel für weiblichen wirtschaftlichen Misserfolg. Duras selbst war geschäftstüchtig. Sie besaß Immobilien, nahm Arbeitsaufträge für das französische Fernsehen an und erinnerte ihren Verleger Gaston Gallimard in diversen Briefen an den merkantilen Aspekt der Literatur. »Wenn ich mich hier nicht mehr verkaufe, werde ich ins Ausland gehen«, schrieb sie ihm einmal. Von 1939 bis 1946 war sie mit Robert Antelme verheiratet. Mit ihm und ihrem späteren Geliebten Dionys Mascolo arbeitete sie in der französischen Résistance. Alle drei waren bis 1950 Mitglieder der Kommunistischen Partei Frankreichs. Antelme wurde 1944 ins KZ Buchenwald deportiert, später nach Dachau verlegt und kehrte 1945 vollkommen geschwächt zurück. Zwei Jahre später wurde der Sohn von Marguerite Duras und Dionys Mascolo geboren. Nach der Trennung von Mascolo im Jahr 1957 blieb sie ihm freundschaftlich verbunden – wie sie auch Antelme nach der Scheidung von ihm verbunden blieb. Aus der Zeit des Widerstands gegen den Nationalsozialismus rührte die persönliche Bekanntschaft von Marguerite Duras mit dem späteren Staatspräsidenten François Mitterrand. Im Abstand von einigen Jahren unterzog sich Duras immer wieder Alkoholentziehungskuren und wurde immer wieder rückfällig. Über die Tatsachen ihres Lebens ist durch ihre eigenen Schilderungen ebenso viel bekannt, wie durch ihre Stilisierungen bis heute fragwürdig ist. Marguerite Duras starb am 3. März 1996 in Paris.

Leseempfehlung

»*Die Pferdchen von Tarquinia*« *(Roman)*. Aus dem Französischen von Walter M. Guggenheimer.

»*Hiroshima mon amour*« *(Filmnovelle)*. Aus dem Französischen von Walter M. Guggenheimer.

»*Sommer 1980*« *(Roman)*. Aus dem Französischen von Ilma Rakusa.

»*Der Liebhaber*« *(Roman)*. Aus dem Französischen von Ilma Rakusa.

»*Der Schmerz*« *(Roman)*. Aus dem Französischen von Eugen Helmlé.

Ursula März

IRONIE UND RÜHRUNG

George Eliot *1819–1880*

Das Leben George Eliots wäre ein guter George-Eliot-Roman geworden. Aber sie hat ihn nicht geschrieben. Sie hat ihn nicht einmal verklausuliert oder verdeckt als Material verwendet. Vermutlich hat der Mann an ihrer Seite, der ihr Entdecker, Gefährte und Manager war, ein lebendiges Interesse an ihrer unwahrscheinlichen Biografie nicht gefördert. (Denn er hat nicht nur für ihr Glück, sondern auch für ihr Unglück gesorgt. In einem George-Eliot-Roman wäre das zur Sprache gekommen.) Und vermutlich hat sich George Eliot selbst mit zunehmendem Ruhm daran gewöhnt, ihre spektakuläre Lebensgeschichte als eine Art Legende zu lesen – so wie ihr Haus zu einem britischen Walhall geworden war, mit ihr als einziger, atmender Büste: eine viktorianische Größe. Aus dem, was von ihren Tagebüchern erhalten ist, können wir ahnen, dass Selbstironie im Alter nicht ihre stärkste Tugend war. Aber wer weiß? Vielleicht

ist der familiären Zensur zum Opfer gefallen, was zu komisch, zu temperamentvoll und zu introspektiv oder realistisch war, um dem Porträt in Öl und Würde
zu entsprechen, das, nach einem Jahr der Sitzungen, in ihrem Haus in London
hing, und zwar direkt über dem Kamin. »Also Sonntag, wie üblich, beim Gottesdienst...« Mit dieser Redewendung sagte Charles Dickens sein Kommen
zum Jour fixe im Hause Eliot zu.

Möglicherweise hat sie sich aber auch gehütet, sich mit sich selbst zu beschäftigen, um ihrer Selbstkritik zu entgehen. Glücklicherweise hatte sie viel zu tun.
»Dieses übermäßige Grübeln und Sich-selbst-Prüfen«, heißt es über eine ihrer
weiblichen Figuren im mittleren Alter, »ist vielleicht eine krankhafte Gewohnheit, unvermeidbar für einen moralisch sehr empfindsamen Menschen, der
durch äußere Tätigkeit und durch praktische Ansprüche an seine Liebe nicht
so ausgefüllt ist, wie es ihm eigentlich zukäme – unvermeidbar für eine hoch-
herzige, kinderlose Frau, wenn ihr Lebenskreis eng begrenzt ist.« Und eben das
blieb der hochherzigen, kinderlosen George Eliot erspart.

In die ländliche Wiege gelegt war ihr das nicht. Die klassischen Patchwork-
Verhältnisse ihrer Zeit, da eine Mittelstandsfamilie mit einem Patriarchen aus-
kam, aber zwei oder drei Frauen verbrauchte, galten auch für sie. Ihre Mutter,
zweite Frau ihres verwitweten Vaters, starb, als sie noch ein Teenager war. Der
Vater, offenbar unlustig bei dem Gedanken an eine dritte Ehe, holte die jüngste
Tochter aus dem Internat, auf dass sie ihm den Haushalt führe. Mary Anne Evans
(die sich später George Eliot nannte) blieb bei ihm, während die Geschwister
sich verheirateten, und da sie ein unattraktiver Blaustrumpf war und Erste-
res nicht überspielen konnte und Letzteres nicht überspielen wollte, galt ihr
Schicksal bald als ausgemacht: die Dienstboten überwachen, mit anderen Jung-
fern oder auch Witwen Scones zum Tee verzehren und Wohltätigkeit üben. In
Würde und Anstand vertrocknen. Klavierspielen, ein bisschen Singen vielleicht,
auch Lektüre war durchaus erwünscht. Erwünscht war allerdings nicht, sich
mit dem zu beschäftigen, wovon bei Karl Marx und Charles Dickens die Rede
war: die Lage der arbeitenden Klasse Englands, die Bettelei ihrer Kinder, die
Schuldgefängnisse und die barbarische Gerichtsbarkeit, der Suff – das alles war
nichts für Ladys. Bestiegen sie die Eisenbahn, dann durften sie sich wundern,
was der männliche Geist vermag. Und erst die Gaslaternen in London! Doch
wenn von Politik die Rede war, dann hatten sie zu schweigen. Kaum jemals
traute man ihnen weniger zu, schnürte sie fester ein als zu den langen Lebzeiten
Queen Victorias – geboren im selben Jahr wie Eliot und gekrönt in jenem Alter,
da Eliot als Achtzehnjährige bei ihrem Vater festsaß.

Und doch ist sie entkommen. Es gab im Viktorianismus ein paar Optionen
mehr als zu Zeiten JANE AUSTENS, und die nutzte sie weidlich aus. Die Eisenbahn fuhr auch für junge Damen ohne Begleitung, und selbst wenn es streng

verboten war, sich am heimischen Abendbrottisch freigeistig zu betätigen, so war es doch nicht verboten, anderswo mit Gleichaltrigen zu diskutieren. Ein harmloser Verwandtenbesuch brachte das bildungsbeflissene Mädchen in Kontakt mit Menschen, die Zeitschriften lasen, Atheismus nicht für eine Geisteskrankheit hielten und Empfängnisverhütung für technisch machbar und moralisch vertretbar. Eliot machte wohl von dieser Möglichkeit Gebrauch, während ihre große, schöne Schwester, mit einem modernen, »aufgeklärten« Arzt verheiratet, durch neun Geburten zugrunde gerichtet wurde. Die Freundschaft mit ein paar klugen, freien Menschen und die Tatsache, dass ihr Vater rechtzeitig starb, waren die Bedingungen der Möglichkeit, dass aus Mary Anne Evans eine Autorin namens George Eliot wurde. Die erfolgreichste ihrer Zeit und bis dahin überhaupt.

Geld verdienen musste sie, sofort nachdem Mr. Evans 1849 verschieden war – auch das eine Bedingung ihrer Karriere. Denn so wie sie als Haushälterin ihres Vaters wohl nie ein Buch geschrieben hätte, so selbstverständlich wäre für die Erbin seines Vermögens ein Leben wie das von Dorothea Brooke, Heldin des Romans »Middlemarch«, gewesen: den guten Taten und der folgenlosen Selbstbildung ergeben, eine sogenannte wichtige Persönlichkeit in Kirchspiel und Landkreis. Wie jedoch üblich, waren die Söhne Haupterben der Familie, und für die ledige dreißigjährige Schwester fiel bei weitem nicht genug ab, um standesgemäß zu leben. Wenn sie nicht bei einem Bruder unterkriechen wollte (wie es JANE AUSTEN nicht anders möglich gewesen war), dann hatte sie – neben der Heirat – nur eine Chance: ihre beachtliche Bildung und ihre Auffassungsgabe auf jenem Gebiet einzusetzen, bei dem es auf das Geschlecht nicht so ankam. Das war der Markt der Wörter, der nachgerade explodierte. Zeitschriften und Zeitungen, Bücher in Übersetzungen, neuartige Abonnementsysteme, Buchclubs, Büchereien und dergleichen schufen und bedienten den größten Lesemarkt der Welt, den in englischer Sprache. Und darein setzte Mary Anne Evans nicht nur einen Fuß. Darin bekam sie, als George Eliot, einen Thron: meistgelesen, bestbezahlt, weltberühmt. Von weiten Kreisen wie eine Heilige verehrt. Von anderen – leider den nächsten – allerdings als »Stinkbombe der Menschheit« geächtet.

Der Weg in diese Höhen und Tiefen war nicht einmal weit. Nach dem Tod ihres Vaters verbrachte Mary Anne Evans – reiselustig und erfahrungsfroh, mit einem feinen Sinn für Komik und Freundschaft begabt – ein paar Jahre mehr oder minder provisorisch auf Reisen und dann, möbliert, in London. Sie übersetzte den europäischen Bestseller »Das Leben Jesu« von David Friedrich Strauß und schrieb Literaturkritiken für die »Westminster Review«, bei der sie bald auch als Redakteurin, sprich: als Arbeitspferd, tätig war. Sie verschlang Bücher aller Art im Akkord, las Französisch, Lateinisch, Hebräisch, Griechisch und Deutsch, scheute kein Lob, keinen Verriss, keine Entdeckung. So stellte sie als Erste das Werk Heinrich Heines dem englischen Publikum vor. Dabei verdiente sie kaum genug, um sich für eine Abendgesellschaft angemessen kleiden zu können, war aber so geistvoll, dass der Philosoph Herbert Spencer, damals eine Berühmtheit, das Zusammensein mit ihr jeder großen Gesellschaft vorzog. So war sie, als sie dem Mann ihres Lebens begegnete. Kreativ war sie noch nicht. Ihr Autoren-Pseudonym, das sie bald darauf annahm, soll eine lautmalerische Dankesbezeigung an ihren Geliebten, Inspirator, Lektor und Manager George Henry Lewes gewesen sein: George Eliot, nach »*EL I O*we i*T*« – »L schulde ich es«.

Lewes war, wie man heute sagen würde, ein erfolgreicher Publizist; wie Eliot Autodidakt und von gefräßigem Verstand, allerdings umtriebiger als sie, innerlich lockerer und entschiedener dem Fortschritt zugewandt. Er schrieb über Goethe und über Darwin zwei solide Bestseller und war überhaupt in der Lage, sich in kürzester Zeit in so ziemlich jedes Sachgebiet einzuarbeiten. Er reiste häufig auf den Kontinent, pflegte internationale Kontakte und entfloh auf diese Weise seiner Londoner Familie. Seine Frau Agnes, mit der er sieben Kinder hatte, genoss ein Verhältnis mit dem Hausfreund Thornton Leigh Hunt, der es aber vorzog, bei seiner Gattin zu bleiben. Lewes gab den drei Hunt-Kindern, die Agnes gebar, treulich seinen Namen und zahlte auch Unterhalt, erlaubte sich aber die Kühnheit, mit Mary Anne Evans zu leben wie ein Ehepaar. Das forderte ihr Zeitalter heraus. Es wurde durchaus geduldet, dass der berühmte Autor Edward Bulwer-Lytton seine Ehefrau in eine Irrenanstalt hatte sperren lassen, um ungehindert mit wechselnden Geliebten zu verkehren. Es schadete auch der Karriere Charles Dickens' nicht, dass er nach sechzehn Jahren Ehe und als zehnfacher Vater seine Frau wegen einer jungen Schauspielerin verließ. Wilkie Collins und Thomas Carlyle hatten Geliebte, und das war allgemein bekannt. Aber keine Dame von Stand gab sich zu dem her, was Eliot tat: wie eine Ehefrau mit dem Geliebten zu leben. »Sie tat keiner anderen Frau persönlich unrecht«, fasste eine alte Freundin die Sachlage missbilligend zusammen, »aber sie gab ein Beispiel für gesellschaftlichen Ungehorsam.« Das musste geahndet werden!

Also weigerte man sich, die »Stinkbombe der Menschheit« zu empfangen. Freundinnen und selbst ihr Bruder brachen mit ihr. Als Evans und Lewes, zurückgekehrt von ihrer ersten großen gemeinsamen Reise auf Goethes Spuren in Deutschland, einen gemeinsamen Hausstand begründeten, war fortan sie – nicht Lewes – Persona non grata. Bestraft für die große Liebe wurde nur die ledige Frau. Und das ist die vierte Bedingung der Möglichkeit, dass aus Mary Anne Evans die Autorin George Eliot wurde: Sie hatte auf einmal viel Zeit. Statt ausgedehnten Dinnergesellschaften beizuwohnen, saß sie zu Hause und schrieb. Wurde damit berühmt und verdiente dank cleverer, von Lewes ausgehandelter Verträge bald so viel Geld, dass sie, statt sich alleine zu grämen, große Empfänge in ihrer Londoner Villa geben konnte. Dass dahin fast nur Männer kamen, war ihr vielleicht sogar recht.

Sie schrieb in der Stadt übers Land. Bis auf einen Ausflug in das historische Genre (den man getrost vergessen kann), konzentrierte sie sich auf das, was sie kannte: das provinzielle England des frühen neunzehnten Jahrhunderts. Mit besonderer, weitschweifiger Ruhe widmete sie sich dem Innenleben und der Außenwelt ihres typischen Personals. Der junge, aufstrebende Arzt, das harmlose ledige Mädchen, die kompetente Hausfrau, der humane Geistliche, der ehrgeizige Landarbeiter, der oberflächliche Aristokrat – all diese Figuren gehörten ebenso zur historischen Wirklichkeit wie zur zeitgenössischen Vorstellung davon. Das Eliot-Milieu war schon zu ihren Lebzeiten willkommene Projektion einer Gesellschaft, die von der Zerstörung dieses Milieus (durch Industrialisierung und Landflucht) profitierte. Das »typische«, reine und klassische ländliche England wurde ideologisch gern gegen das neue, pauperisierte – und politisch gefährliche – Proletariat ausgespielt. Vor allem jenes Bürgertum, das an der Ausbeutung der entwurzelten Landarbeiter in seinen Bergwerken und Fabriken gut verdiente, las mit besonderem Behagen von schönen Milchmädchen und rechtschaffenen Schäfern.

Doch dazu ließ sich Eliot nicht herbei. Sie war nicht immun gegen die Rührung durch die eigene Phantasie; *on the long run* allerdings, und sie war eine Langstreckenläuferin, siegen stets Klugheit und Ironie. Mit sanfter Radikalität durchleuchtet sie die Seelen ihrer Figuren, nichts entgeht ihrem Scharfblick – keine Ambivalenz, keine kleinliche Regung, aber auch niemals der Zug zum Höheren, der sie selbst auszeichnete. Nicht nur die kultivierte Dorothea Brooke, auch Helden wie der Weber Silas Marner und der Zimmermann Adam Bede suchen das Seelenheil in der charakterlichen Vervollkommnung. Sie sprechen häufig mit Gott (mit dem Eliot persönlich nicht mehr sprach, seit ihr Vater sie als junge Frau zum Kirchgang gezwungen hatte), sie prüfen sich unablässig – und doch entgeht ihnen viel, entgehen sie gar manches Mal sich selbst. Denn »die Vorgänge unseres Geistes wickeln sich ganz ähnlich ab wie die Staatsgeschäfte: ein Großteil der wesentlichen Arbeit wird von Kräften bewältigt, die keine öffentliche Anerkennung erfahren.«

So ein Satz, ein halbes Jahrhundert vor Freuds Etablierung des Unbewussten, ist typisch für ihren unerschrockenen Geist. Sie mutete ihrem Publikum allerhand Wahrheit zu, gerade über das Nationalheiligtum, die Blutsbande, durch die sie selbst in der ersten Lebenshälfte hinreichend zu leiden hatte: »Die Familienähnlichkeit ist häufig etwas tief Trauriges. Die Natur, diese große Tragödiengestalterin, knüpft uns mit Muskel und Gebein aneinander und trennt uns kraft des feineren Gespinstes unserer Gehirne. Sie mischt Anziehung und Abstoßung und fesselt uns mit allen Fasern unseres Herzens an Menschen, die uns mit jeder ihrer Bewegungen auf die Nerven fallen.« Doch auch die Ehe als Institution, die Freundschaft und die gefährlichen Bande, die der Geldverkehr knüpft, Erbschleicherei, Kreditwesen, private Schulden und Wucherzins: all dies untersucht sie geduldig, gründlich und mit jener freundlichen Weisheit, wie sie die Introspektion im äußersten Glücksfall ermöglicht. Unter der beschaulichen Oberfläche des Gentry-Lebens ist ihr Werk, wie das JANE AUSTENS, fast anstößig modern – doch reicher und interessanter als jenes, weil ihre Erfahrung von Welt so viel größer war. Schließlich ist sie der Sonderfall des weiblichen Genies: nicht allzu heftig gequält von ihrer Umwelt und sich selbst und mit geradezu männlichen Produktionsbedingungen beglückt – von einem Partner begleitet und gehegt, ohne Kinder- und Haushaltssorgen, konzentriert ganz auf ihre Begabung. Und, bei aller Empfindsamkeit, mit Vernunft und Vorsicht gesegnet. »Hätten wir einen scharfen Blick und ein waches Gefühl für das alltägliche Leben der Menschen, so wäre es, als hörten wir das Gras wachsen und das Herz des Eichhörnchens schlagen, und wir würden an dem Getöse sterben, das jenseits des Schweigens herrscht. So wie es jetzt ist, laufen die Empfänglichsten unter uns wohlwattiert mit Stumpfheit herum.«

Biografisches

Als Mary Anne Evans wurde George Eliot am 22. November 1819 in Warwickshire, Mittelengland, geboren. Der Vater, ein Gutsverwalter, hatte aus der ersten Ehe beinahe erwachsene Söhne; die Kinder aus der zweiten Ehe, auch Mary Anne, verbrachten die ersten Jahre zu Hause, bis sie ins Internat geschickt wurden. Von dort kam Mary Anne als Sechzehnjährige zurück, um ihrem verwitweten Vater den Haushalt zu führen. Nach dessen Tod reiste sie mit geringem Budget durch Westeuropa und begann schließlich in London ein Leben als Intellektuelle. Sie übersetzte den europäischen Bestseller »Das Leben Jesu« von David Friedrich Strauß und arbeitete als Redakteurin und Literaturkritikerin. Die Liebe zu George Henry Lewes wurde zum Wendepunkt ihres Lebens. 1854 reiste sie mit dem verheirateten Familienvater auf den Kontinent, erforschte die deutsche und die französische Kultur, half dem Sachbuchautor bei seinen Recherchen und begann mit den ersten Erzählungen. Die »Szenen aus dem kirchlichen Leben« erschienen 1858 unter dem Pseudonym George Eliot und wurden sofort ein Erfolg. Der ein Jahr darauf veröffentlichte erste Roman, »Adam Bede«, verkaufte sich phantastisch. Nach ihrer eigenen Entscheidung blieb die lebenslange Verbindung zu Lewes kinderlos, das Paar kümmerte sich aber um Lewes' Söhne aus erster Ehe und übernahm den Unterhalt seiner Frau. Nach Lewes' Tod heiratete Eliot den zwanzig Jahre jüngeren Bankier John Cross. Sieben Monate nach der Eheschließung starb sie am 22. Dezember 1880 in ihrem neuen Haus in London Chelsea.

Leseempfehlung

»*Adam Bede*« *(Roman)*. Aus dem Englischen von Ana Maria Brock.
»*Middlemarch*« *(Roman)*. Aus dem Englischen von Rainer Zerbst.
»*Silas Marner*« *(Roman)*. Aus dem Englischen von Eva Schumann.
»*Die Mühle am Floss*« *(Roman)*. Aus dem Englischen von Eva-Maria König.

Elke Schmitter

NACHRICHTEN AUS DER PROVINZ

Marieluise Fleißer *1901–1974*

Wir befinden uns in Süddeutschland, in den ersten Jahrzehnten des zwanzigsten Jahrhunderts, in der Welt starker Dialektsprache, starker Männer und hilfloser Mädchen. Dies, ihr heimatliches Idiom und die an der Provinzheimat studierten Machtverhältnisse der Geschlechter, ist die Basis der Theaterstücke und Erzählungen Marieluise Fleißers. Geboren 1901 in Ingolstadt, dort auch gestorben und, von ein paar Münchner und Berliner Jahren abgesehen, aus Ingolstadt nicht herausgekommen. Es herrschen in Fleißers Welt brutale, aber klare Verhältnisse. In ihren Uniformen und Lederjacken – auch Bertolt Brecht trug eine – werden Männer zu Urmenschen, abseits gnädiger Zivilisation. Sie nehmen und zerbrechen, worauf sie Lust haben, und werfen weg, wenn die Lust vorüber ist. Die Mädchen sind die Genommenen, Zerbrochenen, Weggeworfenen. Dies ist der Kerngedanke von Fleißers Literatur, die Kernhandlung der beiden Dramen, die den Namen Fleißer Ende der zwanziger Jahre in Deutschland schlagartig berühmt machten und grell skandalisierten: »Fegefeuer in Ingolstadt«, »Pioniere in Ingolstadt«. Macht und Ohnmacht sind in den Geschichten und im gefangenen, von männlichen Tyrannen erdrückten Leben der Frau mit der Bubikopffrisur – scheinbar – so übersichtlich verteilt wie zwischen Wolf und Lamm. Bertolt Brecht, das »Genie«, dem sie verfiel, und ihr »Trauma«, der den Berliner Theaterskandal um die »Pioniere« im Frühjahr 1929 gezielt herbeiinszenierte und die Autorin anschließend rücksichtslos fallenließ, ist Tyrann Nummer eins. Der rechtskonservative Möchtegerndichter und Möchtegernideologe Hellmut Draws-Tychsen, mit dem Fleißer sich Anfang der dreißiger Jahre einlässt, ist Tyrann Nummer zwei. Josef Haindl, der simple Provinzler, den Fleißer nach langem Hin und Her und vielleicht aus schierer Lebensnot 1935 heiratet, durch den sie sich zwei Jahrzehnte, gebunden an die Schufterei im Ingolstädter Tabakwarenladen, vom Schreiben und von jedwedem literarischem Leben abhalten lässt, gilt in der gängigen biografischen Interpretation als Tyrann Nummer drei. Sie alle haben verhindernd und zerstörend geleistet, was man weibliche Zähmung nennt.

Wir befinden uns in einer süddeutschen Stadt, vielleicht Ingolstadt, vermutlich aber München, im Dunkel einer nächtlichen Straße. Ein Mann und ein Mädchen gehen spazieren. Wir ahnen, worauf es hinausläuft. Straßeneck um Straßeneck nähern sie sich der Situation, in der es nach den Regeln der Machtverhältnisse eindeutig, körperlich und das Körperliche brutal werden muss. Der Mann, denkt das Mädchen, braucht sie nur in eine Hausecke zu drücken oder vom Trottoir weg auf die Straße zu schubsen, schon wäre das Verbrechen da, das kommen muss, wenn Männer mit Mädchen spazieren gehen. Es kommt anders. Aus dem Dunkel erscheint plötzlich ein Hund, durch seine Größe, Schwärze, Wildheit, die bösen Augen, die gefletschten Zähne eher ein Raubtier. Reflexhaft will das Mädchen flüchten. Der Mann hält sie am Arm zurück. Er hat einen neuen Plan, und das kurze Prosastück mit dem Titel »Kameraden«, 1926 als Feuilleton in der »Magdeburger Zeitung« veröffentlicht und bis zu den neunziger Jahren vergessen, nimmt eine ganz neue Wendung. Der Mann postiert das Mädchen als Publikum, als Beobachterin einer Pantomime, die er mit dem Hund aufführt. Ein stilisiertes, bühnenhaftes Zähmungsritual, an dessen Ende sich der binnen Minuten dressierte Hund wie ein Kleinkind in den Arm seines Dompteurs schmiegt.

Und das Mädchen? »Auf einmal dachte sie nicht mehr an sich selbst, sie konnte bloß mehr schauen.« Aber was heißt: »bloß«. Wir befinden uns in der Urszene der Fleißer'schen Literatur und ihrer Geschlechterpoetik. Das weibliche Wesen, das sich gerade noch als gejagte Beute sah, wird seinerseits zur Jägerin. Es liegt auf der Lauer nach dem »beziehungsreichen Bild«, nach der erkenntnishaften Szene. Mehr noch: Die unbeteiligte, unaffizierte Beobachterin übernimmt vom Rand aus die Regie. Erst unter ihrem Blick wird der Kreis, in dem sich Mann und Hund bewegen, zur formalisierten Manege, die beiden selbst zu Bühnenakteuren. Der Mann gibt sich mit dem Tier ab. Aber das Mädchen, das nicht mehr an sich denkt, von seiner ausgelieferten Mädchenrolle buchstäblich ab- und nur noch zusieht, wie das Geschehen sich unter seinem Blick als Theateraufführung ausliefert, wird selbst zur Dompteuse. Zur Dramatikerin, die die Puppen tanzen, erfundene Dialoge sprechen, Männer als unzivilisierte Machos und Jungfrauen als Opfer auftreten lässt. Es ist der Moment, in dem Marieluise Fleißer aus Ingolstadt sich als Autorin von Theaterstücken erfindet, einer der wahrhaft raren in der Literaturgeschichte der Frauen: Schreiben fürs Theater ist mehr noch als das Schreiben von Romanen, Erzählungen, Gedichten in der Regel Männersache.

Weibliche Unterlegenheit ist das durchgehende Thema ihrer Geschichten. Die Überlegenheit des gleichsam männlichen, sezierenden, analysierenden, bestimmenden Blicks aber ihr poetisches Instrument. Die Ingolstädterin, die, wie Helene Weigel bemerkte, immer ein wenig wie eine Handarbeitslehrerin aussah, sagte von sich selbst und einigen ihrer doppelgeschlechtlichen Alter Ego, sie besäßen einen ausgesprochenen Männerblick. Die Mehlverkäuferin Frieda beispielsweise, Protagonistin des Romans »Mehlreisende Frieda Geier«. »Ihre Blicke sind nicht weiblich. Sie wandern von einem zum anderen, ungerührt. Was hat sie für eine Absicht? Kann es das geben, dass ein weibliches Wesen hier stundenlang aushält, bloß um seine Beobachtungen zu machen? Sie trägt eine schwarze Lederjacke und abgeschnittenes Haar ... Kann die bloße Wissbegier sich so radikal benehmen?« Ihr Werk enthält ein Bestiarium, nahezu alle ihre Figuren sind mit Metaphern aus der Tierwelt ausgestattet. Sie teilen sich auf in gefährliche, aggressive Tiere: Bären, Panther, Haie, Hunde, und in gefährdete, defensive Tiere: Ziegen, Lämmer, die Frauenfiguren natürlich, »ahnungslos wie im Dschungel«, winzig wie Mäuse, auf denen Elefanten lasten. Bertolt Brecht war eine Ausnahme. Der Geniale, Unvergleichliche glich keiner Tierspezies, er war eine Spezies für sich, in Fleißers Worten einfach »ein so großes Tier«. Ein Leben lang fühlte sie sich von ihm weg- und totgebissen. Traumatisiert von der Macht, die er über sie ausgeübt hatte. Äußerlich gesehen, geht es in ihrer Literatur um Geschichten weiblicher Unterlegenheit und Ohnmacht. Es war Fleißers Lebensrolle. Als Dichterin aber, schreibend, verfügte sie über andere Register, über die Aggressivität des bohrenden Blicks und über die demiurgische Anmaßung theatralischer Phantasie. Über Jahre hinweg, bis zu ihrer Wiederentdeckung in den sechziger Jahren, bewahrte sie sich hinter dem Ladentisch des Ingolstädter Tabakwarengeschäfts eine Selbsteinschätzung ihres literarischen und literaturgeschichtlichen Rangs, der dem Brechts ebenbürtig war. Die Enkelgeneration, Fassbinder, Kroetz, Sperr, ging bei ihren Stücken in die Schule und übernahm den Duktus ihres experimentellen Kunstdialekts. Sie war, als sich der Vorhang vor ihrem Leben noch einmal hob, als sie in die Bayerische Akademie der Schönen Künste aufgenommen und nach Rom in die Villa Massimo eingeladen wurde, eine alte Frau. Sie hatte ein Leben von bescheidenster Enge hinter sich. Aber sie dachte keineswegs bescheiden über sich. Sie war – und bezeichnete sich selbst so – die »literarische Mutter« einer neuen Theaterepoche.

Wir befinden uns vor einer Fotografie aus dem Dezember 1972. Auf den Brettern der Berliner Schaubühne am Halleschen Ufer stehen am Ende der Aufführung des Stückes »Fegefeuer in Ingolstadt« das bedeutendste Ensemble der Bundesrepublik und einer der bedeutendsten Regisseure der Zeit, Peter Stein. Die Blicke der Schauspieler sind auf eine kleine Frau im Vordergrund gerichtet. Sie trägt ein merkwürdig altmodisches Kleid, eine dicke Hornbrille, mit beiden Händen hält sie sich am Henkel ihrer Handtasche fest. Es ist ein grausam später Triumph. Aber der größte, den sich eine Dramatikerin im Jahr 1972 wünschen kann. Marieluise Fleißer starb 1974. Zwei Jahre vorher war im Suhrkamp Verlag eine Ausgabe ihrer gesammelten Werke erschienen. Nichts, als dies zu erleben, hatte sie sich am Ende mehr gewünscht.

Biografisches

Marieluise Fleißer wurde am 23. November 1901 als Tochter des Eisenwarenhändlers Heinrich Fleißer in Ingolstadt geboren. Sie war, wie zahlreiche ihrer Dichterkolleginnen, eine Vatertochter, sollte eigentlich ein Junge werden beziehungsweise einen Bruder ersetzen, der im Jahr vor ihrer Geburt als Zweijähriger gestorben war. Der Vater räumte ihr Bildungsmöglichkeiten ein, die in der bayerischen Provinz zu Anfang des zwanzigsten Jahrhunderts als ungewöhnlich gelten dürfen. Freiheit und Gefangenschaft sind in Fleißers Biografie immer verkoppelt. Aus Ingolstadt heraus wollen, in Ingolstadt gefangen bleiben – dies ist Fleißers Lebensthema, das Thema der Zwangslage, als die sie ihr Leben immerzu empfand. Ab 1914 besuchte sie in Regensburg das Mädchenrealgymnasium und wohnte in einem von Englischen Fräulein geführten Internat. Der erste Ausbruch aus der Provinz gelang 1919, Marieluise Fleißer ging zum Studium nach München, kam durch Lion Feuchtwanger mit dem literarischen Leben in Kontakt, Mitte der zwanziger Jahre dann vor allem mit Bertolt Brecht, ihrer großen Liebe und ihrem vergötterten künstlerischen Ideal. Zwischen 1927 und 1932 hielt sie sich vorrangig in Berlin auf, feierte dort erste Erfolge als Dramatikerin. Nach einem kalkulierten Theaterskandal 1929 ließ Brecht die Mitarbeiterin und Geliebte fallen. Obwohl sie in ihrer Heimatstadt als geächtete Person galt, kehrte Marieluise Fleißer 1932 nach Ingolstadt zurück. 1935 heiratete sie den Tabakwarenhändler Josef Haindl. Unter dem NS-Regime hatte sie Veröffentlichungsverbot, das Schreiben wurde ihr nicht nur durch die politische, sondern auch durch ihre private Situation erschwert, sie arbeitete im Geschäft ihres Mannes. Auch ihre Verbindungen zum literarischen Leben der Bundesrepublik waren zunächst minimal, sie fühlte sich kreativ erstickt, hielt es weder im Tabakwarengeschäft noch in ihrer Ehe aus. Diese Situation änderte sich nach dem Tod Josef Haindls 1958. Sie verkaufte das Geschäft, zog in eine kleine Wohnung und investierte ihre restliche Lebenszeit und Lebenskraft in eine neue literarische Karriere, die auch zustande kam. Marieluise Fleißer starb am 2. Februar 1974 in Ingolstadt.

Leseempfehlung

»Fegefeuer in Ingolstadt« (Theaterstück).
»Pioniere in Ingolstadt« (Theaterstück).
»Ein Pfund Orangen« (Erzählung).
»Abenteuer aus dem Englischen Garten« (Erzählung).
»Avantgarde« (Erzählung).

Ursula März

WER VON DER ANGST SPRICHT

Paula Fox *1923*

Die Angst! Wo kommt sie her, wie erkennt man ihre Spuren? Und das Aller-wichtigste: Wie wird man sie wieder los? Mit dieser Frage quält sich die Menschheit seit Jahrhunderten. Die Angst bleibt das ungebändigte Ungeheuer, besetzt unser Unbewusstes und beeinflusst unser Handeln. »Man versucht zu verstehen«, sagt die amerikanische Schriftstellerin Paula Fox, »und versteht doch nicht.« Das ist ein typischer Paula-Fox-Satz: drängend, aber nicht über-heblich; klug, aber nicht angeberisch; immer auf Augenhöhe mit sich selbst und mit dem Leser.

Die Spuren der Katzenkrallen auf der Innenseite von Sophies Hand waren das unheimliche Omen für die Ehegeschichte »Was am Ende bleibt«, mit der Paula Fox im Jahr 2000 in Deutschland bekannt wurde. Dieser kleine äußer-liche Schmerz, eine lächerliche Kratzspur auf der Haut, ist der Auslöser für eine unbestimmte Angst. Was folgt, ist die genaue Analyse einer psychotischen Krise. Die Bentwoods sind ein wohlsituiertes kinderloses Ehepaar in mittleren Jahren. Sie haben ein Haus in Brooklyn und ein Häuschen auf Long Island, Sophie schreibt Drehbücher, Otto ist ein erfolgreicher Anwalt. Na also, könnte man sagen, ist doch alles in Ordnung. Ist es aber nicht. Etwas brodelt im Verborgenen, verborgen wie eine Krankheit, deren zerstörerische Wirkung lange unbemerkt bleibt.

Paula Fox will in ihren Büchern das, was dahinter liegt, finden. Deshalb stellen so viele ihrer Figuren Fragen, deshalb sehen ihre Personen auf das ganz Gewöhnliche, auf den Alltag, die Routinen, auf Nebensächliches wie das Gekritzel auf einem Getränkeautomaten oder auf den einen Tropfen Blut auf der Haut. Genau hingesehen wird in Paula Fox' Romanen, deren nachhaltige Wirkung auf dieser fast perfiden Genauigkeit basiert. Wer von der Angst spricht, und das ist der Kern all ihrer Bücher, muss genau sein.

Paula Fox ist keine Schriftstellerin des resignierten Lamentos. Sie ist realistisch, da bleibt eine gewisse Resignation nicht aus. Und woher kommen ihre naheliegenden, einfachen Fragen und Einsichten? Aus ihrer eigenen, unglaublich zerstückelten Familiengeschichte, das darf und muss hier in direkte Verbindung gebracht werden, auch weil Paula Fox in den Bänden »In fremden Kleidern« und »Der kälteste Winter« ihre Erinnerungen an ihre Jungmädchenjahre und an ihre Erfahrungen in Europa beschrieben hat.

Wieso die dreiundzwanzigjährige Paula Fox im Frühsommer 1946 unbedingt aus New York auf einem notdürftig umgebauten ehemaligen Truppentransportschiff in das zerstörte Europa »fliehen« wollte? Abenteuerlust, der »Mythos Europa«, eine starke und ebenso naive Affinität zum Kommunismus? »Ich hatte keine Familie, gegen die ich rebellieren konnte, und suchte nach Geborgenheit und Gemeinschaft.« Geld hatte sie auch nicht, aber ein paar Empfehlungen ihres Vaters. Sie jobbte in London als Gutachterin bei 20th Century Fox, verdingte sich als Model für »Harper's Bazaar« und wurde von einer kleinen Londoner Nachrichtenagentur angestellt. Dort schrieb sie Anekdoten über den betrunkenen Churchill, der Wimperntusche weinte, berichtete über einen Kriegskorrespondenten der »Times«, der seine Notizblöcke immer verlor und die Wände seines Arbeitszimmers mit den Namen europäischer Exilpolitiker und Untergrundkämpfer gegen die deutsche Besatzung vollgekritzelt hatte.

Neben Paris und London sah die junge Frau Warschau. Sie erlebte Kälte und Hunger, erlebte ein Konzert, bei dem die Musiker im kalten Konzertsaal mit Mantel und Handschuhen auftraten. Wenn es taut, wurde ihr in Warschau gesagt, werden »die Leichen des Warschauer Aufstands zum Vorschein kommen«. Als Paula Fox die Stadt im Flugzeug verließ, sah sie unter sich, wie deutsche Kriegsgefangene die Gräben für das neue Flughafengebäude aushoben und hörte das »herzlose Lachen« der Passagiere, ihr eigenes eingeschlossen. »Das, was man ›politisches Leben‹ nennt«, schreibt Paula Fox, bleibt so lange ein »abstrakter Begriff«, bis man die Knüppel im Rücken spürt.

Ihre europäischen Erfahrungen ließen sie erstmals »etwas anderes sehen« als »sich selbst«. Paula Fox hätte auch sagen können, dass die Spuren des Krieges sie aus ihrer eigenen familiären Verstrickung und Ich-Zentriertheit retteten. Sie arbeitete als Lehrerin, zog mit ihrem Mann nach South Brooklyn und beabsichtigte, dort an einer Grundschule zu unterrichten. Aber die Gegend hatte sich verändert und sie sich auch. Die »Sixties« gingen zu Ende, ihr Interesse für den Lehrerberuf schwand, South Brooklyn kam herunter. Sie begann zu schreiben, entdeckte, dass Schreiben Zweifeln heißt und dass sich beim Schreiben alle Gewissheiten über das Leben in Luft auflösten. Der Roman »Pech für George« oder »Poor George«, wie das Buch im Original heißt, beginnt mit der Frage des sechsunddreißigjährigen Englischlehrers George Mecklin: »Wer hört zu?« Die Frage beantwortet George im nächsten Moment mit einem lakonischen »Niemand!«.

Diese Erkenntnis George Mecklins, der seinen Stuhl in einem New Yorker Lehrerzimmer so hinstellt, dass er an den Kollegen vorbei aus dem Fenster auf die 98. Straße sehen kann, bedeutet nicht, dass da ein Mann dabei ist, aufzuspringen, aus dem Lehrerzimmer zu stürmen und ein neues Leben zu beginnen. Nein, der erste Satz des Romans »Pech für George« ist ein erstes Alarmzeichen. Es löst im Leser sofort das Gefühl des Unheimlichen aus. Das Unheimliche bewegt sich, wie im Roman »Was am Ende bleibt«, buchstäblich auf Katzenpfoten durch ihre Bücher. Das Unheimliche ist kein von außen hereinbrechendes Ereignis, das Unheimliche ist in den Personen selbst begründet, in ihrer Existenz, ihrer eigenen Nachlässigkeit dem Leben gegenüber.

Die Menschen, die Paula Fox in ihren Büchern beschreibt, sind in der Gefahr, am Leben vorbeizuleben. Sie treiben in der Zeit und in den Routinen und werden durch irgendeinen, vielleicht ganz kleinen Zwischenfall zur Besinnung gebracht. Paula Fox ist zwei Jahre jünger als die 1921 geborene Kollegin PATRICIA HIGHSMITH. Kollegin, weil Paula Fox wie die Highsmith ihre Kraft für die Erforschung der inneren Leere einsetzt. »Was am Ende bleibt« und auch »Pech für George« sind verdeckte Kriminalgeschichten.

Wer wissen möchte, wie man es anstellt, aus einer finsteren Biografie herauszufinden – denn anders kann man die Geschichte des von den Eltern unerwünschten Kindes Paula nicht nennen –, der kann das in ihrem Roman »Kalifornische Jahre« nachlesen.

»Was am Ende bleibt« (»Desparate Characters«) wurde 1970 mit Shirley MacLaine in der Rolle von Sophie Bentwood verfilmt. Der Film wurde ein

Erfolg. Paula Fox schrieb weiter, Romane und Kinderbücher. Doch das Interesse an ihren Büchern sackte ab. Die dunklen Bilder des American way of life schienen nicht in das politisch korrekte Klima der achtziger und frühen neunziger Jahre zu passen. Bis Jonathan Franzen, Erfolgsautor des Familienepos »Korrekturen«, sich 1991 in seiner Essay-Sammlung »Anleitung zum Einsamsein« mit Paula Fox auseinandersetzte. Jonathan Franzen bewundert Paula Fox' Fähigkeit zur gesellschaftlichen Analyse, ihre Genauigkeit, mit der sie dieses Unbehagen vorführt, ein Unbehagen, das für ihn nicht von irgendeiner seelischen Störung einer einzelnen Person herrührt, sondern von einer kranken Gesellschaft.

Im Roman »Pech für George« erweist sich Paula Fox als Meisterin des kleinen Kammerspiels. Das Ehepaar George und Emma Mecklin ist vor kurzem in ein kleines Häuschen vor die Stadt gezogen, eine Idylle mit Apfelbäumen, Garagen und ziemlich merkwürdigen Nachbarn. Das Unheimliche des Hauses wird von Paula Fox nach dem Muster des Kinos dargestellt. In Amerika ist immer alles auch schon ein Kinobild gewesen – die unverschlossene Hintertür, ein tropfender Wasserhahn, leise Radioklänge.

George spürt eine Angst, eine Bedrohung. Ernest, ein achtzehnjähriger Junge, eine verkrachte Existenz, dringt in George Mecklins Haus ein, und George kapiert: Ernest ist meine Chance, diesen verkorksten Jungen kann er bekehren, zum Lernen und zum ordentlichen Leben. Ernest ist für George ein Ziel, die pure Existenz des Jungen macht ihm bewusst, dass er kein anderes Ziel hat und dass seine Ehe kein Ziel ist. »Mein Gott! Alles, was ich suche, ist ein Schüler! Jemand kommt zufällig in mein Haus… auf einmal kriege ich eine Chance, etwas zu tun, das mich interessiert. Ich habe mich die ganze Zeit gelangweilt. Zu Tode gelangweilt!« Der Lehrer Mecklin, der täglich Schüler in Englisch unterrichtet, betrachtet den dreisten jungen Mann als Fingerzeig, er wird seinem Leben einen Sinn geben. »Gott weiß«, denkt er, »wovon wir alle träumen.« Paula Fox zeichnet George als Sehnsuchtsfigur, die dem Dämmerzustand entkommen möchte. Dämmerzustand meint nicht nur, dass George sich selbst wie etwas Entferntes wahrnimmt. Dämmerzustand drückt zugleich die Hoffnung auf Licht, Aufklärung, Erfüllung, auf Zuhören und Antworten aus.

George will sich an Ernest festhalten und sinkt doch mit ihm. Er fühlt sich wie jemand, der sich tot stellt, und wahrscheinlich ist er auch innerlich tot oder vielleicht nie geboren worden. Paula Fox, die Menschenkennerin, ist weiser als ihr armer George. Sie macht den Lehrer zu einer aufschlussreichen, überraschenden Figur. Deprimierende Klugheiten, Einsichten in das Wesen des Menschen waren und sind durchaus nicht »typisch amerikanisch«. So ganz alleine mit ihrer deutlich dunklen Weltsicht war Paula Fox auch 1967, als »Poor George« in Amerika erschien, nicht. Immerhin arbeitete Updike damals an seinen Rabbit-Romanen. Aber Paula Fox ist als weibliche Zweiflerin und scharfe Fragerin doch eine Ausnahme. Ist der Roman »Pech für George« nach einem Dritteljahrhundert, wie Jonathan Franzen behauptet, »immer noch frischer als die meisten Romane von heute«? Man kann Franzen zustimmen, ja, man muss es, denn dieser Einblick in das kleine Leben eines Lehrers, das eine überdramatisierte, das Amerikanische geradezu paraphrasierende Wende nimmt, ist unerbittlich klug. Aber nicht nur das. Paula Fox kann einfach schreiben. Sie vermischt Dialoge mit Selbstreflexionen, poetische Bilder fließen in den Text ein. Paula Fox ist streng, Sentimentalität verachtet sie.

Die schwer zu artikulierende, schwer zu fassende Angst und Einsamkeit des Menschen sind Paula Fox große Themen. Sie stellt die richtigen Fragen und weiß, dass es keine richtigen Antworten, nur Erklärungsversuche gibt. Ihre Porträts mehr oder weniger durchschnittlicher Menschen sind ganz von dieser Welt. Die Oberflächen glänzen nicht, niemals, so halten sie länger. Paula Fox beschreibt die Ängste und die Zweifel der Menschen und ihren Wunsch, etwas Sinnvolles aus ihrem Leben zu machen. Das ist verdammt schwer. Überall sind die Zeichen zu finden, man muss sie nur erkennen.

Biografisches

Paula Fox wurde am 22. April 1923 in New York geboren und während ihrer Kindheit und Jugend wie ein Wanderpokal behandelt. Ihre Eltern gaben das Kind zu einem Geistlichen in Pflege. Mit sechs Jahren kam Paula in ein Kinderheim, mit acht Jahren zu ihrer Großmutter nach Kuba. Als sie zehn Jahre alt war, kam sie nach New York zurück, im Alter von zwölf Jahren hatte sie neunmal die Schule gewechselt. Als junge Frau reiste sie 1946 durch das vom Krieg gezeichnete Europa. Dies Erlebnis bestimmte ihren Blick auf die Welt und die eigene Existenz. Sie ließ sich in New York nieder, wurde Lehrerin, heiratete, bekam drei Kinder und begann zu schreiben. Bekannt wurde sie mit dem Roman »Was am Ende bleibt«. Dann gerieten ihre Bücher und sie in Vergessenheit, bis Jonathan Franzen sie für seine Generation wiederentdeckte. 2008 erhielt sie für »Ein Bild von Ivan« den Deutschen Jugendliteraturpreis. Eine ihrer Enkeltöchter ist die Skandalsängerin Courtney Love. Courtney Love erlitt das ähnliche Schicksal eines vernachlässigten, zwischen Verwandten und Heimen hin und her geschobenen Kindes wie Paula Fox.

Leseempfehlung

»*Was am Ende bleibt*« *(Roman).* Aus dem amerikanischen Englisch von Sylvia Höfer.

»*Der kälteste Winter. Erinnerungen an das befreite Europa*«. Aus dem amerikanischen Englisch von Ingo Herzke.

»*Pech für George*« *(Roman).* Aus dem amerikanischen Englisch von Susanne Röckel.

Verena Auffermann

DAS LEBENSLATEIN

Natalia Ginzburg *1916–1991*

Wenn jemand spricht, stellte Sigmund Freud fest, wird es hell. Das stimmt nicht immer. Wenn sich beispielsweise der Möchtegernschriftsteller Francesco und seine Ehefrau Marta unterhalten, wird es ziemlich schnell ziemlich finster in der Kommunikation.

F.: »Na?«
M.: »Was denn?«
F.: »Wolltest du mir nicht etwas sagen?«
M.: »Eigentlich nicht.«
F.: »Sag's nur, ich hör dir zu.«
M.: »Sei still, das Kind weint.«
F.: »Ach was, das ist eine Katze im Hof.«

M.: »Wie spät ist es eigentlich?«

F.: »Ich weiß die Zeit nicht. Ich hab meine Uhr im Bad gelassen. Die Badewanne ist voll mit Wäsche. Wenn sich jemand unglücklicherweise baden
will, was macht er dann eigentlich?«

Ein kraftloser Sprechtrieb belebt sich mit kleinlicher Streitsucht. Die Konversation rettet sich in den kalten Ehekrieg. Er, Francesco, jubelt der Frau unter,
dass sie als Wirtschafterin nichts taugt und die Schmutzwäsche in der Badewanne vor sich hingammeln lässt. Sie, Marta, bringt ihm bei, dass er als Ernäh-
rer ein Versager ist und die Haushälterin nicht bezahlen kann. Die wird mit
einem Seitenhieb gleich mit erledigt. Wie soll ein Tag, der morgens um acht
schon die Stunde null ehelicher Verständigung erreicht hat, um Himmels willen weitergehen?

Als Natalia Ginzburg Ende der sechziger Jahre das Zwei-Personen-Stück über
die komische Trostlosigkeit eines römischen Paares zu Papier brachte, befand
sie sich selbst an einer Art Nullpunkt, in einer Art Schreibkrise. Zumindest in
einer Krise der Prosaliteratur und der Prosaform, die genau zehn Jahre währte,
von 1963 bis 1973 – von der Veröffentlichung von Ginzburgs Hauptwerk, dem
Roman »Familienlexikon«, bis zum Erscheinen von »Caro Michele«, einem
Roman, der hauptsächlich aus Briefen der Figuren besteht. Dazwischen aber
verfasste die italienische Schriftstellerin keine einzige längere Prosaarbeit, lediglich kurze Texte für Zeitungen, Essays, Leitartikel, kleine Geschichten. Und von
diesen abgesehen, ein rundes Dutzend Sprech- und Theaterstücke wie eben jenes über die gelangweilten Beißzangen Francesco und Marta.

Es mag äußere Gründe für das zehnjährige Schweigen der Romanautorin ge-
geben haben. Natalia Ginzburg, die aus einer großen Familie stammt, mit drei
älteren Brüdern und einer älteren Schwester aufgewachsen ist, hatte selbst eine
große, kräftezehrende Familie. Sie lebte in einer Wohnung in der römischen
Innenstadt und war mit dem turbulenten Alltag mehr als ausgelastet. Einer
Anekdote zufolge war es kein Spaß, mit Signora Ginzburg zu Abend zu essen.
Mitten bei der Mahlzeit wurde sie regelmäßig vom Schlaf überwältigt, und ihr
Kopf sank auf den Spaghettiteller. Zeitlebens stand sie morgens um vier Uhr
auf, setzte sich mit Kaffee und Zigaretten auf die Couch im Salon und schrieb
in der Zeit bis acht oder neun Uhr, bis der Rest der Familie zum Frühstück er-
schien. Sie schrieb immer handschriftlich, immer mit Bleistift. Sie hatte fünf
Kinder. Drei von ihrem ersten Ehemann Leone Ginzburg, der 1944 im römischen Gefängnis Regina Coeli ermordet wurde. Zwei Kinder von ihrem zweiten
Ehemann Gabriele Baldini, den sie 1950 heiratete. Diese beiden jüngeren kamen behindert zur Welt, ein Kind starb im ersten Lebensjahr, das andere pflegte
Natalia Ginzburg bei sich zu Hause. In den sechziger Jahren kamen Enkelkinder

dazu, und in Baldini hatte sie einen Gatten, der als furioser, den leiblichen und alkoholischen Genüssen zugeneigter Temperamentsmensch ihrem bedächtigen Naturell einiges abverlangte.

Von all diesen äußeren Arbeitsbedingungen abgesehen: Mit dem 1963 erschienenen »Familienlexikon«, das zu schreiben Natalia Ginzburg schon als Kind entschlossen war, hatte sie das Wichtigste gesagt. Es war das Buch, auf das alle vorangegangenen Bücher zustrebten, Konzentrat, Höhe- und Scheitelpunkt ihres Werks. Mit diesem Buch, das bis heute zum Pflichtkanon italienischer Gymnasien zählt und als Kultbuch der Gattung Familienroman gilt, hatte Natalia Ginzburg die Geschichte erzählt, die ihr wie keine andere am Herzen lag: die Geschichte ihrer Heimat, der norditalienischen Stadt Turin, und ihres Heimatmilieus, des antifaschistischen Turiner Bürgertums in der Zeit zwischen den beiden Weltkriegen. Vor allem aber die Geschichte ihrer Familie, der halb jüdischen, halb katholischen Familie Levi, all ihrer Mitglieder, Freunde, Vorfahren, Verlobten, Angeheirateten. Und: all ihrer Stimmen. Denn Ginzburgs »Familienlexikon« ist der Form nach eine klassische Sippenchronik, aber dem Sinn nach eine akustische Nacherzählung des Sippengeredes, des Sippengeschreis, des verbalen Sippencodes. Ein großes, zärtliches und dabei ziemlich komisches Stimmenarchiv. Der Charakter all der Menschen, die das Buch bevölkern, ergibt sich in erster Linie aus ihren notorischen Sprüchen und Redewendungen, die so zuverlässig zu hören sind wie die Kirchglocken zur vollen Stunde. Sie sind das Alltagsgeräusch einer Familie, das furchtbar nerven kann. Und furchtbar fehlen, wenn es fehlt. Das Lebenslatein einer Familie, das sie bindet. Ein typisches Wort der Schwester, ein Satz der Mutter, ein Spruch des mit verqueren, durchs Haus gebrüllten Sinnsprüchen reich gesegneten Vaters, genügt noch Jahrzehnte später, um fünf Geschwister fühlen zu lassen, was sie sind: Teile eines Ganzen namens Familie. Ein Zitat, ein Codewort – und im Familiengedächtnis wird es hell.

Natalia Ginzburg, geborene Levi, war sechsundzwanzig Jahre alt, als sie 1942 – also zwei Jahrzehnte vor dem »Familienlexikon« – ihren ersten Roman, »Die Straße in die Stadt«, veröffentlichte. Sie verwendete ein Pseudonym, den unjüdisch klingenden Namen Alessandra Tornimparte. Gleichzeitig machte sie sich an die Übersetzung eines literarischen Schwergewichts, des ersten Bandes von Marcel Prousts »Auf der Suche nach der verlorenen Zeit«. Das wirkt nicht nur deshalb erstaunlich, weil sie für eine Proust-Übersetzung relativ jung war, sondern vor allem, weil es stilistisch kaum einen größeren Unterschied geben kann als den zwischen Prousts metaphernreichen, verschwenderisch ausgestalteten, langwierigen Schachtelsätzen und Ginzburgs schlichter, aufs Notwendigste beschränkter Sprache. Neben dem Stil Marcel Prousts wirkt der Stil Natalia Ginzburgs wie eine Jugendherberge neben einem Grandhotel. Ginzburgs Markenzeichen sind ihre kurzen, lakonischen Sätze, von denen alles Entbehrliche abgehobelt ist. Sie sparte mit Adjektiven und Metaphern, und wenn sie eine Metapher verwendete, war aus ihr alles Verspielte, Dekorierende verschwunden und kaum mehr als die nackte Metapherntechnik übrig: »Das Alter langweilt sich und ist langweilig: Die Langeweile erzeugt Langeweile, verströmt Langeweile um sich, wie der Tintenfisch Tinte verströmt. So bereiten wir uns darauf vor, sowohl der Tintenfisch als auch die Tinte zu sein: das Meer rund um uns wird sich schwarz färben, und jenes Schwarz werden wir sein.«

Dennoch ist das »Familienlexikon« das Produkt einer waschechten Proustianerin. Wie Prousts Werk begibt es sich auf die Suche nach einer verlorenen Zeit, folgt dem Wunsch, ein historisches Milieu im Archiv des Gedächtnisses zu bewahren und den *nucleo vitale* dieses Milieus, die Familie, als Paradies der Kindheit zu verewigen. Wie bei Proust knüpft sich die Erinnerung an sinnliche Details. Nur ist es bei Ginzburg nicht ein Gebäck, nicht die Madeleine, die die Kraft der plötzlichen Vergegenwärtigung besitzt, sondern Gesprochenes, Wörter wie »Salami« oder »Neger«. So bezeichnete Natalia Ginzburgs Vater, der Turiner Naturwissenschaftler und Sozialist Giuseppe Levi, Menschen, die seiner Ansicht nach ein idiotisches Leben mit idiotischen Gewohnheiten führten. Menschen, die sich ungesund ernährten, mit Konfekt und Illustrierten auf dem Sofa lagen, Geld verschwendeten und am Luxus hingen. Professor Levi hingegen pflegte und diktierte einen rustikalen Lebensstil. Er duschte morgens kalt, unternahm mit der Familie an den Wochenenden tüchtige Wanderungen im Gebirge des Piemont und tolerierte dabei als Proviant nur Tee und hartgekochte Eier. Menschen, die von Giuseppe Levis Kindern darum beneidet wurden, auf Wanderungen delikat belegte Sandwiches zu verzehren, waren typische Vertreter der Kategorien »Salami« und »Neger«.

Natalia Ginzburg gehört zu jenen Schriftstellern, deren Literatur auf ein Sujet, auf eine Art Urstoff festgelegt ist. Auf einen poetischen Echoraum, in den sie mit jedem Buch zurückkehrte. In jedem ihrer Bücher erzählt sie vom Leben einer italienischen Familie. Dass Ginzburg einen Roman über eine spanische Familie geschrieben hätte, ist so unvorstellbar wie eine Erzählung über Hocharistokratie oder Finanzwirtschaft aus ihrer Feder. Sie war nun mal keine Spanierin, keine Prinzessin, keine Bankerin, sondern ein bürgerlicher Familienmensch aus Italien. Es gibt keinen Text von ihr, der diesen Kosmos verlässt. Sie schrieb nicht einmal über England, obwohl sie dort von 1960 bis 1962 mit ihrem zweiten Ehemann Gabriele Baldini, der Anglist war, lebte. Sie verließ überhaupt Italien nicht gern. Auf vielen Fotos sieht man ihren Gesichtszügen Introvertiertheit, Traurigkeit, ja Schwermut an. Man glaubt auf ihnen die Spuren des Traumas zu sehen, das sie als junge Frau erlebt hatte. Im Jahr 1941 wird Leone Ginzburg in ein Dorf in den Abruzzen verbannt, sie geht mit ihm. Auf der Flucht vor den deutschen NS-Truppen kehrt sie 1943 mit drei kleinen Kindern nach Rom zurück und kommt in einem Ursulinen-Kloster unter. Leone Ginzburg hält sich in Rom, von ihr getrennt, in einem Versteck auf. Am 20. November 1943 wird er in der Druckerei der Untergrundzeitung »Italia Libera« verhaftet – »und ich sah ihn nie mehr«. Am 20. Dezember 1943 schreibt Natalia Ginzburg einen Brief an das Sekretariat des Vatikans, um Papst Pius XII. um Hilfe zu bitten. Eine Reaktion auf diesen Brief ist nicht bekannt. Am 5. Februar 1944 stirbt Leone Ginzburg im Gefängnis nach Folterungen durch die SS, ohne dass Natalia Ginzburg noch ein einziges Wort mit ihm hätte wechseln können. Sie hat nie, in keiner einzigen Geschichte, an keiner Stelle ihres literarischen Werks über diese Bruchstelle ihrer Biografie geschrieben. Aber in jedem ihrer Romane gibt es eine Figur, die eine Schildpattbrille trägt, eine Brille, wie Leone Ginzburg sie besaß.

Auf keinem Foto indes sieht die Italienerin Natalia Ginzburg dermaßen weltverloren aus wie auf jenem, das sie in späteren Jahren in einem amerikanischen Diner zeigt. Sie war nach Amerika gereist, um ein neugeborenes Enkelkind zu sehen. Sie litt unter dem Leben in der Neuen Welt und fand alles so blöd, wie ihr Vater die Blödheiten der »Salami«-Menschen gefunden hatte. Sie mochte das Essen so wenig wie die Erziehungsmethoden und den Smalltalk. Ihr Leben lang blieb sie der Kultur ihres Landes und sich selbst treu. Sie schien sich, vom langsamen Ergrauen ihrer Haare abgesehen, überhaupt nicht zu verändern. Ein Leben lang trug sie die gleiche schlichte Kleidung in gedeckten, meist dunklen Farben, ein Leben lang den gleichen Kurzhaarschnitt. Kein Make-up, kein weibliches Dekor.

Aber die Welt um Natalia Ginzburg herum änderte sich. In jenem Jahrzehnt, von 1963 bis 1973, in dem sie keine Prosa schrieb, löste sich ihr literarischer Kosmos, die bürgerliche Familie, gleichsam vor ihren Augen auf. Alles, die Ehe, das Eltern-Kind-Verhältnis, der gesamte Traditionszusammenhang des sozialen Nahbereichs verlor an Form und Festigkeit. Wie Pier Paolo Pasolini die Auflösung des bäuerlichen frühindustriellen Italien beklagte, so galt Ginzburgs Klage der Auflösung des bürgerlichen frühindustriellen Italien. Bisweilen fiel ihre Modernitäts- und Gegenwartskritik ein wenig moralinsauer aus. Sie mochte die Achtundsechziger-Bewegung nicht richtig und auch den Feminismus nicht besonders. Über Blumenkinder, freie Liebe, Wohngemeinschaften und unverheiratete Paare machte sie sich im besten Fall lustig. Sie sah Kraft und Ordnung der Familienwelt dahinschwinden. Womöglich übertrieb sie dabei, aber man darf die symbolische Bedeutung des familiären Zusammenhalts für das Selbstbewusstsein der italienischen Nation nicht übersehen. So versinnbildlicht die Diffusion der Familie in Ginzburgs Literatur nach 1973 auch die Furcht vor nationalen Auflösungsprozessen.

Im Briefroman, dieser literarischen Kompromissform, in der es keine zentrale Ordnungsinstanz gibt, sondern nur eine Handvoll Leute, die sich Briefe hin- und herschicken, fand Natalia Ginzburg Anfang der siebziger Jahre einen neuen Erzählweg. Auf diesem Weg transportiert sie ihren literarischen Kosmos, welcher der ersten Hälfte des zwanzigsten Jahrhunderts entstammt, in dessen zweite Hälfte. Alles ist noch da: die Familie als Bühne des Erzählens, das Familienpersonal, das Lebenslatein. Aber alles erscheint in einer gleichsam verdünnten, entkräfteten, ermüdeten Version. Die Familienbühne ist ein schwankender Boden, auf dem sich in erster Linie Trennungen abspielen. Das Personal einstmals archetypischer Charakterköpfe besteht nur noch aus desorientierten Seelchen. Der patriarchale Familienintendant, der in Ginzburgs frühen Romanen regelmäßig auftrat, ist ein mäßiger Gefühlsregisseur. Die einstmals, zum Schrecken ihrer Kinder, unbremsbar unternehmungslustige Mutter, die gerne kuppelte, gerne Geschäfte machte, gerne neue Vorhänge aufhängte und neue Leute kennenlernte, lebt ihre Energie als geschwätziges Mitteilungsbedürfnis in ihren Briefen aus. Die existentielle Melancholie, an der die Ginzburg-Menschen der unmittelbaren Vorkriegszeit und der Nachkriegszeit litten, wird abgelöst von einer banalen Verlegenheit, die Zeit totzuschlagen und den Tag herumzubringen. Und das Lebenslatein? Ihm ergeht es entsprechend. Anstelle von Codes, dieser dichtesten Verständigungsform, plappert Ginzburgs spätbürgerliche Gesellschaft austauschbare Episödchen und Floskeln daher, die entleerte Form der Verständigung. Kein Wunder, dass bei Francesco und Marta schon morgens um acht das Licht ausgeht, wenn sie zu reden beginnen.

F.: »Was war das, was du mir vorhin sagen wolltest?«
M.: »Nein.«
F.: »Würdest du mir verdammt noch mal sagen, was du mir sagen wolltest?«
M.: »Mach das Licht aus.«
F.: »Warum soll ich das Licht ausmachen?«
M.: »Weil ich im Dunkeln reden möchte.«
(Francesco macht das Licht aus)
F.: »Also. Es ist aus.«

Biografisches

Natalia Ginzburg wurde als Natalia Levi am 14. Juli 1916 in Palermo geboren, als Tochter einer katholischen Mutter und eines jüdischen Vaters, aber in keiner Richtung religiös erzogen. Als sie drei Jahre alt war, ging die fünfköpfige Familie nach Turin. Sie heiratete 1938 Leone Ginzburg, einen Dozenten für russische Literatur. Er schloss sich dem jüdischen Widerstandskampf an und wurde 1944 von der SS in Rom ermordet. Natalia Ginzburg kehrte daraufhin nach Turin zurück. Nach dem Ende des Zweiten Weltkriegs trat sie als Lektorin in den Turiner Einaudi Verlag ein und arbeitete Tür an Tür mit Cesare Pavese. Sie gehörte, neben Pavese, Italo Calvino und Felice Balbo, zur Kerngruppe befreundeter Schriftsteller, der die italienische Literatur ihre Erneuerung und Modernisierung nach 1945 verdankt. 1950 heiratete sie Gabriele Baldini, Dozent für englische Literatur und Leiter des italienischen Kulturinstituts in London. Sie zog vier Kinder groß. Für ihr Hauptwerk, den Roman »Familienlexikon«, erhielt sie 1963 den Premio Strega. Natalia Ginzburg bezeichnete sich als sehr schüchtern, vor öffentlichen Auftritten grauste es ihr. Nachdem sie 1983 auf der Liste der Kommunistischen Partei als unabhängige Kandidatin in das italienische Parlament gewählt worden war, dauerte es fast eine Legislaturperiode, bis sie sich im Plenum zu Wort meldete. Ihr Redebeitrag gilt bis heute als der kürzeste in der Geschichte des italienischen Parlaments. Allerdings gehörte sie zu den wenigen Abgeordneten, die es als ihre Pflicht betrachteten, bei allen Parlamentssitzungen bis zum Ende anwesend zu sein. 1987 wurde sie für eine zweite Legislaturperiode gewählt. Natalia Ginzburg starb am 7. Oktober 1991 in Rom.

Leseempfehlung

»*So ist es gewesen*« *(Roman)*. Aus dem Italienischen von Maja Pflug.
»*Alle unsere Gestern*« *(Roman)*. Aus dem Italienischen von Maja Pflug.
»*Familienlexikon*« *(Roman)*. Aus dem Italienischen von Alice Vollenweider.
»*Caro Michele*« *(Roman)*. Aus dem Italienischen von Arianna Giachi.
»*Die Familie Manzoni*« *(Roman)*. Aus dem Italienischen von Maja Pflug.
»*Anton Čechov. Ein Leben*« *(Essay)*. Aus dem Italienischen von Maja Pflug.

Ursula März

SCHREIBEN AM KAP DES ENGAGEMENTS

Nadine Gordimer *1923

Sie war weit gereist, vom südlichsten Punkt des afrikanischen Kontinents bis in den Norden Europas. Von Johannesburg nach Stockholm. Als sie im Spätherbst 1991 von dieser Reise nach Hause zurückkehrt, wird sie in der Ankunftshalle des Flughafens in Johannesburg von einer ausgelassen jubelnden Menge begrüßt. Die Menschen schwenken Spruchbänder, tanzen und singen, von der Straße vor dem Flughafen tönt das Hupkonzert eines Autokonvois zu der Heimkehrerin. Ein kleines spontanes Volksfest zu ihren Ehren. Zu Ehren der renommiertesten Schriftstellerin Südafrikas: Nadine Gordimer.

Die schmale Frau mit den vornehm feinen Gesichtszügen, deren Zartheit einen attraktiven Gegensatz darstellt zu ihrem nüchtern direkten, hellwachen Blick, wird an diesem Tag gefeiert, wie sonst Filmstars oder Sportler gefeiert werden, die von einem internationalen Wettbewerb mit einem Siegerpokal in der Tasche heimkehren. Etwas Ähnliches, eine Art Pokal, hat die Siebenundsechzigjährige tatsächlich dabei: den Nobelpreis für Literatur, die bedeutendste, höchstdotierte Auszeichnung ihrer Berufsdisziplin. Natürlich wird mit dem Jahr für Jahr in Stockholm verliehenen Preis die literarische Leistung einer einzelnen Person gewürdigt, unabhängig von dem Land, der Nation, der Gesellschaft, der diese Person angehört. Und doch besitzt der Literatur-Nobelpreis seit je auch eine symbolische Bedeutung, enthält die Wahl des Preisträgers eine Bewertung des politischen Weltgeschehens. Jahrelang schon hatte Nadine Gordimer als dringende Anwärterin auf den Nobelpreis gegolten. Und als sie ihn dann zu ihrem eigenen Erstaunen endlich bekam, war es kein Geheimnis, dass das lobende Kopfnicken aus Stockholm nicht nur ihrem Werk galt, ihrem Dutzend Romanen, ihren rund zweihundert Kurzgeschichten, Essays und Vorträgen, sondern ebenso dem aktuellen Geschehen in ihrem Heimatland. Südafrika steht im Jahr 1991 auf dem Höhepunkt einer friedlichen Revolution. Nach jahrzehntelangen bürgerkriegsähnlichen Rassenunruhen gelingt dem zerrütteten Land nun, was noch Anfang der achtziger Jahre wie eine unerreichbare Utopie erschien: die Abschaffung des Apartheid-Systems. Die Abschaffung eines Regimes, das eine weiße Minderheit per Gesetz privilegiert und dazu ermächtigt, über eine entrechtete schwarze Mehrheit zu herrschen.

Das Land, in dem die frischgebackene Nobelpreisträgerin Nadine Gordimer 1991 aus dem Flugplatz steigt, hat ein anderes Gesicht als das Land, in dem 1979 jener Roman erschien, den das Nobelpreiskomitee ausdrücklich als eines ihrer Meisterwerke würdigt: »Burgers Tochter«. Es ist einer von Gordimers zeitnahen und durch die politische Zeitnähe brisanten Romanen. Er thematisiert den Schüleraufstand von Soweto 1976, bei dem über fünfhundert Kinder und Jugendliche durch das gewaltsame Vorgehen der südafrikanischen Polizei ums Leben kamen. Zugleich ist es Gordimers in jeder Hinsicht komplexester Roman. Seine Heldin, Rosa Burger, eine junge Weiße burischer Abstammung, deren Eltern als kommunistische Freiheitskämpfer im Gefängnis starben, verliert sich im Chaos ihrer Identitätssuche: zwischen den Cliquen ihrer weißen und ihrer schwarzen Freunde; zwischen den dogmatischen Flügelkämpfen des ANC und der Verfolgung durch die Sicherheitsbehörden. Für den African National Congress, die älteste Befreiungsorganisation des afrikanischen Kontinents, ist sie nichts anderes als eine Genossin. Für den Staat nichts anderes als ein subversives Element. Sofort nach seiner Veröffentlichung wurde der Roman 1979 von der südafrikanischen Regierung verboten. Jetzt, zwölf Jahre später, im Jahr 1991, gibt es in Südafrika keine Zensur mehr. Seit zwei Jahren ist Frederik Willem de Klerk, Südafrikas Gorbatschow, an der Regierung, und der ANC-Führer Nelson Mandela ist nach einer siebenundzwanzig Jahre währenden Gefängnishaft auf freiem Fuß.

Als Nadine Gordimer einmal in einem Interview gefragt wurde, ob die Verleihung des Literatur-Nobelpreises das glücklichste Erlebnis ihrer schriftstellerischen Laufbahn gewesen sei, antwortete sie: Nein, noch viel glücklicher, geradezu berauscht von Erfolg und öffentlicher Anerkennung, sei sie an einem Tag im Jahr 1935 gewesen. Auf der Kinderseite einer Johannesburger Zeitung wurde damals eine Erzählung der zwölfjährigen Nadine Gordimer abgedruckt, die sich schlagartig in ihrem Herzenswunsch bestätigt fühlte, Schriftstellerin zu werden. Eine ähnliche, fast spirituelle Glückserfahrung, fügte Nadine Gordimer hinzu, habe sie erst wieder an einem Tag im Jahr 1994 gemacht. Sie verließ an diesem Tag ihre hinter hohen Mauern und Bäumen verborgene Villa in Parktown West, einem wohlhabenden bürgerlichen Viertel im Norden Johannesburgs, ging um die Ecke zu einer kleinen Kirche, betrat die Wahlkabine und gab ihre Stimme für die kommende Regierung Südafrikas ab. Es waren die ersten demokratischen Wahlen in der Geschichte des Landes, an denen alle Einwohner teilnahmen, egal, ob ihre Hautfarbe schwarz war oder weiß.

Zwischen den beiden Festtagen im Leben Nadine Gordimers liegen sechs Jahrzehnte. In dieser Zeit wurde aus dem schreib- und leseversessenen Mädchen die – wie sie regelmäßig genannt wird – große Dame der Weltliteratur. Und in dieser Zeit erlebte die Gesellschaft, in die Nadine Gordimer hineingeboren wurde, unter den Augen der Weltöffentlichkeit einen schmerzhaften historischen Wandel. Das eine ist im Fall Nadine Gordimers vom anderen nicht zu trennen. Ihre Literatur ist ein Barometer des südafrikanischen Geschichtsprozesses. Wer von ihrem Werk und ihrer Biografie spricht, muss von den politischen Verhältnissen sprechen, denen Nadine Gordimers Denken, Schreiben und Leben verpflichtet ist. Wer die persönlich wohlversorgte, elegant gekleidete Bildungsbürgerin Gordimer betrachtet, die im Arbeitszimmer ihrer Johannesburger Villa zwischen Büchern und wertvoller Kunst Romane und Erzählungen verfasst, muss, um ihr gerecht zu werden, auch die radikale Frau sehen. Eine weiße Schriftstellerin, die in Südafrika mit Schwarzen auf die Straße ging, Flugblätter verteilte, an Demonstrationen teilnahm, mit dem ANC paktierte, vom Staat bespitzelt wurde und verfolgte Freiheitskämpfer in ihrem Haus versteckte. In den sechziger und siebziger Jahren gab es in Gordimers Leben Wochen, die sie nicht am Schreibtisch, sondern in Gerichtssälen verbrachte; als Zeugin der Verteidigung in Prozessen, bei denen Angehörige des ANC des Hochverrats angeklagt waren. Sie hat darüber, bei aller Selbstgewissheit ihres Auftretens auf dem internationalen Parkett, wenig Worte verloren.

Wer ihre Bücher aufschlägt, betritt einen literarischen Kosmos, in dem die Kunst Verantwortung trägt. Bisweilen trägt sie schwer daran. Nadine Gordimer schreibt in der Tradition des großen Gesellschaftsromans des neunzehnten Jahrhunderts, dem es nicht genügt, sich in ein Einzelschicksal zu versenken, sondern dieses vor dem soziologischen Panoramabild einer ganzen Gesellschaft auftreten lässt. Sie teilt mit den Klassikern des Realismus wie beispielsweise Balzac auch den literarischen Impuls: Zeuge des Formationsprozesses ihrer Gesellschaft zu sein. Nur dass die realistische Literatur des neunzehnten Jahrhunderts den Übergang zum industriellen Kapitalismus darstellte, Gordimer den Übergang einer rassistisch-postkolonialen zu einer demokratischen Gesellschaft. Dies aber bewältigt sie mit den literarischen Techniken der Moderne und des zwanzigsten Jahrhunderts. Mit inneren Monologen, Perspektivwechseln, Verschiebung der Zeitebenen, mit psychologischer und politischer Feinanalyse des menschlichen Bewusstseins. Anders gesagt: Die Romane Nadine Gordimers bearbeiten in der Tiefe und in der Breite der Geschichten, die sie erzählen, bisweilen recht viel Material. Oft sind es Geschichten, in denen Menschen in politisch-moralische Grenzsituationen geraten. Oft haben diese Geschichten etwas Exemplarisches. Bisweilen dienen sie als Anschauungsmaterial für Erörterungen und dokumentarische Mitteilungen, die die Südafrikanerin, deren Bücher im eigenen Land zensiert wurden, ihrer internationalen Leserschaft ans Herz legt. Bisweilen büßt Gordimers Literatur so an poetischer Leichtigkeit und Dichte ein. Dies ist womöglich der Preis, den Verantwortungsliteratur zahlt und den eine Schriftstellerin zahlt, die sich in keinem Moment ihres Schreibens von der politischen Tragödie ihres Heimatlandes freigemacht hat.

Ihr Werk steht, buchstäblich von der ersten Zeile an, im Zeichen eines Themas: Rassismus. Über literarische Qualitäten hinaus besaß dieses Werk über Jahrzehnte hin eine aufklärerische, ja informative Funktion und die Schriftstellerin selbst eine Rolle als Botschafterin. Mit ihren Büchern, die in Amerika, England, Europa erscheinen, teilt Gordimer der Welt mit, wie das Leben unter dem barbarischen Apartheid-System Südafrikas aussah – und wie es nach dem Ende dieses Systems aussieht. Kaum ein anderer lebender Schriftsteller genießt eine Reputation als moralische Instanz wie Gordimer. Mit dem deutschen Schriftsteller Günter Grass und der amerikanischen Intellektuellen Susan Sontag stellt Nadine Gordimer eine Art internationales Trio moralischen Engagements dar. Alle drei weltweit berühmt, weltweit aktiv, Hauptprotagonisten des PEN, der internationalen Vereinigung von Schriftstellern; alle drei Gegenbilder zum Dichter im Elfenbeinturm. Und obendrein miteinander gut befreundet. In Nadine Gordimers Haus hängt ein Foto, das sie mit dem schnauzbärtigen Grass beim Tangotanzen zeigt. Für Susan Sontag stand, bis zu ihrem Tod, das Heim der südafrikanischen Kollegin offen als Zufluchtsort in schwierigen Zeiten.

Vom modernen Schriftsteller, sei es Virginia Woolf oder Franz Kafka, nimmt man an, dass sich seine Kreativität irgendeinem psychischen Problem verdankt; einem Riss der Seele, einer Unstimmigkeit, einer Entfremdung im

Verhältnis zu sich selbst. So betrachtet, ist Nadine Gordimer keine typische Moderne. Verschont von heftigen Schreib- oder persönlichen Lebenskrisen, gesegnet mit hohem Selbstbewusstsein, beschenkt mit einer Liebesehe, die bis zum Tod ihres Ehemannes Reinhold Cassirer 2001 fast ein halbes Jahrhundert währte, materiell vom Beginn ihres Schreibens an durch dieses versorgt und von dauerhaftem Erfolg verwöhnt, erscheint Nadine Gordimer als der Glücksfall einer Künstlerin, die mit sich im Reinen ist – und dennoch Zorn, Depression, Verzweiflung kennt. Nur rührt all dies von einem Konflikt, der sich nicht auf der Innen-, sondern gleichsam auf der Außenseite ihres Egos abspielt. Vom Konflikt ihrer gesellschaftlichen Identität, ja, ihrer gesellschaftlichen Daseinsberechtigung als Weiße in Afrika. Wo gehört sie hin? Sie ist in Südafrika geboren, spricht und schreibt aber auf Englisch, kennt England indes nur als kulturelles Bezugssystem. Das Milieu der weißen Oberschicht, der sie entstammt, begann Gordimer schon als junge Frau zu verachten, ab den sechziger Jahren wurde sie vom Apartheid-Staat als Persona non grata behandelt. Vom Milieu der Schwarzen wiederum trennt sie, bei aller politischen Loyalität, die Hautfarbe.

Eine Reihe von Gordimers Romanen erzählen von Liebesgeschichten zwischen Schwarzen und Weißen, häufig illegale Liebesgeschichten also, denn unter dem Apartheid-Regime stand der sexuelle Verkehr zwischen Schwarzen und Weißen unter Strafe. Aber nicht daran, nicht an der staatlichen Repression, scheitern die Liebenden in erster Linie. Sie scheitern vielmehr an der eigenen Illusion, die Hautfarbe ignorieren zu können, einer Illusion, der sich vor allem aufgeklärte Weiße hingeben. In dem Roman »Anlass zu lieben« flieht eine verheiratete weiße Frau mit ihrem Geliebten, einem schwarzen Künstler, in eine einsame Hütte irgendwo am Meer. Von Beginn an hat der sachliche Blick der Autorin die Aussichtslosigkeit der Liaison im Auge. Ihr entlarvender Sarkasmus aber trifft den gehörnten Ehemann; Inbild des regimekritischen, schwarzenfreundlichen und dennoch verlogenen liberalen Weißen. Da sein erotischer Rivale ein Schwarzer ist, hat er aus gutgemeinten politischen Schuldkomplexen heraus Hemmungen, auch nur Eifersucht zu empfinden, und behandelt den Schwarzen gerade dadurch wie einen Menschen, der sich mit ihm nicht auf gleicher Ebene befindet. Bedeutsam ist der Zeitpunkt, an dem Nadine Gordimer »Anlass zu lieben«, ihre literarische Abrechnung mit dem Schwindel des weißen Liberalismus, veröffentlichte: 1963. Drei Jahre nach dem Massaker von Sharpeville am 21. März 1960, das die internationale Öffentlichkeit auf den Alltag im Apartheid-Staat und auf die unmenschlichen Konsequenzen der Rassenpolitik aufmerksam machte. Sharpeville markiert einen Wendepunkt in der Geschichte Südafrikas. Und in Nadine Gordimers Biografie eine politische Radikalisierung. Schon 1958 hatte sie geschrieben: »Der Liberalismus ist bedeutungslos geworden. Wir müssen uns damit abfinden, dass wir in einer morschen Gesellschaft nicht anständig leben können.« Nach 1960 bekannte sie sich offen zum bewaffneten Kampf – ohne ihn selbst zu führen. Ihr fehle, äußerte sie, der Mut, »eine völlige Revolutionärin« zu werden, in den Untergrund und ins Gefängnis zu gehen.

Eine Störung in ihrer sozialen Umgebung empfand Nadine Gordimer von Kindheit an. Das schwarze Kindermädchen, das sie versorgte, ins Bett brachte, tröstete, durfte im Haushalt nicht nur nicht am Esstisch sitzen. Es durfte auch das Essbesteck der Herrschaft nicht benutzen. Streng war es dem weißen Kind Nadine Gordimer verboten, je einen Löffel in den Mund zu nehmen, den das schwarze Kindermädchen vorher im Mund hatte. Denn von Schwarzen, hieß es von den Eltern, gingen schmutzige Keime und Krankheitserreger aus. Nadine Gordimer wurde im Jahr 1923 in eine Welt hineingeboren, in der die Minderwertigkeit der schwarzen Rasse und die Überlegenheit der Weißen als Normalität, als Gegebenheit der Natur galt. Während der Vater, ein jüdischer Einwanderer aus dem lettischen Riga, der in Südafrika ein Uhrmacher- und Juweliergeschäft unterhielt, die schwarzen Bediensteten je nach Laune anherrschte und kommandierte, pflegte die in London geborene, vom englischen Liberalismus geprägte und gebildete Mutter einen besänftigenden Umgangston. »Die Schwarzen sind doch auch Menschen«, lautete ihr Refrain zum Thema Rassismus. Sie richtete eine Krippe für schwarze Kinder ein und hielt die eigenen Kinder, wie sie es von der Familienkultur der englischen Oberschicht kannte, emotional auf Distanz.

Ein überbehütetes und zugleich unbeaufsichtigtes Kind – so kann man sich die heranwachsende Nadine Gordimer vorstellen. Allzu streng kann es auf der katholischen Klosterschule, die sie Anfang der vierziger Jahre besuchte, nicht zugegangen sein, denn die Hauptlektion, die das Mädchen verinnerlichte, war das Glück des Schuleschwänzens. Sie ging morgens pünktlich aus dem Haus, trieb sich in der Landschaft herum und kam mittags pünktlich nach Hause. Generationen junger Menschen haben auf diese Weise Mathematik und Physik verpasst und dafür Freiheit, Renitenz und Eigensinn erlernt. Nadine Gordimer entdeckte auf ihren heimlichen Ausflügen noch etwas ganz anderes: die Welt der Schwarzen. Einen von ihrem Lebensplaneten getrennten, unbekannten und verbotenen Gegenplanet. Sie begriff schockartig, dass es in ihrer Stadt, der Minenstadt Springs in Transvaal, zwei Städte gab mit zwei vollkommen unterschiedlichen Kulturen, Lebensweisen, Sprachen, Gerüchen, Geräuschen. Diese Entdeckung ist die Urszene ihres politischen Erwachens – und die Urszene ihres ersten Romans, »Entzauberung« aus dem Jahr 1953. Als sie diesen autobiografischen Roman zu schreiben begann, war sie noch keine dreißig Jahre alt. Schon die Anfangsszene zielt auf den harten Kern des Apartheid-Systems: die territoriale Trennung zwischen der weißen

Bevölkerung und der schwarzen, die in ausgewiesenen Homelands lebt oder in den berüchtigten, meist slumartigen und ghettoisierten Townships an der Peripherie der Städte.

Helen, so der Name des Mädchens, aus dessen Sicht der Roman erzählt, spaziert an einem Nachmittag, während ihre Eltern sich die Zeit im Tennisclub vertreiben, von ihrem weißen Upper-Class-Wohnviertel weiter weg, als es ihr erlaubt ist. Sie überschreitet eine Verbots- und eine Straßengrenze, gerät in ein Labyrinth aus Wellblechhütten, Garagen, offenen Garküchen, Gassen und Gässchen, in dem es nur Schwarze gibt, die offensichtlich weniger in ihren Behausungen denn auf den Wegen dazwischen leben. Helen ist nicht nur erschüttert, wie sich das Leben in diesem Viertel abspielt. Sie ist erschüttert, dass es dieses Viertel, fast vor ihrer Haustür, überhaupt gibt. Im Rauschzustand geht sie weiter und weiter, voller Angst, dass im nächsten Moment geschieht, wovor sie von klein auf gewarnt wurde: von »Eingeborenen« vergiftet, vergewaltigt, womöglich verspeist zu werden. Aber die Neugier ist stärker als die Angst. »Ich verhielt in Entsetzen den Atem und erspähte im dunklen Innern des Hauses hölzerne Bänke und Schragen und schwarze Gesichter und Fliegen; und weiter die blitzende Helle eines Zinnkruges.« Dieser Blick in eine räumlich nahe, kulturell exotisch fremde Welt löst in dem Mädchen eine Bewegung des Bewusstseins aus, die sich nie mehr rückgängig machen lässt. Sie erkennt: Die Wirklichkeit der Weißen ist eine scheinhafte, erlogene Wirklichkeit (der Originaltitel des Romans »The Lying Days« trifft das Thema genauer), denn sie maßt sich an, die Gesellschaft als Ganzes zu repräsentieren, von der sie in Wahrheit nur ein Teil ist. Und Helen erkennt: Von dieser Lüge ist sie selbst, ist ihre Identität betroffen. Sie hat bis jetzt als Weiße in einer weißen Gesellschaft gelebt, die niedere Arbeiten von Schwarzen ausführen lässt. In Wahrheit ist sie eine Weiße in einem schwarzen Land. Eine, wie Nadine Gordimer sich zeitlebens genannt hat, »weiße Afrikanerin«.

Nichts bebildert diese Selbstbeschreibung besser als just die Szene, die sich 1991 auf dem Johannesburger Flughafen abspielte, als Nadine Gordimer aus Stockholm nach Hause kam. Denn die Menschen, die gekommen sind, um ihre Nobelpreisträgerin zu bejubeln, sind: Schwarze. Nur vier Weiße, enge private Freunde Nadine Gordimers, befinden sich darunter. Zwei Jahre später, im Herbst 1993, trat Nadine Gordimer die Reise von Johannesburg nach Stockholm noch einmal an. Sie begleitete Nelson Mandela, der in diesem Jahr, gemeinsam mit Frederik Willem de Klerk, den Friedensnobelpreis erhielt. Man darf annehmen, dass auch dieses Ereignis zu den glücklichen Höhepunkten in Nadine Gordimers Biografie zählt. Bei den Wahlen im darauffolgenden Mai 1994 wurde Nelson Mandela zum Präsident Südafrikas gewählt. Die neue Regierung hätte Nadine Gordimer gern als Amtsträgerin in ihren Reihen gesehen.

Aber sie lehnte ab. »Ich bin«, sagte sie, »Schriftstellerin, nichts anderes, ich bin keine Politikerin.«

Biografisches

Nadine Gordimer wurde am 20. November 1923 in der südafrikanischen Minenstadt Springs geboren. Trotz der jüdisch-orthodoxen Herkunft ihres Vaters, eines Einwanderers aus Riga, spielten Glaube und Religion in ihrer Familie keine Rolle. Sie begann sehr früh, schon mit neun Jahren, Geschichten zu schreiben, und ging nie einer anderen beruflichen Tätigkeit nach als der Schriftstellerei. Nach der Schulzeit studierte sie Literatur in Johannesburg, lebte aber weiterhin im nahe gelegenen Springs. Im Jahr 1949 zog sie endgültig nach Johannesburg. Sie beendete mit diesem Schritt eine kurze Ehe, aus der sie eine Tochter hat, und einen Lebenswandel, den sie später als bourgeois, ausschweifend und sinnlos erachtete und sich nie recht verzieh. In Johannesburg freundete sie sich mit schwarzen Intellektuellen an und kam mit politischen Kreisen in Kontakt, mit Menschen, »die nicht auf Partys gehen, sondern in Gefängnisse«. Im Jahr 1954 heiratete sie den Kunsthändler Reinhold Cassirer, Sohn der Berliner Kunstsammler- und Philosophenfamilie Cassirer, der 1935 aus Nazi-Deutschland emigriert war. Auch er brachte ein Kind in die Ehe mit, gemeinsam bekamen Gordimer und Cassirer ein weiteres Kind. Ihre Doppelrolle als Schriftstellerin und Mutter vereinbarte Nadine Gordimer, »indem ich meine Kinder ins Internat schickte«. Reinhold Cassirer starb im Jahr 2001. Die Reihe der Preise und Ehrungen, die Nadine Gordimer im Lauf der Jahrzehnte in vielen Ländern entgegennahm, ist lang. Höhepunkt ist der Literatur-Nobelpreis im Jahr 1991.

Leseempfehlung

»Entzauberung« (Roman). Aus dem Englischen von Wolfgang von Einsiedel.
»Fremdling unter Fremden« (Roman). Aus dem Englischen von Wolfgang von Einsiedel.
»Burgers Tochter« (Roman). Aus dem Englischen von Margaret Carroux.
»Die Geschichte meines Sohnes« (Roman). Aus dem Englischen von Stefanie Schaffer-de Vries.
»Die Hauswaffe« (Roman). Aus dem Englischen von Susanne Höbel.

Ursula März

ORDNUNG MUSS SEIN

Patricia Highsmith *1921–1995*

An einem Tag im Frühsommer 1948 beschloss die Amerikanerin Patricia Highsmith, den damals bereits recht umfangreichen Bestand ihrer Liebeserfahrungen einer gründlichen Inventur zu unterziehen. Sie war siebenundzwanzig Jahre alt, lebte seit sechs Jahren, seit ihrem Studienabschluss am Barnard College der New Yorker Columbia-Universität, nicht mehr bei ihren Eltern, sondern in einer Einzimmerwohnung Ecke 56th Street/1st Avenue in Manhattan, ernährte sich vom Verfassen von Comic-Texten und widmete sich daneben auf höchst geradlinige Weise ihrer schriftstellerischen Entfaltung. Sie schrieb Kurzgeschichten, entwickelte Romanideen und Romanprojekte. »Zwei Fremde im Zug«, ihr erster Roman, der sie zwei Jahre später buchstäblich über Nacht berühmt machte, war im Frühsommer 1948 fast zur Hälfte fertig. Der Schriftsteller Truman Capote hatte ihr durch seine Fürsprache einen Aufenthalt in der

Künstlerkolonie Yaddo in Saratoga Springs verschafft. Dort vollendete Patricia Highsmith im Sommer und Herbst 1948 die Niederschrift des Manuskripts.

Nun aber, ein paar Tage vor der Abfahrt nach Yaddo, sitzt sie mit Kaffee, Zigaretten und einem Teller voll Zucker auf ihrer Bettcouch, nimmt ein Blatt Papier zur Hand und erledigt die Buchhaltung ihres Intimlebens. Zunächst schreibt sie in einer Tabelle alle Namen der Frauen auf, die im Lauf des zurückliegenden Jahrzehnts ihr Leben, ihr Herz und ihr Bett durchwandert haben. Jede der Frauen kennzeichnet sie sodann durch Altersangabe, Haut- und Haarfarbe, Charaktertypus. Weiterhin notiert sie die Dauer der jeweiligen Liaison, den Grund für deren Beendigung und die Zeitspanne, die sie danach noch an die Damen dachte. Es konnte sich um ein paar Tage handeln oder ein paar Jahre – und sagte nur bedingt etwas über die Rolle aus, die eine Frau in der Realität von Patricia Highsmith eingenommen hatte. Die Rolle, die sie in der Phantasie der Schriftstellerin spielte, war mindestens so entscheidend.

Mit einer Frau, deren Erscheinung Patricia Highsmith jahrelang geradezu vergötterte, hatte sie nicht einmal Kontakt. Sie kannte lediglich ihren Namen und ihre Adresse. Auf der im Frühsommer 1948 angefertigten Liebesliste taucht die elegante, in einen Pelzmantel gehüllte blonde Schönheit allerdings nicht auf. Patricia Highsmith wurde ihrer erst ein Dreivierteljahr später, nach dem Aufenthalt in Yaddo, gewahr, kurz vor Weihnachten 1948. Zurück in New York, arbeitete sie kurzfristig als Teilzeitkraft im Kaufhaus Bloomingdale's, zum schieren Geldverdienen. Sie bediente in der Spielzeugwarenabteilung, und ebendort erschien die Fremde, um eine Puppe als Weihnachtsgeschenk für ihre Tochter zu kaufen. Die Puppe sollte nach Hause geliefert werden, deshalb schrieb die schöne Frau ihre Anschrift und ihren Namen auf einen Zettel. Als sie sich umwandte und die Abteilung verließ, war Patricia Highsmith vor Verzückung einem Kreislaufkollaps nahe.

In den zweiundzwanzig Romanen, die die Kriminal- und Thrillerautorin in der zweiten Hälfte des zwanzigsten Jahrhunderts verfasste, haben solche Szenen, solche den Gang der Dinge umlenkende, magnetische Zufallsbegegnungen von Menschen – in den Romanen sind dies indes durchweg Männer – eine dramaturgisch ausschlaggebende Bedeutung. Das Würfelspiel des Zufalls lenkt die Wege zweier Fremder zu einem oft banalen Punkt, in ein Zugabteil, ein Hotel, einen Bungalow, ein venezianisches Sträßchen, und von diesem Punkt aus führt die Handlung Schritt für Schritt ins Ungeheuerliche. Auch die Erfindung Tom Ripleys, jener berühmtesten, in fünf Romanen auftretenden Highsmith-Figur, beruht auf dem plötzlichen, fast mysteriösen Auftauchen einer Person im Gesichtsfeld. Als Highsmith Anfang der fünfziger Jahre die Gestalt Ripleys zu formen und an ihr zu feilen begann, hielt sie sich (mit einer weiteren Geliebten) in Italien auf, in Positano an der Amalfiküste. Sie erwachte in der Morgendämmerung um sechs Uhr früh, ging vom Bett zum Balkon, um einen Blick aufs Meer zu werfen, und sah auf dem vollkommen leeren Strand eine einsame rätselhafte Gestalt herumlaufen. Einen jungen Mann in leicht vorgebeugter Haltung, die Schuhe in der Hand tragend. Er verschwand, Highsmith sah ihn nie wieder. Aber er blieb ihrer literarischen Welt ein paar Jahrzehnte treu. Er wurde der kultivierte, kunstsinnige, äußerlich unauffällige, innerlich diabolische Amerikaner Ripley, der in »Nur die Sonne war Zeuge« (1955), dem ersten der fünf Ripley-Romane, nach Europa geschickt wird, um einen verschollenen jungen Landsmann aufzutreiben und nach Hause zu schicken, ihn stattdessen umbringt und in die Haut der luxuriösen Existenz des Ermordeten schlüpft.

Wie das Bild des unbekannten Strandspaziergängers sich in Tom Ripley fortsetzte, wurde auch das Bild der schönen Unbekannten im Kaufhaus Bloomingdale's schlagartig zum Modell einer literarischen Figur. Sie wurde eine der beiden weiblichen Hauptfiguren in Highsmiths zweitem, 1952 veröffentlichtem Roman. Es ist der einzige Roman, in dem die homosexuelle Schriftstellerin sich mit dem Thema weiblicher Homosexualität befasste. Der einzige, der nicht unter ihrem Namen, sondern unter einem Pseudonym erschien: Claire Morgan. Erst achtunddreißig Jahre später kam das Buch noch einmal unter ihrem richtigen Namen heraus und mit einem neuen Titel, »Carol« (der ursprüngliche Titel lautete »The Price of Salt«). Die politische Stimmung der beginnenden McCarthy-Ära mit ihren Ressentiments gegen Außenseiter mag ein Grund gewesen sein, weshalb Patricia Highsmith und ihr New Yorker Verlag 1952 für den Roman ein Pseudonym wählten. Der andere, mindestens so wichtige Grund aber war: Highsmith wollte auf keinen Fall auf das Markenzeichen lesbische Literatur festgelegt werden. Mit ihrem Debüt »Zwei Fremde im Zug« hatte sie sich in kürzester Zeit den Ruf einer, gleichsam männlich abgebrühten, Spezialistin für Suspense erworben, und diesen Ruf wollte sie nicht aufs Spiel setzen. Nur ein paar Wochen nach Erscheinen des Buches im Sommer 1950 kaufte Alfred Hitchcock für 6800 Dollar die Film- und Bühnenrechte und beauftragte Raymond Chandler mit dem Abfassen eines Drehbuchs. Zwei Halbgötter des Krimigenres beugten sich über den Erstling einer Neunundzwanzigjährigen. Der Film kam schon ein Jahr später ins Kino, und von da an, ab 1951, war Patricia Highsmith weltberühmt. Dann allerdings dauerte es, zumindest in Amerika, eine ziemliche Weile, bis sie nicht nur als Kriminalautorin, sondern als hochrangige literarische Schriftstellerin anerkannt wurde. Ihr amerikanischer Verlag konnte sich erst bei ihrem dreizehnten Roman dazu entschließen, diesen nicht in einer Krimireihe, sondern im literarischen Hauptprogramm zu publizieren. Ab den sechziger Jahren wurde Europa mehr und mehr zur literarischen und persönlichen Heimat der geborenen Texanerin Highsmith. Ihre rabenschwarze, existentialistische Weltsicht wurde in London,

Berlin, Paris wohl etwas besser verstanden und höher geschätzt. Von dort, aus dem pessimistischen Europa, kam ihr Fatalismus literatur- und philosophiegeschichtlich ja auch her.

Die unverwechselbare Wirkung unheimlicher Beklemmung, die von Highsmith-Geschichten ausgeht und so verführerisch nach dem Gemüt des Lesers greift, ergibt sich keineswegs aus spektakulären Plots, noch weniger aus reißerischen Szenarien einer von Gangstern, Bandenchefs, Berufskillern und Dealern bevölkerten Unter- und abgegrenzten Gegenwelt. Highsmith-Geschichten spielen überhaupt nicht im sogenannten Verbrechermilieu. Sie spielen inmitten durchschnittlicher, unverdächtiger Normalität. Tom Ripley, der nach seinen ersten beiden Morden feststellt, wie gut das Töten zu seinem Charakter passt und wie wohltuend es auf seine Seele wirkt, ist ein Psychopath in der personalen Hülle eines Jedermann – oder ein Jedermann mit dem situativen Verhalten eines psychopathischen Mörders. Das bedeutet: Nichts spricht dagegen, dass jeder zum Mörder werden kann, wenn sich die Gelegenheit oder eine bedauerliche Notwendigkeit ergibt. Und es bedeutet auch: Wenn jemand *nicht* zum Mörder wird, ist das nur dem Mangel an Gelegenheit geschuldet.

Amoral ist bei Highsmith nicht der Ausnahmefall, sondern ein aus dem Alltag heraus entwickelter Zwischenfall, den vom Normalfall oft nur eine Winzigkeit trennt. Das Böse ereignet sich nicht auf dem Gipfel herausragender Ereignisse. Es ereignet sich auf der mittleren Ebene der Wirklichkeit und ist vom Nichtbösen häufig schon deshalb schwer zu unterscheiden, weil es dessen Wesen vernünftiger Ordnung als Maske benutzt. Der Mordplan, mit dem Bruno Charles seinen Mitreisenden Guy Haines, eine Zufallsbekanntschaft, in »Zwei Fremde im Zug« überrascht, ist von bestechender Plausibilität, von geradezu mathematischer Rationalität. Jeder der beiden soll den Menschen umbringen, den der jeweils andere loswerden will. Im einen Fall die Ehefrau, im anderen den Vater. In jedem Fall aber eine Operation nach der schwer zu überbietenden Logik einer Rochade im Schachspiel. Wenn die blutige Sache erledigt ist, dämmert dem Leser, dass er es ist, der zum Opfer wurde. Zum Opfer einer perfekt kalkulierenden Schriftstellerin, der es gelingt, Bewunderung für die intellektuelle Technik der Mordtat zu erzwingen, wo doch moralische Verachtung viel eher angebracht wäre. Das Abgründige, Beklemmende entsteht aus der Verschiebung der erzählerischen Aufmerksamkeit vom Moralischen zum Operativen. Ausdruck dessen ist Patricia Highsmiths ungerührt faktischer Schreibstil. Noch in der Sekunde, da ein Messer im Leib eines Opfers verschwindet, das Opfer in einen Sack gestopft und der Sack in einen Kofferraum gehievt wird, nimmt sie sich Zeit, die Länge des Messers und Schärfe seiner Klinge zu beschreiben, die sackgerechte Biegsamkeit einer Leiche zu erörtern und die Leserschaft über den Kraftaufwand zu belehren, der notwendig ist, wenn ein Lebender einen Sack mit einem Toten vom Bordstein auf die Höhe eines Kofferraums hebt und dort hineinschwingt. Die Sätze von Patricia Highsmith sind oft, bedenkt man die Schreckensgeschichten, denen sie dienen, erschreckend einfach und erschreckend genau. »Ingham ging hinunter, wusch sich das Gesicht an der Spüle und zog die Pyjamahose an. Es war zehn vor zwölf.« – Das sind typische Highsmith-Sätze.

Der typische Highsmith-Held ist häufig Amerikaner, häufig, wie Ripley, um die oder über Dreißig, heterosexuell und verkappt homosexuell, er kennt sich in bildender Kunst und Literatur aus, reist ganz gern durch die Welt, besitzt eine Anlage zur Zwanghaftigkeit wie zum scheinbaren Gegenteil, der Verwahrlosung, pflegt einen gewissen Snobismus und ein paar gut versteckte Schrullen. Highsmith entwickelt im Lauf eines Romans ein nahezu wissenschaftlich präzises Bild seiner Gedankengänge, seiner düsteren Triebe und seiner seelischen Pathologie. Wie klein oder gewaltig diese auch sein mag – mit dem gleichen Aufwand widmet sie sich der Darstellung seiner Schuh- und Körpergröße, seiner Augenfarbe, seiner Alltagshandlungen und Schlafgewohnheiten, seiner Ernährung. Der typische Highsmith-Held begegnet irgendwann durch Zufall seinem Alter Ego. Es kann sein Opfer werden oder sein Komplize, oder beides.

In dem Roman »Die zwei Gesichter des Januars« aus dem Jahr 1964 geht der junge Amerikaner Rydal Keener einen Hotelflur entlang. Plötzlich kommt ihm ein Mann entgegen, der eine Leiche hinter sich herschleift. Was macht Keener als höflicher Zeitgenosse? Er packt mit an und hilft bei der mühseligen Entsorgung der Leiche. Er schlägt nicht Alarm, er ruft nicht die Polizei, er verschwendet keinen Gedanken an die Gefahr, demnächst selbst über den Hotelflur geschleppt zu werden. Der Roman stellt Rydal Keener vor eine technische Aufgabe, und Keener fällt nichts anderes ein, als vor dieser technischen Aufgabe bestehen zu wollen. Er handelt, wie ein Mensch in einer Welt handelt, deren moralisches Bewusstsein von technischem Bewusstsein kaum zu unterscheiden ist. Und in der deshalb auch zwischen Reisegepäck und Leichen kein handlungsrelevanter Unterschied besteht. Eben darin, in der lakonischen Ausfabulierung dieser haarsträubenden Erkenntnis, liegt die Meisterschaft der philosophischen Kriminalautorin Patricia Highsmith, die sich zweiundzwanzig Romane lang mit Erfolg bemühte, die philosophischen Vorraussetzungen ihrer Geschichten hinter deren Unterhaltsamkeit unsichtbar zu machen. Es sind keine »Who-dunit«-Geschichten. Sie folgen nicht dem Muster von Tataufklärung und Festnahme. Sie folgen dem Denken und Handeln eines meistenteils von Beginn an bekannten Mörders. Und dieser kommt – ein skandalöses Novum des Genres – am Ende oft ungeschoren davon.

Polizisten, Kriminalbeamte, Detektive, Ermittlungsbehörden, all die für

Ordnung zuständigen Instanzen, spielen eine höchst nebensächliche Rolle in der Highsmith-Literatur. Nicht aus dem Mord ergibt sich folglich der eigentliche moralische Skandal. Sondern aus der Tatsache, dass die Figurenpositionen im Spannungsfeld um den Mord herum von Mördern, Opfern, Komplizen besetzt werden, die Position des Mörderjägers aber leer bleibt. Wenn es ihn gibt, laufen dessen Aktionen ins Leere. So stellt sich die Highsmith-Welt als eine Welt ohne höhere Instanz dar. Als eine, im übertragenen Sinn, gottverlassene und somit existentiell ganz und gar moderne Welt. Eine Welt, wie Albert Camus sie in seinem Roman »Der Fremde« entwarf und Fjodor Dostojewski in seinem Opus »Schuld und Sühne«. Beides Romane, die auf einen Mord zulaufen, aber beileibe keine Krimis sind. Beides Bücher, mit denen Patricia Highsmith bestens vertraut war.

Nun bleibt in einer gottverlassenen Welt den Menschen nichts anderes übrig, als das Geschäft der moralischen Ordnung selbst zu übernehmen und sich zur Instanz aufzuschwingen. Bisweilen ist bei Highsmith auch der Leser aufgefordert, Gericht zu spielen. In »Das Zittern des Fälschers«, Highsmiths dreizehntem Roman aus dem Jahr 1969, ist eben dies der Fall. Sie selbst hielt diesen Roman für ihren besten, der Kollege Graham Greene lobte ihn als einzigartiges Meisterwerk. Die Geschichte des Romans spielt in Tunesien. Ein amerikanischer Schriftsteller namens Howard Ingham ist in das nordafrikanische Land gereist, sitzt in einem Hotel fest und verbringt die Zeit mit Warten. Er wartet auf den Filmregisseur John Castlewood, für den er ein Drehbuch schreiben soll, und er wartet auf Briefe seiner Geliebten. Um Zeitgefühl und Realitätssinn zu konservieren – beides wird im Lauf der Geschichte allerdings Schaden nehmen –, hält er seinen Terminkalender auf dem Laufenden. Eines Nachts wird er von einem Geräusch geweckt. Er sieht eine schemenhafte Gestalt in der Tür stehen. Ein Einbrecher? Vielleicht jener Araber, von dem er sich seit längerem verfolgt fühlt? Ingham packt die Schreibmaschine auf dem Tisch, wirft sie in Richtung Tür und vernimmt einen Schrei. Kurz darauf hört er, dass etwas weggeschleift wird. Der verletzte – oder gar tödlich getroffene – Einbrecher? Vielleicht gab es diesen nur in seiner Einbildung. Er erfährt es nicht. Der Leser, der sich mit Ingham im Bungalow aufhält, erfährt es auch nicht, muss sich aber nun den restlichen Roman hindurch Gedanken machen, ob er es bei dessen Hauptfigur mit einem Mörder, einem Totschläger oder einem paranoiden Spinner zu tun hat. So wird die Erzählung selbst zum moralischen Vakuum – und wer sie liest, gezwungenermaßen zur Instanz, die Ordnung schafft. Denn auch in einer verlassenen Welt muss doch irgendwie, ob es um Aggressionen geht oder um Liebe, noch Ordnung sein.

So saß die junge Patricia Highsmith Anfang 1948 auf ihrer Bettcouch in Manhattan und räumte ihr Liebesleben systematisch auf. Der Namenskatalog der Geliebten war fertig, die Personenbeschreibungen waren fertig, die Kennzeichnung der Amouren nach Dauer und emotionaler Qualität ebenfalls. Fehlte nur noch ein bisschen psychologische Bewertung. Sie nahm einen Schluck Kaffee, vielleicht auch einen kräftigen Schluck Whisky, naschte vom Zucker und notierte hinter jeder der aufgelisteten Liebesaffären ein Kürzel. In ausgeschriebener Form lauten diese: »Ende wegen mangelnder Sympathie meinerseits«; »Ende wegen mangelnder Sympathie ihrerseits«; »Schlechtes Urteil von meiner Seite«; oder: »Sehr vorteilhaft«. Man kann diese Buchhaltung der Liebe ein bisschen unheimlich finden. Man kann, davon abgesehen, allerdings schwerlich bezweifeln, dass Patricia Highsmith eine Meisterin unheimlicher Literatur der Moderne ist.

Biografisches

Patricia Highsmith wurde am 19. Januar 1921 im texanischen Fort Worth als Patricia Plangman geboren. Dies ist der Name ihres leiblichen Vaters, von Beruf Grafiker wie auch ihre Mutter, die sich fünf Monate vor der Geburt des Kindes von Plangman trennte. Als Patricia Highsmith drei Jahre alt war, heiratete ihre Mutter den Grafiker Stanley Highsmith. Im Jahr 1927 zog die Familie nach New York. 1933 wurde das pubertierende Mädchen allerdings für ein Jahr wieder bei der Großmutter in Fort Worth abgesetzt, was Patricia Highsmith als furchtbaren Verrat durch ihre Mutter erfuhr. Von 1938 bis 1942 studierte sie in New York englische Literatur (im Nebenfach Latein, ein Jahr Griechisch und Zoologie). Am Ende ihrer dritten langen Europa-Reise verließ Patricia Highsmith im Jahr 1963 Amerika endgültig. Sie ließ sich zunächst in England nieder, übersiedelte 1968 nach Frankreich, von da aus 1983 in die Schweiz. Drei Jahre zuvor, 1980, hatte sie den Schweizer Diogenes Verlag zu ihrem weltweiten Agenten gemacht. 1993 erwarb Diogenes die Weltrechte ihrer Bücher. Highsmiths Ruhm gründet auch auf der Verfilmung einiger ihrer Romane durch renommierte Regisseure wie Alfred Hitchcock, Claude Miller, Claude Chabrol und Wim Wenders. Katzen waren die treuesten Begleiter ihres Lebens (auch Alkohol war ein treuer Begleiter). Um ihre Homosexualität machte Highsmith kein Geheimnis. Ein einziges Mal ging sie im Jahr 1948 eine ernsthafte Liaison mit einem Mann ein, sie war sogar ein paar Monate lang verlobt und unterzog sich ihren Heiratsabsichten zuliebe einer sechsmonatigen psychoanalytischen Behandlung, die sie von ihrer Homosexualität »heilen« sollte. Der Versuch misslang. Patricia Highsmith starb am 4. Februar 1995 in Locarno.

Leseempfehlung

»*Zwei Fremde im Zug*«. Aus dem Englischen von Melanie Walz.
Die fünf Ripley-Romane: »*Der talentierte Mr. Ripley*«;
»*Ripley Under Ground*« (beide übersetzt von Melanie Walz);
»*Ripleys Game oder Der amerikanische Freund*«; »*Der Junge,
der Ripley folgte*«; »*Ripley Under Water*« (übersetzt von Matthias Jendis).
»*Das Zittern des Fälschers*«. Aus dem Englischen von Dirk van
Gunsteren.
»*Ediths Tagebuch*«. Aus dem Englischen von Irene Rumler.

Ursula März

EINE EINMALIGE KARRIERE

Hildegard von Bingen *1098–1179*

Man nehme und verknete 300 Gramm Dinkelmehl, 150 Gramm Butter, vier Teelöffel Backpulver, 75 Gramm gemahlene Mandeln, 75 Gramm Rohrzucker, ein Ei, drei Teelöffel Zimt, drei Teelöffel Muskat, einen halben Teelöffel Nelken und zwei Esslöffel Wasser. Aus dem entstandenen Teig forme man kleine Rollen, schneide sie in Scheiben wie eine Wurst und verteile die Rädchen auf einem Blech. Acht Minuten Backzeit, mittlere Hitze. Das ergibt die »Nerven-« oder »Intelligenzkekse« der Hildegard von Bingen, ein würziges Gebäck, das einem beim Essen alle fünf Sinne öffnen soll.

Kürzlich hat eine Berner Theologiestudentin das Rezept ausprobiert, dabei ausgiebig vom frischen Teig genascht und prompt Zustände von Entrückung erlebt. Als Todesängste dazukamen, brachte ihr Partner sie in die Notfallstation des nächsten Spitals. Dort wurde sie nach einiger Zeit mit der Diagnose »Muskatnuss-Vergiftung« entlassen. Arztkontakte nach Muskatnussvergiftungen seien selten, heißt es dazu im »Schweizerischen Medizinischen Forum«, weil experimentierfreudige Jugendliche die psychedelischen Nebenwirkungen des Gebäcks normalerweise mit Vergnügen spürten. Trotzdem warnen die Ärzte, der Hildegard-Boom dürfe nicht dazu führen, dass ahnungslosen Teilnehmern von kirchlichen Veranstaltungen »Nervenkekse« serviert werden.

Hildegard ist Kult. Kaum eine andere Figur aus dem Mittelalter hat heute auch nur annähernd so viel Popularität und Präsenz wie die Äbtissin vom Rupertsberg. Auf die ihr von Gott offenbarten Einsichten in die Natur, auf ihr Kräuterwissen aus dem Klostergarten, auf ihre Heilmethode mit Steinen berufen sich heute Esoterik-Läden, Naturheiler und Wellness-Tempel. Dabei hat sie nie ein Rezept oder einen medizinischen Ratschlag aufgeschrieben. Die stehen alle in Büchern, die erst Jahrzehnte nach ihrem Tod von Unbekannten zusammengetragen und ihr zugeschrieben wurden. Auch weiß keiner, wie ihre eigenwillige Musik, die »Sinfonie himmlischer Offenbarungen«, geklungen haben mag, falls sie je zu ihrer Zeit aufgeführt wurde. Aber die CD »Vision« mit Hildegard-Musik stieg 1995 in den englischsprachigen Ländern an die Spitze der Charts. Mehr als neunhundert Jahre nach ihrer Geburt könnte Hildegard nicht lebendiger sein.

Dabei ist die historische Hildegard ungewöhnlich schwer zu fassen. Teils weil viele ihrer Aktivitäten – beispielsweise ihre in der Heiligen-»Vita« der Mönche Gottfried und Theoderich aufgezeichneten vier großen Predigtreisen – urkundlich nicht beglaubigt sind. Teils weil ihr Bild von einer dicken Schicht phantasiereich ausgemalter Legenden überlagert ist. Teils weil ihre zeitgenössischen Biografen an Fakten nicht interessiert waren. Die Mönche zeichneten die »Vita« der großen Äbtissin mit Hilfe von damals gültigen Schablonen, um auf ihre Heiligsprechung hinzuwirken. Festhalten lässt sich allenfalls, dass sie 1098 in der Nähe von Mainz geboren wurde und aus einer adeligen Familie stammte. Als junges Mädchen schloss sie sich einer kleinen Gemeinschaft von Nonnen an, die an das Benediktinerkloster auf dem Disibodenberg angegliedert waren. Als deren Leiterin Jutta von Sponheim 1136 starb, wurde Hildegard von den Nonnen zur Nachfolgerin gewählt. 1150 gründete sie auf dem Rupertsberg bei Bingen am Rhein ein eigenständiges Nonnenkloster und fünfzehn Jahre später am gegenüberliegenden Rheinufer in Eibingen ein zweites. Sie starb 1179, als Prophetin hochgeachtet und als Volksheilige verehrt, wenn es auch mit der offiziellen Kanonisierung jahrhundertelang nicht hat klappen wollen.

Hildegard steht am Anfang einer religiösen Aufbruchsbewegung, die zu einem historischen Durchbruch führen sollte: die Religion wurde feminisiert, Frauen begannen, im religiösen Leben des Mittelalters eine nie dagewesene Rolle zu spielen. Bis zum zwölften Jahrhundert war Religion gleichbedeutend mit Mönchstum, Klosterleben und lateinischer Sprache gewesen. Dann aber drängten besonders Frauen aus dem Adel und dem sich formierenden städtischen Patriziat in Scharen in die Klöster, nicht zuletzt, weil sie so dem jämmerlichen Rechtsstatus einer mittelalterlichen Ehefrau entrinnen konnten. Allein im Kloster leben zu dürfen war erstrebenswert trotz der strengen Regeln: »Süßer Herr, wenn du mir keine andere Gnade erwiesen hättest, als die, dass du nicht erlaubt hast, dass ich in der Knechtschaft und Unterwerfung durch einen Mann lebe, so hast du mir schon genug getan«, schrieb Ende des dreizehnten Jahrhunderts die französische Kartäusernonne und Mystikerin Margarete d'Oingt. Der Ansturm askesewilliger Frauen überforderte die Klöster. So blieben viele als Beginen außerhalb der Klöster, weihten sich aber trotzdem einem geistlichen Leben in Armut und Keuschheit, meist unter dem Beistand von Mönchen. Klöster waren zudem Inseln der Schriftkultur in einer weitgehend analphabetischen Gesellschaft. Sie lieferten den idealen Rahmen, in dem Frauen zum Schreiben finden konnten. Hier gab es Bücher, Schreibstuben, Unterweisung, Korrektur und Ermunterung. Und es gab ein Publikum, das in Andacht las und lauschte. Hier konnten sich die Empfänglichen unter den Frauen den Offenbarungen Gottes hingeben, was eine so unerhörte Erfahrung war, dass sie aufgeschrieben werden musste.

Das konnte gefährlich werden, wie sich im Fall der Mechthild von Magdeburg zeigt. Betreut von einem Dominikanermönch hatte die Mystikerin ihre auf Deutsch abgefassten erotisch-ekstatischen Liebesdialoge mit Gott als »Offenbarungen« unter dem Titel »Das fließende Licht der Gottheit« herausgebracht. Verleumdungen, Anfeindungen und Drohungen waren die Folge, so dass sie um 1270 im Zisterzienserinnenkloster zu Helfta Schutz suchte. Hier fand sie verständnisvolle Mitschwestern, die sich selber als Liebespartnerinnen Gottes erlebten und ebenfalls mystische Texte schrieben.

Hildegards Beziehung zu Gott war anderer Art. Ihr Leben lang hat sie betont, dass sie ihre Visionen »nicht im Traum und nicht im Rausch, sondern hellwach« erlebe. Sie schrieb Lateinisch, und auch ihr Gott sprach Lateinisch zu ihr, und zwar mit Donnerstimme. »Gebrechlicher Mensch, Asche von Asche, Moder von Moder, sage und schreibe, was du siehst und hörst!«, befiehlt er ihr gleich zu Beginn ihres ersten Visionenbuchs »Wisse die Wege« (1151). Dieser Gott ist sich nicht zu schade, sein Gütesiegel auf alle ihre Texte zu setzen. Die ihr geschenkten Visionen, spricht Er, überträfen »alles, was die alten Seher in mir an Geheimnissen schauen durften«. Das war eine auf Erden nicht zu überbietende Referenz. Und ein kluger Schachzug. Denn einer Frau, die Gott selber als seine »Posaune« autorisiert hatte, konnte niemand mehr mit dem alten paulinischen Gebot »Das Weib schweige in der Gemeinde« den Mund verbieten. Noch vierhundert Jahre später wird die spanische Mystikerin Teresa von Ávila, um Paulus zu entkräften, zu einem ähnlichen Trick greifen. Auch bei ihr intervenierte Gott selbst. Er sagte ihr, sie möge ihren männlichen Kritikern ausrichten, es gebe auch noch andere Stellen in der Bibel, und er werde sich von ihnen nicht gängeln lassen.

Göttliche Eingebungen brachten einen zu jener Zeit leicht auf den Scheiterhaufen. Zumal Frauen waren gefährdet, weil sie als besonders anfällig für teuflische Einflüsterungen galten. Umso wichtiger, derartige Offenbarungen kirchlich bestätigen zu lassen. Hildegard hatte als Kind schon Visionen gehabt, begann aber erst als Dreiundvierzigjährige, sie aufzuschreiben – beraten von ihrem Sekretär, dem Benediktinermönch Volmar. Er reichte die Texte an den Abt seines Klosters weiter, von dort wurden sie zum Mainzer Erzbischof und von ihm an den Papst weitergeleitet. Eugen III. hat auf der Trierer Synode von 1147 wohl mündlich wohlwollend reagiert, Hildegard aber als Prophetin nie schriftlich bestätigt, auch wenn sie ihn brieflich dazu drängte. Trotzdem ging ihr Ruf als Prophetin bald über die Grenzen des Deutschen Reiches hinaus. Sie korrespondierte mit Königen und Kirchenfürsten, Äbtissinnen und Erzbischöfen und mit dem charismatischsten Prediger ihrer Zeit, dem acht Jahre älteren Zisterzienserabt Bernhard von Clairvaux, der in jenen Jahren in ganz Europa einen Sturm der Begeisterung für den Zweiten Kreuzzug entfachte.

Als Autorin übertrifft Hildegard mit ihren drei Visionenbüchern nicht nur vieles, was Frauen bis dahin in der Geschichte hinterlassen haben. Selbst von männlichen Berühmtheiten des Mittelalters ist kaum je ein so umfangreiches Textwerk überliefert. Wie es zustande kam, illustriert eine Miniatur aus einer Handschrift von Hildegards »Liber divinorum operum« aus dem dreizehnten Jahrhundert: Die Prophetin sitzt im schwarzen Nonnenhabit der Benediktinerinnen an ihrem Pult, eine Wachstafel im Schoß, die von der Form her den beiden Gesetzestafeln des biblischen Moses ähnelt. Schon dieses Detail zeigt, in welch unangreifbar hoher Tradition sie steht. Ihr Blick geht nach oben, wo über dem Klosterdach der Himmel wie ein Fenster offensteht. Von dort ergießt sich ihr ein blutroter Sturzbach von Offenbarungen über Stirn und Augen. Ohne zu sehen, was sie schreibt, ritzt sie den Inhalt der Visionen mit einem Stift auf der Wachstafel ein. Links von ihr sitzt Sekretär Volmar in seiner Klause, kopiert Hildegards Aufzeichnungen auf Pergament und redigiert dabei den lateinischen Text der Prophetin. Indes rechts hinter Hildegards Stuhl schon ihre Lieblingsmitarbeiterin Ricardis wartet, die das Manuskript zur Reinschrift in die Schreibstube des Klosters bringen wird.

Zusammengefasst ergeben Hildegards Visionen eine Theologie des Glanzes, die unverkennbar ihrem adeligen Selbstbewusstsein entspricht. Anders als bei ihren reformwilligen asketischeren Zeitgenossen, die sich auf die Menschlichkeit des leidenden Gottes konzentrierten, ist ihr Gott eine erhabene Herrschergestalt.

Er thront im Zentrum eines wohlgeordneten Universums, in seiner Schöpfung spiegelt sich seine Pracht. Selbst der menschliche Körper, in dem viele damals schon die Wurzel allen Übels sahen, funkelt bei Hildegard noch in jenem Glanz, der das Zeichen seiner edlen Herkunft ist. Kein Wunder, dass Hildegard auch als Äbtissin ihren fast durchwegs adeligen Nonnen Prachtentfaltung erlaubte und sie beispielsweise bei Festtagsprozessionen in kostbaren Gewändern und mit lang herabwallenden Haaren auftreten ließ. Den Sturm der Entrüstung in den strenger geführten Klöstern konterte Hildegard mit dem Argument, für ihre jungfräulichen Nonnen könne die in der mittelalterlichen Kleidervorschrift verankerte symbolische Unterordnung unter den Mann nicht gelten. Und so preist sie die Schönheit der Jungfrauen in einem ihrer festlichsten Gedichte:

> Ihr Schönen ihr,
> wie strahlt euer Antlitz,
> die ihr euch im Frührot erhebt, um Gott zu schaun!
>
> O glückselige Jungfraun,
> wie so edel seid ihr!
> In euch erschaute der König sich selber,
>
> Er, der eingesiegelt hat,
> in euer Wesen
> alle Schöne des Himmels.
>
> Ein köstlicher Garten seid ihr,
> voll Lieblichkeit,
> duftend und widerduftend
> im Schmuck lebendiger Schöne.

Trotz ihrer Begeisterung für die weibliche Schönheit kann man Hildegard nicht als frühe Feministin einstufen. Zwar erweitert sie die Behauptung des Paulus, die Frau sei einzig für den Mann erschaffen worden, gelegentlich um den Satz, auch der Mann sei für die Frau da. Aber ihre Haltung in dieser Frage war unentschieden. Aktueller wirkt ihr ökologischer Gedanke, dass der Mensch in die Schöpfung eingebunden sei, und zwar so, dass im Netzwerk des Ganzen »eins auf das andre Rücksicht nehme«. Es dürfe nicht dazu kommen, dass die Elemente bei Christus die Menschen verklagen und seufzen: »Wir können nicht mehr laufen und unsere Bahn nach unseres Meisters Bestimmung vollenden. Denn die Menschen kehren uns mit ihren schlechten Taten wie eine Mühle von unterst zu oberst. Wir stinken schon wie die Pest.«

Ihre natur- und heilkundlichen Bücher sind nicht in authentischen Handschriften erhalten. Sie gingen vermutlich in spätere Sammlungen ein, die ihr zugeschrieben werden und allerlei Beobachtungen und Ratschläge aus der Tradition der Klostermedizin enthalten. Darunter findet sich neben der hildegardisch-pragmatisch klingenden Lebensregel, das rechte Maß sei in allen Dingen zu wahren, auch allerlei Unsinniges. Etwa die Empfehlung, gegen Hauterkrankungen auf nüchternen Magen Maiglöckchen zu essen oder zur Heilung von Taubheit das rechte Ohr eines Löwen abzuschneiden, es dem Tauben ins linke Ohr zu stecken und dazu einen Zauberspruch zu murmeln. Wenn als Therapie gegen Hautkrankheiten die Auflage von in einem Leinentuch gesammeltem »trockenem und hartem Kot, der von einem Menschen ausgeschieden wird, welcher gesund und stark ist«, empfohlen wird, dann hat man es aller Wahrscheinlichkeit nach nicht mit Hildegards Heilmethoden, sondern mit einem der ekelhafteren Rezepte der mittelalterlichen Medizin zu tun.

Was uns noch einmal auf Muskatnüsse bringt. Da die erst im sechzehnten Jahrhundert von den Portugiesen aus Indonesien nach Europa gebracht wurden und wie viele andere Gewürze ungeheuer kostbar waren, ist es unwahrscheinlich, dass Hildegard von Bingen sie je gekostet hat. Aber auch der ketzerische Verdacht, die Visionen der Prophetin von Bingen verdankten sich einzig dem Genuss von Nervenkeksen, ist damit gegenstandslos.

Biografisches

Hildegard, geboren 1098 in der Nähe von Mainz, war das zehnte Kind einer hochadeligen, wohlhabenden Familie, deren Mitglieder hohe kirchliche Ämter bekleideten. Diese und andere gute Beziehungen zu adeligen Spendern hat sie lebenslang mit diplomatischer Umsicht genutzt und so die rechtliche und finanzielle Basis und die Unabhängigkeit ihres Klosters abgesichert. Als sie vierzigjährig als Prophetin an die Öffentlichkeit trat, konnte sie sich auf das Wohlwollen und den Schutz ihrer Kirchenoberen verlassen. Sie vergaß nie, was das wert war. Vor die Entscheidung zwischen Kaiser und Papst gestellt, schlug sie sich auf die Seite des Papstes und verkündete göttliche Strafandrohungen gegen Kaiser Friedrich Barbarossa, obwohl der ihrem Kloster einen Schutzbrief ausgestellt hatte. Hildegard ist es meisterhaft gelungen, ihr Bild nach ihrer Regie in den Köpfen der Zeitgenossen und zugleich für die Nachwelt festzuschreiben. Dafür sorgte nicht zuletzt eins ihrer spätesten publizistischen Projekte: die Herausgabe ihrer gesammelten Korrespondenz aus zwanzig Jahren, bei der ihr Sekretär Volmar – sicher nicht ohne ihre Zustimmung – zahlreiche Briefe an sie und von ihr durch Manipulationen auf eine einheitliche Linie brachte, sprich: Adressaten- und Schreibernamen veränderte, Absätze austauschte, Inhalte ins Gegenteil verkehrte, so dass die Briefpartner bedeutender und die Inhalte der Briefe schmeichelhafter wurden. Entstanden ist so das Bild einer von den Mächtigen in Kirche und Welt gesuchten prophetischen Ratgeberin. Für eine Frau war das eine einmalige Karriere, die alle Normen sprengte. Sie starb 1179 im zweiundachtzigsten Jahr ihres Lebens im Kreis ihrer Nonnen auf dem Rupertsberg. Erst Papst Benedikt XVI. sorgte dafür, dass Hildegard von Bingen im Jahr 2012 ins Verzeichnis der Heiligen eingetragen und zur Kirchenlehrerin erhoben wurde.

Leseempfehlung

»*Das Buch der Lebensverdienste. Der Mensch in der Verantwortung (Liber vitae meritorum)*«. Aus dem Lateinischen und erläutert von Heinrich Schipperges.
»*Symphonia. Gedichte und Gesänge. Lateinisch–Deutsch*«. Übersetzt von Walter Berschin und Heinrich Schipperges.
»*Im Feuer der Taube. Die Briefe der Hildegard von Bingen*«. Aus dem Lateinischen und herausgegeben von Walburga Storch.

Gunhild Kübler

COURAGE UND EINSAMKEIT

Ricarda Huch *1864–1947*

Sie starb im November 1947, zwei Jahre nach Ende des Krieges – mitten im kalten Winter, wie es im Liede heißt, nach einer nächtlichen Flucht vom einen ins andere Deutschland, die ihr von Mangelernährung und Alter geschwächter Körper nicht überstand. Sie war im würdigen Alter von dreiundachtzig Jahren, doch sie hatte noch etwas vor: ein »Gedenkbuch« spezieller Art erforderte Gespräche, Briefe, Recherche. Huch sammelte Material zu deutschen Widerstandskämpfern, die ermordet worden waren. Porträts von den Geschwistern Scholl, von Männern aus dem Stauffenberg-Kreis, von bekannten und unbekannten Heldinnen und Helden waren ihr letztes Projekt. Ihr eigenes Überleben – die Bombennächte in Jena, die Angst vor Denunziation, Hunger und Kälte im Haus – war ihr kaum ein paar Worte wert. Eher beschäftigte sie die Frage, warum sie einen Preis, den die Nazis ihr kurz vor Kriegsende überraschend zukommen ließen, nicht zurückgewiesen hatte: »Dass ich«, schrieb sie an eine Freundin, »nicht die Geistesgegenwart hatte, die 30 000 M., die mir da geschenkt wurden, in einer passenden Form abzulehnen, ist vielleicht entschuldbar, aber ich empfinde es als einen Flecken auf der Ehre, den ich nicht auslöschen kann.« Immerhin einen ganzen Tag hatte sie dem heiklen Bemühen gewidmet, das Glückwunschtelegramm des Führers zum achtzigsten Geburtstag zu beantworten und dabei die Worte »Mein Führer« und »Heil Hitler!« zu vermeiden.

Im nationalsozialistischen Deutschland war sie von ungeliebter Prominenz: Man kam nicht vorbei an Ricarda Huch, aber man wollte auch nicht, dass sie vom Volk gelesen wurde. Umarmen und Totschweigen hieß die politische Taktik. Der Führer schickte 30 000 Mark und eine Urkunde, während zur gleichen Zeit der Minister für Propaganda an die Presse die Anweisung gab, ihres Geburtstags öffentlich nicht zu gedenken.

Es war ein Konflikt von Beginn an. 1933, als die Preußische Akademie ihre eigene »Gleichschaltung« betrieb, hatte Huch selbstbewusst – und einzigartig – reagiert. Als Antwort auf die von Gottfried Benn entworfene »Loyalitätserklärung« gegenüber dem neuen Regime schrieb sie: »Was die jetzige Regierung als nationale Gesinnung vorschreibt, ist nicht mein Deutschtum. Die Zentralisierung, den Zwang, die brutalen Methoden, die Diffamierung Andersdenkender, das prahlerische Selbstlob halte ich für undeutsch und unheilvoll... Hiermit erkläre ich meinen Austritt aus der Akademie.«

Sie war damals auf dem Höhepunkt ihres Ruhms, eine nationale Größe: Ihr grundlegendes Werk über die deutsche Romantik, ihre Studien zum mittelalterlichen Deutschland, ihr historisches Epos über den Dreißigjährigen Krieg waren berühmt und vielgelesen. Huchs empfindliches politisches Gewissen, geschärft durch Jahrzehnte historischer Arbeit, ließ sie den Epochenbruch deutlicher wahrnehmen als viele Kollegen. Auch war sie gegen das Pathos der Gewalt lebenslänglich immun. Schon bei Ausbruch des Ersten Weltkriegs hatte sie die Gelegenheit, sich mit Nationalgeschrei zu blamieren, vorüberziehen lassen – anders als fast alle prominenten deutschen Intellektuellen. Sie bezog ihre Ansprüche an Politik und Gesellschaft aus jenen deutschen Zeiten, in denen das, was ihr bedeutend und richtig erschien, am stärksten ausgeprägt war: die freie Selbstbestimmung von Zünften und Städten im Mittelalter, die metaphysische Orientierung der Menschen in der Reformation, die Kultivierung des gesellschaftlichen Lebens in der Romantik, die demokratische Erhebung von 1848. Ricarda Huch zu erklären, was Deutschtum sei, dazu war einer wie Gottfried Benn nicht gebildet genug.

Die Rolle der Deutschen in der Geschichte Europas hatte sie immer beschäftigt. Und als die alte Dame den ersten – gesamtdeutschen – Schriftstellerkongress nach dem Krieg 1947 in Berlin eröffnete, da war allein ihr Erscheinen für die Kollegen eine Erinnerung daran, dass es noch eine andere Nation gab als die der Verbrecher, Duckmäuser und Mitläufer. Die geistigen Netze zerrissen, die Gespräche verboten oder verstummt, die Freunde unerreichbar im Ausland oder ermordet – so hatten sie und ihresgleichen die Jahre seit 1933 notdürftig überstanden. Nun ragte sie in die sich zum Kalten Krieg rüstende Gegenwart hinein wie ein mahnender Engel aus ferner Zeit. Noch einmal sprach da ein Gedächtnis, das schon Vergangenheit war: Ein Denken in ihren Dimensionen war nicht verwendungsfähig für die Gebärdensprache im Kalten Krieg.

Ihr Vokabular, von geradezu rührendem, ganz unangefochtenem Ernst, ist von den Phrasen der Nazis wie kontaminiert. Bis heute fällt es nicht leicht, unter den Krusten einer ganz abgeschiedenen Sprache das Lebendige ihres Interesses zu sehen. Anschaulich und reich im Wortschatz, in Ton und Melodie aber altmeisterlich und gedehnt, fordern ihre Texte eine Aufmerksamkeit, die ungewohnt geworden ist. »Im Jahre 1585«, beginnt ihr gewaltiges Epos »Der große Krieg in Deutschland« (nach ihrem Tod vom Verlag in »Der Dreißigjährige Krieg« und so zum Sachbuch umbenannt), »im Jahre 1585 wurde im Schlosse zu Düsseldorf die Hochzeit des jungen Herzogs Jan Wilhelm mit Jakobe von Baden so pomphaft und majestätisch gefeiert, wie es dem Ansehen des reichen Jülicher Fürstenhauses entsprach. Nachdem die Festlichkeiten abgelaufen waren, verabschiedete sich der Kurfürst von Köln, Ernst von Wittelsbach, der Bruder des Herzogs von Bayern, von der Braut, die seine Nichte war, und sagte zu ihr, er scheide leichteren Mutes, als er gekommen sei; denn es habe oftmals an seinem Gewissen genagt, ob die Heirat, zu der er sie in wohlwollender Meinung und Absicht auf ihr Glück überredet habe, sie auch zufriedenstellen werde. Nun habe er sich aber, da er während der Hochzeit ihr lächelndes Antlitz und auch die vielfache Pracht ihrer neuen Umgebung und die Höflichkeitsbezeigungen der Familie gesehen habe, darüber zur Ruhe begeben.«

Natürlich gilt ihre Art der Historie seit Jahrzehnten, seitdem die Sozial- und Strukturgeschichte in den Geschichtswissenschaften Einzug hielt, als rührend naiv: Geschichte in ihrem Doppelsinn des Faktischen *und* der Erzählung, ein dramatischer Strom von Ereignissen, aus dem große Persönlichkeiten auftauchen, die man kämpfen, siegen, unterliegen sieht. Eine Vergegenwärtigung auch der Komplexität, indem alles zur Sprache kommt, was Handeln und Denken beeinflusst: die Technik, die Landschaft, das Wetter, Glaube und Hirngespinste, Riten und Übereinkünfte, das Temperament der Einzelnen, die Lage der Gesetze, die Wirtschaft, der Zufall. Wie für Friedrich Schiller war die nationale Geschichtsschreibung für sie ein ästhetisches und pädagogisches Projekt, eine Mentalitätsgeschichte *avant la lettre* – zu bedeutend und zu kostbar, um es den Fachleuten (zu denen sie zählte) allein zu überlassen. Auch die Geschichtsschreibung unterliegt den Moden, und so fällt vielleicht irgendwann wieder angenehm auf, dass Ricarda Huch den kleinen Leuten, den Anonymen der Geschichte jene Bedeutung gibt, für die man die Erzählungen von Avantgardisten wie Carlo Ginzburg und Nathalie Zemon Davis so ungemein schätzt. Am einfachsten lesen sich jedenfalls »Der Dreißigjährige Krieg«, ihr Essay über Michael Bakunin – und die beiden kriminalistischen Romane »Der letzte Sommer« und »Der Fall Deruga«, in denen sie ihrem Erzähltemperament, das auf Durchdringung angelegt war, freien Lauf lassen konnte.

Ihr Leben als Frau war mühsam, von Dramen und Zwang entstellt. Als sie mit zweiundzwanzig Jahren ihre Heimat Braunschweig verließ, um in Zürich das Abitur zu machen und anschließend zu studieren – was Frauen in Deutschland vor 1919 nicht möglich war –, wurde sie gewissermaßen ins Ausland entsorgt. Man hatte entdeckt, dass sie die Geliebte ihres Schwagers (und Vetters ersten Grades) war. Ohne diese Affäre hätte die zwar einigermaßen derangierte, aber dennoch stockkonservative Familie sie vermutlich nicht in die akademische Freiheit entlassen. Und die höchst lebendigen Erinnerungen an ihre Studienzeit unter bildungshungrigen Frauen aus ganz Europa, Russland inklusive (erschienen 1938 unter dem Titel »Frühling in der Schweiz«), hätten nicht geschrieben werden können.

Mehr als zwanzig Jahre nach der ersten Liebeserklärung heiratete sie ihre Jugendliebe dann doch. Auf der Vermählungsanzeige war ihr Name des Doktortitels beraubt und wesentlich kleiner gedruckt als der ihres Mannes, des Braunschweiger Rechtsanwalts Dr. Richard Huch. Nach vier Jahren wurde die Ehe wieder geschieden. Schnell war manifest geworden, was die lange Zeit heimliche Geliebte früh empfand: »Ich fühle mich ganz als Katzengold und Kaninchenpelz. Ja sogar als Kette an Deinem Fuße.« Zwischen der ersten Verliebtheit und dem letzten Desaster lagen ein paar halbe Verlobungen, eine wenig glückliche Ehe mit einem italienischen Zahnarzt (aus der ein Kind entstammt) und der Melodramen viele: So ging der erste Ehemann wohl eine Beziehung zu ihrer Nichte ein, während die Schwester sich für die Neigung ihres Gatten zu Ricarda mit einer Liebschaft mit einem Freund ihres Sohnes entschädigte, dessen Vater sie später heiratete ... All das spielte sich nicht auf dem Dorfe ab, wo Mangel an Personal als Grund für die Verwicklungen hätte gelten können, sondern zwischen Braunschweig, Berlin und schließlich München – wo übrigens FANNY GRÄFIN ZU REVENTLOW, in diesem Fall allerdings so unbeteiligt wie unschuldig, sich als Scheidungsgrund zur Verfügung stellte. Eine gründliche Bereitschaft zur romantischen Tragik und eine verheerende Loyalität mit abgelebten Träumen bestimmte Huchs private Biografie bis in ihre Fünfziger. Die eigentliche Konstante ihres Lebens war ihre geistige Arbeit.

Für die wurde sie spät, doch immer wieder prominent geehrt. Zu ihrem sechzigsten Geburtstag verlieh die Stadt München ihr die Ehrenbürgerschaft. Es sei nicht nur »die erste Frau Deutschlands«, die man zu feiern habe, so Thomas Mann in seiner Laudatio, »es ist wahrscheinlich heute die erste Europas«. Doch noch fünf Jahre nach ihrer Dissertation, die sie in Zürich 1891 »magna cum laude« abschloss, konnte es in Deutschland in einem selbstredend »wissenschaftlichen« Gutachten heißen, dass zur Erfassung der Geschichte geistige Qualitäten nötig seien, die »eine Frau ihrer ganzen Natur nach nicht besitzen kann, so dass auch die fähigste niemals sich zur Historikerin eignen wird«. So brachte Huch, lebenslänglich ohne Professur, nach einigen Jahren als Bibliothekarin und Lehrerin sich und später auch ihre Tochter mit Vorträgen und Rezensionen, belletristischen und historischen Büchern durch; zeitweilig im Wohlstand lebend, dann wieder äußerst bescheiden. Neben den zahllosen Briefen, namentlich an den heimlichen Geliebten, aber auch an die Lebensfreundin Marie Baum, zeigt vor allem ihre Lyrik, wie unerschrocken sie nahm, was sie ertragen musste. In einem ihrer letzten Gedichte verbindet sie, wie immer melodisch und eindrucksvoll, ihren historischen Ernst und ihren romantischen Sinn:

> Tief in den Himmel verklingt –
> »Geh schlafen, mein Herz, es ist Zeit!
> Kühl weht die Ewigkeit.«

Biografisches

Ricarda Huch, am 18. Juli 1864 in Braunschweig als drittes Kind einer bürgerlichen Kaufmannsfamilie geboren, ging mit zweiundzwanzig Jahren nach Zürich, um dort Abitur zu machen und zu studieren. Nach ihrer Dissertation über »Die Neutralität der Eidgenossenschaft, besonders der Orte Zürich und Bern, während des Spanischen Erbfolgekrieges« und der Publikation ihres ersten Gedichtbandes (unter dem Pseudonym Richard Hugo) arbeitete sie zunächst als Bibliothekarin, dann als Hauslehrerin in Zürich. Dramen, Romane und Zeitungsfeuilletons erschienen, bis das zweibändige Werk über »Die Romantik« (1899 und 1902) ihren Rang als Intellektuelle begründete. 1898 heiratete Huch in Wien den italienischen Zahnarzt Ermanno Ceconi, von dem sie 1899 in Triest eine Tochter bekam. 1906 wurde die Ehe in München geschieden. Es folgte die kurze Ehe mit dem langjährigen Geliebten (und früheren Schwager) Richard Huch. 1912 erschien »Der Dreißigjährige Krieg«, 1915 die Studie »Wallenstein«, 1927 »Im Alten Reich. Lebensbilder deutscher Städte«. 1931 erhielt Ricarda Huch den Goethe-Preis der Stadt Frankfurt am Main. Nach der Machtübernahme Hitlers trat sie aus der Preußischen Akademie aus. 1936 zog sie mit Tochter und Schwiegersohn von Freiburg nach Jena um; 1947 erfolgte die heimliche Übersiedelung aus dem sowjetischen Sektor Thüringen nach Schönberg im Taunus, wo sie bald nach der Ankunft am 17. November starb.

Leseempfehlung

» Der Dreißigjährige Krieg« (Historischer Roman).
» Der letzte Sommer« (Erzählung in Briefen).
» Der Fall Deruga« (Roman).
» Michael Bakunin und die Anarchie« (Biografie).
» Frühling in der Schweiz« (Autobiografie).

Elke Schmitter

IHRE TÖDLICHE DOSIS

Elfriede Jelinek *1946

Elfriede Jelinek ist die umstrittene, verhasste und verehrte Nobelpreisträgerin des Jahres 2004. Ihre Texte sind laut, schrill, böse, giftig, gemein, gnadenlos und nervtötend. Eine Endlosschleife, in der sich der kleine und der große Dreck, das Geschrei und Geplapper des Lebens verfängt. Es gibt in ihrem Werk keine Möglichkeit des Aufschubs, keine Tarnung, nur die bedingungslose Aufdeckung gegenwärtiger und vergangener Wahrheiten. In der österreichischen Kleinwelt, die ihre Geografie im Ungefähren lässt, liebt der eine nicht den anderen, sondern routinemäßig den Falschen. Der Direktor die Prostituierten und dessen Frau Gerti einen Studenten. Verirrungen und Verwirrungen bestimmen, seit sie zu schreiben begann, ihr Werk.

Die Provokateurin Elfriede Jelinek selbst zeigt sich ungern der Welt oder posiert als hohes Kunstwerk, als »schöne Kunstfigur«. Weil der Körper und was ihm zustößt in ihrem Werk von zentraler Bedeutung ist, kommt ihre eigene stilisierte »Kunst«-Erscheinung einer Panzerung gleich. Elfriede Jelinek stellt sich als Abgrenzung zu ihren garstigen Stoffen selbst sehr unalltäglich aus. Ihre Mode hat die Witterung für das Aktuelle. »Hautenge Hose, vergib mir!«, steht in den »Prinzessinnendramen«. »Ärmelloses Oberteil, vergib mir!« Mode kann der Tigersprung ins Vergangene oder der Vogelflug in die Zukunft sein.

Hier sie, die exzentrische Schriftstellerin, dort ihre erbärmlichen, auf Mittelstand und Mittelmaß heruntergedimmten Alltagsfiguren. Garstig-irdische Hausfrauen in »Fußgesundheitsholzsandalen« und Männer zum Übelwerden. Seit knapp vierzig Jahren ist ihre Arbeit ein der Aufklärung und nicht der Verklärung gewidmetes *work in progress*. Fernsehen, unermüdliches Trash-Fernsehen ist für die Jelinek Selbstqual und unabdingbare Inspiration. Es ist ihr unbedingter Anspruch, Haltungen und Seinsweisen bis zum Äußersten auszustellen. Aber was ist das Äußerste? Der mediale Firlefanz der Bilder und die ihn kommentierende und kompromittierende Sprache von Sex und Crime, Politik, Stammtisch und innerliche Unberührtheit: Zum Beispiel das Mädchen, das im Fernsehen die Flugzeuge in das World Trade Center rasen sieht und ganz unberührt »cool« sagt, einfach »cool«, mehr nicht.

Elfriede Jelineks Werk ist Sprache. Sprache bei ihr bedeutet: *es* spricht! Sprache bricht sich Bahn, Sprache als Gerede, als Getöse, als Geste und Fluss, als Wechselspiel zwischen Bedeutung und Bedeutungslosigkeit. Sprache wird ausgestellt, hervorgehoben, aus den Talkshows, den Soaps, den Ratesendungen. Sprache wird entwendet, von den Werbeplakaten, aus den bunten Blättern geklaut und in das Jelinek'sche Universum eingespeist und in eine Spielanordnung überführt. Die Oberfläche ist ihre Zapfsäule, auf die tödliche Dosis kommt es an. Sie verfasst politische Pamphlete, offene Briefe, Kolportage-Romane wie »Lust« und »Gier« und Theaterstücke.

Geboren wurde Elfriede Jelinek am 20. Oktober 1946 zufällig an einem Ort, dessen Name sich wie eine literarische Erfindung anhört: »Mürzzuschlag« in der Steiermark – ihre hochschwangere Mutter verbrachte dort ihre Ferien. Ein Flecken, an dem die Menschen um sechs Uhr früh »in den Stall gehen und grausame Fremde für Tiere werden«. Das Land, Ochs und Esel, Kuh, Alm, Stall, Misthaufen, die Berge, der Herr Jesus, die Touristen bilden, wie bei vielen österreichischen Autoren das im ewigen Sonnenuntergang glühende Panorama. In solch pittoresk funkelnder Kulisse lässt sich vortrefflich spucken und spuken. Elfriede Jelinek ist nicht mit den österreichischen, vom Katholizismus stigmatisierten Neurotikern zu verwechseln. Sie ist eine Stadtpflanze, durchdrungen von Berggassenwissen. Ihr suchender Sinn bewegt sich, seit 1983 »Die Klavierspielerin« erschien, zwischen den Mauern der Stadt, ein Nirwana zusammengemischt aus Eiseskälte, Neonlicht und satten Neurosen. Das in der »Klavierspielerin« beschriebene Mutter-Tochter-Drama ist der Nukleus einer gefährdeten Existenz. An dieser Auseinandersetzung, am Konkurrenzkampf zwischen den beiden Frauen, an Neid, Hass und Ehrgeiz, zeigt Elfriede Jelinek das Maß familiärer Verwundungen und Kränkungen bis zur Verleugnung des Ichs. Das Leben der Klavierlehrerin Erika Kohut, die mit ihrer Mutter oder Mama die Wohnung teilt, ist ein höllisches Abbild familiärer Verstrickungen.

Elfriede Jelineks Werk ist Drama, Theatralik, Heimattheatralik, umgewidmet als Persiflage des Heimatromans, anschwellend über die Jahrzehnte. In ihr Theatrum mundi ist das Grausame und das Kitschige eingeflossen: die Schmalzlocken-Mode und Maria Schells süße Küsse, aufgenommen in »Die Ausgesperrten«, 1980; das Nachdenken über Österreichs verdrängte Vergangenheit im Roman »Die Kinder der Toten«, 1995; das Beschreiben der sexuellen Fresslust in den Romanen »Lust«, 1989, und »Gier«, 2000. Den Sprecher trennt Elfriede Jelinek von der Sprache und übereignet Figur und Text dem Theater. Das Gesprochene spitzt sich zum performativen Drama zu. Das Werk fordert die Darstellung, Sprachgebräuche werden nicht auf Wortverwendungen reduziert, sie sind ein Zusammenspiel aus Geste, Mimik, Blick, Klang. »Du kannst mich jetzt nicht allein lassen, weil ich jetzt jemand brauche, dem ich alles erklären kann«, sagt Rainer in »Die Ausgesperrten«. Dieser »Jemand« ist der Leser, dieser Jemand sind wir.

Elfriede Jelineks Alltagsdurchblick laboriert oft in der Kampfzone des Feminismus, umfunktioniert zu einer selbstbestimmten Form: »Am liebsten wäre mir, ich könnte meine eigene Frau werden, das wäre der einzige Zustand, in dem mich die Zumutung eines andern Körpers nicht in rasenden Zorn versetzen würde«, heißt es im »Sportstück«. Die Annäherung der Geschlechter findet nicht im Guten, nur im schlechten Gleichschritt statt. Die Frau bietet sich an und wird Opfer. Der Mann ist der vom Trieb gesteuerte Täter. In »Lust«, »Gier«, »Bambiland«, »In den Alpen« und der »Klavierspielerin« sitzen unsere Doppelgänger, Mütter und ihre Töchter, Väter und ihre Söhne, Frauen und ihre Männer, Männer und ihre Frauen, Kinder und ihre Eltern, Politiker und ihre Taten. Die Waschmaschine schleudert, die Black&Decker bohrt, George Bush grüßt vom Flugzeugträger. Alles ist dicht beisammen wie auf der Mattscheibe, die große Politik läuft als Trailer mit, in dieser beziehungslosen Gleichzeitigkeit liegt die Jelinek'sche Quelle und Mündung. Aber wo bleibt die Tiefe?

Die Tiefe liegt im Ausgesprochenwerden. Kaum ein Gegenwartsphänomen, das nicht zur Sprache kommt. Und kaum jemand, ob männlich, ob weiblich, der mit weißem Kragen aus dem Alltags-Schlachtfeld steigt. Elfriede Jelineks Stücke sind »Unterhaltungsromane« – der Begriff ist natürlich reine Blasphemie. Es sind, genau genommen, Aufbewahrungsorte für Idiosynkrasien und negative Mythen. Es bedarf keines Nachwuchs-Derricks, um die scheinbar kryptische Vermischung zwischen dem öffentlichen Abbild, der Theatralik und der privaten persönlichsten Selbsterklärungen in den Texten aufzuspüren. »Nein, schauen Sie nicht weg! Ich möchte noch weiter beschreiben ... Meine Figuren wollen offenbar, dass ich an mir scheitere, doch ich scheitere immer an ihnen. Mal sehen, ob sie diesmal zu mehreren kommen, um mich fertigzumachen!«, heißt es in »Gier«.

Der Autor als Opfer seines Werks, als Mündel seiner Phantasie. Elfriede Jelinek nimmt erst das Vorgefundene und nutzt dann die Phantasie. Fromm und froh ist bei ihr nichts. Den Fließtext holt sie sich aus den Mündern von Lady Di bis Dornröschen, von Dick Cheney bis Tony Blair. Reale Minutenstars aus Film, Funk, Politik, vermischt mit irrealen Märchengeschichten, grausig und lehrreich. Die rasenden Bilder aus den Fernsehkanälen sind ihre Gegenwart. Was Elfriede Jelinek braucht, ist das, was sie interessiert. Und was interessiert Elfriede Jelinek? Sie interessiert die Hinterhältigkeit der Macht und andere Formen der Abhängigkeit. Die Abhängigkeit vom Körper und vom Geld. Sie treibt in ihrem Werk den nackten geilen Mann über die Seiten, sie erbost sich und macht sich lustig, ohne es lustig zu meinen. Was Gerti und Hermann, die Hauptdarsteller in »Lust« miteinander treiben, ist das Satyrspiel des ausgehenden zwanzigsten Jahrhunderts. »Ich tue nichts als Brocken hinwerfen oder Tritte austeilen«, lässt Frau Jelinek sagen.

Elfriede Jelinek spielt ihre Texte vor sich selbst. Sie spielt immer mit. Die »Autorin« leiht der Welt und sich selbst ihren Mund. Sie baut das Mutterdrama in der »Klavierspielerin« und das Vaterdrama im »Sportstück« auf. Sie verteidigt die Frauen und denunziert sie. Sie denunziert den Mann und verteidigt ihn. Ihre »Satyriasis« ist durchsetzt mit privater und öffentlicher Anklage, mit Hass und Abschaum, mit Erkenntnis und dem Anspruch, durch Darstellung aufzuklären.

Biografisches

Elfriede Jelinek, geboren am 20. Oktober 1946 in Mürzzuschlag, Steiermark, wurde geprägt und gequält von einer katastrophalen Beziehung zu ihrer Mutter Olga, die ihre Tochter zu einem musikalischen Wunderkind erziehen ließ. Am Konservatorium der Stadt Wien studierte sie Orgel, Klavier, Flöte und Komposition. Der Vater, ein Chemiker jüdisch-tschechischer Abstammung, erkrankte während der sechziger Jahre psychisch und starb 1969 in geistiger Umnachtung. 1974 heiratete sie und lebt seitdem in München und Wien. Elfriede Jelinek erhielt bereits 1972/73 das Österreichische Staatsstipendium für Literatur, 1996 den Bremer Literaturpreis, 1998 den Büchner-Preis, 2002 und 2004 den Mühlheimer Dramatikerpreis und 2004 den Nobelpreis für Literatur. Sie blieb der Stockholmer Preisverleihung fern und tritt seit dieser Zeit nicht mehr öffentlich in Erscheinung. 2007 wurde Elfriede Jelinek von der Zeitschrift »Theater heute« zur Dramatikerin des Jahres gewählt.

Leseempfehlung

»wir sind lockvögel, baby« (Roman).
»Die Klavierspielerin« (Roman).
»Lust« (Roman).
»Die Kinder der Toten« (Roman).
»Ein Sportstück« (Drama).

Verena Auffermann

LEBEN IM KRIEG UND NACH DER DIKTATUR

Lídia Jorge *1946*

Damals bestand die portugiesische Algarve aus menschenleeren Stränden und einigen Fischerdörfern. Damals waren die portugiesischen Frauen nur kurze Zeit jung. Kaum Mitte Zwanzig, lebten sie wie Witwen. Entweder arbeiteten ihre Männer in einer anderen Stadt, in einem anderen Land, oder sie waren Soldaten in den afrikanischen Kolonien und kamen verroht oder gar nicht mehr nach Hause. Deshalb lohnte es sich nicht, das schwarze Trauerkleid gegen ein buntes, fröhliches zu tauschen. Die Frauen des kleinen Ortes Boliqueime zwischen Faro und Albufeira gelegen, beschäftigten sich mit Handarbeiten, sie saßen zusammen, tauschten die Tagesneuigkeiten aus, bis ihnen der Gesprächsstoff ausging. Sie freuten sich daran, dass Lídia, das einzige Kind von Maria dos Remédios Silva Guerreiro, so schnell und so gut lesen gelernt hatte. Lídia liebte es, vorzulesen, und die Frauen liebten die romantischen Klassiker, die sie ihnen vortrug. Doch bald begann die zehnjährige Vorleserin, sich über die Inhalte der Bücher zu ärgern. Sie ärgerte sich, weil viele der Geschichten schlecht ausgingen. Am schlimmsten fand sie es, wenn die schönen, heroischen Liebhaber starben. Dann strich sich Lídia ihr dickes glänzendes Haar aus der Stirn und machte sich einen Spaß daraus, für die Geschichten einen neuen Schluss zu erfinden. Da sie Tragödien hasste, entwickelte sie schon früh ein Bedürfnis, Ordnung in die Liebesunordnung zu bringen.

Die Liebesunordnung, die dem Kind Lídia zuwider war, wird für die Schriftstellerin Lídia Jorge vor dem Hintergrund der portugiesischen Geschichte des zwanzigsten Jahrhunderts zum zentralen Thema. Die Hälfte des Jahrhunderts lebte Portugal unter der Knute einer Diktatur. Und in den Kolonien Mosambik und Angola herrschten bis in die siebziger Jahre grausame Kriege um deren Unabhängigkeit. Lídia Jorges Kollege, António Lobo Antunes, der als junger Arzt in Angola seinen Militärdienst ableisten musste, hat in vielen seiner Romane von diesen Kriegen erzählt. Dass sich eine Frau mit Krieg, Gewalt und der Ignoranz der Herrschenden auseinandersetzt, das war im traditionell katholisch-bäuerlichen Portugal nicht üblich. Aber eine Frau wie Lídia Jorge, aufgeklärt durch ihre frühe Leseleidenschaft und durch ein Romanistik-Studium, ließ sich von ihrem Plan, Chronistin ihrer Zeit zu sein, nicht abbringen. Mögen es für sie persönlich die schwersten Jahre ihres Lebens gewesen sein: Für ihr Werk war es von entscheidender Bedeutung, dass sie sich, in erster Ehe mit einem Offizier der Luftwaffe verheiratet, zwischen 1968 und 1974 zuerst in Angola und dann in Mosambik aufhielt. Sie lebte nicht das Leben der untätigen Kolonialfrau, sie arbeitete als Lehrerin. Was sie in dieser Zeit der Kolonialkriege beobachtete und erlebte, schildert sie in ihrem am meisten beachteten Roman »Küste des Raunens«.

Auf den ersten Seiten des Buchs sagt ein Luftwaffenoffizier während eines opulent-bizarren Hochzeitsfests in einem Hotel am Indischen Ozean zu der Braut: »Die Leute denken, Afrika sei ein undurchdringlicher Urwald, gnädige Frau, wo die Löwen die Schwarzen fressen, die Schwarzen gebratene Ratten und die Ratten die grüne Ernte, und alles sei grün und schwarz. Aber das ist falsch, gnädige Frau«, fährt der Offizier fort, »Afrika ist ... gelb. Hellgelb wie Whisky!« Und kurz darauf erklärt ein anderer Major voller Zynismus Afrika zu »einer der wenigen idealen Gegenden auf der Erdkugel«. Kurz zuvor hat Evita, die Braut, mit dem Degen ihres Bräutigams das Herz der siebenstöckigen Hochzeitstorte mit einem Hieb in zwei Teile gehauen. Vor dem Krieg war der Bräutigam Mathematikstudent, der Krieg hat ihn in einen besessenen Mörder verwandelt; und seine Jugendliebe, erst kurz vor der Hochzeit aus Portugal in Mosambik gelandet, versteht nicht, was um sie herum passiert. Sie kann die fremden Zeichen nicht deuten, die unheimlichen und bedrohlichen Geräusche vor dem Hotel nicht erklären und den Mann, mit dem sie im Badezimmer über den Fußboden rollt, kaum wiedererkennen. Evita nimmt die fremde grelle Wirklichkeit, durch die Flamingos wie zinnoberrote Pfeile ziehen, wie durch einen Schleier wahr.

Damit das dramatische Geschehen die Doppelbödigkeit bekommt, die ihm innewohnt, erzählt Lídia Jorge die gleiche Geschichte aus zwei Perspektiven. Im ersten Teil berichtet ein Erzähler, der zweite wird von Evita selbst wiedergegeben in dem verzweifelten Versuch, hinter die Rätsel des Krieges zu kommen. Evita möchte sich gegen die Macht erlebter Schreckensbilder wehren und zerrt die Realität ins Fiktionale, als ginge es um eine blutige Filmszene, erklärt die Wirklichkeit zum »Bluff« und formt sie um zur nostalgischen Erinnerung. Aber der Selbstbetrug – und Selbstbetrug ist ein wichtiges Thema dieser Autorin – funktioniert nicht. Lídia Jorge überblendet die Phantasien mit den Bildern des Krieges, erzählt vom Leben im Kolonialhotel, wo Majorsfrauen im rückenfreien Abendkleid an der Brüstung stehen, den glutroten Sonnenuntergang bewundern und ein Offizier ihnen voll Stolz die Geschichte der kämpferischen Bevölkerung der Iberischen Halbinsel nahebringt.

1974, vier Jahre nach dem Tod des Diktators Salazar, wurde Portugal durch eine friedliche Revolution zur Demokratie. Den Befreiungsakt symbolisierte das Wahrzeichen der Sozialisten, Wagenladungen voll roter Nelken, Nelken überall in Portugal, auf Brandmauern gemalt und in Baumstämme geritzt. Lídia Jorge beschreibt in ihren Büchern die schwerwiegenden und komplizierten Folgen dieser Revolution, die unsicheren Jahre des Tauwetters und den verspäteten Aufbruch Portugals in die Moderne. Sie legt ihren Figuren Sätze über die Zeit in den Mund, die während der Diktatur »zu langsam« verging und in der Demokratie »zu schnell« vergeht. Lídia Jorge berichtet über das neue Geld, das die Strukturen in den alten Familien veränderte wie die alten Landschaften. Sie schildert, wie Neubauten in der Form ausgedrückter Zahnpastawülste über die Bergrücken in Lissabons Umland zu kriechen begannen und die Menschen, bis zur Revolution verschreckte Untertanen, plötzlich nur noch ein einziges Thema kannten, das Geld.

Längst hat die Romanautorin Lídia Jorge eingesehen, dass der Mensch nicht für die Harmonie geschaffen ist. Sie beschreibt genau, wie Disharmonien entstehen, welchen Hintergrund sie haben, welche Atmosphäre sie begleiten. Um ihren Geschichten nah zu sein, setzt sie in einigen ihrer Romane eine Schriftstellerin als Zeugin und Protokollantin der Realität ein: in einem Haus mit vielen Wohnungen oder auf einem anderen Beobachterposten. Die Remington der Schriftstellerin in »Paradies ohne Grenzen« macht so viel Lärm, dass die Geräusche der Außenwelt sich mit dem Rhythmus der Schreibmaschine vermischen. Die Geschichten, die sich zwischen sechs jungen Leuten im Obergeschoss eines Lissaboner Abbruchhauses abspielen, lesen sich im Takt der heruntergedrückten Lettern.

In jedem ihrer Bücher wirft die Vergangenheit des ältesten europäischen Kolonialreichs seine Schatten. Immer ist der Hintergrund der erzählten privaten Lebensgeschichten die Politik. Im »Paradies ohne Grenzen« erzählt Lídia Jorge vom selbstzerstörerischen Versuch einiger Jugendlicher, die neuen Freiheiten zu übertreten. Von der Aufbruchstimmung in Lissabon nach der Nelkenrevolution handelt der Roman »Nachrichten von der anderen Seite der Straße«. Das Leben der »Gastarbeiter« von den kapverdischen Inseln und der Aufstieg der neuen Oligarchen ist Stoff des Romans »Milene«.

Wenn sich die Verhältnisse verändern, wenn die Kriege vorüber sind, ändert sich manches, leider nicht die Arroganz der Menschen. Sie lernen nicht aus der Geschichte, sie empfinden ihr Leben als Rätsel und geben sich damit zufrieden, dass es Rätsel gibt, die nicht zu lösen sind. Ihrem Roman vom nicht ganz normalen Mädchen »Milene« stellte Lídia Jorge die Bemerkung voran, dass Milenes Geschichte eines dieser Rätsel sei. Milene sieht aus wie ein junges Mädchen, ist aber eine Frau von fast dreißig Jahren. Milene läuft an einem heißen Augusttag vor dem Hauptgebäude der ehemaligen Konservenfabrik Leandro hin und her, das inzwischen von der vielköpfigen Einwandererfamilie Mata aus den Kapverden bewohnt wird. Milenes Augen sind hinter einer Sonnenbrille versteckt, eine Strandtasche baumelt von ihrer Schulter. Die reichen Leandros nennen Milene, die unglücklicherweise zu ihrer Familie gehört, eine »Person ohne Manieren, die uns das Leben vergiftet«. Milene ist bei ihrer Großmutter aufgewachsen und streunt nach dem rätselhaften Tod der alten Frau durch die Gegend. Der Clan der ehemaligen Fabrikbesitzer, deren Mitglieder es in der Politik der neuen Gesellschaft zu Ansehen gebracht haben, schämen sich für Milenes direkte Fragen und Antworten. Sie sind schockiert, als sie mitbekommen, dass der dunkelhäutige Kranführer Antonio Mata aus der stillgelegten Konservenfabrik und Milene ein Liebespaar geworden sind. Die soziale Kluft zwischen den »Kaffern«, wie sich die Leandro-Dynastie ausdrückt, den rebellischen Einwanderern der »dritten Welle«, die mit Elan und Ehrgeiz versuchen, ihr Leben zu meistern, und denen, die alle Macht in den Händen hatten, ist in fast allen Büchern Lídia Jorges der Ausgangspunkt.

Wie in ihrem Afrika-Roman »Die Küste des Raunens« analysiert sie auch in »Milene« den Kampf zwischen »Schwarz« und »Weiß«, diesmal zu Hause in Portugal. Auf der einen Seite stehen die um Anerkennung kämpfenden kapverdischen Matas, die alle Hoffnungen auf die Popstarkarriere eines ihrer Mitglieder setzen, auf der anderen Seite die arrogante und einflussreiche Fabrikantenfamilie Leandro. Es geht um die Differenz zwischen den Kulturen und Klassen, zwischen den ehemaligen »Eroberern« und den Eroberten, zwischen

Kolonisatoren und Kolonisierten. Lídia Jorges gesamtes Werk beschäftigt sich mit den Menschen, denen weisgemacht worden ist, dass die Kolonien in Afrika die andere Hälfte Portugals seien. Nach dem Ende der Kolonialherrschaft lebten viele Portugiesen in innerer Auflösung und im Gefühl ruhe- und ziellosen Umherwanderns. Die alten Werte wie Familie, Kirche und Tradition waren zerbrochen, und mit den Werten verflüchtigten sich die alten Solidaritäten. Schlecht oder gar nicht vorbereitet auf das vereinte Europa und den globalen Welthandel, fand sich die portugiesische Bevölkerung in einem, wie Lídia Jorge sagt, »no man's land« wieder. In immer neuen Konstellationen und an immer neuen Schauplätzen beschreibt sie das chaotische Leben der Menschen zwischen Boom und Immigration.

Lídia Jorge ist eine ausgeprägt gesellschaftskritische und engagierte Schriftstellerin. Sie hat ein präzises Wissen von den sozialen Unterschieden und von den Gefühlen, die Ungerechtigkeit bei den Menschen auslöst. In ihren frühen Büchern sind die Situationen grell dargestellt mit einer Neigung zum magischen Realismus, in den späteren Romanen sieht und beurteilt Lídia Jorge die Auswirkungen menschlicher Handlungen mit feiner Ironie. Sie zeichnet den »neuen Menschen« als einen Typ mit dem Dollarzeichen über dem Kopf, Dollarzeichen, »die wie Heiligenscheine leuchten«. Lissabon, die Stadt am breiten Lauf des Tejo, die Lídia Jorge, wie alle portugiesischen Schriftsteller, wegen ihrer Schönheit liebt, wird von ihr als ein Universum beschrieben, dem die neue Zeit die morschen Türen einrennt. Aus den Innenhöfen der Häuser klingen nicht mehr die melancholischen Gesänge des Fado, sondern scheppern amerikanische Soundtracks. Die amerikanische Massenkultur verdrängt die traditionelle Folklore, und so wünschen sich auch die Jugendlichen aus »Paradies ohne Grenzen« in ihrer Lissaboner Abbruchwohnung nichts sehnlicher, als ganz zum westlichen Zeitalter zu gehören.

Lídia Jorge ist eine Aufklärerin. Sie, die romantische Vorleserin von einst, die ihre Vorliebe für das Happy End eingebüßt hat, schreibt mitreißende Bücher für die Menschen, die nicht zur Ruhe kommen und keine Zeit mehr haben für ihre »Saudade«, für das Sehnsuchtsvolle, das doch zu den Portugiesen gehört wie ihre weich und melodiös klingende Sprache.

Biografisches

Lídia Jorge wurde am 18. Juni 1946 in Boliqueime an der Algarve geboren. Sie wuchs als Einzelkind auf und wurde im bäuerlichen Milieu von der Mutter und anderen weiblichen Familienmitgliedern großgezogen. Ihr Vater und ihr Großvater arbeiteten im Ausland. Lídia Jorge ging in Faro auf das Gymnasium, studierte in Lissabon Romanistik und wurde Gymnasiallehrerin. Die Jahre zwischen 1968 und 1974 verbrachte sie mit ihrem ersten Mann, einem Luftwaffenoffizier, als Lehrerin in Angola und Mosambik. Zurück in Portugal, verließ sie den Schuldienst und arbeitete im portugiesischen Erziehungsministerium. In den achtziger und neunziger Jahren lehrte sie an der Universität Lissabon Romanistik und wurde Mitglied in der Kommission für Ethik im Öffentlichen Leben. Ihr Debüt als Schriftstellerin gab sie 1980 mit der Erzählung »Der Tag der Wunder«. Sie wurde dafür mit dem Preis der Stadt Lissabon ausgezeichnet. Während Lídia Jorges Mutter klagte, dass ihre Tochter viel zu viel Zeit zum Schreiben der Romane brauche, schimpften Kritiker über den Umfang ihrer Bücher. Sie störte das nicht. Angetrieben von der Idee, »Zeugnis abzulegen«, berichtet sie vom kollektiven Gefühl ihrer Generation, einer Generation, die in der Zeit der Nelkenrevolution jung war und nach und nach lernen musste, dass ein Wandel der Institutionen und der Psyche viele Jahrzehnte dauert. Ihre Bücher gehören neben denen des Literatur-Nobelpreisträgers José Saramago und denen von António Lobo Antunes zu den wichtigsten der zeitgenössischen portugiesischen Literatur und wurden in viele Sprachen übersetzt. 2006 erhielt Lídia Jorge zusammen mit ihrer deutschen Übersetzerin Karin von Schweder-Schreiner den »Albatros«-Preis der Grass-Stiftung. Sie ist zum zweiten Mal verheiratet und hat einen Sohn und eine Tochter.

Leseempfehlung

»Die Küste des Raunens« (Roman).
»Nachrichten von der anderen Seite der Straße« (Roman).
»Milene« (Roman).
Alle Titel aus dem Portugiesischen von Karin von Schweder-Schreiner.

Verena Auffermann

DIE SAKRISTEI ALS SALON

Juana Inés de la Cruz *1648–1695*

Ihre Leidenschaft war die Wissbegier. Noch nicht drei Jahre alt, schlich sich die kleine Juana mit ihrer älteren Schwester in die Schule, beschwatzte die Lehrerin und lernte lesen, ehe ihrer Mutter, die bereits drei uneheliche Töchter hatte, klar wurde, wo das Kind steckte. Ein paar Jahre später hörte sie auf, Käse zu essen, weil sie gehört hatte, man werde dumm davon. Sie verfasste ein Singspiel für das Nachbardorf, gewann einen poetischen Wettstreit und damit ihr erstes eigenes Buch. Ihr Großvater öffnete ihr den Zutritt zu seiner Bibliothek. Wahllos verschlang sie alle Bücher, die sie darin fand. Mit acht Jahren lernte sie in kürzester Zeit Latein. Aus Ungeduld über die eigenen langsamen Fortschritte schnitt sie sich ihr schönes dunkelblondes Haar ab, »denn es schien mir ungehörig, dass ein leerer Kopf so reichen Schmuck tragen sollte«. Ihr Kindertraum war gewesen, sich als Junge zu verkleiden und an der Universität von Mexiko-

Stadt zu studieren. Undenkbar im damaligen mexikanischen Vizekönigreich Neuspanien.

Als sie sechzehn war, landete der vom spanischen Hof entsandte Marqués de Mancera an der Küste von Mexiko, um sein Amt als Vizekönig anzutreten. Juana wurde ihm von ihren Verwandten vorgestellt, und er erhob das intelligente, gelehrte, überaus hübsche junge Mädchen zur Hofdame der Vizekönigin, die sie sofort unter ihre Fittiche nahm. Juana wurde eines der vielbewunderten Schmuckstücke des Hofs von Mexiko, der an Glanz mit dem von Madrid wetteiferte. Sie genoss den höfischen Trubel und bewegte sich mit Leichtigkeit darin. Sogar einen gelehrten Wettstreit mit vierzig Professoren soll sie gewonnen haben, indem sie ihren Gegnern stolz davonzog »wie sich eine königliche Galeere einer Schar von Schaluppen erwehrt«. Aber dauerhaft konnte sie am Hof nicht bleiben. Die vom spanischen König eingesetzten Vizekönige hatten eine Amtszeit von drei Jahren, und die wurde selten verlängert, damit die Vertreter des Königs in Amerika nicht auf die Idee kamen, die Verbindung der Kolonie zum Mutterland zu kappen. Juana musste sich einen Platz und eine Zukunft außerhalb des Hofs suchen. Da sie auf keinen Fall heiraten, sondern in Ruhe ihre Studien fortsetzen wollte, blieb ihr keine große Wahl.

Mit neunzehn versuchte sie zum ersten Mal, in ein Kloster einzutreten. Drei Monate später war sie wieder draußen, die strengen Ordensregeln hatten sie krank gemacht. Zwei Jahre danach versuchte sie es erneut, diesmal im Kloster der »Schwestern des Heiligen Hieronymus«, wo die »Zellen« der Nonnen kleine Häuser waren, versehen mit eigenen Küchen, Schlaf-, Wohn- und Waschräumen, Dachterrassen, Galerien und Brunnen. Ein privater Gönner hatte Sor Juana Inés de la Cruz, wie sie von jetzt an hieß, mit einer ansehnlichen Spende den Eintritt in dieses Kloster ermöglicht. Mehr als zweihundert Frauen lebten hier, davon nur fünfzig Nonnen. Die restlichen Frauen waren zur Bedienung da. Abgesehen von den Gebetszeiten waren die Nonnen in der Gestaltung ihres Tagesablaufs frei. Sie konnten sogar vom Kloster aus Geschäfte tätigen und unverschleiert Besucher von draußen empfangen. Dem Kloster war eine Mädchenschule angegliedert, und im Sprechsaal gab es dramatische und musikalische Aufführungen vor ausgewähltem städtischem Publikum. Auch der Vizekönig samt Gefolge war hier häufig zu Gast.

Nicht religiöser Eifer, sondern einzig ihr Wissensdurst hatte Juana ins Kloster gebracht. Eine Nebenrolle mochten auch Überlegungen wie die ihres Beichtvaters Antonio spielen, der zu sagen pflegte, bei Juanas Schönheit und ihrer Gelehrsamkeit könne »Gott diesem Lande keine größere Geißel bescheren, als wenn er Sor Juana in der Öffentlichkeit der Welt beliße«. In der Tat zeigen die beiden heute noch existierenden Porträts von ihr – Kopien verlorengegangener Bilder – eine bildhübsche junge Frau im prachtvollen Nonnenhabit, mehr weiß als schwarz, mit bis auf den Boden reichenden Ärmeln und dem riesigen dekorativen Medaillon ihres Ordens auf der Brust. Mit großen dunklen Augen sieht sie den Betrachter durchdringend an. Beide Male hat sie ein Buch vor sich und im Rücken eine Bücherwand. Unter ihrer Leitung entstand im Kloster eine Bibliothek (sie soll 4000 Bände umfasst haben) und – weil sie sich für Naturerscheinungen interessierte – eine Sammlung von wissenschaftlichen Instrumenten. Sor Juana wusste die kleinen Freiheiten zu nutzen, die ihr das liberale Kloster bot. Sie las vorwiegend enzyklopädische Werke, muss aber auch damals verbotene Bücher gekannt haben – die von Galileo, Kopernikus, Kepler und Descartes. Sie korrespondierte mit Literaten und Wissenschaftlern in Südamerika, USA und Spanien und empfing im Besuchszimmer ihres Klosters und manchmal sogar in der Sakristei die bedeutendsten Geister des Vizekönigreichs zum Gespräch wie in einem Salon.

Sie schrieb gern und viel – ebenso leicht gereimt wie in Prosa, die Gelegenheitsdichtungen flossen ihr nur so aus der Feder. Kein Kirchenfest, kein Geburtstag im Palast ohne ein von ihr verfasstes und meist auch gleich in Noten gesetztes Singspiel, ein Tanzlied, einen Lobgesang. Zwischen Palast und Kloster gingen Huldigungsgedichte und Geschenke hin und her. Auch mit den abberufenen Vizekönigen pflegte Sor Juana den Kontakt, was sich für die Herausgabe ihrer Werke in Spanien als günstig erwies. Dramen und zahlreiche geistliche und weltliche Gedichte entstanden. Daneben schrieb sie ein Kurzepos (»Der erste Traum«), das von einer Reise des menschlichen Geistes durch den Kosmos erzählt und – ganz auf der wissenschaftlichen Höhe der damaligen Zeit – das Bild der Welt als einer »unermesslichen und schrecklichen« Maschinerie zeichnet, aber dennoch trotzig für die Verwegenheit der Wissbegier plädiert. Und sie schrieb formstrenge Liebesgedichte, die heute als Höhepunkt der spanischen Barockdichtung gelten. Als Lyrikerin verfügte Sor Juana über ein breites Register von Tönen, von hochsprachlicher Eleganz bis hin zu umgangssprachlichen erotischen Derbheiten, sie konnte im Gedicht feurig und zart, witzig und verspielt, aber auch harsch und bissig sein. Sie riskierte einiges in diesen Liebesgedichten, von denen viele im Palast zirkulierten. In einem langen, der Vizekönigin Marquesa de la Laguna gewidmeten Gedicht, die unter dem Decknamen Lysi auftaucht, finden sich Zeilen, die einer Intellektuellen, die zugleich eine Nonne war, gefährlich werden konnten: »Es gibt keine sichere Zuflucht / vor der Schuldhaftigkeit des Gedankens.« Bis heute berühmt ist ihr Spottgedicht auf einfältige Männer »Hombres necios que acusáis a la mujer sin razón...« (Ihr dummen Männer, die ihr den Frauen ohne Grund Vorwürfe macht...).

Im selben Maß, wie der Ruhm der »zehnten Muse von Mexiko« im Kloster weiter wuchs, verstärkte sich das Stirnrunzeln bei Beichtvater und Kirchenoberen. Weltliche Gedichte und Epen, wie sie damals bei katholischen Geistlichen ohne weiteres toleriert wurden, waren bei einer Nonne inakzeptabel. Aber auch die hierarchisch streng geordnete Kolonialgesellschaft nahm Juana als paradoxes Wesen wahr: Die Geistesgaben, mit denen sie ausgestattet war, standen eigentlich nur Männern zu. Das fanden sogar ihre Verehrer. Ein aus Peru angereister Edelmann bedachte sie mit Geschenken und wünschte ihr zugleich in einem angehefteten Gedicht, sie solle, da sie nun einmal so gescheit sei, doch lieber ein Mann werden. Als sie es dann wagte, sich in einer theologischen Streitschrift mit einem berühmten portugiesischen Jesuiten anzulegen, und für sich das Recht zur Auslegung der Heiligen Schrift in Anspruch nahm, spielte sie mit dem Feuer. Unter dem Pseudonym »Sor Filotea« schrieb einer ihrer letzten Gönner in der kirchlichen Hierarchie, der Bischof von Puebla, eine Entgegnung. Sie war als Warnung gedacht, Sor Juana sollte eingeschüchtert werden. Sie aber nahm diese Schrift wie einen ihr hingeworfenen intellektuellen Fehdehandschuh auf und entgegnete darauf klug und mutig und – wie es der Debattierstil der Zeit verlangte – mit prächtigen Zitaten, die ihre enorme Belesenheit verrieten. Was ihr, bildlich gesprochen, das Genick brach. Sie hatte ihre Situation falsch eingeschätzt. Frauen warf man keine Fehdehandschuhe hin. Nicht nur, weil sie intellektuell als nicht ernstzunehmende Gegner galten. Sie hatten grundsätzlich den Mund zu halten in der Kirche. Das hatte schon der Apostel Paulus im Korintherbrief verfügt.

Vor diesem paulinischen Schweigegebot hatten bereits HILDEGARD VON BINGEN und CHRISTINE DE PIZAN wie vor einer Mauer gestanden und ihre eigenen Strategien entwickelt, es zu umgehen. Sor Juanas »Antwort an Schwester Philotea« von 1691 ist ein Frontalangriff auf dieses Gebot. Der Apostel sei falsch verstanden worden, argumentiert sie. Sein Verbot habe sich auf die urchristlichen Frauen bezogen, die sich in den Gotteshäusern zum Unterricht trafen. Ihr Hintergrundgemurmel habe die Predigt der Apostel gestört, und »aus diesem Grund befahl man ihnen zu schweigen. So wie es heute auch nicht üblich ist, während der Predigt laut zu beten.« Aber nicht nur solche hübschen Spitzfindigkeiten machen die Lektüre heute noch lohnend. Bewundernswert ist auch die Verve, mit der sie ihr Recht auf Wissen verteidigt und eine große historische Neuerung fordert: Bildung für alle Frauen. Ältere Frauen will sie als Lehrerinnen ausbilden lassen. Besonders berührend sind die autobiografischen Passagen des Texts. Hier bekennt sie sich zu ihrem unbändigen Wissensdurst, der sie vor mehr als zwei Jahrzehnten ins Kloster geführt hat: »Ich glaubte mir selbst entfliehen zu können, aber ich brachte mich selbst mit und mit mir meinen ärgsten Feind, diese Leidenschaft, von der ich nicht weiß, ob sie ein Geschenk oder eine Strafe des Himmels ist. Denn da sie durch die vielen geistlichen Übungen, die das Klosterleben mit sich bringt, unterdrückt oder behindert wurde, explodierte sie wie ein Pulverfass.« Eindrucksvoll beschreibt sie ihre Einsamkeit bei dem von den Zwängen des Klosterlebens – beispielsweise singenden Nonnen im Nebenzimmer – und von Neidern in der Kirche behinderten Versuch, ihren Wissensdurst zu stillen: »Mein Lehrer ist ein stummes Buch, mein Mitstudent ein fühlloses Tintenfass.« All ihre staunenswerte Gelehrsamkeit hatte sie sich selbst beigebracht.

Die »Antwort an Schwester Philotea« wird heute als brillante Streitschrift der »ersten Feministin Amerikas« gelesen. Für ihre kirchlichen Vorgesetzten war der Fall klar: Der Bischof von Puebla hatte einen Widerruf erwartet. Die aufsässige Nonne aber hatte selbstbewusst eine Widerlegung verfasst, die – wie ihr sorgfältigster Biograf und Interpret Octavio Paz bemerkt – noch immer auf eine Antwort wartet. Der Bischof von Puebla ließ sie fallen. Zum Schweigen brachte sie ein despotischer Erzbischof, dessen Horror vor Frauen allgemein bekannt war und sich bis zum physischen Ekel steigern konnte. Ihm kam eine Hungerrevolte unter Indianern zu Hilfe, die den Palast des Vizekönigs stürmten und in Brand setzten. Der Aufruhr wurde bald niedergeschlagen, aber er schwächte die weltlichen Gönner von Sor Juana und gab dem Erzbischof Auftrieb. Zwanzig Jahre lang hatte ihr die Protektion des Palasts den heiklen Balanceakt ermöglicht, gleichzeitig Schriftstellerin und Nonne zu sein. Als in Spanien auch noch einer ihrer mächtigsten Fürsprecher beim König – Marqués de la Laguna, der ehemalige mexikanische Vizekönig und Gatte ihrer als Lysi umworbenen Freundin – das Zeitliche segnete, setzten ihre Gegner zum Kesseltreiben an.

Sor Juana fürchtete die Inquisition. Drei Monate nach ihrer Streitschrift überreichte sie ihrer Oberin ein Dokument, in dem sie auf alle ihre Güter verzichtete, ihre Bibliothek und ihre Sammlung von wissenschaftlichen Geräten und Musikinstrumenten auflöste und verschenkte. Zugleich begann sie, sich so konsequent zu kasteien, dass man um ihre Gesundheit fürchten musste. Zwei Jahre später erneuerte sie ihr Gelübde als Nonne und unterzeichnete ihre vollständige Unterwerfung, den Verzicht auf das Schreiben und die Wissenschaft, mit einer in ihr eigenes Blut getauchten Feder und der Formel »Ich, die Schlechteste von allen«. Von da an blieb sie – von ein paar kurzen geistlichen Gedichten abgesehen – als Schriftstellerin stumm. Ein Jahr später war sie tot. Während einer Pestepidemie hatte sie bei der Pflege ihrer Mitschwestern ihr Leben aufs Spiel gesetzt.

Fünf Jahre nach ihrem Tod erschien der dritte und letzte Band ihrer Werke in Madrid unter dem Titel »Ruhm und postume Werke des Phönix von Mexiko«. Die »Lysi« ihrer Liebesgedichte hatte für die Herausgabe ihrer Werke in Spanien gesorgt. Die letzte Neuauflage erschien 1725, dann wurde es still um Sor Juana, fast zweihundert Jahre lang war sie – wie die meisten großen Barock-

dichter – vergessen. Anfang des zwanzigsten Jahrhunderts wurde sie wieder-
entdeckt, und inzwischen wird sie gefeiert als Epikerin, als frühfeministische
Essayistin und als große Lyrikerin vom Format eines Petrarca und eines John
Donne.

Biografisches

Juana Inés de la Cruz wurde 1648 als Juana Ramírez auf einem Gehöft spanischer Kolonisten am Abhang des Popocatépetl im Süden von Mexiko-Stadt geboren. Nur das Datum ihrer Taufe, der 2. Dezember 1648, ist verbürgt. Ihre
Mutter Isabel Ramírez, eine in Mexiko geborene Spanierin, brachte insgesamt
sechs illegitime Kinder zur Welt, die ersten drei von einem baskischen Seemann,
der kurz nach der Geburt seiner Kinder verschwand. Juanas Wissensdurst trieb
sie früh nach Mexiko-Stadt, wo begüterte Verwandte sich ihrer annahmen,
ihr Privatunterricht erteilen ließen und sie dem Vizekönig vorstellten, der die
junge hübsche Gelehrte zur Hofdame machte. 1669 trat sie ins Kloster San Jeró-
nimo am Südrand von Mexiko-Stadt ein, wo sie sechsundzwanzig Jahre lang
lebte und ihre wichtigsten Werke schrieb. Ihr Ruhm als Gelehrte und Dichterin
lockte viele Bewunderer an, schuf ihr aber auch Neider und Kritiker unter den
Kirchenoberen, die sie Zug um Zug einkreisten. 1694 unterzeichnete sie ihre
Unterwerfung und verstummte als Schriftstellerin. Sie starb bei einer Pestepidemie am 17. April 1695.

Leseempfehlung

»*Die Welt im Traum. Eine Dichtung der ›Zehnten Muse von Mexiko‹*«.
Spanisch und deutsch, übersetzt von Karl Vossler.
»*Die Antwort an Schwester Philothea*«. Aus dem Spanischen von
Hildegard Heredia.
»*Sor Juana's Love Poems*«. Spanisch und englisch, übersetzt von
Joan Larkin und Jaime Manrique.

Gunhild Kübler

WUNDER, ZU SPÄT

Mascha Kaléko *1907–1975*

Am Anfang des Erfolgs stand der Schreck: Jede Woche ein Gedicht wollte die »Welt am Montag« von ihr! Und Mascha Kaléko schwindelte bei dem Gefühl, regelmäßig das Besondere liefern zu müssen: eine Beobachtung des Alltags, in lose Reime gefasst; so allgemein, dass die meisten Leser sich wiederfanden, und zugleich so pointiert, dass aus dem Bekannten das Neue, aus dem vage Gefühlten das prägnant Erlebte hervorblitzen sollte. Ihr schwindelte nicht vor Verdruss, Gedichte wie Brötchen zu produzieren. Sondern vor Unsicherheit. Sie war dreiundzwanzig Jahre alt, von mittlerer Schulbildung, ein Kind aus dem Osten – aus jenem armen Galizien, in dem die Leute noch Hungers starben, aus jenem dunklen Beutel des ehemaligen Habsburger Reichs, in dem Ungeziefer und Pogrome weiter verbreitet waren als die Gleichheit vor dem Gesetz. Abends, in ihrer Freizeit, notierte die Berliner Bürokraft ihre »Lyrischen Stenogramme« – nachdem sie tags stenografiert hatte, was ihr diktiert worden war. Sie schickte sie ein, sie wurden gedruckt, und der erste richtige Auftrag kam in Form dieses Vertrages, den sie schließlich unterschrieb: mit Schwindel und Zuversicht.

Sie war charmant, begabt und geradezu lächerlich jung. »Jo sagens, liebster Wittner«, schrie das Wiener Exilgenie Anton Kuh, als er ihrer ansichtig wurde, den Redaktionslyriker an, »das soll die Mascha Kaléko sein! Machens uns nix weis. Nextens werdens die Kinderwagen ausrauben...« Ihr Selbstbewusstsein war schwankend, mit hochfliegenden Zügen. Sie fühlte sich wohl im legendären Romanischen Café, in dem die Berliner Avantgarde verkehrte: Joseph Roth und Erich Kästner, Kurt Tucholsky und Joachim Ringelnatz. Sie war zu Hause in jenem Milieu, in dem eher urbanes Tempo als deutsche Gründlichkeit, eher die Pointe als die Tiefe zählte. Ihre Geistesgegenwart war groß, und mindestens einmal rettete sie Leben: Als der linke Schriftsteller Walter Mehring von uniformierten Nazis aus dem Stammcafé zu mutmaßlich einem jener »Verhöre« abgeführt werden sollte, von denen viele sich nicht mehr erholten und manche nie wiederkamen, stellte sie sich den Jägern in den Weg und sorgte mit scheinbar naiven Fragen und kokettem Geplauder für die nötige Zeit zur Flucht. Mehring floh aus dem Romanischen Café direkt ins Exil.

Sie selbst blieb noch ein paar Jahre. 1933 war »Das lyrische Stenogrammheft« bei Rowohlt erschienen und wurde sofort ein großer Erfolg. Kalékos Verse sprachen in direkter Weise aus, was man den »Zeitgeist« nennt, und zwar in verlässlicher Ambivalenz. Das schnelle moderne Leben, die Faszination an der Technik, das neue Geschlechterverhältnis, metaphysische Ratlosigkeit – all das, was wir heute mit der Weimarer Republik verbinden, wird in ihren Gedichten gelebt. Denn gewöhnlich ist es ein Ich, das da spricht, ein weibliches Ich, das fühlt und denkt, was Hunderttausende fühlten und dachten, aber nicht ausdrücken konnten: Wie der Herbst melancholisch macht, wenn man durch verregnete Stadtstraßen läuft. Warum es bitter sein kann, einem Zug nachzusehen. Wie armselig das Leben im Hinterhaus riecht. Wie herrlich es ist, am Abend zu trinken, zu tanzen, zu flirten – und wie trostlos der Morgen danach. Wie schwer es ist, am Telefon von Liebe zu sprechen. Wie traurig es sein kann, ungebunden zu sein.

Kalékos Begabung passte perfekt in ihre Zeit. Die Intelligenz ging zu Fuß. Der Alltag, die kleine Beobachtung, das Lebensgefühl im Trivialen gaben der Kunst ihr demokratisches Maß. Kritik zeigte sich eher satirisch als grundsätzlich. Otto Dix malte gallige Vergnügungsszenen, Anita Rée schweigsame Bubiköpfe und Walter Trier Berliner Kinder bei der Verfolgung eines Taschendiebs. Hans Fallada beschrieb den reaktionären Sumpf der Republik und Erich Kästner die Melancholie des arbeitslosen Intellektuellen. Niemand wollte mehr historische Schlachtengemälde im Wohnzimmer haben, auch der Parvenü nicht, der mit Uniformen reich geworden war. Das Desaster des Ersten Weltkriegs hatte für eine gewissermaßen fortschrittliche Ironie gesorgt, die tonangebend war, bis sie buchstäblich mundtot gemacht wurde.

Kalékos Zeitgedichte hatten in diesem Milieu die ideale Umgebung, und sie erreichten ihr Publikum mit Mühelosigkeit. Nicht nur waren sie einfach geschrieben, sie waren auch allgegenwärtig und billig verfügbar: als Zeitungsgedicht. Eine eigenständige, neue Form, in der ein lyrischer Tagesbefund selbständig neben Reportage, Kommentar und Feuilleton stand. Brechts »Hauspostille«, Kästners »Lyrische Hausapotheke«, Kalékos »Lyrisches Stenogrammheft« sprechen schon im Titel mit Selbstironie vom Trostcharakter der urbanen, brauchbaren Lyrik, bei der man sich zu Hause fühlen, Mensch und Patient sein kann, bei der zur Sprache kommen darf, was George und Rilke nicht interessiert. Zum Beispiel ein blöd missratener Abend zu zweit (»Ohne Überschrift«):

> Ach, liefst du nur nicht mit nervösen Schritten
> Von Wand zu Wand. Und ließest mich allein.
> Wenn sich die Zwei in mir nicht wieder stritten,
> Würd ich jetzt schweigen und dir nahe sein.
>
> So geht der Abend wieder mal daneben.
> Ein Kind darf sagen: »Wills nie wieder tun!«
> Ich bin so müd von diesem bisschen Leben
> Und habe nicht die Ruhe, auszuruhn ...

Erschöpfung ist eins ihrer wiederkehrenden Themen. Am Symptom zeigt sich, wo etwas nicht stimmt: zum Beispiel das nicht eingelöste Versprechen der Emanzipation. Wie Vicky Baum, Irmgard Keun, Gabriele Tergit widmet sich Kaléko der weiblichen Realität. Den jungen Frauen, die in möblierten Zimmern hausen, angeblich eine neue Klasse darstellen – die der Angestellten nämlich –, aber weniger verdienen nicht nur als die männlichen Kollegen, sondern auch als die Arbeiter, auf die sie herabsehen sollen. Gut gekleidet müssen sie sein, gute Manieren sollen sie haben, selbständig wollen sie leben. Dabei müssen sie, wenn sie nicht verelenden wollen, sich dringend nach einem Gatten umsehen. Und wenn sie dann einen haben, so wie Kaléko ihren zweiten, dann wird aus der emanzipierten berufstätigen jungen Frau schnell etwas ganz anderes.

Noch mit ihrem ersten Mann, dem Philologen Saul Kaléko verheiratet, empfängt Mascha Kaléko 1936 von ihrer großen Liebe Chemjo Vinaver ein Kind. Der elf Jahre Ältere ist Musikwissenschaftler und Dirigent, temperamentvoll und lebensuntüchtig: eine Lebensaufgabe für Mascha Kaléko. Sie lässt sich scheiden und heiratet ihren Geliebten. Kurz nach der Heirat 1938 emigriert das jüdische Ehepaar mit dem gemeinsamen Sohn nach New York, und fortan verdingt sich Kaléko vor allem als Sekretärin und Managerin ihres Mannes. Um Geld zu verdienen, jobt sie als Werbetexterin, wirbt auch Kriegsanleihen ein, vor allem aber begleitet sie Vinaver, der nur mühsam Englisch lernt, zu seinen Terminen und unterstützt seine bescheidene Karriere. Die ihre ist zerstört: »Das lyrische Stenogrammheft« ist mit Schreiben vom 9. Januar 1937 in das »schädliche und unerwünschte Schrifttum« eingereiht, das »Kleine Lesebuch für Große«, ihre zweite lyrische Sammlung, darf nicht mehr verbreitet werden. »Ich teile Ihnen mit«, so die Reichskulturkammer im selben Brief an den Ernst Rowohlt Verlag, »dass Frau Mascha Kaléko bereits am 8. August 1935 aus der Reichsschrifttumskammer ausgeschlossen worden ist, wonach ihr jede weitere schriftstellerische Tätigkeit im Bereich meiner Kammer untersagt ist.« Sie veröffentlicht einige Gedichte im »Aufbau«, der einflussreichen deutschsprachigen Exilzeitschrift in New York, doch der Ton passt nicht gut in das dem Titel entsprechende Projekt: Kalekó ist nicht aufbauwillig, sondern heimwehkrank. Und bleibt es.

Die Förderung von Mann und Kind beansprucht einen Hauptteil ihrer mäßigen Kraft; ihre Gesundheit ist schlecht, der Magen »nervös«. Sie schreibt feuilletonistische Skizzen über den Alltag in New York, die wie kraftlose Versuche wirken, das pittoreske jüdische Leben dort als Abwehrzauber gegen den Holocaust in Europa einzusetzen. Ihre »Verse für Zeitgenossen« erscheinen 1945 in deutscher Sprache in einem Exilverlag; anerkennende Briefe von Thomas Mann, Albert Einstein und Alfred Polgar bringen Schimmer ins Dunkel – doch wirklich Hoffnung auf eine zweite Karriere gibt es erst ein ganzes Jahrzehnt später.

Polgar, ein einflussreicher Autor und umtriebiger Querkopf, verwendet sich für eine Neuauflage der »Lyrischen Stenogramme« bei Rowohlt. Sie erscheint 1956, die »Verse für Zeitgenossen« zwei Jahre später. Kaléko ist plötzlich wieder gefragt; sie absolviert Reisen durch das westliche Europa, liest in Westberlin, tritt im Rundfunk auf, versucht, den neuen Ruhm zu genießen. Das Heimweh wandelt sich zum Phantomschmerz; das Land, das sie verlassen hat, gibt es nicht mehr – und auch darüber gibt sie Auskunft. 1960 wird sie für den Fontane-Preis nominiert. Als sie von der SS-Vergangenheit des Jurymitgliedes Hans Egon Holthusen erfährt, lehnt sie die Entgegennahme ab; eine Reaktion, die ihr fürsorgliche Überredungsversuche von Kollegen, öffentliches Unverständnis und Empörung einträgt. In dieser Phase gibt sie Vinavers Drängen nach, der nach Jerusalem übersiedeln will, um dort seine Forschungen zur chassidischen Musik fortzusetzen.

In gespenstisch rasanter Weise schwindet von da an Kalékos Erfolg. Sie lebt fernab vom westdeutschen Literaturbetrieb; ihre Lyrik gilt als nicht mehr zeitgemäß, ihre Stimme dringt nicht mehr durch. 1963 lässt sie sich vom Rowohlt Verlag ihre Rechte zurückgeben und veröffentlicht von nun an in kleinen, wechselnden Häusern: »Verse in Dur und Moll«, »Das himmelgraue Poesiealbum«, Verse für Kinder (»Wie's auf dem Mond zugeht«) und »Hat alles seine zwei Schattenseiten« – fast ohne öffentliche Resonanz.

Der frühe Tod des einzigen Kindes 1968 erschüttert das Paar zutiefst. Nach Vinavers Tod fünf Jahre später lebt Kaléko äußerst bescheiden und zurückgezogen in Jerusalem, wo sie nie wirklich angekommen war. Sie stirbt 1975 auf einer Europareise in Zürich, nicht lange nach einer letzten Lesung in Berlin. »Sie hatte mir aufgetragen«, so ihre Nachlassverwalterin Gisela Zoch-Westphal, »nach ihrem Tode ihren Nachlass aus Israel zu holen. Ich suchte die Wohnung der Vinavers in der King George Street 33 auf. Zwischen einem Delikatessengeschäft und einem kleinen Café war der Eingang. Hölzerne Briefkästen bezeichneten die Bewohner. Nr. 28: Vinaver-Kaléko. Der Briefkasten war leer.«

»Das lyrische Stenogrammheft« ist inzwischen wieder bei Rowohlt lieferbar, derzeit in der 32. Taschenbuch-Auflage. Ihre späten, großen Gedichte finden postum ihre Leser. »Auf nichts war Verlass. / Nur auf Wunder«, heißt es darin. Die kommen manchmal zu spät. Die dritte Phase ihres Erfolgs findet nach ihrem Tod statt.

Inventar

1	2
Haus ohne Dach	Fluss ohne Steg
Kind ohne Bett	Berg ohne Seil
Tisch ohne Brot	Fuß ohne Schuh
Stern ohne Licht.	Flucht ohne Ziel.

3	4
Dach ohne Haus	Brot ohne Tisch
Stadt ohne Freund	Bett ohne Kind
Mund ohne Wort	Wort ohne Mund
Wald ohne Duft.	Ziel ohne Flucht.

Biografisches

Mascha Kaléko wurde am 7. Juni 1907 als Golda Malka Aufen in Schidlow, Galizien (heute Chrzanów, Polen), geboren. Sie war das älteste Kind des russischen Kaufmanns Fischel Engel und der Österreicherin Rozalia Chaja Reisel Aufen. 1914 übersiedelte die Familie nach Deutschland; der Vater wurde als feindlicher Ausländer über vier Jahre interniert. Mascha besuchte die Volksschule in Frankfurt am Main, dann in Marburg. 1918 lebte die Familie wieder in Berlin zusammen; die Eltern heirateten, womit Mascha und ihre jüngere Schwester legitimiert wurden. Nach der Mittleren Reife begann Mascha eine Bürolehre beim »Arbeiterfürsorgeamt der jüdischen Organisationen Deutschlands«; nebenher belegte sie Abendkurse in Psychologie und Philosophie. 1928 heiratete sie den sieben Jahre älteren Philologen Saul Kaléko. Mit ihren Gedichten, von denen die ersten in der »Vossischen Zeitung« und anderen Blättern erschienen, fand sie Aufnahme im Romanischen Café, dem Treffpunkt der literarischen Avantgarde. 1933 erschien der erste Gedichtband »Das lyrische Stenogrammheft« und wurde sogleich ein großer Erfolg. Das 1935 erscheinende »Kleine Lesebuch für Große« wurde konfisziert, sie selbst mit Berufsverbot belegt. 1936 wurde der Sohn Evjatar (später Steven genannt) geboren; 1938 ließ sie sich von Kaléko scheiden und heiratete den Vater des Kindes, den Kantor der jüdischen Gemeinde, Komponisten und Musikwissenschaftler Chemjo Vinaver. Mascha Kaléko stellte sich mehr und mehr in den Dienst ihres Mannes, der in New York, wohin die drei bald nach der Hochzeit emigrierten, den Familienunterhalt zu sichern versuchte. Sie wirkte als seine Managerin und Sekretärin, schrieb Werbetexte gegen Honorar und veröffentlichte sporadisch Gedichte in der Exilzeitschrift »Aufbau«. 1944 erhielt die Familie die amerikanische Staatsbürgerschaft. 1956 erschien bei Rowohlt eine Neuauflage des »Lyrischen Stenogrammheftes«; Mascha Kaléko reiste nach Deutschland und absolvierte Presseauftritte und Lesungen. 1958 wurden die »Verse für Zeitgenossen« von der literarischen Kritik glänzend besprochen. 1960, nachdem sie den Fontane-Preis wegen der SS-Vergangenheit eines Jurymitglieds abgelehnt hatte, übersiedelte sie mit ihrem Mann nach Jerusalem. 1968 starb der Sohn, fünf Jahre später Chemjo Vinaver. Der Erfolg der späten fünfziger Jahre hatte sich nicht verstetigt. Mascha Kaléko starb am 21. Januar 1975 auf einer Lesereise in Zürich.

Leseempfehlung

»*Das lyrische Stenogrammheft*«.
»*Kleines Lesebuch für Große. Gereimtes und Ungereimtes*«.
»*Verse für Zeitgenossen*«.
»*In meinen Träumen läutet es Sturm. Gedichte und Epigramme aus dem Nachlass*«. Herausgegeben von Gisela Zoch-Westphal.

Elke Schmitter

DER TOD IST MEIN LIEBHABER

Sarah Kane *1971–1999*

Auf deinem Bauche sollst du kriechen und Erde fressen dein Leben lang.«
Dieser grausame Fluch steht im Ersten Buch Mose. Sarah Kane las die Bibel
wie andere die »Sun« oder die »Bildzeitung«. Kein Sensationsreporter beschreibt Verdammnis, Schuld, Schmerz und Strafe erbarmungsloser als das Alte
Testament. Sarah Kane war gläubig, die Eltern, der Bruder Simon, alle vier gingen sonntags zusammen im südenglischen Ort Kelvedon Hatch in die Kirche,
Sarah mit der größten Inbrunst. Sie saß nicht dösend auf einer Holzbank. Sie
lauschte dem Gottesdienst, dachte über die Bibeltexte, die sie hörte, nach und
wurde eine evangelikale Christin. Die Evangelikalen lesen die Texte der Bibel
und nehmen das, was da verkündet wird, sehr ernst. Ihr älterer Bruder Simon,
der seit ihrem Tod ihr Erbe verwaltet, sagt, dass Sarah ein Christentum des Hel-
fens und Mitfühlens praktizierte. Simon sagt auch, dass es einen Punkt gab,

an dem er vor der Selbstlosigkeit, Opfer- und Hilfsbereitschaft seiner Schwester kapitulierte. »Tut mir leid«, sagte er dann, »ich kann das nicht, da kann ich nicht helfen, das ist zu viel für mich.« Und er ergänzt: »Sarah sagte so was nie.« Glaube, Hoffnung, Liebe, Gott, das waren die großen Themen der Geschwister Kane von Jugend an.

Bei ihrem Gottesglauben ist Sarah Kane nicht geblieben. Beim intensiven Studium der Bibel stieß sie auf abscheuliche und grausame göttliche Gesetze und Befehle und wandte sich von Gott und den bluttriefenden Texten ab, die in seinem Namen geschrieben wurden. Sarah Kane machte die Bibel für den Schock ihrer ersten »Gewalterfahrung« verantwortlich und wurde mit der Radikalität, die ihr Wesen und ihr Werk auszeichnet, Atheistin. »Gott, der Bastard«, von einem Moment zum anderen übernahm sie Samuel Becketts Schmähruf. Dass sie Beckett verehrte und Brecht und Edward Bond, dass nur die Unerbittlichsten unter ihren strengen Augen standhielten, überrascht niemand, der ihr Werk kennt. Sarah Kane sah gnadenlos auf eine gnadenlose Welt, der aller Zauber längst abhanden gekommen ist.

Sarah Kane, die Frau, die Gott liebte und Gott verstieß, hinterließ, als sie im Alter von achtundzwanzig Jahren starb, fünf Theaterstücke, geschrieben in fünf Jahren, uraufgeführt zwischen 1995 und 2000. Jedes von ihnen enthält die mehr oder weniger verdeckte Ankündigung des eigenen Todes, jedes ist kaum auszuhalten für den Leser und Zuschauer, jedes wurde zum Skandal. Nach der Uraufführung ihres ersten Stücks »Zerbombt« auf der Studiobühne des Londoner Royal Court Theatre kam es im Januar 1995 zur offenen Kontroverse. Nicht nur die Boulevardpresse spuckte auf den Kane'schen Horror. Die knappen Szenen des Alptraumstücks tragen sich in einem teuren Hotelzimmer in Leeds zu. Sie handeln vom fünfundvierzigjährigen Ian und der einundzwanzigjährigen Cate. Er ist sterbenskrank, sie ist todesmutig störrisch. Sie essen und saufen, finden alles zum Kotzen, rufen und brüllen abwechselnd »ich liebe dich« und »ich liebe dich nicht«. Wie Kinder spielen sie mit der Pistole. »Man darf nicht töten«, mault Cate. »Doch«, schleudert Ian ihr entgegen, und Cate erwidert: »Gott würde das nicht gefallen.« Ian zischt zurück: »Es gibt keinen«, und Cate kontert: »Woher willst du das wissen?« Eine Vergewaltigung findet statt, auf die sexuelle folgt die politische Attacke, auf die psychische die physische Gewalt, eine Bürgerkriegsorgie im geschlossenen Raum. In der dritten Szene wird das Hotel von einer Mörsergranate zerbombt, ein Soldat steht im Rest des Zimmers, Cate hat ein Baby im Arm. Ian wird es essen und sterben und doch noch am Leben sein. Alles ereignet sich gleichzeitig, während draußen der Regen fällt.

Ausgangspunkt dieses Stückes war für die Autorin das Massaker von Srebrenica. »Zerbombt« meint aber nicht einen bestimmten Krieg, sondern die

Kriege zwischen den Menschen und deren Lust, sich gegenseitig zu zerfleischen. Ein Kritiker schrieb, er habe sich nach der Premiere von »Zerbombt« so miserabel gefühlt, als habe jemand seinen Kopf in einen übervollen Aschenbecher gedrückt. »Zerbombt«, geschrieben von einer Zweiundzwanzigjährigen, wurde zum größten Theaterskandal in Großbritannien seit Edward Bonds 1965 uraufgeführtem Stück »Gerettet«.

Sarah Kane war ein wildes Kind. Ein Kind, das sagte, was es wollte, und tat, was es sich vorgenommen hatte. Ein Kind mit einer enormen Auffassungsgabe, das die Welt mit großen Augen und immer wie zum ersten Mal betrachtete. Sarahs Kindheit und Jugend waren eigentlich ganz normal; normal auch, dass es ihr in der Schule nicht besonders gefiel, sie wollte Theater spielen und die Welt an ihrem Inneren teilhaben lassen. An der Universität Bristol studierte sie Theater. Von einem ihrer Tutoren wurde sie beschimpft, einen pornografischen Essay geschrieben zu haben, sie ging auf Konfrontationskurs, mied die Universität und assistierte in Theateraufführungen. Sie galt als lustig und empathisch, besaß ein großes Herz, war lebensklug und lebenshungrig und wollte unbedingt Schauspielerin werden. Als sie merkte, dass Schauspieler machtlos sind, wollte sie genauso unbedingt Regisseurin werden, aber es gab keine Stücke, die ihr in der Arroganz ihrer Jugend gefielen. Also begann sie zu schreiben. Sie war entschlossen und kompromisslos, wusste genau, was sie wollte und wie sie ihr Ziel erreichte.

So wurde aus der Tochter einer Lehrerin und eines Journalisten, aufgewachsen in der grünen Grafschaft Essex, durch die Bibel in die Unerbittlichkeit des Lebens eingeführt, eine bedingungslos ethische Person, die ihre Interviewpartner zur Verzweiflung brachte. Immer fand sie einen Weg, über den relativen Wert der Wahrheit zu sprechen, auch wenn das niemand hören wollte. Die Frage nach der Wahrheit ist die Kernfrage ihres verzweifelt kämpferischen Lebens. »Könnte ich es hinnehmen, dass das Festhalten an der Wahrheit eine zweitrangige Rolle spielt, ginge es mir wesentlich besser«, sagte sie im Februar 1998, ein Jahr vor ihrem Tod, bei einem Interview in ihrer Londoner Wohnung. Sie wusste, dass sie allen mit ihrer Suche nach Wahrheit furchtbar auf die Nerven ging. Aber sie konnte die »ständige Heuchelei im Leben«, die Krankheit der Zeit, einfach nicht ertragen. Sie wollte Gerechtigkeit und wusste, dass es keine Gerechtigkeit gab. In solchen Zuständen des Abscheus und des Überdrusses schrieb Sarah Kane ihr Stück »Phaidras Liebe«. Sie legte Hippolytos, der von seiner Stiefmutter Phaidra geliebt wird, Sätze von gewaltsamer Aufrichtigkeit auf die Zunge. Als der Priester dem Hippolytos droht: »Wenn Wahrheit dein höchstes Gut ist, wirst du sterben«, erwidert der: »Ich habe meinen Weg gewählt. Ich bin dem Scheiß-Untergang geweiht.«

Die neunziger Jahre waren die Jahre nach Margaret Thatcher, waren das siebenjährige John-Major-Interregnum, die Zeit, bevor Tony Blair 1997 Premierminister wurde. Die neunziger Jahre waren die Dekade der Balkankriege und der »Generation E(cstasy)«. Männer und Frauen lebten nebeneinander her wie auf verschiedenen Planeten. In der Mode dominierte das bisexuelle Outfit, und die Typen auf den Werbepostern verkündeten die Schönheit androgyner Jugend. Die Scheidungsraten schnellten in die Höhe, die Liste wurde von Charles und Diana angeführt. Viagra kam auf den Markt, und der Postfeminismus formulierte eine neue selbstbewusste Rolle für die Frau, was das Verhältnis der Geschlechter keineswegs verbesserte. In den britischen Theaterstücken der neunziger Jahre war das Hauptthema die psychische Verwüstung. Die traditionelle Definition von Gewalt und Sexualität wurde radikal in Frage gestellt. »Wer genau schläft mit wem?«, fragt Mark Ravenhill in seinem 1996 uraufgeführten Großstadtmärchen »Shoppen & Ficken«. Im gleichen Jahr inszeniert Sarah Kane am Londoner Gate Theatre »Phaidras Liebe«, ihr zweites Stück. Warum bezog sie sich auf eine klassische Tragödie? Eigentlich wollte sie Büchners »Woyzeck« inszenieren (was sie ein Jahr später dann auch tat): das Stück und die Büchner-Texte überhaupt waren für sie seit ihrem siebzehnten Lebensjahr so etwas wie ein Grundnahrungsmittel. Aber das Gate Theatre wollte eine griechische Tragödie. Sie las Senecas »Phaedra« und schrieb ein Stück nach klassischem Muster, mit klassischen Themen: Liebe, Hass, Tod, Rache und Selbstmord, verfasste es in einer respektlosen und tabulosen Gegenwartssprache und entdeckte, dass Seneca ein brandaktuelles Stück über Sexualität an einem korrupten Königshof geschrieben hatte und Hippolytos ein puritanischer Menschheitshasser war. Sarah Kane, die das Theater als Teil der Wirklichkeit begriff, setzte ihren Hippolytos in einem dunklen Palast vor den TV-Kasten und ließ ihn in der ersten Szene freudlos und lustfern in einen Strumpf masturbieren. Aber dieser vereinsamte Hippolytos ist kein zynisches Monster, sondern ein verdeckter Romantiker und ein bisschen wie sie selbst. Denn dieser unglückliche junge Mann wollte wahrhaftiger sein als alle anderen, wahrhaftig wie Sarah Kane, die unter dem Druck der Welt litt und unter dem Druck ihrer depressiven Schübe, jeder neue Schub schwächte sie mehr. Irgendwann, sagte Sarah Kane, müssen wir uns die Hölle vorstellen, damit wir in der Wirklichkeit nicht in ihr landen. »Ich riskiere lieber eine Überdosis im Theater als im Leben.« Sarah Kane litt unter ihrem Horror-Ruf, der wie eine Krankheit an ihr klebte. Als am 30. April 1998 ihr drittes Stück, »Gesäubert«, am Londoner Court Theatre uraufgeführt wurde, zeigte sich die Kritik tief ergriffen und erschüttert, auch aus Angst, sich wie einst bei »Zerbombt« zu blamieren und falsch und hysterisch zu reagieren. Inzwischen hatte man gemerkt, dass Sarah Kane keine Skandale provozierte, sondern die realen Skandale thematisierte.

Ihr vorletztes Stück, »Gier«, ist wie ihr letztes, »4.48 Psychose«, eigentlich ein Gedicht und kein Theaterstück. Eine suggestive, dunkle und geheimnisvolle Reise durch eine nächtliche Stadt. Alles verschwimmt ineinander, die Gesichter der Menschen, die Fassaden der Häuser, die Lichter der Stadt. Von den großen Worten, die jetzt für ihre Stücke von der Kritik benutzt wurden – »Quintessenz-Autorin des Jahrzehnts«, »Stücke für eine gelangweilte, nicht apathische, aber hoffnungslose Generation« –, distanzierte sich Sarah Kane mit der bescheidenen Auskunft, dass sie in ihren Stücken Personen einer intensiven Erfahrung aussetze und vielleicht dazu beitrage, dass Dinge sich ändern.

»4.48 Psychose« ist Sarah Kanes Vermächtnis ihres eigenen Leidens an der Liebe, am Ungenügen der Liebe, an der schrecklichen, quälenden Einsamkeit, festgemacht an der Morgenstunde 4 Uhr 48. In der dunkelsten Stunde vor dem Morgengrauen, genau um 4 Uhr 48, wachte sie während ihrer Depression regelmäßig auf, es war ihr Moment größter Klarheit. Zugleich ist das Morgengrauen die Stunde des Todes und die Zeit der Selbstmörder. »Wenn die Verzweiflung mich überkommt / werde ich mich aufhängen / im Ohr die Atemzüge meines Geliebten / Ich will nicht sterben / Sterblichkeit, dieser Fakt deprimiert mich so sehr, dass ich beschlossen hab: Zeit zum Selbstmord«.

In den Stücken Sarah Kanes gibt es keinen Trost, nur die Zumutung schierer Angst und des schieren Schocks. Nach Versöhnlichkeiten sucht man vergebens. »4.48 Psychose« endet wie eine biblische Beschwörung: »Sieh mich verschwinden / sieh mich / verschwinden / sieh mich / sieh mich / sieh«. »4.48 Psychose« ist Sarah Kanes Testament. »Mein letztes Gefecht / Keiner spricht / Bestätige mich / Zeuge für mich / Erblicke mich / Liebe mich ...«

Biografisches

Sarah Kane wurde am 3. Februar 1971 in Brentwood/Essex geboren. Ihre Mutter war Lehrerin, der Vater Journalist, sie war nach dem älteren Bruder Simon das zweite Kind. Sarah Kane studierte in Bristol Theater und assistierte an kleinen Bühnen. Sie wollte Schauspielerin werden und begann Stücke zu schreiben, beeinflusst von Howard Barker, einem Autor schwarzhumoriger und extrem grausamer Stücke. Die Uraufführung ihres ersten Theaterstücks, »Zerbombt«, über die Perversität der Liebe und den Zwiespalt zwischen Gewalt und Zärtlichkeit, löste 1995 in London einen großen Skandal aus. Der Schriftsteller Edward Bond, der dreißig Jahre zuvor mit seinem Stück »Gerettet« Tumulte auslöste, wurde ihr Fürsprecher. »Wer Schriftsteller davon abbringen will, über Gewalt zu schreiben«, erklärte er, »der möchte, dass sie aufhören, über uns und unsere Zeit zu schreiben.« Mit dem Erscheinen von »Phaidras Liebe« 1996 wurde Sarah Kane Hausautorin für Paines Plough, einer freien Londoner Theatergruppe, die sich nur mit neuen Stücken beschäftigt. »Gier« wurde 1998 im Rahmen des Edinburgh Festival uraufgeführt, im selben Jahr erlebte »Gesäubert« von Peter Zadek am Hamburger Schauspielhaus seine deutsche Premiere. Die Uraufführung von »4.48 Psychose« fand postum am 23. Juni 2000 am Royal Court Theatre in London statt. Sarah Kane litt unter Depressionen. Im Januar 1999 hatte sie in ihrer Wohnung – sie beschäftigte sich gerade mit Goethes »Leiden des jungen Werthers« – 150 Antidepressiva und 50 Schlaftabletten genommen; im King's College Hospital erholte sie sich. Am 20. Februar 1999 ließ sie das Krankenhauspersonal neunzig Minuten allein. Sarah Kane ging auf die Toilette und erhängte sich mit ihren Schnürsenkeln.

Leseempfehlung

»Sämtliche Stücke« (»Zerbombt«, »Phaidras Liebe«, »Gesäubert«, »Gier«, »4.48 Psychose«). Aus dem Englischen von Nils Tabert, Sabine Hübner, Elisabeth Plessen, Peter Zadek, Marius von Mayenburg und Durs Grünbein.

Verena Auffermann

STARK UND HINFÄLLIG

Marie Luise Kaschnitz *1901–1974*

Können wir etwas«, fragte sie, »was ein Mann nicht kann? Können wir etwas *nicht*, was ein Mann kann?« Als Marie Luise Kaschnitz 1955 in Anwesenheit des Bundespräsidenten Theodor Heuss der Büchner-Preis verliehen wurde, war sie daran gewöhnt, als einzige Frau vor lauter Männern einen Vortrag zu halten oder als einzige Frau zu einem Professorenabendessen eingeladen zu sein. Sie fühlte sich gleichrangig, die Zeit der weiblichen Schüchternheit war längst vorbei. Gleichrangig fühlte sie sich auch, als die Tochter Iris klein war und sie es als ihren Hauptberuf ansah, »verheiratet« zu sein, und es nur im Kaffeehaus, zwischen den Einkäufen in der »kurzen gestohlenen Zeit«, wagte, der eigenen Arbeit nachzugehen.

Die »Dame Kaschnitz«, wie sie nun alle Welt nannte, mochte diese ebenso respektvolle wie ausgrenzende Bezeichnung nicht, aber schließlich, was konnte sie dafür, dass sie *ladylike* wirkte. Ihre Herkunft und ihre Erziehung konnte sie nicht leugnen. Sie stand unter den wenigen Frauen, die sich in die männlich dominierten literarischen Kreise wagten, als Klassikerin, mit doppelter Perlenkette und murmelförmigen opalisierenden Augen unter dunklen buschigen Brauen, neben der nur wenige Jahre älteren Elisabeth Langgässer und den viel jüngeren Kolleginnen ILSE AICHINGER und INGEBORG BACHMANN.

Marie Luise Kaschnitz hat nicht an den Konventionen gerüttelt und nicht die Sprache neu erfunden. Sie hat benutzt, was sie kannte und was ihr gefiel. Besonders gefielen ihr die Gedichte des jungen Georg Trakl, die Dichter Hölderlin und Eichendorff, die dicken Romane des finsteren Russen Dostojewski und die knappen Analysen von Beckett. Ihre frühen klagenden Gedichte thematisieren das Leben im Krieg, in elenden Bunkern, in Angst, Schrecken und Hunger und dann das Wiederauftauchen aus Schutt und Asche. »Totentanz und Gedichte zur Zeit« erschien 1947 und fand ein großes Publikum. Ein italienischer Kritiker verpasste Marie Luise Kaschnitz den Beinamen *poetessa delle macerie*, Trümmerdichterin. Es dauerte, bis sie diese Bezeichnung wieder loswurde. Im Band »Gedichte« beschwört sie im klassischen Versmaß das Verlorene und Vergangene. »Höre, mein Bruder, mit dir will ich der Zeit mich erinnern / Da wir noch Kinder…« Marie Luise Kaschnitz widmet in den Gedichten dem Vater, den zwei älteren Schwestern und dem drei Jahre jüngeren Bruder Rückblicke. Ein Foto aus dem Jahr 1912 zeigt, wie der kleine Bruder Peter im Matrosenanzug die langen Haare seiner zwei Schwestern mit angewinkelten Armen wie ein Kutscher die Zügel in den Händen hält. Die Mädchen traben in weißen Matrosenkleidern, mit großen Schleifen auf dem Kopf, als Pferdchen vor ihm her durch den Garten in der Potsdamer Weinmeisterstraße. Der Vater, ein Offizier, der es bis zum Generalmajor brachte, war 1908 aus badischen Diensten zum Flügeladjutanten Kaiser Wilhelms II. ins Hauptquartier versetzt worden. Aber das Kind Marie Luise mochte weder den Drill der Paraden Potsdams noch die sportlichen Ertüchtigungen, zu denen das Schlittschuhlaufen auf der Havel gehörte. »Da wir«, schreibt Marie Luise Kaschnitz in ihren Aufzeichnungen »Orte«, »vor Müdigkeit und Ungeschick hinfielen und wieder aufstanden mit blutenden Knöcheln, und die Tränen gefroren im Gesicht.«

In der Erzählung »Das dicke Kind«, die Marie Luise Kaschnitz 1952 berühmt machte, taucht das verhasste zugefrorene Wasser wieder auf. In die Wohnung der Erzählerin dringt ein ungefähr zwölfjähriges plumpes Mädchen ein. Das Mädchen stellt sich als »die Dicke« vor, beantwortet die an sie gerichteten Fragen mit knappem »ja«, »nein« und »ich will nicht«. Als das Kind endlich wieder geht, folgt ihm die Erzählerin heimlich und beobachtet, wie das Mädchen nahe dem Ufer ins Eis einbricht, es aber mit blutigen Händen schafft, sich selbst wieder aus dem Eis herauszuziehen. Von der Böschung ruft eine helle Gestalt »Dicke«. Die Gestalt ist die Schwester der Erzählerin, sie hilft nicht, sie steht nur »hell« und rufend da. Psychoanalytisch ist das »dicke Kind« ein Musterfall. Nicht weil das Kind mit einer Raupe verglichen wird, sondern wegen der Ich-Zersplitterung. Die Erzählerin erkennt sich in diesem unsympathisch trotzigen, dicken Kind selbst wieder. Die Figur, die als untätige Beobachterin »hell« am Ufer steht und sich nicht von der Stelle bewegt, nicht hilft und nicht tröstet, ist ein Bild für die bewunderte, schöne und hochbegabte ältere Schwester Helene. Immer wieder begegnet man im Werk von Marie Luise Kaschnitz dieser Konkurrenz unter den Geschwistern. Dem Neid auf Helene, die Lonja genannt wurde und diejenige war, die dichten konnte, bevor sie selbst ans Dichten dachte. Außer der Geschwisterkonkurrenz galt es noch die »Unliebe« der schönen, lebenslustigen Mutter zu verkraften, die sich nur durch »den Schleier« küssen ließ und mit den Töchtern um die Aufmerksamkeit des verehrten, ernsten, sensiblen und oft melancholischen Vaters wetteiferte.

Zu Beginn ihrer autobiografischen Aufzeichnung »Wohin denn ich«, erschienen 1963, schreibt Marie Luise Kaschnitz: »Wenn Sie wissen wollen, wer hier spricht, welches Ich, so ist es das meine und auch wieder nicht, aus wem spräche immer nur das eigene Ich. Eine Beschreibung kann ich nicht liefern, auch keine Angaben machen, ausgenommen die: besondere Kennzeichen keine, ein Zeitgenosse also, genauer gesagt eine Zeitgenossin ... stark und hinfällig wie wir alle und wie wir alle jung und uralt.«

Als im Jahr 2000 ihre achtzehn Tagebücher aus den Jahren 1936 bis 1966 herauskamen und Kritiker und Leser sich auf die Suche nach Privatem, nach Klatsch und Indiskretionen machten, wie das bei Tagebüchern eben so ist, war die Enttäuschung groß. Nichts Überraschendes, keine Bettgeschichten, nichts über das sexuelle Verhältnis der Liebenden. Liebende waren Marie Luise und der Archäologe Guido Kaschnitz von Weinberg, ein großer schlanker Mann, der seine Braut vor der Hochzeit bat, sich einen Bubikopf schneiden zu lassen, weil er ihre hüftlangen Haare »unappetitlich« fand. Glücklich steht sie am Tag ihrer Hochzeit vor dem Herrenhaus ihrer Familie in Bollschweil im Hexental bei Freiburg. Es ist ein windiger schneeloser Dezembertag des Jahres 1925, Marie Luise hat über ihr Hochzeitskleid einen dunklen Mantel gezogen, ihr weißer Schleier weht hinüber bis zum Brunnen vor dem Haus.

Fortan wird sie die »Windsbraut« sein, ihr war das recht, denn sie lief gern gegen den Wind. »Vielleicht«, schreibt sie über ihren Mann und sich, »vielleicht haben wir uns gar nicht verstanden, sondern nur immer wieder mit Entzücken erkannt. Hinwendung, Fortwendung, Hinwendung, verlieren, wieder-finden, einander gehören, und das alles am Ende verschweigen.« Die vielen Liebesgedichte von Marie Luise Kaschnitz sind alle an dieses Gegenüber ge-richtet, sie sind Ausdruck einer Liebe, die für sie das einzig Wirkliche, das Tra-gende und Bleibende war. Das junge Paar zieht nach Rom, Guido Kaschnitz von Weinberg arbeitet am Forschungszentrum »Bibliotheca Hertziana«. Man lebt bescheiden und beengt, doch die römischen Jahre bedeuten für Marie Luise Kaschnitz »das Glück schlechthin«. 1928 wird die einzige Tochter Iris Constanza geboren. Später wird sie sagen, dass die Liebe zu ihrem Mann die größte Sünde war, die »ich an meinem Kind begangen habe«. Eine schlechte Ehe, war ihre kühne Behauptung, sei für Kinder vorzuziehen, besonders für Einzelkinder.

Noch mitten im Krieg 1942 beschließt sie, Gustave Courbet, dem großen französischen realistischen Maler, einen Roman zu widmen: »Die Wahrheit, nicht der Traum«. Vielleicht war es der genaue Blick auf Courbets Gemälde, auf ihr Lieblingsbild, »Les amants du pays« (»Die Liebenden vom Lande«), vielleicht war es für sie einfach an der Zeit. Die »Trümmerdichterin« ver-wandelte sich in eine Autorin kurzer unheimlicher Geschichten. Und fand zu ihrer Meisterschaft. Marie Luise Kaschnitz, die ihre Freunde »Leu« nannten, verteilte, freizügig und leicht zu entschlüsseln, Selbstauskünfte und Selbst-erklärungen, Lebensspuren und Lebensbezüge in ihre Gedichte und in ihre Kurzprosa. Sie sagte, was sie über das vielfältige Wesen Mensch, über seine Liebessehnsucht, seine Einsamkeit und Gefahr sagen wollte. In ihre Tagebü-cher schrieb sie Dinge, die für ihre Arbeit wichtig waren. Eindrücke, Straßen-namen, Situationen. Dort skizzierte sie auf zehn Zeilen Themen für mögliche Erzählungen und notierte Romantechniken; gab einen kindischen Abzähl-reim wieder: »Greti hat ins Bett geschissen, mitten aufs Paradekissen«; be-klagte sich, dass kaum jemand ihren Sinn für Humor erkannte und sie immer nur als die Tragische gesehen wurde. Sie referierte Eindrücke von Theater-besuchen, zeichnete mit ungelenkem Stift Palmen, Baumwurzeln oder die Augen eines Rehs zwischen die Zeilen. Das Tagebuchschreiben nannte sie eine »Fleißarbeit, aber eine lohnende«. Die Kriegsjahre kommen im Tage-buch nicht vor.

Die Tagebuchnotizen sind von der »Ur-Kaschnitz« geschrieben, distanziert, klar, unsentimental. Denn diese Frau, die hauptsächlich als Dichterin bekannt wurde, brilliert in ihrer kurzen gedrängten Prosa, über die der Kritiker Marcel Reich-Ranicki den prophetischen Satz sagte, der als Ritterschlag galt: »Einige ihrer Geschichten werden uns überleben.« Fünf Bände mit fünfzig Erzählun-gen hat Marie Luise Kaschnitz veröffentlicht, fast noch einmal so viel waren in Zeitschriften verstreut und sind nach ihrem Tod herausgegeben worden. In ihrer Kurzprosa gelingt der Übergang von nüchternen Beobachtungen in die Zone des Zweideutigen und Unkontrollierbaren. In vielen ihrer Texte sind Metaphern des Unbewussten zu finden. Dem Unbewussten wies sie in ihren Erzählungen eine »enorme Rolle« zu. Ihr war klar, unter dem Einfluss Kafkas zu stehen, »wie meine ganze Generation«.

Für ihr Werk ist das Ende des Kriegs die Zäsur. Das Courbet-Buch war fertig, die alten Themen, die Naturlyrik, das Mythenreich, die antiken Sagen, die sie als eifrigste Schülerin ihres Mannes kennenlernte und für ihre frühe Dichtung genutzt hatte, waren verschwunden. Als Frau von fast fünfzig Jahren wagt sie sich aus den Verstecken, aus den sicheren Bildungshöhlen und wendet sich der Gegenwart und den Menschen zu, die darin leben. Das Raunende, Bedrohliche und Kassandrahafte verflüchtigt sich. Die »neue« Lyrik ist, wie die Kurzprosa, unheimlich und nüchtern.

1941 zieht sie mit der Familie ins Frankfurter Westend, Wiesenau 8, und wohnt dort mit Unterbrechungen bis zu ihrem Tod. Nichts Herrschaftliches haben die Zimmer der kleinen Wohnung, verglichen mit dem barocken Elternhaus in Bollschweil. In Frankfurt sind die Decken niedrig, die Teppiche klein, der Schreibtisch, die Schreibmaschine, der Fernseher auch.

In Frankfurt hat sie enge Freunde, Dolf Sternberger, Redakteur der »Frankfurter Allgemeinen Zeitung«, und Theodor W. Adorno, Mitbegründer des Instituts für Sozialforschung, den Marie Luise Kaschnitz 1950, ein paar Monate nachdem der Soziologe aus der amerikanischen Emigration zurückgekehrt war, zum Tee einlud. Stolz berichtet sie ihrem Mann von diesem Besuch, von den Gesprächen über Schriftsteller, Religion, Philosophie und Märchen. Statt einer halben, schreibt sie, blieben Adorno und seine Frau »geschlagene drei Stunden«. Zwei Wochen später berichtet sie Guido: »Adörnchen redete fast andauernd und schaute mit glänzenden Augen im Kreise herum – von den Frauen war nur ich so vorlaut, mich manchmal ins Gespräch zu mischen.« Sie liebte intensive Gespräche, las abends gemeinsam mit ihrem Mann Adornos »Minima moralia«, besuchte Adornos Vorlesungen und widmete ihm ihre Prosaskizze »Das Kind«. Es ist eine Geschichte, die Adorno – wie sie in ihren Tagebüchern notiert – selbst erlebt und ihr erzählt hatte: Ein Ball spielendes dämonisches Kind verwirrte den Professor dermaßen, dass er sich beinahe zu Tode erschrak.

Als die erste Welle des Wirtschaftswunders, das neue Geld und die wiedererwachte Kauflust die Bundesrepublik durchschüttelte, empörte sie sich darüber und engagierte sich für die SPD. Sie war davon überzeugt, dass den materiell Erfolgreichen das Gegengewicht in geistigen Werten fehlte. Ihre Charakterisierung der »Neureichen« liest sich heute rührend, wie auch ihr Wunsch, selbst nie mehr im Leben etwas zu wollen, »nur Luft«. Dabei sind diese Jahre auch für sie Erfolgszeiten. Sie zieht zum zweiten Mal nach Rom, weil Guido Kaschnitz von Weinberg von 1952 bis 1956 die Leitung des Deutschen Archäologischen Instituts in Rom übernahm. 1955 erscheinen die römischen Betrachtungen »Engelsbrücke«, 1956 »Das Haus der Kindheit«, 1960 der Band »Lange Schatten«. In diesen Texten mischt sich das Private, Erinnerte, das irgendwo Aufgeschnappte mit psychischen Zuständen. Ein Seelenvogel fliegt am hellen Tag durch ein Zimmer, seine Flügel streichen an den Möbeln entlang. Bei der Heimkehr nach einer angstvollen Flucht ist der große Vogel immer noch da, bedrohlich und unabweisbar.

Sie habe zwar keine Ahnung, sagt sie in ihrer Rede zur Verleihung des Büchner-Preises, wie man die Welt verändern könne, aber von einem unerbittlichen Kunstwerk verlange sie, dass es um die »härteste innere Wahrheit« gehe. Von INGEBORG BACHMANN, mit der sie sich während der römischen Jahre anfreundete, stammt der Satz: »Die Wahrheit ist dem Menschen zumutbar«, Marie Luise Kaschnitz fordert »Unerbittlichkeit«. Nach dem Tod ihres Mannes 1958 versank sie in tiefe Traurigkeit: »Eines Tages bin ich zurückgekommen, zurück woher, davon werde ich später sprechen, jetzt nur so viel, dass ich fort war, lange und weit.« Sie »schleicht« sich nicht aus dem Leben, sie beschreibt das Leben der einsamen Frau, die unstet, mit koboldhaften Augen, zusieht, wie der »Teufel einzieht in ihren einsamen Leib« und dass sie nur, »wenn überhaupt, ganz piano piano« wieder ins Leben zurückfinden kann.

Aber sie hatte noch zu tun. Sie musste über Bollschweil im Breisgau, »ihren« Ort, schreiben, ihm ein Denkmal hinterlassen. Komponiert als Schöpfungsgeschichte an drei mal sieben Tagen, entstand die »Beschreibung eines Dorfes«: »Eines Tages, vielleicht sehr bald schon, werde ich den Versuch machen, das Dorf zu beschreiben. Ich werde überlegen, womit anfangen, mit dem Oberdorf, mit dem Unterdorf, mit dem Friedhof, mit dem Wald.« Am Ende fragt sie, weshalb sie diesen Text geschrieben hat, und kommt zu einer für sie typischen skeptischen Antwort, in der Nostalgie und Realitätssinn zusammenfinden. »Um Ruhe zu finden, um entlassen zu werden aus der furchtbaren Beschleunigung, aber man wird nicht entlassen, auch hier nicht, gerade hier nicht, Veränderung über Veränderung.«

Marie Luise Kaschnitz sah das Alter nicht als »Kerker«, sondern als »Balkon«. Sie wusste, dass sie auch in ihren Gedichten an einer Art »Chronik« geschrieben hatte und dass die Nachwelt an ihrer literarischen Arbeit ein Zeitalter ablesen können würde – eine Chronik des Krieges und des Sterbens, eine Chronik über die Lust, die Freude am Sehen und über die Gewissensqualen, als Mutter versagt und in der Nazizeit geschwiegen zu haben. Sie schonte sich nicht mit Selbstvorwürfen, bekannte, von Natur aus feige und von einer quälenden Phantasie verfolgt zu sein, und sicherte sich gegen das Außen mit einer Aura von Sprödigkeit und Unnahbarkeit ab, um das Eindringen von zu viel Nähe zu verhindern. Sie starb, nachdem sie im kühlen September 1974 in Porto Ercole, einem italienischen Küstenort nördlich von Rom, wie immer weit hinausgeschwommen war, weil sie die Küste, die Badehütten und die Signalwimpel am Horizont verschwinden sehen wollte. Noch an diesem Tag, an dem sie sich eine Lungenentzündung zugezogen hatte, schrieb sie ihrer Tochter, dass ihr diesmal in Porto Ercole zur Belehrung die deutschen Professoren fehlten. Sie hoffte, von den großen Wellen überschüttet zu werden.

Biografisches

Marie Luise Kaschnitz wurde am 31. Januar 1901 in Karlsruhe als Tochter von Max Reinhard Freiherr von Holzing-Berstett und seiner Ehefrau Elsa Wilhelmine geboren. Marie Luise hatte zwei ältere Schwestern und einen drei Jahre jüngeren Bruder. Sie verbrachte die Kinder- und Jugendjahre in Potsdam und Berlin, heiratete nach einer Buchhandelslehre in Weimar am 29. Dezember 1925 den zehn Jahre älteren Wiener Archäologen Guido Freiherr von Kaschnitz-Weinberg und zog mit ihm nach Rom. 1928 wurde die einzige Tochter Iris Constanza geboren. Marie Luise Kaschnitz, die den Adelstitel ihres Mannes nicht annahm, begann Gedichte und Prosatexte in Zeitungen und Zeitschriften zu veröffentlichen. 1933 erschien ihr Roman »Liebe beginnt«, 1934 gewann sie den Lyrikwettbewerb der Zeitschrift »Die Dame« und kaufte sich von den tausend Reichsmark Preisgeld einen Opel P4. 1941 zog die Familie nach Frankfurt am Main, weil Guido Kaschnitz von Weinberg einen Ruf an die Frankfurter Universität erhalten hatte. 1954 nahm sie an der Tagung der Gruppe 47 teil, im Jahr darauf erhielt sie den Büchner-Preis. 1958 starb ihr Mann an einem Gehirntumor. 1960 übernahm Marie Luise Kaschnitz die Poetik-Dozentur an der Frankfurter Johann Wolfgang Goethe-Universität, 1966 erhielt sie die Goethe-Plakette der Stadt Frankfurt am Main. Ein Jahr später wurde sie in den Orden »Pour le Mérite« aufgenommen. Marie Luise Kaschnitz starb am 10. Oktober 1974 in Rom und wurde in Bollschweil im Breisgau beigesetzt. Zehn Jahre nach ihrem Tod wurde zum ersten Mal der Marie-Luise-Kaschnitz-Preis verliehen.

Leseempfehlung

»*Die Wahrheit, nicht der Traum. Das Leben des Malers Courbet*« (Roman).
»*Das dicke Kind und andere Erzählungen*«.
»*Lange Schatten. Erzählungen*«.
»*Beschreibung eines Dorfes*« (Prosa).
»*Orte. Aufzeichnungen*«.

Verena Auffermann

IN DER SCHRÄGLAGE

A. L. Kennedy *1965

Wer die Website A. L. Kennedys aufsucht, begegnet einer Schriftstellerin, die über reichlich Humor verfügt, zumal über dessen sympathische Variante der Selbstironie, und Freude hat an allerlei Spleens. Unter anderem veranstaltet Kennedy seit dem Herbst 2006 eine Internet-Abstimmung zu der Frage, wofür die Initialen A. L. ihres Autorennamens stehen könnten: Almond Ladybits / Angry Lithunians / Aural Lollypop / Always Loopy.

Immer mal wieder macht sich Kennedy, die bevorzugt Jeans und Lederjacke trägt, über ihre Fusselhaare lustig und erzählt dazu folgende Geschichte: Vor Jahren wurde sie einmal von einem ambitionierten Fotografen abgelichtet. Sein Bild zeigt die junge Literatin als elegisch-intellektuelle Schönheit in einem schwarzen armfreien Etuikleid und mit langer, weiblich wallender Haarpracht. Mit diesem Bild wurde A. L. Kennedy lange identifiziert, und immer wieder wurde sie von Pressefotografen gebeten, doch ihre Haare aufzumachen, um noch einmal so hübsch auszusehen. Gern würde sie das versuchen, antwortet Kennedy dann, aber ohne Perücke oder Mitwirkung eines professionellen Friseurs ginge es nicht. Denn die Bearbeitung ihrer Haare für das berühmte Foto habe damals gut zwei Stunden in Anspruch genommen.

Außerhalb Englands ist A. L. Kennedy in erster Linie als Verfasserin sprachlich hochgespannter und thematisch riskanter Romane bekannt. Als eine der intensivsten und eigenwilligsten Literaturstimmen der europäischen Gegenwart. In ihrer Heimat indes genießt die gebürtige Schottin, die 1965 in Dundee zur Welt kam und seit fast zwei Jahrzehnten überzeugte Einwohnerin Glasgows ist, den Ruf einer kulturell multiplen und entsprechend unberechenbaren Gestalt des öffentlichen Lebens. Sie ist im britischen Fernsehen präsent, organisiert politische Demonstrationen, besucht Zusammenkünfte der Quäker und unterrichtet jährlich für ein paar Wochen an englischen Universitäten »Kreatives Schreiben«. Ihr Name zählt in der etablierten Hochkultur und in der kritischen Subkultur. Kennedy ist ein Star, dabei publikumsnah und ohne Allüren. Im Jahr 2005 startete sie eine Bühnenkarriere als satirische Alleinunterhalterin und tritt seitdem regelmäßig in einem Glasgower Club für Stand-up-Comedians auf. Von ihrem Bühnenpublikum wird die hagere Kabarettistin, die bisweilen in einer Art Arbeiterblaumann am Mikrofon steht, tief verehrt. Sie spöttelt über Gott, die Welt und ihre eigenen Marotten. Sie feixt und lästert auf der Bühne, sie gurrt und raunzt, deklamiert theatralisch, stößt deftige Beschimpfungen aus und zerreißt bevorzugt die Machenschaften internationaler Politik in der Luft. Denn vom persönlichen Vergnügen abgesehen, das sie in den exzentrischen Shows findet, dienen ihr diese auch als Forum ihres Engagements. In A. L. Kennedy fand die Regierung Tony Blairs, zumal seine Sozial- und Irakpolitik, die scharfzüngigste Gegnerin. Für den britischen »Guardian« war Kennedy von 2000 bis 2005 als Kolumnistin tätig. In einer ihrer beißenden Zeitungstexte rechnete sie Tony Blair vor, wie viele Liter Blut der zivilen und militärischen Opfer des Irak-Kriegs an seinen Händen klebten, und verglich bei anderer Gelegenheit die Repressalien gegen muslimische Mitbürger mit dem Antisemitismus des deutschen NS-Regimes.

Über ein Privatleben im konventionellen Sinn, ein Leben mit Familie, Mann und Kindern verfügt A. L. Kennedy nicht. Sie bedaure dies außerordentlich, erklärt sie oft. Doch das völlige Alleinsein mit sich selbst, das sie in Phasen intensiven literarischen Schreibens benötige, vertrüge sich in ihrem Fall nicht mit engen Lebensbindungen. Bei aller öffentlichen Präsenz leitet sich Kennedys Persönlichkeit letzten Endes aus dem klassischen Verzichtmodell der einzelgängerischen, kompromisslosen Künstlerexistenz ab. Der calvinistische Protestantismus, in dessen Geist die Schottin aufwuchs, macht sich dabei wohl ebenso bemerkbar wie eine spezielle Kindheitsprägung. Denn im eigenen Elternhaus lernte Kennedy Nähe als den subtilen Schrecken emotional klebriger familiärer Übernähe kennen. Als Perversion eines psychischen Exhibitionismus und folglich als Beschämung. Kennedys Eltern, ein Psychologieprofessor und eine Lehrerin, die sich nach jahrelangen Streitereien scheiden ließen, bedienten sich des Einzelkindes als Zeugin und Auditorium ihres zermürbenden Seelenschauspiels. Diese Erfahrung, dieser beständige seelische Alarmzustand wirkt in Kennedys nervöser Romanwelt klimatisch nach. Die ungeheuerliche Verletzlichkeit des menschlichen Wesens ist die Grundannahme aller Geschichten, die Kennedy erzählt. Autobiografisch im unmittelbaren Sinn sind diese Geschichten indes nicht. Dagegen spricht schon das Groteske, bisweilen glattweg Unwahrscheinliche oder ganz einfach Historische der Kennedy-Romane.

In ihrem Roman »Day« aus dem Jahr 2007 beispielsweise beschreibt sie, was sie wahrlich nur aus Dokumenten kennen kann: den Zweiten Weltkrieg, speziell die Bombardements des englischen Luftkriegs; erlebt, erlitten, gesehen und erinnert aus dem Bewusstseinsinneren eines jungen englischen Sergeanten der Royal Air Force. In »Gleißendes Glück«, 1997, nimmt die frustrierte Mrs. Brindle Kontakt zu einem TV-Prominenten, einem Psychoguru auf, um in der Realität zu entdecken, was sie vor der Mattscheibe instinktiv ahnte: wie perfekt, geradezu märchenhaft sich ihre geheimsten Sehnsüchte mit den pornografischen Gelüsten des Ratgeberonkels ergänzen. Noch unwahrscheinlicher ist der Erzählplot von Kennedys Roman »Alles was du brauchst«, der zwei Jahre später, 1999, erschien. Die Heldin ist eine junge Frau namens Mary Lamb, die von ihren Eltern verlassen wurde, ihren Vater nur als fernes Gerücht kennt und in einer idyllischen Ersatzfamilie bei zwei Homosexuellen aufwuchs. Mary Lamb möchte Schriftstellerin werden. Sie begibt sich deshalb auf eine Insel, mit der es eine sehr skurrile Bewandtnis hat. Denn besiedelt wird die Insel von einer Künstlerkolonie, einer Art Schriftstellerorden. Alle Schriftsteller, die in die Kolonie eintreten, haben die Aufgabe, sich einem morbiden Initiationsritus zu unterziehen. Sie müssen sieben Selbstmordversuche unternehmen, jeweils mit dem Ziel, dem Tod im letzten Moment von der Schippe zu springen. Der abgehalfterte, versoffene Bestsellerautor Nathan Staples ist der geistige Vater der Inselgesellschaft, und er ist, wie sich im Laufe des Romans herausstellt, auch Mary Lambs leiblicher Vater.

Ein anderes Beispiel für Kennedys Neigung zur exzentrischen Fiktion ist der Roman »Also bin ich froh«, erschienen 1995. Der äußere Rahmen ist auf den ersten Blick ganz realistisch. Ort der Handlung ist eine schottische Stadt, wohl Glasgow, im letzten Jahrzehnt des zwanzigsten Jahrhunderts, sozial geprägt von der Depression der Thatcher-Ära. Jennifer Mercy Wilson, die Romanprotagonistin, ist eine Junggesellin Mitte Dreißig, lebt in einer Wohngemeinschaft und arbeitet als Radiosprecherin. Ein Job, der sie intellektuell weit unterfordert, aber ihrer pathologischen Körper- und Kontaktfeindlichkeit entgegenkommt. Am Sex schätzt Jennifer einzig die durch den Einsatz von Fesseln, Peitschen und ähnlichen Utensilien garantierten Techniken der emotionalen Distanzierung und Unterkühlung. Jennifer kennt sich und ihren gelinden Autismus ziemlich gut. Sie könne, berichtet sie seufzend, »vor Abwehr kaum laufen«. Von ihrer Erfinderin A. L. Kennedy hat sie folglich eine gute Portion Selbstironie geerbt, aber auch die Last einer speziellen Kindheitserfahrung. Denn Jennifers Eltern empfanden es durchaus als normal, sich beim ehelichen Beischlaf von der Tochter beobachten zu lassen.

Dass in der traumatischen Urszene der Schlüssel liegt zu Jennifers Verkorkstheit, lässt sich aus dem psychologischen Hintergrund der Romanerzählung folgern. Alle Romane A. L. Kennedys orientieren sich weitläufig am soziologischen und psychologischen Wissen unserer Gegenwart, greifen auf die Tradition der modernen Bewusstseinsliteratur zurück und bedienen sich deren Erzähltechniken, des inneren Monologs, der geordneten und weniger geordneten Vorgänge des subjektiven Bewusstseins, das für die jeweiligen literarischen Weltentwürfe verantwortlich ist. Alle Romane A. L. Kennedys haben aber darüber hinaus einen Zug ins leicht Verrückte, Hysterische, ins rauschhaft Überdrehte. Sie bilden die spätkapitalistische Welt als einen taumelnden Planeten ab, auf dem es halb lächerlich, halb paranoid zugeht. Man kann zu Recht in A. L. Kennedy die europäische und weibliche Antwort auf den Amerikaner Thomas Pynchon sehen.

Indes: All ihre Romane haben einen ernsten, oft tragischen Kern. Sie wurzeln im mitfühlenden Interesse der Literatur an menschlichen Schicksalen, zumal dem der Außenseiter. Am Schicksal der Trinker, der Kaputten, der Perversen und der Selbstmörder. Am Schicksal der Vereinsamten, Verzweifelten, Gestörten. In dieser Haltung drückt sich eine hohe Tugend des christlichen Abendlandes aus: Caritas, sorgende Anteilnahme. So verquer und anrüchig es zwischen Mrs. Brindle und ihrem obszönen Fernsehfritzen in »Gleißendes Glück« von Episode zu Episode auch zugehen mag, die ethische Basis ihres Treibens ist am Ende nichts anderes als Caritas: das Wissen um die Bedürftigkeit des anderen. Die Fähigkeit, seiner Beschädigung ohne die geringste Verachtung zu begegnen. Auch die Gemeinschaft der Inselbewohner in »Alles was du brauchst« wird in der Tiefe von zärtlicher Sorge getragen, bei aller Bosheit ihres Geredes und ihres Umgangs an der Oberfläche. In der Literatur A. L. Kennedys, die vor Schund und Kolportage, vor unflätigem Jargon und derben Ausdrücken nicht Halt macht, wird – und es ist bedeutsam, dies nicht zu übersehen – das Hohelied der Menschlichkeit gesungen. Allerdings in der Melodie der Postmoderne. Jener literarischen Schule des späten zwanzigsten Jahrhunderts, die alles Mögliche an Genres, Stilen und Epochen als Maske des Erzählens herbeizitiert und sich aus allem einen großen Karnevalsspaß macht. Kennedys Literatur ist beides, ironischer Karneval und ironiefreier Ernst. Die Radiosprecherin Jennifer, die »vor Abwehr kaum laufen« kann, ist ein Paradebeispiel dieser Schräglage: wahrhafte Tragödin und schrille Trashfigur.

Denn eines Tages taucht in Jennifers Wohngemeinschaft – eine weitere utopische Ersatzfamilie des literarischen Kennedy-Kosmos – ein Fremder auf. Eine zerzauste seltsame Gestalt, die sich Martin nennt. Das Seltsamste an diesem Martin sind die kleinen Feuerflammen, die um seinen Körper herum züngeln und auch in seinem Mund zu sehen sind, wenn er ihn beim Sprechen öffnet. Flammen, die Martin wundersamerweise nicht verbrennen. Man könnte ihn daher für einen Wiedergänger aus jenem Kapitel des Alten Testaments halten, in dem Gott als brennender Dornbusch erscheint. Martin selbst stellt allerdings eine andere spektakuläre Behauptung zu seiner Identität auf. Er sei, versichert er, der französische Schriftsteller Savinien, besser bekannt als Cyrano de Bergerac, auf mysteriösen Wegen aus dem siebzehnten ins späte zwanzigste Jahrhundert gelangt.

Die phantastischen Schriften und Stücke dieses Franzosen begeisterten A. L. Kennedy schon als Studentin der Theaterwissenschaft. Vermutlich träumte sich die Zwanzigjährige bei der Lektüre zurück in das Paris des siebzehnten Jahrhunderts. Für Jennifer wird der Traum insofern Wirklichkeit, als sie in einem Romankapitel eine Zeitreise unternimmt und mit Cyrano de Bergerac durch ein historisches Paris spaziert. Reine Fantasy-Literatur also. Und doch etwas ganz anderes. Am Ende von »Also bin ich froh« setzt sich eine psychologisch realistische Liebesgeschichte gegen die postmoderne Fantasy-Spielerei durch. Am Ende sind Martin und Jennifer ein so normales Liebespaar, wie ihre Macken sie normal sein lassen. Martin verschwindet plötzlich spurlos aus der Wohngemeinschaft. Und Jennifer merkt, dass sie den komischen Kerl vermisst. Dass sie an ihm, dass sie zum ersten Mal in ihrem Leben an einem anderen Menschen hängt. Eines Tages taucht Martin wieder auf, noch zerraufter und verwahrloster als zuvor. Und es erweist sich, dass in dem angeblichen Cyrano de Bergerac nichts anderes steckt als ein erbarmungswürdiger Drogenabhängiger aus der Gosse Glasgows. Gegenseitig helfen und heilen sich nun die zwei Beschädigten. Jennifer schleppt Martin durch den Entzug. Und er wird ihr zum Lehrer menschlicher Nähe. Eine klassische Erlösungsgeschichte also. Genau betrachtet, findet in »Also bin ich froh« allerdings eine doppelte Erlösung statt. Denn die raffinierte A. L. Kennedy bahnt hier nicht nur ihrem Romanpärchen den Weg aus dem psychischen Schlamassel. Sondern auch der Postmoderne den Weg aus der Sackgasse der Seifenoper.

Wer Kennedy liest, muss akzeptieren, sich nicht auf Anhieb zurechtzufinden: zwischen Mitteilungen, bei denen nicht ganz klar ist, zu welcher Stimme sie gehören; zwischen Szenen, bei denen bisweilen erst aus der Rückschau plausibel wird, auf welcher Zeitebene sie sich ereigneten; zwischen Dialogen, die sich mitunter wie herrenlose Hunde in den Textverlauf drängen; zwischen Textpassagen, die nur einen Satz oder nur ein paar Wörter lang sind. Lebhaft, unerhört metaphernreich, riskant, radikal ist die literarische Kennedy-Welt in jedem Fall. Wer sie betritt, sollte auf Gewalt, Drastik und Obszönität gefasst, sollte horrorerprobt und bibelfest sein. Kennedys Perspektive ist die der neurotischen Störung. Aber ihr Blick ist der christliche Blick des Erbarmens.

Tiefer als Hannah Luckraft aus dem Roman »Paradies«, 2004, kann ein Mensch, vielmehr eine Frau Ende Dreißig, kaum sinken. Hannah trinkt seit ihrer Jugend, sie ist Berufstrinkerin. Flaschen, gefüllt mit Gin, Whisky, Wein et cetera sind ihre Welt, ihr Leben ist ein einziger Filmriss. In der ersten Szene des Romans weiß Hannah Luckraft nur, dass sie irgendwie existiert und irgendwo an einem Tisch sitzt und in einer Tasse rührt. Es dauert mehrere Romanseiten, bis ihr dämmert, dass sie sich im Frühstücksraum eines Hotels befindet. Aber wo? In welchem Land? Und warum überhaupt? Und es dauert noch eine Weile, bis Hannah schwant, dass sie mit dem männlichen Scheusal, das sich gerade am Frühstücksbuffet bedient, ein paar Stunden vorher Sex hatte, in volltrunkenem Zustand natürlich. »Paradies« ist vermutlich A. L. Kennedys konsequentester Roman, 362 Prosaseiten aus der Sicht einer Ich-Erzählerin, die alles, jeden Gegenstand, jedes Erlebnis aus der Schräglage des Suffs wahrnimmt und ebenso schildert. Kennedy – die selbst keinen Schluck verträgt, da sie an einer Alkoholallergie leidet – beschreibt die Säuferin nicht von außen. Sie lässt sie einen taumelnden Roman lang selbst aus der Parallelwelt der Sucht berichten. Vor Hannah Luckraft hat es eine solche Vollalkoholikerin in der Weltliteratur nicht gegeben. Und einen so schrägen Roman nicht oft.

Auf A. L. Kennedys Website findet sich auch ein Foto, auf dem das Arbeitszimmer ihrer Glasgower Dachwohnung abgebildet ist. Die Wände sind terrakottarot gestrichen, der Fußboden ist mit Sisal ausgelegt, die Möblierung karg. An einer Wand steht ein kleiner Holztisch, darauf ein Drucker, am Haken der Tür hängen ein Leinenrucksack und ein Sonnenhut. Dominiert wird der Raum von Kennedys Schreib- und Arbeitsplatz. Bei diesem handelt es sich um ein voluminöses, ungewöhnliches Polstermöbel, eine Mischung aus Sessel und Liege – »the Perfect Chair«, wie sie in ihrer ersten Antwort in der Rubrik »Frequently Asked Questions« schreibt. Da A. L. Kennedy an Rückenbeschwerden leidet, schreibt sie in einer entlastenden Schräglage. Ihr Rücken liegt dabei fast flach auf, der Kopf wird von einer Stütze so angehoben, dass sie auf den Bildschirm des Laptops sehen kann, der wiederum an den angewinkelten Oberschenkeln lehnt. Die Beine lagern über einer steilen Bugwelle der Sesselliege. Für den Betrachter sieht sie aus wie nach hinten gekippt. Wer in diesem Sessel liegt, hat die Welt in der Schiefe vor sich.

Biografisches

Alison Louise Kennedy wurde am 22. Oktober 1965 in der schottischen Stadt Dundee geboren. Ihre Eltern, ein Psychologieprofessor und eine Lehrerin, trennten sich in A. L. Kennedys Kindheit, sie wuchs als Einzelkind bei ihrer Mutter auf. Obwohl die Eltern schon vor ihrer Geburt mit der »Church of Scotland« gebrochen hatten, ist der Einfluss des Calvinismus für Kennedys Bildungsgeschichte ausschlaggebend. Nach dem Besuch der High School in Dundee studierte sie an der University of Warwick Theaterwissenschaft und Schauspiel, schlug sich anschließend mit verschiedenen Jobs und Gelegenheitsarbeiten durch, unter anderem als Hausiererin und als Puppenspielerin für Kinder. Im Jahr 1991 debütierte A. L. Kennedy mit einer Sammlung von Short Storys. Zwei Jahre später veröffentlichte sie ihren ersten Roman »Looking for the Possible Dance« (»Einladung zum Tanz«). Kennedys künstlerische und politische Aktivitäten sind vielfältig. Seit dem Beginn ihrer Laufbahn arbeitet sie regelmäßig für das britische Fernsehen und für Theaterbühnen, sie entwickelte Dokumentarserien, szenische Skripts und Drehbücher. Von 2000 bis 2005 arbeitete sie für die Zeitung »Guardian« als Kolumnistin, seit 2005 tritt Kennedy regelmäßig als Stand-up-Comedian in einem Glasgower Club auf. Kennedy, die im Lauf der Jahre an verschiedenen Universitäten Unterricht in »Kreativem Schreiben« erteilt hat und mehreren Jurys von Literaturpreisen angehört, wurde selbst mit einer Reihe von Preisen ausgezeichnet, unter anderem 2007 mit dem Österreichischen Staatspreis für Europäische Literatur und 2008 mit dem Costa Book Award. Auf ihrer Website – www.a-l-kennedy.co.uk – beantwortet sie Leserfragen, die echt sein können, womöglich aber von ihr selbst erdacht sind. A. L. Kennedy ist unverheiratet und kinderlos, sie lebt in einer Dachwohnung in der schottischen Stadt Glasgow.

Leseempfehlung

»*Gleißendes Glück*« *(Roman).*
»*Also bin ich froh*« *(Roman).*
»*Alles was du brauchst*« *(Roman).*
»*Day*« *(Roman).*
»*Paradies*« *(Roman).*
Alle Titel aus dem Englischen von Ingo Herzke.

Ursula März

POLITIK UND NATUR

Sarah Kirsch 1935-2013

Der 16. November 1976 war der Tag, an dem sich alles ändern sollte. Für Sarah Kirsch und für die Menschen in dem Staat, in dem sie lebte. Der Liedermacher Wolf Biermann hat später einmal gesagt, dass nicht seine Ausweisung, sondern die auf die Ausweisung folgende Protestbewegung der Anfang vom Ende der DDR gewesen sei. Jedenfalls gab an jenem schicksalhaften 16. November die DDR-Nachrichtenagentur ADN die knappe Meldung heraus, dass Wolf Biermann sich mit »seinem feindseligen Auftreten« gegenüber der DDR »den Boden für weitere Gewährung der Staatsbürgerschaft entzogen« habe. Am folgenden Tag trafen sich zwölf Schriftsteller in der Ostberliner Wohnung Stephan Hermlins. Sarah Kirsch unterschrieb den Appell gegen die Biermann-Ausweisung als Erste. Unter den Kollegen waren Volker Braun, Günter Kunert, Rolf Schneider, Jurek Becker, CHRISTA WOLF und ihr Mann Gerhard Wolf. Sie baten, »die beschlossene Maßnahme zu überdenken«. Sechs Tage später wurde der Appell in der »Frankfurter Rundschau« veröffentlicht, und damit war der Fall in der Welt.

Damals war Sarah Kirsch wie Christa Wolf eine Lieblingstochter des Staates DDR, zumindest nach offizieller Lesart. Sie war Mitglied der SED und im Vorstand des Schriftstellerverbandes. Sie wurde mit Nachsehen bevorzugt behandelt und konnte sich Freiheiten leisten, von denen andere träumten. Eine Sammlung authentischer Gespräche mit einer Dompteuse, einer Kaderleiterin, einer Betriebsleiterin und einer Arbeiterin, aufgenommen mit dem Kassettenrekorder, hätte kaum eine andere Autorin durch die Zensur der DDR bekommen. Sarah Kirsch schon. Die Alltagserzählungen der »Pantherfrauen« klangen, als gäbe es keine Angst und keinen allgegenwärtigen Staatsapparat. »Auch Widersprüche innerhalb der sozialistischen Gesellschaft werden von ihr elegisch und manchmal zornig vermerkt«, heißt es stolz über Sarah Kirsch in der vom Zentralkomitee der SED autorisierten DDR-Literaturgeschichte. Man gewährte der Vorzeigelyrikerin gelegentliche Reisen ins westliche Ausland. Duldung und Langmut verlangten ihre Texte, die von »verschlüsselten Botschaften« handeln und davon, dass »alles beim alten« bleibt und man immer allein ist, »wenn wir den Königen schreiben / Denen des Herzens und jenen / des Staates…«. Brisant war nicht die Scheidung vom Lyriker Rainer Kirsch oder ihre Beziehung zum Lyriker Karl Mickel, Vater ihres 1969 geborenen Sohnes Moritz, eher schon ihr späteres Verhältnis mit dem in Westberlin lebenden Dichter Christoph Meckel. Doch das eigentlich Brisante war ihre Radikalität. Nach der Unterzeichnung des Biermann-Appells war es mit dem guten Verhältnis auf beiden Seiten vorbei. Sarah Kirsch ließ im 17. Stock ihrer Wohnung in der Leipziger Straße klassische Musik erschallen, damit die Stasi die Gespräche in ihrer verwanzten Behausung nicht mit anhören konnte. Auch der Lift war jetzt zu unmöglichen Zeiten von Männern mit Sonnenbrillen besetzt. »Die Willfährigkeit der Menschen aber zur Denunziation haut einem die Füße glatt weg. Ohne nachzudenken«, schrieb Sarah Kirsch später, »sagen sie nicht nur ja! sondern ja! gerne. Gottverfluchte verwurmte Seelen.« Operativ beobachtetes Medium im System des Ministeriums für Staatssicherheit zu sein, hielt Sarah Kirsch nur ein paar Monate aus. Im August 1977 siedelte sie nach Westberlin um. Das abtrünnige Lieblingskind war jetzt eine Renegatin und Revisionistin. Aber, sagte Sarah Kirsch später süffisant, so viel Hochachtung vor Literatur gab es nie wieder.

Sarah Kirsch gehörte nicht zu den Autoren, die von ihrer Berufung schon als Schulkind wussten. Sie studierte Biologie und schrieb eine Diplomarbeit über das auch außerhalb des biologischen Fachzirkels anspielungsreiche Thema des redundanten Ungeziefers im Fell der Mäuse. Kurze Zeit später hieß sie auch nicht mehr Ingrid Bernstein, wie die 1935 in Limlingerode im Südharz geborene Tochter eines Fernmeldetechnikers getauft wurde, sondern einfach »Sarah«. Nach der Sarah aus dem Alten Testament, um an die ermordeten Juden zu erinnern und um ihrem antisemitisch gesinnten Vater postum einen Denkzettel zu verpassen. Als sie 1968 zusammen mit ihrem ersten Lyrikbuch »Landaufenthalt« von Halle nach Ostberlin kam, entstanden schöne düstere Gruppenfotos in Dichterkreisen. Sie, klein und zierlich, schwarzhaarig mit halblangem Bubikopf um ein mädchenhaft rundliches Gesicht, daneben Rainer Kirsch, Bernd Jentzsch und CHRISTA WOLF und dahinter eine schöne Vase mit Alpenveilchenschnitt. Später kursierte das altmodisch-romantische Sarah-Kirsch-Profil als Scherenschnitt, ganz im Stil der von ihr verehrten ANNETTE VON DROSTE-HÜLSHOFF.

Man kann Sarah Kirschs schmalportioniertes Werk als Liebes- und Naturlyrik, zeit- und ortlos begreifen. Ereignisse und Erinnerungen werden zu knappen, frechen Bildern verschmolzen, drei Wörter zu einem zusammengezogen und den Tieren, dem Maulwurf, dem Käuzchen, Liebeslockrufe in den Schnabel gesteckt. Aber dann, nach den ersten Versen, wird es ernst, ihre Gedichte werden von Politik infiltriert, das Eingeschlossensein offen kritisiert: »Hier ... setz doch den Fuß raus / Grenzpapiere achwas hier bin ich.« – »Schönaug Hoffnung« sieht keine Hoffnung mehr, nur noch den »Rest des Fadens«, und die fröhliche List, die Sarah Kirschs Gedichte zu leichten, kurzen Liebesgedichten formt, hilft nicht mehr. Die DDR, die den Band »Rückenwind« 1976 druckt, nimmt das noch einmal, zum letzten Mal, hin. Der Westen, in dem »Rückenwind« im Jahr darauf erscheint, liest die Gedichte wie Kassiber. Die Sprache sucht den Gegendruck zur Realität und erweist sich als Schutzmantel – bis zum Tag des Biermann-Protests. Bis zu diesem Datum hatte die DDR Sarah Kirschs Anzüglichkeiten, ihre Verschlüsselungen, Zauber-Rätsel, ihre Kunstfertigkeit in der Vermischung von Privatem und politischer Realität geduldet und auch ihre Romeo-und-Julia-Liebesgeschichte: Sarah Kirsch in Ostberlin, Christoph Meckel in Westberlin. »Der Umstand / Ist günstig, wir wohnen / Wohl in der gleichen Stadt, aber die Staaten / Unsere eingetragenen Staaten gebärden sich, meiner / Hält mich, und hält mich er hängt so an mir ...«

In den Büchern »Das simple Leben« und »Allerlei-Rauh« erzählt ein »Ich«, das behauptet: »Alles ist frei erfunden und jeder Namen wurde verwechselt.« Das Ich gibt bekannt, dass man die DDR, »sein Leben lang« nicht »loswird« und dass es gut sei, die eigene zurückgespulte Biografie als »reine Menschenkunde« zu betrachten. Sarah Kirsch bändigte ihre Wut auf die Stasi mit Ironie: »will keinen Idioten mit meinem schönsten Zorn überschütten«. Als politisch Gebrandmarkte gab sie sich in ihrem weiteren West-Leben unversöhnlich. Sarah Kirschs Lyrik ist im Kern so unromantisch wie die Natur selbst, deren Grausamkeit sie nie verschweigt: »schwarzes Wissen beugt mir den Hals«. Die Natur ist eine Zumutung, das Leben ist es auch. Der »Sarah-Sound« ist eine betont individuelle Redeweise, sie verbindet ein Gefühl für das Versmaß mit saloppem Ausdruck. Mal schreibt sie »Schofför«, mal »nit« für »Nichts«, verwendet ein altertümelndes Privatdeutsch, lässt eine »süße Schopengsche Musik« erklingen und studiert das »Journal« des englischen Priesters und Dichters Gerard Manley Hopkins, der zwischen 1886 und 1875 täglich knapp und lakonisch das Wetter beschrieb: »Schön dann trüb. Trüb, mit etwas Regen. Schön und windig. Schön. Schön.« Bei Sarah Kirsch ist der Himmel mal von Wolkenkratzern, mal von Wolken befahren, mal totenblass, und das Ich ist ein »Ochse, der sieben Kämpfe im verkommenen Staat meiner Heimat« ausficht. Dann verlässt sie unvermittelt die metaphorische Bühne und begibt sich ins Tagesgeschehen, kommentiert Nachrichten aus Fernsehen und Radio. Die Wörter »frei« und »Freiheit« benutzt sie auffallend oft. Tief enttäuscht vom System, an das sie einmal glaubte, will sie »überhaupt niemand sehen«, der »eine andere politische Anschauung hatte«. Auch die Liebe ist nicht schön und gut, sondern ein zerbrechliches Glück: »Liebe und Waterloo alles zu seiner eigenen Zeit«. Die Seele nannte sie im Gedichtband »Zaubersprüche« ein »bourgeoises Stück«, sie hütete sich davor, »die große Liebende« zu mimen. Lieber redete sie von der »seelischen Erziehung«. »Wie perforiert« soll die Dichtung sein: »Ich wünschte, dass es so wäre – es muss aber so sein«. Das ist eine typische Kirsch-Aussage. Sie formulierte einen Wunsch, eine genaue Vorstellung und ein Ziel. Über die Natur des Menschen sind in dem Band »Das simple Leben«, der Prosafragmente und Gedichte umfasst, ernüchternde Einsichten zu lesen. Da ist zum Beispiel die mecklenburgische »Carola«: »Wesen wie Carola trifft man selten oder nie in seinem Leben«. Nach dem Studium der Stasi-Akte erlebt sie als »gewendete« Carola ihren Wiederauftritt. Carola war eine der vielen auf Sarah Kirsch angesetzten Informellen Mitarbeiter der Stasi. Man kann sich in Sarah Kirschs Büchern über das »Ländchen« DDR kundig machen, das »geknebelt hat und schikaniert«. Kein Phantomschmerz, kein Verlustgejammer nach dem Stallgeruch. »Mit mir ist alles O.K. gewesen auch als ich noch nicht wusste, dass die DDR ewig nicht hält«.

Nach ihrer Ausreise wurde Sarah Kirsch vom Westen wie ein vom DDR-Himmel gefallener Fixstern gefeiert. Die Säle, in denen sie aus ihren Gedichtbänden las, waren zum Brechen voll. Es las in Universitätsaulen, Stadtbibliotheken, Buchhandlungen, Festsälen eine zornige kleine Frau, die so süß anzusehen war, vor Wut und Enttäuschung bebend. Sie dachte nicht dran, sich von den falschen Fragen und den falschen Zuschreibungen vereinnahmen zu lassen, weder als Opfer fürs Feindbild DDR noch als Opfer des Kalten Krieges. Und auch nicht als Heldin der Frauenbewegung, die mit Christa Wolfs 1983 in Ost und

West gleichzeitig erschienenem Roman »Kassandra« ihren neuen Lieblingstext hatte. Sarah Kirsch zog die Einsamkeit dem Literatur- und Gesinnungstrubel vor. 1983 bezog sie als selbsternannte Chronistin der Zeit ihr Versteck in einem »Haus am Weltrand«, bereit, in größter Einsamkeit neue oder andere Worte für Verräter, Narren und Lügner zu finden.

In den Jahren nach der Wiedervereinigung, als der Schriftstellerverband Ost und der Schriftstellerverband West ein gemeinsamer Verein wurden, konnten viele nicht ertragen, mit ehemaligen Ost-Kollegen, von denen sie sich verraten fühlten, an einem Tisch zu sitzen. Weil »ich leider nachtragend bin«, verließ Sarah Kirsch 1996 zusammen mit Günter Kunert und Rainer Kunze, Jürgen Fuchs, Hans-Joachim Schädlich das westdeutsche P.E.N.-Zentrum. Nicht die anderen haben sich »verpisst« und Sarah Kirsch allein zurückgelassen, sie hat sich davon- und immer weiter davongemacht. »DDR Vaterland, musst ja nicht drin wohnen«.

Mit sowjetischen Umzugskartons, weil es Umzugskartons in der DDR nicht gab, war sie in Westberlin angekommen. Sechs Jahre später wanderte sie weg in die letzte Einöde Deutschlands, ins Deich- und Sumpfland um das kleine schleswig-holsteinische Städtchen Heide, in ein ehemaliges Schulhaus, unter einen Himmel, der so flach und weit ist, dass man die vielen Kühe um ihren Horizont beneidet. Wer ein Leben in solch einer windigen Einsamkeit führen kann, kaum auszudenken im Winter, weiß, dass im Himmel und auf Erden nichts fest ist und nichts gerade. Alles, was in dieser Gegend nicht auf Pfähle gebaut ist, driftet weg und verschwindet im Moor.

Zehn Jahre lebte sie mit Bosch dem Esel und mit vielen Schafen, lernte in ihrem Haus, vor dem verloren eine Telefonzelle steht, füttern, misten und spinnen und schaffte das Viehzeug, nachdem es in die Dichtung eingegangen und die Arbeit zu viel geworden war, wieder ab. Die Widersacher fehlen, und um erneut gegen die verkommene Schönheit der Welt anzukämpfen, fehlte die Kraft. Sie spazierte über die Wiesen und grüßte die Bauern, die bedächtig mit schwerem Schritt über ihre Weiden gingen. Achtundzwanzig Kilometer sind es zum nächsten Zeitungsladen, die Nachricht, dass sich einer ihrer Nachbarn den Strick genommen hatte, erfuhr sie auch so. Im Sommer konnte sie sich in ihren Strandkorb setzen und so tun, als sei das weidenumstandene Flüsschen Eider das Meer und der Bauer im Kahn Apoll, unterwegs wie immer.

Biografisches

Sarah Kirsch wurde am 16. April 1935 in Limlingerode im Landkreis Nordhausen als Ingrid Hella Irmelinde Bernstein geboren. Ihre Kindheit und Jugend verbrachte sie in Halberstadt. Nach dem Abitur begann sie eine Forstarbeiterlehre, von 1954 bis 1958 studierte sie Biologie in Halle. 1958 lernte sie den Lyriker Rainer Kirsch kennen. Mit Kirsch war sie von 1960 bis 1968 verheiratet. Unter dem Pseudonym »Sarah« erschienen seit 1960 Texte und Gedichte von ihr in Anthologien und Zeitschriften. Von 1963 bis 1965 studierte sie am Leipziger Literaturinstitut Johannes R. Becher. Sarah Kirschs erster Gedichtband »Landaufenthalt« wurde 1967 herausgegeben. 1969 kam ihr Sohn Moritz zur Welt, Vater ist der Lyriker Karl Mickel. Nachdem Sarah Kirsch 1976 das Protestschreiben gegen die Ausweisung des Liedermachers Wolf Biermann unterschrieben hatte, wurde sie von der Staatssicherheit überwacht. Im August 1977 verließ sie Ostberlin und wohnte zunächst im Westteil der Stadt. 1978 war sie Stipendiatin der Villa Massimo in Rom. Seit 1983 wohnte Sarah Kirsch in Tielenhemme, Kreis Dithmarschen, Schleswig-Holstein. 1996 wurde sie mit dem Büchner-Preis ausgezeichnet. In ihrem Heimatort Limlingerode wurde 2002 im ehemaligen Pfarrhaus die »Dichterstätte Sarah Kirsch e. V.« eröffnet. Am 5. Mai 2013 ist sie in Heide (Holstein) verstorben.

Leseempfehlung

»Die Pantherfrau. 5 unfrisierte Erzählungen aus dem Kassetten-Recorder«
(Prosa).
»Zaubersprüche« (Gedichte).
»Rückenwind« (Gedichte).
»Erlkönigs Tochter« (Gedichte).

Verena Auffermann

DIE BIOGRAFIE-RETTERIN

Hanna Krall *1937

Erzählen Sie mir eine Geschichte. Eine wahre ... wichtige ... eine fremde oder was über sich selbst ...« Wie oft hat sie diese Bitte an fremde Menschen gerichtet. Wie viele Briefe hat sie bekommen, wie viele Anrufe, in wie viele Städte, wie viele Länder ist sie auf der Suche nach Geschichten der Überlebenden und den Kindern der Verstorbenen gereist. Aber warum fragt sie die anderen, warum erzählt sie nicht ihre eigene Geschichte? Die Geschichte von einem Mädchen, das die Judenverfolgung in Polen in unterschiedlichen Verstecken überlebte. Weshalb erzählt sie nicht von dem Tag, als alle, das Mädchen unter ihnen, auf die Straßen und Plätze liefen, jubelnd vor Glück und heulend vor Elend? Der Krieg war zu Ende, und die Soldaten der sowjetischen Armee stürmten mit aufgebauschten Fahnen durch Warschaus verwüstete Straßen. Das Mädchen, das Hanna Krall hieß und nicht wusste, wo Vater und Mutter sind, kam in ein Waisenhaus.

Unter den vielen Autoren, die in den vergangenen Jahren ihre Erlebnisse und Erinnerungen an den Holocaust aufgeschrieben haben, ist Hanna Krall die Ausnahme. Imre Kertész, der ungarische Nobelpreisträger, erklärt in seinem Roman »Ich, ein anderer«, dass er durch die Vergangenheit leben muss, weil es ohne Vergangenheit für ihn keine Gegenwart gibt. Hanna Krall hätte den Satz auch sagen können, aber sie kann, sie will nicht erzählen, was sie selbst erlebt hat. »Mein Leben«, sagt sie, »ist die Beschreibung des Lebens anderer.« Aber manchmal, das gibt sie zu, taucht in den Geschichten doch das Mädchen mit den dunklen Augen auf, »das ich ziemlich gut kenne«.

Es gibt keine Zonen des Vergessens. Der Satz der Philosophin Hannah Arendt wurde zum Motiv ihrer Schriftstellerexistenz. Hanna Krall rettet die Erinnerungen anderer vor dem Vergessen, erzählt wahre Geschichten von Überlebenden und Toten, die direkt oder indirekt vom Holocaust handeln. Sie tut das in atemlos knappen Sätzen und in der Gewissheit, dass der Kern des Vergessens immer aus den Zuständen Angst, Liebe, Hoffnung zusammengesetzt ist.

Hanna Krall ist eine schöne und nervöse Frau, die sammelt, was schneller als ein Portemonnaie verlorengehen kann. Sie sammelt Leben, sucht Erinnerungen, fragt aus Teilnahme, fragt nach dem Schrecken und nach dem Glauben, weil sie etwas über die Geschichte der polnischen Juden und über sich selbst erfahren will, etwas, das von den Kindern auf die Enkel übergegangen ist. Sie sucht die polnischen Juden in Warschau, Göteborg und Toronto, in New York und Lublin. Sie ist rastlos, die Zeit läuft, die Zeugen sterben und mit ihnen die Zeitgeschichte.

Die wichtigste Chronistin des jüdischen Polen arbeitet ununterbrochen. Ihre Bücher sind Pflichtstoff an polnischen Gymnasien. Die Jugendlichen machen ihr Komplimente. Sie sagen ihr, dass sie so schreibt, wie sie selbst denken möchten. So einfach und intensiv. Ihr nüchterner Realitätssinn gefällt ihnen. Eigentlich möchten sie nicht wissen, wie es früher war, weil ihnen heute die Welt gehört. Aber dann interessiert es sie doch, und sie fragen sich durch ihre eigene Familiengeschichte. Wenn die Großeltern schon tot sind, dann erzählen manchmal die Eltern, was sie von den Großeltern wissen. Wie es war im September 1939, als die Deutsche Wehrmacht ohne Vorwarnung Polen überfiel. Den Jugendlichen heute imponiert vor allem, dass Hanna Krall nie klüger ist als die Menschen, die ihr das Leben erzählen.

Hanna Kralls Porträts handeln vom Grauen. Sie verwandelt das Grauen in unsentimentale Gleichnisse, schmucklos, lakonisch, oft traurig, gruselig, sogar komisch. Man liest, wie es ist, dem Tod entkommen zu sein und weiterzuleben, irgendwo auf diesem Planeten. »Gefühllos« ist der Begriff, den viele für ihr Leben benutzen. »Ich fühlte mich nicht«, sagt in der Erzählung »Der Urenkel« ein Freund und Patient des Medizinprofessors B., ein Professor für englische Literatur. Als die Eltern tot waren, fing er an Gedichte zu schreiben über die nicht gestellten Fragen: »Es sieht so aus, als seien die Gedichte über die nicht gestellten Fragen meine Heimat.« – »Ich fühlte mich nicht«: ein Satz, der genauso viel über Hanna Krall wie über den Freund des Medizinprofessors B. aussagt, zusammengefasst in den erbarmungslosen Dialogen eines schroffen Alptraums: »Mama... sprich mir nicht von den wichtigen Dingen, erzähl mir von den kleinen...«

Aus den kleinen Dingen setzen sich die großen zusammen. Hanna Krall hat beobachtet, wie Isabella L. von ihren im Konzentrationslager ermordeten Eltern und Verwandten spricht und dabei einen Finger nach dem anderen einknickt, erst an einer Hand, dann an der anderen. Dann streckt Isabella L. ihren übriggebliebenen Zeigefinger und den Mittelfinger in die Höhe: »Wir sind da«, ruft sie, »du und ich. Ich wusste, dass du überlebst. Ich rettete dich...« Mit weniger Worten kann ein ungeheuerliches Drama nicht erzählt werden. Von Buch zu Buch – von den Erzählungsbänden »Legoland«, »Existenzbeweise«, »da ist kein fluss mehr«, »Ach du bist Daniel« bis zu dem Roman »Herzkönig« – werden die Sätze knapper, die Abscheu vor den unnötigen Worten nimmt zu und Hanna Kralls Gespür für die Wichtigkeit von Nebensachen auch.

In Warschau ist sie geboren, in Warschau hat sie überlebt, in Warschau ist sie geblieben. Vom Fenster ihrer Wohnung schaut sie über den Platz, der in einen Schacht der neuen Warschauer U-Bahn mündet, sieht auf den Hof mit Teppichstange und Fußball spielenden Jugendlichen und wünscht sich, einen richtig schönen Liebesroman zu schreiben, mit Happy End und allem. Und sie hat einen Liebesroman geschrieben. Maria Pawlicka riskiert im Roman »Herzkönig« ihr Leben für ihren unwiderstehlichen Mann. Es gelingt ihr, den nach Auschwitz deportierten »Herzkönig« zu befreien. Maria will nicht wissen, dass er inzwischen eine andere liebt. »Wer...? Wer sagt das...? Ich habe ihn doch in mir getragen, wie man ein Kind im Bauch trägt. Ist das meine Schuld? Ist eine schwangere Frau schuld an ihrem Bauch?« Eine große Geschichte ist das, über eine Liebe, die den Krieg gewonnen, aber den Frieden nicht überdauert hat. Ein Liebesroman mit Happy End ist es nicht. Ein Schwarz-Weiß-Foto am Ende des Buches zeigt eine auffallend schöne Frau. Die Haare liegen wie eine perfekte Mütze um den Kopf, die dunklen Augen schauen nach oben, der geschminkte Mund lächelt ein wenig. Würde sie ein bisschen mehr lachen, könnte sich ihr kleiner Leberfleck verziehen. Diese Frau sieht Hanna Krall ähnlich, aber es ist nicht Hanna Krall, sondern Maria Pawlicka. Vielleicht hat Hanna Krall jener Maria Pawlicka ein ganzes Buch und eine »Herz«-Geschichte gewidmet, weil sie sich selbst in ihr gespiegelt hat.

Und wie macht sie das nun, wie findet sie ihre Geschichten? Die Geschichten kommen zu ihr. Sie bekommt Anrufe und Bittbriefe aus der ganzen Welt, die Freundin einer Freundin fleht sie wie einen Wunderheiler an, sie soll kommen und die Geschichte anhören, als sei der Fluch dann vorbei und die Gespenster der Vergangenheit besiegt. Hanna Krall fragt: »Verdient Ihr Leben eine Beschreibung?«

So erzählt sie von einem Mann, der an einem Buch über seine Kindheit arbeitet, eine Kindheit, die er nicht hatte, weil er mit sieben Jahren ins Warschauer Ghetto kam. Als er nach dreißig Jahren das Buch abschließen will, stellt er fest, dass es doch noch nicht fertig ist. Er will, dass es eine Geschichte wird, wie von Tolstoi oder von Proust geschrieben.

Sie erzählt von den Kindern, die von ihren Müttern am Rand der Ghettomauer, unter Büschen, am Rand der Gleise oder in Zügen zurückgelassen wurden. Von den jüdischen Müttern, die auf das Erbarmen polnischer Mütter hoffen mussten, Müttern, die ihre Kinder im Vorbeigehen Passanten in den Arm drückten und versprachen, gleich wiederzukommen, aber sie kamen nicht wieder. Wenn es gutging, brachte die »zweite«, die polnische »Mutter« das Kind in die Kirche und betete, wenn es ein Junge war, dass es unbeschnitten war, und das Kind bekam einen christlichen Vornamen.

Viele Kinder erinnern sich »an den Rücken der Mutter, als sie wegging«, »an die Hand des Onkels, der mit dem Kind die lange Straße hinabging«. Die polnischen Eltern der jüdischen Kinder, schrieb Hanna Krall in ihrem Buch »Existenzbeweise«, sterben allmählich. Im »letzten Augenblick« erwacht das Verlangen, zu erzählen, wie es gewesen ist. Aber sie sind alt, sie sprechen undeutlich über unklare Dinge und brechen mitten im Satz ab. Andere hinterlassen unklare Briefe über ein Windelpaket, das im Dreck lag, und über einen Wehrmachtssoldaten, der sich in einem unbeobachteten Augenblick zu dem Säugling auf der Straße herunterbeugte und ihm die Flasche gab. Oder erzählen die ergreifende Geschichte des kleinen blonden Jungen, den seine Mutter in einen Vorortzug setzte und der allein zwischen den Endstationen hin- und herfuhr.

Bekannt wurde Hanna Krall, als 1977 ihr Lebensbericht Marek Edelmans herauskam. Hanna Krall stellt in einer literarischen Montage, in der Vergangenheit und Gegenwart ineinanderfließen, dem Dr. Marek Edelman, der in Lodz als angesehener Kardiologe arbeitet, den jungen, nur zögernd sprechenden Marek Edelman gegenüber, den Kommandeur des Warschauer Ghettoaufstands. Im Frühjahr 1943 rief dieser zusammen mit vier anderen den Aufstand aus und wurde zum Mythos. »Wohlgemerkt, auch der Aufstand des Ghettos ist eines der schönsten Blätter der Geschichte. Diesmal der des Heldentums der Juden.« Dr. Edelman wehrt ab: »Kann man das überhaupt einen Aufstand nennen? Es ging nur darum, die Art des Sterbens zu wählen.« Der amerikanische Neurologe Oliver Sacks, der mit seinen leichtverständlichen Geschichten über Menschen, die durch eine Krankheit aus dem normalen Leben gefallen sind, weltbekannt wurde, sagte über das Buch: »Ich habe niemals zuvor etwas Vergleichbares gelesen. Dies ist ein einzigartiges Dokument.«

Hanna Krall ist die Erzählerin des Traumas. Was vorher war und was nachher kam, interessiert sie. Fiktion erkennt sie nicht an, in ihrem strengen Verständnis gelten nur die Spuren des »richtigen Lebens«. Sie beschönigt nichts, sucht nur nach der passenden Form. Das reale Leben, findet sie, sei ein Wert an sich. Die scharf beobachtende »Geschichtensammlerin« sieht ihre Aufgabe darin, die übriggebliebenen Reste wieder zusammenzufügen.

Zum Beispiel die Geschichte von Pola. Im Buch des US-amerikanischen Historikers Christopher Browning über das Hamburger Reservepolizeibataillon 101 und dessen Einsatz zur »Endlösung« in Polen stieß Hanna Krall auf Pola Machczynska, die fünfundzwanzig Juden in ihrem Keller versteckte, bis sie entdeckt wurden. Hanna Krall wollte mehr wissen. Suchte nach Polas Spuren und erzählt die Lebensgeschichte neu und vollständig. Das Begreifen nationalsozialistischer Verbrechen, davon ist Hanna Krall überzeugt, hängt von der Art der Darstellung ab. Daten und Zahlen, wer merkt sich das, dagegen eine authentische Geschichte wie die von Pola... Auf die Frage der Deutschen, wer die fünfundzwanzig Juden im Keller versteckt habe, antwortet sie stolz und furchtlos: »Ich. Nur ich hab sie versteckt.« Vierundzwanzig Juden starben, einer entkam, verbarg sich im Wald, kam ab und zu aus dem Wald heraus und schoss. »Angeblich kam er auch um, aber manche sagen, das sei nicht wahr, sagen, er lebe noch, ganz allein, in einem Wald...«

Und immer wieder fließen Vergangenheit und Gegenwart zusammen. Stefan W. ist Pole, er wurde als RAF-Mitglied angeklagt und beschuldigt, am Mord an Hanns Martin Schleyer beteiligt gewesen zu sein. Hanna Krall möchte wissen, weshalb Stefan W. das getan hat. Sie dringt bis in den Hochsicherheitstrakt der Justizvollzugsanstalt Köln-Ossendorf vor, spricht mit dem Gefangenen, gibt ihm Bücher über den Aufstand im Warschauer Ghetto zu lesen und erzählt ihm, dass Marek Edelman »das Recht des Menschen auf Schwäche« gefordert hat. »Schade«, sagt Stefan W., »dass ich davon nicht früher wusste.« Oder das unglaubliche Leben eines Sohnes polnischer Eltern, die in die Bronx kamen und auch in Amerika gute Juden blieben. Der junge Mann geht zum Militär, wird nach Vietnam geschickt, verliert drei Finger seiner linken Hand, kehrt in die USA zurück, bekommt eine kleine Rente, führt in Kalifornien das lockere Leben eines Hippies, erfährt, dass sein jüngerer Bruder Christ geworden ist, empört sich und stellt ihn wütend zur Rede: »Weißt du denn nicht, wie viel Antisemitismus in ihrer Lehre steckt? Wie viel Hass?« Er kauft sich eine Ausgabe des Neuen Testaments, sucht nach Beweisen für den Hass in den Evangelien. Liest und liest und findet in den Texten keinen Hass und denkt, dass alles, was er las, gut und schön ist. Es kommt ihm die Idee, dass er vielleicht als Einziger seines Trupps den Vietnamkrieg überleben musste, um das zu verstehen. Er studiert Theologie, bildet die Bewegung »Jews for Jesus«, geht, nachdem die Bewegung in den USA auf hunderttausend Mitglieder angewachsen ist, als jüdischer Missionar nach Kanada, denn dort gibt es erst eine Handvoll.

Die Chronistin mit der präzisen Sprache und dem Talent zum knappen, eindringlichen Erzählen vermeidet das Pathos. Hanna Krall will, dass die Menschen eine Stimme haben, eine Stimme in ihren Büchern, und dass diese Stimme im Kopf der Leser weiterspricht. Niemand muss die Geschichten glauben, aber so ist es gewesen. Zum Beispiel der Medizinprofessor B. aus »Der Urenkel«. Er sitzt im Zug, nachdem er das verlassene Haus seiner Großeltern besucht hat, schläft ein und hört Stimmen. Stimmen, die er für den Rest seines Lebens wieder und wieder hören wird. So ist das, wenn die Vergangenheit die Gegenwart besetzt. Und weil die Träume zu Lebzeiten nicht aufhören, schreibt Hanna Krall in jedem ihrer längeren oder kurzen Texte, in jedem Porträt, jeder Lebenserzählung, wie es damals war und weshalb es heute so ist mit der Geschichte, mit den Folgen der Kriege und der unbezähmbar schrecklichen Macht der Erinnerung.

Biografisches

Hanna Krall wurde am 20. Mai 1937 in Warschau geboren. Sie überlebte das Warschauer Ghetto in Verstecken bei verschiedenen Familien. Ihr Vater und weitere Familienmitglieder wurden ermordet. Nach dem Krieg kam sie in ein Waisenhaus. Sie studierte Publizistik in Warschau und arbeitete von 1957 bis 1966 als Reporterin für die Tageszeitung »Życie Warszawy« in Warschau. Danach war sie von 1966 bis 1969 Auslandskorrespondentin für das Wochenmagazin »Polityka« in der Sowjetunion. 1977 wurde sie bekannt mit ihrer collagenartigen Reportage »Dem Herrgott zuvorkommen« über Marek Edelman, den Kommandeur des Warschauer Ghettoaufstands. In den achtziger Jahren hatte sie Publikationsverbot. Sie nahm Verbindung zur Solidarność auf und veröffentlichte in der Gewerkschaftszeitung »Gazeta Wyborcza«. Hanna Krall ist verheiratet, ihre Tochter lebt mit Mann und Kind in Kanada. Geehrt wurde sie unter anderem 1993 mit dem Jeanette-Schocken-Preis und 1999 mit dem Leipziger Buchpreis zur Europäischen Verständigung; 2008 erhielt sie den Ricarda-Huch-Preis.

Leseempfehlung

»Dem Herrgott zuvorkommen. Ein Tatsachenbericht«. Aus dem Polnischen von Hubert Schumann.
»Legoland« (Erzählungen). Aus dem Polnischen von Wanja W. Ronge.
»da ist kein fluss mehr« (Erzählungen). Aus dem Polnischen von Roswitha Matwin-Buschmann.
»Herzkönig« (Roman). Aus dem Polnischen von Renate Schmidgall.

Verena Auffermann

DIE WÖRTERBUCHLESERIN

Agota Kristof *1935

Mitleidlos soll die Darstellung der Wirklichkeit sein, das jedenfalls verlangt die ungarische Schriftstellerin Agota Kristof von Literatur. Sie war bereits einundfünfzig Jahre alt, als ihr erster und bester Roman, »Das große Heft«, in Frankreich erschien. Das Buch wurde ein Welterfolg. Agota Kristof stellt darin zwei Jungen, Zwillinge, in den Mittelpunkt. Verwöhnte Kinder, die während des Zweiten Weltkriegs von ihrer Mutter aus der »großen Stadt« (Budapest) auf das Land zur Großmutter geschickt werden. Diese Großmutter, eine Gestalt wie aus Grimms Märchen, nennt man im Dorf »Hexe«. Man sagt ihr nach, ihren Mann vergiftet zu haben. Die beiden neunjährigen Brüder sind weitgehend auf sich gestellt. Sie beobachten ihre neue Umgebung und die Bedingungen, unter die sie das Leben gezwungen hat. Die beiden verwahrlosen, ihre blonden Haare verfilzen, ihre helle Haut verdreckt, an den Händen und Füßen bekommen sie Schwielen. Sie verordnen sich gegenseitig systematische Unterrichtsstunden und treiben sich alle ihnen bis dahin bekannten Emotionen und Werte aus. Eine schrecklichere Schule als ihr selbsterfundenes Trainingscamp gibt es nicht.

Sie verpflichten sich gegenseitig, nichts als die Wahrheit in ihr großes Heft zu schreiben, egal, ob die Wahrheit nun »gut« ist oder »nicht gut«. »Wir müssen«, sagen sich die Jungen, »beschreiben, was ist, was wir sehen, was wir hören, was wir machen.« Die Beschreibung von Gefühlen verbieten sie sich, weil Gefühle unbestimmt sind. Ihre Lektionen für Geist und Körper sind erfolgreich. Nach einiger Zeit können sie Hühnern die Kehle aufschlitzen und Menschen töten. Die beiden, die immer höflich zu ihrer Großmutter sind und die Alte, wie damals in Ungarn üblich, mit Sie anreden, haben sich in kurzer Zeit in erbarmungslose, berechnende erwachsene Kinder verwandelt.

Agota Kristof schreibt Texte, die den Tabubruch zur Regel machen, Inzest und Mord umschlingen sich in ihren Romanen und kurzen Geschichten. Was treibt sie an zu diesen Büchern von antiker Wucht? Die Blutspur, die durch Agota Kristofs Werk mäandert, ist nichts für profan Schaulustige. In kargen Sätzen verhandelt sie Schicksale, lotst den Leser durch Abhärtungsprozeduren und führt ihm die Lernfähigkeit des Menschen im Guten, aber vor allem im Schlechten vor. Agota Kristofs Motiv ist nicht einfach die Darstellung des Bösen, sondern die Darstellung von Kettenreaktionen, die zum Bösen führen können. Sie entwirft dabei scheinbar ohne Sprachaufwand kraftvolle mehrdeutige Bilder. Man muss sich diese Autorin als einen konsequenten Menschen vorstellen, konsequent bis zur Selbstkasteiung.

Agota Kristof wuchs im ungarischen Kőszeg auf, einem Ort nahe der österreichischen Grenze, von Wien neunzig Kilometer Luftlinie entfernt. Ein Dorf mit einem Bach, einem Wald und mit Weinbergen. Der Vater war in Kőszeg der einzige Lehrer. »Die Schule«, steht in ihrem autobiografischen Text »Die Analphabetin«, ist von der Wohnung »nur durch den Pausenhof getrennt«. Der Vater unterrichtete alle Jahrgangsstufen in einem Raum und gab eine Zeitung heraus, in der er moralische Artikel veröffentlichte. Eine dörfliche Kindheit: spielen mit den Geschwistern, umsorgt von einer Mutter, die geduldig in der Küche steht. Aber Kindheit ist selten Idylle. Kinder sind eifersüchtig auf ihre Geschwister. Agota Kristofs eifersüchtige Ich-Erzählerin leidet unter dem bevorzugten jüngeren Bruder. Lesen bringt Ablenkung und wird zur Sucht, zur »Krankheit«. Alles lesen, alles, was dem vierjährigen Kind vor die Augen kommt: Plakate, gefundene Zettel, Kochrezepte. Wenn es ungezogen ist, wird es zum Vater in die Klasse geschickt. Dann missbraucht der Vater eine Schülerin und kommt ins Gefängnis, und aus der netten Familie in Kőszeg wird eine geächtete.

Agota Kristof ist neun Jahre alt, als Mutter und Kinder Köszeg verlassen. In ihrer Erinnerung setzte sich das Dorf ihrer Kindheit fest als ein Ort des Fluches und der Vertreibung. »Ich weine um meine Kindheit«: Ein Satz in der »Analphabetin«, der aus ihrem Werk herauszufallen scheint. Eine weitere Schulung ist das Internat, in das die Ich-Erzählerin kommt, »irgendetwas zwischen Kaserne und Kloster, zwischen Waisenhaus und Besserungsanstalt«. Im Internat schreibt sie kleine Theaterstücke und Sketche, äfft die Lehrer nach und gibt gegen Bezahlung Vorführungen in den Klassen- und Schlafräumen. Ihre Familie hat, seitdem der Vater im Gefängnis sitzt, kein Geld mehr. Aus der am Herd stehenden und die Kinder versorgenden Mutter wird eine Arbeiterin, die Rattengift verpacken muss. Einmal besucht die Tochter ihre Mutter in einem gelb beleuchteten Kellerloch bei der Arbeit – und will sie nicht wieder sehen. Im Internat führt sie eine Art Tagebuch in Geheimschrift und liest beim Licht der Straßenlaterne. Und sehr viel später entdeckt Agota Kristof den österreichischen Schriftsteller Thomas Bernhard. Er wird ewig leben, prophezeit sie, »um all denen als Vorbild zu dienen, die den Anspruch erheben, Schriftsteller zu sein«.

Agota Kristof, eine Frau, die keine Zerstreuung sucht, sondern Konzentration, und keine Ausflüchte zulässt, weil sie sich der Wahrheit, die in der Wirklichkeit liegt, verpflichtet hat, mutete sich ein doppeltes Exil zu. Schon die Flucht aus Ungarn nach dem Aufstand 1956 war eine Zumutung, erzwungen durch ihren politisch aktiven und gefährdeten Mann, der als Gymnasiallehrer arbeitete. Den weiteren Zwang tat sie sich selbst an. Vertrieben, entwurzelt und aufgenommen in der französischen Schweiz, schreibt Agota Kristof all ihre Bücher auf Französisch, ein selbst auferlegtes Exerzitium. Ob die fremde Sprache der Grund ist, weshalb ihre Sätze knapp und karg sind, ob sich ihr Denken und Schreiben nach den Möglichkeiten richtet, die sich ihr in der fremden Syntax bieten? Agota Kristof nennt das Französische, die Sprache all ihrer Texte, »eine Feindessprache«. Weil das Französische allmählich ihre Muttersprache »tötet«. Mit einundzwanzig Jahren stand sie »ganz zufällig« in Neuchâtel, genauer in Valangin. Damals begann der Kampf zwischen der Sprache und ihr. Ihr doppeltes Exil forderte eine dreifache Verneinung. Das Schreiben auf Französisch machte keine französische, keine schweizerische, und erst recht keine ungarische Autorin aus ihr.

Agota Kristof nennt in ihren Büchern keine Städtenamen. »Irgendwo« ist für sie eine ausreichende Ortsangabe. Das Exil ist ihre literarische »Irgendwo«-Landschaft. Das Exil kann irgendwo sein, deshalb ist es nirgendwo oder überall, wie die Hölle, die auch keine Ortsbezeichnung braucht und überall sein kann. Agota Kristofs aus drei Büchern bestehendes Hauptwerk – »Das große Heft«, »Der Beweis«, »Die dritte Lüge« – setzt sich aus drei Varianten ein und derselben Geschichte über Wahrheit und Lüge zusammen. Die Fragen nach dem

Bösen und nach der Identität sind darin untrennbar verknüpft. Die in »Das große Heft« als Zwillinge auftretenden Kinder erhalten im darauffolgenden Band Namen. Claus ist in den Westen gegangen, der im Ort zurückgebliebene Lucas geht am Trennungsschmerz fast zugrunde. Die Namen Lucas und Claus sind aus den gleichen Buchstaben gebildet, sie sind Anagramme. Die Autorin gibt zur Vermutung Anlass, dass Lucas und Claus ein und dieselbe Person sein könnten. Ihre These lautet, dass jedes individuelle Schicksal austauschbar ist – wie Zwillinge –, und der gute Mensch sich, wenn es die Umstände erfordern, in einen schlechten Menschen verwandeln kann. Auch schon als Kind. Natürlich sind Agota Kristofs Romane auch politische Bücher. »Das große Heft« handelt zur Zeit des Zweiten Weltkriegs, »Der Beweis« spielt während der repressiven Zeit des ungarischen Kommunismus.

Agota Kristofs Hauptfiguren sind männlich, von der Mutter verstoßen oder verlassen, sie haben keinen Ort, ihre einzige Bindung ist die Geschwisterliebe. In Agota Kristofs viertem Roman, »Gestern«, entpuppt sich die Geschwisterliebe schließlich als Inzest. Auf der ersten Seite des »Großen Hefts« hatte die Mutter auf die Frage der Großmutter, weshalb sie sich zehn Jahre nicht habe blicken lassen, geantwortet: »Sie wissen genau, warum. Ich, ich liebte meinen Vater.« In der »Dritten Lüge« schläft der Vater mit der Tochter, und die Mutter erschießt den Vater, weil er eine andere Frau liebt und sie verlassen will. Die Kugel trifft auch das Rückgrat des vierjährigen Sohnes. Agota Kristofs Hinwendung zu drastischen Stoffen wird durch das Stakkato ihrer Sprache noch betont. Als würde die kalte Sprache den Mord verlangen.

Kann man eine Sprache mitnehmen ins Exil? Schließlich hat sie doch auch einen Gebrauchswert, wie Hemd und Hose. Was aber geschieht, wenn in dem fremden, neuen Land niemand die mitgebrachte Sprache akzeptiert, weil niemand die mitgebrachte Sprache versteht? Das neue Land ist mit Augen zu sehen, mit Ohren zu hören, aber nicht zu verstehen. Ohne Sprache zu sein bedeutet den Sturz ins Bodenlose. »Ich kann die Wörter. Wenn ich sie lese, erkenne ich sie nicht. Die Buchstaben sagen mir nichts.« Agota Kristof lebt sozusagen splitterfasernackt, nur mit dem Wörterbuch in der Hand. Ihr Lebensresümee ist niederschmetternd. »Wie wäre mein Leben gewesen, wenn ich mein Land nicht verlassen hätte? Härter, ärmer, denke ich, aber auch weniger einsam, weniger zerrissen, vielleicht glücklich.«

Biografisches

Agota Kristof wurde am 30. Oktober 1935 in Csikvánd in Ungarn geboren. Als Tochter eines Dorfschullehrers verbrachte sie ihre Kindheit mit einem älteren und einem jüngeren Bruder in dem ungarischen Grenzort Köszeg. Im Alter von vierzehn Jahren kam sie in ein Internat. Sie heiratete mit achtzehn einen Gymnasiallehrer. Mit ihm und ihrem vier Monate alten Baby floh sie Ende November 1956 über die österreichische Grenze. Agota Kristof ließ ihre Eltern und Brüder zurück, ohne Auf Wiedersehen gesagt zu haben. Die junge Familie landete in Valangin bei Neuchâtel. Agota Kristof begann in einer Uhrenfabrik in Fontainemelon zu arbeiten und veröffentlichte Gedichte in einer ungarischen Literaturzeitschrift. Sie schrieb erste Theaterstücke in französischer Sprache, die in Kneipen und Cafés aufgeführt wurden. Anfang der sechziger Jahre verließ sie ihren Mann. Radio Suisse Romande produzierte zwischen 1978 und 1983 fünf ihrer Theaterstücke. Die Pariser Verlage Gallimard und Grasset lehnten ihren ersten Roman »Das große Heft« ab, Editions du Seuil druckte das Buch 1986. »Das große Heft« wurde in achtzehn Sprachen übersetzt. Agota Kristof erhielt bedeutende Preise, darunter 2001 den Gottfried-Keller-Preis, 2005 den Schiller-Preis der Schweizerischen Schillerstiftung und 2008 den Österreichischen Staatspreis für Europäische Literatur. Sie lebt und arbeitet in Neuchâtel.

Leseempfehlung

»*Das große Heft*« *(Roman)*. Aus dem Französischen von Eva Moldenhauer.
»*Irgendwo*« *(Novellen)*. Aus dem Französischen von Carina von Enzenberg.
»*Die Analphabetin. Autobiografische Erzählung*«. Aus dem Französischen von Andrea Spingler.

Verena Auffermann

DIE WIRKLICHKEIT FEIERN

Brigitte Kronauer *1940*

Eine Frau – Mutter einer erwachsenen Tochter, geschieden – hockt an ihrem Küchentisch. Sie betrachtet, was sie eben in einem Anfall von Lebenslust gekauft hat: zarte, schwarze, mit Spitzen besetzte Unterwäsche. Die hat sie mehrfach teuer bezahlt, erst mit demütigenden Momenten vor dem Kaufhausspiegel (dieses »viel zu alte Kummergesicht«), dann in der Anprobe mit der Luxuswäsche am Leib (dieser »Firlefanz, der einen selber nur nach Strich und Faden runterputzt«) und zuletzt an der Kasse des Kaufhauses. Woher plötzlich die Lust auf »die schwarze Sünde in Person«? Auf dem Nachhauseweg hat sie sich als »dämlich« beschimpft. Jetzt aber gleiten Slip und Hemd seidig geschmeidig aus der Plastiktüte auf den Küchentisch. Lebendige Wesen, mit denen man reden kann. Bald wird sie das hübsche Zeug in die Küchenecke feuern, verächtlich, zornig und leidenschaftlich, so dass es daliegt wie »hingefetzt unmittelbar vor dem größten Vergnügen, so, wie es sein sollte und gedacht war«. Aber dann fällt der Frau ein, wie freudlos es beim einzigen Seitensprung in ihrer Ehe zugegangen war. Kalt geplante Untreue. Sie hält Gericht über sich, und dabei stößt sie in den Tiefen ihrer Erinnerung auf eine Szene, in der ihre junge Mutter am Fenster stehend ein paar Liedverse murmelt. Das hat damals bei ihr eine überwältigende Sehnsucht nach Liebesglück ausgelöst, die sie auch heute noch zu einem »Tänzelschritt vom Wege« ermuntern kann. Ihr Einkauf ist dafür Beweis und Unterpfand.

So ließen sich vielleicht die beiden kurzen Prosastücke zusammenfassen, die unter dem Titel »Das Gericht in der Küche I + II« Brigitte Kronauers Erzählband »Hin- und herbrausende Züge« aus dem Jahr 1993 eröffnen, wäre nicht jeder Versuch einer Zusammenfassung von vornherein zum Scheitern verurteilt. Nicht mal zwei Dutzend Seiten sind die beiden Erzählungen lang. Doch sind sie so dicht mit Beobachtungen umsponnen und gespickt mit Signalen, die in alle Richtungen weisen, dass es einen roten Handlungsfaden nicht geben kann. Stattdessen legt Brigitte Kronauer Lebensmomente unters Vergrößerungsglas und lässt sie in vielen Facetten schillern. Dabei ziehen uns ihre ausgetüftelten Sprachgirlanden langsam ins Innere ihrer Akteure. Deren Bewusstsein soll bis ins intimste Detail ausgeforscht werden. Zugleich stellen sich Brechungen ins Tragische und ins Komische ein. Etwa wenn die Frau am Küchentisch plötzlich den leeren Brotkorb ergreift und ihn mit allen Krümeln über sich auskippt, um ihn sich dann wie eine umgekehrte Krone auf den Kopf zu setzen, während ihre Erinnerung auf jenen ehebrecherischen Seitensprung zusteuert, der bei schlechtem Wetter in einem nassen Wäldchen am Stadtrand stattfand. Soll man das nun eine Bußübung oder eine eigensinnige Selbstkrönung nennen? Schwer zu entscheiden. Tragödie oder Komödie? Wahrscheinlich beides. Diese Uneindeutigkeit, das Changieren der ganzen Szene am Küchentisch, ist gewollt und ein hundertprozentiges Verstehen des kleinen Texts nicht vorgesehen.

Klarer als an ihren umfangreichen Romanen lässt sich Brigitte Kronauers literarisches Programm an ihren kurzen Prosastücken ablesen. Eine Hohepriesterin der Wirklichkeit könnte man sie nennen, wenn dieser Sprachkünstlerin nicht alle weihevollen Allüren abgingen. Ihre Aufmerksamkeit gilt der Realität, so wie sie uns täglich vor Augen kommt, denn in ihr – das ist Kronauers Überzeugung – ist unendlich viel mehr verborgen, als unser Alltagsblick wahrnimmt. Daher ihr Bedürfnis, hellhörig zu sein für alles Nebensächliche und es mit solcher Intensität zu schildern, dass die Oberfläche durchstoßen wird.

Was kann Literatur?, fragt Brigitte Kronauer in einem ihrer zahlreichen Essays und antwortet mit dem Hinweis auf einen Roman von Nabokov, in dem der Held um einen Verstorbenen und dessen »an keinem Ort aufbewahrte Originalität« trauert. Aufbewahrte Originalität: Was hat man darunter zu verstehen? »Ein plötzliches schüchternes Lächeln, sein Jackenknopf, an einem Faden hängend.« Solche Nebensächlichkeiten zu retten, das ist für Brigitte Kronauer die Sache der Literatur, dafür sei sie moralisch zuständig. »Die Feier der einzigartigen, einmaligen, zerbrechlichen Ausformung einer Gestalt« – diese Art von Humanität könne man von ihr erwarten. Als Autorin will sie Menschen, Tiere, Bäume in Schutz nehmen vor der »alles niederwalzenden und täglich zunehmenden Quantität«, sie herauslösen aus den »scheinbar zementierten Verknüpfungen«. Ein ambitioniertes, ein subversives Programm. Und das ist verbürgt: Wer sich als Leser auf ihre Bücher einlässt, durchläuft eine Schule zur Steigerung der Wahrnehmung.

Mit dem Roman »Berittener Bogenschütze« legte Brigitte Kronauer 1986, damals bereits sechsundvierzig Jahre alt, nach kleineren literarischen Vorläufern ihr erstes Opus Magnum vor. Kein Wunder, dass auch dieses Buch von der Wahrnehmungssteigerung handelt. Im Zentrum steht der Literaturwissenschaftler Matthias Roth, ein Junggeselle um die Vierzig. Er arbeitet an einem Aufsatz über seinen Lieblingsautor Joseph Conrad, dessen Figuren mit einem Glanz umkleidet sind, der aus dem in der Masse verschwundenen Menschen einen aufleuchtenden Einzelnen macht. Conrad ist für Matthias Roth der Meister des Aufleuchtens, und sich mit ihm zu befassen gibt ihm Gelegenheit, diese Leistung der Literatur zu thematisieren und zu feiern. Der Roman selber setzt alles daran, ein solches Aufleuchten der geschilderten Menschen und Dinge zu inszenieren: mit einer akribischen, angespannten, ruhelosen Wahrnehmungs- und Spracharbeit.

Kronauer zu lesen ist anstrengend, »schön anstrengend«, wie ihre Rezensenten und Leser zu betonen nicht müde werden. Man solle sich ihre Bücher nur mit taghellem Kopf und in aufrechter Haltung vornehmen, heißt es. Nur so sei man in der Lage, das Aufleuchten des Alltäglichen, das die Autorin an Conrads Romanen so rühmt, auch in ihren eigenen Texten zu genießen. Denn alle altmodischen Erzählmethoden, mit denen Conrad seine Leser an die Hand nimmt, fehlen hier: eine spannende Fabel, Figuren, die mit einem energischen Satz und klar erkennbar auf die Bühne einer Erzählung springen, der übersichtliche Grundriss eines Konflikts. Wem Brigitte Kronauers eigenwillige Beobachtungskunst all das ersetzt, der ist auf dem hohen Leseniveau ihrer Prosa angekommen.

In den späten sechziger, siebziger und achtziger Jahren des zwanzigsten Jahrhunderts stand diese Autorin auf einsamem Posten. Unter dem Druck des aufbrechenden Feminismus kamen autobiografische Lebensbeichten, sogenannte »Verständigungstexte«, von Frauen auf. Beliebt waren frauenperspektivische Alltagsberichte, auch solche mit phantastischen Zügen wie bei IRMTRAUD

MORGNER. Zur Debatte stand der neue feministische Blick auf ältere Stoffe etwa in CHRISTA WOLFS Erzählung und Vorlesungen zu »Kassandra« oder in ERICA PEDRETTIS Buch über den Maler Ferdinand Hodler und sein Modell. Thematisch und formal interessant war auch die am Frauenkörper sich ausagierende, in Sprache übersetzte Gewaltmechanik in den Texten von ELFRIEDE JELINEK. Männer erschienen in all diesen Büchern als Repräsentanten eines inhumanen Systems. Da konnte es als Idealisierung befremden, wenn sich Brigitte Kronauer im »Berittenen Bogenschützen« wohlwollend in eine männliche Optik und einen männlichen Körper bis in die Struktur seines Begehrens hineinphantasierte. Unzeitgemäß war es auf jeden Fall.

Brigitte Kronauer dachte und schrieb anders als die meisten. Doch war sie immer gut informiert. Es muss ihr Spaß gemacht haben, ausgerechnet in ihren Kolumnen für das politische Magazin »konkret« – als Buch 1993 publiziert unter dem Titel »Literatur und schöns Blümelein« – auf die Eigenständigkeit der Literatur zu pochen. Hier nahm sie die neue weibliche Lust am Autobiografischen aufs Korn. Gab es dafür respektable Gründe? Ging es da in Wirklichkeit nicht bloß um Exhibitionismus, Neugier und plumpe Identifikation – also um »das Ansiedeln eigener Autobiografie im Nest vorliegender Sätze«? Brigitte Kronauer warnte davor, autobiografische Fiktionen mit der Realität und ihren unendlichen Wahrnehmungsangeboten zu verwechseln. Auch in die Diskussionen über eine »weibliche Ästhetik« mischte sie sich ein und zeigte knapp und klar, wo's langging. Eine damals populäre Theorie besagte, dass Autorinnen, weil sie Frauen waren, modernistische Schreibweisen bevorzugten. »Also sind Proust, Joyce, Kafka vorweggenommene Frauen? Und vor allem: selbst wenn, was dann?«, fragte Kronauer trocken zurück und beerdigte die ganze Debatte mit der luziden Bemerkung, vor jedem Feilschen um Spezialästhetiken sei die Doppelgeschlechtlichkeit eines jeden Kunstwerks wahrzunehmen. Die sei seine unerlässliche, ja vielleicht »einzig wichtige Sexualität«. Für Brigitte Kronauer hatte der gute, alte Geschlechterkampf nicht bloß Pause, er war irrelevant.

Mitte Januar 1991 begann mit dem Luftangriff auf den Irak der Erste Golfkrieg. »Ich würde nicht sagen«, betonte Brigitte Kronauer später in einem Interview, »dass ich jemand mit einem ausgeprägten politischen Instinkt bin«, doch beim Ausbruch des »ersten Bush-Kriegs« habe sie nicht stumm bleiben können. 1940 in Essen geboren, sei sie selbst ein »Kriegskind«. In ihrer »Nach-Nazi-Jugend« habe man ihr beigebracht, dass Krieg stets die schlechteste aller Möglichkeiten und jede Rasse so viel wert wie die andere sei. Zum Irak-Krieg verfasste sie für große deutsche Zeitungen zwei Artikel, die zurückgewiesen wurden mit der Begründung, es sei »nicht opportun«, sie zu drucken. Sie verzichtete auf das angebotene Ausfallhonorar und ließ ihre Kritik an der amerikanischen Politik und am rüden Umgang mit pazifistischen Gegenstimmen in Deutschland in ihren nächsten, 1994 erschienenen Roman »Das Taschentuch« einfließen. Allerdings nur am Rand. Im Zentrum des Buchs steht ein stiller, schüchterner Protagonist: Willi Wings, Apotheker in der deutschen Provinz, unscheinbarer Normalbürger und Freund einer Schriftstellerin, die diesen Roman – so die Erzählkonstruktion, die sich im letzten Kapitel offenbart – als Liebeserklärung an einen Toten geschrieben hat. Beim Lesen wird man mitgenommen auf Familienspaziergänge, an sonntägliche Kaffeetafeln, an Hotelbars, in Altersheime, auf Krankenbesuche et cetera, wobei die jeweils in gleißendes Licht getauchten Episoden zusammen ein scharfes Bild des deutschen Mittelstandsmilieus ergeben. Zudem werden hier die Facetten einer geradezu provozierend altmodischen Paargeschichte, einer Liebe, die sich in lebenslanger Treue und Entsagung erfüllt, freigelegt und zum Leuchten gebracht.

Brigitte Kronauer beherrscht die seltene Kunst, von der Liebe positiv zu reden, schon seit Langem. Sie kann es riskieren, das berühmte Gefühl als Zauber- und Himmelsmacht zu preisen. Ihre Schreibweise sorgt dafür, dass sie nie in die Niederungen des Sentimentalen, in Sprache und Erfindung Abgedroschenen gerät. Aber selten kam Brigitte Kronauer beim Erzählen von der Liebe so temperamentvoll und witzig in Fahrt wie in ihrem bisher erfolgreichsten Buch, das sie im Jahr 2000 als Sechzigjährige vorlegte: dem Roman »Teufelsbrück«.

Ort des Wunderbaren ist ein banaler Ort, das profane Hamburger Elbe-Einkaufszentrum. Dort fällt die Romanheldin Maria Frauenlob – gelernte Goldschmiedin, alleinstehend, verwitwet – beim Ausrutschen auf dem glatten Boden einem Gigolo in die Arme und gerät plötzlich in einen erotischen Rausch. Für sie zieht sich die Welt auf diesen einen Menschen zusammen und entfaltet sich im selben Moment von diesem Zentrum aus mit einer Üppigkeit ohnegleichen. Dass Verliebte eine Wertsteigerung der Wirklichkeit erleben, ist eine alte Erfahrung. Der Gigolo erobert Maria durch pure Körperschönheit, vor allem aber durch seine Stimme, wobei Besessenheit und Klarsicht der Berichtenden wunderbar ineinander übergehen: »Einzig ausschlaggebend war seine Stimme, deshalb schwieg ich, wie es nur ging. Ich hörte das leise Rumoren und achtete kaum auf den Inhalt. Ich lag in Wahrheit, er wusste es nicht, im Dämmern ausgestreckt. Es mochte das übliche Galanterie-Repertoire sein oder auch nicht, ich hörte ein nächtliches Rascheln, raunendes Laub der Bäume, er konnte Milliardensummen erwähnen, und es wurde eine nur uns betreffende Verhandlung daraus, ein Verlangsamen, schwere Berauschung.«

Nicht allein zur Feier der Liebe werden in diesem Roman alle Register gezogen. Maria Frauenlob gibt zudem eine Anleitung, wie die durch Liebe garantierte Daseinssteigerung festzuhalten wäre, auch wenn der Galan flatterhaft ist: »Strahlt die Liebe nicht auch auf die Welt ab, so dass man den, der sie hervorruft, darüber vergessen kann?« Schon einmal hat in der deutschen Literatur eine Romanfigur einen ähnlichen Trick erprobt – Philine aus dem Roman »Wilhelm Meister«. Ihr hat Goethe den berühmten Satz in den Mund gelegt:»Wenn ich dich lieb habe, was geht's dich an?« Mag sein, eine solche Liebestheorie widerspricht jeder Erfahrung. Mag sein, Liebe kann sich grundsätzlich nicht von ihrem Objekt loswinden. Aber mit »Teufelsbrück« kam sie wieder in die Romanwelt, die Utopie der autonomen Liebe. Und der gute, alte Liebeskummer? Hatte hier nicht bloß Pause. Für diese Romanheldin wurde er irrelevant.

2005 verlieh die Darmstädter Akademie der inzwischen fünfundsechzigjährigen Brigitte Kronauer den illustren Büchner-Preis. Das Echo war weithin einhellig: Endlich! War es nicht schon peinlich, wie lange die brillanteste zeitgenössische deutsche Autorin und Literaturtheoretikerin von der Jury übersehen worden war, womöglich nur, weil sie eine Frau war? Auch die alte, von der Büchner-Preisträgerin schon mehr als ein Jahrzehnt zuvor widerlegte These, Frauen schrieben im Gegensatz zu Männern modernistisch statt realistisch, kam bei dieser Gelegenheit wieder aufs Tapet. Deutlich wurde dabei ebenfalls, wie viele Lesarten Brigitte Kronauers Bücher provozieren. Selten kamen zwei Rezensenten zur gleichen Auffassung darüber, wovon ihre Texte reden, denn die suchen – und das gilt erst recht für ihre umfangreichen Romane – konsequent die Uneindeutigkeit, sind daher ungewöhnlich offen für Interpretationen und Zuschreibungen. Wie die eingangs erwähnten beiden Prosastückchen. Hundertprozentiges Verstehen ist bei Brigitte Kronauer eben nicht vorgesehen. Wie im wirklichen Leben.

Biografisches

Brigitte Kronauer wurde am 29. Dezember 1940 in Essen geboren. In der Endphase des Zweiten Weltkriegs kam sie mit Mutter und Bruder bei Verwandten in der Nähe des Wolfgangsees unter. Nach Kriegsende kehrte die Familie ins zerstörte Ruhrgebiet zurück, der Vater kam erst 1948 aus Kriegsgefangenschaft nach Hause. Nach dem Abschluss des Studiums der Germanistik, Soziologie und Pädagogik in Köln und Aachen arbeitete Brigitte Kronauer fast zehn Jahre lang als Lehrerin in Aachen und Göttingen. Anfang der siebziger Jahre verwirklichte sie ihren langjährigen Berufswunsch, begann zu schreiben und ihre Manuskripte an Verlage zu schicken – lange Zeit ohne durchschlagenden Erfolg. 1967 heiratete sie den Lehrer Armin Schreiber, der sich ebenfalls aus dem Schuldienst zurückzog und heute Kunstkritiker ist. 1974 zog sie gemeinsam mit ihm und dem mit beiden befreundeten Maler Dieter Asmus nach Hamburg, wo sie heute in einer von ihr selber »nicht-familiär« genannten Konstellation lebt, die sie als für alle drei Partner äußerst anregend beschreibt.

Leseempfehlung

»*Berittener Bogenschütze*« *(Roman)*.
»*Hin- und herbrausende Züge*« *(Erzählungen)*.
»*Das Taschentuch*« *(Roman)*.
»*Literatur und schöns Blümelein*« *(Essays)*.
»*Teufelsbrück*« *(Roman)*.
»*Die Kleider der Frauen. Geschichten.*«

Gunhild Kübler

ANATOMIE DER LIEBE

Madame de La Fayette *1634–1693*

Sie war fünfzehn, als sie an den französischen Hof kam, die Anmut in Person, strahlend blond, mit zarter weißer Haut und ebenmäßigen Gesichtszügen, noch dazu eine der reichsten Erbinnen Frankreichs. Am Hof Heinrichs II., der ein Faible für schöne Frauen hatte, machte sie sofort Furore. Sie aber quittierte ihre Triumphe mit größter Bescheidenheit, was alle Welt für sie einnahm. Die Herren des Hochadels verliebten sich reihenweise in sie. Wenn diese vollendete Schönheit hier nicht die beste aller möglichen Partien würde machen können, wer dann?

Begleitet war sie von ihrer ehrgeizigen Mutter, die zwecks Standeserhöhung ihre Tochter mit einem hochrangigen Fürsten zu verheiraten gedachte. Ein passender Bewerber stellte sich denn auch bald ein, und die Heiratspläne wurden ruchbar. Da erlosch auf einen Schlag das allgemeine Entzücken, der Fürst und die andern Heiratskandidaten zogen sich zurück. Was war passiert? Die Mutter war mit ihrer Tochter zwischen die Fronten geraten. Eifersucht und Hass beherrschten die Hofgesellschaft bis hinauf zum König, der mit der intriganten Katharina von Medici verheiratet war und zudem seit über zwei Jahrzehnten im Liebesschlepptau der zwanzig Jahre älteren Diane de Poitiers hing, die schon die Mätresse seines Vaters gewesen war und ihn nach Kräften betrog. Sie zog in Paris die Fäden. Der Hof war ein Haifischbecken, und die beiden Neuankömmlinge hatten darin eine falsche Bewegung gemacht, ein paar Empfindlichkeiten nicht beachtet. Über Nacht sackte der hochgehandelte Wert der jungen Frau auf dem Heiratsmarkt in die Tiefe, niedergeredet wie ein Aktienkurs. Am Ende musste sie froh sein um die arrangierte Ehe mit einem weniger glanzvollen Kavalier, der sie zwar liebte, ihr aber gleichgültig war. So wurde sie die Prinzessin von Clèves.

Die Rede ist von der Titelheldin eines weltberühmten Romans aus dem siebzehnten Jahrhundert. Er wurde von einer Frau geschrieben, die das Leben am Hof Ludwigs XIV. aus nächster Nähe kannte: Madame de La Fayette. Als junges Mädchen war sie auf Empfehlung ihrer Patin zur Ehrendame der Königin avanciert und auch in die Pariser Salons gelangt, wo ihr wacher Verstand sofort auffiel. Ein älterer Verehrer, der Literat Gilles Ménage, sorgte für ihre höhere Bildung. Als ihr Stiefvater in Ungnade fiel und mit Verbannung bestraft wurde, musste sie ihm in die Provinz folgen. Dort ließ sie sich als Ehefrau an den beinahe zwanzig Jahre älteren, verwitweten und verschuldeten, aber hochadeligen Grafen von La Fayette vermitteln. Sie gebar ihm zwei Söhne. 1658 kam sie mit ihrem Mann nach Paris, um mit ihm den juristischen Kampf gegen seine Gläubiger aufzunehmen. Zwei Jahre später ließ sie ihn allein in die Auvergne zurückreisen und blieb in der Hauptstadt. Da war sie sechsundzwanzig Jahre alt. Es scheint, dass sie die prickelnde Pariser Luft zum Atmen brauchte. Ihr Beziehungsnetz war noch intakt, und so ging sie bald wieder bei Hof und in den besten Salons aus und ein und führte sogar einen eigenen. Neue Kontakte knüpfte sie mit den Literaten Pierre-Daniel Huet und Jean de Segrais und vor allem mit dem Herzog von La Rochefoucauld, der mit seinen scharfsinnigen Aphorismen in die Weltliteratur eingehen sollte. Vermutlich hat sie in Zusammenarbeit mit diesen literarischen Ratgebern ihre historischen Novellen »Die Prinzessin von Montpensier«, 1661, und »Die Gräfin von Tende«, entstanden 1662 und gedruckt 1724, sowie den historischen Roman »Zaïde«, 1670, geschrieben. Das erste und einzige Buch, das sie je mit ihrem Namen signiert hat, war eine Porträtsammlung von hochadeligen Frauen (»Divers Portraits«, 1659). Auch ihr Meisterwerk, der Roman »Die Prinzessin von Clèves«, erschien anonym.

Das Buch schlug bei seiner Veröffentlichung 1678 in Paris wie eine Bombe ein. Um zu verhindern, dass es als Schlüsselroman gelesen wurde, hatte die Autorin die Handlung an den Hof Heinrichs II. und damit um ein Jahrhundert vorverlegt. Ihre beiden fiktiven Hauptpersonen waren in einen genau recherchierten historischen Kontext gestellt. Aber den Zeitgenossen entgingen die Anspielungen nicht. Am wenigsten die zu Beginn, wo die Erzählerin wie mit einer von fern heranfahrenden Kamera den Glanz des Hofs in der Totale erfasst und dann hineinleuchtet in all die Lustbarkeiten und Streitereien, wobei immer bedenklichere Seiten des Hoflebens hervortreten. Sie erfasst eine Reihe von Akteuren in Großaufnahme, führt die Mechanik der Intrigen vor, all das lautlose, erbitterte Hauen und Stechen, und zoomt immer weiter – bis hinein in die Köpfe und Herzen der Menschen. Nie zuvor sind Gefühle so genau beobachtet, beschrieben und seziert worden. Damit war in Frankreich die Tradition des psychologischen Romans begründet.

Doch vor allem anderen ist es ein Liebesroman, und zwar einer von der unromantischen Sorte. In betont sachlichem, verhaltenem Stil wird die Geschichte der Prinzessin von Clèves erzählt, die einen ungeliebten Mann geheiratet hat. Wenig später verliebt sie sich auf einem Ball im Louvre in den Herzog von Nemours, dessen Schönheit und Geist alle bezaubert, und er verliebt sich in sie. Die beiden erscheinen den Höflingen und sich selbst als das vollkommene Paar. Alle warten auf die neueste Liebesaffäre, denn es ist eine der Spielregeln dieser Gesellschaft, dass es Geheimnisse nicht geben darf, und eines ihrer Axiome, dass man seinen Leidenschaften nicht befehlen kann.

Aber nichts geschieht. Ein paar Blicke, kaum Worte, wenige Gesten, kein Kuss. Die Prinzessin von Clèves zieht sich zurück und spürt ihren Empfindungen nach. Sie entdeckt, dass sie geliebt wird – der Herzog hat inzwischen heimlich ihr Porträt gestohlen und um ihretwillen einem ganzen Schwarm von Geliebten den Laufpass gegeben. Doch auf weiten Strecken des Romans geht es nun um die Veränderungen im Innern der jungen Frau und darum, ob und wie sie sich die Kontrolle über ihre Leidenschaft erkämpfen kann. Denn das will sie, angeleitet durch ihre Mutter, unbedingt. Aus ihrer Integrität bezieht sie ihr ganzes Selbstwertgefühl. In der Hofgesellschaft ist sie damit ein Unikum. Unter dem Ansturm des heftigsten Gefühls und des erfinderischsten Herzensbrechers gibt sich die Vernunft bei ihr nicht geschlagen. Das macht das Geschehen in diesem schmalen, mehr als dreihundert Jahre alten Buch noch heute so dramatisch und aufregend.

»Wie beklagenswert ist eine Frau, wenn sie zugleich verliebt und tugendsam ist«, schreibt La Rochefoucauld in seinen »Nachgelassenen Maximen«. Das liest sich wie ein mokanter Kommentar zum Buch seiner Freundin, das zugleich mit der fünften Auflage seiner vielbewunderten »Maximen und Reflexionen« erschien. La Rochefoucauld wohnte damals schon seit mehr als einem Jahrzehnt in ihrem Haus. Die beiden bildeten ein kurioses Paar: er schwer gichtkrank und fast bewegungsunfähig, sie migränegeplagt und ständig leidend. Und doch erzählt ihre gemeinsame Freundin MADAME DE SÉVIGNÉ in ihren Briefen vom »sanften Glück« dieser beiden und von ihrer kostbaren, ruhigen Beziehung, die fester und stärker sei als alle Leidenschaften. Er war durchaus bereit, eine Maxime der Freundin unter die seinen zu mischen. Umgekehrt wird er sie auch beraten haben bei der Arbeit an ihrem Roman, über den das Pariser Lesepublikum bald mit Feuereifer diskutierte.

Denn die Prinzessin von Clèves wagt einen unerhörten Schachzug. Sie weiht ihren Mann in ihre Liebe zu einem anderen ein und bittet ihn um die Erlaubnis, fortan fern vom Hof – und damit fern von dem Geliebten – leben zu dürfen. So will sie sich vor der eigenen Triebhaftigkeit schützen. Das Geständnis überfordert den bisher Ahnungslosen. Er kann ihr die Unschuld, die sie wahrheitsgemäß beteuert, nicht glauben, spioniert ihr nach, reimt sich aus haltlosen Vermutungen einen Ehebruch zusammen und stirbt schließlich an gebrochenem Herzen. Nun wäre sie endlich frei, aber sie hat sich selbst in eine ausweglose Lage gebracht: Sie kann den Geliebten nicht erhören, weil er den Tod des Ehemanns mitverschuldet hat. Es kommt zu einem letzten aufwühlenden Gespräch der beiden, in dem sie ihn noch einmal abweist. Plötzlich hat sie dafür einen neuen Grund: Sie traut der Liebe des Herzogs keine Dauer zu. Mag sie dem ewigen Courmacher seine Läuterung nicht glauben? Hält sie sich selber für die leidenschaftlicher Liebende? Einer Liebe ohne Dauer jedenfalls will sie sich nicht ausliefern. Eher geht sie ins Kloster, als sich sehenden Auges die Torturen der Eifersucht zuzuziehen. Wieder macht sie es völlig anders als alle anderen, will diese Leidenschaft durch Verzicht erhalten. Aber nun drückt ihr die ungelebte Liebe das Herz ab, ein paar Jahre später ist sie tot.

Ist am Ende also jeder allzu leidenschaftlich geliebte Partner der falsche? Elegant wird dieses Dilemma zur selben Zeit in La Rochefoucaulds »Unterdrückten Maximen« auf den Punkt gebracht: »Zu wenig zu lieben ist ein sicheres Mittel, geliebt zu werden«, heißt es da. Auch über das Liebespotential und die Charakterstärke des weiblichen Geschlechts teilt der Herzog seine abgeklärte und ernüchternde Ansicht mit: »Die meisten Frauen geben sich mehr aus Schwäche als aus Leidenschaft hin. Deshalb gelangen stürmische Männer öfter ans Ziel, obwohl sie nicht liebenswerter sind als andere.« Die hitzigste Debatte der Zeitgenossen kreiste jedoch nicht um den Verzicht auf die Liebesheirat, sondern um das verhängnisvolle Geständnis der Prinzessin. Der »Mercure Galant«, ein sechs Jahre zuvor gegründetes Pariser Magazin, das eine Weile über das elegante Leben am Hof des Sonnenkönigs, über Mode und intellektuelle Debatten berichtet hatte und dann eingeschlafen war, erwachte rechtzeitig zu neuem Leben, um den Diskutanten ein Podium bieten. Zum ersten Mal erhielt in Frankreich ein Buch Unterstützung durch eine Pressekampagne. Über vier Nummern hin – von April bis Oktober 1678 – erstreckte sich die Leserbefragung des »Mercure« zum Geständnis der Prinzessin. »Galante Fragen« zur Psychologie der Liebe waren populär: Soll eine tugendhafte Frau ihrem Mann die Neigung zu einem anderen gestehen oder nicht? Die Mehrheit der Antwortenden riet davon ab. Daneben brachte der »Mercure« eine lange Reihe von Kommentaren zum Roman und druckte noch im folgenden Jahr Gespräche über diese Kommentare ab. Auch in der Geschichte der literarischen Kritik markiert »Die Prinzessin von Clèves« eine neue Etappe.

Aber trotz des gewaltigen Lärms um das Buch wagte keiner, den Namen seiner Autorin aufs Tapet zu bringen. Zwar wurde viel gemunkelt, doch sie selbst stritt in der Öffentlichkeit ihre Autorschaft rundweg ab. Nur ihre engsten Freunde zweifelten nie daran. Die Gräfin von La Fayette war eine widersprüchliche Person. Sie sehnte sich nach Ruhm, aber nur, um sich im Geheimen daran erfreuen zu können. Schriftstellerisches Arbeiten, und besonders das wenig angesehene Geschäft des Romaneschreibens, betrachtete sie als unter ihrer Würde stehend. Was bedeutete schon das Verfassen von Büchern im Vergleich mit der Gunst Ludwigs XIV., in der sie sich schon seit Jahren sonnen durfte. Zudem glaubte sie, dass ihr Name, gerade weil sie von Adel und eine Frau war, den Erfolg ihres Buchs hätte beeinträchtigen können. Lieber sollte es als von ihrem Freund La Rochefoucauld verfasst gelten, der zwei Jahre nach der Publikation der »Prinzessin von Clèves« gestorben war.

Dafür leistete sie sich das Vergnügen, ihren Roman mit ein paar hübschen Worten zu rühmen. Sie fand, er lese sich sehr angenehm, sei gut geschrieben, nicht allzu überfeinert und enthalte Dinge von bewundernswerter Delikatesse. Nichts an ihm sei romanhaft oder gar verstiegen. Die Welt des Hofs werde in diesem Buch perfekt imitiert, alles sei genau so, wie man es dort erlebe. Wollte Madame de La Fayette vielleicht ihr eigenes Buch weniger als Liebesroman denn als zeitkritischen politischen Roman gelesen haben? Wie dem auch sei. Sie hat auch empfohlen, den Roman müsse man mehr als einmal lesen. Was sich in der Tat auch heute noch außerordentlich lohnt.

Biografisches

Marie-Madeleine Pioche de La Vergne oder Madame de La Fayette, wie sie später hieß, wurde am 18. Januar 1634 als Tochter eines Mannes von niederem Adel in Paris geboren. Als sie fünfzehn war, starb ihr Vater, und ihre Mutter heiratete einen Chevalier von Sévigné, der ihr die lebenslange Freundschaft zu seiner angeheirateten Nichte, der acht Jahre älteren Marquise de Sévigné, vermittelte. Mit ihrem wesentlich älteren Ehemann, den sie 1655 heiratete, lebte die Gräfin von La Fayette nur fünf Jahre in der Provinz zusammen. Ab 1660 wohnte sie allein in Paris. Kein Bruch, kein Drama: Die Zukunft ihres Hauses war durch zwei Söhne gesichert, jeder der beiden Ehepartner konnte leben, wie es ihm gefiel. Auf Gemälden hat die große, brünette Frau einen äußerst ernsten Blick. Sie selber fand, mit ihrer Schönheit sei es an ihrem dreiundzwanzigsten Geburtstag vorbei gewesen. Sie sympathisierte mit den Jansenisten des Klosters Port Royal und folgte eine Weile den Anweisungen eines geistlichen Beraters, doch war sie zu nüchtern für dauerhafte fromme Betrachtungen. Der Tod ihres vertrauten Gefährten La Rochefoucauld stürzte sie in tiefe Traurigkeit. Aber bis zuletzt blitzt in ihren Briefen die Tapferkeit ihrer Selbstironie auf. 1691 schreibt sie an ihren alten Verehrer und ehemaligen Lehrer Ménage: »Ich bewundere mich manchmal ganz allein ... Finden Sie einmal eine andere, die eine Gestalt hat wie ich und eine schöngeistige Bildung, wie Sie sie mir gegeben haben, und so gut für ihre häuslichen Angelegenheiten gesorgt hat. Diese Dinge sind selten vereint. Aus all dem folgt, dass ich den gesunden Menschenverstand verloren habe.« Sie starb am 25. Mai 1693 im Alter von neunundfünfzig Jahren in Paris.

Leseempfehlung

»*Die Prinzessin von Clèves*« *(Roman)*. Aus dem Französischen von Eva und Gerhard Hess.

Gunhild Kübler

PRINZ AUS THEBEN

Else Lasker-Schüler *1869–1945*

Eine Frau sitzt an einem runden Marmortisch im Berliner Café Einstein oder in der Ecke eines Cafés am Prenzlauer Berg. Sie ist in theatralische Gewänder gehüllt und wie ein Pfingstochse behängt mit unechtem Schmuck, der an ihren Armen und Ohren klimpert. Mit breiter Füllfeder schreibt sie in schwarzer Tinte den Satz: »Venus ist hier und traurig, Euch nicht zu sehen.« Oben auf dasselbe Blatt skizziert sie ihren Kopf, ein scharfes Profil, spitzes Kinn, schwarze, zu einem Bubikopf frisierte Haare. Mitten auf die Wange zeichnet sie einen Halbmond mit einem Stern. Was würden wir beim Anblick dieser schrägen Person denken?

Die gleiche Frau geht in eine Buchhandlung und klaut ihr eigenes Buch. Sie hat kein Geld und möchte ihr Buch allen schenken, die sie verehrt und liebt. Sie wird verfolgt, juristisch ist die Sache klar. Aber was für eine Szene! Wären wir heute genauso ignorant wie Else Lasker-Schülers Zeitgenossen, nur etwas abgebrühter? Wie würden wir reagieren, wenn wir mit der Post ein Paket bekämen, aus dem Stanniolsternchen rieseln, in einem Alter, da das Kind in uns längst tot ist? Wären wir, wie der Maler Franz Marc, der 1915 von Else Lasker-Schüler solche Wunderpäckchen erhielt, in denen sich auch noch ein paar Bonbons fanden, verärgert über diese Spinnerei – die verständlicherweise besonders seiner Frau Maria missfiel? Welche Frau freut sich schon, wenn ihr Mann Liebesbriefe bekommt mit der Anrede »Liebster blauer Reiter« oder »Lieber Prinz« und sie sich selbst ungefragt als »Halbschwester« vereinnahmt sieht. Maria Marc war nicht die Einzige, die erbost war. Andere Ehefrauen, die Else Lasker-Schüler gelegentlich als »Affenweiber« verunglimpfte, tuschelten über sie. Eine solche morgenländisch-exotische Erscheinung passe nicht in die Umgebung. Als Geliebte eines Kalifen, ja, da wäre sie wundervoll, aber hier unter ihnen, mitten in Berlin! Else Lasker-Schüler war eine ungestüme Liebende, immer wieder aufs Neue, glühend und funkelnd. Die Liebe zu einem Menschen war für sie, so beschreiben es ihre Freunde, ein Rausch, aber viel intensiver als dieser, ihr Glücksgefühl im »dichterischen Zustand«.

Solange sie ein paar Groschen für eine Tasse Kaffee oder ein Glas Wein besaß, konnte sie niemand aus dem »Romanischen Café«, dem »Café des Westens« oder später, nach 1933, aus den Zürcher und Jerusalemer Cafés vertreiben. Sie war die berühmte Kaffeehausliteratin, und dazu wurde sie nicht, weil sie angegafft werden wollte, sondern, weil sie in wechselnden Zimmern, in Pensionen oder Untermietsspelunken hauste, die tagsüber unerträglich waren – und nachts eigentlich auch. Man kennt ihre diversen Adressen zwischen Berlin, Zürich, Ascona und Jerusalem. Öfter als sie ist wahrscheinlich nur Joseph Roth umgezogen.

Im Leben eines Menschen ist absolut alles möglich. In einer berühmt gewordenen Biografiekurzfassung sagt Else Lasker-Schüler: »Ich bin in Theben (Ägypten) geboren, wenn ich auch in Elberfeld zur Welt kam im Rheinland. Ich ging bis 11 Jahre zur Schule, wurde Robinson, lebte 5 Jahre im Morgenlande und seitdem vegetiere ich.« Der »Prinz von Theben«, der in der Eigenanrede mit dem »Prinzen Jussuf« konkurrierte, hat nicht viel von der Welt und von Ägypten nur Alexandria gesehen. Der Prinz war ihr androgynes Alter Ego. Mit Hilfe solcher Gestalten war »alles möglich«, ließ sich die Welt nach eigenen Wünschen drehen, das Irdische und das Außerirdische ineinander verquicken. Einige der schönsten Liebesgedichte der Weltliteratur entstanden in diesem Utopia, rhythmisch-melodische, traurig-schwebende Liebes- und Vergeblichkeitsgedichte wie »Gebet«, »Versöhnung«, »An Apollon«, »Mein alter Tibetteppich« oder »Mein blaues Klavier«, ein Schlüsseltext der deutschen Literatur des zwanzigsten Jahrhunderts über Exil und Verzweiflung.

Expressionismus und Naturalismus waren nur am Rand ihre Bezugspunkte. Ihre Quelle war die schwärmerische Romantik der Brentanos. Neben Gedichten, Theaterstücken und Prosatexten hat sie die schönsten, versponnensten, farbigsten Liebesbriefe verfasst. Sie schrieb sie auf Seiden- und Einwickelpapier, malte ihre großen schwarzen Buchstaben kreuz und quer über die Seiten der Briefe und Karten, dekorierte sie mit ihrem Porträt, verkleidet als Schlangenbeschwörerin oder orientalischer Prinz, nannte ihre Briefpartner König, Caesar, Indianer oder Tiger. Mit bürgerlichen Namen hießen jene, die sie mit Adelstiteln oder den Namen wilder Tiere bezeichnete, Gottfried Benn, Kurt Wolff, Franz Marc, Paul Goldscheider, Richard und Ida Dehmel, Paul Zech, Jethro Bithell, Martin Buber, Klaus und Erika Mann. Sie schrieb sich fort aus der Welt, die ihr entgegenstarrte, die genervt war von ihrem ichbezogenen, schillernden Wesen.

Ihren brisantesten Text, der am wenigsten Traum ist und die klarste Wirklichkeit enthält, nannte sie »Die Wupper«. Das sozialkluge Theaterstück über die frühindustrielle Welt ihrer calvinistischen Vaterstadt Elberfeld, in das Material aus ihrer eigenen Kindheit und Jugend eingeflossen ist – in einer ersten Fassung in Dialekt geschrieben –, wurde erst 1919 mit zehnjähriger Verzögerung in Wuppertal uraufgeführt. Ein gewisser Gerhart Hauptmann war auf dem Theater der Platzhirsch. Mit seinen »Ratten« und »Webern« und »Pippa tanzt« gab er den Ton der naturalistischen Arbeitsweltdramatik an und schaute verächtlich auf Else Lasker-Schüler herab, die er unter Pseudonym als junges schmachtendes, von einem Mann abhängiges Weib denunzierte.

In einem Brief, den sie am 21. September 1913 an den Maler Franz Marc schrieb – der bedankte sich mit gezeichneten Postkarten –, widerlegte sie das Odium der Femme fatale: »Ihr meint«, schrieb sie Marc, »ich sei ein sexueller Mensch. Ihr kennt mich nicht, das liegt viel tiefer.« Die Libido des »sexuellen Menschen« in ihr hatte sich der Poesie verschrieben. Ihre irdische Liebe gehörte ihrer Mutter und Paul, ihrem Sohn. Ihre beiden Ehemänner, Berthold Lasker und Herwarth Walden, ihre Freunde, die angehimmelten Dichter und verklärten Briefpartner waren, grob und oberflächlich gesagt, hauptsächlich dichterisches Arbeitsmaterial.

Im Zentrum ihres Schreibens stehen der Schmerz und das Ich. Der Schmerz beginnt mit dem frühen Tod der Mutter im Jahr 1890: »Ach Gott! Mein wildes Kindesweh! ... Meine Mutter ist heimgegangen.« Jeanette Schüler, geborene Kissing, muss eine hochromantische Frau gewesen sein, die Goethe und Napoleon verehrte und Stapel von Ritterromanen las. Die »liebe Mama« war es auch, die das Kind zum Dichten anstiftete. Sieben Jahre nach dem Tod der Mutter verlor Else Schüler den Vater, ein theaterversessener Handelsagent, der ein kleines Bankgeschäft besaß, Schiller'sche Monologe durch die Zimmer des Hauses in Elberfeld donnerte und während der Karnevalszeit den Salon in ein Schiff aus blauem Tüll verwandelte. Ungewöhnlich der Vater, verehrt die schwärmerische Mutter: Als Else Schüler einmal über die Dominanz ihres Ichs ausgefragt wurde, bekannte sie, aus »Gewissenhaftigkeit« und »übergroßer Gerechtigkeit« über niemand anderen als über sich selbst Auskunft geben zu können.

Schön, dunkel und verschüchtert steht sie am Tag ihrer Hochzeit neben einem nicht besonders ansehnlichen Dr. Berthold Lasker. Mit Lasker am Arm, dem falschen Mann für sie, verlässt sie 1894 das Elternhaus und wendet sich weniger den Pflichten einer Arztgattin, als vielmehr der Freiheit zu. Nach dem Abschied von der Mutter war dies der zweite große Sturz in eine andere Welt. Durch Lasker kam sie nach Berlin, wo sie bis 1933 lebte. Sie liebte die Stadt nicht, fand, dass die Berliner Humor mit Frechheit verwechselten, und bedauerte, dass niemand ihren Elberfelder Dialekt verstand. Und doch wurde Berlin für Else Lasker-Schüler zum entscheidenden Ort. Sie trennte sich von ihrem Mann und war mit ihrem kleinen Sohn Paul, der nicht der Sohn des Herrn Doktor Lasker war, »alleinerziehend« und »alleinverdienend«. Dann heiratete sie den neun Jahre jüngeren Verleger, Komponisten und Galeristen Georg Levin, der sich auf ihren Rat Herwarth Walden nannte und ihre Gedichte in seiner Zeitschrift »Der Sturm« publizierte, dem zentralen Blatt des Expressionismus. Nach der zweiten Scheidung schlug sie sich alleine durch, eine bald nicht mehr gelittene Jüdin, eine Künstlerexistenz mit Freunden, Feinden, Einsamkeit, Krankheit und entsetzlichem Geldmangel. Bis zu ihrem Tod war sie auf Spenden, Aufrufe, Bettelaktionen angewiesen. Sie war arm, sie hungerte, ernährte sich von Nüssen und Obst. Wenn sie Geld hatte, verschenkte sie es. Hungern und Vergeuden gehörten zu ihrem Leben wie Verzweifeln und Dichten.

Sie hatte viele Affären, meist mit jüngeren Männern. Die brisanteste galt einem Dichter und Arzt, der auch dann noch viel jünger war, als sie ihr eigenes Alter großzügig herabgestuft hatte, Dr. Gottfried Benn. Benn preist am Anfang ihre Gedichte. Sie redet in ihrem Briefroman »Der Malik« das dichterische Ich von Benn mit den Titeln König, Barbar, Nibelunge und Arier an. Doch dann wendet sich Benn gegen Else Lasker-Schülers schwärmerische Opulenz und beginnt, allem zu widersprechen, was ihr heilig war. Benn wird das absolute Gedicht ohne Glauben, ohne Hoffnung an den Menschen, zum einzig richtigen Weg erklären und Else Lasker-Schülers Poesie scharf kritisieren. Ein gegensätzlicheres Paar als die beiden, der Intellektuelle und die Schwärmerin, ließ sich kaum denken.

Else Lasker-Schüler richtet ihre Gedichte meist an Personen, den namenlosen Geliebten, die Mutter. Liebe und Herz sind Zentrum und Zuflucht: »Dein Herz ist wie die Nacht so hell / Ich kann es sehen«. Das Herz ist ihre poetische, traurige, verwitterte, grollende, glühende Schaltstelle. Über Herz und Liebe steht der Himmel mit seinem kosmischen Zubehör. Von hier aus zieht die Dichterin ihre Kreise. Besonders die frühen Gedichte bersten vor innerer Zerrissenheit. Von Glöckchengeklingel begleitet, trug sie ihre Gedichte in fast gesungenem Pathos vor.

In der Berliner Bohème war man rau, missgünstig, politisch engagiert und verwöhnt. Politisch hellsichtig war die Jüdin Else Lasker-Schüler nicht. Sie schickte ihre Gedichte an den »Duce Mussolini«, war stolz darauf, dass dieser ihre »Gedichte liebt«, und wollte den italienischen Staatschef dazu bewegen, der Judenverfolgung in Deutschland entgegenzutreten. Sie beschrieb das Judentum und seine dreitausendjährige Geschichte, schrieb »Hebräische Balladen« und Gedichte zu biblischen Gestalten. Eines ihrer berühmtesten Gedichte richtete sie an »Mein Volk«. Enttäuscht von ihren bürgerlich gewordenen »Mitjuden«, klagt sie: »Der Fels wird morsch, dem ich entspringe«. Nach antisemitischen Angriffen durch die Schwester des Dichters Georg Trakl berichtet sie einem Freund: »Ich bin Jude. Gott sei Dank.« Ein Vierteljahrhundert später wird sie 1942 an Martin Buber schreiben: »Ich bin keine Zionistin, keine Jüdin, keine Christin.« Nach Palästina sehnte sie sich, wie sie sich nach Theben gesehnt hatte, als Sehnsuchtsort, weil Realität die Poesie verdirbt. Zweimal reiste sie nach Palästina und kehrte nach Zürich zurück, wohin sie 1933 über Ascona vor den Nazis geflohen war. Die dritte Reise nach Jerusalem mündet unfreiwillig im Exil, die Schweiz verweigert ihr nach dem Ausbruch des Zweiten Weltkriegs die Wiedereinreise. »Entseelt begegnen alle Welten sich … Ich streife heimatlos zusammen mit dem Wild / Durch bleiche Zeiten träumend«, lautet ihre ergreifende, in Terzinen gefasste Antwort auf die Emigration. Klaus Mann veröffentlichte im Oktober 1933 dieses Exil- und Trauergedicht unter dem Titel »Die Verscheuchte« im zweiten Heft seiner Zeitschrift »Die Sammlung«. Auch dieses Gedicht ist an ein *Du* gerichtet, und das umherirrende *Ich* stellt die Frage aller Exilanten: »Wo soll ich hin?«

Else Lasker-Schülers letzte Veröffentlichung kam im Sommer 1943 bei Jerusalem Press Ltd. in einer limitierten Auflage von dreihundertdreißig nummerierten Exemplaren unter dem Titel »Mein blaues Klavier« heraus, zweiunddreißig Gedichte mit einem abschließenden Prosatext »An mich«. Fünfundzwanzig Exemplare davon waren für eine Vorzugsausgabe mit einem Sonderdruck der Umschlagzeichnung reserviert, den – wie es im Verlagsvertrag hieß – »Frau Lasker-Schüler mit der Hand zu kolorieren und zu signieren sich verpflichtet«. Sie war eine gebrochene, herzkranke Frau, die vierundsiebzigjährig diese wunderbaren Zeilen schrieb: »Mein Herz ruht müde / Auf dem Saum der Nacht / Und Sterne legen sich auf meine Augenlide ...«

Woher nahm sie die Kraft für solch eine Poesie? Der Freund und Schriftsteller Erwin Loewenson versuchte nach ihrem Tod das sonderliche Wesen, das Else Lasker-Schüler hieß, zu beschreiben. Er, der sie seit den zwanziger Jahren kannte, musste dreimal ansetzen, bis die richtigen Worte für die Widersprüche ihrer Person zwischen »Egozentrik« und »berechnender Bauernschläue«, Hilfsbereitschaft, Resolutheit und Strenge gefunden waren. Else Lasker-Schüler war, schrieb Loewenson, »extrem erotisch und extrem mütterlich«. Sie war immer auch das Gegenteil, vertrauensselig und argwöhnisch, aufrichtig bis zur Selbstindiskretion und besaß einen »alles auf den Kopf stellenden Humor«. In jedem ihrer vielen Gegenpole blieb sie immer »ganz« und stets »die Gleiche«.

Biografisches

Elisabeth Schüler wurde am 11. Februar 1869 als jüngstes von sechs Kindern in Elberfeld geboren, das heute zu Wuppertal gehört. 1882 starb ihr Lieblingsbruder Paul, 1890 die geliebte Mutter. 1894 heiratete sie den Arzt Dr. Jonathan Berthold Lasker in Elberfeld, zog mit ihm nach Berlin und begann Malerei zu studieren. 1899 brachte sie den Sohn Paul, den sie nach ihrem verstorbenen Bruder benannte, zur Welt und veröffentlichte erste Gedichte in der Zeitschrift »Die Gesellschaft«. 1902 erschien ihr erster Gedichtband »Styx«, im Jahr darauf ließ sie sich von Berthold Lasker scheiden. Sie heiratete Herwarth Walden, den Galeristen und Herausgeber der expressionistischen Zeitschrift »Der Sturm«. 1910 trennte sie sich von Walden. Bis zu ihrem Tod lebte sie fortan in wechselnden Unterkünften – bis April 1933 in Berlin, dann in Ascona und Zürich; zweimal reiste sie nach Palästina. 1927 war ihr Sohn Paul gestorben. 1938 stand ihr Name auf der Liste der aus dem Deutschen Reich zwangsweise »Ausgebürgerten«. Der Ausbruch des Zweiten Weltkriegs verhinderte, dass sie von ihrer dritten Palästinareise in die Schweiz zurückkehren konnte. Am 22. Januar 1945 starb Else Lasker-Schüler in Jerusalem. Sie ist am Fuße des Ölbergs beigesetzt.

Leseempfehlung

»*Mein blaues Klavier. Neue Gedichte*«. Herausgegeben und mit einem Nachwort von Ricarda Dick.

»*Franz Marc. Mein lieber, wundervoller blauer Reiter. Privater Briefwechsel*«.
Herausgegeben von Ulrike Marquardt und Heinz Rölleke.
»*Werke und Briefe. Kritische Ausgabe. Briefe: Band 6 bis 9*« (1893 bis 1936).
Bearbeitet von Sigrid Bauschinger, Ulrike Marquart und Karl Jürgen Skrodzki.
»*Sämtliche Gedichte*«. Herausgegeben von Karl Jürgen Skrodzki.

Verena Auffermann

IM HAUPT- UND NEBENWIDERSPRUCH

Doris Lessing *1919*

Es gibt einen Kobold in Stockholm, der an den Jurysitzungen für den Literatur-Nobelpreis möglicherweise regelmäßig teilnimmt, mit Sicherheit aber dessen Entscheidungen alle Jahre wieder bestimmt. Er hat Spaß an verwirrten Gesichtern und an der gelinden Erschütterung, die speziell auf der Frankfurter Buchmesse um sich greift, wenn statt der geläufigen großen Namen (Roth, Nooteboom und Mulisch, Murray, Munro und Farah) ein neuer erst buchstabiert werden muss: Soyinka, Szymborska, Fo ... Im Jahr 2007 hat der sardonische Kobold die Jury gewiss inspiriert: Sie wählte eine Autorin, von der nicht wenige deutsche Leser sich wunderten, dass sie noch lebt. Und schreibt.

»Das goldene Notizbuch« heißt das Werk, mit dem Doris Lessing weltweit verbunden wird – und sein Erscheinen 1962 ist beinahe ein halbes Jahrhundert her. Als das Buch, das in England schnell zum Bestseller wurde, sechzehn Jahre nach der Originalausgabe in Deutschland herauskam, wurde es auch hier zügig mehr als ein Verkaufserfolg: Der Roman über zwei »ungebundene Frauen« – wie sie sich selbst freundlich-ironisch bezeichnen – namens Anna und Molly, die im London der späten fünfziger Jahre mit Liebschaften und Kinderaufzucht, Krieg und Kommunismus und vor allem der Suche nach einem neuen Lebensstil beschäftigt sind, war für mehr als eine Generation ein Lebens-Wendebuch. »So, wie ich Joan und mich an ihrem kleinen Tisch in der Küche sehe, wo wir uns unterhalten, den neuesten Klatsch austauschen, das Leben, die Liebe, die Männer und die Politik in Ordnung bringen«, wie Lessing sich in ihrer Autobiografie mit mildem Amüsement erinnert, so nahm das (vorwiegend weibliche) Publikum »Das goldene Notizbuch« auch auf: als unpathetischen Beweis, dass die Suche nach Liebesordnungen jenseits der Hausfrauenehe, nach Erziehung ohne Gewalt und nach gesellschaftlichem Engagement anstrengend, aber auch lohnend war – und nicht in die Verzweiflung führen musste. Das helle Gewebe aus Friedensmärschen und Frauenbuchläden, Stadtteilzeitungen und Flohmärkten, Kinderläden und Ökobewegung, Psychiatriebefreiung und Gruppentherapie wurde im Geist dieses Buches geknüpft. »Inzwischen«, schrieb Lessing 1997, »hat es zwei Generationen gegeben, die nie über etwas anderes reden als über Einkäufe und den neuesten Klatsch, und wenn ich mit ihnen zusammen bin, frage ich mich, wie sie diese winzige, eng umgrenzte Welt ertragen können, in der sie leben.«

Sie weicht dem Außen nie aus. Wie SIMONE DE BEAUVOIR, wie ANNA SEGHERS und NADINE GORDIMER gehört Lessing zu jenen Schriftstellerinnen, die den Extremen des zwanzigsten Jahrhunderts unmittelbar begegnet sind und die sich aus dieser Erfahrung der Absurdität und der Reduktion – auf das Sein als Linke, als Weiße, als Frau – nicht in eine Formenwelt der Absurdität oder der Reduktion gerettet haben. Ihr Material sind die realen Schlachten, die der Mensch übersteht oder nicht – im Krieg, im Kampf mit sich selbst und mit dem anderen Geschlecht. Die gilt es zu beschreiben, so aufrichtig und genau wie eben möglich. Wenn ihr ein Buch »nicht mehr ehrlich« erscheint, zieht Doris Lessing es, zum Ärger ihrer Verleger, zurück. Immer ihrer Botschaft verpflichtet, ist ihr Stil im besten Fall unaufwendig, präzise und klar; nicht ohne Humor, aber stets ans Gewissen gepflockt.

Chance dieser Welthaltigkeit ist die Überraschung – für sie selbst und ihre Leser. Denn sie nimmt ihre Erfahrungen ernst, aber nicht persönlich: Sie geht ihnen nach, sie dreht sie hin und her, sie beschreibt, wie sie riechen und schmecken. Wie fühlt es sich an, ein Rassist zu sein und zugleich ein netter Mensch, ein hilfreicher Nachbar, ein guter Kollege? Mit dieser ersten, trostlos komplizierten Frage beginnt ihr Werk, denn damit begann ihr Leben: Als Tochter eines ehemaligen britischen Kolonialoffiziers und einer irisch-schottischen

Krankenschwester wuchs sie in Südrhodesien (heute Simbabwe) auf, in einer Farmergesellschaft, wo Buren und Briten sich einig waren, dass Farbige bestenfalls Kinder sind, die es zu führen gilt – und Juden ein harmloses Übel. Wie ihre Heldin Martha Quest in dem gleichnamigen Roman aus dem Jahr 1952 lavierte sie zwischen Verwirrung, Protest und Ekel, brach als junges Mädchen die Schule ab, jobbte als Schreibkraft in einem Anwaltsbüro, heiratete früh und falsch und wurde zweifache Mutter. Von ihrem nächsten Mann, dem deutschen Emigranten Gottfried Anton Nicolai Lessing, empfing und behielt sie ihren Namen, einen weiteren Sohn und – zunächst noch – die Überzeugung, dass der Marxismus die einzig wirksame Kur für das kranke Jahrhundert sei. 1949 machte sie sich auf den Weg in ihr zweites Leben: allein, mit dem letztgeborenen Kind und zwei unveröffentlichten Romanen im schmalen Gepäck, in das zerbombte London.

Nach wenigen Jahren schon war sie in der Lage, von ihrem Schreiben zu leben. »Afrikanische Tragödie« (»The Grass is Singing«, 1950), die Geschichte einer verbotenen schwarz-weißen Liebe, wurde ein anerkannter Erfolg und später verfilmt. Wie ihre Heldin Anna in »Das goldene Notizbuch« konnte Doris Lessing von ihren Tantiemen bescheiden existieren und verfügte über ihre Zeit, indem sie sich die Haupt- und Nebenwidersprüche ihrer neuen Welt genau ansah: die Traumata des Zweiten Weltkriegs, den Irrsinn des Wettrüstens, die fragwürdige Klassengesellschaft Englands und die selbstverständliche Geringschätzung der Frau. Sie erforschte speziell dieses Phänomen, wie schon den Kolonialismus, in all seinen Erscheinungen, und das hieß schließlich auch: mit Selbstkritik. Frauen, die lieben, Frauen, die warten, Frauen, die wider Willen eifersüchtig – also Frauen, die eben Frauen sind: Sie »sind nun einmal die Feiglinge, die sie sind, weil sie so lange Zeit halbe Sklaven waren«. Wenn Anna von ihren Wahlhelferbesuchen für die Partei nach Hause kommt, wenn sie ihre Besuche im Viertel hinter sich hat, dann sieht sie: »Fünf einsame Frauen, von denen jede für sich in aller Stille verrückt wird, trotz Ehemann und Kindern, oder eher deshalb. Ein Schuldgefühl, weil sie nicht glücklich waren. Die Formulierung, die sie alle gebrauchten: ›Mit mir muss irgendwas nicht stimmen.‹« Anna hat eine genaue Ahnung, was da nicht stimmt. Sie hat sich scheiden lassen, und sie weiß, warum. Sie diskutiert mit ihrem Liebhaber (der selbstverständlich verheiratet ist) und am Ende auch mit sich selbst, ob ihr Dasein als Geliebte Freiheit oder Elend ist, Authentizität oder Betrug. Und ob sie, die gewährende, fürsorgliche, scheinbar souveräne Anna, nicht als ihren Schatten die frustrierte, gedemütigte Ehefrau braucht. Ob nicht doch sie sich an dem Gegenbild innerlich aufrichtet, um nicht zu spüren, dass eigentlich sie die Betrogene ist. Und schließlich verflucht sie das Weib in sich, das von all dem nichts wissen will und notfalls auch mit dem Milchmann flirtet.

Anna und und ihre Freundin Molly kämpfen sich wie der Sklave Michelangelos halb aus dem Stein heraus, aus dem sie doch gebildet sind; sie reflektieren und kämpfen zugleich. Und sie gestehen ihre Niederlagen ein – nicht zuletzt als Linke. Zutiefst erschöpft von den Prüfungen in Ignoranz und Intrige, denen sie ausgesetzt war, verlässt Lessings Heldin Anna schließlich die Kommunistische Partei – wie die Autorin selbst. Welch düstere Erleichterung, und wie trivial sie sich ausnimmt, und wie befreiend und traurig die Wahrheit ist: »Jahrelang haben wir über Abhandlungen, Artikel, Romane, Proklamationen aus Russland gesagt: ›Vermutlich ist die Übersetzung schlecht.‹« Das konspirative Verschweigen, die selbstverständliche Schönfärberei, die taktische Lüge – all die erniedrigenden Manöver, um der Revolution nicht zu schaden, um dem Klassenfeind nicht zu nutzen, haben zu nichts geführt: Noch immer verschwinden Genossen in Zwangsarbeit und Gefängnis, noch immer ist die Wahrheit über die Partei selbst ihren Mitgliedern nicht zumutbar. Das Großprojekt der Moderne, die Abschaffung der Ausbeutung, die völkerumspannende Brüderlichkeit ist zermahlen. Das tiefe Bedürfnis danach, ein politisch handelnder Mensch zu sein, der im Zusammenhang denkt und fühlt, liegt seitdem bei Lessing brach. Sie gab Auskunft über ihre Ent-Täuschung, sie denkt weiter darüber nach. Doch seit 1956 hat sie sich keiner politischen Bewegung mehr zugehörig erklärt.

Seitdem nimmt sie Neues wahr. Als eine der ersten Autorinnen schrieb sie Science-Fiction, getreu ihrer Überzeugung, dass »die Naturwissenschaften der Ort sind, an dem unsere Grenzen liegen«. Sie studiert islamische Mystik, sie reflektiert ihre Erfahrungen mit Gruppendynamik und politischen Krisen in Vorträgen und Essays, sie geht ihren spirituellen Bedürfnissen nach – und schreibt über all das in wechselnden Formen und in wechselnder Konzentration. Sie ist selbstbewusste Didaktin, einzig ihrer Erfahrung treu. Ihr Werk ist kein ästhetisches Projekt, sondern eine Erkundung von Außen und Innen ihrer Existenz. Schwankungen in der literarischen Höhe nimmt sie in Kauf. »Wenn man die Art von Schriftstellerin ist, die ich bin – das heißt eine, die den Prozess des Schreibens dazu benutzt, um herauszufinden, was sie denkt, und sogar, was sie ist –, dann ist es eindeutig unehrlich, die Trittleiter umzustürzen, auf der man hinaufgestiegen ist, aber ich wäre trotzdem glücklich, wenn einige der Erzählungen, die ich geschrieben habe, verschwinden würden«, heißt es in ihrer unprätentiösen Autobiografie. In ihrem geradezu schlenkernden Werk – zwischen Märchen und Fabel, *inner space fiction*, erzählendem Realismus und Gelegenheitsessay – wirkt sie als Autorin so ungezwungen wie an jenem sonnigen Vormittag im Oktober 2007, da sie, vom Einkaufen gerade zurück, auf den Treppenstufen vor ihrem Haus den ersten Reportern Interviews gibt: die Nobelpreisträgerin Lessing, eine bemerkenswert freie Frau. Die auf den Stufen sitzen blieb. Nach Stockholm reiste sie nicht.

Biografisches

Doris May Taylor wurde am 22. Oktober 1919 als Tochter eines britischen Kolonialoffiziers in Kermānschāh/Iran geboren. Zur Zeit ihrer Geburt arbeitete der kriegsversehrte Vater bei der Imperial Bank of Persia; nach einer kurzen Station in England übersiedelte die Familie 1924 nach Südrhodesien auf eine Maisfarm. Doris May brach mit vierzehn Jahren die Schule ab und verdiente ihren Lebensunterhalt unter anderem als Kindermädchen und Schreibkraft. Zweimal geschieden, zog sie 1949 als Doris Lessing (unter dem Namen ihres zweiten Ehemanns) mit ihrem jüngsten Sohn nach London, wo sie bereits nach wenigen Jahren von der Schriftstellerei leben konnte. Sie engagierte sich in der Kommunistischen Partei; nach dem sowjetischen Einmarsch in Ungarn 1956 trat sie aus der Partei aus. Der internationale Durchbruch als Schriftstellerin gelang 1962 mit dem Roman »Das goldene Notizbuch«. Sie schrieb seit 1982 fast jedes Jahr einen Roman, außerdem Essays und Reportagen zu politischen Themen und eine zweibändige Autobiografie. 2007 erhielt sie den Nobelpreis für Literatur. Sie lebt mit ihrem Sohn in London-Hampstead.

Leseempfehlung

»Martha Quest« (Roman). Aus dem Englischen von Karin Kersten und Iris Wagner.
»Das goldene Notizbuch« (Roman). Aus dem Englischen von Iris Wagner.
»Mit leiser, persönlicher Stimme« (Essays). Aus dem Englischen von Regine Laudann.
»Unter der Haut. Autobiografie 1919–1949«. Aus dem Englischen von Karen Nölle-Fischer.
»Schritte im Schatten. Autobiografie 1949–1962«. Aus dem Englischen von Christel Wiemken.

Elke Schmitter

SCHICKSAL, DAS VON SICH WEISS

Rahel Levin Varnhagen *1771–1833*

Karlsruhe, im Dezember 1816. Der Krieg gegen Frankreich ist erfolgreich geschlagen, der Wiener Kongreß überstanden, Europas Herrscher und Diplomaten haben den Kontinent neu sortiert. Eine Frau in mittleren Jahren schreibt an die beste Freundin. Sie hat, nach einer schweren Erkrankung, heimlich ihr Testament gemacht. Ihr Mann ist Preußischer Legationsrat am Badischen Hof mit einem Sold von 3000 Talern im Jahr und liebt sie von Herzen, die Zimmer – »in jedem ein Sopha« – sind still und gemütlich, und sie ist verzweifelt. »Ich habe keinen Schmerz mehr zu verarbeiten, kein Herz mehr zu zerbrechen, es ist geschehen; ich hoffe auch auf Nichts, und *kenne Alles;* und bin *blasirt* über jede *incomodität:* habe beynah keinen Schmerz, lauter Verdruß«. Es ist der Verdruss, der sie verdrießt, es sind die Kleinigkeiten, die an ihr zerren, zumal an den Nerven, die »*alle* Tage schlechtere; d. h.: beßere feinere« wer-

311

den. Sie ist in mancher Hinsicht vorteilhafter gestellt denn je: verheiratet und gutsituiert, von Liebesqual wie familiären Pflichten verschont. Doch ist sie fern von ihrem Element, »ohne Eine *wie Sie!* ohne Heimath, ohne *meine* Tagesstunden, ohne meine Lebensart, ohne großen Ort, und etwas für *die Augen;* ohne für das Herz, ohne Spannung für Seele und Geist. Und – – – ich *muß* Zerstreuung haben! Ich kann *keine* Einsamkeit mehr ertragen; d. h. ich muß Etwas *sehen*.«

Die Frau, von der hier die Rede ist, hat Unterforderungsstress. Kein Humboldt, kein Tieck, kein Brentano zum Reden. Keine rasende Verliebtheit in einen spanischen Diplomaten, der eifersüchtige Briefe schreibt. Kein Schleiermacher, kein Fichte zu Gast. Keine Erwägungen über Gerechtigkeit, während die Gans im Ofen bräunt und die Türglocke geht. Keine Bonmots über Goethe mit Schlegel, derweil das Mädchen der Gräfin Schlabrendorff öffnet. Ihr Berliner Salon ist tot; die Freunde verstreut oder, wie Prinz Louis Ferdinand, im Krieg gegen Frankreich gefallen. Die ihr gemäße Zeit liegt mehr als zehn Jahre zurück. »Mich dünkte immer, Leben schützt vor dem Tode«, doch was tun, wenn man nicht so leben kann, dass man lebendig bleibt? Wie die Pariser Freundin ihr schreibt: »Wo sind nun die glücklichen Zeiten hin, wo ich mich so unglücklich fand!«

Doch wie ist der Name der Frau? Das ist schwer zu sagen und bedarf der Entscheidung. 1771 wurde sie als Rahel Levin geboren, später nahm sie den neutral klingenden Familiennamen Robert an, 1814 ließ sie sich auf Antonie Friederike taufen, um den Protestanten Karl August Varnhagen zu heiraten und dessen Namen zu tragen, den dieser seinerseits um »von Ense« erweitert hatte. Wenn sie mit ihren jüdischen Freundinnen korrespondierte, nannten die Frauen sich gegenseitig »Liebste« und »Beste«, »Engel«, »freß-taube« oder »carina« – und niemals Brendel, Hitzel, Sara und Esther; sie unterzeichnete R. »Ich machte es wie Sie«, schrieb die Jüdin Rahel Levin an die Jüdin Rebecca Friedländer, »lebte Jedem Menschen, jedem Ereignis, jeder Stunde zu Gefallen: u that das doch Alles auch nur, um meinem Leben ein gewißes Ansehen, eine Namensfähigkeit zu geben; um die Leute mit meiner lieben Rahel zufrieden zu stellen.« Und unter diesem Namen, dem ersten, wurde sie schließlich gedruckt: Die Briefsammlung »Rahel. Ein Buch des Andenkens für ihre Freunde« erschien, noch von ihr vorbereitet, vier Monate nach ihrem Tod. Die neuere Forschung spricht inzwischen von Rahel Levin Varnhagen: ein Name, der die Veränderung zeigt; ein Name, der jüdische Geburt und christliche Ehe bezeugt, und ein Name, der die Autorin nicht duzt.

Autorin wovon? Das ist das Zweite, das zur Entscheidung zwingt. Rahel Levin Varnhagen hat keinen Roman geschrieben, keine Novelle, kein Drama, wohl nicht einmal Jugendgedichte. Auch keine Essays. Überliefert sind Tagebücher, »Denkzettel« und mehr als sechstausend Briefe mit fast dreihundert

Korrespondenten. Diese Briefe umspielen kein Werk, sie sind das Werk. Rahel Levin Varnhagen war umgeben von Frauen, die anonym, unter fremdem, angenommenem oder eigenem Namen Literatur publizierten – wie Rebecca (Friedländer) Frohberg, Dorothea Schlegel, BETTINE VON ARNIM –, während sie selbst, mündlich wie schriftlich, vor allem an dem interessiert war, was im Austausch entsteht. Und was ist ein Brief, der nicht geöffnet, gelesen, beantwortet wird?

Das Werk Rahel Levin Varnhagens ist ein weitverzweigtes Gespräch vorwiegend zwischen Außenseitern, Randfiguren, Personen ohne Amt. »Frauen«, »Juden«, »Demokraten«, die inzwischen unser Bild dieser Epoche prägen: mit ihren Diskussionen, Bekenntnissen und Flirts, ihren Vorlesungsmitschriften, Reiseberichten, mit ihren Kassibern an der Zensur vorbei. Was sie dachten und fühlten, schrieben sie sich, im Vertrauen darauf, dass es Verbreitung fand, indem man es vorlas, weiterreichte oder – wie auch im Falle Levin Varnhagens anonym – in Zeitschriften publizierte. Es sind Manuskripte zu einer Epoche, die 1789 eröffnet wurde und 1848 beendet; zwischen dem blutigen Fanfarenstoß der Französischen Revolution und der Niederschlagung einer europäischen Bürgerrechtsbewegung lagen fünfzig Jahre, in denen die Gebildeten beider Geschlechter in mehreren Sprachen darüber reflektieren, wie eine gute Gesellschaft entsteht. Und was dieselbe verhindert. »Negerhandel, Krieg, Ehe! – und sie wundern sich, und flicken –«. Wer wenig zu verlieren hatte, weniger eingespannt war, weniger Rücksichten nehmen musste, konnte freier denken, wünschen und reden. So wie Rahel Levin Varnhagen, ursprünglich wohlhabend und zeitlebens ohne höhere Würden. Denn »was macht denn sonst wohl das eigentlichste Wesen des Menschen aus, als dass er andere Wesen, die Angesicht tragen, dafür annimmt, und sie behandelt wie sich selbst: wann kann er das besser, als im vielfältigsten, reichhaltigsten, häufigsten Umgang aller Art mit ihnen?«

Das ist ein zeitloser Satz in ihrem Werk. Von klein auf war sie, wie sie blieb: offen, empfindsam, hellwach. »Es hat ein jeder ein Schicksal, der da weiß, was er für eines hat.« Ihr Vater, despotisch und deshalb gefürchtet, war von ihrem Geist entzückt und zog sie dem jüngeren Bruder vor; freilich ging das Entzücken nicht so weit, dass er ihr eine unabhängige Existenz ermöglicht hätte: Erbe des erheblichen Familienvermögens wurde 1790 Markus Theodor, während sich Rahel und ihre Mutter der Erziehung der jüngsten Geschwister annahmen. Mitten in Berlin, fußläufig von der Universität Unter den Linden entfernt, machte Rahel aus diversen Nöten eine Tugend. Da ihr als Frau die Universität und als Jüdin nicht nur der Hof, sondern auch viele bürgerliche Häuser und Institutionen verschlossen waren, lud sie zu sich in die Dachstube ein. Bald trafen sich in der Jägerstraße Mitglieder des Adels und der Aristokratie, aufstrebende Intellektuelle, kluge Frauen und weltoffene Bürger, umsorgt von einem Genie der Konversation. »Ich habe nie in meinem Leben«, schreibt der nicht gerade geistlose Grillparzer, »interessanter und besser reden gehört.« Ihr Salon war mehr als Geselligkeit, er war gedacht und ins Werk gesetzt als eine politische Utopie: ein Ort, an dem Arme und Reiche, Gläubige und Ungläubige, Alte und Junge beider Geschlechter sich als Freie und Gleiche austauschen sollten. Und jenseits dessen, was daraus entstand, war schon dieses Gespräch mehr als eine Behauptung. Es war eine soziale Wirklichkeit.

Die freilich niemanden verpflichtete: Auch Mitglieder dieses Clubs konnten diese Erfahrung vergessen. Achim von Arnim, der Ehemann von BETTINE VON ARNIM, gründete mit anderen Gästen des Rahel-Salons 1811 die patriotische »Christlich-deutsche Tischgesellschaft«, die Frauen und Juden ausdrücklich ausschloss. Diskriminierungen dieser Art begleiteten Rahel Levin Varnhagen ein Leben lang, und sie verzeichnete sie mit der ihr eigenen Empfindsamkeit. »Wir sind *neben* der menschlichen Gesellschaft. Für uns ist kein Platz, kein Amt, kein eitler Titel da!« Ihre Fähigkeit, Kränkung zu fühlen und für das Leiden anderer im Innersten erreichbar zu sein, sieht ihre Biografin, die jüdische Deutsche Hannah Arendt, nicht als zufälligen Charakterzug, sondern als Ausdruck ihrer Existenz als Außenseiterin: »Die Sensibilität, das wortwörtliche Mit-leiden, das wiederum distanzlos ist«, schreibt Hannah Arendt, »ist nur der krankhaft gesteigerte Ausdruck für das instinktive Begreifen der Würde, die jedem innewohnt, der ein menschlich Antlitz trägt, ein Instinkt, den die Privilegierten nie kennen, der die Humanität des Paria ausmacht, der ihn eindeutig unterscheidet von dem gehetzten Tier, das er in der Gesellschaft darstellen muss; ein Instinkt, durch den alle Privilegierten zu Tieren – wenn auch vielleicht zu edlen Species –, ihm gegenüber degradiert werden. Immer repräsentieren darum die Paria in einer Gesellschaft, welche auf Privilegien, Geburtsstolz, Standeshochmut basiert, das eigentlich Humane, spezifisch Menschliche, in Allgemeinheit Auszeichnende.«

Zweimal verliebte sie sich, zweimal verlobte sie sich, zweimal blieb sie allein. Der junge Graf von Finkenstein, blond und ansehnlich und von kompakter Harmlosigkeit, floh vor seinen Gefühlen nach Hause, aufs märkische Gut, heim zur Familie, die erwartbare Vorhaltungen machte: eine Jüdin, und nicht einmal schön? Zwölf Jahre nachdem er sie sitzengelassen hat, sehen sie einander wieder. »Er sagte mir mit einem Male: ›Ich wünschte sehr, dass Sie meine Frau sähen, wie sie Ihnen gefällt.‹ Ich blieb sitzen, er blieb sitzen, die Sonne schien sanft. Meine ganze Seele war so empört, so in Aufruhr, mein Herz so affiziert als vor zwölf Jahren; als wäre in der ganzen Zwischenzeit nichts anderes vorgefallen. ›Dein Mörder‹, dacht ich und blieb sitzen. Tränen kamen mir in den Hals und zu den Augen, wie eine ihm zugestandene Kreatur fühlte ich mich, er hat mich verzehren dürfen. Er *mich,* Gott soll es ihm verzeihen ...« In der Zwischenzeit hatte sie mit dem spanischen Gesandten Urquijo, auch er jung und schön, die zweite große Enttäuschung erlebt.»Dies stürzte mich ganz um.« Als sie schließlich Varnhagen heiratet, der lange um sie geworben hat, ist sie dreiundvierzig Jahre alt, finanziell beschränkt wie nie,»ohne eine gewisse Fortune, ohne Jugend, Lustigkeit, Hoffnung, Titel«. Das wesentliche Versprechen dieser Verbindung hält Varnhagen ein. Wie der ebenso deutlich jüngere, späte Gatte GEORGE ELIOTS hat er ein Genie geehelicht, das er zu würdigen weiß; die beiden begegnen sich aufmerksam, loyal, verständnisvoll. Es kommt, nach Varnhagens Abberufung aus dem diplomatischen Dienst, auch eine zweite Zeit für ihren Salon. Rahel kann wieder aus dem Vollen schöpfen: Witze mit Heine, Disput mit Ranke und Hegel, Suppe für den kranken Humboldt. Doch die Zeiten sind trübe geworden; es herrscht Restauration, und auch der kurze deutsche Ausflug in die Gleichstellung der Juden wurde 1815 zurückgenommen. Nach den antisemitischen Ausschreitungen in ganz Deutschland, vier Jahre später, schrieb Rahel an ihren Bruder:»Ich bin *gränzenlos* traurig; und in einer Art, wie ich noch gar nicht war. Wegen der Juden. *Was* soll diese Unzahl Vertriebenen tun. Behalten wollen sie sie; aber zum Peinigen u Verachten; zum Judenmauschel schimpfen; zum kleinen dürftigen Schacher; zum Fußstoß, und Treppenrunterwerfen. Die Gesinnung ist's die verwerffliche gemeine, vergiftete, durch und durch faule die mich so tief kränkt, bis zum herzkalten Schrek. *Ich kenne mein Land. Leider.*«

Vom Jüdisch-Sein im biedermeierlichen Deutschland erzählen ihre Briefe in der letzten Phase ihres Lebens, aber auch, wie zuvor, von beinahe allem anderen: Eheleben, Innenleben, politisches Leben, Geld und Klatsch und Mahlzeiten, das Wetter und Mode und die Natur, Krankheiten, Literatur. Wünsche, die oft Verwünschungen sind. Sie schreibt ja so viele Briefe, weil sie nicht wirksam sein kann wie ein Mann. An Pauline, die beste Freundin:»Ich weiß noch, wozu ich fähig war, und diese Fähigkeit müssten wir doch scheinbar für die eigentliche Bestimmung halten. Aber es ist nicht so! Wie Blüten, und wie die meisten sogar, fallen wir vom großen unbekannten Winde ab: obgleich wir hätten Frucht werden können.«

Von keiner anderen Frau aus dem beginnenden neunzehnten Jahrhundert gibt es einen so umfassenden Nachlass. Die Geschichte seiner Erschließung ist in ihrer Dramatik auch eine sehr deutsche Geschichte. Karl August Varnhagen von Ense, der Rahel um fünfundzwanzig Jahre überlebte, hinterließ dem Preußischen Staatsarchiv ein nach seinem Verständnis wohlgeordnetes Konvolut von Briefen, Briefwechseln und Aufzeichnungen. Die anhaltende Auseinandersetzung mit seiner Editionspolitik zeigt unter anderem, wie viele Entscheidungen dem vorausgehen, was wir unschuldig einen Nachlass nennen: Um die Vervollständigung welcher Briefwechsel hat er sich besonders bemüht? Wo hat er »Stellen« getilgt, und aus welchem Grund? Hat er durch seine Verschlüsselung und Abkürzung von Namen (etwa Rebecca Friedländer als »Frau von Fr.«) beabsichtigt, Rahels Freundeskreis gesellschaftlich zu heben? – Im Preußischen Staatsarchiv lagerten die Papiere seit 1858 weitgehend ungenutzt. Das öffentliche Interesse an Rahel Levin Varnhagen wurde, nach einem regelrechten Hype unmittelbar nach ihrem Tod, zunächst durch die Popularität BETTINE VON ARNIMS gewissermaßen zurückgedrängt; in der Weimarer Republik schlief es ganz.

Das Bild der deutschen Romantik war lange durch männliche Protagonisten geprägt – Brentano, die Brüder Grimm, die Göttinger Sieben, Schleiermacher, Savigny et cetera. Hannah Arendt, die Ende der zwanziger Jahre in Berlin den Varnhagen-Nachlass sichtete, nahm die Epoche – wie vor ihr RICARDA HUCH – neu in den Blick. Das fast fertige Manuskript ihrer Rahel-Biografie – die das historische Dilemma der Frau, der Jüdin und der Begabung ohne Beruf erstmals in aller Schärfe entfaltete – konnte auf ihrer Flucht vor den Nationalsozialisten 1933 erst nach Paris, dann nach New York gerettet werden. Sie veröffentlichte das Buch zunächst in englischer Sprache; 1958 erschien die deutsche Fassung mit einer Brief-Auswahl im Anhang.

Der Nachlass Varnhagens, zur Sicherung noch kurz vor Kriegsende nach Süddeutschland verbracht, war seit 1945 verschollen. In der DDR gab es nichts von Levin Varnhagen zu lesen, in der Bundesrepublik erschienen die ersten Neuauflagen noch von Karl August Varnhagen edierter Briefe Ende der sechziger Jahre. In den achtziger Jahren verdichtete sich, lanciert durch vorsichtige Hinweise polnischer Germanisten, das Gerücht, Rahels Nachlass läge vollständig gerettet in Krakau; fünfzig Kilometer südlich von Auschwitz. Die Berliner Germanistin Barbara Hahn fuhr nach Polen, in ein durch das Kriegsrecht isoliertes Land, entzifferte und schrieb ab und begann die laufende Edition der Gesammelten Werke – nun in historischer Orthografie und Interpunktion.

»In meiner Brust«, schrieb Rahel um 1800, »drängen und sterben die Menschen wie auf einem Schlachtfelde, keiner weiß vom anderen, jeder muss für sich sterben.« Im nun sich erschließenden Nachlass werden zerrissene Netze wieder geknüpft. Was eine deutsche Jüdin aus der Romantik schrieb, sorgt für ein unaufhörliches Gespräch über ihr Schicksal und das ihrer Gefährten.

Biografisches

Rahel Levin wurde am 19. Mai 1771 in Berlin geboren. Sie war das erste überlebende Kind der Eheleute Chaie und Markus Levin; vier Geschwister folgten. Der Kaufmann Levin, ein sogenannter »Schutzjude« Friedrichs II., war wohlhabend und etwas weniger diskriminiert als die überwiegend bettelarme jüdische Bevölkerung Preußens. Rahel erhielt die regellose, private Ausbildung der Mädchen ihrer Zeit; sie lernte deutsche, hebräische und lateinische Schrift und verschiedene Sprachen, erhielt Musik-, Tanz- und Kompositionsunterricht und Unterweisung in Hand- und Hausarbeit. Nach dem Tod des Vaters 1790 wurde der jüngere Bruder Markus Theodor Familienoberhaupt; Rahel lebte mit Mutter und Geschwistern in der Jägerstraße, unweit der Universität, und begründete dort ihren berühmten Salon, in dem sich Männer und Frauen aus unterschiedlichen gesellschaftlichen Sphären begegneten. 1806 zogen Napoleons Truppen in Berlin ein; der Salon löste sich auf, die Familiengeschäfte reduzierten sich. 1810, nach dem Tod der Mutter, mietete Rahel eine neue Wohnung und nahm den Familiennamen Robert an. 1813, nach der Kriegserklärung Preußens an Frankreich, verließ Rahel mit ihrer Familie Berlin und reiste nach Prag, wo sie sich wirkungsvoll in der Verwundeten- und Flüchtlingshilfe engagierte. Im Jahr darauf heiratete sie den politischen Beamten Karl-August Varnhagen von Ense, dem sie 1816 nach Karlsruhe folgte. 1819 wurde der Demokrat Varnhagen von seinem Posten abberufen; das Paar zog zurück nach Berlin, wo die Ära des zweiten Salons begann. Seit 1821 erschienen anonyme Veröffentlichungen aus Rahels Briefen in diversen Zeitschriften.

Kurz vor der Veröffentlichung des gemeinsam mit ihrem Mann konzipierten Buches »Rahel. Ein Buch des Andenkens für ihre Freunde« starb Rahel am 7. März 1833 in Berlin.

Leseempfehlung

»*Briefwechsel mit Ludwig Robert*«. Herausgegeben von Consolina Vigliero.
»*Briefwechsel mit Pauline Wiesel*«. Herausgegeben von Barbara Hahn.
»*Familienbriefe*«. Herausgegeben von Renata Buzzo Márgari Barovero.
»*Im Schlaf bin ich wacher. Die Träume der Rahel Levin Varnhagen*«.
Herausgegeben von Barbara Hahn.

Elke Schmitter

EIN HANG ZUR ANARCHIE

Astrid Lindgren *1907–2002*

Ein glorioses Spiel. Erfunden wurde es Anfang des letzten Jahrhunderts von der kleinen Astrid Ericsson und ihren drei Geschwistern. Schauplatz war das Schlafzimmer im elterlichen Bauernhof in Småland, in dem alle vier auf die Welt gekommen sind. »Nicht den Fußboden berühren« hieß das Spiel und war nichts anderes als eine Zimmer-Rundreise gegen den Uhrzeigersinn: Zuerst hüpften alle vier Kinder (ein Junge und drei Mädchen) auf das Bett der Mutter und sprangen von dort nacheinander auf einen Stuhl. Dann hangelten sie sich am Rahmen einer Tür entlang, kletterten über eine Kommode, über den Kachelofen, turnten eine zweite Tür entlang, sprangen von dort auf einen gepolsterten Hocker und landeten auf Papas Bett, das dem Bett der Mutter gegenüber in der Zimmerecke stand. Halbzeit. Weiter ging es über den ans Fenster gerückten Schreibtisch, dann über eine mit Kerzenhaltern geschmückte Spiegelkommode, danach hinauf zum Rahmen einer dritten Tür und von dort mit einem Sprung zurück auf Mamas Bett.

Schwer vorstellbar, dass heutige Eltern – selbst wenn sie sich als antiautoritäre Erzieher sehen – so ein Über-alle-Möbel-Toben ihrer Kinder gut fänden, und schon gar nicht, dass sie es mehr als einmal tolerieren würden. Die vier kleinen Ericssons aber sollen so häufig im Schlafzimmer ringsherum getobt sein, dass man fast jede Woche den Kamin neu weißeln musste. Kein Wunder, dass die Kinderbuchautorin Astrid Lindgren später ihre Eltern für die »großherzige Art« ihrer Kindererziehung immer wieder gerühmt hat. Nie sei sie wegen schmutziger Kleider oder versäumter Mahlzeiten geschimpft worden. Beinahe »totgespielt« habe sie sich mit ihren Geschwistern: »Wir kletterten wie die Affen auf Bäume und Dächer, wir sprangen von Bretterstapeln und Heuhaufen, dass unsere Eingeweide nur so wimmerten.« Sie seien zwar das ganze Jahr über in die bäuerliche Arbeit eingespannt, aber beim Spielen nie überwacht gewesen. »Geborgenheit und Freiheit« hätten ihnen ihre Eltern gegeben. Das seien die besten Voraussetzungen für eine glückliche Kindheit.

Astrid Lindgren hat viele der damaligen Spiele in ihren Büchern verewigt, und das allein macht sie schon als Lesestoff für heutige Kinder attraktiv, denen Platz, Gesellschaft und Gelegenheit zum Spielen fehlen. Das »Nicht den Fußboden berühren«-Spiel propagiert Pippi Langstrumpf unter Einbeziehung eines Pferderückens. Die Bullerbü-Kinder lassen Zigarrenkistchen durch die Luft fliegen und bringen Stühle zum Tanzen. Karlsson vom Dach erzeugt mit Hilfe einer wassergefüllten Tüte den kolossalsten Platsch der Welt und lässt es aus Daunenkissen schneien. Auch Michel aus Lönneberga bewährt sich als origineller Spiele-Erfinder für seine kleine Schwester. Immer geht es dabei um Abenteuer und Spaß, um Freundschaft, Freiheit und um das Austesten von Grenzen. Und es geht – etwa in »Ronja Räubertochter« – darum, selber herauszufinden, was tragfähig ist und was nicht in einer Welt, die einen zum Aufstand gegen die Eltern zwingt. Sogar der Tod will spielerisch erforscht sein, lädt zum Abenteuer ein, und die »Brüder Löwenherz« nehmen seine Einladung an. Eine solche Geschichte kann grundsätzlich nicht auf ein Happy End hinauslaufen, was manche Erwachsene bei einem Kinderbuch schockierend finden. Ein dem kindlichen Erleben gemäßes, verlässliches Trostbuch ist trotzdem daraus geworden.

In Interviews hat Astrid Lindgren häufig erzählt, dass es für sie nach dem zwölften Geburtstag plötzlich mit dem Glück beim Spiel aus gewesen sei. Erst ein paar Jahre später sei die alte Freude daran zurückgekehrt – mit den eigenen Kindern und später mit Enkeln und Urenkeln. Nie sei sie wie andere Mütter am Rand des Spielplatzes auf der Bank sitzen geblieben, sie habe immer mitgespielt, berichten Astrid Lindgrens Kinder. In der Tat zeigen viele Fotos, wie sie sich im hohen Alter beim Spielen mit Kindern und sogar beim Klettern auf Bäume vergnügte. Und doch gibt es eine Phase in ihrer Biografie, zu der ihr späterer Ausspruch »Ich finde, das ganze Leben war ziemlich lustig« nicht passt. Jahre, die ahnen lassen, dass diese Schriftstellerin nicht nur schrieb, um ihr Kinderglück weiterzuschenken, sondern womöglich auch, um ein verzweifeltes Mutter-Ich und ein verlassenes Kleinkind zu trösten. Nach ihrer Schulzeit ging es nämlich für Astrid Ericsson nicht geradewegs auf den Weltruhm zu. Der Chefredakteur der Lokalzeitung von Vimmerby stellte die begabte Bauerntochter als Volontärin ein. Sein Blatt hatte schon Jahre zuvor einen Aufsatz von ihr abgedruckt, die in ihrer Schulzeit als die »Selma Lagerlöf von Vimmerby« galt. Täglich radelte die Siebzehnjährige vom Elternhaus nach Vimmerby in die Redaktion. Ihr Chef ließ sie reichlich Erfahrungen als Journalistin sammeln – und als seine heimliche Geliebte. Nach einem Jahr war sie schwanger. Aufruhr in der Kleinstadt. Die kirchliche und soziale Ächtung traf die junge Angestellte und nicht den neunundvierzigjährigen Chef. Sie aber wollte mit diesem Mann nichts mehr zu tun haben, ihn als Vater nicht bekanntgeben, geschweige denn heiraten. Um ihrer Familie die Schande zu ersparen, gab es für sie (wie für viele Frauen in Schweden damals) nur noch einen Ausweg: Sie musste fort – erst in eine Stockholmer Pension und dann nach Kopenhagen, um ihr Kind in der einzigen skandinavischen Klinik zur Welt zu bringen, die keine offiziellen Meldungen über Geburten weitergab. Den Anfang Dezember 1926 geborenen Sohn musste sie wenige Wochen später bei einer dänischen Pflegefamilie zurücklassen. Sie selber kehrte zum Geldverdienen nach Stockholm zurück.

Es folgten drei Hungerjahre, in denen sie als Sekretärin arbeitete und sich das Geld für die ersehnten Reisen nach Kopenhagen vom Mund absparte. Dann wurde die dänische Pflegemutter krank, Astrid Ericsson ließ ihr Kind holen und brachte es – endlich!, ist man versucht, in diese Lebensgeschichte hineinzurufen – auf Wunsch ihrer Mutter heim nach Småland. Ein neuer Skandal. Die braven Leute von Vimmerby fanden, die ledige Mutter trage die Nase zu hoch. Inzwischen wohnte sie in Stockholm und arbeitete als Sekretärin im Königlichen Automobil-Club. Selbstbewusst sah sie sich als ledige Mutter in einer Vorreiterrolle. 1931 heiratete sie ihren fast zehn Jahre älteren Bürovorsteher Sture Lindgren und nahm ihren kleinen Sohn zu sich. Zwei Jahre später bekam sie eine Tochter. »Wenn ich die Wahrheit sagen soll«, wird sie hochbetagt gestehen, »bin ich nie in jemand anderen verliebt gewesen als in meine Kinder.«

Sie stürzte sich in die Mutterrolle, schrieb, um das Haushaltsgeld aufzubessern, nebenbei Märchen und Kurzgeschichten und warb in Zeitungsartikeln für eine freiere, nicht auf Gehorsam fixierte Kindererziehung. 1944 reichte sie ein Manuskript bei einem Stockholmer Verlagswettbewerb ein: »Britt-Mari erleichtert ihr Herz«. Die traditionelle Mädchengeschichte gewann den zweiten Preis und wurde sofort gedruckt. Gleichzeitig schrieb sie, mit verstauchtem Fuß ein paar Wochen ins Bett gezwungen, die Geschichten der phantastisch starken Pippi Langstrumpf auf, von der sie ihrer Tochter seit Jahren erzählt hatte. Das Manuskript wurde ein Geschenk für Karins zehnten Geburtstag. Ihr hatte schon immer gefallen, wie Pippi mit unzähmbarem Mundwerk und aberwitzigen Einfällen alle Autoritäten in die Tasche steckte. Aber die ersten Verleger, denen Astrid Lindgren das Pippi-Manuskript anbot, waren entsetzt. Das Buch konnte – um Pippis schlimmste Sarkasmen gekürzt – erst ein Jahr später erscheinen. Und wieder gab es Aufruhr um Astrid Lindgren. Diesmal entsetzten sich ein paar Kritiker. War diese gassenjungenhafte Pippi nicht eine Ausgeburt kranker Phantasie? Oder doch eher eine Parodie auf die bisher so kreuzbraven Mädchenromane und damit Vorbotin einer neuen Zeit, in der sich die stickige Luft in den Kinderzimmern endlich verzog?

In den folgenden Jahren war Astrid Lindgren erstaunlich produktiv, obwohl sie nur die Vormittage hatte fürs eigene Schreiben. Halb im Liegen stenografierte sie ihre Romane im Bett. Nachmittags arbeitete sie als Lektorin in der Kinderbuchabteilung ihres Verlags. Jetzt erwachten ihre schönsten Kinderfiguren zum Leben: Michel aus Lönneberga, Karlsson vom Dach, die Kinder aus Bullerbü, Kalle Blomquist. Literaturpreise, Staatsstipendien, goldene Medaillen, Angebote für Verfilmungen stellten sich ein. Die eben noch umstrittene Pippi wurde zur internationalen Ikone einer neuen Kinderliteratur. Ihre Erfinderin, mittlerweile verwitwet, ging im In- und Ausland auf Lesereisen, verehrt von Kindern in aller Welt, die beim Lesen ihrer Romane spürten, dass diese Autorin als humorvoller, weiser Schutzgeist in ihren Büchern immer anwesend war, und die sie deshalb mit Briefen förmlich überschütteten. Tausende von Kindern baten sie um Rat und Hilfe, viele schrieben auch nur, um sie aus vollem Herzen zu rühmen: »Astrid, ich muss dich loben!« – »Das ist dein bestes Buch, hej!« Und sie ließ sich nicht lumpen, verschickte Zehntausende von Antwortbriefen. Zu ihrem neunzigsten Geburtstag schleppte die schwedische Post sechzehn Säcke mit Briefen in ihre anspruchslose Stockholmer Vierzimmerwohnung in der Dalagatan 46.

Je älter sie wurde, desto häufiger nutzte sie ihre öffentliche Rolle, um sich politisch einzumischen. Ihre listig in das Märchen »Pomperipossa von Monismanien« verpackte Kritik an den schwedischen Steuergesetzen brachte 1976 die sozialdemokratische Regierung zu Fall. Sie engagierte sich für Flüchtlingskinder und Bibliotheken, für den Ausstieg ihres Landes aus der Atomenergie, für wirksamere Tierschutzgesetze und erhob ihre Stimme – anlässlich der Verleihung des Friedenspreises des Deutschen Buchhandels 1978 – gegen Gewalt an Kindern. Besorgt um den Weltfrieden schrieb sie 1987 Briefe an Michail Gorbatschow. Sie konnte aber auch mal einen Skinhead bei den Hosenträgern packen und ihm zurufen:»Du musst mit den Skinhebereien aufhören!« Und den Stadtvätern ihrer alten Heimatstadt drohen, sie werde ihnen als Gespenst erscheinen, wenn die Viehweide in Vimmerby bebaut werde. Oft wurde sie nach dem Geheimnis guter Kinderbücher gefragt. Sie gab keine Rezepte. Viel lieber sprach sie davon, dass sie immer nur für die Kinder, ja sogar nur für das Kind in sich selber schreibe. Als Kinderbuchautorin nach den Erwachsenen zu schielen, hielt sie für »eine Unverschämtheit«. Trotzdem können ihre Romane durch eine kluge Dramaturgie, burleske Komik, deftige Dialoge und manche melancholische, symbolisch aufgeladene Passage auch für erwachsene Leser beim Vorlesen attraktiv sein. Die Welten, die Pippi, Karlsson, Michel und die Kinder aus Bullerbü bewohnen, mögen mittlerweile versunken sein – zusammen mit ihren Negerkönigen, ihren mausarmen Knechten und Mägden und strengen Hausangestellten. Aber nach wie vor lebendig ist die anarchische Kraft, die als Spielenergie in Astrid Lindgrens schönsten Büchern steckt. An ihnen kann man sich im Leben so oft freuen wie an wenig anderen Werken der Literatur: zuerst als Kind, wenn man sie vorgelesen bekommt, danach beim ersten selbständigen Lesen und später immer dann, wenn man sie einem Kind vorlesen kann.

Biografisches

Astrid Ericsson wurde am 14. November 1907 im elterlichen Bauernhof in Näs, etwas außerhalb der schwedischen Kleinstadt Vimmerby geboren. Ihr Vater, dem sie zeitlebens besonders innig verbunden blieb, arbeitete sich vom Knecht zum angesehenen Bauern und zum Gemeinderatspräsidenten hoch. Ihre Mutter hatte eigentlich Lehrerin werden wollen, versorgte dann aber ihren vielköpfigen Haushalt – vier Kinder sowie mehrere Knechte und Mägde – mit freundlicher Autorität. Nach der Schulzeit arbeitete Astrid von 1924 bis 1926 als Volontärin bei der Lokalzeitung von Vimmerby und wurde schwanger von ihrem Chef. Sie brachte ihr Kind in Kopenhagen zur Welt und gab es zu einer Pflegefamilie, während sie sich in Stockholm eine Stelle als Sekretärin suchte. 1930 holte sie ihren Sohn, brachte ihn zu ihrer Mutter und heiratete ein Jahr später ihren Bürovorsteher Sture Lindgren. Während des Zweiten Weltkriegs arbeitete sie eine Zeitlang in der Abteilung Briefzensur des Nachrichtendienstes. Sie begann, Märchen und ein erstes Mädchenbuch zu schreiben. 1945 gelang ihr mit »Pippi Langstrumpf« der große Durchbruch. Von 1946 bis 1970 arbeitete sie halbtags als Kinderbuchlektorin im Verlag Rabén & Sjögren, wo in rascher Folge auch ihre eigenen Kinderbücher erschienen, die sie weltberühmt machten. Ihre Werke wurden in mehr als fünfzig Sprachen übersetzt. Sie bekam zahlreiche Preise, Ehrendoktortitel und den Alternativen Nobelpreis (aber nicht den Nobelpreis für Literatur) und profilierte sich als politische Aktivistin. Hochbetagt starb sie an einer Grippe am 28. Januar 2002 in Stockholm.

Leseempfehlung

»*Pippi Langstrumpf*« *(Gesamtausgabe)*. Aus dem Schwedischen von Cäcilie Heinig.

»*Nils Karlsson-Däumling*«. Aus dem Schwedischen von Karl Kurt Peters.

»*Die Kinder aus Bullerbü*« *(Gesamtausgabe)*. Aus dem Schwedischen von Else von Hollander-Lossow und Karl Kurt Peters.

»*Immer dieser Michel*« *(Gesamtausgabe)*. Aus dem Schwedischen von Karl Kurt Peters.

»*Die Brüder Löwenherz*«. Aus dem Schwedischen von Anna-Liese Kornitzky.

Gunhild Kübler

FÜRS SCHREIBEN LEBEN

Clarice Lispector *1920–1977*

Ihre Schönheit war legendär. Sehr ernst und sehr gut geschminkt schaut sie als Erwachsene in die Kamera, nur auf Kinderfotos lächelt sie ab und zu. Ihr amerikanischer Übersetzer hat frappiert in die tiefblauen Augen dieser Brasilianerin geschaut und sie mit Marlene Dietrich verglichen. Sie war heikel, was Vergleiche oder gar Fragen zu ihrer Biografie anging. Da schreckte sie auch vor falschen Antworten nicht zurück. Vielleicht aus Eitelkeit, vielleicht weil sie als frühreif gelten wollte, machte sie sich zu Beginn ihrer literarischen Karriere fünf Jahre jünger und setzte durch, dass über ihr wahres Alter und ihren Geburtsort Stillschweigen bewahrt wurde. So konnte das Versteckspiel auch nach ihrem Tod noch eine Weile fortdauern: Auf ihrem Grabstein ist ihr Sterbe-, nicht aber ihr Geburtsdatum eingraviert. Geboren ist Clarice Lispector im Dezember 1920 in einem kleinen Schtetl in der Ukraine. Als sie mit ihren Eltern zu Verwandten nach Brasilien kam, war sie gerade ein Jahr alt. Sie wuchs im armen Nordosten des Landes in der jüdischen Diaspora auf, wo man Russisch und Jiddisch sprach und leidenschaftlich Anteil nahm am Schicksal der Juden in Europa und an der Gründung des Staates Israel. Diese frühen Lebensjahre hat sie später aus ihrer Biografie gestrichen und immer abgestritten, je Russisch oder gar Jiddisch verstanden, geschweige denn gesprochen zu haben. Ihr Land war Brasilien und seine Sprache ihre »Seelensprache«.

Wenn sie auch manchmal bedauerte, dass ihr Lesepublikum so viel schmaler war als etwa das englischsprachige. Als »Grab des Gedankens« galt ihr das Portugiesische aus diesem Grund. Wäre ihre Karriere nicht ganz anders verlaufen, wenn ihre Eltern damals mit ihr in die USA ausgewandert wären, wo sie ebenfalls Verwandte hatten?

Angesprochen auf ihre literarische Verwandtschaft, wich sie ebenfalls gern aus. Sie mochte nicht mit James Joyce oder VIRGINIA WOOLF verglichen werden. Auch nicht mit Kafka oder Hermann Hesse. Als eine nur den eigenen Eingebungen folgende Schriftstellerin wollte sie gelten, und es machte ihr nichts aus, ab und zu unprofessionell zu wirken. Eine gute Freundin behauptete nach ihrem Tod in einem Erinnerungsbuch, Clarice Lispector sei bloß »eine Hausfrau« gewesen, »die Romane und Short Storys schrieb«. Das stimmt mit Sicherheit nicht. Wie planvoll und methodisch sie las, wie diszipliniert sie schrieb und mit wie viel Leidenschaft sie bei der Sache war, belegen Briefe an ihre Schwestern. Da gestand sie einmal: »Immer warte ich auf Inspiration mit einem Eifer, der mir keinen Frieden lässt. Ich bin sogar zum Schluss gekommen, dass Schreiben das ist, nach dem es mich in der Welt am meisten verlangt, mehr sogar als nach der Liebe.«

Schon bevor sie lesen und schreiben konnte, hat sie sich selbst Geschichten erzählt. Großes Aufsehen erregte 1944 ihr Debütroman, der so ganz anders war als die Bücher der sozialkritischen Autoren, die sich in jenen Jahren in Brasilien zu Wort meldeten. Schon formal war Lispectors Roman »Nahe dem wilden Herzen« ungewöhnlich: Hinter der Bühne läuft in diesem Buch ein melodramatischer Plot ab, der von Liebe, Tod, Verrat und Trennung handelt, doch die Erzählung besteht auf weiten Strecken aus inneren Monologen, die Seelenzustände erhellen. Im Zentrum steht eine junge Frau namens Johanna, die schon immer schreiben wollte. »Papa, ich habe ein Gedicht gemacht« ist ihr erster Satz im Roman, da spielt sie noch mit Puppen und stört den an der Schreibmaschine sitzenden Vater bei der Arbeit. Johanna wird in verschiedenen Lebensphasen geschildert: mit dem Vater, mit einem Lehrer, später mit ihrem Ehemann, dem Rechtsanwalt Octavio, und mit einem Liebhaber. Eine Szene, in der Johanna mit einem schreibenden Mann zusammensitzt, eröffnet auch den zweiten Teil des Buchs. Sie sieht ihrem Ehemann Octavio bei der Arbeit zu. Da plötzlich wird sie bei seinem Anblick derart von Neid überschwemmt, dass sie sich an ihrem Sessel festhalten muss. Freiheitsdrang, eigene Schaffensimpulse, Größenphantasien regen sich. Sie brechen sich Bahn auf den letzten Buchseiten in einem Lobgesang auf die Kreativität: »dass einmal das lange Austragen der Kindheit zu Ende sein und aus ihrer schmerzvollen Unreife ihr eigenes Wesen hervorbrechen würde, endlich, endlich frei! ... ein Tag wird kommen, an dem all meine Bewegung Schöpfung sein wird, Geburt, ich werde alle Neins, die in mir existieren, zerreißen, werde mir selbst beweisen, dass es nichts zu fürchten gibt ... was ich dann sage, wird endgültig und vollständig erklingen!«

So jugendlich grell und wild wird hier dahergeredet, auch ganz ohne Furcht vor unfreiwilliger Komik. »Horden heißer Gedanken blühten auf und schleppten sich durch ihren entsetzten Körper«, heißt es an einer Stelle. Da passt es ganz gut, dass die Autorin sich bei der Publikation fünf Jahre jünger gemacht hat und sich als Achtzehnjährige ausgibt. Als Motto verwendete sie ein Joyce-Zitat, das sie irgendwo aufgelesen haben wollte: »Er war allein. Er war verlassen, glücklich, nahe dem wilden Herzen des Lebens.« Das Zitat stammt aus Joyce' erstem Roman »Ein Porträt des Künstlers als junger Mann«. Auch Lispectors Erstling ist ein Künstlerroman. Das bisher Unerhörte ist jedoch, dass ihr Buch eine Frage zu beantworten sucht, die VIRGINIA WOOLF in ihrer berühmten Erzählung von Judith Shakespeare (in »Ein Zimmer für sich allein« aus dem Jahr 1929) einst so gestellt hatte: »Wer kann die Hitze und die Gewalttätigkeit des Dichterherzens ermessen, wenn es gefangen und eingebunden ist in den Körper einer Frau?«

Als Schriftstellerin kommt Johanna in Konflikt sowohl mit den sozialen Strukturen und fixierten Geschlechtsrollen der lateinamerikanischen Gesellschaft als auch mit ihren eigenen ambivalenten Wünschen. Ihr Bedürfnis, als Tochter, Freundin, Frau und Mutter geliebt zu werden, liegt heftig im Streit mit ihrem Schreibtalent. Und doch will sie nutzen, was sie ihr inneres »Raubtier« nennt, jenes dionysische Gefühl geballter Kraft, die »jeden Augenblick in Gewalt umschlagen konnte«. Schon früh assoziiert sie ihr künstlerisches Potential mit dem Bösen und wird darin von den Erwachsenen bestärkt. »Du gehörst zu denen, die töten würden, um dich entfalten zu können«, sagt ihr der Lehrer auf den Kopf zu. Die Einsicht, dass im künstlerischen Schaffen Momente von Gewalttätigkeit stecken, hat Clarice Lispector ihr ganzes Leben lang nicht mehr losgelassen. Noch in ihrem letzten zu Lebzeiten veröffentlichten Buch, dem 1977 erschienenen Roman » Die Sternstunde«, zeichnet sie den Schriftsteller als arroganten Zyniker. Als Protagonist tritt ein Autor auf, der sich beim Erzählen einer zu Herzen gehenden Geschichte ständig unterbricht. Die Geschichte handelt von der halbverhungerten jungen Macabéa, die vom Land in die Stadt gekommen ist, hier – obwohl Analphabetin – als Tippfräulein Arbeit sucht und dabei buchstäblich unter die Räder kommt. Macabéa ist heute eine der Ikonen der brasilianischen Literatur. Dass Lispector sie, versteckt hinter einer männlichen Maske, mit herablassenden Kommentaren noch einmal zum Opfer gemacht hat, erhöht die Wucht ihrer Geschichte beträchtlich.

Lispectors erste Heroine, die junge Johanna, hat alles zurückgewiesen, was weibliches Talent einschränken könnte, und sich kompromisslos, froh und stolz auf die Suche nach dem eigenen »wilden Herzen« gemacht. Eine einsame Reise, die Lieben und Geliebtwerden ausschließt. Und die Autorin selbst? Kam ein solches Leben für sie in Frage? Clarice Lispector hat in Rio de Janeiro Jura studiert, aber nie als Rechtsanwältin gearbeitet. Kurz vor dem Erscheinen ihres Romanerstlings ging sie die Ehe mit einem Studienkollegen ein, der später Diplomat wurde. Fünfzehn Jahre lebte sie mit ihm in Italien, Polen, der Schweiz und in den USA, bekam zwei Kinder und spielte die von ihr erwartete Rolle als Diplomatengattin. 1959 ließ sie sich scheiden und kehrte mit ihren beiden Söhnen nach Rio de Janeiro zurück.

In ihrer Abwesenheit von Brasilien hatte sie zahlreiche Erzählungen und drei Romane geschrieben und – wie schon während des Studiums – als Journalistin für brasilianische Zeitungen gearbeitet. Jetzt, nach ihrer Rückkehr, erscheinen ihre berühmtesten Werke: 1960 der Erzählband »Familienbande«, heute hochgeschätzt als Einstiegslektüre in ihr Werk, lauter intensive, spannungsvolle Geschichten, die fast immer in der Vorstellungswelt der dargestellten Figuren spielen. Und dann 1963 »Die Passion nach G. H.«, ein geheimnisvoller Roman über eine Frau, die nach dem Ende einer Liebe wissen will, wer sie selber ist, und in ihrer Einsamkeit mit einem Käfer Freundschaft schließt. Weibliche Figuren wie diese, die sich selber von den eigenen Verletzungen zu kurieren versuchen und ihre Narben vorweisen, tauchen häufig in ihren Büchern auf.

Clarice Lispector war sechsundvierzig, als sie in ihrer Wohnung einen schrecklichen Unfall hatte, der dem gleicht, dem INGEBORG BACHMANN später zum Opfer fiel. Sie hatte ein Schlafmittel genommen, war mit einer Zigarette in der Hand zu Bett gegangen und erst aufgewacht, als ihr Bett in Flammen stand. Ihre Söhne konnten sie retten, sie erlitt aber schwere Verbrennungen an Armen und Beinen. Zurück blieb eine Verkrüppelung der Hände, durch die das Schreiben schmerzhaft wurde. Trotzdem arbeitete sie mit nicht nachlassender Energie weiter, schrieb Kinderbücher, Kolumnen, Erzählungen, Romane. Es heißt, sie habe überall schreiben können, sogar im Dunkeln. Im Kino kritzelte sie einfach in ein Heft. Gern schrieb sie mit der Schreibmaschine auf den Knien, und es machte ihr nichts aus, dabei von ihren Kindern unterbrochen zu werden. Als sie noch in Washington lebte und mitten in der Arbeit an ihrem Roman »Der Apfel im Dunkeln« steckte, wollte einmal eins der Kinder eine Geschichte von ihr haben. Sie spannte sofort einen frischen Bogen ein und schrieb eine Detektivgeschichte – auf Englisch, damit das Kindermädchen sie vorlesen konnte.

Sie hat neun Romane, acht Erzählbände, fünf Kinderbücher und zahlreiche Kolumnen, Interviews und sonstige Zeitungsartikel hinterlassen, die inzwischen in Buchform erschienen sind. Erst drei ihrer Bücher waren bei ihrem Tod ins Englische und Französische übersetzt. Sicher wäre sie erleichtert zu hören, dass ihr Werk inzwischen aus dem portugiesischen »Grab des Gedankens« auferstanden und in viele Sprachen übersetzt ist. Die französische Theoretikerin Hélène Cixous hat ihr düster-ekstatisches Buch »Aqua viva« zum Paradebeispiel für »Weiblichkeit in der Schrift« erhoben und sie so in der Schublade »feministische Literatur« abgelegt. Was sie wohl dazu gesagt hätte? Sie, die schon immer das latent Gewalttätige aus *allem* Erzählen herausspürte und sich noch in ihrem letzten Buch kurz vor ihrem Tod kapriziös hinter einer Männermaske versteckt hat?

Biografisches

Chaya Lispector wurde am 10. Dezember 1920 im dem ukrainischen Dorf Tschetschelnik bei Podolia als jüngste von drei Schwestern geboren. Da in jenen Jahren die Juden in der Ukraine schweren Pogromen ausgeliefert waren, wollten ihre russisch-jüdischen Eltern nach Brasilien emigrieren, wo die Mutter Verwandte hatte. Die Familie floh zunächst nach Bukarest, wo sie eine Einreisebewilligung für Brasilien bekam, und reiste weiter nach Hamburg. Dort bestiegen sie ein Schiff, und in den ersten Monaten des Jahres 1922 kamen sie in Brasilien an. Inzwischen war Chaya etwas mehr als ein Jahr alt. Die Lispectors wechselten die Namen, aus Vater Pinkhas wurde Pedro und aus Chaya Clarice. Clarice wuchs im Nordosten Brasiliens auf und besuchte ein College in Recife, das Hebräisch und Jiddisch unterrichtete. Nach dem frühen Tod ihrer Mutter zog sie mit Vater und Schwestern 1935 nach Rio de Janeiro. Unter dem Eindruck der Lektüre von Hermann Hesses »Steppenwolf« soll sie beschlossen haben, Schriftstellerin zu werden. In Rio absolvierte sie ein Jurastudium und heiratete 1943 einen Studienkollegen. Ihr erster, kurz nach ihrer Heirat publizierter Roman galt in Brasilien als Sensation und verschaffte ihr eine Reputation als experimentierfreudige Autorin. Nach 1944 lebte sie mit ihrem Ehemann, der mittlerweile als Diplomat tätig war, im Ausland. Während dieser Zeit gebar sie zwei Söhne und widmete sich dem Schreiben. Nach der Scheidung von ihrem Mann im Jahr 1959 kehrte sie mit ihren Kindern nach Rio de Janeiro zurück. Hier entstanden ihre berühmtesten Romane und Erzählungen, von denen einige auch verfilmt wurden. 1966 hatte sie einen Brandunfall, von dem sie sich nur langsam erholte. Einen Tag vor ihrem siebenundfünfzigsten Geburtstag starb sie am 9. Dezember 1977 in Rio de Janeiro an Magenkrebs. Eingehüllt in ein mit dem Davidstern gezeichnetes Begräbnistuch, wurde sie auf dem jüdischen Friedhof von Cajú, Rio de Janeiro, beigesetzt.

Leseempfehlung

»*Nahe dem wilden Herzen*« *(Roman)*. Aus dem Portugiesischen von
Ray-Güde Mertin.
»*Die Nachahmung der Rose*« *(Erzählungen, darunter 13 Erzählungen
aus* »*Familienbande*«*)*. Aus dem Portugiesischen von Curt Meyer-Clason.
»*Der Apfel im Dunkeln*« *(Roman)*. Aus dem Portugiesischen von
Curt Meyer-Clason.
»*Die Sternstunde*« *(Roman)*. Aus dem Portugiesischen von
Curt Meyer-Clason.

Gunhild Kübler

MEISTERIN DER NEBENBEMERKUNG

Katherine Mansfield *1888–1923*

Die rebellische Kathleen ist ihren stocksteifen Eltern schon als pummeliges Mädchen mit ihrem Talent für anhaltenden Ungehorsam, durchdringenden Spott und einer fanatischen Liebe für die Geschichten von Charles Dickens auf die Nerven gefallen. Seit sie aus Wellington, der provinziellen Hauptstadt Neuseelands, nach England geflohen ist – in der Absicht, Musik, insbesondere das Cellospiel zu studieren –, macht sie noch mehr Ärger. Ihre reiche neuseeländische Familie glaubt, dass Kathleen lesbische Neigungen hat, nun gibt es einen neuen Grund, schockiert zu sein. Sie kommt sich weiß Gott wie modern vor, denkt die Mutter, als sie ihre Tochter in London aufsucht. Annie Beauchamp ist Tausende von Kilometern mit dem Schiff über die Weltmeere gefahren, um nach dem Rechten zu sehen. Aber wie sieht das Kind denn aus! Im fünften Monat schwanger und mit einem grässlichen Hut auf dem Kopf. Annie Beauchamp begleitet ihre Tochter im Mai 1909 ins bayerische Wörishofen und überlässt sie dort ihrem Schicksal. Die Familie überweist ihr zwei Pfund pro Monat, was angesichts der finanziellen Verhältnisse der Beauchamps einer Enterbung gleichkommt.

In der Pension Müller hebt die Zwanzigjährige ihren Koffer auf den Schrank, und am Ende des Monats erleidet sie eine Fehlgeburt. Katherine Mansfield, die Kathleen Beauchamp hieß, bevor sie sich entschloss, ihren Mädchennamen gegen den Nachnamen ihrer geliebten Großmutter Mansfield zu tauschen, sieht sich in der fremden Umgebung um und entdeckt eine verrückte, kränkelnde Gesellschaft, eitel, hochgestochen, wehleidig. Und sie erkennt, dass sich ihr eigener Schmerz und ihre Trauer um das ungeborene Kind am besten mit der Beobachtung anderer betäuben lassen. Sie schreibt auf, was ringsum an den Tischen, auf den Parkbänken und beim »Luftbad« auf fetten bayerischen Wiesen zu sehen und zu hören ist.

Sie entdeckt Menschen aus unterschiedlichsten Verhältnissen und Gegenden, die einer frühen Wellness-Mode, der alles kurierenden Kneipp'schen Methode, verfallen sind, mit Kaltwasserwickel, Sauerkraut und Vegetariertum. Diese nervösen Gesundheitsapostel tuscheln und klagen unter hohen Tannen über ihre »Wehwehchen und Werte und alle Übel, von denen das Fleisch heimgesucht wird«. 1911 wird in London Katherine Mansfields erster Erzählungsband erscheinen: »In einer deutschen Pension«. Das kleine Buch wird ihren Namen bekannt machen, man wird ihre bissigen Kommentare loben und ihre mit kurzen Strichen hingeworfenen Milieu- und Psychostudien bewundern. Denn die scharfsichtige und in ihrer Beobachtungslust gnadenlose junge Katherine Mansfield ist eine Meisterin der Nebenbemerkung. Sie erkennt, womit sich Menschen täuschen und beruhigen: Tautreten ist für Leib und Seele bekömmlicher als Gedanken über einen eventuell bevorstehenden neuen Krieg. Die Angst lässt sich mit ein paar hochmütigen Sätzen aus der Welt schaffen. »Keine Angst vor einer Invasion?« – »Keine Angst«, sagt Herr Hoffmann aus Berlin, »wir wollen England nicht haben. Wenn, so hätten wir es uns schon längst genommen.«

Die Kurgäste, darunter viele lustige Witwen, examinieren und verschrecken sich gegenseitig, rufen in Katherine Mansfields Erzählungen »Mahlzeit!« in die frische Landluft, loben München, seine Kultur, sein Bier und reden nebenbei von der Politik. Über die Frage Kaiserreich oder Gott entscheidet in der Erzählung »Frau Fischer« ein einfacher Grund. Man habe das Bild vom Kaiser Wilhelm II. im Gastzimmer aufgehängt und das Bild vom Heiland mit der Dornenkrone in den Flur verbannt, weil es »zum Schlafen nicht heiter genug« war, kommentiert die Wirtin. Frau Fischer zieht sich zurück, um das Korsett abzulegen und die Stiefel auszuziehen. »Meine Nerven!«, ruft sie und schickt

dann noch den Halbsatz hinterher: »Völlig erschöpft!« So teilt Katherine
Mansfield ihren Lesern mit, was sie von Kaiser und Heiland hält und worunter
Frauen leiden: unter der Enge ihres Korsetts und unbequemen Schuhen.

Am 4. Juli 1909 schreibt Katherine Mansfield in ihr Tagebuch, das sie führt,
seit sie neun Jahre alt ist: »Ich muss streiten, um vergessen zu können: ich muss
bekämpfen, um mich selbst wieder achten zu können. Ich *will* arbeiten …« Und
wenig später: »Ich habe diese fast verrückte Sehnsucht zu arbeiten«. Die »verrückte Sehnsucht« nagt wie ein »schrecklicher Wurm« am »Herzen« dieser
Frau, die eine willfährige höhere Tochter hätte werden sollen und das Gegenteil
wurde. Bei allem, was sie riskierte und was sie erlitt – Armut, Einsamkeit und
Krankheit –, verließ sie nie ihr Spott, der sich über eine Zivilisation erhob, die
nach ihrer Auffassung »mehr als blöde« war. Ihr eigenes Selbstmitleid, ihre
Verzweiflung, ihre Wünsche, ihren ausgeprägten Größenwahn, der sich in wa-
gemutigen Sätzen ungehemmt Bahn bricht, vertraut sie nur ihrem Tagebuch an:
»Wenn ich etwas lese, wie zum Beispiel Gorki, bin ich mir bewusst, wie überlegen ich ihnen allen bin …«

Das Tagebuch ist der Ort, in dem nicht nur ihre überhebliche, sondern auch
ihre weiche und pathetische Seite zur Sprache kommt. In den Kurzgeschichten liest man davon nichts. Dort verwendet Katherine Mansfield ihre ganze
Anstrengung und Kraft auf die Idee, sich selbst in die Dinge und Situationen,
die sie beschreibt, hineinzuversetzen. Wenn sie einen Apfel sieht, will sie selbst
glauben, aus ihrem Innersten einen Apfel hervorbringen zu können. »Wenn ich
über Enten schreibe, ich schwöre, dann bin ich selbst eine Ente.« Sie will kennen und selbst sein, was sie beschreibt. Sie stattet ihr Personal mit einem geradezu leidenschaftlichen Realismus aus. Wenn sie sich vornimmt, über ihr Heimatland zu schreiben, will sie alles so genau wie möglich darstellen, sogar, »wie
in Haus Nr. 75 der Wäschekorb quietschte«. »Ich ›plaudere‹ schließlich nicht
einfach so ›vor mich hin‹«, sagt sie. »Was die Form der Texte angeht, bin ich
ein schrecklicher Pedant.«

Diese besessene, sorgfältige und pedantische »Arbeiterin« war eine ziemlich
idiosynkratische Person und ein Unglücksvogel. Nachdem sie von Garnet Tro-
well, dem Sohn ihres Cellolehrers, schwanger geworden war, heiratete sie überstürzt ihren Gesangslehrer George Bowden – und verließ ihn noch in der Hochzeitsnacht. Im Dezember 1909 kommt Katherine Mansfield aus Wörishofen
nach London zurück. Von 1910 an veröffentlicht sie in der Wochenzeitung
»The New Age«, in der auch Texte von George Bernard Shaw, G. K. Chester-
ton und H. G. Wells erscheinen. Katherine Mansfield fühlte und benahm sich
wie eine Vorzeigefrau der Moderne. Sie beteiligte sich an Diskussionen über die
»moderne Seele«, über die Psychologie, das freie Leben, die weibliche Sexualität und über die neue Rolle der Frau, die ihr Glück nicht mehr als Untergebene

des Mannes und nicht als Dienerin ihrer Kinder sucht. In Wörishofen hatte sie die Freikörperkultur und die freie Liebe mit all ihren Imponderabilien kennengelernt. Der polnische Literat Floryan Sobienowski steckte sie mit Gonorrhö an und machte sie mit dem Werk Anton Tschechows bekannt. Mansfield verehrte Tschechow, in ihrer Erzählung »Das Kind-das-müde-war« lehnte sie sich an Tschechows Erzählung »Schlafen!« an. Den Plagiatsvorwurf erlebte sie nicht mehr. Man erhob ihn 1951 in der Leserbriefspalte von »Times Literary Supplement«.

Gibt es tatsächlich eine Verwandtschaft zwischen den Erzählungen Tschechows und Mansfields Texten? Nein, oder nur sehr peripher. Katherine Mansfield ist knapper, härter, weniger stimmungsvoll als Tschechow, und sie hat einen anderen Witz, scharf und schnell wie ein Schnappverschluss und nicht melancholisch. Sie schaut aus dem kulturellen Hintergrund Neuseelands auf die Gesellschaft Deutschlands und Englands. Sie interessiert sich für symptomatische Momente, Charaktere deutet sie an. Das Ausschweifende, der lange, epische Atem ist nicht ihre Sache. Sie kann eine Episode nicht zu einer Lebensgeschichte verlängern, nicht ausschmücken, kann kein psychologisches Beziehungsgeflecht herstellen mit vielen Personen. Katherine Mansfield entfaltet ihre Geschichten auf engem Raum, aus einer kleinen Begegnung in einem Café, im Garten, auf der Straße. Ein aus dem Leben gegriffenes Detail genügt ihr. In der Erzählung »Flitterwochen« ist es ein Nachmittagstee auf der Terrasse eines Hotels. Nur einige lässig hingeworfene Bemerkungen Fannys über den Wunsch ihres Mannes George, im Meer zu schwimmen, und Fannys Angst vor dem Wasser; ein unterdrückter, töricht bewundernder Satz Georges über Fannys hübsches Näschen und Fannys todernste Frage: »Hast du das Gefühl, dass du mich jetzt wirklich kennst? Wirklich, richtig kennst, also *mich*?« Eine Frage, die für George »zu hoch« ist. »Na«, sagt er mit Nachdruck, »das will ich doch wohl meinen.« Dann lässt Katherine Mansfield eine Gruppe von Musikern wild aufspielen, so dass alle, die ihnen zuhören, lächeln – nur Fanny und George nicht. Bevor die Musik wieder losgeht, zieht George seine Fanny weg, und der Leser weiß, diese Ehe wird bestenfalls ein lauwarmes Trauerspiel. Knapp acht Seiten genügen, um Fannys und Georges gemeinsamen Weg vorzuzeichnen, um seine männliche Ahnungslosigkeit und Gedankenlosigkeit und ihre tastende Nachdenklichkeit zu zeigen.

Es sind Zwischentöne, die Katherine Mansfield zum Kern ihrer Short Storys macht – und Prüfungen, die in Zwischentönen stattfinden. Sie prüft Liebesverhältnisse und Wünsche, wie den der verwöhnten wohlhabenden Rosemarys Fell nach der »bezaubernden« achtundzwanzig Guineen teuren kleinen Dose in »Eine Tasse Tee«. In der Erzählung »Die Fliege« prüft sie die Gefühle eines Mannes, der seinen einzigen Sohn sechs Jahre zuvor im Krieg verloren hat.

Eben noch war der »Chef« der joviale Gewinner, der dem alten Mr. Woodifield gönnerhaft Whisky anbietet; dann wird er, nachdem Mr. Woodifield gegangen ist und der Schmerz über seinen verstorbenen Sohn ihn wieder einmal übermannt, zum Sadisten. Eine Fliege ist in sein Tintenfass gefallen. Er befreit sie, legt sie aufs Löschblatt und beobachtet, wie sie mit den Füßen strampelt und zum Leben zurückkommt; er freut sich über die Energie des Insekts und will zugleich, dass es stirbt, wie sein Sohn gestorben ist, und versetzt ihm mit einem dicken Tintenklacks den Todesstoß. »Bringen Sie mir neues Löschpapier«, ruft er seiner Sekretärin zu, »und ein bisschen dalli.« »Die Fliege« entstand 1922 in Paris. Es war Katherine Mansfields Auseinandersetzung mit dem Ersten Weltkrieg und dem Tod ihres eigenen geliebten jüngeren Bruders Leslie, der zu ihrem großen Schmerz im Oktober 1915 bei einer Truppenübung durch eine defekte Handgranate ums Leben gekommen war.

Katherine Mansfield gab sich selbst und allen Menschen, die in ihrem Leben eine Rolle spielen, einen Spitznamen, und so tat sie es auch mit John Middleton Murry; sie nannte ihn »Bogey«. Sie hatte ihn als Redakteur der Zeitschrift »Rhythm« im Jahr 1912 kennengelernt und zu sich zum Tee eingeladen. Die beiden sprachen über Literatur, liebten sich, zogen zusammen, gingen nach Paris, trennten sich wieder und heirateten am 3. Mai 1918 schließlich doch. Verheiratet zu sein bedeutete für Katherine Mansfield nicht, treu zu sein, denn »wozu hat man einen Körper mitbekommen, wenn man ihn wie eine kostbare Geige in einen Kasten einschließen muss?«.

Katherine Mansfield ließ sich nicht einschließen. Sie schrieb unter fünf verschiedenen Pseudonymen Buchkritiken und Erzählungen, wechselte in fünf Jahren einundzwanzigmal die Wohnung, tummelte sich im Londoner Intellektuellenviertel Bloomsbury – und erregte das Missfallen von VIRGINIA WOOLF. 1917 war in Leonard und Virginia Woolfs Hogarth Press die Erzählungssammlung »Prelude« (Vorspiel) erschienen. Warum reagierte die große Diva so giftig auf ihre Kollegin, die doch »nur« Short Storys verfasste und keine Romane? War es der Zorn über Katherine Mansfields Kritik an Virginia Woolfs Roman »Die Fahrt hinaus«? Jedenfalls verlor die sechs Jahre ältere Schriftstellerin ihre Contenance und nannte Katherine Mansfield eine »parfümierte Zibetkatze«. Bei anderer Gelegenheit gab Virginia Woolf zu, auf Katherine Mansfields Werk neidisch zu sein: »the only writing I have ever been jealous of«. Auch nach Mansfields Tod wurde sie das Konkurrenzgefühl nicht los. In ihren Träumen wurde die Konkurrentin wieder lebendig und vital und stellte ihr nach. Virginia Woolf war nicht die Einzige, die gereizt auf die Neuseeländerin reagierte. Der Schriftsteller T. S. Eliot fand, dass Katherine Mansfield eine faszinierende Persönlichkeit sei, schimpfte sie aber im gleichen Atemzug einen »dickhäutigen Schmarotzer«. D. H. Lawrence, mit dem sie befreundet war, wünschte sie nach einem Streit zur Hölle. »Du bist ein abscheuliches Reptil«, schrieb er, »ich hoffe, Du wirst sterben«. Der »Tramp« mit den dunklen Augen, die »Kolonialschriftstellerin«, die von »außen« auf die englische Gesellschaft blickte, störte die Ordnung der Insel-Society.

Katherine Mansfield selbst lieferte die Stichworte und machte es der Gesellschaft leicht, sie als Außenseiterin zu behandeln. »England«, schrieb sie, »will ich nicht«. Sie findet das ganze Land »nutzlos«. »I would not care if I never saw the English country again.« In ihr Tagebuch schreibt sie 1920: »Ich bin jetzt ein Mensch, dem man das Herz herausgerissen hat, aber – erdulde es – erdulde es!« Damit war weder England gemeint noch das Gift, das ihre Kollegen über sie sprühen, sondern die Tuberkulose, an der sie litt und die sie zwang, zwischen England, dem Süden Frankreichs und der Schweiz, wo eine ihrer berühmtesten Erzählungen, »Das Gartenfest«, entstand, hin- und herzupendeln. Es waren Reisen zwischen ärmlichen Unterkünften, mit Kuren ohne heilende Wirkung. »Hätte ich doch ein Heim«, klagt sie, »und könnte die Vorhänge zuziehen.«

In »Das Gartenfest«, erschienen 1922, beschreibt Katherine Mansfield einmal mehr die Konflikte ihres Lebens. Die Kluft zwischen Bourgeoisie und arbeitendem Volk, zwischen Arm und Reich, zwischen Gewissen und Konvention. Unbeschwert und in kindlicher Freude bereiten die Sheridans ein nachmittägliches Gartenfest vor, mit einem Zelt auf dem Rasen, fünfzehn unterschiedlichen Schnittchensorten und Armen voll Blumen. Mitten in die beschwingten Vorbereitungen platzt die Nachricht vom Tod eines jungen Fuhrmanns. Laura will das Fest sofort absagen, die anderen nehmen sie nicht ernst. Sie bewundern ihren schönen Hut, mit dem sie ganz besonders bezaubernd aussehe an diesem Tag. Nach dem Fest geht Laura in das Trauerhaus und wird zu dem Toten geführt, der im Bett in den Kissen liegt, »weit fort von ihnen«, und friedlich zu schlafen scheint. »Er war«, findet Laura, »wundervoll, wunderschön.« Laura fängt an zu weinen, und im Weggehen sagt sie zu dem Toten: »Verzeihen Sie meinen Hut.« Womit Katherine Mansfield auf die Szene anspielt, als ihre eigene Mutter bei ihrem Besuch in London den Hut der Tochter »abscheulich« nannte, bevor sie »Guten Tag, Liebes« oder etwas Ähnliches gesagt hatte.

Mit einer Erzählung über den Tod eines Kanarienvogels, von dem nichts übriggeblieben ist als die schöne Erinnerung und ein großer Nagel rechts neben der Haustür, an dem einst der Käfig hing, verabschiedet sie sich von der Welt. Sie ist vierunddreißig Jahre alt. In den letzten Monaten ihres Lebens hatte sie auf Heilung und Beistand durch den griechisch-armenischen Weisheitslehrer George I. Gurdjieff in Fontainebleau bei Paris gehofft. Katherine Mansfield liegt auf dem Friedhof in Avon bei Fontainebleau begraben. Unter ihrem Namen steht dort: »Frau des John Middleton Murry«.

Biografisches

Kathleen Mansfield Beauchamp wurde am 14. Oktober 1888 in Wellington, Neuseeland, geboren. Ihr Vater, ein Geschäftsmann und Bankier, ermöglichte seinen fünf Kindern eine gute Schulbildung. Kathleen, die sich »Kass« nannte, wurde von ihren Eltern aufs Queen's College nach London geschickt und 1906 zurück nach Neuseeland geholt. Zwei Jahre später war sie wieder in London. Die Zwanzigjährige nahm sich vor, »alles auf die Spitze zu treiben«. Sie verliebte sich, heiratete, verlor ein Kind und heiratete wieder. 1911 erschien ihr erstes Buch, die Erzählungssammlung »In einer deutschen Pension«. Im Winter 1917 erhielt sie die Diagnose der Tuberkuloseerkrankung. Nach zwei schweren Lungenentzündungen erlitt sie mit dreißig Jahren einen Blutsturz. In Briefen und Tagebucheintragungen bettelte sie um Zeit, Zeit zum Schreiben. Ihr Stil veränderte sich in ihren letzten Jahren, er wurde ruhiger, sanfter und – im Gegensatz zu ihrem eigenen Leben – friedlicher. John Middleton Murry, den sie 1918 geheiratet hatte, arbeitete an seiner Karriere als Biograf und Kritiker und lebte selten mit seiner kranken Frau zusammen. In ihren letzten Lebensmonaten flüchtete sie nach Fontainebleau in George I. Gurdjieffs »Institut zur harmonischen Entwicklung des Menschen«. Dort starb sie am 9. Januar 1923. John Middleton Murry gab nach ihrem Tod ihre Erzählungen, Tagebücher und Briefe heraus, kaufte »mit Katherines Segen« ein Haus am Meer, später eine Farm und heiratete noch dreimal.

Leseempfehlung

»Sämtliche Werke. Alle Kurzgeschichten und Erzählungen«. Aus dem Englischen von Heiko Arntz, Ute Haffmans und Sabine Lohmann.
»Tagebuch 1904–1922«. Herausgegeben und übersetzt von Max A. Schwendimann.

Verena Auffermann

MAN MUSS SEIN, WIE MAN IST

Friederike Mayröcker *1924

Wien, Zentagasse. Friederike Mayröcker ist zu Hause. Sie schaut aus dem Fenster über die Köpfe der Geranien, sieht den geschwungenen Rücken eines Vogels, dreht sich zu ihren vier Wänden um. Hier ist die Welt, über die sie herrscht. Übereinandergeklebte und -genagelte weiße Styroporplatten sind die Kontinente, vollgeschriebene Zettel die Länder, Landschaften, Städte, Dörfer. Plastikkörbe gefüllt mit Blättern für mögliche Anfänge möglicher neuer Texte oder Gedichte stehen übereinandergestapelt herum. Ein Tigerfell aus Kunstfaser verdeckt das brüchige Holz ihres Throns. Keine Dichterwohnung ist dichter mit Sätzen und Gedanken, mit fliegendem Papier bepackt, kein Künstler zeigt Fotografen freizügiger Bett und Matratze. Weil vier Wände die Welt sind und weil die Welt von ihr in Wörter zerteilt, zerschossen, zusammengekittet ein neues Universum bildet, ist dieses verrückte Labor für Friederike Mayröcker

337

seit mehr als sechzig Jahren das einzig mögliche Denk-, Traum- und Spielzimmer.

Bei Friederike Mayröcker nimmt die Gefühlsmacht und die Leichtigkeit, diese auszudrücken, mit dem Alter zu. Was in ihren frühen Werken nach Konzept, nach den streng experimentellen Regeln der von H. C. Artmann Mitte der fünfziger Jahre gegründeten »Wiener Gruppe« klang, verliert nun das Angestrengte, jede Anmutung, jeden Anflug des »Gemachten«. Der poetische Rhythmus verteilt die Gedankenanmut großzügiger. Sie ist weit über achtzig Jahre alt und schreibt Texte, die erotische Offenbarungen sind. Der Abschied vom »Herzgefährten« Ernst Jandl, der im Jahr 2000 verstarb, ist vorüber, die Liebe nicht. Ihrem kurzen »Requiem für Ernst Jandl« lässt sie den Band »Und ich schüttelte einen Liebling« folgen, eins ihrer schönsten, inspiriertesten, innigsten Bücher. Ernst Jandl, »EJ«, war ihre Lebensquelle, das dichtende Original, ein Witz und Gewitztheit beherrschender Sprachkünstler. Das Paar Mayröcker/Jandl hätte man, gäbe es diese beiden Menschen nicht, erfinden müssen. In idealer Weise erfüllen sie das Emanzipationsmodell des zwanzigsten Jahrhunderts. Getrennte Arbeitswelten in zwei in einem Haus gelegenen Wohnungen, getrennte Lebenswelten mit strengen Regularien, tagsüber nie, erst nach der Arbeit das gemeinsame Glück oder die produktive Kooperation. Er, Jandl, mit dem Mut zum Aphorismus, sie, Mayröcker, mit der Tollkühnheit der Selbstentäußerung, die sie in ihren vielen Büchern in barmherziger Indiskretion, schillernd zwischen Sinn und Leere praktiziert. Sie 1924 geboren, er 1925, beide in Wien. Er Gymnasiallehrer bis 1979, sie Englischlehrerin an Hauptschulen bis 1969 und nach einer Karenzzeit von acht Jahren mit dreiundfünfzig frühpensioniert.

Wie hätte sie diesen Lehrerinnenberuf weiter ausüben können, wo doch die Befreiung aus den Fesseln der Grammatik ihr einzig gangbarer Weg zur Kunstseligkeit war. Es geht in der Konkreten Poesie nicht um Experimente in einem sterilen Raum. Der Leser soll, wie der Dichter Franz Mon es formulierte, »den Text nicht nur nachvollziehen«, indem er seinen »eigentlichen Sinn« erspäht; er soll ihn »als seine Sache nachvollziehen, ohne Rücksicht auf den Sinn des Autors«, eben so, »als ob er im Augenblick der Autor wäre«. Das klingt kinderleicht, war es aber nicht. Damals in den Nachkriegsjahren stieß die neue Poesie fast ausschließlich auf Ablehnung und Aggression, ihre Vertreter wurden verspottet und als verrückt abgetan. Die »Verrücktheit« von Friederike Mayröckers Prosa und Poesie öffnet unerwartete Gedankengänge für unerwartete Einsichten. »Man bittet«, schreibt sie, »stets um Vergebung, wenn man schreibt«, denn es ist »alles unaufhörlich und dissonant«, und erklärt aus diesem Zwiespalt ihr Werk. Dass sie auch zeichnen kann, Collagen herstellen und Geschichten als Comicstrip erzählen, passt zu ihrem Geist, der sich den Weg zum Erkennen über das Sehen sucht.

Friederike Mayröckers Prosa ist reich an Selbstreflexionen, denn, das hat sie von GERTRUDE STEIN gelernt: Man muss sein, wie man ist. Und, auch das ist seit Gertrude Stein ihre Forderung an sich selbst, nur keine Storys, nie. Ihr mäandernder Textfluss, der sich seit sechzig Jahren durch ihr Leben zieht und unmittelbar in ihrem Leben entspringt, hält Tempo und Qualität durch das permanente Reflektieren des Lebens, dessen Tag- und Nachtseite, und speist sich aus der Logik der Assoziation. In dem Band »Paloma« hält sie ein Jahr lang Zwiesprache mit sich selbst und dem abwesenden Verbündeten, dem »lieben Freund«. »Ich bürste die Luft nämlich«, schreibt sie da am 8. Juni 2006, »über die fehlenden Zähne hinweg, der häszliche Mund geprägt von den vielen Lügen meines Lebens: *Lebenslügen* – der Mund einen Spalt offen wie Model (›entspannt‹) / Schlafzeit / 60,7 Kilogramm am Morgen«.

Friederike Mayröcker gönnt sich die Freiheit, extrem persönlich zu sein. Viele, denen sie begegnet ist, kommen vor, ob tot oder lebendig: Dichter, Musiker, Freunde, Journalisten. Der Leser ist der Dieb, der das Buch zu seinem eigenen Buch macht und die privateste Privatsache einer anderen für sein eigenes Dasein aktiviert.

Ein Poet ist ein bescheidener Mensch mit großen Ansprüchen. Er braucht zur Ausübung des Handwerks nur Papier und Stift, die meiste Kraft kosten die Widersprüche, aus denen der Poet dann wieder neue Kraft gewinnt. Friederike Mayröcker nennt das den »Sturm in der Seele«. Seit Jahrzehnten bannt sie diesen »Sturm« hinter ihrem schönen, ebenmäßigen, ein wenig maskenhaften Gesicht, mit schwarz umrandeten Augen, aus denen sie wie ägyptische Königinnen vor dem bösen Blick geschützt in die Welt schaut, die schwarzen fallenden Haare als diskreten Vorhang vor die Stirn gehängt. Der »Sturm« entlädt sich in Selbstgesprächen und Selbstbeschwörungen: »ich brauche nur an einen schwachen Menschen zu denken, schon erstarke ich«.

Ohne das Werk von Sigmund Freud hätte ihr fortlaufendes in den »Magischen Blättern« festgehaltenes Tagebuch nicht geschrieben werden können. Friederike Mayröcker, von ihren Freunden »Fritzi« genannt, hat Lyrik geschrieben, Theaterstücke, Hörspiele und Prosa. Doch kann man ihre Bücher als ein einziges Buch einer denkenden, sehenden, hörenden, liebenden, leidenden und reflektierenden weiblichen Existenz lesen. Welt und Wirklichkeit, Wahrheit und Schönheit, Liebe und Schmerz ist in dieses Werk eingeflossen, deutlicher und aussagekräftiger, als realistische Autoren das für sich beanspruchen können. Sie ist aufrichtig, auch wenn es unbequem ist, wie bei den großen Fragen nach Gott: »ich bete zu ihm, also glaube ich an ihn«. Weil der Mensch in der Moderne als Maß aller Dinge fragwürdig geworden ist und die als unvereinbar geltenden Gegensätze aufgehoben sind, ist der sortierende Dichter – denn Friederike Mayröcker bleibt, auch wenn sie Prosa schreibt, Dichter – die geeignete Instanz zur Benennung des verwirrend Widersprüchlichen und des Wahnhaften.

Vieles ist zugelassen, aber niemals das Pathos. »Heilige« Bedeutungen werden banalisiert. Friederike Mayröcker spricht über die Existenz der Dinge, nicht über ihre Bedeutung. Es gehört zum Prinzip ihrer Aufrichtigkeit, erst einmal alles beim Namen zu nennen, Personen und Dinge, damit sie buchstäblich in der Welt sind. Ernst Jandl zuerst, dann die geliebte Mutter, der Vater, die Freundinnen, die vielen Kollegen und Kolleginnen, Jacques Derrida, der Philosoph ihres Lebens. Johann Sebastian Bach, Maria Callas und der frühe Satie sind ihre musikalischen Herolde. Caspar David Friedrich, Max Ernst, Magritte, Giacometti, Chagall und Francis Bacon rangieren weit oben auf der Skala verehrter Künstler. Die produktive Mannschaft in ihrer Arche Noah hat sie aus besten Köpfen zusammengestellt. Zur Entdeckung der Wörter, zur spielerischen Befreiung der Sprache, bedarf es der Ratgeber: ein Lied, von der Callas gesungen, ein Postkartentext, von Derrida geschrieben, ein Blick auf eine Reproduktion von Caspar David Friedrichs »Mönch am Meer«. Es gibt, behauptet Friederike Mayröcker, gar keine richtigen oder falschen Interpretationen, denn »immer stimmt alles ein bisschen nicht ganz«. Und wäre es nur dieser Satz – man müsste sie lieben für die weise Formulierung einer möglichen Quintessenz des Lebens.

Biografisches

Friederike Mayröcker wurde am 20. Dezember 1924 in Wien geboren als einziges Kind eines Lehrers, der auch Gedichte schrieb, und einer Puppenmacherin. Wegen lebensbedrohlicher Krankheiten in den ersten Lebensjahren wuchs sie isoliert auf. Sie lernte finanzielle Not kennen und schaffte die Schule nicht wegen schlechter Leistungen in Mathematik. 1942 wurde sie als Waffenhelferin eingezogen. Mit Abendkursen holte sie nach dem Krieg die Staatsprüfung für Englisch an Volks- und Hauptschulen nach und heiratete 1952 Georg Heindl. Zwei Jahre später lernte sie den Gymnasiallehrer und Dichter Ernst Jandl kennen. 1955 ließ sie sich scheiden und wurde Mitglied der »Wiener Gruppe« um Jandl, Konrad Bayer und Gerhard Rühm. Ihr erstes Buch erschien 1956 unter dem Titel »Larifari. Ein konfuses Buch«. Neben Gedichten und Prosa entstanden in den folgenden Jahren auch zahlreiche Hörspiele. 1969 ließ sie sich vom Schuldienst beurlauben und acht Jahre später frühpensionieren. Friederike Mayröcker ist mit vielen Preisen bedacht worden, unter anderem mit dem Großen Österreichischen Staatspreis für Literatur, dem Großen Literaturpreis der Bayerischen Akademie der Schönen Künste und dem Büchner-Preis. Mit Ernst Jandl lebte sie bis zu dessen Tod in einer Liebes- und Arbeitsbeziehung in zwei getrennten Wohnungen im selben Haus.

Leseempfehlung

»Magische Blätter« (Kurzprosa).
»Und ich schüttelte einen Liebling« (Roman).
»Paloma« (Prosa).

Verena Auffermann

VON DER NIEDERTRACHT DER MENSCHEN

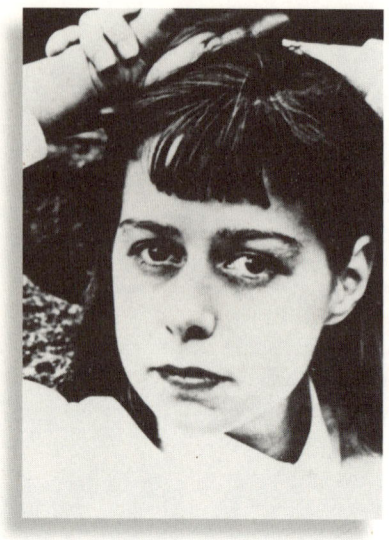

Carson McCullers *1917–1967*

Der Arm, der sich 1963 um Carson McCullers' Schulter legte, gehörte nicht einem Liebhaber, sondern einem äußerst erfolgreichen Kollegen. »Wer hat Angst vor Virginia Woolf« war 1962 herausgekommen, und der schöne junge Edward Albee, Erfinder dieser monströsen Ehezerstörungsszenen, war auf dem steilen Weg zum Weltstar. Albee sah Carson McCullers tieftraurige Augen, ihre weiße Bluse, ihre brennende Zigarette und überlegte, ob seine Bühnenfassung ihrer »Ballade vom traurigen Café« auch so erfolgreich werden könnte. Tatsächlich wurde diese in seiner Dramatisierung mehr als hundertmal am New Yorker Broadway gespielt, und Carson McCullers war wütend. Albee hatte ihr Meisterstück gestohlen, und sie, die Schriftstellerin aus den amerikanischen Südstaaten, die keineswegs naive, sondern analytisch denkende Frau aus der Provinz, hatte es zugelassen. Sie war viel stiller als Albee und viel geduldiger.

Vor Urzeiten, schon als Siebzehnjährige, war sie nach New York gekommen, aber die Langsamkeit des Südens wurde sie niemals in ihrem Leben los. In all ihren Büchern dehnt sich die Zeit, alles zögert, jede Bewegung, jedes Lachen, bis Licht und Hitze sich gegenseitig blenden und alles stillsteht. Edward Albee war der Dramatiker hysterischer Ehekriege, Carson McCullers die Schriftstellerin schleichender Zersetzung.

Was ist die Liebe, was die Zeit? Zwei Fragen, die Carson McCullers in ihrem Werk mit exaktem Gefühl für Spannung und Atmosphäre erforscht. Ihre Menschen leiden an Langeweile, an einer schmerzhaften, namenlosen Sehnsucht oder an Diskriminierung. Es war die Zeit, als Taxifahrer »Ich fahre keine verdammten Nigger!« brüllten und Demütigungen jeder Art zum Alltag der Farbigen gehörten. Die kleine Carson hatte das täglich und in ihrem eigenen Zuhause, bei der geliebten farbigen Kinderfrau erlebt. Das Bewusstsein von Erniedrigung und der langgezogene Singsang der Südstaatenbewohner durchzogen ihre Kindheit und durchziehen ihr Werk. In der »Ballade vom traurigen Café« erzählt Carson McCullers von der Armut der Baumwollarbeiter im amerikanischen Süden, von den Frauen, die sich in der Männergesellschaft nur dann Respekt verschaffen konnten, wenn sie, wie die unheimliche Heldin Miss Amelia, enorm stark und genauso unnahbar waren. Carson McCullers interessierte sich nie für die Schönen, Starken, ihr Interesse richtete sich auf die Schwachen, die Sonderlinge, die Ausgestoßenen aus der Gesellschaft: kleinwüchsig und mit Buckel wie Amelias Vetter Lymon in der »Ballade vom traurigen Café« oder taubstumm wie John Singer in dem Roman »Das Herz ist ein einsamer Jäger«. Carson McCullers war keine Schriftstellerin nach dem Geschmack des amerikanischen Traums. Sie inszeniert in der »Ballade vom traurigen Café« einen grandiosen Zweikampf zwischen der Cafébesitzerin Amelia und Marvin Macy, dem Mann, der Miss Amelia zeit seines Lebens verfallen war. In einem brutalen und grandios erzählten Match zeigt Carson McCullers, wozu Liebe und Niedertracht fähig sind. »Eine höchst mittelmäßige Person« kann Gegenstand einer Liebe sein, die »so wild und außerordentlich und schön wie die Giftlilie im Sumpf ist«. Im geisterhaften Ringkampf entlädt sich die aufgespeicherte Liebe Marvin Macys zu Amelia und ihre unausgesprochene Angst vor ihm. Barfuß kämpft Amelia gegen Marvin, ihren bis zum Gürtel nackten, speckig glänzenden Rivalen, der einmal ein paar Tage lang ihr Ehemann war. In diesem schaurigen Text führt Carson McCullers vor, was passiert, wenn die Geliebte den Liebenden fürchtet und hasst. Die Niederlage für Amelia führt allerdings erst ein Dritter herbei, der bucklige Vetter, der den Kampf schweigend beobachtet und in letzter Minute eingreift.

Lula Carson war die Tochter des Juweliers Lamar Smith, der mit Eheringen und kleinen Freundschaftskettchen sein Geld verdiente. Sie galt als musikalisch, bekam Klavierunterricht, und die Eltern hofften, dass aus ihrer Tochter eine große Pianistin werden und sie sich in von der Mutter genähten Kleidern, selbstverständlich unter tosendem Applaus, auf den Bühnen der großen Städte verbeugen würde. Als die kleine Frau mit der Mädchenfrisur und den stechend grauen Augen 1934 ihren Geburtsort Columbus, weit im Süden Georgias, mit dem Geld, das sie durch den Verkauf des Smaragdrings ihrer Großmutter bekommen hatte, verließ und sich nach New York aufmachte, hatte sie längst beschlossen, Schriftstellerin zu werden. Sie belegte Schreibkurse, wohnte in einem Haus mit Prostituierten – was sie lange Zeit gar nicht bemerkte – und schrieb. 1936 erschien ihre erste Erzählung »Wunderkind«, im folgenden Jahr heiratete sie den schwierigen und destruktiven James Reeves McCullers, ließ sich scheiden, heiratete ihn 1945 zum zweiten Mal und konnte dennoch nicht verhindern, dass er sich 1953 das Leben nahm. Zu leben und am Leben zu bleiben fiel auch Carson McCullers nicht leicht, wie ihre vielen Aufenthalte in psychiatrischen Kliniken zeigen.

Carson McCullers war eine genaue Denkerin, die nichts der schöpferischen Spontaneität überließ. Jede Figur, jeder Handlungsfaden, jede Beziehung zwischen den Personen wird erläutert und versachlicht. Das ist bereits an ihrem ersten Roman zu erkennen, »Das Herz ist ein einsamer Jäger«, der sie über Nacht zu einer Berühmtheit werden ließ. Der taubstumme John Singer, die Hauptfigur des Buches, steht für das »Schweigen« der Menschen. Auch für die Enttäuschung über unerwiderte, unbemerkte, verschmähte oder für das Gegenteil gehaltene Liebe. Neben den Fragen nach Leidenschaft, Leiden und Identität interessiert sich Carson McCullers für die Frage nach der Zeit: »Hier sind wir – genau jetzt, in dieser Minute; aber während ich das sage, ist sie schon vorbei und kommt nie wieder – nie, nie wieder. Vorbei ist vorbei. Hast du darüber schon mal nachgedacht?«

In Columbus, Georgia, sind die Monate nicht durch Jahreszeiten getrennt. Fast das ganze Jahr blenden die Sonne und ein glasblauer Himmel die Augen, und die Hitze mit ihrer zügellosen Glut hält Verstand und Energie der Menschen klein. Niemand interessierte sich für das gottverlassene Kaff mit den kleinen windigen Häusern und einem Gefängnis an der Hauptstraße, kein Schriftsteller außer Carson McCullers trieb sich in dieser trostlosen Gegend herum. So nutzte sie das unverbrauchte Flair dieses Städtchens, in das sie 1917 hineingeboren wurde und das zur Zeit ihrer Geburt weniger als dreißigtausend Einwohner zählte. Weil es im amerikanischen Süden in vielerlei – nicht nur in klimatischer – Beziehung unbarmherzig zugeht, sehnen sich die Menschen nach Schnee, träumen von kühlem, funkelndem und flächendeckendem Weiß. In dem Roman »Frankie« spielen Eis und Schnee eine wichtige Rolle. Frankie stellt sich Eisbänke, Gletscher und Eskimohütten vor und liebt eine Glaskugel, durch die weiße Flocken wirbeln. Singer aus »Das Herz ist ein einsamer Jäger« möchte auch dahin reisen, wo es Schnee gibt. In der »Ballade vom traurigen Café« ist die Stadt einmal sogar unter Schnee begraben. Neben der Kälte spielt Musik in Carson McCullers Romanen eine wichtige Rolle. Das Hören von Beethovens Dritter Symphonie etwa wird in »Das Herz ist ein einsamer Jäger« für Mick Kelly, die sich eine Zukunft als Komponistin erträumt, zum großen Erlebnis ihrer Jungmädchenzeit.

Carson McCullers verbrachte fast ihr gesamtes Erwachsenenleben in Nyack, unweit von New York, dort, wo es manchmal so kräftig schneit, dass das gesamte öffentliche Leben zum Erliegen kommt. Von dort reiste sie nach Europa, von dort kam sie in verschiedene Krankenhäuser, denn krank und leidend war sie eigentlich immer, was sie nicht daran hinderte, sehr viel zu rauchen und sehr viel Whisky zu trinken. Literarisch blieb sie Columbus treu und klebte lebenslang wie eine Art »Napfschnecke« an ihrer Familie. Ihre Familie hatte immer Vorrang vor allem anderen, außer vor ihrer Arbeit. Carson McCullers war eine langsam arbeitende Verwertungsmaschine ihrer eigenen Texte. Sie schrieb, gemeinsam mit dem Dramatiker Tennessee Williams, eine Bühnenfassung zu »The Member of the Wedding« (»Mit von der Partie«), verkaufte Filmrechte an den Regisseur Stanley Kramer und ihre Kurzgeschichten an »Mademoiselle«, »Esquire« und »Harper's Bazaar«.

Carson McCullers war keine Vielschreiberin, aber eine Vielleserin. Sie verehrte Marcel Proust und die Bücher von E. M. Forster. Mit den Romanen VIRGINIA WOOLFS konnte sie nichts anfangen, und der Joyce'sche »Ulysses« war auch nicht »ihr Fall«. Sie kannte Gott und die Welt, war mit den Schriftstellerinnen Elizabeth Brown und Lillian Hellman befreundet, schwärmte für die exzentrische Engländerin Edith Sitwell, lebte für ein paar Monate in einer Wohngemeinschaft mit W. H. Auden, kannte Erika Mann und Marilyn Monroe, protestierte gegen die öffentliche Rassentrennung, schwärmte für Dostojewski und Tolstoi und bekannte sich dennoch zu Büchern, die »klein und exakt sind, wie Vermeer«. Zwischen dem 18. April und dem 15. August 1967 diktierte sie vom Bett aus studentischen Hilfskräften, Freunden und Familienmitgliedern ihre Autobiografie. »Illumination and Night Glare« ist der Lebensbericht einer kranken Frau, die nur noch knarrend sprechen und nicht mehr gehen kann. Sie ist vorsichtig, beschreibt ihr Leben, ohne ihr Leben preiszugeben, und äußert die Absicht, »zukünftige Generationen« vor einem Erfolg in jungen Jahren zu warnen. Der Autobiografie der kranken McCullers sind sechzig »Kriegsbriefe« angefügt, gewechselt zwischen ihr und ihrem geschiedenen Mann Reeves McCullers. Diese Briefe werfen ein neues Licht auf eine Ehe, die immer als kompliziert, unglücklich und unerfüllt dargestellt wird. Zu lesen sind die Liebesbriefe eines geschiedenen Paares. »Liebstes«, schrieb

Carson McCullers am 15. Januar 1945, »wenn wir nicht zusammen sind, fühle ich mich unsicher, ausgesetzt; es ist, als lebte ich in einem Zimmer ohne Wände.«

Biografisches

Geboren wurde Carson McCullers am 19. Februar 1917 in Columbus, Georgia, als Lula Carson Smith. 1934 ging sie nach New York, 1937 heiratete sie James Reeves McCullers, Jr., auf eine Scheidung folgte 1945 eine nochmalige Eheschließung. 1953 nahm sich der depressive James Reeves McCullers das Leben. Carson McCullers verbrachte viel Zeit in psychiatrischen Kliniken. Auf gesundheitliche und psychische Zusammenbrüche folgten Phasen äußerster Produktivität und organisatorischer Tüchtigkeit. Die letzten fünfzehn Jahre ihres Lebens verbrachte sie, von Schlaganfällen teilweise gelähmt und von literarischen Misserfolgen gepeinigt, größtenteils im Bett. Am 29. September 1967 ist Carson McCullers in Nyack im Bundesstaat New York gestorben.

Leseempfehlung

»Das Herz ist ein einsamer Jäger« (Roman). Aus dem amerikanischen Englisch von Susanna Rademacher.
»Die Ballade vom traurigen Café« (Erzählung). Aus dem amerikanischen Englisch von Elisabeth Schnack.
»Frankie« (Roman). Aus dem amerikanischen Englisch von Richard Moering.
»Die Autobiografie«. Aus dem amerikanischen Englisch von Brigitte Walitzek.

Verena Auffermann

DER TROTZ ALS HERZSCHRITTMACHER

Margaret Mitchell *1900–1949*

Sympathisch ist sie nicht. Wie ein Psychiater bescheinigt, verkörpert sie exakt den Typus der soziopathischen Persönlichkeit, egozentrisch und in den Begierden trivial. »Starke Gefühle scheint sie überhaupt nicht zu verstehen, genauso wenig wie sie begreift, was Menschen bewegt, die aus Überzeugung handeln. Was wir an dieser Gestalt entdecken, ist innere Hohlheit und ein bedenklicher Mangel an Einsicht.«

Für ihre Schöpferin war diese Analyse scharfsinnig und zutreffend. »Es hat mich merkwürdig berührt, dass Miss O'Hara eine Art Nationalheldin geworden ist, und ich kann mich des Eindrucks nicht erwehren, dass es um die geistige Gesundheit eines Volkes schlecht bestellt sein muss, das eine solche Frau an sein Herz drücken möchte.« – Doch ihre schillernden grünen Augen, ihre Grübchen und ihr eiserner Wille! Ihr unübertrefflicher Charme!

Wie es gleich warnend im ersten Satz des weltberühmten Romans heißt, der ihre Erfindung darstellt – das Denkmal der Figur schufen Vivian Leigh und Hollywood –, war Scarlett O'Hara »nicht eigentlich schön zu nennen. Wenn aber Männer in ihren Bann gerieten, wie jetzt die Zwillinge Tarleton, so wurden sie dessen meist nicht gewahr.« Und wie den Männern geht es den Frauen, die von ihr lesen: sie verfallen ihr. »Vom Winde verweht«, 1936 erschienen, ist ein Frauen-Buch, verfasst von einer Frau, die den Amerikanischen Bürgerkrieg aus der Perspektive des Südens beschreibt, genauer: aus der Perspektive der weißen, wohlhabenden Südstaaten-Ladys, die immer genau wissen, was sich gehört. Und die mit ihrer genauen Kenntnis der korrekten Nachmittagskleidung, des richtigen Getränks für Morgen und Abend, des untadeligen Tanzschrittes und der passenden Konversation in den historischen Abgrund stolzieren – treulich geführt von ihren Gatten, die, unbelehrbar und unbeugsam, ihre stolze Haltung den Tatsachen vorziehen. Als einer der Ihren, ein Mann aus Charleston, ihnen die Wirklichkeit plastisch darlegt, hören sie ihm nicht zu: »Ich habe vieles gesehen«, sagt der lächelnde Herr mit dem Raubtiergebiss, »was Sie alle nicht gesehen haben. Die Tausende von Einwanderern, die gern gegen freie Beköstigung und ein paar Dollar Sold für die Yankees fechten würden, die Fabriken, die Gießereien, die Werften, die Bergwerke ... all das, was wir nicht haben. Wir haben ja nur unsere Baumwolle, unsere Sklaven und unseren Hochmut. Die werden in einem Monat mit uns fertig.«

Doch selbst wenn er die Wahrheit sagt, ein Gentleman ist Rhett Butler nicht. Jahre zuvor brachte er eine junge Dame erst nach Sonnenuntergang nach Hause – ohne ihr anschließend einen Heiratsantrag zu machen ... Was so einer sagt, zählt einfach nicht.

Diese Welt war längst tot, als Margaret Mitchell sie in den lebendigsten Farben schilderte. Es war kein Heimweh nach der guten, alten Zeit, das sie trieb – die hatte sie nie erlebt –, sondern eine Kombination aus unerfüllten Tagen, immenser Begabung und einem exzellenten Gedächtnis. Als Kind einer großbürgerlichen Familie aus Atlanta war sie umgeben gewesen von altem Silber und dem Gold der Legenden. »Wenn wir die älteren Leute aus unserer Verwandtschaft besuchten, die die sechziger Jahre miterlebt hatten, dann fand ich mich auf dem knochigen Knie eines Veteranen oder dem fetten Schenkel einer Großtante wieder und durfte mir Geschichten aus der Zeit anhören, als Little Alex (der konföderierte Vizepräsident Stephens) sie besuchen kam, oder wie viele Brathähnchen Pater Ryan verputzen konnte und wie sich dicke Lagen von Packpapier anfühlen, wenn man sie zwischen seine Haut und sein Korsett stopft, so wie man es an den kalten Tagen während der Blockade gemacht hatte, als es keine Wollsachen mehr gab, und wie Großvater Mitchell nach der Schlacht von Sharpsburg mit seinem aufgerissenen Schädel fast fünfzig Meilen zu Fuß gelaufen ist.«

Geschichten dieser Art waren ihre geistige Nahrung, als sie am eindrucksfähigsten war. Wie bei den »Buddenbrooks« von Thomas Mann, dem deutschen Familienroman schlechthin, speist sich die Intensität des Ganzen aus dem ursprünglich kindlichen Erleben des Gehörten, aus dem unumstößlichen »So ist es gewesen«. Berichtet wird, was ihr berichtet wurde; es handelt sich um Vor-Vergangenheit. Solches Material kann durch die Phantasie bereichert und mittels historischer Studien korrigiert, nie aber durch eigenes Erleben geformt werden. Deshalb sind die Figuren scharf konturiert wie Karikaturen und vollkommen unveränderlich, deshalb ist die pointenhafte Zuspitzung der Szenen selbstverständlich und die Logik des Geschehens unaufhaltsam – obwohl Mitchell keineswegs ihre Familiengeschichte erzählt. Eher nutzt sie das Patchwork-Prinzip: Aus Anekdoten, Legenden und dem, was Einfühlung und Recherche bereitstellen, schreibt sie in etwa zehn Jahren, von wechselnden Krankheiten mal ans Bett, mal an den Stuhl gefesselt, die Geschichte eines Liebes- und eines Weltuntergangs in Georgia, 1861 bis 1872. Als Rhett Butler seine berühmten letzten Worte sagt, längst sprichwörtlich nicht nur in den USA – »My dear, I don't give a damn.« (Clark Gable fügte ein »Frankly« am Anfang hinzu) –, haben die weißen Südstaatler und Scarlett O'Hara Seite an Seite gekämpft, die einen um ihre Existenz, die andere um eine Liebe, die sich als Chimäre erweist – und verloren. Der Trotz ist Verhängnis und Herzschrittmacher zugleich: Ohne ihn, das wissen die Konföderierten und das weiß Scarlett, wären sie nicht nur besiegt, sondern auch erloschen. »Schließlich«, so verweigert die Geschichte mit dem letzten Satz ihren Schluss, »morgen ist auch noch ein Tag.«

Die Treue im Trotz, das scheint das Lebensprinzip Margaret Mitchells gewesen zu sein. Kindheit, Jugend, erwachsenes Leben sind von Ambivalenzen geprägt: Die Mutter war eine Feministin der ersten Stunde, politisch aktiv und von großer Durchsetzungskraft, das familiäre und gesellschaftliche Milieu hingegen selbst für südstaatliche Verhältnisse erzkonservativ. Mitchell war ein hübsches kleines Mädchen, das sich wie ein Junge gebärdete; eine begehrte Debütantin, die ihre Umgebung gern vor den Kopf stieß; eine begabte Studentin, die ihr Studium abbrach, um den falschen Mann zu heiraten. Das frühe Ende dieser Ehe ging mit dem Beginn ihrer journalistischen Karriere einher. Sie nahm das berufliches Versagen des Gatten zum willkommenen Anlass, für sich selbst zu sorgen. Als Heranwachsende hatte sie einen kaufmännischen Lehrgang besuchen wollen, um Schreibmaschine zu lernen, aber »Vater erlaubte es nicht. Das war in jener grauen Vorzeit, als anständige Mädchen noch nicht arbeiten gingen – und bevor ich aufhörte, ein anständiges Mädchen zu sein, um Journalistin zu werden.«

Ihr zweiter Gatte hielt sich so gut an ihrer Seite, weil unbedingte Loyalität, verlässliche Diskretion und geringe eheliche Ansprüche für beide die Basis des

Zusammenlebens ausmachten. Vor allem in den Jahren nach Erscheinen von »Vom Winde verweht«, als sich der unmittelbare Erfolg zum Weltbestseller auswuchs, zeigte John Marsh Qualitäten. Und auch ihre häufigen, rätselhaften Erkrankungen band das kinderlose Paar in gegenseitiger Fürsorge aneinander. Während Mitchell mit ihrer weiteren Umgebung vorwiegend Konflikte ausfocht – ihre juristische und geschäftliche Angriffslust, wenn es um Lizenzverträge, Übersetzungen, die Buchverfilmung ging, war legendär –, lag über der Terrassenwohnung in der 17. Straße, Atlanta, tiefer ehelicher Frieden.

Zehn Jahre hatte sie gebraucht, um den Roman zu schreiben; belohnt wurde sie auf der Stelle. »Vom Winde verweht« war nicht nur sofort auf den Bestsellerlisten, seine Verfasserin erhielt auch im Jahr darauf den Pulitzer-Preis für Literatur. Man verglich das Buch mit »Krieg und Frieden« von Leo Tolstoi, mit den Romanen von Thomas Hardy und Charles Dickens; dann wieder schmähte man es wegen formaler Schlichtheit. Und doch wurden auch jene, die das Tausend-Seiten-Ding als Konfektionsware für Damen mit spitzen Fingern anfassten, wider Willen überwältigt von seiner epischen Qualität, von dem löwenhaften Mut, mit dem eine literarische Debütantin ein Zeitalter und einen Bürgerkrieg bezwang. Dabei verlässt Mitchell niemals ihre Perspektive; sie bleibt, wie JANE AUSTEN, bei dem, was eine Frau wissen kann. »Vom Winde verweht« imponiert nicht mit Schlachtengemälden, sondern mit der genauen Beschreibung dessen, was von den Schlachten übrigbleibt: einbeinige oder vor Auszehrung und Müdigkeit schlurfende Soldaten, die in Alpträumen weinen und schreien; erloschene Existenzen, die nie mehr lebendig werden; die Stummheit der Kriegsversehrten oder das nimmermüde Gerede von dem Gefecht, das man beinahe gewonnen hätte. Margaret Mitchell erspart ihren Leserinnen und Lesern nicht den Gestank verwesenden Fleisches, nicht die Wut des Hungers und nicht die Angst vor Vergewaltigung, nicht den Zusammenbruch menschlicher Würde in Fieber, Schweiß und Demütigung. Wer immer das Buch als Trivialroman schilt, hat übersehen, dass Mitchell ihrem Publikum eine Tour des Schreckens zumutet, die über weite Strecken ganz ohne Trost, ohne Ablenkung und Heiterkeit führt, nur durch Elend und Schmerz: Wer so etwas schreibt, der hat es nicht auf Unterhaltung abgesehen.

Nein, Mitchell ging es um Gedenken, um die Erinnerung an eine versunkene Welt. Als Geschichtsbuch aber ist »Vom Winde verweht« nicht uneingeschränkt zu empfehlen. Trotz Genauigkeit im Detail ist die Perspektive hemmungslos parteilich. Der Ku-Klux-Klan wird als Selbsthilfegruppe gedemütigter, eigentlich wohlerzogener Bürger vorgestellt, das Bürgerrecht für Schwarze als eine weltfremde Idee – nicht, weil es diesen an Menschlichkeit fehlte, doch sind sie, wie nicht nur Scarlett versichert, im Grunde wie Kinder, die man behüten muss... BEECHER STOWES »Onkel Toms Hütte«, das literarische Pamphlet des Nordens, wird nur abfällig zitiert; von unglücklichen Sklaven hat man in Mitchells Georgia niemals gehört.

Gerecht ist Erinnerung nie. Überwältigend darf sie sein.

Biografisches

Margaret Mitchell, geboren am 8. November 1900 in Atlanta, der Hauptstadt von Georgia, in den Südstaaten der USA, wuchs in einer großen Familie auf, in der bürgerliches Selbstbewusstsein, historisches Interesse und Parteilichkeit für den Süden selbstverständlich waren. Ihr Studium generale am berühmten Smith College in Northampton, Massachusetts, brach sie ab, als ihre Mutter starb; fortan lebte sie mit Vater und Geschwistern – und später dem ersten Mann – wieder im Elternhaus. Nach ersten literarischen Versuchen als Mädchen und junge Frau begann sie 1922 bei der Tageszeitung »Journal«, wo sie Reportagen, Rezensionen und Kolumnen schrieb. Eine Arthritis und andere Krankheiten zwangen sie, ihre Berufstätigkeit aufzugeben. Ihre erste Ehe wurde nach zwei Jahren annulliert; 1925 heiratete sie den leitenden Angestellten John Marsh. Im Jahr darauf begann sie mit der Niederschrift ihres einzigen Romans »Vom Winde verweht«, der 1936 erschien und sofort ein Welterfolg wurde. Ihre enorme Popularität nutzte sie für karitative und – im Zweiten Weltkrieg – patriotische Zwecke; für den Panzerkreuzer »Atlanta« sammelte sie sechzig Millionen Dollar. Am 16. August 1949 starb Margaret Mitchell an den Folgen eines Autounfalls.

Leseempfehlung

»Vom Winde verweht«. Aus dem amerikanischen Englisch von Martin Beheim-Schwarzbach.

Elke Schmitter

ZUFALL UND SCHULD

Margriet de Moor *1941

Manchmal möchte man morgens nicht aufstehen. Oder man hat überhaupt keine Lust, sich bei miserablem Wetter ins Auto zu setzen, um, wie jedes Jahr, beim Geburtstagsfest des Patenkinds Kuchen zu essen und den Moment abzuwarten, an dem man halbwegs höflich wieder verschwinden kann. Und manchmal hält man den Alltag einfach nicht länger aus und verlässt, ohne Adieu, ohne Abschiedsbrief und sogar ohne Koffer das Haus, steigt in den Bus und später in einen Zug und weiß selbst nicht so genau, wohin man eigentlich fahren will und weshalb man diese plötzliche Reise, die gegen alle Regeln verstößt, machen muss.

Margriet de Moor setzt in fast all ihren Büchern auf die Wucht der plötzlichen Entscheidung. Neben dem gewohnten Leben gibt es noch ein Möglichkeitsleben, in das man hinüberwechseln kann. Wegen ihrer Vorliebe für diese jähen, lebensverändernden Brüche gilt sie als Verfasserin unglücklicher Liebesgeschichten. Und das ist sie auch. Es ist zwecklos, in ihren Romanen, Novellen und Erzählungen ein Happy End zu erwarten, denn Margriet de Moor beschreibt das Rätselhafte, Doppeldeutige der Liebe. Eindeutige und anhaltende (Liebes-)Zustände gibt es nicht, jedenfalls nicht in Margriet de Moors Romanen.

Ihre Geschichten handeln von ungleichen oder unmöglichen Paaren, kurze Zeit mit großer Hingabe ineinander verschlungen, dann folgt der Bruch, und manchmal geht die Geschichte mit anderen Partnern weiter. Die Paare trauen ihren eigenen Gefühlen nicht. Neben der einen Liebe wartet oft eine andere, und es scheint ganz einfach zu sein, den Platz des anderen einzunehmen. Margriet de Moor polemisiert gegen das abendländische Ideal von der Treue »bis dass der Tod euch scheidet«. Sie denkt nicht daran, Konflikte darzustellen, um sie zu lösen. Sie will nicht die Welt verbessern, sondern zeigen, worauf man gefasst sein muss, wenn man auf ganz gewöhnliche Biografien in den kleinen, mittleren und großen niederländischen Städten schaut, auf Menschen, die in schöner Gelassenheit und mit gradem Rücken auf schwarzen Fahrrädern sitzen, um an hunderten anderen Fahrradfahrern vorbeizudriften. Anders als ihre Kollegin Hella Haasse, die in der niederländischen Kolonie Indonesien aufgewachsene niederländische »Grande Dame«, anders als der die gesamte Welt zu seinem Schauplatz machende Cees Nooteboom, spielen Margriet de Moors Bücher, abgesehen von »Der Virtuose«, in den Niederlanden oder unter Niederländern. Außer ein paar Hyazinthen- und Tulpenfeldern ist allerdings weder ernst gemeintes noch veräppelndes Heimatkolorit anzutreffen.

Die Umwege, die Margriet de Moor auf ihrem eigenen Weg zur Schriftstellerin zurückgelegt hat, bürdet sie auch ihren Figuren auf. Die meisten sind so alt wie sie selbst, sind irgendwann vor oder während des Zweiten Weltkriegs geboren, was nicht unwesentlich für die Art und Weise ist, mit der sie das Leben an sich vorbeiziehen lassen. Sie verdienen als Übersetzerin ein bisschen Geld oder verkaufen in einem kleinen Geschäft Schmuck und Porzellan, rauchen, trinken Whisky und steuern auf ein hintergründiges Unglück im niederländisch bürgerlich gelassenen Ambiente zu. Diese genügsamen Personen sind keine Erfolgsfrauen, sie zeigen die tastende Haltung der Nachkriegsgeneration. Das traditionelle Rollenbild trennt die Welt von Mann und Frau. Die Frauen trauen sich nicht, auch weil sie nicht gelernt haben, ihre Wünsche zu artikulieren, aber sie handeln, ohne den Mann in ihr Tun und vor allem in ihre Gedanken einzuweihen. Suzanna Flier, die schöne Geigerin in der »Kreutzersonate«, gehört einer jüngeren Generation an, aber auch sie ordnet sich unter und dient ihrem blinden Mann. Die Frauen sind nicht flatterhaft oberflächlich, etwas Unausgesprochenes und Unerkanntes bohrt in ihnen. Das Ungefähre, das an den Biografien nagt, bekommt ein Gegengewicht in Margriet de Moors Vorliebe für abrupte Ereignisse, die sich harmlos ankündigen. Ein tibetanischer Dolch, Souvenir irgendeiner Reise, Sandverwehungen auf einer Landstraße, ein losheulender Orkan, dem niemand Bedeutung zumisst und der dann eine historische Katastrophe auslöst.

Aber nicht allein der Zufall, nicht Eifersucht, Jähzorn und Naturgewalt bringen Margriet de Moors Männer und Frauen an den Rand des Todes. Fast in allen ihren Romanen, die seit Anfang der neunziger Jahre erschienen sind, gibt es ein Motiv hinter dem Dreieck aus Schicksal, Leidenschaft und Tod. Das kann eine zurückliegende Kränkung, eine familiäre Verletzung oder die Wunde einer durch den Krieg bestimmten Vergangenheit sein, deren Spur Magda in »Erst grau dann weiß dann blau« über Kanada und Berlin in das in Mähren gelegene Dorf ihrer Kindheit zurückverfolgt. Bei dem erblindeten Musikkritiker Marius van Vlooten in der »Kreutzersonate« ist es die Kugel, die er sich als junger verwöhnter, von einer Frau zurückgewiesener Mann aus verletztem Selbstwertgefühl in den Kopf jagte. Die Kugel nahm ihm nicht das Leben, sondern das Augenlicht. Die Autorin interessiert sich für das Gehör, bei Blinden ist das feiner als bei Sehenden. Auch van Vlooten hört präziser als seine Kritikerkollegen. Margriet de Moor versetzt ihre Paare in einen Zustand, in dem die Grenzen der Wirklichkeit aufgelöst sind. Auch wenn es nicht ausgesprochen wird, die Personen ahnen, dass sie in einer »Möglichkeitssphäre« leben. Am erbarmungslosesten spielt Magda in »Erst grau dann weiß dann blau« dieses Spiel. Sie treibt es so lange, bis ihr Mann Robert es nicht länger aushält, »neben einem gutgelaunten Rätsel« zu leben, »das sich die Haare kämmt und das Haus in Ordnung hält«. Magda ist es, die ohne Ankündigung verschwindet, um nach zwei Jahren durch das gleiche Gartentor wieder zurückzukommen, kommentarlos, als wären zwei Jahre nichts anderes als zwei Stunden.

Margriet de Moor ist die Autorin des »zweideutigen Zustands«. Aufgewachsen in einem Ferienort am Meer, nicht sehr weit von Amsterdam entfernt, als eines von zehn Geschwistern, zog sie sich lesend auf sich selbst zurück. Das laute Haus hörte auf zu existieren, das Lesen sprengte die Gesetze der Wirklichkeit, der fiktionale Romanstoff und der reale Kinderhaushalt vermischten sich miteinander. Auch ihr eigenes Leben wäre beinah ganz anders verlaufen. Denn das musikalische Mädchen, das nach dem Abitur Gesang und Klavier studierte, war auf dem Weg zur Sängerin. Dann aber, so jedenfalls erzählt es Margriet de Moor, hielt sie es nicht aus, mit sich selbst und der eigenen Stimme auf der Bühne zu stehen. Als einmal eine Woche Zeit war, setzte sie sich an ihren Schreibtisch, um eine Erzählung zu schreiben. Der Text überschritt die geplante Frist und den geplanten Umfang von zehn Seiten. 1988 erschien der Erzählungsband »Rückenansicht«, drei Jahre später der Roman »Erst grau dann weiß dann blau«, der in den Niederlanden und in Deutschland ein Bestseller wurde.

Seitdem hat sie nicht mehr aufgehört zu schreiben, und die zierliche rothaarige Margriet de Moor verbeugt sich nach ihren Lesungen auf wechselnden Bühnen mit gekreuzten Händen vor der Brust, anmutig den Kopf senkend; sie könnte tatsächlich eine Sängerin sein. Zwei ihrer Bücher, »Der Virtuose« und »Kreutzersonate«, haben die Musik zum Hauptthema. »Ich glaube nicht an den Sänger als Verkünder der Wahrheit«, sagt Margriet de Moor. Kunst wird zuerst einmal »gemacht«. Wie sie Kunst »macht«, erfährt man in ihrem ersten Roman. Innerhalb eines Kapitels wechseln die Stimmen unterschiedlicher Ich-Erzähler ab, wechselt innerer Monolog mit Dialog, eine Art Wechselgesang, Rezitativ und Arie, dazu gehört auch das Schweigen, die Stille. Robert kann Magdas Gleichgültigkeit, ihr Schweigen nicht mehr aushalten. »Ich ertrage deine Doppelrolle nicht mehr!«, sagt er zu sich selbst, oder: »Du beleidigst mich mit deinem stillen Kummer.« Magda, unterwegs zum Haus ihrer Kindheit, denkt, dass es Ereignisse gibt, die nicht in der Vergangenheit verschwinden, weil sie die ungeheure Eigenschaft besitzen, Jahre hindurch weiterzuexistieren. »Nicht als Bewegung, sondern als Lähmung.« Solche Sätze sind Ausgangspunkt und Zentrum. Nicht als psychoanalytische Durchdringung, sondern als Suche nach dem Gleichgewicht zwischen dem Damals und dem Jetzt.

Zur Sammlung von Margriet de Moors Parallelgeschichten gehört die Figur des Tierarztes Vincent Lucas, der an einem regennassen Tag auf der Straße einen Terminkalender findet, ihn mit nach Hause nimmt und darin seinen eigenen Namen entdeckt, weil die Besitzerin für ihre Katze einen Termin mit seiner Praxis vereinbart hatte. Im Roman »Die Verabredung« phantasiert der Mann sich in die unbekannte Inhaberin des Terminkalenders. Margriet de Moor inszeniert eine Affäre, aber keine Zukunft. Sand weht über die Fahrbahn, das Auto gerät ins Schlingern, der Tierarzt verunglückt tödlich. Seine Ehefrau glaubte seit der Hochzeit, von ihrem Mann betrogen zu werden. So erfüllt sich das hinter der Geschichte lauernde Menetekel. Magda in »Erst grau dann weiß dann blau« bringt es so auf den Punkt: »Dass sich ganz in der Nähe des Lebens, in dem man zufällig gelandet ist, ein anderes befindet, das man seelenruhig genauso hätte führen können.«

An »Sturmflut«, ihrem hochdramatischen Holland-in-Not-Roman über die riesige Flutwelle, die in der Nacht zum 1. Februar 1953 im Südwesten der Niederlande fast zweitausend Menschen mitriss, erschreckte auch die Ähnlichkeit mit der Tsunami-Flutwelle im Indischen Ozean am 26. Dezember 2004. In

»Sturmflut« benutzt Margriet de Moor offensiv die Person des Stellvertreters. Aus Shakespeares Komödien und Mozarts Opern ist das Motiv des Kleidertauschs geläufig. Vor der Abreise zieht Lidy den blauen Angorapullover ihrer jüngeren Schwester Armanda an. Lidy wird statt Armanda der Sturmflut entgegenfahren, und wenige Stunden nach Lidys Abreise werden Armanda und Lidys Mann eng und vertraut miteinander tanzen. Und dann wird Armanda Lidys Leben weiterleben, das Kind der Schwester aufziehen, ihren Schwager heiraten. Schiefgehen kann da eigentlich nichts, man trinkt Kaffee, kaut Plätzchen und hält zusammen, was zusammengehört. Aber im Hintergrund dieses keuschen und abgezirkelten Daseins der fünfziger Jahre rumort das andere Leben. Viel später, Armanda ist eine alte Frau, wird sie ihr Leben eine »Ménage à trois« nennen. Die ältere Schwester steckt seit jenem Morgen Ende Januar 1953 in der jüngeren. »Sturmflut« ist, wie die meisten Romane von Margriet de Moor, ein Buch über Zufall und Schuld.

Biografisches

Margriet de Moor wurde als Margaretha Maria Antonetta Neefjes am 21. November 1941 im niederländischen Noordwijk geboren. Ihr Vater war Lehrer, seine Frau und er zogen sieben Mädchen und drei Jungen in dem Nordseeurlaubsort auf. Margriet de Moor studierte Klavier und Gesang in Den Haag, wurde Klavierlehrerin, heiratete einen Bildhauer und bekam zwei Töchter. Dann fing sie wieder an zu studieren, weil sie Archäologie und Kunstgeschichte interessierte, wurde Mitglied im Philip Glass Ensemble, drehte Videos über holländische bildende Künstler und lebte in einem Kreis von Komponisten und Maler. 1988 debütierte sie mit dem Erzählungsband »Rückansicht« und wurde dafür mit dem »Gouden Ezelsoor« ausgezeichnet. 1991 erhielt sie für »Erst grau dann weiß dann blau« den AKO-Literaturpreis. Margriet de Moor hat ein großes internationales Publikum und nutzt ihre Popularität als kluge Schriftstellerin, um sich zu gesellschaftspolitischen Themen zu äußern. Weil sie es lehrreich findet, die Stadt, in der man lebt, genau kennenzulernen, zieht sie nach fast jedem neuen Buch in ein anderes Amsterdamer Stadtviertel.

Leseempfehlung

»*Erst grau dann weiß dann blau*« *(Roman)*. Aus dem Niederländischen
von Heike Baryga.
»*Kreutzersonate*« *(Roman)*. Aus dem Niederländischen von Helga van
Beuningen.
»*Herzog von Ägypten*« *(Roman)*. Aus dem Niederländischen von
Helga van Beuningen
»*Sturmflut*« *(Roman)*. Aus dem Niederländischen von Helga van Beuningen.
»*Der Jongleur*« *(Roman)*. Aus dem Niederländischen von Helga van
Beuningen.

Verena Auffermann

MAMMA ROMA

Elsa Morante *1912–1985*

Rom, die ewige Stadt, wurde der Sage nach im Jahr 753 vor Christus von einem Bastard gegründet. Denn nichts anderes war Romulus, der mit seinem Bruder Remus von einer Wölfin gerettet, gesäugt und aufgezogen wurde. Dieser Mythos lenkt wie eine poetische Kompassnadel das Romanwerk der Schriftstellerin Elsa Morante, über die als Wichtigstes zu sagen ist: Sie war Römerin von ganzem Herzen. Sie wurde 1912 im proletarischen Stadtteil Testaccio geboren, verfasste zwischen den dreißiger und den siebziger Jahren des letzten Jahrhunderts wenige, dafür umso imposantere Romane, die geprägt sind von barocker Fülle, außerordentlicher Imaginationskraft und dem Zauber eines magischen Realismus. Mit der Schule des italienischen Neorealismus, der in ihre Lebenszeit fällt, hat Morantes Werk allenfalls das Interesse am Milieu der einfachen Leute gemeinsam. Sie ist eine weitschweifige Erzählerin, aber so groß die Bögen

auch sein mögen, die sie um ihre Romangeschichten herum zieht – in deren
Zentrum steht auffallend oft ein ganz bestimmter Figurentyp: der Bastard. Der
jugendliche Mann mit undurchsichtiger Herkunft. Das streunende Außensei-
terkind diffuser Familienverhältnisse.

Arturo zum Beispiel. So heißt der vierzehnjährige Ich-Erzähler in Morantes Roman »Arturos Insel« aus dem Jahr 1957. Die Geschichte spielt auf der
im Golf von Neapel gelegenen Insel Procida, die eine düstere Kulisse für die
mysteriös-archaische Handlung abgibt. Arturo lebt mit seinem deutsch-italie-
nischen Vater in einem seltsamen Männerhaushalt. Die Mutter starb bei Arturos Geburt. Etwas Kaspar-Hauser-haftes, Asoziales umgibt Arturos Existenz.
Er findet Kontakt zu Tieren und zur Natur. Zu Menschen kaum. Immer wieder
verschwindet der Vater auf unerklärliche Weise. Als er eines Tages von einer seiner rätselhaften Reisen mit einer jungen Braut zurückkehrt, die kaum älter ist
als Arturo, kommt es zum Eklat. Denn der Junge hasst die Ersatzmutter eifersüchtig und begehrt sie gleichzeitig. Vollends bricht das dünne Eis der ohnehin unkonventionellen Familienordnung, als Arturo zufällig hinter das wahre
Geheimnis seines Vaters kommt: Der ist homosexuell und trifft sich mit einem
Verbrecher aus dem Gefängniskastell der Insel.

Ein anderer, der wohl berühmteste Morante-Held aus der Typologie der
Bastarde ist der kleine Giuseppe, von allen »Useppe« genannt. Um ihn dreht
sich das gewaltige Hauptwerk Elsa Morantes, der 1974 erschienene historische
Roman »La Storia«. In diesem kolossalen Epos erzählt Morante die Leidensgeschichte des italienischen Volkes während des Faschismus, der Judenverfolgung
und des Zweiten Weltkriegs. Die Zeit der Handlung sind die Jahre zwischen
1941 und 1947. Ort der Handlung ist natürlich Rom. Aber auf einer symbolischen Ebene berichtet »La Storia« von der gesamten Leidensgeschichte der
Menschheit. »La Storia« gilt als italienisches Nationalepos, in einer Reihe mit
dem ebenso kolossalen Klassiker »Der Leopard« von Tomasi di Lampedusa
aus dem Jahr 1958.

Natürlich ist auch mit Useppes Herkunft etwas nicht in Ordnung. Er ist das
Kind einer eher zufälligen Vergewaltigung. Ein deutscher Soldat schlendert
im Jahr 1941 durch die Straßen Roms, trifft auf Ida, eine verwitwete Lehrerin, die das Joch ihres mühseligen Lebens dem Alter entgegenträgt. Der deutsche Soldat bedient sich Idas flüchtig und verschwindet. Die Frucht der halben
Stunde ist der kleinwüchsige, leicht behinderte Useppe. Die Natur hat ihn körperlich benachteiligt und zugleich mit einer magischen Gabe bevorzugt. Denn
Useppe versteht die Sprache der Tiere, er verfügt über eine Art siebten Sinn,
kennt die Träume und Ängste der Menschen besser als diese selbst. Die Aura
eines kindlichen Heilands umgibt Useppe – denn nimmt man die Erzählung
des Neuen Testaments unter familiär-biologischen Aspekten wörtlich, ist der

Sohn Marias, der keinen leiblichen, identifizierbaren Vater hat, ein Artverwandter Useppes.

Und ihre eigene, Elsa Morantes Herkunft? Sie ist nicht minder dubios. Die Mutter Irma Poggibonsi stammte aus Norditalien, war Lehrerin und verheiratet mit Augusto Morante. Der führte im Hause das Dasein eines Aussätzigen, schlief im Keller und war von den Unternehmungen der im Obergeschoss wohnenden Familie ausgeschlossen. Während die Familie zu Mittag und zu Abend aß, musste er seine Mahlzeiten allein und jeweils eine Stunde früher einnehmen. Augusto Morante war, was sich bereits in der Hochzeitsnacht bemerkbar machte, offensichtlich impotent. Irma Poggibonsi indes gebar vier Kinder, jeweils zwei von zwei verschiedenen »Onkels«, die dem Hausstand lose angehörten. Die beiden älteren Kinder wurden von der Mutter geliebt, die beiden jüngeren nicht. Elsa gehörte zu den glücklichen Älteren. Ein Gefühl des Mangels, ein Gefühl, nie in den Genuss ersehnter Liebe zu gelangen, blieb ihr indes ihr Leben lang erhalten, und mit sicherem Gespür für die fatale Dramaturgie der Wiederholung zog es ihr Herz zu Liebesbindungen, die das Leiden am Mangel wachhielten.

In der Phantasiewelt Elsa Morantes, der es väterlicherseits an Vertrauen in ihre biologische Position und mütterlicherseits an Vertrauen in seelische Beheimatung mangelte, nehmen zwei Idole eine herausgehobene Position ein: das der kreatürlichen Mutter und das des anbetungswürdigen jungen Mannes. Sich selbst phantasierte sie in beide Figuren. Sie selbst wäre, dies erklärte Elsa Morante oft, lieber ein Junge gewesen. In ihrer Erscheinung war sie dabei keineswegs androgyn. Sie stellte eher eine Art intellektuelle Anna Magnani dar. Eine Art *mamma roma* der Literatur, mit Hang zu exzentrischer, bunter, in den sechziger Jahren popartiger Kleidung. Elsa Morante war bekannt für ihre Direktheit und Großzügigkeit, für die Katzenschar, mit der sie über den Dächern Roms lebte, und für die Weihnachtsfeste, die sie veranstaltete. Sie lud eine Menge Leute ein, häufte unter den Weihnachtsbaum zwei Geschenkberge, einen für Männer, einen für Frauen, und jeder durfte sich nach Herzenslust bedienen. Bekannt war Elsa Morante außerdem für cholerische Anfälle, ätzende Streitlust, tyrannische Besserwisserei und Launenhaftigkeit. Höfliche Zeitgenossen, die der starken Raucherin Feuer geben wollten, riskierten, sich unbeliebt zu machen. Denn Elsa Morante schätzte am Rauchen vor allem den Moment, in dem sie sich selbst eine frische Zigarette anzündete, und wer ihr dabei zuvorkam, stahl ihr folglich das Vergnügen. Sie war wohl, was man eine schwierige Person nennt.

Über zwanzig Jahre lebten Elsa Morante und der renommierte italienische Schriftsteller Alberto Moravia als Paar. 1937 hatten sie sich kennengelernt und 1941 geheiratet. Sie waren ein kompliziertes, oft und lautstark streitendes Paar, zudem ein öffentliches Schriftstellerpaar, an dessen Sensationen die italienische Gesellschaft fast so stark Anteil nahm wie die französische an dem Denkmal SIMONE DE BEAUVOIR & Jean-Paul Sartre. Wiewohl verheiratet, hielt Elsa Morante von bürgerlichen Lebensformen nicht viel. Je älter sie wurde, desto stärker trat ihr Sinn für eine gewisse Anarchie der Liebesordnung in den Vordergrund: ihr obsessives Schwärmen für schöne, oft jüngere, durchweg homosexuelle oder bisexuelle Männer. Sie vergötterte den Regisseur Luchino Visconti. Sie war mit Pier Paolo Pasolini lange Zeit fast symbiotisch befreundet, und sie fand Ende der fünfziger Jahre, als die Ehe mit Moravia endgültig in die Brüche ging, die Erfüllung ihres Traums in dem zwanzig Jahre jüngeren amerikanischen Maler Bill Morrow. Ein blonder Engel, in den sich, Schilderungen von Zeitgenossen zufolge, alle Welt auf Anhieb verliebte. Elsa Morante, inzwischen eine Frau von fünfzig Jahren, liebte ihn unverhohlen auf eine mütterliche Weise. Mit ihm gelangte das ideale Paar ihrer Phantasiewelt in die Realität: die Mutter mit dem jungen Mann, der biologisch nicht ihr Sohn ist. Rückübersetzt in den römischen Mythos: die Wölfin mit dem Bastard.

Die etwas paradoxen Zustände im elterlichen Haushalt, mit denen Elsa Morante groß geworden war, dienten zumindest als Schule der Unkonventionalität. Mit achtzehn, im Jahr 1930, zog die junge Römerin von zu Hause aus, nahm sich ein möbliertes Zimmer und existierte fortan auf eigene Rechnung und eigene Verantwortung. Sie schlug sich mit Nachhilfestunden und Kurzgeschichten für Zeitungen durch, lebte von der Hand in den Mund und gelegentlich auch, wie sie später berichtete, von Prostitution. Dann, 1937, trat Alberto Moravia in ihr Leben. Der Dreißigjährige, als Frauenheld und Autor gleichermaßen erfolgsverwöhnt, galt seit seinem 1929 erschienenen Besteller »Die Gleichgültigen« als feste Größe im italienischen Kulturleben. An seiner Seite lernte Elsa Morante weibliches Leiden kennen, denn Moravia beharrte darauf, nicht von ihren körperlichen, sondern von den Reizen ihres eigenwilligen Charakters gefesselt zu sein. An seiner Seite betrat sie das literarische Establishment Roms, wo sie, eben dank dieses Charakters, schnell eine eigenständige Position einnahm. Das Paar verfasste seine Bücher Tür an Tür, aber ohne nennenswerten künstlerischen Austausch. Sie zeigten sich nicht einmal gegenseitig ihre Manuskripte. Moravia war ein disziplinierter Vielschreiber, saß jeden Morgen pünktlich am Schreibtisch und schloss in kurzen Abständen publikumsfreundliche Bücher ab. Morante hingegen arbeitete eruptiv und konzentrierte ihre Energie auf die Besteigung literarischer Hochgebirge.

Im Jahr 1941 veröffentlichte sie einen Erzählband und 1948 ihren ersten Roman, die knapp neunhundert Seiten umfassende Familiensaga »Lüge und Zauberei«. Das Buch erschien beim bedeutendsten Verlag der italienischen Nachkriegsliteratur, bei Einaudi in Turin, wo die Schriftstellerin NATALIA

GINZBURG als Lektorin arbeitete. Sie nahm Morante freundschaftlich und literarisch unter ihre Fittiche. »Lüge und Zauberei« wurde noch im Jahr des Erscheinens mit dem Premio Viareggio ausgezeichnet – und Elsa Morante spätestens jetzt zur Kämpferin gegen das Gerücht, sie verdanke ihre Erfolge dem Ruhm des Ehemanns. Ihr Unmut über ungebetene Zigarettenanzünder war nichts gegen den Unmut über Leute, die sie als »Elsa Moravia« ansprachen. Einmal war es der Ehemann selbst, der die Dummheit beging. Er hielt sich in Spanien auf, fror furchtbar, vermisste seine warme Garderobe und schickte an »Elsa Moravia« ein Telegramm, in dem er sie bat, ihm Pullover zu schicken. Statt dieser kam sie selbst. Der Ehekrach zog sich drei Tage und drei Nächte hin. In der Liebe ein heikles, blieben Morante und Moravia in der Freundschaft ein loyales Paar, was sich auch daraus schließen lässt, dass Moravia für Bill Morrow, den jugendlichen Freund der Ex-Frau, einen Text für einen Ausstellungskatalog verfasste.

Der Tod Bill Morrows im April 1962 war die große Tragödie in Elsa Morantes Leben, von der sie sich wohl nie erholte. Bill Morrow stürzte aus dem Fenster eines New Yorker Hochhauses. Ob es Selbstmord war, ein Unfall, die Folge eines LSD-Rausches, blieb ungeklärt. Von da an zog sich Elsa Morante kategorisch von der Welt zurück, sie wurde zur großen Unnahbaren, Geheimnisumwitterten der italienischen Literatur. Sie begann das Mammutprojekt »La Storia«. Über ein Jahrzehnt arbeitete Elsa Morante an diesem Roman, der 1974 erschien. Ihr nationales Prestige beweist nichts so gut wie die Tatsache, dass sich der Verlag ihrer ungewöhnlichen Forderung beugte, »La Storia« als siebenhundertseitiges, eng bedrucktes Taschenbuch auf den Markt zu bringen und zum Niedrigpreis von 2000 Lire –1974 etwa sechs Mark – zu verkaufen. »La Storia« sollte nach Morantes Willen ein wirkliches Volksbuch, für jedermann erschwinglich sein. Der Roman wurde auch tatsächlich binnen weniger Monate 600 000-mal verkauft, die Kritik indes nahm das Werk gespalten auf. Sie bemängelte an der Erzählstruktur die ausufernden Stoffmengen und an der Erzählhaltung deren rabenschwarzen Geschichtspessimismus, die regelrechte Geschichtsfeindschaft Morantes. Alles, was mit der menschlichen Spezies in den vergangenen 10 000 Jahren geschah, verdamme sie als »einen einzigen Skandal«, eine Art Dauerfaschismus.

In ihrem letzten Werk, dem märchenhaften Roman »Aracoeli« aus dem Jahr 1982, erschuf Elsa Morante noch einmal das Paradies der Einheit aus archaischer Mütterlichkeit und reiner Jünglingshaftigkeit. Ein vierzigjähriger Mailänder, eine melancholische, vereinsamte Gestalt unternimmt eine Reise nach Spanien. Er sucht den Ort seiner Kindheit auf und die Erinnerung an das kurze Kinderglück mit seiner Mutter, einer Andalusierin namens Aracoeli, einer Analphabetin mit den Zügen einer Halbwilden. Kaum etwas anderes als dieses Thema scheint Elsa Morante in ihren letzten Lebensjahren beschäftigt zu haben. Sie las Baudelaires Briefe an seine Mutter, verbrachte Stunden vor den Madonnenbildern Bellinis und Giorgiones. Sie brach fast alle Kontakte ab und erfreute sich nur noch an drei Dingen, die alle mit dem Buchstaben M beginnen: Mozart, das Meer und Mandarineneis.

Sieben Monate nach der Veröffentlichung von »Aracoeli« verübte sie am Gründonnerstag 1983 in ihrer römischen Dachwohnung einen Selbstmordversuch. Sie überlebte, in letzter Minute gerettet von ihrer Haushälterin, aber sie trug schwere gesundheitliche Schäden davon. Zweieinhalb Jahre lag Elsa Morante als Pflegefall in einer Privatklinik, teilweise gelähmt, oft nur noch mit großer Mühe sprechend, der Agonie entgegendämmernd. Ein langes, qualvolles Leiden.

Ihr Schicksal wurde noch einmal zur öffentlichen Angelegenheit, als sich Alberto Moravia im Herbst 1983 mit einem spektakulären, in einer Zeitung veröffentlichten Appell an den italienischen Staat wandte und diesen aufforderte, die immensen Kosten des Krankenhausaufenthalts der verarmten Schriftstellerin zu übernehmen, die auch sein, Moravias, Privatvermögen zu übersteigen drohten. Der damalige Staatspräsident Sandro Pertini nahm sich des Falls Morante persönlich an. Er eilte an ihr Krankenbett und spendete sieben Millionen Lire aus einem Staatsbudget, das es eigentlich gar nicht gab. Die Stadt Rom wiederum versprach für die Pflege ihrer Dichterin eine Spende von zwanzig Millionen Lire. Elsa Morante starb im Herbst 1985. Kurze Zeit nach ihrem Tod stellte sich heraus, dass sie keineswegs verarmt, sondern als Besitzerin von Schatzbriefen, Immobilien und Wertpapieren Millionärin gewesen war. Und weiterhin, dass Alberto Moravia als Teilerbe zum Nutznießer dieses Besitzes geworden war.

Biografisches

Elsa Morante wurde am 18. August 1912 in Rom geboren. Wie mehrere Kolleginnen der Literaturgeschichte ist sie für Abweichungen, ihr Geburtsjahr betreffend, selbst verantwortlich. Vereinzelte Quellen nennen als Geburtsjahr 1918. Mit achtzehn Jahren nahm sie sich eine eigene Wohnung und kam fortan für ihren Lebensunterhalt selbst auf. 1937 lernte sie den Schriftsteller Alberto Moravia kennen, 1941 heirateten die beiden. Elsa Morantes Mutter war Jüdin, Alberto Moravias Vater Jude. Nachdem Moravia unter Mussolini seine Arbeit als Journalist verloren hatte, zog er sich mit seiner Frau auf die Insel Capri zurück. Auf der Flucht vor den deutschen NS-Truppen versteckte sich das Paar vom Herbst 1943 bis in den Frühsommer 1944 in einem süditalienischen Dorf und lebte unter primitiven Verhältnissen, jedoch in vorher und nachher nicht erreichter Harmonie. Das literarische Werk Elsa Morantes wurde mit mehreren hochrangigen Preisen ausgezeichnet. Obwohl international bekannt und in viele Sprachen übersetzt, besteht ein großes Gefälle zwischen ihrem Rang innerhalb und außerhalb Italiens. 1983 unternahm Elsa Morante in ihrer römischen Wohnung einen Selbstmordversuch, dessen schwerwiegende Folgen sie zu einem Pflegefall machten. Nachdem sie zweieinhalb Jahre in einem Krankenhaus gelegen hatte, starb Elsa Morante am 25. November 1985.

Leseempfehlung

»*Arturos Insel*« *(Roman)*. Aus dem Italienischen von Susanne Hurni-Maehler.
»*Der andalusische Schal*« *(Erzählung)*. Aus dem Italienischen von Susanne Hurni-Maehler.
»*La Storia*« *(Roman)*. Aus dem Italienischen von Hannelise Hinderberger.

Ursula März

PLÄDOYER FÜR MEHR GRÖSSENWAHN

Irmtraud Morgner *1933–1990*

Maulfaul und phantasiearm war man dort, wo sie herkam. Kurzes »hm« stand beim Vater für Lob, gedehntes »hm« für Verachtung. Silben wie »na«, »ha«, »bh«, »nu«, »ah«, »ach«, »pst« genügten ihm zur interfamiliären Verständigung. Die Mutter antwortete mit verschiedenen Arten von Gelächter – leises (für Ironie), mäßiges (für Gleichgültigkeit oder Zustimmung), unmäßiges (für Niederlage oder Sieg). Schweigen mit fest zusammengepressten Lippen, wobei am Kinn drei Grübchen erschienen, signalisierte Freude oder Schmerz. Bis zum dreizehnten Lebensjahr konnte die Tochter dieses Paares sich nicht vorstellen, dass die Geheimnisse der Welt sich in Worte fassen ließen. Aber dann geriet sie an einen von Nachbarn hinterlassenen Koffer mit Reclamheftchen, ein Gymnasialsortiment deutscher Literatur. »Ich erbeutete es und schwartete es durch«, schrieb sie darüber später, »das war mein erster Bildungsschock.«

Das Erlebnis bewirkte bei ihr eine Rebellion gegen die väterliche Lebensdevise
»Nicht auffallen!«. Verse wie »Es möcht kein Hund so länger leben, / drum
hab ich mich der Magie ergeben« strich sie rot an und fühlte sich erhoben.
Lebensgeister ungeahnter Art vermutete sie plötzlich in sich selber, wurde allerdings später in der Schule darüber belehrt, dass ihre identifikatorische Phantasie beim Lesen in die falschen Rollen eingeschossen war, nämlich in die männlichen (Faust). Die weiblichen Rollen (Gretchen) erschienen ihr jedoch als
Identifikationsangebote abwegig.

Die Rede ist von Irmtraud Morgner und zugleich von Laura Salman, der
wichtigsten ihrer Romanfiguren, der sie die eigenen Kindheits- und Jugender-
fahrungen ins fiktive Leben mitgegeben hat. Nach dem erwähnten Bildungsschock ging es allerdings bei Irmtraud Morgner weniger abenteuerlich weiter
als später bei Laura. Sie begann ein Germanistikstudium in Leipzig, saß hingerissen zu Füßen des aus der Emigration zurückgekehrten Philosophen Ernst
Bloch und war vom Respekt gegenüber der Literatur derart eingeschüchtert,
dass zehn Jahre vergehen mussten, bis sie den Mut aufbrachte, selber ein Buch
zu schreiben: »Zehn Jahre, in denen ich mit der Angst vor der Courage zu
schaffen hatte.« Immerhin: 1958 wurde die Fünfundzwanzigjährige Mitglied
des Schriftstellerverbands der DDR.

Mit ihren ersten Büchern hatte sie Pech. Zwei davon waren im Stil des sozialistischen Realismus verfasst; die mochte sie später wegen ihrer besserwis-
serischen Erzählhaltung selber nicht mehr gelten lassen. Das dritte, der Roman
»Rumba auf einen Herbst«, den sie 1963 an das Lektorat des Aufbau-Verlags
in Ostberlin sandte, verschwand spurlos. Auch das neugefasste Manuskript dieses Romans, das sie zwei Jahre später an den Mitteldeutschen Verlag in Halle
schickte, ging verloren. Involviert waren damals – wie sich nach der Öffnung
der Archive gezeigt hat – das DDR-Ministerium für Kultur, Kurt Hagers Abteilung Kultur im Zentralkomitee, die Stasi und sogar Verlagslektoren, die als
Inoffizielle Mitarbeiter für die Stasi tätig waren. Sie sorgten nicht nur für ein
Druckverbot, sondern auch dafür, dass Original und Durchschläge des bean-
standeten Texts verschwanden. Eine Diskussion mit der Autorin, die um die
Rückgabe ihres Manuskripts kämpfte, war nicht vorgesehen. »Ich sehe für mein
Buch nicht mehr viel Chancen, ich sehe überhaupt nicht mehr viel Chancen
in diesen elenden Breiten, man müsste seine Koffer packen und abhauen ... aber
die Zäune sind zu hoch«, schrieb Irmtraud Morgner damals in einem Brief. Zu
der Zeit stand die Mauer in Berlin bereits seit fünf Jahren.

Mit ihrem Roman »Hochzeit in Konstantinopel« gelang ihr 1968 der
Durchbruch. Ein Jahr später war ihre unverwechselbare Erzählstimme auch im
Westen vernehmbar – ein kurz angebundener, mal frecher, mal ironischer Ton,
knappe Sätze, die das Geschehen mit Tempo vorantreiben. Der Roman enthielt

Tagebuchnotizen und Beischlafgeschichten aus den vorgezogenen Flitterwochen des Ostberliner Paares Paul und Bele. Nach dem Urlaub an der dalmatinischen Küste war in Berlin die Trauung geplant. Aber auf der gemeinsamen Fahrt zum Standesamt steigt Bele plötzlich aus dem Taxi und geht ihrer Wege. Sie will ein anderes Leben führen als das von Paul für sie vorgesehene. Irmtraud Morgner war damit bei ihrem Thema, der Frauenemanzipation. Die hier zum ersten Mal vorgeführte lockere Mischung von phantastischen, komischen Elementen und realistischer Alltagsbeschreibung aus dezidiert weiblicher Perspektive wurde ihr Markenzeichen.

Aus über achthundertjährigem Schlaf weckte sie Mitte der siebziger Jahre die altprovenzalische Trobadora Beatriz de Dia, die bekannteste unter den südfranzösischen Minnesängerinnen. In einer besonders frauenfreundlichen Phase der abendländischen Geschichte um das Jahr 1200 hatten Frauen als Leserinnen und Mäzeninnen an den Adelshöfen eine große Rolle gespielt. Comtessa Beatriz de Dia ergriff damals diese Chance, um einen »Seitenwechsel« vorzunehmen. Gegen alle Konventionen wählte sie sich selber ein männliches Liebesobjekt – nicht ihren Ehemann –, besang seine Qualitäten und drückte dabei in aller Deutlichkeit weibliches Begehren aus.

Diese historische Figur kam Irmtraud Morgner gerade recht als Wunschbild einer Frau, der die weibliche Rollenerziehung ihre kreativen Fähigkeiten nicht abdressiert hatte. Im Gegenteil: Ein schlampig gemixtes Liebeselixier – so Morgners Erklärung des seltenen Phänomens – hatte ein paar Jahre aus den Kindheitserinnerungen der Trobadora mit denen des Minnesängers Raimbaut vertauscht und ihr den natürlichen Größenwahn eines Dichters verliehen. Während Raimbaut sich fortan allzu skeptisch beurteilte und bald als Dichter verstummte, profitierte Beatriz plötzlich von dem ihm einst eingeimpften Größenwahn und verfasste noch ihre albernsten Gelegenheitsverse mit der Überzeugung, es handele sich um Offenbarungen. So kommt sie zu der Überzeugung: »Der schlimmste weibliche Fehler ist Mangel an Größenwahn.«

Durch Straßenbauarbeiten in der Nähe ihres Schlosses wird die Trobadora vorzeitig geweckt. Ist die Welt, fragt sie sich, in den letzten achthundert Jahren frauenfreundlicher geworden? Nach einigen Enttäuschungen im Zusammenhang mit dem Pariser Mai hört sie von der Deutschen Demokratischen Republik als »Ort des Wunderbaren«, wo die Gleichberechtigung der Geschlechter gesetzlich verankert sei und praktiziert werde. Revolutionäre Ungeduld treibt sie nun gen Osten. Aber schon beim Grenzübertritt in die DDR erregt sie Aufsehen mit der frohgemuten Begründung ihrer Einreise zwecks »Ansiedlung im Paradies«. Nun interessiert sie sich für die Risse, die zwischen den Postulaten einer emanzipationsförderlichen Gesetzgebung und dem Alltag der Frauen klaffen. Und sie befreundet sich mit Laura Salman, Diplomgermanistin, Bauarbeiterin, Triebwagenführerin und alleinerziehende Mutter.

Dieses Freundinnenpaar trägt mit seinen Aktionen das ganze Handlungsgerüst des umfangreichen Romans. Angelegt ist das Duo als originelles Gegenbild zu den großen Freundespaaren der Weltliteratur. Die beiden illustrieren den Stand der Emanzipation in der DDR der siebziger Jahre und machen klar, in welche Richtung es weitergehen soll: »Weder patriarchalisch ... noch matriarchalisch, sondern menschlich.« Die Utopie vom Ende des »Scheißkriegs zwischen den Geschlechtern« treibt die Handlung voran und zahlreiche phantastische Motive und Figuren hervor. Dabei haben die beiden Frauen unterschiedliche Aufgaben: Beatriz darf, weltfremd wie sie ist, die radikalsten Forderungen stellen. Ob sie Bomben bastelt, Gedichte klaut oder beim Windelwechseln eines Säuglings versagt, sie hat Narrenfreiheit und kann sich mit Zaubertricks retten, anders als die pragmatische Laura, die sich im realexistierenden Sozialismus einzurichten versucht. Zum Trost wird Laura ein Mann zuteil, der schon mal ins Schwärmen geraten kann über die vom Patriarchat befreite Gesellschaft der Zukunft: »Uns steht kein langweiliges Leben bevor, wenn die Weiber erst tun wollen, was sie tun wollen, nicht, was sie sollen. Was werden sie als Menschen sagen über die Männer, nicht als Bilder, die sich die Männer von ihnen gemacht haben?«

Mit ihrem energischen Auftreten, ihrem gutturalen Lachen, ihrem »altägyptisch« frisierten Kopf und der auffallenden Kleidung war Irmtraud Morgner eine markante Persönlichkeit der Ostberliner Literaturszene. Sie schrieb satirisch grotesk statt gesellschaftskritisch. Für DDR-Verhältnisse war sie eine Exzentrikerin. Im Westen wurde sie gefeiert. Vor dem Hintergrund der auf Klagelieder gestimmten »neuen Frauenliteratur« jener Jahre war sie besonders willkommen als eine feministische Autorin, der das Lachen nicht vergangen war. Anfang der siebziger Jahre heiratete sie in zweiter Ehe den Dichter Paul Wiens, der sich nach der Wende als Inoffizieller Mitarbeiter der Stasi erwies. Er tat seine Arbeit so gut, dass man ihn sogar an den KGB auslieh. Seine Frau hatte sein Doppelspiel schon früher durchschaut, 1977 wurde die Ehe geschieden. Die Akte zeigt, dass er Briefe von Irmtraud Morgner an seinen Stasi-Offizier weitergereicht hatte.

Der DDR-Nationalpreis für Literatur wurde Irmtraud Morgner 1978 auch deshalb verliehen, weil sie nach der Biermann-Ausbürgerung im Land geblieben und nicht wie viele ihrer Kollegen in den Westen gegangen war. Auch hielt sie sich mit öffentlichen Stellungnahmen zurück, ihre subversiven Bücher sollten für sich sprechen – eine Gratwanderung. Seit drei Jahren saß sie nun am Manuskript ihres Hexenromans »Amanda«, der den »Trobadora«-Roman fortsetzen sollte. Noch drei Jahre würde sie daran schreiben und dann zwei weitere Jahre um die Publikation dieses Buchs kämpfen müssen. Die einengenden Schreibbedingungen in der DDR, die militärische Aufrüstung in Ost und West, die Gefahr eines Atomkriegs und die rücksichtslose Umweltzerstörung hatten ihre optimistische Grundhaltung angegriffen. Kommen die friedensbereiten, hegenden Kräfte, die dem weiblichen Teil der Menschheit in der Kulturgeschichte zugewachsen sind, nicht schon zu spät? Ein Oberteufel hat Laura zweigeteilt, ihre hexische Hälfte Amanda arbeitet seither auf dem Blocksberg als Prostituierte. Um Lauras beide Hälften wieder zu vereinen, werden Himmel und Hölle und eine Menge antiker Fabelwesen in Bewegung gesetzt. Noch einmal soll der Reichtum der weiblichen Tradition ins Bewusstsein der Lesenden geholt werden. Auch die Trobadora ist wieder da, trägt aber nicht mehr Gedichte vor. Als Sirene in Eulengestalt stößt sie Warnschreie aus.

Die Auflösung der DDR im Herbst 1989 hat Irmtraud Morgner vom Krankenbett aus miterlebt. Sie starb ein halbes Jahr später. Der Betreuer ihres Nachlasses, der Schweizer Schriftsteller Rudolf Bussmann, hat aus kaum leserlichen Durchschlägen das verschollene Original von Morgners frühem Buch »Rumba auf einen Herbst« rekonstruiert und den Roman 1992 herausgebracht, wobei sich zeigte, dass Irmtraud Morgner schon in diesem Buch mit phantastischen Motiven und Figuren gespielt und den Lakonismus gepflegt hatte. Bussmann hat auch den unvollendeten letzten Band der Laura-Salman-Trilogie zusammengestellt und unter dem Titel »Das heroische Testament. Ein Roman in Fragmenten« herausgegeben – ein editorisches Ruhmesblatt und ein Dokument der Freundestreue. Hie und da hatte die Autorin, um ihr Projekt vorzustellen, schon etwas aus dem geplanten Buch vorgelesen. Zum Beispiel den Auftakt des Romans, der von einem weiblichen Schöpfungsakt erzählt: Hero, die keinen vom Patriarchat unbeschädigten Mann finden kann, schneidet sich einen Mann aus den Rippen – Leander, genannt Désiré, der Erwünschte. Man sieht: Irmtraud Morgners Phantasie von der »Menschwerdung des Menschen« war immer noch vital. Weiterhin streifte sie quer durch die Mythologie und den Fundus literarischer Traditionen und verleibte sich ein, was sie brauchen konnte. Bis zuletzt ging es ihr darum, patriarchalische Denkgewohnheiten zu durchbrechen und Gegenbilder zu konzipieren. Das Vakuum, das die abtretenden Bilder des Patriarchats hinterließen, sollte mit Erfindungen dessen, was noch nicht war, gefüllt werden. Der größte Teil des Romans liegt allerdings nur in Form von Materialsammlungen vor, die Hunderte von Mappen und mehr als zwölftausend Seiten füllen. Am ausführlichsten beschäftigen sich die Fragmente mit Laura Salman, die sich als die tragende Figur der Trilogie erweist. Sie erblindet zuletzt wie der alte Faust.

Obwohl aus dem Nachlass noch zwei weitere Bücher erschienen, wurde es nach ihrem Tod verblüffend rasch still um Irmtraud Morgner. Einzig ein paar aus den Romanen herausgelöste kurze Erzählungen wie »Das Duell« schafften es bis in die Schullesebücher, während ihre Romane nur noch teilweise im Buchhandel lieferbar waren. Mit Sicherheit wäre es ihrem Nachruhm dienlich gewesen, wenn sie ihre Trilogie hätte fertigschreiben können. Dem alten Goethe neide sie seine innere Gewissheit, alt zu werden, sagte sie einmal in einem Interview Ende der achtziger Jahre, und dass sie den dritten Band gern noch jahrzehntelang ausbacken lassen würde. Ihr früher Tod durchkreuzte diesen Traum.

Haben ihre jahrzehntelangen frustrierenden Kämpfe mit Zensurbehörden und Überwachern Irmtraud Morgners Schreib- und Lebensenergie vorzeitig erschöpft? Sie selber hat diesen Zusammenhang klar gesehen. Im Anhang seiner Ausgabe des »Rumba«-Romans zitiert Rudolf Bussmann aus einem Brief Irmtraud Morgners einen Klagelaut, der zu Herzen geht: »Wenn man den Druck von uns nähme, Herrgott, wir würden noch mal so viel schaffen. So verheizen wir unsere besten Jahre.« Verheizte Jahre, verheizte Autoren. Formuliert hat Irmtraud Morgner diese Klage in einem Brief, der – ausgerechnet – an ihren von der Stasi gedungenen Ehemann ging.

Biografisches

Irmtraud Morgner wurde am 22. August 1933 im sächsischen Chemnitz als Tochter eines Lokomotivführers geboren und wuchs in einem Haushalt auf, in dem es keine Bücher gab, nicht einmal ein Lexikon. Nach dem Abitur studierte sie in Leipzig Germanistik unter anderem bei Hans Mayer und Ernst Bloch. 1956 zog sie mit ihrem ersten Mann, dem Schriftsteller Joachim Schreck, nach Ostberlin und arbeitete als Redaktionsassistentin bei der vom DDR-Schriftstellerverband herausgegebenen Zeitschrift »Neue deutsche Literatur«. Von 1959 an veröffentlichte sie ihre ersten Bücher, von denen sie sich später distanzierte, weil sie ihr zu sehr dem sozialistischen Realismus verpflichtet schienen. Der Roman »Rumba auf einen Herbst« wurde nicht zur Veröffentlichung freigegeben, Teile davon montierte sie später in ihren Trobadora-Roman ein. 1967 gebar sie einen Sohn, drei Jahre später ließ sie sich von ihrem Mann scheiden, um den Dichter Paul Wiens zu heiraten. Der arbeitete als Inoffizieller Mitarbeiter für die Stasi. Als sie sich 1977 von Wiens scheiden ließ, war Irmtraud Morgner bereits eine in Ost und West gefeierte Autorin. 1983 erschien »Amanda«, der zweite Band ihrer Salman-Trilogie. Daraufhin wurde sie zu zahlreichen Lesungen unter anderem in die USA eingeladen. Während eines Aufenthalts als Gastdozentin an der Universität Zürich in den Jahren 1987 und 1988, wurde bei ihr Krebs diagnostiziert. Sie unterzog sich in Berlin mehreren Operationen und arbeitete weiter am letzten Band ihrer Romantrilogie. Den Literaturpreis für Grotesken Humor der Stadt Kassel konnte sie 1989 bereits nicht mehr selbst entgegennehmen. Sie starb am 6. Mai 1990 in Berlin.

Leseempfehlung

»Hochzeit in Konstantinopel« (Roman).
»Leben und Abenteuer der Trobadora Beatriz nach Zeugnissen ihrer Spielfrau Laura« (Roman).
»Amanda. Ein Hexenroman«.

Gunhild Kübler

GESCHNAPPT UND ABGEFÜHRT

Toni Morrison *1931

Diese Wahrheit halten wir für selbstverständlich, dass alle Menschen gleich geschaffen sind.« Ein epochemachender Satz. Schulkinder rund um die Welt lernen ihn auswendig, meist im amerikanischen Original, denn er steht in der berühmten Präambel der Unabhängigkeitserklärung, mit der sich die dreizehn britischen Kolonien am 4. Juli 1776 vom Mutterland lossagten. Unter den Tisch fällt dabei, dass damals in Nordamerika bereits seit über hundert Jahren Sklaverei praktiziert und toleriert wurde, im Norden wie im Süden. Ironie der Geschichte: Als der Staatsrechtler Thomas Jefferson den Federkiel ergriff, um jenen berühmten Satz hinzuschreiben, war er auf seiner Pflanzung in Virginia Herr über mindestens 150 Sklaven. Mehr als 600 Sklaven besaß er zu Lebzeiten. Das lernen die Schulkinder nicht.

Ein Drittel der gesamten nordamerikanischen Bevölkerung bestand Ende des achtzehnten Jahrhunderts aus schwarzen Sklaven. Dass sich das nicht vertrug mit dem gloriosen Postulat, alle Menschen seien von Natur aus gleich, fiel nicht nur Spöttern in der Alten Welt auf. »Wie kommt es«, schrieb der britische Schriftsteller Samuel Johnson mit spitzer Feder, »dass man das lauteste Jaulen nach Freiheit unter den Negerschindern hört?« Das hier so schön auf den Punkt gebrachte Paradox schrie auch in der Neuen Welt nach Erklärung. Jefferson lieferte sie nach. Zehn Jahre nach der Unabhängigkeitserklärung und fünfzehn Jahre bevor er zum dritten Präsidenten der USA gewählt wurde, spekulierte er in seinen »Betrachtungen über den Staat Virginia« über die naturgegebenen Unterschiede zwischen Schwarzen und Weißen. Damit bahnte er den Weg für alle pseudowissenschaftlichen Rassentheoretiker, die den Afroamerikanern das Menschsein absprachen und mithalfen, dass ihnen die Gleichberechtigung bis in die zweite Hälfte des zwanzigsten Jahrhunderts hinein vorenthalten blieb.

Nach dem Ende des Bürgerkriegs 1865 wurde zwar die Sklaverei offiziell abgeschafft, doch im selben Jahr formierte sich in Tennessee der Ku-Klux-Klan, und in den Südstaaten begann eine Ära der »Neo-Sklaverei«, die bis zum Zweiten Weltkrieg dauern sollte. Tausende von Schwarzen wurden unter fadenscheinigen Gründen festgenommen, inhaftiert, als Zwangsarbeiter in Plantagen, Zechen und Steinbrüchen verpachtet und nach ihrem Tod namenlos in Massengräbern verscharrt. Die jahrhundertelange Geschichte der Sklaverei in Nordamerika ist die Geschichte einer staatlich geförderten und mit äußerster Gewalt durchgesetzten Aneignung der Lebens- und Arbeitskraft von schwarzen Männern, Frauen und Kindern mit dem Ziel, einige Weiße reich und mächtig werden zu lassen. Unter diesen wenigen gab es manisch brutale Sklavenhalter, die beispielsweise beim lokalen Gericht die Erlaubnis erwirkten, gestellten entlaufenen Sklaven die Zehen abzuhacken. Aber es gab auch aufgeklärte, mit kühlem Kopf kalkulierende Männer wie Thomas Jefferson, der sich in einer ruhigen Stunde ausrechnete, es sei wohl die beste Strafe für einen seiner entlaufenen Sklaven, ihn dorthin zu verkaufen, wo er keine Verwandten hatte.

In der Mitte von Toni Morrisons Roman »Menschenkind« aus dem Jahr 1987, der heute als einer der wichtigsten Romane der amerikanischen Literatur nach dem Zweiten Weltkrieg gilt, reiten gleich vier solche kühl kalkulierende Weiße in einen Ort im ländlichen Ohio ein. Man schreibt das Jahr 1850. Alle vier Männer im Sattel haben »diesen selbstgerechten Blick, den jeder Neger schon mit der Muttermilch zu erkennen lernte. Wie eine gehisste Fahne telegrafierte und verkündigte diese Selbstgerechtigkeit die Rute, die Peitsche, die Faust, die Lüge, schon lange bevor sie für alle sichtbar wurde.« Die vier sind auf der Suche nach der entlaufenen Sklavin Sethe, die mit ihren kleinen Kindern im Haus ihrer Schwiegermutter Zuflucht gefunden hat. Die Neunzehnjährige ist durch die Misshandlungen ihrer Besitzer schwer traumatisiert. In einem Schuppen hinter dem Haus ist sie dabei, ihre vier Kinder eins nach dem andern umzubringen, um sie vor den Qualen des Sklavendaseins für immer zu retten. Und plötzlich sind wir als Leser im Kopf dieser »Weißenleute«, folgen ihrem Kalkül, dass man »nicht töten darf, was man lebendig zurückbringen muss, um sein Geld zu bekommen. Anders als einer Schlange oder einem Bären konnte man einem toten Nigger ja nicht die Haut abziehen, um ein bisschen was zu verdienen – er wog nicht einmal sein Schlachtgewicht in barer Münze auf.« Augenblicke später – Sethe hat inzwischen in der Verzweiflung ihrer zweijährigen Tochter die Kehle durchgeschnitten und hebt ihr Baby hoch, um es an der Holzwand des Schuppens zu zerschmettern – wenden sich die Männer mit taxierenden Blicken ab: »Was für Verluste. Allesamt waren sie jetzt verloren. Fünf Stück … Schlagender Beweis dafür, was passierte, wenn man Menschen, die alle Fürsorge und Anleitung der Welt brauchen, damit sie nicht wieder dem Kannibalismus verfielen, den sie offenbar vorzogen, ein bisschen sogenannte Freiheit aufbürdete.«

Wie sich die Welt in weißen Köpfen malt, das wirkt hier umso grotesker, als wir beim Lesen des Romans sonst alles Geschehen aus den Augen der Schwarzen wahrnehmen. Sie habe sich gegen große innere Widerstände auf das Thema Sklaverei eingelassen, sagte Toni Morrison einmal. Dann aber habe es sie förmlich geschnappt, gekidnappt und abgeführt. Diese Erfahrung gibt die afroamerikanische Autorin an die Leser weiter. Ohne Vorbereitung und Erklärungen werden wir auf den ersten Romanseiten hineingestoßen in eine Gruppe von ehemaligen Sklaven, die zwar – der Roman setzt im Jahr 1873 ein – offiziell befreit sind, aber von den Schrecken ihrer Erinnerungen heimgesucht werden. Die verkörpern sich in einem Wesen, das zuerst als Hausgeist rumort und später die Gestalt einer verführerischen jungen Frau annimmt. Der Geist verkörpert Sethes ermordete Tochter – ihre anderen drei Kinder haben überlebt – und zehrt wie ein Vampir von der Lebenskraft der Mutter und Mörderin. Bis Sethe schließlich, unterstützt von anderen schwarzen Frauen, einen Weg findet, sich selber diese Vergangenheit auszutreiben und sie ruhen zu lassen.

Toni Morrison geht es nicht um eine fiktionalisierte Geschichte der Sklaverei. Es geht ihr um Beschwörung. Sie schreibt sich ins Innere ihrer Figuren hinein, macht aus intimer Nähe erfahrbar, was es bedeutet hat, im neunzehnten Jahrhundert in Nordamerika dunkelhäutig zu sein. Dass sie ausführlich recherchiert hat, ist das eine. Aber sie weiß nicht nur, wie die Marterwerkzeuge der Sklaverei – eiserne Handschellen, Ketten, Hals-, Hüft- und Fußeisen – aussehen und funktionieren. Sie sorgt auch dafür, dass wir spüren, was es hieß, sie zu tragen. Etwa das Mauleisen. Wie eine Pferdetrense wird es einem in den Mund und auf die Zunge gezwängt, reduziert Stimme und Sprache auf den Nullpunkt eines stumpfen Stöhnens und sorgt dafür, dass in den eiternden Mundwinkeln noch lange später ein stupides Lächeln stehen bleibt, an dem sich die Gemarterten gegenseitig erkennen. Noch der kleinste krähende Hahn muss einem derartig Geschundenen als eine höherstehende Kreatur vorkommen.

Wie es sich anfühlt, wenn Familien zerreißen oder erst gar nicht zustande kommen, weil Väter, Mütter, Kinder getrennt verkauft werden, kaum dass die Kleinsten laufen können; wie es sich anfühlt, wenn der schwangeren Sethe die Muttermilch für ihr Zweijähriges von einem jungen Weißen aus den Brüsten gesaugt und – als sie sich beklagt – ihr der nackte Rücken blutig geschlagen wird; wie es sich anfühlt, wenn ihr Freund Paul als Mitglied einer in Fußeisen gelegten Kolonne von Schwarzen im Steinbruch arbeitet und dabei auch noch sexuell ausgebeutet wird – das alles gehört zum Schwerstverdaulichen, was man sich als Leser zumuten kann. Noch nicht mal die »schamlos schöne« Landschaft von Kentucky bietet da Trost. Im Fluss treiben schwarze Körperteile, ja selbst die Bäume haben teil am Verbrechen. Von den Platanen hängen schwarze Leichen jeden Alters, die Füße vom Feuer verkohlt, die meisten ohne Köpfe und so verstümmelt, dass nicht mal die Tochter die eigene Mutter erkennen kann.

Wer dieses Buch gelesen hat, wird es nicht mehr vergessen. Es verändert einen. Unmöglich, hier in der üblichen Lektüredistanz zu verharren. Auch deshalb, weil Toni Morrison geradezu hypnotisch eindringlich erzählt. Wie der Geist, von dem die Rede ist, kehren hier die Schrecken eines der großen Verbrechen der Menschheitsgeschichte wieder. Das kann man als Leser nicht »verdauen« wollen. Und man kann davon auch nicht wie in einem herkömmlichen Roman erzählen. Folgerichtig überlässt es Toni Morrison den Lesern, das Geschehen zu einer chronologisch ablaufenden Handlung zu verknüpfen. »This is not a story to pass on«, heißt es am Ende so prägnant wie doppeldeutig. Das ist keine Geschichte zum Weitererzählen. Aber es ist auch keine Geschichte, über die man hinweggehen kann. Sie *muss* heraus.

Den Sklaven Nordamerikas war es bei Strafe verboten, lesen und schreiben zu lernen. In ihren bisher neun Romanen schreibt Toni Morrison die bisher sprachlos gebliebene schwarze Geschichte, passt sie ein in die amerikanische Geschichte und schafft damit Abhilfe für das, was sie als »nationale Amnesie« bezeichnet. Dabei lässt sie einen ganzen Chor von Stimmen zu Wort kommen, der von afroamerikanischen und orientalischen Traditionen, aber auch von den Traditionen der Moderne, von William Faulkner und Virginia Woolf, geprägt ist. Daneben geht sie den Spätfolgen der Sklavereigeschichte nach, fragt nach den Auswirkungen der Entwurzelung bei Schwarzen, die Anfang des zwanzigsten Jahrhunderts aus dem ländlichen Süden in den städtischen Norden auswanderten (»Jazz«), untersucht aber auch aktuelle Verletzungen, etwa die psychischen Schäden, die weiße Schönheitsstandards unter afroamerikanischen Mädchen anrichten (»Sehr blaue Augen«).

Toni Morrison kennt die Spiritualität, die Weisheit und den spezifischen Sinn für Humor der Schwarzen viel zu gut, um sie generell als tragische Figuren zu zeichnen. Auch vom »kreativen« Erbe der Sklaverei ist in ihren Büchern die Rede, von den Widerstandsstrategien der Afroamerikaner und ihren Versuchen, sich gegenseitig zu heilen, wenn etwa Frauen – doppelt benachteiligt durch ihre Hautfarbe und ihr Geschlecht – sich zum Überleben zusammentun (»Sula« und »Salomons Lied«). Sie erzählt aber auch vom Horror, den Schwarze unter Schwarzen erleben können, von Gewaltausbrüchen in schwarzen Familien und rein schwarzen Dorfgemeinschaften (»Paradies«). Und sie untersucht das Erbe der Bürgerrechtsbewegung, seine Gewinne und Verluste (»Liebe«).

Die Schriftstellerin Alice Walker, afroamerikanischer Herkunft auch sie und dreizehn Jahre jünger als Toni Morrison, berichtet in ihren Erinnerungen, wie sie einmal im Rahmen eines Förderprogramms im Staat Mississippi einer Gruppe von neunzig schwarzen Lehrerinnen mit Vorträgen, Filmen und Bildern Schwarze Geschichte beizubringen versuchte. Es sei schwierig gewesen, schreibt sie. Auf ihre Frage »Wann war die Sklavenzeit?« sei als Antwort die Frage gekommen: »1942?« Den Frauen habe jeder Bezug zu ihrer Vergangenheit gefehlt. Aber wie, schreibt Alice Walker, hätten sie sich auch auf eine Geschichte beziehen können, die nicht nur bisher ungeschrieben, sondern auch für sie ausschließlich mit Scham besetzt war?

In der Rede, mit der die Jury der Schwedischen Akademie 1993 die Verleihung des Nobelpreises für Literatur an Toni Morrison begründete, wird die Schriftstellerin unter anderem dafür gerühmt, dass sie den Afroamerikanern Stück um Stück ihre Geschichte zurückgegeben habe. Aber nicht nur das ist das große Verdienst von Toni Morrison. Sie hat diese Geschichte allen Lesern, gleich welcher Herkunft und Hautfarbe, weitergegeben und sie unvergesslich eingeschrieben ins kollektive Gedächtnis.

Biografisches

Toni Morrison wurde als Chloe Anthony Wofford am 18. Februar 1931 in Lorain, Ohio, geboren. Hier hatten ihre Eltern auf der Flucht vor dem Rassismus des Südens Unterkunft und Arbeit gefunden. Bei ihrem Schuleintritt war sie das einzige schwarze Kind in ihrer Klasse, aber auch das einzige, das schon lesen konnte. Nach der High School immatrikulierte sie sich an der Howard University in Washington, D.C., und schloss 1955 ihr Studium an der Cornell University in Ithaka, New York, mit einer Arbeit über den Selbstmord im Werk

Virginia Woolfs und Faulkners ab. Schon während ihrer Studienzeit veränderte sie ihren für viele schwierig auszusprechenden Vornamen Chloe zu Toni. 1958 heiratete sie den Architekten Harold Morrison. Nach ihrer Scheidung 1964 zog sie mit ihren beiden Söhnen nach Syracuse, New York, und arbeitete als Verlagslektorin. Nachts, wenn ihre Kinder im Bett waren, begann sie zu schreiben. Neben ihren heute in Millionenauflage erscheinenden Romanen hat sie Kinder- und Jugendbücher, Dramen und Essays zur Literatur publiziert. Sie hat als Dozentin an namhaften nordamerikanischen Universitäten gelehrt und als Autorin die höchsten Ehrungen erhalten, die ein Schriftsteller bekommen kann. Sich selbst bezeichnet sie nicht als »amerikanische«, sondern als »schwarze« Schriftstellerin: »a black woman writer«. 1993 wurde sie als erste Afroamerikanerin mit dem Nobelpreis für Literatur ausgezeichnet. In ihrer kurzen Rede beim Stockholmer Bankett freute sie sich besonders am Beifall einer schwarzen Kollegin, die ihr auf dem Anrufbeantworter die Nachricht hinterließ: »Liebe Schwester, der Preis, den du bekommen hast, gehört auch uns – und hätte nicht in bessere Hände gelegt werden können.«

Leseempfehlung

»*Sehr blaue Augen*« *(Roman)*. Aus dem Englischen von Susanne Rademacher.
»*Sula*« *(Roman)*. Aus dem Englischen von Karin Polz.
»*Menschenkind*« *(Roman)*. Aus dem Englischen von Helga Pfetsch.
»*Jazz*« *(Roman)*. Aus dem Englischen von Helga Pfetsch.
»*Paradies*« *(Roman)*. Aus dem Englischen von Thomas Piltz.

Gunhild Kübler

DIE REISENDE AUF EINEM BEIN

Herta Müller *1953

Herta Müller schreibt Sätze zum Luftanhalten. Sie handeln vom »Hungerengel«, vom »Blechkuss« und vom »Kartoffelmenschen« und beschreiben eine Welt, in der nicht die Demokratie, sondern die schiere Willkür herrscht. Als Herta Müller am 8. Oktober 2009 erfuhr, dass ihr von der Königlich-Schwedischen Akademie der Nobelpreis für Literatur verliehen wird, als der Trubel vor dem Berliner Wohnhaus im Stadtteil Friedenau losging und alle Welt fragte: »Herta who?«, soll sie gefasst, erfreut und zugleich erschrocken gesagt haben: »Ich werde mich doch jetzt nicht ändern, nur weil ich den Nobelpreis bekommen habe!«

Herta Müller ist eine unbestechliche Frau. Sie hat selbst zu viel erlebt, gelitten, gedacht, hat einem Staat zugesehen, wie er seine Bürger betrügt, um selbst auf Täuschungen, Ehrungen hereinzufallen – und sei es der schöne Schein eines Nobelpreises. Wahrscheinlich ist ihr gesamtes Werk eine Gegenwehr gegen die

Täuschung. Sie kämpft mit ihrer Sprache gegen die Lügen, die Brutalitäten, die Gemeinheiten des Lebens. Herta Müller versteht viel von der Poesie der Grausamkeit. Dabei ist sie klein, zierlich zum Umpusten und äußerlich in allem das Gegenteil eines unerbittlich kämpfenden Menschen.

Ihre eigene Herkunft beschreibt sie so: »1953 bin ich in Nitzkydorf geboren, das Jahr, in dem Stalin körperlich starb – geistig lebte er noch viele Jahre. Das Dorf«, sagt sie weiter und meint ihren Geburtsort, »liegt im rumänischen Banat, zwei Autostunden zu Belgrad oder Budapest. Eine Bauernbevölkerung, weiße, rosa, hellblaue Giebel – oder Triangelhäuser in symmetrisch laufenden Straßen. Mein Vater hasste Feldarbeit und wurde, als er 1945 aus der SS nach Hause kam, LKW-Fahrer und Alkoholiker. Auf Feldwegen geht das zusammen. Meine Mutter war und blieb Bäuerin auf den Mais- und Sonnenblumenfeldern. Mais ist für mich die sozialistische Pflanze schlechthin: er hat Fahnen, wächst in Kolonnen, raubt den Blick, und seine Blätter schneiden bei der Arbeit in die Hände.«

Herta Müllers Werk hat die Gestalt eines Kreises. Seit ihr erstes Buch »Niederungen«, 1982 stark zensiert in Rumänen, 1984 unzensiert in Deutschland erschien, hat der Kreis viele Ringe bekommen. Doch alle umrunden das gleiche Zentrum: die Diktatur und Rumänien. Den Diktator Nicolae Ceauşescu zu erklären bedeutet, die Schreckenskammer der Menschenverachtung zu öffnen. Ceauşescus Zermürbungstechnik – darin den meisten Diktatoren verwandt – konzentrierte sich auf die Zersetzung, Zersetzung als Vorstufe der Zerstörung, Zersetzung von Lebensplänen, von Freundschaften, von jeder Art Glück. Das ist das Thema von Herta Müllers Büchern. Freundinnen, Freunde, Liebhaber und Liebhaberinnen mit melodisch klingenden Vornamen wie Amelie, Liza, Irene, Adina, Lola, Tereza, Clara, Liviu, Edgar und Georg werden zu Verrätern. Herta Müllers Gedächtnis ist besessen von dem Entsetzen, ohne Intimsphäre leben zu müssen, beobachtet, abgehört, abgefilmt oder abgetastet.

Weil die Mächtigen alles, selbst den »Blick«, enteignen wollen, rebellierte sie: im Lyzeum in Temeswar, während des Studiums, in jedem ihrer Bücher. Der Widerstand gegen die Enteignung der Sinne wurde Herta Müllers ästhetisches und politisches Grundmotiv. Tereza in »Herztier« kann sich wie Clara in »Der Fuchs war damals schon der Jäger« den Bestechungen eines Securitate-Offiziers nicht widersetzen. Verrat der Freundschaft ist der Gipfel der Erniedrigungspraxis. Was können wir, fragt die Autorin, denn sonst tun, als das, was innen ist, nach außen tragen? »Die Gegenstände stehen schon im Kopf, eh wir es merken. Dann fassen wir sie an, selbst wenn sie so klein sind, dass wir die Finger um sie schließen können, sind sie größer als wir.« Und, fragt eine ihrer Personen: Was ist das für ein Land, »das an den Fingern reißt, wenn man die Koffer hebt«? Herta Müller baut Sätze wie einfache, zweckmäßig konzipierte Häuser. In einem Satz kann das gesamte Inventar eines Lebens versammelt sein. »Angekommen, wie nicht da«, heißt es zum Beispiel im Prosaband »Barfüßiger Februar«. Oder: »Bleiben zum Gehen«. Herta Müllers Sätze sind rücksichtslos, mitleidsfrei und brutal. Sie sind in einer klirrend klaren Sprache geschrieben und funktionieren nach asketischen Regeln: Maß nehmen, Abmessen und die Proportionen exakt gegeneinanderhalten. Als sie in einem Alter war, in dem man sich einen Beruf wünscht, wollte sie Schneiderin oder Friseurin werden. Beide Berufe haben mit dem Abmessen und dem Abschneiden zu tun. Heute bearbeitet sie mit der Schere Texte.

Ihre Ausreise 1987 war nicht einfach eine Reise im Flugzeug von hier nach da. Ausreise war Flucht, unwiederbringlich. »Ich bin nicht heimatlos«, sagt Irene in dem 1989 erschienenen Buch »Reisende auf einem Bein«. »Ich bin nicht heimatlos. Nur im Ausland. Ausländerin im Ausland.« Herta Müllers Personen sind Gestrandete am Ufer fremder Flüsse, die auf nassen Bänken sitzen; Menschen, die nicht mehr wissen, ob sie in diesen Städten Reisende in dünnen Schuhen oder ordentliche Bewohner mit Handgepäck sind.

Der fiktionale Charakter ihrer Romane sitzt fest auf dem Grund schrecklich wahrer Begebenheiten, ihre bildhafte Art des Schreibens hat sich aus dem Banater Dialekt, der Sprache der Eltern, und der rumänischen Sprache, die in der Schule und unter den Freunden gesprochen wurde, ergeben, nicht aus einer frühen literarischen Bildung. Denn Bücher gab es bei ihr zu Hause keine außer der »Deutschen Lebensschule« und Gebetbüchern. Es wurde aber auch in diesen Büchern nicht gelesen, sie wurden zum Fliegentöten benutzt. Das Wort »Einsamkeit« fehlt im Banater Dialekt. Sie war »allein«. Allein ist erbarmungsloser als einsam. Sprache konstruiert Gefühle.

Herta Müller zieht das Blatt vom Mund, aber nicht, um über die Sprache herzufallen. Sie befragt die Fragen, sie prüft den Sinn, sie verweigert den angeblich rationalen Zwangszusammenhang. »Wie oft«, schreibt sie in dem Essayband »Hunger und Seide«, wie oft »und leichtsinnig sagen wir *normal*«. Diktatoren täuschen mit den Wörtern »normal« und »Normalität«. Sie wissen, dass diese Wörter allen ein Bedürfnis sind. So macht die Schriftstellerin klar, was Worte bedeuten und welche Bedeutungsfracht sie mit sich schleppen. »Ich kann«, sagte sie in einem Interview, »meinen Kopf nicht ins Schließfach legen, ich muss damit weiterdenken. Ich habe über dreißig Jahre in einer Diktatur gelebt.«

Jeder Autor hat gewisse Leser, die gern behaupten, das erste oder zweite Buch dieses Autors sei eben doch das beste gewesen (und das müssen nicht die schlechtesten Leser sein). Und welches ist das beste von Herta Müller? »Niederungen«, ihr erstes, oder »Der Mensch ist ein großer Fasan auf der Welt«, ihr drittes? Aber was ist mit »Herztier«, was mit »Der Fuchs war damals schon der Jäger« und was mit ihren Essaybänden, ihren Collagen-Gedichten? »Schreiben«, heißt es in »Der Teufel sitzt im Spiegel«, ihren Überlegungen zum Thema Wahrnehmung, »Schreiben ist jedesmal das Letzte, das, was ich (immer noch) tun kann, ja muss, wenn ich nichts mehr anderes tun kann. Es ist immer, wenn ich schreibe, der Punkt erreicht, wo ich mit mir selber (und das heißt auch mit dem, was mich umgibt) nicht mehr umgehen kann. Ich ertrage meine Sinne nicht mehr. Ich ertrage mein Nachdenken nicht mehr. Es ist alles so verstrickt geworden, dass ich nicht mehr weiß, wo die äußeren Dinge anfangen und aufhören. Ob sie in mir sind, oder ich in ihnen.«

Zwischen dem Schreiben, in den Pausen, von denen sie sich das wirkliche Leben erhofft, macht sie Collagen aus Altpapier, und es entsteht Poesie. Da sitzt sie wie Rapunzel auf einem Turm alter Zeitschriften und schneidet tatsächlich Wörter aus, Wörter, die sie reizen, die fügt sie zu einem Wortbild zusammen. Und so machen es auch ihre Figuren. Irene in »Reisende auf einem Bein« fühlt sich, wenn sie Collagen macht, »als schneide sie ihre einzelnen Lebensaugenblicke aus, als halte sie das, was jeden Tag mit ihr und anderen geschieht, in der Hand«. Aus den Collagen werden Gedichte, nach undurchschaubaren Takten und skurriler Optik zusammengefügt. Das Collagieren ist die Erfüllung des Kinderwunschs vom Frisieren und Schneidern, es ist ihre kreative kostengünstige Erholung. Herta Müller benutzt Wörter, die andere geschrieben haben. Beim Collagieren kann sie so tun, als sei sie's nicht gewesen. Eines der Collagen-Gedichte geht so:

kurz darauf sagt Barbara
mein Vater war Nazi
mein Sohn ist ein Skin
mein Mann Demokrazi
mit Doppelkinn
meine Tochter, die wird Sängerin

Herta Müller erfindet ihr Leben nicht aus der Vergangenheit. Sie filtert es, das ist der wichtige Unterschied, durch die Erlebnisse der Vergangenheit. Ihre prägnanten, ihre zornigen, ihre harten und ihre poetischen Sätze werden im Augenblick des Lesens oder Hörens zum Bild. Die größte Anstrengung ihres literarischen Lebens gilt der Bildfähigkeit ihrer Sprache. In der »Atemschaukel«, dem Roman, der die Geschichte des rumäniendeutschen Lyrikers Oskar Pastior in einem sowjetischen Arbeitslager aus der Ich-Perspektive erzählt, hat Herta Müller für Hunger, Tod und den naiven Glauben an das Überleben eindringliche, harte, knapp zugeschnittene Sätze und Metaphern gefunden, die zu den stärksten im Universum ihrer gnadenlosen Poesie gehören. Eigentlich wollten Herta Müller und ihr Freund und Kollege Oskar Pastior das Buch gemeinsam schreiben. Er hat ihr seine Erlebnisse erzählt, sie schrieb, was er erzählte, in Hefte, die er überarbeitete. Und dann starb 2006 Oskar Pastior, und Herta Müller ließ die Hefte liegen und traute sich nicht, am »Vermächtnis« weiterzuarbeiten. Bis sie es doch wagte und der Roman »Atemschaukel« entstand. In »Atemschaukel« sind nicht nur die fünf Jahre Zwangsarbeit zwischen 1945 und 1950 des jungen Oskar Pastior beschrieben, »Atemschaukel« ist ein Buch über das Böse und über die Fähigkeit des Menschen, das Böse zu überleben. »Atemschaukel« ist vor allem ein Buch über die Erklärungsmöglichkeit der Literatur. »Glück«, steht da, »Glück ist etwas Plötzliches. Ich kenne das Mundglück und das Kopfglück. Das Mundglück kommt beim Essen und ist kürzer als der Mund, sogar das Wort Mund. Wenn man es ausspricht, hat es keine Zeit, in den Kopf zu steigen. Das Mundglück will gar nicht, dass man darüber spricht ... Aber das Kopfglück ist gesellig und verlangt nach anderen Personen. Es ist ein umherirrendes Glück, auch nachhinkend. Es dauert länger, als du ihm gewachsen bist ...« Herta Müller denkt in radikalen Bildern und schreibt ihre »Bildersätze« in einer Sprache, die das Schwierigste vermag: Erkenntnisse in einfache Worte zu fassen. Das ist ihre hohe Kunst.

Biografisches

Herta Müller wurde am 17. August 1953 in Nitzkydorf (Banat/Rumänien) geboren. Die Eltern gehörten zur deutschsprachigen Minderheit. Der Vater war Lastkraftwagenfahrer, die Mutter Bäuerin. Schule und Universität besuchte sie in Temeswar. Weil sie sich weigerte, für den rumänischen Geheimdienst Securitate zu arbeiten, verlor sie ihren Job als Übersetzerin in einer Maschinenfabrik. »Niederungen«, ihr erstes Buch, lag vier Jahre beim Verlag und wurde 1982 stark zensiert veröffentlicht. Sie ließ den Text nach Deutschland schmuggeln, wo er 1984 erschien. 1987 übersiedelte sie nach Deutschland und lebt seitdem in Berlin. Sie wurde mit vielen Preisen ausgezeichnet, unter anderem 1984 mit dem Aspekte-Literaturpreis, 1994 mit dem Kleist-Preis, 1995 erhielt sie den Europäischen Literaturpreis Prix Aristeion und 2004 den Literaturpreis der Konrad-Adenauer-Stiftung. 2009 erhielt sie den Literatur-Nobelpreis.

Leseempfehlung

»Niederungen« (Prosa).
»Der Fuchs war damals schon der Jäger« (Roman).
»Herztier« (Roman).
»Atemschaukel« (Roman).

Verena Auffermann

DAS UNHEIMLICH EINFACHE LEBEN

Alice Munro *1931

Sie geht bis zur nächsten und übernächsten Straßenecke, zu den Nachbarn, zum Einkaufen, zur High School, zum Krankenhaus. Warum sollte Alice Munro durch das weite Land jagen, Ahornbäume und Waschbären zählen und ihre spezielle Beobachtungsgabe unterfordern? Zwischen und in den nahe gelegenen Häusern entwickelt sich, was sie brennend interessiert. Wie und warum Menschen so reden und handeln und so übereinander reden, mit- und gegeneinander taktieren. Deshalb starren ihre Personen wie die Nachbarin nebenan auf einen gebohnerten Fußboden, einen gemusterten Läufer, als hätten sie ihn noch nie gesehen, und zerbrechen sich den Kopf über die einfachsten Fragen, zum Beispiel darüber, wie viele Stühle am langen Tisch Platz haben. An so einen Tisch wird Alice Munro in der Erzählung »Ach, wozu ...« einige Frauen setzen, Cola mit Rum vor sie hinstellen und ein Kartenspiel auf den Tisch legen. Cola mit Rum an heißen Tagen ist, das weiß jeder, ein Teufelszeug. Und es muss, damit die Erzählung die richtige Temperatur hat, an diesem Tag brütend heiß sein. Die Szene spielt im Esszimmer von Joans und Morris' Mutter. Diese Frau hat ihrem Sohn Morris schon mit zwölf das Rauchen, das Trinken und das Autofahren erlaubt. Aber Rum schmeckt Morris einfach nicht. Morris liegt auf dem Fußboden und trägt eine Brille mit einem dunklen Glas. Als er vier Jahre alt war, hatte jemand einen Rechen mit den Zinken nach oben im Gras liegen lassen, der Junge war darübergestolpert und hatte sich den Augapfel an den scharfen Zinken schwer verletzt. Und der Vater von Joan und Morris war bei einem Autounfall tödlich verunglückt.

Bei Alice Munro ist das Unheil in Nebensätzen versteckt, und die Zeit springt zwischen den Generationen und ihren Lebensläufen hin und her. Joans Mutter ist zum Zeitpunkt der Erzählung längst nicht mehr am Leben. Jahre vergehen in Munros Erzählungen innerhalb von zwei Sätzen. Es gehört zu Alice Munros Tricks, Geschichten aus der Retrospektive zu erzählen. Morris ist inzwischen Geschäftsmann, und Joan ist seit zwölf Jahren geschieden. An jenem heißen Tag, als man Cola mit Rum trank und sich die Zukunft aus den Karten las, klopfte es an der Eingangstür, so unverschämt laut, dass Joans Mutter sagte: »Das ist bestimmt die doofe Madame Buttler, was wollt ihr wetten?« Madame Buttler gehört zu der Sorte hartnäckiger Nachbarn, die ihren Mitmenschen mit ellenlangen Beschwerden und fürchterlichen Neuigkeiten nachstellt. Später wird die doofe Madame Buttler mit wild zerzaustem Haar über den Gehweg irren, und am Schluss der Erzählung wird sich Joan bei einem Glas Rum an eine Gedichtzeile aus der »Anthology of English Verse« erinnern, die ihre Mutter oft zitierte: »Ah, wozu taugt das stolze Blut, / Wozu der Schönheit Schein.«

Alice Munros Erzählungen demonstrieren, dass jedes Familienleben und überhaupt jede menschliche Gemeinschaft ein Zusammenspiel aus Rede und Widerrede, Konstruktionen und Interpretationen ist. Es sind keine netten Geschichten, die sich zwischen Esszimmer und Haustür, zwischen Bushaltestelle und Postamt abspielen und die Alice Munro nach einem raffinierten Prinzip des Vorher und Nachher, des Überspringens und Wiederaufnehmens so zusammensetzt, dass ein Spannungsbogen entsteht. Der schnelle Übergang von einer Generation zur nächsten, das diffus Unheimliche, das zur Stimmung ihrer Geschichten gehört, fügt sich aus unscheinbaren Zeichen. Es kann deshalb auch gar keine netten Geschichten im Werk von Alice Munro geben. Aber es wimmelt von netten naiven Frauen, die sich so lange ihr eigenes Leben vorlügen, bis sie jemand bei ihren Selbstlügen ertappt und ihnen die Augen öffnet. Oder bis einfach etwas Unerwartetes geschieht und – klatsch – das arme Ding mit der Nase auf das Pflaster der Realität knallt. Für den Traum vom Glück ist es dann zu spät. »Glück«, sagt Alice Munro, »Glück ist viel komplizierter. Glück ist harte Arbeit.« Glück, sagen die Calvinisten, jedes bisschen Glück, müsse angezweifelt werden, auch das Lob, denn wahrscheinlich wird man zu Unrecht gelobt. Wahrscheinlich ist man ein Sünder.

Harte Arbeit ist für die Tochter schottisch-calvinistischer Einwanderer der Selbstanspruch. Immer besser als gut zu sein und niemals selbstzufrieden oder hochmütig. Das fing in der Schule an und setzte sich im Journalismusstudium fort. Als es nach zwei Jahren an der Universität an Geld fehlte, tat Alice Munro das, worin junge Mädchen Anfang der fünfziger Jahre ihre Berufung sahen. Sie heiratete mit zwanzig Jahren, bevor sie von einer feministischen Bewegung, bevor sie überhaupt irgendetwas von der Selbstbestimmung der Frau gehört hatte. Der große, gutaussehende Jim Munro, ein Mann mit kurzen blonden, lockigen Haaren und einem stabilen, bübischen Lächeln, der äußerlich ihrem eigenen Vater glich, war wie ein Adler auf das zierliche Mädchen mit seinen dunklen Locken und seinem weißen Teint zugeflogen. Im Dezember 1951 entstand vor dem Kamin im Haus von Mr. und Mrs. R.E. Laidlaw in Wingham, Ontario, ein sehr merkwürdiges Hochzeitsfoto. Alle tragen Schwarz, die schöne Braut Dunkelviolett.

Die Liebesnächte eines jungen Paares, das aus Familien stammt, in denen Sex vor der Ehe als verwerflich galt, beschreibt Alice Munro in der Erzählung »Cortes Island«. In einem muffigen Souterrainzimmer entdecken die beiden die Lust und können sich gar nicht vorstellen, dass ihre Eltern, Tanten oder Onkel davon eine Ahnung haben. Den Munros, die glaubten, etwas Besseres zu sein, gefiel das schüchterne Mädchen vom Land nicht besonders, sie lästerten über ihren Dialekt, für den sich die Achtundsiebzigjährige heute noch schämt. Die Munros verachteten ihre Schwiegertochter und deren unfeine Verwandtschaft aus Wingham. Klassenunterschiede spielen in Alice Munros Erzählungen eine wichtige Rolle. Anders als in den USA, wo jeder Parvenü, wenn er zu Geld gekommen ist, mit großem Hallo in den Olymp der Reichen aufgenommen wird, verläuft in Kanada die soziale Abgrenzung eher nach englischem Muster. Die Herkunft aus einer alten, angesehenen Familie ist wichtiger als das Geld, das sie besitzt. Jim Munros Mutter stammte aus solch einer angesehenen Familie. Alice Munros Kindheit in einfachen und finanziell wackeligen Verhältnissen – mit einem Vater, der mehr Phantast als Realist war, und einer Mutter, die, als Alice zehn Jahre alt war, schwer an Parkinson erkrankte und die Verantwortung für die Familie an Alice delegieren musste – ließ ihr keine Zeit, Kind zu sein.

In den 2006 erschienenen elf Erzählungen »The View from the Castle Rock« (»Wozu wollen Sie das wissen?«) geht Alice Munro ihrer Familiengeschichte bis nach Ettrick Valley, fünfzig Meilen südlich von Edinburgh, nach, sucht in Kirchenbüchern, nach Grabsteinen und findet Nachweise über die ersten Laidlaws gegen Ende des sechzehnten Jahrhunderts. Raue Burschen waren das, Alkoholschmuggler, die in der Furcht vor den Seelen Verstorbener lebten und 1818 nach Kanada auswanderten. In der Fremde wurden sie, was sie zu Hause gewesen waren: Farmer. Dann kam Alice Munros Vater auf die Idee, Silberfüchse zu züchten. Die Felle verkaufte die Mutter, sie verdienten ganz gut, bis Silberfüchse aus der Mode kamen und Mr. Laidlaw einen Job als Nachtwächter in einer Gießerei annehmen musste. Dieses Munro-untypische Ahnenbuch, zurück zu den Wurzeln, ist ohne Erregungsvibrationen, ohne den Munro-typischen Edgar-Allan-Poe-haften Spannungsbogen geschrieben und ein Außenseiter in ihrem erzählerischen Werk.

Denn eigentlich ist sie nicht an großen historischen Zusammenhängen, sondern an der knappen Generationenspanne Mutter-Kind und an persönlichen Schicksalswendungen interessiert. Ihre handelnden Personen sind weder reich noch außergewöhnlich schön. Keine Stars, keine Genies, auch keine Intellektuellen. Mitunter eine Bibliothekarin, weil Alice Munroe selbst einmal in einer Bibliothek gearbeitet hat. Alles ganz normale Menschen, die sich nicht für ihre schlecht bezahlten, oft dreckigen Jobs schämen, die, als wäre es das Selbstverständlichste von der Welt, tagaus, tagein Truthähnen die Köpfe abhacken und ihnen Galle, Magen und Darm herausreißen. Sie tun das mit eigenwilligem Humor und rauer Liebenswürdigkeit. Wenn sie sich für etwas schämen, hat das andere Gründe. Besonders die Frauen schämen sich für ihre Unfähigkeit, an Gott zu glauben. (Alice Munro selbst hat ihren Glauben an Gott mit ungefähr zwölf Jahren verloren.) Oder sie schämen sich für soziale Erniedrigungen. Rose in »Das Bettlermädchen« schämt sich, ihren wohlhabenden Freund Patrick mit nach Hause zu bringen. Rose' Stiefmutter hat den Tisch feierlich mit Plastikdecke und zitronengelbem Papierserviettenschwan gedeckt, fette Landwürste serviert und nach dem Essen, das Patrick nicht anrührt, einen kleinen Plastikbecher mit Zahnstochern herumgereicht. Gesellschaftliche und sexuelle Scham, nicht Neid, stehen im Zentrum vieler Geschichten.

Alice Munro, die als junges Mädchen nichts anderes wollte als Bücher schreiben und heiraten, war selbst Hausfrau und Mutter, und trotz ihrer vier Töchter – eine Tochter starb kurz nach der Geburt – behauptet sie, keine leidenschaftliche Mutter gewesen zu sein. Besonders Sheila, ihre älteste Tochter, habe, sagt sie, unter ihrer Schreibsucht leiden müssen. Sheila Munro hat ein Buch darüber geschrieben, wie es war, als Tochter von Alice Munro aufzuwachsen. In »Lives of Mothers & Daughters« ist das familiäre Schüsselloch geöffnet, und man sieht eine junge Schriftstellerin, die zwischen Waschmaschine und Trockner sitzt und schreibt und, wenn es sein muss, schnell ihren Notizblock vom Küchentisch räumt. Sie feilte lange an einer Erzählung, manchmal jahrelang. Die Kinder waren Teenager und sie selbst siebenunddreißig Jahre alt, als

1968 ihr erster Erzählungsband »Dance of the Happy Shades« erschien, und mit dem »Governor General's Award for Fiction«, dem wichtigsten kanadischen Literaturpreis, ausgezeichnet wurde. Ihre Geschichten, sagt die Tochter Sheila, flogen ihr nicht durch ihr Dasein als Hausfrau und Mutter zu. Die Geschichten kamen von den Frauen der Nachbarschaft, die unangemeldet vor der Tür standen und bei einer Tasse Kaffee ihr Herz ausschütteten. Alice Munro hasste diese langweiligen und langatmigen Haushaltsgespräche, benutzte sie jedoch für ihre Erzählungen ausgiebig. Es war die Art von Geplapper, die in Munros Erzählung »Jakarta« die »Monicas« – wie die Frauen genannt werden, die in Gruppen den Strand bevölkern – so unerträglich macht: Die »Monicas« sagen den ganzen Tag Sätze wie: »Ich hab's mit Zinksalbe versucht, aber die Wirkung war null.« »Jetzt hat er einen Abszess in der Leiste.« Oder: »Du darfst kein Backpulver nehmen, du musst Soda nehmen ...« – und endlos so weiter. Es gibt bei Alice Munro aber auch die unkonventionelle Frau, die ausgelatschte Mokassins trägt, André Gide liest und ein Gespräch über das Polieren von Herdknöpfen mit dem Ausruf abwürgt: »Alte Hexe!«

»Ich bewundere sie«, sagt Bernhard Schlink. Sie ist »die beste Prosa-Autorin im heutigen Nordamerika«, verkündet Jonathan Franzen. »Sie ist unser Tschechow«, jubelt der irische Schriftsteller William Trevor. So viele Lorbeeren? Alice Munro ist unprätentiös geblieben, »down to earth«. Dass man ihren Namen, wie den MARGARET ATWOODS unter den jährlich kursierenden Nobelpreiskandidaten findet, ist ihr lästig. Sie weiß, sie würde sich freuen im ersten Moment, aber dann ... Als Alice Munro ihr genealogisches Buch über die Laidlaws schrieb, arbeitete Margaret Atwood gerade an ihrer getarnten Autobiografie, »Moralische Unordnung«. Margaret Atwood, die wie ihre Freundin und Kollegin Alice Munro in Ontario lebt, sagt, dass Alice eine essentiell regional verwurzelte Schriftstellerin ist, die über eine Welt schreibt, die mit Personen bevölkert ist, die weder von Kunst noch von Künstlichkeit eine Ahnung haben; selbstmisstrauische, zum Scheitern verurteilte Naturen mit unterdrückten Emotionen und der heimlichen Neigung zu sexuellen Exzessen. Und diese Welt, sagt Margaret Atwood, könne niemand besser beschreiben als Alice. Es gehört zu Alice Munros Geheimnissen, nie klüger oder gerissener als irgendjemand in ihren Geschichten zu sein. Auch deshalb haben viele ihrer Geschichten ein offenes Ende. Das Mädchen Lauren in der Erzählung »Verfehlungen« etwa weiß zum Schluss, »dass ihr nichts weiter übrigblieb als stillzusitzen und zu warten«.

Das Ende offenzulassen, findet Alice Munro authentischer. Offen, wie das wirkliche Leben. Wir wissen nichts, sagen Alice Munros Figuren, über die Zukunft und wenig über die Vergangenheit. Wir wissen sogar wenig über diejenigen, die uns am allernächsten sind. Die schöne Robin in der Erzählung

»Tricks« behauptet, sie würde sterben, wenn ihr Kleid in der Reinigung am nächsten Tag nicht fertig sei. Das grüne Kleid, das dem Uhrmacher, den sie nach dem Theater kennengelernt hatte, so gut gefiel wie ihr seine Berührungen. Alice Munro erzählt von einfachen Menschen, aber einfach erzählt sie nicht. Es geht immer um Gefühle und abweichende Nuancen. Das grüne Kleid kommt nicht rechtzeitig aus der Reinigung. Und Robin wird bei ihrem nächsten Besuch in der Stadt nicht merken, dass der Mann, der ihr gegenübertritt, nicht der Mann ist, in den sie sich verliebt hat, sondern dessen unwirscher Zwillingsbruder. Der bleckt die Zähne und verjagt sie. Sie wird leiden, und das Leiden wird nicht vorüber sein, als sich alles aufgeklärt hat.

Alice Munro, die nie einen Roman geschrieben hat, sagt von sich, dass sie eigentlich nicht ins zwanzigste oder einundzwanzigste Jahrhundert gehöre, sondern ins neunzehnte. Mit dem schnellen, lauten modernen Leben in den großen Städten will sie nichts zu tun haben. 1973 zog sie nach ihrer gescheiterten ersten Ehe aus dem verhassten »Exil« in British Columbia zurück nach Ontario, um dort, wo sie zu Hause ist und die Zeichen zu deuten versteht, differenzierte, erschreckende Geschichten über durchschnittliche Menschen zu schreiben, die aus ihrer Routine katapultiert werden. Hinter den gekräuselten oder zu Volants gerafften Gardinen geht es nicht weniger komplex und abgründig zu als in den vorhanglosen Lofts der Intellektuellen, über die ihre Kollegen so gerne berichten.

Biografisches

Alice Munro wurde als Alice Ann Laidlaw am 10. Juli 1931 in Wingham, Ontario, geboren. Ihre Eltern, Robert und Anne Laidlaw, führten ein bescheidenes ländliches Leben, durchzogen von Misserfolgen und Krankheiten. Alice begann an der University of Western Ontario Journalismus zu studieren, nach zwei Jahren musste sie aus Geldmangel das Studium beenden. Am 29. Dezember 1951 heiratete sie Jim Munro. Das junge Paar zog nach Vancouver, wo Jim Munro als kaufmännischer Angestellter arbeitete. Alice las oder schrieb und zog drei Kinder groß; ein Kind starb kurz nach der Geburt. »Hausfrau findet Zeit, Kurzgeschichten zu schreiben«, titelte 1961 spöttisch »The Vancouver Sun«. 1963 zog die Familie nach Victoria auf Vancouver Island, wo Jim Munro die gutgehende Buchhandlung »Munro's Books« betrieb. Alice Munro ließ sich 1973 gegen den Willen ihres Mannes scheiden, zog in ein Apartment ein paar Straßen weiter und heiratete 1976 den Geografen Gerald Fremlin. Alice Munro schreibt Kurzgeschichten, die allerdings oft den Umfang eines kurzen Romans haben. Sie lebt, mit vielen Preisen bedacht – zuletzt im Sommer 2009 mit dem

Man Booker Prize für Internationale Literatur – und als jährliche Kandidatin für den Nobelpreis gehandelt, in Clinton, Ontario, etliche Autostunden westlich von Toronto, auf einer Farm in der Nähe des Lake Huron.

Leseempfehlung

»*Der Traum meiner Mutter*« *(Erzählungen)*. Aus dem Englischen von Heidi Zerning.
»*Himmel und Hölle. Neun Erzählungen*«. Aus dem Englischen von Heidi Zerning.
»*Glaubst du, es war Liebe?*« *(Erzählungen)*. Aus dem Englischen von Karen Nölle-Fischer.
»*Tricks. Acht Erzählungen*«. Aus dem Englischen von Heidi Zerning.

Verena Auffermann

AM HOF DER SCHÜRZENJÄGER

Murasaki Shikibu *um 973–nach 1014*

Frühlingsdämmerung im Gebirge. Genji – jung, schön, reich und gebildet, Sohn des Kaisers und ein unermüdlicher Frauenjäger – steht im Abendnebel vor dem Haus eines Priesters und späht durch einen Rollvorhang. Ein etwa zehnjähriges Kind in einem weißen Kleid läuft im Haus herum. Wie ein Fächer weht ihm sein dunkles Haar ums rot verweinte Gesicht, in dem Genji die Züge einer früheren Geliebten zu erkennen glaubt. Die kleine Murasaki, so heißt das Kind, trauert um ihren Vogel, der ein Opfer von Krähen wurde – und ist in diesem Augenblick selbst nicht weniger gefährdet. Denn später wird der Mann vor dem Rollvorhang eintreten und ihren Verwandten den mit viel Poesie verbrämten Wunsch vortragen, man möge ihm Murasaki als Adoptivtochter überlassen. Mit dem Hinweis auf die Kindlichkeit des Mädchens wird Genji abgewiesen und zieht sich zurück. Doch eines Nachts kommt er wieder mit Wagen und Personal, holt das weinende Kind aus dem Bett und entführt es gegen den Protest der Angehörigen. Murasaki wird in einem Flügel des Palasts untergebracht. Dort zieht Genji sie in strenger Abgeschiedenheit auf, gewinnt ihr Vertrauen, macht sie zu seiner Freundin und dann zu seiner Frau.

Die muntere, intelligente Murasaki steht dem Herzen Genjis besonders nah, weil sie frei zu sein scheint von dem sonst bei seinen Frauen anzutreffenden Hang, eifersüchtig zu sein und ihm Vorwürfe zu machen. Schade nur, dass sich das im Lauf der Jahre verliert. Da hilft es auch nicht, dass Genji einer seiner Frauen ihr Kind wegnimmt und es in Murasakis Obhut gibt, um sie über ihre Kinderlosigkeit hinwegzutrösten. Zwar befreundet sich Murasaki nun mit der Mutter des Kindes, will aber trotzdem nicht mehr mit immer jüngeren Rivalinnen unter einem Dach leben. Genjis erotische Neugier ist ihr zuwider. Sie mag nicht mit ansehen, wie er eine Geliebte durch die nächste ersetzt. Nonne will sie werden. Als Genji ihr das nicht gestattet, erkrankt sie, und keiner der zu Hilfe gerufenen Priester und Geisterbeschwörer kann sie retten.

Die Geschichte der reizenden Murasaki, die, eingeschlossen in Genjis Palast, melancholisch wird und an »innerem Elend« stirbt, ist nur eine von vielen Dutzenden von Geschichten, die sich um die zentrale Figur des »leuchtenden Prinzen« ranken. Der »Genji-Roman« gilt als der erste Roman der Weltliteratur, der uns heute noch als lesbar erscheint, und sicher ist er einer der längsten – etwa zweimal so lang wie Cervantes' »Don Quijote« und Tolstois »Krieg und Frieden«. Über vier Generationen zieht sich die Handlung hin, und weit über vierhundert Figuren treten auf, nicht mitgerechnet zahlreiche Boten, Diener, Bauern et cetera, Angehörige der Unterschicht, die in der Entstehungszeit des Buchs als Romanfiguren mit eigenem Profil nicht in Betracht kamen.

Wie in einer glanzvollen Prozession zieht hier gemessenen Schritts die Elite der Heian-Zeit vorbei: Aristokraten aus dem Japan des zehnten und elften Jahrhunderts, um einiges kultivierter und sanfter als ihre Zeitgenossen im fernen Europa. Schwer parfümierte Herren und Damen, mit phantastischen Gewändern und kunstvoll gestylten Frisuren. Sie führen Musikinstrumente und Tänze vor, ihren Kult von Kalligrafie und Poesie, ihre Malwettbewerbe, religiösen Zeremonien, prunkvollen Ausfahrten und Feste. Und ihre Vielweiberei, die den Männern alle Freiheiten erlaubte, während Frauen, zur Passivität verurteilt, ihr Leben in halbdunklen Zimmern, hinter Vorhängen und Wandschirmen zubrachten – und selbst wenn sie in Kutschen saßen, ihre Anwesenheit nur kundtun konnten, indem sie ihre farbenfrohen langen Ärmel aus dem Wagenfenster hängen ließen.

Der Roman nimmt sich Zeit, diese längst versunkene Welt bis hinein in die jahreszeitlichen Stimmungen zu beschreiben. Vom Zeitablauf her und was die Beziehungen der Figuren betrifft, ist das umfangreiche Erzählmaterial viel klarer und kohärenter organisiert, als das in den chaotisch wirkenden, heute unlesbaren japanischen Prosavorläufern der Fall war. Dem Genji-Roman liegt eine präzise Zeittafel zugrunde, und seine vierundfünfzig Kapitel sind (etwa durch Vorausdeutungen und Leitmotive) miteinander verzahnt. Sie bilden eine Einheit, auch wenn – wie häufig in überlangen Romanen – Abschweifungen, Parallelhandlungen, Rückblenden und Geschichten in Geschichten vorkommen.

Und doch ist es für europäische Leser ungewöhnlich, dass der Titelheld zwischen zwei Kapiteln stirbt, wenn der Roman noch ein Viertel seines Umfangs vor sich hat. Ungewohnt auch, dass ein eigentliches Schlusskapitel fehlt. Die losen Enden der Erzählung bleiben einfach hängen. Was Herausgeber auf die Idee brachte, den Roman ein paar Kapitel vor seinem Ende abzuschneiden. Und was soll man nach über tausend Seiten Lektüre von diesem Schlusssatz halten: »Das scheint alles zu sein, was in dem Buch steht.« Eine alte Schlussformel? Notat eines erleichterten Kopisten? Hinweis darauf, dass das Riesenwerk Fragment blieb?

Geschrieben hat diesen Roman eine Hofdame mit dem Beinamen Murasaki Shikibu, die der Kaiserin Shoshi diente. Die war auf Druck des mächtigen Regenten Fujiwara no Michinaga zur zweiten Ehefrau von Kaiser Ichijo erhoben worden und hatte bald darauf den Platz ihrer Konkurrentin, der Kaiserin Teishi, eingenommen, die Herrin der Hofdame SEI SHONAGON gewesen war. Murasaki Shikibu war hochgebildet. Sie hatte nicht nur Japanisch, sondern auch Chinesisch schreiben gelernt, obwohl das damals bei Frauen nicht gern gesehen war. Sie sollten sich beim Schreiben auf muttersprachliche Prosaerzählungen beschränken, ein Genre, das auf der literarischen Rangliste ganz unten stand. Offiziell traf die Bücher von Murasaki Shikibu und Sei Shonagon der Bannstrahl der Verachtung. Aber eben diese Bücher wurden von Zeitgenossen und späteren Lesern hoch geschätzt und haben so – Ironie der Literaturgeschichte – alle anderen Bücher der Heian-Periode und ein ganzes Millennium überdauert.

Der Genji-Roman öffnet ein Fenster in jenen Teil der Heian-Welt, die seiner Autorin zugänglich war. Unerwähnt bleiben daher alle Verwaltungs- und Regierungsgeschäfte, mit denen die Herren des Kaiserhofs beschäftigt gewesen sein müssen. Eine umso größere Rolle spielen die poetischen Rituale dieser Hochkultur – mehr als siebenhundert Gedichte sind in den Roman eingelassen. Dass Murasaki eine Frau war und für ein weibliches Publikum schrieb, hat in ihrem Buch auch noch andere Spuren hinterlassen. Immer wieder gibt es dramatische Szenen, deren Gestaltung an den doppelten Blick der SAPPHO erinnert: Im Text entsteht zugleich eine männliche und eine weibliche Perspektive auf das Geschehen. Das macht die Romanlektüre faszinierend.

Man kann von einer Hofdame nicht erwarten, dass sie das herrschende System der Polygynie offen kritisiert und verdammt. Die Damen hatten ihren berechtigten Zorn zu unterdrücken. Murasaki kritisiert die Verhältnisse indirekt. So schildert sie zum Beispiel Genjis gewaltsame Entführung der kleinen Murasaki in all ihrer Heftigkeit, aber ohne je gegen Genji Partei zu ergreifen. Auch anlässlich der Defloration Murasakis fällt über den »leuchtenden Prinzen« kein böses Wort. Am Morgen danach erwacht das Mädchen, wie es die damalige Sitte wollte, allein. Genji, der früh aufgestanden ist, schaut am Mittag bei ihr vorbei und sieht, dass sie immer noch an ihrem Schlafplatz liegt und sich das Bettzeug über den Kopf gezogen hat. Er hebt es hoch und findet sie darunter – in Schweiß gebadet. Triefend vor Nässe, hängt ihr das Haar ins Gesicht. Das kleine Detail macht die unüberbrückbare Ferne zwischen den beiden sichtbar, ohne dass ein Wort darüber fällt.

Aufschlussreich auch die Geisterbeschwörung, durch die Genji der kranken Murasaki das Leben retten will. Der böse Geist, der in sie gefahren ist, bittet alle Anwesenden, den Raum zu verlassen. Nur Genji soll bleiben. Und muss sich dann als herzlos und lügnerisch beschimpfen lassen von einer Geisterstimme, die ihm bekannt vorkommt: Es ist die seiner schon zu Lebzeiten rasend eifersüchtigen Geliebten Rokujo. Nichts anderes als diese schreckliche Leidenschaft hat sie in die Welt des Todes hinübergenommen. Jetzt rächt sie sich als böser Geist im Körper der armen Murasaki, von der Genji nie ein Murren vernommen hat.

Eifersucht war zur Heian-Zeit als Frauenkrankheit verpönt, galt für Buddhismus und Konfuzianismus als spezifisch weiblicher Defekt. Frauen konnten gesetzlich bestraft werden, wenn sie eifersüchtig reagierten auf das exklusive Recht ihres Mannes auf mehrere Ehefrauen. Der unterdrückte weibliche Protest wurde trotzdem laut: In den Stimmen der von bösen Geistern besessenen Frauen, die in Schimpfkanonaden, die allein die Geister verantworteten, ihrem Ärger Luft machten. Listen der Ohnmacht.

Mit dem Tod des »leuchtenden Prinzen« erlischt auch das Licht über dieser Romanwelt. Im Rückblick verklärt sich Genjis Zeit. Seine Übergriffe und Fehler verblassen gegenüber den Verrücktheiten von Sohn und Enkel, die in den letzten Kapiteln versuchen, sich gegenseitig drei Frauen abzujagen. Zwei davon beschließen ihren Selbstmord, die eine hungert sich erfolgreich zu Tode, die andere sucht den Tod im Wasser, wird aber später verwirrt unter einem Baum gefunden.

Wenn es regnet, seien Geschichten für Frauen unentbehrlich, sagt Genji einmal lächelnd zu einer Geliebten, die bei seinem Eintritt von ihrer Lektüre nicht aufsehen mag, und gesteht, dass er sich auch von alten Büchern rühren lasse. Erzähler, behauptet er, seien Menschen, die ihre leidenschaftlichsten Lebenserfahrungen nicht für sich behalten könnten. Sie wollten, dass die Nachwelt davon erfährt. Aus diesem Grund gebe es Bücher.

Vermutlich spricht hier die Autorin aus ihrem Helden. Viel wird in ihrem Roman gelesen und vorgelesen, ausschließlich unter Frauen. Was deren Vermögen, sich eine bessere Welt vorzustellen, steigert. In ein paar »altmodischen Geschichten« hört die reizende Murasaki einmal von einer Welt, in der auch dem abenteuerlustigsten Helden am Ende die Liebe zu einer einzigen Frau genügt. Dass dieses Weltbild alles andere als realistisch ist, weiß sie selbst. Und doch ist sie seither sicher, dass Frauen von Männern anders behandelt werden sollten, als sie es gewohnt ist. Das Utopia der Egalität beginnt im lesenden Kopf.

Biografisches

Die Autorin mit dem Beinamen Murasaki Shikibu (wörtlich: Violett der Zeremonie) wurde um 973 als Tochter eines literaturbegeisterten Hofbeamten geboren. Sie profitierte von der vorzüglichen Ausbildung, die ihr Bruder bekam, und erwies sich zum Bedauern ihres Vaters als das intelligentere der beiden Kinder. Der Verdacht, sie sei ein Blaustrumpf, schreckte womöglich Heiratskandidaten ab. Erst zwanzigjährig heiratete sie einen wesentlich älteren Mann, der 1001 starb. 1004 trat Murasaki als Hofdame in den Dienst der Kaiserin Shoshi und führte zwei Jahre lang ein Tagebuch, in dem sie ihre Impressionen aus dem Hofleben festhielt. Nach dem Tod von Kaiser Ichijo im Jahr 1011 zog sie mit ihrer Herrin in einen abgelegenen Teil des Palasts. Murasaki war überaus belesen und soll – was als unweiblich galt – heimlich mit ihrer Herrin chinesische Klassiker studiert haben. Nach 1014 wird sie urkundlich nicht mehr erwähnt, vielleicht weil sie um diese Zeit gestorben ist.

Leseempfehlung

»Die Geschichte vom Prinzen Genji« (Roman). Aus dem Englischen übersetzt von Herbert E. Herlitschka.
Englische Ausgabe: *»The Tale of Genji«.* Aus dem Japanischen von Royall Tyler.

Gunhild Kübler

IM KOFFER EIN WELTUNTERGANG

Irène Némirovsky *1903–1942*

Morgens nach dem Frühstück geht sie los. Die Töchter sind in der Schule, der Mann bleibt zu Hause im Dorf. Manchmal wandert sie zehn Kilometer, bis sie einen Platz findet, der sich zum Arbeiten eignet. Setzt sich auf ihren blauen Pullover, schaut in das stille Tal im Burgund. Liest und schreibt bis zum Abend. Das Tschechow-Buch wird auf diese Weise fertig, auch der Roman »Feuer im Herbst«, der zwischen 1914 und 1939 spielt. Nun nähert sie sich der Gegenwart: Anfang der vierziger Jahre; Frankreich ist zur Hälfte besetzt, zur Gänze geschlagen. Niemand weiß, wie es weitergehen wird, aber die meisten richten sich ein: Wenn wir uns mit den Deutschen arrangieren – die sich, grosso modo, doch ganz anständig benehmen –, dann fahren wir weltpolitisch besser, als wenn wir den Aufstand markieren. »Der Franzose dieser Kaste«, notiert sie im Jahr 1942, »empfindet gegen niemanden Hass; er ist weder von Neid noch von enttäuschtem Ehrgeiz, noch von wirklichem Rachedurst erfüllt. Er hat Schiss. Wer wird ihm am wenigsten weh tun (nicht in Zukunft, nicht abstrakt, sondern sofort und in Form von Tritten in den Arsch und Ohrfeigen)?«

Sie bereitet auch dies neue Buch vor, indem sie sich Notizen macht – zur politischen Situation, zu ihren Figuren. Der Roman ist auf fünf Teile angelegt, ihr bisher ehrgeizigstes Projekt. Ein Blick auf die Gesellschaft, wie ein Ameisenforscher ihn hat, der die Sprache der Tiere versteht. Schau, wie sie laufen, man hat ihren Bau zerstört! Was nehmen sie mit? Wer rettet wen? Wer bricht sich ein Bein auf der Flucht? Wer stirbt, und bestatten sie ihn? Sie, die selbst eine Ameise ist, beschreibt mit kühlem Verständnis, was in den Leuten vor sich geht, wenn es ernst wird. Jahrelang hieß es, es gibt keinen Krieg. Sie werden das doch nicht wagen ... die Verhandlungen waren erfolgreich ... jetzt, mit der Tschechoslowakei, ist Schluss ... es fehlt ihnen an Munition ... es fehlt ihnen an Geld ... wir haben ihnen doch nichts getan ... Doch am 10. Juni 1940, als die deutschen Panzer sich der französischen Hauptstadt nähern, wollen sich unzählige Pariser in Sicherheit bringen, plötzlich entschieden zur Flucht, plötzlich verhakt in hektische Fragen: Schmuck mitnehmen oder verstecken? Wohin mit den Papieren? Nehmen wir das Auto? Gibt es noch Benzin? Und dann, wenn alles fertig ist, der Wagen bepackt bis unter das Dach, auf dem die Matratzen festgeklemmt sind, muss der gelähmte Opa noch einmal pinkeln ...

So war es, so hat sie es beobachtet, denn sie war selbst dabei. Sie floh mit den Töchtern in die Provinz; da lebt sie jetzt. Sie ist eine Ameise wie alle anderen, und doch nicht: Sie ist behördlicherseits keine Französin. Und sie, ihre Töchter und ihr Mann, Michel Epstein, tragen den gelben Stern.

»Mein Gott! Was tut dieses Land mir an? Da es mich von sich stößt, betrachten wir es kalten Bluts und schauen wir zu, wie es seine Ehre und sein Leben verliert. Und was bedeuten mir die anderen? Die Reiche vergehen. Nichts ist wichtig. Ob man es nun aus mystischer oder persönlicher Sicht betrachtet, es ist alles eins. Bewahren wir einen kühlen Kopf. Verhärten wir unser Herz. Warten wir.«

Sie wartet, und sie arbeitet. Sie ist zu dieser Zeit bekannt, beinahe berühmt. Der Name Irène Némirovsky, so meint ihr treuer Verleger Albin Michel in Paris, »sollte genügen, ihr alle Türen zu öffnen«. Sie schreibt in der Provinz, im Departement Saône-et-Loire, für Zeitungen, um ein wenig Geld zu verdienen. Als das unter ihrem Namen nicht mehr möglich ist, wählt sie männliche Pseudonyme. Sie lebt in der besetzten Zone; anfangs, bis das Haus gemietet ist, in einem Hotel, in dem französische Flüchtlinge mit Offizieren und Soldaten der Wehrmacht wohnen. Später quartieren sich deutsche Soldaten im Haus der Familie ein. Das Zeugnis, das sie hinterlassen – eineinhalb Jahre vor der Wannsee-Konferenz – ist ein Dokument der Ahnungslosigkeit:

O.U. den I. VII. 41

Kameraden. Wir haben längere Zeit mit der Familie Epstein zusammengelebt und sie als eine sehr anständige und zuvorkommende Familie kennengelernt. Wir bitten Euch daher, sie dementsprechend zu behandeln. Heil Hitler!

Hammberger, Feldw. 23599 A.

Das Zeugnis wird nicht helfen. Am 13. Juli 1942 holen französische Gendarmen Irène Némirovsky ab, drei Tage später wird sie nach Auschwitz deportiert, wo sie nach einem Monat stirbt. Ihr letzter Brief an ihren Lektor ist vom 11. Juli datiert: »Ich schreibe derzeit viel. Ich denke, es wird ein postumes Werk werden. Doch auf diese Weise vergeht die Zeit.«

Den Quellen nach hat sie nichts unternommen, um sich in Sicherheit zu bringen. Kein Fluchtversuch in die Schweiz, keine Anstalten, an gefälschte Papiere zu gelangen. Nur Gesten der Sorge für ihre Töchter: ein detailliertes Testament, genaue Instruktionen für die Pflegemutter, die – nachdem auch der Vater deportiert worden ist – mit beiden Kindern untertaucht. Das Manuskript, an dem sie gearbeitet hat, war im Fluchtgepäck mit dabei. Gut sechzig Jahre später entziffert die Tochter Denise die winzige Schrift, die sie für Tagebuchnotizen hielt. Sie liest die ersten beiden Teile des Romans, der auf fünf Teile angelegt war; sie heißen: »Sturm im Juni« und »Dolce«. Stilistisch kühl, voll mokanter Heiterkeit beschreiben sie die Flucht der Pariser vor den Deutschen aufs Land (der erste Teil) und die Zeit der Besatzung bis zu dem Zeitpunkt, als die meisten deutschen Soldaten nach Russland abkommandiert werden. Es ist ein Werk, das an Präzision und Schönheit seinesgleichen sucht; ein überragendes Romanfragment, das im kollektiven Gedächtnis eine bedeutende Lücke füllt. Nirgends sonst ist das dichte Gewebe aus Angst und Kalkül, aus Anpassung und Widerstand im besetzten Frankreich so genau beschrieben worden. Dem Buch fehlt nur: eine wie sie. Das Schicksal der Juden in Frankreich kommt in »Suite française« nicht vor.

Ursprünglich war das Judentum ihr Thema. Ihr erster Roman aus dem Jahr 1929, »David Golder«, behandelt den Zusammenbruch eines jüdischen russischstämmigen Bankiers in Paris. Von all dem verstand sie viel: Ihr Vater, ein bedeutender russischer Privatbankier, floh mit seiner Frau und dem einzigen Kind im Verlauf der Russischen Revolution über Skandinavien in die französische Hauptstadt. Es gelang ihm, dort erneut zu Vermögen zu kommen. Irène führte ein luxuriöses, äußerlich behütetes Leben, schloss ihr Studium der Literaturwissenschaft an der Sorbonne mit Auszeichnung ab und begann mit achtzehn Jahren, Prosa zu schreiben.

Sie war anmutig und charmant, glamourös, gebildet und immens begabt. Ihrer Mutter, die von monströser narzisstischer Kälte gewesen sein muss (sie starb hochbetagt und reich im französischen Süden; ihre verwaisten Enkelkinder verwies sie an die öffentliche Fürsorge), machte sie mit der genialen Novelle »Der Ball«, erschienen 1930, den literarischen Prozess. Snobismus und Vulgarität, Empfindungslosigkeit und Ehrgeiz der Juden im antisemitischen Frankreich sind wiederkehrende Motive in ihrem Werk, mit dem sie sofort erfolgreich war – und zur Kronzeugin der Antisemiten wurde. Die in rascher Folge publizierten Romane sind konventionell erzählt, an Maupassant und Flaubert geschult und von unterschiedlicher Qualität: Dichte Beschreibung, psychologische Intelligenz, Eleganz im Ton und sichere Konstruktion kämpfen, nicht immer erfolgreich, mit ihrem Hang zur spektakulären Fabel und zum Klischee. Sie heiratete mit dreiundzwanzig Jahren und führte ein offenbar erfülltes, produktives Leben, und nichts deutet darauf hin, dass sich das Drama von Flucht und Vertreibung, das sie in ihrer Kindheit erlebte, wiederholen sollte. 1939 ließ sie sich und die Töchter katholisch taufen; ihre Bemühungen um die französische Staatsbürgerschaft allerdings scheiterten.

Nichts spricht dafür, dass sie die Gefahren, die ihr und ihrer Familie drohten, jemals geringschätzte oder übersah. Ihre künstlerische Aufmerksamkeit aber galt zuletzt nicht ihr selbst und dem Schicksal der Juden, sondern jenem bourgeoisen Frankreich, das sie aussonderte. »Über den gegenwärtigen Krieg«, heißt es in der »Suite française«, »wurde wenig gesprochen«. Die Katastrophe »war den Leuten noch nicht ins Bewusstsein gedrungen, sie würde erst Monate, vielleicht Jahre später ihre lebendige, schreckliche Form annehmen, vielleicht wenn die verschmutzten Kinder, die Jean-Marie über dem kleinen Holzzaun vor der Tür auftauchen sah, erwachsen wären«.

Es sollte noch länger dauern. Tatsächlich hat ihr letzter und bester Roman, in jenen Jahren geschrieben und unvollendet geblieben, literarisch für dieses Bewusstsein gesorgt. Die verschmutzten Kinder sind inzwischen Rentiers.

Biografisches

Irène Némirovsky wurde am 11. Februar 1903 als einziges Kind eines jüdischen Bankiers in Kiew geboren. Ihr Vater war viel auf Reisen, ihre Mutter an dem Kind nicht interessiert; Irène wurde von einer französischen Gouvernante erzogen. Im Verlauf der Russischen Revolution floh die Familie und emigrierte über Finnland und Schweden 1919 nach Paris, wo der Vater als Leiter der französischen Filiale seiner eigenen Bank wieder zu Reichtum gelangte. Irène Némirovsky schloss ihr Studium der Literaturwissenschaft an der Sorbonne mit Auszeichnung ab. 1926 heiratete sie den ebenfalls aus Russland emigrierten Michel Epstein, mit dem sie zwei Töchter hatte. 1929 erschien ihr erster Roman,

»David Golder«, und machte sie sofort bekannt; 1930 folgte »Der Ball«. Die französische Einbürgerung wurde ihr verweigert. 1939 konvertierte sie mit ihren Töchtern zum Katholizismus. Als Deutschland 1940 Frankreich überfiel, verließ sie mit ihrer Familie Paris, versuchte aber nicht, ins Ausland zu fliehen. Irène Némirovsky, seit Langem an Asthma erkrankt, wurde im Juli 1942 aus einem Dorf im Burgund nach Auschwitz deportiert. Am 17. August starb sie im Krankenbau des Vernichtungslagers Birkenau. Ihr jüdischer Mann wurde im Oktober verhaftet, ebenfalls nach Auschwitz deportiert und bei seiner Ankunft vergast. Die Töchter überlebten mit Hilfe von Freunden der Familie den Krieg; 2004 erschien aus dem Nachlass der unvollendet gebliebene Roman »Suite française«, der sofort ein internationaler Erfolg wurde.

Leseempfehlung

»David Golder« (Roman). Aus dem Französischen von Dora Winkler.
»Der Ball« (Erzählung). Aus dem Französischen von Claudia Kalscheuer.
»Der Fall Kurilow« (Roman). Aus dem Französischen von Dora Winkler.
»Feuer im Herbst« (Roman). Aus dem Französischen von Eva Moldenhauer.
»Suite française« (Roman). Aus dem Französischen von Eva Moldenhauer.

Elke Schmitter

EIN OFFENER TRESOR

Anaïs Nin *1903–1977*

Hallo? Ist da jemand? Nichts zu hören. Wir lauschen, klopfen noch einmal an die Haustür. Nichts, kein Laut. Vielleicht ist sie nicht da? Aber die Haustür steht auf. Vielleicht schläft sie, und wir wecken sie im schönsten Moment eines Traums. Neugierig sind wir schon. Leise schieben wir uns durch die Tür, schleichen auf Zehenspitzen in ihr Haus und staunen. So also wohnt Anaïs Nin, so modern, so luxuriös. Licht flutet durch die riesigen Glasfronten des Erdgeschosses, die Räume sind groß, offen, transparent. Wer hier lebt, das spüren wir sofort, ist angekommen.

Und das ist die Kultautorin Anaïs Nin im Jahr 1966: endlich angekommen im Erfolg. Endlich verdient sie viel, und vor allem: eigenes Geld, kann sich dieses schöne Haus in Kalifornien leisten. Gerade ist der erste Band ihres Tagebuchs herausgekommen, und nun erscheinen ihre Bücher in großen Auflagen, ernten begeisterte Kritiken, verkaufen sich bestens auf den internationalen Buchmärkten. Jetzt endlich, im Alter von dreiundsechzig Jahren, ist Anaïs Nin anerkannt. Was heißt anerkannt: Sie wird verehrt, angebetet von den Scharen ihrer gläubigen Leserinnen. In Europa und Amerika ist ein regelrechtes Anaïs-Nin-Fieber ausgebrochen. Ihre erotischen Bücher, ihre sensiblen Sätze werden von Frauen, die ihre Töchter sein könnten, konsumiert wie Wasser in der Wüste.

So gut wie jetzt, Ende der sechziger Jahre, ging es ihr keineswegs immer. Anaïs Nin hat, was ihren Erfolg und ihr literarisches Prestige betrifft, dürre Zeiten hinter sich. Lange galt sie als weiblicher Paradiesvogel der Künstlerbohème. Als viel mehr aber auch nicht. Der Ruf ihres Liebeslebens überragte den Ruf ihrer Prosa ziemlich weit. Ihre Liaison mit Henry Miller Anfang der dreißiger Jahre war bekannter als irgendeiner ihrer Buchtitel. Nach 1945 wollte der amerikanische Literaturbetrieb von ihr nichts wissen. Dem französischen Literaturbetrieb war sie in den zwanziger und dreißiger Jahren nicht wichtig genug gewesen, als dass er sich in der Nachkriegszeit noch an sie erinnert hätte. Aus Verzweiflung brachte sie ihre späteren Bücher in Amerika im Selbstverlag heraus.

Sie hat auch nicht immer so großartig gewohnt. Als junge Frau lebte sie mit ihrer Mutter, ihren beiden Brüdern und ihrem Ehemann in Louveciennes, in der Nähe von Paris, auf einem Anwesen, dem man trotz seiner Größe verblasstes Großbürgertum ansah. Danach begnügte sie sich eine Weile mit einem Hausschiff am Ufer der Seine. Es war eine ihrer romantischsten Lebensphasen. Eine Phase, in der sie die Existenzweise der verträumten, von Inspirationen überfluteten, von Amouren umschaukelten Dichterin unbegrenzt ausleben konnte. Sie verstand es, mit Reichtum und mit Armut umzugehen. Sie besaß jene Anpassungsfähigkeit, die eine nomadische Kindheit und Jugend lehren. Als sie elf Jahre alt war, zog ihre vom Ehemann verlassene Mutter mit den drei Kindern von Paris nach New York, zehn Jahre später zog die Familie nach Paris zurück. Dazwischen lagen Aufenthalte in Kuba, diverse Wohnungs- und Milieuwechsel, diverse finanzielle Engpässe. Denn der Vater, ein spanischer Pianist und Komponist, von den natürlichen Privilegien eines Künstleregos tief überzeugt, hatte sich auch als Familienernährer verabschiedet.

Aber etwas an Nins Anpassungsfähigkeit wirkt irritierend. Sie scheint mehr als eine Überlebenstechnik, sie scheint eine Art zweite Natur zu sein. Wo auch immer sie war, was auch immer sie tat, fügte sich Anaïs Nin perfekt in die Kulisse, war ihre Selbstdarstellung die perfekte Antwort auf die Erwartung des Betrachters. Ihr allererstes Geld verdiente sie im Alter von sechzehn, siebzehn Jahren als Modell für Maler und Fotografen. Sollte sie eine Blume vor sich halten, sah es aus, als sei sie für nichts anderes geboren, als Blumen vor sich zu halten. Saß sie auf einem Pferd, war sie das Inbild der mit dem Pferd verwachsenen Reiterin. War sie als junge Frau bei dem Psychoanalytiker Otto Rank in Behandlung, lebte sie sich im Handumdrehen so vollkommen in die therapeutische Situation ein, dass sie selbst Patienten zur Behandlung annahm. In der Umgebung homosexueller Bohème trat sie androgyn auf, mit Frack und Zigarettenspitze. In Japan, wohin sie im fortgeschrittenen Alter reiste, bemühte sie sich in ihrer Erscheinung um eine japanische Note.

Hallo? Ist da jemand? Vielleicht ist sie ja im ersten Stock, in ihrem Arbeitszimmer? Vorsichtig öffnen wir die Tür und schauen uns um. Da ist sie ja, die schmale, aparte, ewig mädchen-, bisweilen ein wenig puppenhafte Anaïs Nin. Sie sitzt an einem kleinen Tisch, über ein schwarz gebundenes Buch gebeugt, in das sie hineinschreibt. Vielmehr: hineingeschrieben hat oder gleich weiterschreiben wird. Denn im Moment tut sie nichts. Sie schaut vor sich hin, sieht und hört uns nicht. Sie schläft auch nicht, ihre Augen sind offen. Sie ist wach und doch nicht richtig anwesend. Sie ist in jenem weichen Zwischenzustand, den Sigmund Freud »vorbewusstes Phantasieren« nannte. Wir nennen es Tagträumen. Eine Art inneres Posieren vor sich selbst. Ein Ausphantasieren, Ausfabulieren der eigenen Person in Idealbildern und Idealszenen. Dies war Anaïs Nins große Leidenschaft, der Kern ihres Schreibens und wohl auch ihres Lebens. Sie beschrieb sich als Nymphomanin, als Seherin, als Seelsorgerin, als tüchtige Wirtschafterin, als Naive, als Intellektuelle, als Glückskind des Lebens, als Betrogene des Lebens. Mag sein, dass sie all dies auch war. Mag sein, dass sie all dies auch nur zu sein wünschte. Wo die biografische Realität endet und die biografische Idealisierung beginnt, weiß bei Anaïs Nin niemand zu sagen. Wer liest, was erlebt zu haben sie berichtet, muss sich durchweg fragen, ob er nicht doch Erträumtes vor sich hat. Ihr Motto hieß: »Facts are destructive«, Tatsachen sind zerstörerisch. Dem entsprach ihr Hang zum Betrug und zum Selbstbetrug. Nachdem sie 1931 in Paris den verrufenen Schriftsteller Henry Miller kennengelernt hatte, führte sie morgens das Leben einer antibürgerlichen Muse und entfesselten Geliebten, nachmittags das Leben einer tadellosen Bankiersgattin. Um den Überblick zu bewahren und weil ihr die Legenden, die sie ihrem Ehemann Hugh Guiler auftischte, so gut gefielen, führte sie neben ihrem Haupttagebuch ein Nebentagebuch mit dem Titel »Lies«, Lügen. Vielleicht wären die Legenden gar nicht nötig gewesen, weil der Ehemann Bescheid wusste und dem Phantasiebedürfnis seiner schreibenden Frau entgegenkam. Dass er sie jahrzehntelang finanziell unterstützte, darf man annehmen. Ob er je von Anaïs Nin geschieden wurde, wissen die Götter. Ob sie mit dem amerikanischen Schauspieler Rupert Pole, mit dem sie seit den fünfziger Jahren zusammenlebte und den sie ihren Ehemann nannte, formal verheiratet war, wissen ebenfalls nur die Götter. Nins Biografen jedenfalls sind sich uneinig. Die Ehemänner selbst waren es offensichtlich auch. Als Anaïs Nin 1977 starb, erschien in der »Los Angeles Times« eine Traueranzeige ihres Gatten Rupert Pole, in der »New York Times« eine Traueranzeige ihres Gatten Hugh Guiler.

In vielen ihrer Erzählungen gibt es ein seltsames Motiv: Das Warten darauf, noch einmal oder überhaupt geboren zu werden. Auf seltsame Weise ging Anaïs Nin gleichsam schwanger mit sich selbst und überbrückte die Zeit bis zur (Neu-)Geburt mit dem Dekorieren vorläufiger Ich-Ideale, Ich-Wünsche, Ich-Einbildungen. Ihnen zuliebe verzichtete sie auf ein definiertes Ich. Eben darin aber, in dieser narzisstischen Umwölkung, haben sich Nins Leserinnen in aller Welt wiedererkannt.

Vergeblich versuchten mehrere Psychoanalytiker, Anaïs Nin die Verliebtheit in den Rausch der Tagträume zu entreißen. Einige verliebten sich dabei selbst in die schöne Frau auf ihrer Couch. Keiner schaffte es, ihr den Unterschied zwischen Sein und Sichsehen nachdrücklich klarzumachen. Sie hätte dabei vermutlich etwas Wichtiges verloren: die Tagebuch-Obsession. Die literarische Vorläufigkeit des Tagebuchs ist die genaue Entsprechung zur Vorläufigkeit des Tagtraums, und bei keiner anderen Schriftstellerin war das eine so eng mit dem anderen verknüpft wie bei Anaïs Nin. Die Mengenangaben ihres Tagebuchwerks schwanken zwischen 15 000 Seiten und 35 000 Seiten. Exzentrisch ist das Volumen in jedem Fall. Ihren Tagebüchern – mindestens neunzig dicht beschriebene, schwarz gebundene dicke Hefte und schon zu ihren Lebzeiten aufbewahrt im Tresor einer Bank in New York – verdankt Anaïs Nin ihren späten Ruhm. Der im Jahr 1966 erschienene erste Band umfasste die Lebensjahre 1931 bis 1934. Ihm folgten zügig sechs weitere Bände, der letzte postum. So befand sich Anaïs Nin nach 1966 in der etwas paradoxen Situation, einerseits ihr aktuelles Tagebuch zu füllen, andererseits alte Tagebücher für die Drucklegung zu kürzen, zu bearbeiten und zu reinigen. Auch diese Bereinigung lässt Ungereimtheiten vermuten, da Nin, Gerüchten zufolge, bisweilen reale Episoden löschte und erdachte Beschönigungen stehen ließ. Nach ihrem Tod erschienen obendrein sogenannte intime oder ungereinigte Tagebücher und Auswahltagebücher wie im Jahr 1986 der Band »Henry, June und ich«. Nins Tagebücher bilden ihr inneres und äußeres Leben in staunenswerter Breite, ja fast in Echtzeit ab. Sie notierte jede Buchlektüre, analysierte jede Liebesnacht, jedes Gefühl und jede Bekanntschaft. Und machte dabei zwischen Selbstaufklärung und Selbstverklärung keinen großen Unterschied.

Hallo? Jetzt hat sie uns bemerkt, schaut auf und lächelt uns an. Sofort versorgt sie uns, mit Essen, Trinken, anmutigem Gespräch. Da wir so neugierig sind, erzählt sie noch einmal, wann, wo und weshalb sie mit dem Tagebuchschreiben begann und wie ihr Tagebuch zum kostbarsten Besitz ihres Lebens wurde. Sie war, erzählt sie, elf Jahre alt, als sie die erste Seite des ersten Bandes füllte. Sie befand sich im Jahr 1914 an Bord des Schiffes, das die vaterlose Familie von Frankreich nach New York brachte. Sie vermisste den vergötterten Vater über die Maßen und schrieb ihm tagtäglich Briefe. Sie schrieb ihm alles, was sie tat, sah und dachte. Aus dieser Gewohnheit entstand ihr Tagebuch. Freundlich verabschiedet sie uns. Morgen wird sie hier am Tisch sitzen und im Tagebuch aufschreiben, dass am Tag zuvor fremde Leute in ihrem Haus herumschlichen, mit denen sie sich unterhielt. Sie wird uns und die Unterhaltung schildern, uns ein wenig interessanter, attraktiver, literarischer machen, als wir in Wirklichkeit sind.

Sich darüber heute, zu Beginn des einundzwanzigsten Jahrhunderts, zu amüsieren, in einer Zeit, die Frauen längst Gelegenheit gibt, sich von Phantomen und Tagträumen zu verabschieden und zu realisieren, was die Träume verheißen, ist recht leicht. Aber auch ein wenig ungerecht. Denn Anaïs Nin gestattete sich, was die meisten sich nur erlauben, wenn nicht einmal die beste Freundin zusieht: sich im Spiegel als tollste Frau der Welt zu sehen. So wurde sie für viele, die ihre Bücher lasen, zur besten Freundin. Und vielleicht auch zur Ermutigung.

Biografisches

Anaïs Nin wurde am 21. Februar 1903 geboren, mit großer Wahrscheinlichkeit in Neuilly bei Paris, mit geringerer Wahrscheinlichkeit in Havanna. Nachgewiesen ist, dass ihre Eltern, ein spanischer Musiker und die Tochter eines dänischen Konsuls, sich 1899 in Havanna kennenlernten. Unstrittig ist auch der märchenhafte Name des Vaters: José Joaquín Miguel Nin y Castellanos. Auf ihn bezieht sich Anaïs Nins erste Realitätsumdeutung. Dass der feinsinnige Künstler seine Kinder brutal züchtigte und, um dabei ungestört zu sein, seine Ehefrau in ein Zimmer einsperrte, kommt in der Erinnerung Anaïs Nins nicht vor. Nachdem der Vater die Familie verlassen hatte, begegnete Anaïs Nin ihm erst nach zwanzig Jahren wieder. Ihrer romanhaften Darstellung nach entwickelte sich aus der Wiederbegegnung eine inzestuöse Liaison, die damit endete, dass die Tochter den ihr verfallenen Vater sitzenließ. Ob dies der Realität entspricht, ist, wie häufig bei Nin, nicht zu entscheiden. Die Götter, die es wissen müssten, runzeln skeptisch die Stirn. Bis kurz vor ihrem Tod stand Anaïs Nin in Verbindung mit ihrem Ehemann Hugh Guiler, den sie mit Anfang Zwanzig geheiratet hatte. Er verkörperte in ihrem künstlerischen Lebenskosmos das stabilisierende und korrigierende Realitätsprinzip und war mit an Sicherheit grenzender Wahrscheinlichkeit Nins unverzichtbare finanzielle Stütze. Sie starb im Alter von dreiundsiebzig Jahren am 14. Januar 1977 in Los Angeles.

Lesempfehlung

»*Die Tagebücher der Anaïs Nin. Band 1: 1931–1934*«. Aus dem Englischen von Herbert Zand.
»*D. H. Lawrence. Lektüren der Leidenschaft*« *(Essay)*. Aus dem Englischen von Bernd Samland.
»*Haus des Inzests*« *(Erzählungen)*. Aus dem Englischen von Manfred Ohl und Hans Sartorius.

Ursula März

LAUFEN, UM NICHT STEHENZUBLEIBEN

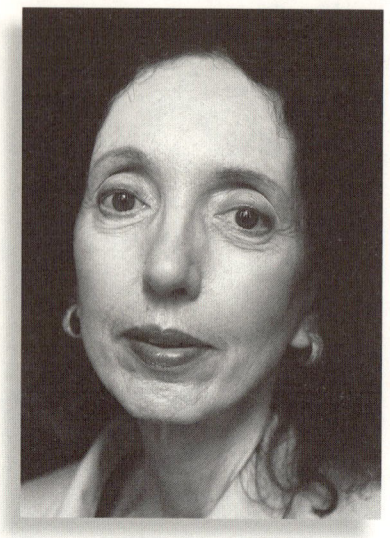

Joyce Carol Oates *1938

Das fünfjährige Mädchen, das 1943 in der »District School No. 7«, Niagara County, vor seiner stämmigen Lehrerin sitzt, ist zierlich, hat eine auffallend hohe Stirn, lachende Augen und schwarzes lockiges Haar. Noch bevor sie in die gleiche Ein-Raum-Schule kam, in der schon ihre Mutter Carolina das ABC gelernt hatte, war Joyce Carols erstes gezeichnetes und koloriertes Buch fertig. Das zweite hieß »The Cat House«, ein drittes, viertes, fünftes folgten und so weiter. Heute vermeiden es ihre Biografen, genaue Zahlen zu nennen. Pauschal sprechen sie von sechzig oder mehr Romanen, oft sind es zwei in einem Jahr, veröffentlicht in unterschiedlichen Verlagshäusern. Eine wilde Mischung, zusammengesetzt aus Familien- und Liebesgeschichten, Psychothrillern, Romanzen, Schauerromanen und postmodernen Geistergeschichten, nicht mitgezählt die Kurzgeschichten, Essays und Buchrezensionen in wichti-

gen Zeitungen und Zeitschriften. Als die unermüdlich schreibende Joyce Carol
Oates im Rentenalter angekommen war, begann sie packende Jugendbücher
zu verfassen, eines nach dem anderen. Sie heißen »Sexy«, »Bad Girls« oder
»Unter Verdacht«. Als würde sie das Erstaunen und die Ungläubigkeit über
ihre ungebrochene Produktivität teilen, nennt sie sich selbst »JCO«. Jene
»JCO«, über die sie in der dritten Person spricht und die sie wie eine Außerirdische umkreist, ist eine Person, die sich – behauptet jedenfalls Joyce Carol
Oates – deutlicher an ihre aus Holz gebaute primitive Schule erinnert als an ihr
eigenes Kindergesicht.

Zwei dicke Bücher gaben die Initialzündung für diese immense Karriere:
»Webster's Dictionary«, bei einem Schreibwettbewerb gewonnen, und eine
illustrierte Ausgabe von Lewis Carrolls »Alice im Wunderland«, die ihr Großmutter Blanche zum achten Geburtstag schenkte. »Alice im Wunderland«
verwandelte das Leben im ärmlichen, buchfreien Farmhaus. Alice, das war für
Joyce Liebe und Bewunderung auf den ersten Blick. Und Joyce beschloss, so
neugierig und unfassbar mutig zu werden wie Alice.

Die erwachsene Joyce Carol Oates wird zur Analytikerin familiärer Neurosen
und enger gesellschaftlicher Strukturen. Sie nutzt dafür zwei ihr gut bekannte
Milieus: das der Armen ohne Zugang zur Bildung und das ehrgeiziger Univer-
sitätsdozenten. Die einen sind gezwungen, sich irgendwie ohne Brimborium
durchzuschlagen, die anderen flüchten sich in Neurosen, ziehen sich in sich
selbst zurück, sind mit sich und der Welt unzufrieden. Andere Themen findet
sie in Boulevardzeitungen. Sie setzt sich mit dem Leben Prominenter auseinander, mit Lady Di, mit dem Schicksal Marilyn Monroes, interessiert sich für die
Psyche von Serienmördern, die in Hochsicherheitsgefängnissen ihre Haft ver-
büßen, und beschreibt die ganz normalen häuslichen Miseren. Ihr Amerika ist
kein American dream, sondern ein Geflecht engster familiärer Verwicklungen.

Ist es die Furcht oder eine Mode, dass Joyce Carol Oates ihr Gesicht, das wie
aus Elfenbein geschnitzt scheint, unter den Rändern und Gläsern einer über-
dimensionierten Brille verdeckt? Einer Brille, die das Schwerste an dieser fragilen Person zu sein scheint. Groß gewachsen ist sie, aber so hauchdünn, dass
der Verdacht aufkommt, sie wolle unsichtbar hinter ihren Büchern und Texten
verschwinden, weglaufen aus der irdischen Existenz. Seit Jahren läuft sie regelmäßig und kilometerweit und entwirft während des Laufens ihre Bücher. Ren-
nend »wie ein Reh«, rekapituliert und korrigiert sie fertiggestellte Kapitel, entwirft neue und beobachtet die Seele dabei, wie sie mit dem Körper fliegt und
wie sich während des Laufens Gedanken und Träume miteinander verbinden.
Das eigentliche Roman-Niederschreiben, behauptet sie, sei dann nur noch ein
Klacks.

Im fanatischen Laufen liegt eine mögliche Antwort auf die Frage nach ihrer titanischen Schreibleistung. Dem körperlichen Schwebezustand steht ihre Leidenschaft für den Boxsport gegenüber. Boxen ist ihre Metapher für die nicht enden wollenden Kämpfe, für die Erkenntnis, dass man selbst sein eigener Gegner ist und die eigene Kraft auf dessen Schwäche beruht. Joyce Carol Oates bezeichnete in einem klugen Essay den Boxgegner als Doppelgänger und verglich den Voyeurismus des Publikums mit Pornografie. Weil sich die Zuschauer »nicht erlauben können, das zu sehen, was sie sehen«, und der Boxkampf das fünfte Gebot herausfordert: »Du sollst nicht töten.«

»Du sollst nicht töten« berührt die dunklen Kapitel ihrer Familie, in der es einen Ermordeten und einen tobsüchtigen Selbstmörder gegeben hat. Ihre Familiengeschichte ist Teil der klassisch amerikanischen Einwanderergeschichte. Arme Leute, die aus ihrem Leben flohen und auf ein besseres Auskommen hofften in *God's own country*. Die Eltern der Mutter kamen 1902 aus Budapest und amerikanisierten ihre Namen in Stephen und Elizabeth Bush. Sie ließen sich in der Nähe der Niagarafälle nieder und fanden anstelle eines süßen ein hartes Leben. Stephen Bush kippte Enttäuschung und Anstrengung mit Alkohol runter und wurde 1917 im Alter von dreiundvierzig Jahren in einem Wirtshaus mit einem stumpfen Gegenstand totgeschlagen. In vielen der grausamen Oates-Geschichten ist das Mordinstrument keine herkömmliche Waffe, sondern ein »stumpfer Gegenstand«. Das kurze Leben ihres Großvaters beschrieb sie in dem Essay »Beginning« und in dem Roman »Ein Garten irdischer Freuden«. Auf seelische oder körperliche Verletzungen folgt, das erklärt sie in diesen Büchern, neue seelische und körperliche Verletzung: Brutalität, Liebesverlust und Frustration. Der Mensch, das ist die Erkenntnis, die in ihren Büchern immer wieder durchscheint, ist dem Wiederholungszwang ausgesetzt.

Dunkelheit liegt auch über der väterlichen Familie. Die Mutter von Frederic Oates –eingewandert aus Irland, angesiedelt in Lockport, zwanzig Meilen nordöstlich von Buffalo nahe der Niagarafälle, dem topografischen Zentrum von JCOs Romanen – verbarg ihre jüdische Abstammung selbst vor ihrer eigenen Familie. Jene »Grandma Morgenstern«, der Joyce Carol Oates nicht gerade aus dem Gesicht geschnitten ist, aber doch ähnlich sieht, überlebte die blindwütigen Hammerschläge ihres Mannes, der schließlich in seiner Rage vom Schlafzimmer in den Keller rannte und sich dort erschoss. Während der Recherchen zu ihrem Roman über die jähzornigen und gewaltbereiten Mitglieder der Familie Morgenstern/Oates, »Wofür ich gelebt habe«, erfuhr sie ein makabres Detail: Ihr Großvater Oates war Leichenbestatter.

Joyce Carol Oates' eigene gesellschaftliche Platzierung klingt wie reiner Masochismus. Sie rangiere »unterhalb der Arbeiterklasse, aus der ich abstamme«, erklärte sie. Aber eigentlich will sie nirgendwohin gehören, denn sie existiert »tief eingeschweißt« in ihrer Einbildungskraft. Joyce Carol Oates, die Frau zum Umpusten, die als Erste ihrer Familie ein College besuchte, viele Jahre an der Elite-Universität Princeton lehrte und einen flachen Midwest-Akzent spricht, formuliert Meinungen und Überzeugungen, die jede Wohlanständigkeit missachten. Fasziniert von Gewalt und Verbrechen, behauptet sie, dass ohne Gewalt keine Zartheit entstehe und im Umkehrschluss ohne Sanftheit keine Gewalt. Joyce Carol Oates genießt das Risiko, zu stören, falsch verstanden zu werden und Gewissheiten einzureißen. Was sie sagt und schreibt, ist immer anschaulich, möglicherweise wahr, wahrscheinlich halb wahr und bietet Einblicke in die Trivialität des Lebens. Joyce Carol Oates nimmt dabei keinerlei Rücksicht auf amerikanische Idiosynkrasien und puritanischen Ethos.

Viele Schriftstellerkollegen und Kritiker verdrehen, wenn sie ihren Namen hören, auch aus Überforderung die Augen und können doch nicht umhin, ihre verrückte Produktivität, ihre thematische Treffsicherheit und psychologische Genauigkeit zu bewundern. Was unterscheidet ihre Bücher von den Romanen ihres 2009 verstorbenen Freundes John Updike? John Updike ist ein Lehrersohn, sie die Enkeltochter von Arbeitern. Es ist die Perspektive, die Kluft zwischen den Milieus, die Joyce Carol Oates' Interesse, ihren Blick bestimmt. Ihre Romane sind von einem unheimlichen Unglück geprägt, von einer Vorgeschichte gesteuert, die oft nicht erzählt wird. Psychische Not ist ihr wichtigstes Thema. Und selbstverständlich sind viele ihrer vielen Romane routinierte, wenn auch nicht schlechte Massenware. Bücher, die man liest und wieder vergisst. Aber dann gelingt ihr zum Beispiel ein außerordentliches Psychogramm über Marilyn Monroe. Warum unterscheidet sich dieses Buch von all den anderen Büchern über den Filmstar Marilyn Monroe? Sie wollte wissen, was für ein Mädchen Norma Jean Baker gewesen ist, bevor es zur platinbleichen, schönheitsoperierten Marke MM wurde. Joyce Carol Oates schrieb 738 Seiten über den Fall »Blond«, ursprünglich war eine 175-Seiten-Novelle geplant. Der Roman wurde zum widersprüchlichsten ihrer Laufbahn, weil ihr psychologischer Realismus alle Erwartungen an ein Marilyn-Monroe-Porträt unterläuft. Aber gerade weil MMs Geschichte zum Mythos wurde, will JCO wissen, was dahintersteckt. Die Fragen nach dem »Wieso« interessieren sie, da beginnt sie zu laufen und mit ihren Gedanken um die Wette zu rennen.

Sie will hinter die Gründe für das Verhängnisvolle des Lebens kommen, Fallbeispiele gibt es genug. Im Roman »Niagara« erzählt Joyce Carol Oates auf 550 Seiten eine sehr amerikanische Geschichte, die mit dem obligatorischen Klassiker aus den fünfziger Jahren beginnt: eine Hochzeitsnacht an den Niagarafällen. Aber Ariahs Mann ist, was die jungfräuliche Braut nicht wusste, schwul. Im Morgengrauen nach der verpatzten Hochzeitsnacht stürzt er sich die Niagarafälle hinunter. Ariahs Leben geht nach diesem Schock weiter, aber nicht gut. Das Unglück wiederholt sich mit ihrem zweiten Ehemann auf ähnliche Weise. Schicksal ist in Joyce Carol Oates' düster gestimmter Welt unentrinnbar. Schäme dich nicht deiner Leidenschaft für das Subjekt, lautet eine von Joyce Carol Oates' Devisen. Wenn Schreiben wie Verliebtsein den Sinn des Lebens befördert, dann geschieht das nicht, sagt sie, weil man auf den Erfolg vertraut, sondern weil man sich schmerzlich seiner Sterblichkeit bewusst ist.

Die Autorin der bisweilen ziegelsteindicken Romane versteht auch etwas von der Ökonomie der Kurzgeschichte. Die Autofahrt eines jungen Paares von Florida nach Kanada, der Aufbruch in ein neues Leben, zu einem neuen Job, eine klassisch amerikanische Szene mit Sunoco-Tankstelle und knappen undramatischen Dialogen, die keinen Zweifel lassen, dass für Evan und Renée diese Fahrt nichts Gutes verheißt: »Grenzübergang« ist die Auftaktgeschichte des erfolgreichen Erzählungsbandes »Grenzüberschreitungen«, mit dem Joyce Carol Oates 1978 in Deutschland eingeführt wurde. »Vor mehreren Jahren lebte in einer Stadt im Osten des Landes eine Frau, die sich fürchtete. Sie hätte nicht genau sagen können, wovor sie sich fürchtete, manchmal war es die Furcht vor der Furcht selbst ...« – so beginnt die Erzählung »Träume«. Fast im Märchenton schleicht sich Joyce Carol Oates an ihr Personal heran, oft passiert nichts anderes als das deprimierend Normale. Verzweiflung, wie Oates sie beschreibt, ist Nachlässigkeit, Trägheit eine Form der Sünde und Ironie ein Hilfsmittel wider die Gefühle der Panik. Doch die Einsamkeit, sagt die Autorin, ist der Kern allen Elends. Ihr Amerika, das ist Lockport, Upstate New York; dann Detroit, wo sie mit ihrem Mann, dem Anglisten Raymond Joseph Smith, 1962, ein Jahr nach ihrer Hochzeit, ein hellgrau gestrichenes Holzhaus bezog und an der Universität lehrte; und schließlich Princeton, wo das Paar seit Jahrzehnten in mehreren ebenerdigen Pavillons mit großen Glasfenstern lebt. Davor stehen Fahrräder, eine Tischtennisplatte und viele schlanke Bäume.

In Joyce Carol Oates' Arbeitszimmer sind zwei schlichte Schreibtische aneinandergeschoben, darauf zwei Schreibmaschinen, zwei Lampen, ein weißes Telefon, zwei, drei Bücher. In verblasster roter Tinte steht auf einem Zettel in ihrem Arbeitszimmer: »Je verletzlicher wir sind, desto mehr suchen wir die Ruhe in der Imagination.« Das weiße runde Krägelchen, das auf einem Kinderfoto das Gesicht ordentlich abschließt, gefällt auch der erwachsenen Frau, die Rüschen liebt und bedruckte Stoffe. Auf den vielen Porträts schaut sie meist abwesend mit leicht geöffnetem Mund in eine unbestimmte Ferne. 1981 feiert sie ihren zwanzigsten Hochzeitstag im Beisein ihrer guten Freundin SUSAN SONTAG, 1986 steht sie mit einer hellen Zopfstrickjacke neben dem Schwergewichtsboxer Mike Tyson im Ring, 1987 sitzt ihr enger Freund und Kollege John Updike neben ihr und lacht für sie mit. Auf einem Foto legt ihr Mann Raymond Smith seine rechte Hand auf ihre schmale Schulter. Sie bezeichnet Raymond als lustig, warm, freundlich, zärtlich, ein schneller Geist, etwas schüchtern, jedenfalls ein Mann, der sie oft überrascht. Als sie heirateten, waren sie Studenten. Ein Traumpaar: er, der stille Anglistik-Professor, der wie VIRGINIA WOOLFS Mann Leonard Woolf gemeinsam mit seiner Frau einen eigenen Verlag »The Ontario Review, Inc.« gründete – in dem auch JCOs Romane und Publikationen erscheinen – und dazu eine eigene Literaturzeitung: »Ontario Review of Books«. Sie, die Schriftstellerin, die nichts schöner findet, als einen Roman zu schreiben und die Zeit zu vergessen. Er, der ihr dabei hilft, sich selbst zu beschützen. Denn, sagt sie, »Erfolg ist eine Strafe und kein Zugewinn«. Und wenn wieder einer kommt und angewidert fragt: »Warum schreiben Sie so viel?«, antwortet sie: »Ich kann nicht anders. Schreiben ist meine Passion. Der Rest ist der Wahnsinn der Kunst.«

Biografisches

Joyce Carol Oates wurde am 16. Juni 1938 in Millersport, unweit von Lockport im US-Bundesstaat New York geboren. Die Familie lebte auf der bescheidenen Farm der Großeltern mütterlicherseits. Ihr Vater, Frederic Oates, war Werkzeugmacher und Stempelschneider, spielte ein Instrument und zeichnete. Joyce Carol konnte dank eines Stipendiums Englisch und Philosophie an der Syracuse University studieren und lernte dort 1961 ihren Mann Raymond Joseph Smith kennen, den sie ein Jahr später heiratete. Seit ihrem vierzehnten Lebensjahr schreibt sie in ununterbrochener Folge Romane, Erzählungen, Essays und Zeitschriftenaufsätze. 1959 bekam sie ihren ersten Preis von der Zeitschrift »Mademoiselle« – den gleichen Preis hatte SYLVIA PLATH ein paar Jahre vor ihr in Empfang genommen. 1970 folgte der National Book Award, 2005 der Prix Femina Étranger für »Niagara«. Joyce Carol Oates ist nicht nur Joyce Carol Oates: Sie schreibt unter den Pseudonymen Rosamond Smith und Lauren Kelly und spielt gerne mit der Idee, selbst eine andere zu sein. In vielen ihrer Bücher treten Zwillinge auf. Joyce Carol Oates hat kaum ein kontroverses amerikanisches Thema ausgelassen. Sie schrieb über Rassenaufruhr (»Jene«), über den Serienmörder und Kannibalen Jeffrey Dahmer (»Zombie«), über den von Senator Edward Kennedy verursachten Autounfall von Chappaquiddick (»Schwarzes Wasser«), über Marilyn Monroe (»Blond«). Joyce Carol Oates hat keine Kinder, liebt Katzen und hat, wie könnte es anders sein, auch Bücher über ihre Katzen geschrieben. Sie lebt mit ihrem Mann in Princeton, New Jersey.

Leseempfehlung

»*Grenzüberschreitungen*« *(Erzählungen)*. Aus dem amerikanischen Englisch von Helga Pfetsch.
»*Bellefleur*« *(Roman)*. Aus dem amerikanischen Englisch von Elisabeth Schnack.
»*Niagara*« *(Roman)*. Aus dem amerikanischen Englisch von Silvia Morawetz.
»*Über Boxen*« *(Essay)*. Aus dem amerikanischen Englisch von Ursula Locke-Groß.

Verena Auffermann

PHANTASTISCHE WIRKLICHKEIT

Silvina Ocampo *1903–1993*

Wie alt bist du? ... Das Alter ist für mich die schlimmste Erfahrung der Welt. Ich spürte, dass ich immer darüber staunen würde, nicht so alt zu sein, wie ich in Wirklichkeit bin.« Wurde Silvina Ocampo im Jahre 1903 in der argentinischen Hauptstadt Buenos Aires geboren oder im Jahre 1906? Drei Jahre Zeitgewinn, das ist die charmante Lüge einer Dame, die älter und älter wurde und ihr ebenmäßiges Gesicht unter einer weißumrandeten Sonnenbrille versteckte, ihr Kinn auf den Handballen stützte und für den Fotografen ihren wohlgeformten Mund schloss. »Zweitausend Jahre haben keine Falten auf meinem Gesicht hinterlassen ... weil ich Dich liebe, sind mein Körper, meine Seele, meine Bewegungen nicht gealtert.« Silvina Ocampo lieferte keine biografischen Auskünfte und Anspielungen in Briefen oder Tagebüchern, sondern versteckte sie in ihren Erzählungen.

Ocampo war eine Frau von dreißig Jahren, als sie sich in den siebzehnjährigen Adolfo Bioy Casares verliebte. Sieben Jahre musste sie warten, bis sie und ihr schöner Liebhaber, der als Elfjähriger seine erste Geschichte geschrieben hatte, 1940 heiraten konnten. Sie wusste, dass sich die Oberschicht von Buenos Aires, zu der ihre Familie gehörte, das Maul über sie zerriss, aber das störte sie nicht. Bioy Casares wurde ein bekannter Schriftsteller und ein enger Freund und Mitarbeiter des großen argentinischen Schriftstellers Jorge Luis Borges – und Silvina Ocampos literarischer Cicerone und erster Leser. Die Mutter seiner zwei Kinder war Silvina nicht. Bioy Casares' Tochter Marta wurde 1954 geboren. Als Fabián 1966 als weiteres »Kind der Liebe« zur Welt kam, war Silvina Ocampo dreiundsechzig. Sie inszenierte kein Drama, keinen Skandal, reichte nicht die Scheidung ein, sondern adoptierte Marta. Silvina Ocampo war wohl als jüngstes Mitglied einer großen Familie – sie hatte fünf ältere Schwestern – daran gewöhnt, dass andere für sie handeln, die Wege bereiten, die Kinder bekommen, den Mund aufmachen.

Sie war die Beobachterin, die am liebsten im Bett lag und schlief oder in Gedanken durch Traumlandschaften wanderte, Gespenster und andere grelle Fabelwesen herbeiphantasierte und, wenn sie dazu Lust hatte, Geschichten, Gedichte, Theaterstücke und Kinderbücher schrieb, in dem all das vorkam: Biografisches, Phantastisches, Alptraumhaftes. Viele ihrer vom Bösen durchzogenen kurzen oder mittellangen grotesk komischen Texte handeln von Untreue, Misshandlung, Verwandlungen und Spuk.

Ihre Helden kommen aus dem Volk, tagsüber sind sie staubige Schlosser oder Bäcker, abends spucken sie auf ihre Lackschuhe und putzen den Dreck mit der Zahnbürste ab. Die Kerle tragen das Haar lang wie Christus und knallen die Stiefel aufs Pflaster. Im Rhythmus ihrer Hüften schaukelt an der Taille ein Messer im Takt. Rachelust treibt diese Männer im Land der traurigen Gesänge des Tango an, nicht ihr Verstand. Gegen die Realität des städtischen Alltags erfand Silvina Ocampo eine phantastische Welt. Nachts, wenn die Schatten an den Wänden entlangkriechen und das Licht der Straßenlaternen oder der Schein des Mondes helle Schneisen durch die Spalten der Jalousien wirft, kommen die Furien, und das Leben des Schlossers, Gärtners und der Eiskunstläuferin verwandelt sich. Der Schlosser öffnet einen Safe, in dem nur Blätter mit Buchstaben liegen (»So viele Worte in einem Safe«), die Hand des Gärtners verwächst mit der Erde, die Liebe der Schlittschuhläuferin erfriert.

Ein andermal stürzt das Denkmal des Generals Drangulsus vom Sockel und tötet Domingo, Drangulsus' heimlichen Mörder. Domingo und Drangulsus hatten schon als Kinder Streit, Jahre später hatte Domingo Drangulsus im Schlafzimmer seiner jungfräulichen Braut erwischt. Es war vier Wochen vor der Hochzeit, und Domingos Braut war schön und üppig wie die prachtvolle Dahlientapete hinter dem Bett mit den bronzenen Pfosten. Domingo kam, um sich das Fest der Liebe auszumalen, und sah, dass sich unter dem Turm aus Kissen und Decken etwas in rhythmischer Hektik bewegte. »Wie in gewissen Träumen wollte er weglaufen, aber es ging nicht.« Der Mensch, das ist der Hintergrund vieler Texte Ocampos, hat für die Kränkungen aus der Kindheit kein dickes Fell, aber ein unerbittliches Gedächtnis. Zu den eigenen traumatischen Kindheitserlebnissen der Schriftstellerin gehörte der Tod Claritas, ihrer liebsten Spielgefährtin und zwei Jahre älteren Schwester.

Die Suche nach dem Verborgenen, nach dem Tiefgründigen der menschliche Seele ist eines der typischen Themen Ocampos. Rückzug nach innen war die Strategie gegen das politische Durcheinander Argentiniens, gegen Militärputsch, Wahlbetrug und Wahlboykott und gegen die Macht der Generäle. Juan Perón wurde 1946 erstmals und 1951 erneut zum Präsidenten gewählt und regierte das Land im Stil eines Diktators. Die argentinischen Schriftsteller reagierten auf die Repressionen mit einer Vielzahl von Anspielungen, Labyrinthen aus Witzen und Wortverdrehungen, die kaum in eine andere Sprache zu übersetzen sind.

In diesem Land des »Machismo« war es für eine Frau üblich, sich hinter den Herrn zu stellen. Silvina Ocampo schien das wenig auszumachen. Sie schrieb zusammen mit Adolfo Bioy Casares einen Kriminalroman, und es war für sie eine hohe Ehre, in der berühmten, 1940 von Jorge Luis Borges herausgegebenen »Antología de la literatura fantástica« (Anthologie der phantastischen Literatur) mit einer Kurzgeschichte vertreten zu sein. Borges lobte als Erster ihre Gedichte und machte ihr Mut. Denn eigentlich hatte sie nicht den Weg der Schriftstellerin, sondern den der Malerin eingeschlagen und in Paris bei Fernand Léger und bei Giorgio de Chirico, dem großen Meister metaphysischer Kunst, studiert. Bevor sie in den dreißiger Jahren mit dem Schreiben begann, illustrierte sie Bücher, ihre Zeichnungen und Gemälde zeigte sie 1940 im Jahr ihrer Eheschließung in Buenos Aires. Unter welchen Qualen die Bilder und Zeichnungen entstanden, beschreibt Silvina Ocampo in der Alptraumerzählung »Die Zeichenstunde«. Ein hässliches kleines Mädchen dringt nachts in das Zimmer der Ich-Erzählerin ein und macht sich über die herumliegenden Zeichnungen lustig. »Ich mag deine Zeichnungen nicht«, sagt das vorlaute Kind, und die Erzählerin antwortet resigniert: »Mir gefallen sie auch nicht. Ich habe mit sieben zu zeichnen angefangen. Manchmal, wenn ich träume, kommen sie mich besuchen.« Die meisten der Bilder seien, sagt die traurige Stimme, nämlich Porträts. Nach dieser Unterhaltung löst sich das Mädchen in Luft auf »wie eine Zeichnung«. Die Erzählerin ahnt, das Kind wird zurückkehren, »wie ein Abziehbild, das an der Nacht klebt ... wie eines jener Dinge, die man verliert und die trotzdem bei einem sind, nur dass man sie nicht sieht.«

In der Oberschicht von Buenos Aires galten das Ehepaar Casares/Ocampo und der gesamte Kreis um Jorge Luis Borges als Inbegriff einer verworfenen Bohème. Die traditionelle Gesellschaft war vom extremen Nebeneinander von Modernität und Tradition, von Stadt und Land, von Klassenunterschieden geprägt und überfordert. Hinter der großstädtischen Fassade und dem von Europa und besonders von Paris entlehnten mondänen Stil führte man zu Hause ein traditionelles, von Tanten, Großtanten und Gouvernanten bewachtes Familienleben. Buenos Aires war die Stadt, in der in der zweiten Hälfte des neunzehnten Jahrhunderts die skrupellosen Kinder der Landpatriarchen die Herrschaft übernommen hatten und sich wie die Gauchos in der Pampa aufführten, mit dem nicht ganz unerheblichen Unterschied, dass ihnen jetzt Menschen und keine Rinder gegenüberstanden. Argentinien, Silvina Ocampos »endlose« Heimat, das war auf der einen Seite die Pampa, auf der anderen die Hauptstadt Buenos Aires.

Als Argentinien 1910 seine hundertjährige Unabhängigkeit von den spanischen Eroberern feierte, konkurrierten unterschiedliche Selbstbilder: nicht nur Stadt gegen Land, sondern vor allem spanische Alt-Einwohner gegen die große Schar von Einwanderern, deren größte Gruppe aus Italien kam. Man wollte dem zivilisierten und kultivierten Europa ebenbürtig sein, sehnte sich wie ein Kind nach väterlicher Anerkennung und distanzierte sich gleichzeitig davon. Man wusste, dass nur der »Elternmord« die geistige Unabhängigkeit bringen konnte. Schriftsteller tauchten, um die Wurzeln zu finden, in die phantastische Welt des Surrealismus ab, zersplitterten und zerschnitten die Sprache und ließen die Märchen und die Geschichten, die von den wenigen verbliebenen indianischen Ureinwohnern stammten, in die Literatur einfließen. Jorge Luis Borges und seine Freunde betrachteten die Wirklichkeit als ein nach unergründlichen Gesetzen ablaufendes Ganzes. Sie wollten zu den *criollos* sprechen, zu den Menschen, die in Argentinien leben und sterben, und nicht zu den *happy few,* die »glauben, dass Sonne und Mond in Europa wohnen«, und passten sich der Sprechweise aus den Vorstädten an. Auch Silvina Ocampo beschreibt das Leben von Arbeitern und Handwerkern, nicht das der Oberschicht, obwohl sie selbst, erzogen von französischen Gouvernanten, besser Englisch und Französisch als Spanisch sprach, wie das in ihrem Elternhaus im reichen Stadtviertel San Isidro üblich war. Ihr strenger und konservativer Vater, Manuel Silvino Ocampo – von Beruf Ingenieur und Brückenbauer, zu Beginn des Jahrhunderts eine wichtige und lukrative Tätigkeit – wird sich gefragt haben, weshalb um Himmels Willen seine älteste und seine jüngste Tochter sich der Kunst verschrieben hatten, wo es doch für eine Frau ganz andere und viel natürlichere Aufgaben gab.

Victoria, die älteste der Ocampos, gründete 1931 die einflussreiche argentinische Kulturzeitschrift »Sur«, die bis 1992 existierte und zur langlebigsten ihrer Art weltweit wurde. Silvina veröffentliche dort und wurde mit der literarischen Elite bekannt, denn die rührige, nach außen gewandte Victoria korrespondierte mit *tout le monde*. Victoria Ocampo erreichte, dass Jorge Luis Borges VIRGINIA WOOLFS »A Room of One's Own« übersetzte. Die kämpferische Literatin setzte sich für die Rechte der Frau in einem »prosaischen, für Frauen ungünstigen Milieu« ein und gründete 1936 die Unión Argentina de Mujeres, den Argentinischen Frauenverband. Verglichen mit der welterfahrenen, weltoffenen und kontaktfreudigen Schwester ist Silvina die Zurückgezogene. Sie schreibt in den vierziger Jahren bei »Sur«, veröffentlicht Lyrik und übersetzt die Gedichte von EMILY DICKINSON. 1948 erscheint ihre erste Kurzgeschichtensammlung »Autobiografía de Irene«.

Silvina Ocampo ging den indirekten Weg. Sie versteckte ihre Gedanken über die Sprache, das Schreiben, die Politik, über die Männergesellschaft in Nebensätzen ihrer nur auf den ersten Blick grellen Geschichten. Die Frau, die behauptete, nur schlafend glücklich zu sein, entwickelte, wenn sie schrieb, ein kritisches und humorvolles Temperament. Sie lästerte über ihre wirklichkeitsfanatischen Schriftstellerkollegen, kritisierte deren beschränktes Literaturverständnis und verteidigte vehement die »phantastische Wirklichkeit«. In ihrer Erzählung »Das Automobil« verwandelt sich die Protagonistin Mirta in ein Auto. Die Autorin demonstriert mit dieser Geschichte die hirnrissige Versessenheit des modernen Menschen auf das Röhren und Dahinbrausen einer Maschine. Denn, was macht Mirta, während sie schläft? Heulende Motorengeräusche. Warum steht sie morgens auf? Um ins Auto zu steigen und zärtlich das Lenkrad zu umarmen. Mirta meldet sich zu einem Autorennen an. Und dann verschwindet sie. Und der zurückgelassene Mann? Er jammert und klagt: »Du hast Dich in diese grässliche Maschine verwandelt.« Wie ein trauriges Gespenst läuft er bei Tag und bei Nacht durch die Straßen, auf der Suche nach dem Auto, in das sich die leibhaftige Mirta verwandelt hat. So war Silvina Ocampo. Sie sagte, was sie zu sagen hatte, durch die Blume. Manchmal ganz von Ferne, wie eine Schlafwandlerin, manchmal rücksichtslos gruselig – realistisch direkt sagte sie nichts. Ihre Form war die Verwandlung, das Spiel.

Im Jahr 2006, dreizehn Jahre nach ihrem Tod, wurden bekannte und unveröffentlichte Texte dieser Schriftstellerin, die Alpträume der Wirklichkeit in phantastische Geschichten verwandelte, in der »Editorial Sudamericana« neu ediert. Ob sie wegen eines »zerbrochenen Schlüssels in die Hölle« gekommen ist, wie es in einer ihrer Geschichten heißt, oder »für ein Stück Zeitungspapier oder eine Tasse Milch gen Himmel« fuhr: niemand wird das, so viel ist sicher, jemals erfahren.

Biografisches

Silvina Ocampo Aguirre wurde am 28. Juli 1903 in Buenos Aires geboren. Sie war die jüngste der sechs Töchter von Romana Aguirre und Manuel Silvino Ocampo, einem Ingenieur und Brückenkonstrukteur. Umgeben von Dienstboten und Gouvernanten, wuchs sie in San Isidro, einem eleganten Vorort von Buenos Aires, auf. Zwischen ihrem fünften und ihrem siebten Lebensjahr war sie mit der Familie auf Reisen durch Europa mit längeren Aufenthalten in Paris. Als Silvina Ocampo zehn Jahre alt war, starb ihre zwei Jahre ältere Schwester, was ihr einen tiefen Schock versetzte. Zur Literatur fand sie über den Umweg der Malerei. In Paris studierte sie bei Fernand Léger und Giorgio de Chirico, 1940 heiratete sie den Schriftsteller Adolfo Bioy Casares, dessen Bücher sie illustrierte, bevor sie selbst mit dem Schreiben begann. Der argentinische Schriftsteller Jorge Luis Borges, der sie »eine authentisch argentinische Frau« nannte, lobte Silvina Ocampos »sonderbare Liebe zu einer gewissen unschuldigen und indirekten Grausamkeit« und bezeichnete sie als eine der größten Dichterinnen spanischer Sprache. In der von ihrer Schwester Victoria Ocampo gegründeten Kulturzeitschrift »Sur« veröffentlichte Silvina ihre Kurzgeschichten und Gedichte. 1948 erschien ihr erster Band mit Kurzgeschichten (»Autobiografía de Irene«), 1959 folgt der Erzählband »La furia« (Die Furie). In all ihren Texten vermischt sich Fiktion und Phantastik mit stark autobiografischen Elementen. Ihr besonders in der argentinischen Literatur einflussreiches Werk wurde in viele Sprachen übersetzt. Zweimal erhielt sie den Staatspreis für Poesie. Silvina Ocampo starb am 14. Dezember 1993, ihr Mann Adolfo Bioy Casares überlebte sie um fünf Jahre.

Leseempfehlung

»Der Farnwald« (Erzählungen). Aus dem Spanischen von Carina von Enzenberg und Hartmut Zahn.
»Die Furie und andere Geschichten«. Aus dem Spanischen von René Strien.

Verena Auffermann

AM CHECKPOINT

Emine Sevgi Özdamar *1946

Es war bitterkalt in Deutschland in den Tagen zwischen Weihnachten 1975 und Neujahr 1976. Berlin fröstelte bei Minusgraden, auf den Straßen liefen die Menschen in dicken Mänteln herum, in ihren Wohnungen drehten sie die Heizung voll auf. Wenn es eine Heizung gab. Für die türkische Schauspielerin Emine Sevgi Özdamar, die im Spätherbst mit dem Zug aus Istanbul nach Westberlin gekommen war, gab es nur von Montag bis Freitag Heizungswärme. An Feiertagen, Samstagen und Sonntagen herrschte in den Räumen, die sie provisorisch bewohnte, die Außentemperatur der Stadt. Emine Sevgi Özdamar lebte in diesem Winter mit sieben Mitgliedern einer Wohngemeinschaft in einer ehemaligen Fabriketage im Berliner Arbeiterbezirk Wedding, und die Heizungen wurden, »wenn die Schneiderinnen und Büglerinnen aus der Etage unter uns an den Wochenenden nach Hause gingen«, abgestellt. Dann »fing überall im Haus die Kälte an, auch hier in der obersten Etage«.

Es sind deutsche Studenten, Bohemiens der Achtundsechziger-Revolte, linke Aktivisten, Lebensprotestler, mit denen die Türkin in fröhlicher Anarchie den Alltag teilt. Zwischen Küche und Badezimmer gibt es keine Tür, wer am Nachmittag bekleidet oder unbekleidet frühstückt, hat freien Blick zur Badewanne, wo sich vielleicht gerade zwei Genossinnen einseifen oder zusammen Marx lesen. Aber in den besonders kalten Tagen zwischen Weihnachten und Neujahr ist die zugereiste Frau aus Istanbul allein in der Fabriketage, deren Ausdehnung es den Bewohnern der hintersten Räume erlaubt, für den Weg zur Küche das Fahrrad zu benutzen. Über die Feiertage sind die deutschen Studenten und Bohemiens zu ihren bürgerlichen Eltern nach Westdeutschland gefahren, um dort im Warmen zu sitzen, Gänsebraten zu essen und den Vater wegen seiner Nazi-Vergangenheit zu beschimpfen.

So geht die Ich-Erzählerin des Romans »Seltsame Sterne starren zur Erde« aus dem Jahr 2003 – in der leicht die Verfasserin Emine Sevgi Özdamar zu erkennen ist – an einem dieser kalten Wintertage der Jahreswende 1975/76 allein durch die verlassenen frostigen Räume, betrachtet die Spuren des unterbrochenen Gemeinschaftslebens und entwirft in der ersten Romanszene eine Art archäologisches Tableau des deutschen Winters. Bei ihrem Zimmernachbarn liegt eine gefrorene Tafel Schokolade auf der Schreibmaschinentastatur. Auf dem Küchentisch finden sich gefrorene Frühstücksreste, auf einem Teller ein Klacks gefrorenes Ketchup neben einer angebissenen Bockwurst. In der Badewanne steht eiskaltes verschmutztes Wasser, und auf dem Wannenrand liegt ein gefrorenes Buch, »Das Kapital« von Karl Marx. Die Erzählerin interpretiert und kommentiert nicht, sie registriert und berichtet, mit einem Unterton leichter Ironie, der diesen kleinen Kommunardenkosmos in ethnografische Distanz setzt.

In Özdamars Literatur verlieren die Erscheinungen und die Worte, die sie bezeichnen, ihre Selbstverständlichkeit. Sie spiegeln sich in der Erfahrung der Fremdheit, sie wirken wie zum ersten Mal entdeckt, wie märchenhaft bestaunt. Selbst auf eine angebissene Bockwurst oder auf eine runde weiße Aspirin-Tablette fällt der Glanz scheinbar kindlicher Entdeckerfaszination. Schon bevor die Schauspielerin und Theaterregisseurin 1990 mit dem Erzählband »Mutterzunge« in deutscher Sprache debütierte, hatte es in Deutschland, wenn auch nur vereinzelt, Erzählungen oder Romane deutsch-türkischer Immigranten gegeben. Özdamar zählt zur sogenannten zweiten Generation dieser bikulturellen Literatur, deren Anfänge in den siebziger und achtziger Jahren sich in erzählerischen Sozialstudien, in Schilderungen von Integrationsproblemen erschöpften. Özdamar, in Istanbul wie in Berlin in Theater-, Künstler-, Intellektuellenkreisen verwurzelt, für die Werke Bertolt Brechts und Heinrich Heines entflammt, mit der klassischen Moderne und der Weltliteratur vertraut, schreibt von Beginn an mit einem anderen künstlerischen Hintergrund und mit einem anderen Ziel. Sie wendet den politischen Begriff Integration ins spielerisch Ästhetische, macht aus dem gesellschaftlichen Experiment ein literarisches Experiment. In ihren Texten verlobt sich die märchenhafte Legende des Orients mit der aufgeklärten Sachlichkeit des Okzidents. Türkei und Deutschland, Wasserpfeife und Filterkaffee rücken nicht nur auf der Erzähllebene nebeneinander, sondern auch in der Erzählweise, im Erzählklang, bis in die grammatikalische Satzstellung und in Worte hinein:

»Meine Mutter setzte mich in den Schwarzen Zug, damit ich zu meinem Vater fuhr, um ihm zu helfen. Ich schwieg drei Tage lang im Zug und in den Bussen, als ob alle Menschen im Krankenhauskorridor sitzende Menschen wären. Als der Bus anfing, höher zu steigen, stieg auch die Luft in meinem Bauch höher. Eine alte Frau, die neben mir saß, drehte Tabak in Zigarettenpapier und sagte: ›Siehst Du, dein Bauch sieht den Ararat-Berg früher als deine Augen.‹ Das Dorfhaus aus Kuhscheiße, in dem mein Vater wohnte, hatte keine Nachbarn, es stand einfach da, gegenüber dem Ararat-Berg. Mein Vater sagte: ›Keine Angst kriegen, meine Tochter, hier wohnt auch eine Schlange.‹ Er ging jeden Morgen, bevor die Sonne kam. Ich stand auf, wir kochten zusammen Tee, er nahm einen Schluck Tee, dann sagte er: ›Ich gehe‹, und er ging. Ich wusste nicht, wohin er ging, ich wusste nur, dass er im Offiziershäuserbau arbeitete. Abends saß er da, und kein Messer konnte seinen Mund aufmachen. Auch meinen Mund machte kein Messer auf. Ich saß tagsüber gegenüber dem Ararat-Berg, er hatte Schnee auf seinem Kopf, und vor dem Haus war es so heiß, dass ich mich fast nicht bewegte, damit sich auch die Hitze nicht bewegte.«

Fast eineinhalb Jahrzehnte, von 1990 bis 2003, arbeitete Emine Sevgi Özdamar an ihrem bisherigen Opus Magnum, an einer insgesamt tausend Seiten umfassenden autobiografischen Romantrilogie. 1992 erschien »Das Leben ist eine Karawanserei – hat zwei Türen – aus einer kam ich rein – aus der anderen ging ich raus«, 1998 »Die Brücke vom Goldenen Horn« und 2003 »Seltsame Sterne starren zur Erde«. In diesen drei Büchern zeichnet sie den langen Weg einer türkischen Künstlerin zwischen ihrer alten und ihrer neuen Heimat nach: von der Kindheit in Anatolien und Istanbul über die erste Migration nach Deutschland zum Geldverdienen, die Rückkehr in die Türkei, die Schauspielausbildung, die geschundenen Jahre nach dem Militärputsch 1971 bis hin zu der Entscheidung, noch einmal auszuwandern und sich den großen Traum zu erfüllen, das Theater Bertolt Brechts zu erlernen.

Der Traum wird im Winter 1975/76 wahr. Nur fühlt er sich in der Berliner Fabriketage zunächst sehr kalt an. Aber die neunundzwanzigjährige Türkin, die zwischen der gefrorenen Schokolade beim abwesenden Zimmernachbarn, dem gefrorenen Ketchup-Rest und dem gefrorenen »Kapital« herumwandert, kennt einen Ort, an dem ihr heiß wird vor Glück und Erregung, unabhängig von den Temperaturen, die das Thermometer angibt: das Theater. Genauer: die Volksbühne in Ostberlin. Als sie im Herbst 1975 mit dem Zug in Berlin ankam, schloss sie ihren Koffer in ein Schließfach und fuhr sogleich vom Westteil der geteilten Stadt in den Ostteil und ging zur Volksbühne. Sie wartete vier Stunden, bis der Intendant Benno Besson einen Moment Zeit für sie hatte. »Herr Besson«, sagte sie, »ich bin aus Istanbul gekommen, um bei Ihnen das Brechttheater zu lernen.« Sie blieb und lernte. Hospitierte bei dem Regisseur Matthias Langhoff, spielte kleine stumme Rollen, protokollierte die Proben und begann die einzelnen Bühnenszenen in Comicform zu zeichnen, um sie an ihre Freunde und Kollegen in der Türkei zu schicken. Saß nächtelang mit Heiner Müller, mit Schauspielern und Bühnentechnikern zum Trinken in der Kantine. Wurde Bessons Assistentin und ging mit ihm nach Paris.

Özdamars Literatur ist eine fröhliche Feier des Künstlerlebens, der künstlerischen Existenz. Eine Feier der Kreativität und der kreativen Entfaltung – Emine Sevgi Özdamar schreibt, spielt, führt Regie, zeichnet, singt und tanzt. Und ihre Literatur ist, nicht zu vergessen, die Feier eines abenteuerlichen weiblichen Herzens. Mag die Weddinger Fabriketage an den Wochenenden auch ungeheizt sein, mag sich die Bettstatt der Zugereisten auch neben der Tischtennisplatte im Gemeinschaftsraum befinden – der Blick von der Dachterrasse nach Osten hin über die Stadt, zum Theater, wo die Hospitantin zur Not in einem Sessel im Gymnastikraum nächtigt, entschädigt jede Unbill der Realität.

Die Phantasie wärmt und weitet die Räume. Um die Eingangsszene von Özdamars Roman »Seltsame Sterne starren zur Erde« herum, in der konkret nichts weiter als eine frostige unbürgerliche WG-Etage beschrieben wird, entsteht vor dem inneren Auge ein weitläufiges topografisch-politisches Szenario: Berlin, die geteilte Stadt, zwischen deren Hälften die türkische Theaterkünstlerin mit einem Touristenvisum hin- und herreist, verspiegelt sich mit Istanbul, der Stadt am Bosporus, die mit einem Bein in Asien, mit dem anderen in Europa steht. Der Checkpoint Friedrichstraße rückt neben die Brücke am Goldenen Horn, das tägliche Ein- und Ausreisen zwischen Ost und West, zwischen Wohngemeinschaft und Arbeitsplatz, das für Emine Sevgi Özdamar in diesem Winter 1975/76 zum täglichen Ritual wurde, symbolisiert das Dasein der Immigrantin zwischen zwei Kulturen. Und die gefrorene Schokolade? Das gefrorene Ketchup? Das gefrorene »Kapital«? Alles kleine Materialstücke einer politischen Epoche Europas, die in der Geschichtsschreibung mit dem Attribut »kalt« versehen ist. In Deutschland war es besonders kalt in diesen Tagen zwischen Weihnachten und Neujahr, und am kältesten vielleicht in einer Fabriketage, in der eine deutsch-türkische Künstlerin ihre Winterreise unternahm, zwischen Badezimmer, Fahrrädern und Matratzenlagern herumging, die Hände aneinanderrieb und ein Feuerchen der Poesie entfachte.

Biografisches

Emine Sevgi Özdamar wurde am 10. August 1946 in der türkischen Stadt Malatya als Tochter eines mittelständischen Bauunternehmers geboren, wuchs in Istanbul und Bursa auf. 1965 ging sie als Arbeitsmigrantin nach Deutschland, bis 1967 war sie in Berlin in einer Lampenfabrik beschäftigt. Zurückgekehrt in ihr Heimatland, besuchte sie die Schauspielschule in Istanbul und trat als Schauspielerin mit verschiedenen Theatergruppen auf. Nach dem Militärputsch 1971 engte sich ihr persönlicher, beruflicher und politischer Freiraum so stark ein, dass sie keine Perspektiven mehr für sich in der Türkei sah, zudem wurde ihre Ehe geschieden. 1976 ging Emine Sevgi Özdamar erneut nach Deutschland und setzte hier ihre Theaterlaufbahn fort. Als Mitarbeiterin des Intendanten und Brecht-Schülers Benno Besson und des Regisseurs Matthias Langhoff war Emine Sevgi Özdamar zunächst an der Ostberliner Volksbühne engagiert. 1978 führte ihre Theaterarbeit mit Besson sie für zwei Jahre nach Paris, danach arbeitete sie fünf Jahre als Schauspiel-Assistentin unter der Intendanz von Claus Peymann am Bochumer Schauspielhaus sowie im Lauf der Jahre mit Regisseuren wie Franz Xaver Kroetz, Einar Schleef und Ruth Berghaus. Auch in mehreren Kino- und Fernsehfilmen war Emine Sevgi Özdamar zu sehen, bisweilen in der Standardrolle der türkischen Putzfrau. Ihre literarische Laufbahn verdankt sich ursprünglich der Theaterarbeit. 1982 verfasste sie in deutscher Sprache ihr erstes Theaterstück »Karagöz in Alamania«, das unter ihrer eigenen Regie am Schauspielhaus Frankfurt uraufgeführt wurde. Ihre erste, ebenfalls deutsch verfasste Prosa, der Erzählband »Mutterzunge«, erschien 1990. Im Jahr darauf gewann Emine Özdamar den Klagenfurter Ingeborg-Bachmann-Wettbewerb. Seitdem gilt sie als bedeutendste und literarisch interessanteste Vertreterin deutscher Einwanderungsliteratur. Zwischen 1992 und 2003 erschien ihre autobiografische Romantrilogie, in der Emine Sevgi Özdamar den inneren und äußeren Brückenschlag zwischen zwei Kulturen, zwei Mentalitäten und zwei Sprachen beschreibt. Özdamar erhielt zahlreiche Literaturpreise, unter anderem 2004 den Kleist-Preis. Nach langen Aufenthalten in Paris, Frankfurt und Düsseldorf lebt die Schriftstellerin inzwischen in Berlin. Sie hat keine Kinder und ist mit dem Bühnenbildner und Regisseur Karl Kneidl verheiratet.

Leseempfehlung

»*Das Leben ist eine Karawanserei – hat zwei Türen – aus einer kam ich rein – aus der anderen ging ich raus*« *(Roman).*
»*Die Brücke vom Goldenen Horn*« *(Roman).*
»*Seltsame Sterne starren zur Erde*« *(Roman).*
(Alle drei Romane der »Istanbul-Berlin-Trilogie« sind unter dem Titel »*Sonne auf halbem Weg*« in einem Band erschienen.)

Ursula März

NEW YORKS SCHÄRFSTE ZUNGE

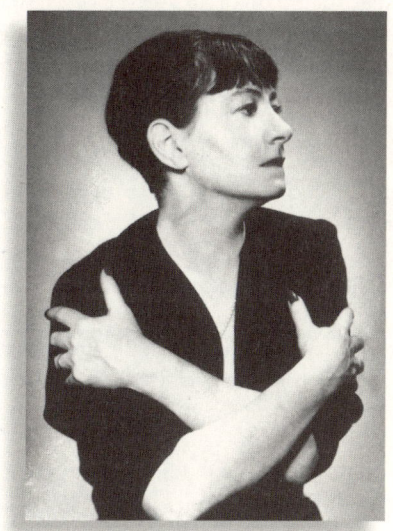

Dorothy Parker *1893–1967*

Jede Großstadt hat die Schriftsteller, die sie verdient. Sie füllen die Stadtviertel und die Häuser mit Menschen, die zur Welt kommen und sterben und sich in der Zwischenzeit in einem Jargon unterhalten, der Niveau, Tempo, Anspruch und Seelenlage ihrer Stadt offenlegt. Rücksichtsvolle oder schamhafte Personen sollen die Finger von Metropolen lassen und auf ihre Art mit wippenden Wiesenblumen oder Kanarienvögeln korrespondieren. Wer New York gewachsen sein will, muss der Stadt furchtlos begegnen, morgens ihr Pflaster küssen und abends Gift und Pech über das gleiche Pflaster schütten. Der New Yorker darf die Stadt, der New Yorker Schriftsteller die Bösartigkeit des Menschen nicht fürchten.

Manche hielten sie für eine der klügsten Frauen New Yorks, auch wenn das bestimmt übertrieben ist. Dorothy Parker war die Frau, über die in den zwanziger und dreißiger Jahren am meisten getuschelt wurde und die intelligent genug war, alles zu tun, das Gerede so lange als irgend möglich am Leben zu halten. Sie lebte von Klatsch, Tratsch und Dialogen und inszenierte ihr eigenes Leben wie die Theaterstücke, die sie selbst schrieb oder die sie in »Vanity Fair« meistens genüsslich verriss. Ihr Glück und ihr Unglück trennten diverse Selbstmordversuche. Nach den destruktiven Attacken tauchte sie ihre Hände mit den rotlackierten Fingernägeln ins Waschbecken, ließ warmes Wasser über die blutenden Pulsadern laufen und wartete darauf, gerettet zu werden. Weil sie fast ihr gesamtes Leben in Hotelsuiten verbrachte, konnte sie mit dem rechtzeitigen Auftauchen des Room Service rechnen. Die Tragödien, die Dorothy Parker selbst inszenierte, kann man als chronisch narzisstische Störung diagnostizieren. Die Schmerzen, die sie anderen mit ihren Theaterkritiken und Kolumnen zufügte, durchlebte sie im großen Stil am eigenen Leib. Sie provozierte mit jenem blitzschnellen, kalten Witz, den Sigmund Freud »Entlarvung« nennt, absurde Situationen, die sie in ihren Short Storys, Gedichten und Theaterstücken verwertete. Sie war Produkt und Produzent in einer Person: halb Mittelpunkt der New Yorker Partymeute, halb Beobachterin auf der Suche nach Material für ihre journalistische und schriftstellerische Arbeit. Sie hatte ein sicheres Gefühl für wirkungsvolle Auftritte, entweder stand sie im Mittelpunkt, oder sie langweilte sich und ging.

Dorothy Parker wurde über ihren Tod hinaus zum New-York-Mythos. Erst als 1987 Tom Wolfes Roman »Fegefeuer der Eitelkeiten« erschien, wurde ein neues Kapitel dieses Mythos aufgeschlagen – in einem Zeitalter, das sich von dem Dorothy Parkers vielleicht durch einige neue Medien, nicht aber im Stil salonfähiger Gemeinheit und Dekadenz unterschied. Dorothy Parker gelang, was der stets bis aufs i-Tüpfelchen stilisierte Tom Wolfe nicht schaffte: den Ruhm eines Hotels zu begründen. Im Algonquin Hotel, West 44th Street, versammelte Parker im Speisesaal hinter der schummrigen holzgetäfelten Halle zusammen mit dem Journalistenkollegen Franklin P. Adams, dem Humoristen Robert Benchley und dem Dramatiker Robert Sherwood an einem informellen Mittagstisch wechselnde Gäste und ihre Bonmots. Robert Benchley, verheiratet mit einem Muttityp und nicht bereit, seine Frau gegen die kapriziöse »Dottie« einzutauschen, war die unerreichbare Liebe ihres Lebens und ihr zentraler Schmerzpunkt. Franklin P. Adams sicherte ihr ersten Ruhm, als er Parkers beste böse Bemerkungen in seiner Kolumne in »The Conning Tower« wiedergab. Diese »Dottie«, eine kleine Frau mit einem Puppengesicht, aus dem sich Hundeaugen wölbten, war Alexander Woollcott zufolge eine Mischung aus der Sängerin »Little Nell« Campbell und Lady Macbeth. Woollcott, ebenfalls notorischer Mittagsgast am »Algonquin Round Table«, war Kritiker des Magazins »New Yorker«, für dessen scharf-geistreichen Generalton Dorothy Parker von der zweiten Nummer des Heftes im Februar 1928 an bis zum Dezember 1957 mitverantwortlich war. Gedeih und Verderb eines Autors oder eines Broadway-stücks entschieden sich in den zwanziger und dreißiger Jahren in Zeitschriften wie »Vanity Fair«, dem »New Yorker« und »Esquire«. Dorothy Parker hat dort die Abgründe des »Ain't We Got Fun«-Zeitalters beschrieben, getarnt als Dialoge freundlicher Belanglosigkeit. Da sie die Phantasie verabscheute, beschrieb sie die Realität. Ihre Short Storys, wegen der ungenügenden Überset-zungen nur im Original zu empfehlen, denunzieren das oberflächliche Gerede, stellen Frauen im Konkurrenzkampf um den Mann bloß und geben ein Bild realer Verhältnisse zu Beginn der Emanzipationsbewegung wieder.

Ihr eigenes Leben als viertes und letztes Kind des tüchtigen jüdischen Textil-kaufmanns Henry Rothschild und einer katholischen Mutter schottischer Her-kunft begann mit einem Hurrikan, der den Schornstein vom Dach des Hauses holte und den Strand von West End, New Jersey, wo die Familie die Sommer-monate verbrachte, verwüstete. Die zweite Erschütterung ihres Lebens war der frühe Tod der Mutter. Als der Vater, den sie liebte und dessen Unerschrocken-heit sie geerbt hatte, starb, war sie achtzehn Jahre alt und bereit, sich als Kla-vierspielerin in einer Tanzschule alleine durchzuschlagen. Mit vierundzwanzig Jahren heiratete sie den Börsenmakler Edwin Pond Parker, erleichtert, endlich ihren mit dem Reichtum anderer befrachteten Nachnamen los zu sein. »My God, no, dear! We'd never heard of those Rothschilds«, spottete sie später. Be-reits als Elfjährige hatte sie »Vanity Fair« zu lesen begonnen, was sie für den Rest ihres Lebens inspirierte. Fünfzig Jahre später behauptete sie, wie andere aus der Bibel oder dem Kamasutra hole sie ihre Inspiration aus William Thackerays »Jahrmarkt der Eitelkeit«.

Die Spötterin mit dem pistolenschnellen Reaktionsvermögen und dem ver-nichtenden Witz fürchtete sich vor dem tristen Leben der Mittelklasse-Ehe-frauen und beschrieb es in Geschichten und Gedichten. Bei der »Vogue« be-kam sie ihren ersten richtigen Job mit einem Wochenlohn von zehn US-Dollar und fühlte sich exzentrisch wie Edith Sitwell. 1918 wurde sie die erste weibliche Musical- und Theaterkritikerin bei »Vanity Fair« und begeisterte ihr Publikum mit bissigen Kommentaren. »Wenn Sie nicht stricken können, bringen Sie sich ein Buch mit!«, schrieb sie über ein Sück und berichtete statt über die Auffüh-rung über die Suche ihrer Sitznachbarin nach einem verlorenen Handschuh. Sie kannte und beurteilte alle, nannte Scott Fitzgerald herablassend einen begabten Mann und verglich Fitzgeralds Braut Zelda Sayre mit einer Pralinenschachtel. Das Publikum liebte Dorothy Parkers Bosheit, die Broadway-Manager hassten sie und ihre Artikel.

Irgendwann Anfang der zwanziger Jahre begann Dorothy Parker zu trinken. Sie war selten in der Öffentlichkeit betrunken und war selten nüchtern, hatte vorzugsweise Affären mit verheirateten Männern, buhlte dazwischen um die Gunst ihres Ehemanns und nutzte ihre Erfahrungen für ihre Short Storys. In der Geschichte »Big Blonde« (»Eine starke Blondine«) stöckeln die Frauen mit champagnerfarbenen Schuhen auf tödlich hohen Absätzen durchs Leben, sie fauchen »Was zum Teufel...« und nennen sich gegenseitig »dumme Puten«. Dorothy Parker schrieb, weil sie kein Talent hatte, Charaktere oder Situationen zu erfinden, entweder über ihr eigenes Leben oder über das von Bekannten und Freunden. Schreiben war für sie eine Tortur, sie war Perfektionistin, nichts war ihr gut genug. Sie schrieb – so jedenfalls ihre eigene Definition – fünf Wörter und änderte sieben. Als Eddie Parker das Leben an ihrer Seite satthatte, war sie, weil sie mit sich selbst nichts anfangen konnte, verzweifelt und füllte Eddies Lücke mit wechselnden Männern, die wie Briefe in ihr Hotelzimmer herein- und herausflatterten. Sie lernte Ernest Hemingway kennen, mit dem sie sich anfreundete und über die Rolle der Frau stritt. In der Erzählung »Too bad« (»Zu schade«) beschrieb Dorothy Parker den Zusammenbruch einer (ihrer) Ehe. 1926 veröffentlichte sie ihren ersten Gedichtband »Enough Rope«, der ein Bestseller wurde. Ende 1929 zog sie nach Hollywood, vier Jahre später lernte sie während einer Europareise den elf Jahre jüngeren Alan Campbell kennen, der ihr zweiter Ehemann wurde. Gemeinsam mit ihm schrieb sie Drehbücher, verdiente sehr viel Geld und lebte in dem in Hollywood üblichen Saus und Braus. 1937 unterschrieb sie einen Fünfjahresvertrag mit Samuel Goldwyn und musste ertragen, dass Goldwyn ihr Talent als Schriftstellerin und Dichterin lobte, sie jedoch beschwor, dem Wunsch des Publikums nach einem Happy End Rechnung zu tragen. Abrupt stand Dorothy Parker auf, sagte, dass das Leben keines einzigen Individuums jemals glücklich geendet habe, und verließ den Raum.

Dorothy Parker war eine Kämpferin in eigener Sache, mehr funkelndes und prägendes Abbild einer Epoche als große Schriftstellerin. Sie beutete ihre Intelligenz aus und bezahlte das mit tiefem Pessimismus. Eigentlich kein politischer Mensch, empörte sie sich 1927 gegen die Hinrichtung der italienischen anarchistischen Arbeiter Sacco und Vanzetti und demonstrierte zusammen mit John Dos Passos. 1955 erschien sie kaltlächelnd in Trachtenkostüm und Nerzjacke vor dem berüchtigten McCarthy-Ausschuss für unamerikanische Umtriebe und beteuerte, niemals der Kommunistischen Partei nahegestanden zu haben. Sie wurde als ungefährlich eingestuft und in Ruhe gelassen.

Als sie 1952 aus Hollywood nach New York zurückkehrte und im Residenz-Hotel »Volney« unweit des Central Parks ein Apartment bezog, wollte sie einen Krimi verfassen, unterließ es, weil der Mörder ihr zu sehr ans Herz gewachsen war, und beschloss, stattdessen ein feministisches Stück mit dem eindeutigen Aufruf an die Frauen zu schreiben, nicht länger tatenlos herumzusitzen und über die männlich gelenkte Welt zu klagen. »The Ladies of the

Corridor« (»Ladies im Hotel«) war eigentlich ein Stück über Dorothy Parkers eigenes Leben. Die Premiere im Oktober 1953 wurde ein Misserfolg. Ihre letzte Short Story »The Bolt Behind the Blue« handelt von der armen unverheirateten Sekretärin Mary und der reichen Alicia, die sich ihrer annimmt und sie gnädig in ihre schöne, luxuriöse Welt führt. Aber Mary lässt sich nicht blenden und ist um nichts in der Welt bereit, sich vom Reichtum korrumpieren zu lassen. Als Columbia Pictures mit der Idee an Dorothy Parker herantrat, ihr Leben zu verfilmen, hielt sie es nicht für nötig, den Brief zu beantworten. Ihre Freundin, die Dramatikerin Lillian Hellman, mit Dashiell Hammett liiert und eine der Geistesgrößen ihrer Zeit, nannte Dorothy Parker 1958 bei der Verleihung des »Marjorie Peabody Waite Award« ein »wahres Talent. Ihre frühen Arbeiten amüsieren uns heute genauso, wie sie das vor dreißig Jahren getan haben.« Was – mit Einschränkungen – heute noch zutrifft.

Dorothy Parker kannte alle, von Truman Capote bis Norman Mailer und Saul Bellow, von Marilyn Monroe bis Janet Flanner und DJUNA BARNES. Barnes, die ein Jahr ältere Stilistin nach europäischem Vorbild, elegant, kompliziert, exzentrisch und phantasievoll, war in vielem das Gegenbild zur rücksichtslosen, desillusionierten Autorin des American way of life. Am 7. Juni 1967 erlitt Dorothy Parker in ihrem Bett im »Volney« einen Herzanfall. Als in Atlanta während einer Konferenz der Bürgerrechtler Martin Luther King ans Telefon gerufen wurde, war er sehr überrascht, der Erbe von Dorothy Parker zu sein, einer Frau, der er niemals begegnet war. Ihr Nachlass betrug 20 448,39 US-Dollar in bar und die Tantiemen aus ihren Gedichtbänden, Theaterstücken und Short Storys.

Biografisches

Dorothy Parker wurde am 22. August 1893 als Tochter des New Yorker Kaufmanns Henry J. Rothschild geboren. Ihre Mutter starb, als Dorothy vier Jahre alt war – ein schwererziehbares Kind, das es verstand, seinen Willen durchzusetzen. Nach dem Tod des Vaters 1913 ging sie nach New York, verdiente sich ihr Geld als Klavierspielerin in Tanzschulen, schrieb Gedichte und bekam einen Zehn-Dollar-Job bei »Vogue«. 1917 heiratete sie den Börsenmakler Edwin Pond Parker und schrieb Kolumnen und Theaterkritiken für »Vanity Fair«. Sie gründete die berühmte »Tafel-Runde« im New Yorker Algonquin-Hotel und war so »new-yorkisch«, wie man sein musste, um dazuzugehören: geistreich, böse und enorm schnell. Dorothy Parker kritisierte und schrieb selbst Theaterstücke und dazu pessimistisch-ironische Kurzgeschichten über die Unmöglichkeit zu lieben. Sie war überall dabei und doch einsam. 1934 heiratete sie in zweiter Ehe den elf Jahre jüngeren Schauspieler Alan Campbell. Mit ihm schrieb sie

Drehbücher und verdiente und verschleuderte während ihrer Hollywoodzeit viel Geld. Am Drehbuch zum Film »A Star is Born« mit Judy Garland, der einen Oscar bekam, hatte sie mitgeschrieben, fand aber, die ganze Drehbuchschreiberei sei etwas für Kretins. Sie trank, rauchte, flirtete und hatte zwei Fehlgeburten. Am 7. Juni 1967 starb sie in New York. Ihre wohl treuesten Begleiter bis zu ihrem Tod waren ihre Hunde.

Leseempfehlung

»*The Portable Dorothy Parker*«. Herausgegeben von Marion Meade.
»*New Yorker Geschichten*«. Aus dem amerikanischen Englisch von Pieke Biermann und Ursula-Maria Mössner.

Verena Auffermann

DAS UNERZOGENE AUGE

Erica Pedretti *1930

Als ihr erstes Buch erschien, war sie fast vierzig Jahre alt und wohnte mit ihrem Mann, dem Bildhauer Gian Pedretti, im Engadiner Dorf Celerina. Die Wohnung war klein und die Familie groß – das Paar hatte fünf Kinder. Die ersten Jahre schrieb sie in der Stube, die auch Schlafzimmer war. Erst mit fünfundfünfzig Jahren hatte die Schriftstellerin, Malerin und Plastikerin Erica Pedretti ein großes Zimmer für sich allein: ihr Atelier in La Neuveville mit Aussicht auf den Bielersee. Es ist sechs mal acht Meter groß, liegt Seite an Seite mit dem Atelier ihres Mannes, ist aber nicht durch eine Zwischentür mit ihm verbunden. »Es kommt vor, dass der eine arbeiten kann und der andere nicht, und wir wollen einander nicht stören«, sagt sie. Im Winter arbeitet sie am liebsten hier, umgeben von einigen ihrer Skulpturen, großen Topfpflanzen und Erinnerungsstücken. Gern liest und schreibt sie auf einer

Chaiselongue, die ihr Mann vor Jahrzehnten in Celerina auf dem Abfall gefunden hat. Nur das Kopfteil habe damals aus dem Schnee geragt, erzählt sie, so dass er das Möbel zuerst für ein Hotelsesselchen gehalten habe, das gut in die enge Stube passen würde. Doch als er es aus dem Eis pickelte, sei das Sesselchen länger und länger geworden. – Und wo schreibt sie im Sommer? In einem auf einer Waldwiese über La Neuveville am Rand eines Campingplatzes geparkten Wohnwagen. Sie hat ihn vor Jahren von einem Vorlesungshonorar gekauft. Das Vehikel ist alt und klein wie eine Kajüte. Keine Aussicht, kein Telefon, keine Erinnerungsstücke, keine Pflanzen. Hier kann sie sich am besten konzentrieren.

Ihr Erstling stellt in kurzen Prosastücken zwei Welten einander gegenüber: das »Hier« ihrer gleißend hellen Engadiner Gegenwart und das umdüsterte »Dort« ihrer Kinder- und Jugendjahre im mährischen Sternberg und Hohenstadt. Der Titel »Harmloses, bitte« formuliert einen Wunsch: Harmlose neue Eindrücke sollen die Schrecken der Vergangenheit überdecken. Doch der Engadiner Abwehrzauber versagte. Auch ans Harmlose konnten sich plötzlich böse Erinnerungen knüpfen. Und zudem: »Wer weiß, was wirklich harmlos ist? Selbst ein großer Teil der Gartenblumen ist giftig.«

Erica Pedrettis Heimat in Mähren war in ihrer Kinderzeit tschechoslowakisch gewesen, später von Nazi-Deutschland besetzt und ins Deutsche Reich eingegliedert worden. Kurz darauf brach der Zweite Weltkrieg aus. Am 8. Mai 1945 erreichte die Rote Armee Hohenstadt, und der Krieg war zu Ende. Die Angehörigen der deutschen Volksgruppe in Mähren wurden vertrieben, ganz gleich, ob sie alte Nazis waren oder deutsche Widerstandskämpfer, die sich der tschechoslowakischen Armee angeschlossen hatten. Ihr Vater, der aus einem deutschen Arbeitslager zurückkam, wurde am nächsten Tag von den Russen verhaftet und blieb über ein Jahr in tschechischer Gefangenschaft. Im Dezember 1945 kamen Erica Pedretti, ihre drei jüngeren Geschwister und eine Kusine mit einem Rotkreuztransport in die Schweiz. Was damals hinter ihr lag, inspiriert und prägt ihre Bücher bis heute.

Aber nirgends in diesem Werk gibt es autobiografische Geschichten oder gar Anekdoten, wie sie sich in Lebenserinnerungen sonst so häufig finden. Anders als in CHRISTA WOLFS sechs Jahre später erschienenem Roman »Kindheitsmuster«, der ebenfalls um das Thema einer Kindheit in den Kriegsjahren kreist, gibt es in »Harmloses, bitte« keine Belehrung des Gedächtnisses durch spätere Informationen oder weltanschauliche Kommentare. Auch macht sich Erica Pedretti nicht auf die Suche nach ihren Erinnerungen. Die Erinnerungen suchen sie. Zwanghaft, unabweisbar, bedrohlich stellen sie sich ein wie die in jenen Kriegsjahren herrenlos herumstreunenden Hunde, die plötzlich eine Beute anschleppen konnten, »deren Anblick den Magen und fortan für immer den Geist umkehrt.« Das Erinnern ist riskant. Deshalb liefert das Gedächtnis nur Bruchstücke, und die wirken obendrein wie geschwärzt vom bewussten Vergessenwollen. Denn Schlüsselerinnerungen können jederzeit in Alpträume übergehen.

Teilstücke von Wegen, Gassen, Häusern und Innenräumen tauchen auf, auch Gerüche, dann Umrisse von irgendwie bekannten Gestalten, die sich im Näherkommen wieder auflösen. Namen, die nach einer passenden Person, einem verlorenen Ort suchen. Plötzlich schwimmen die Karpfen im einstigen Badeteich der Kinder mit dem Bauch nach oben auf dem Wasser, und zwei Männer kommen und schöpfen sie mit ihren Helmen ab. Waren da nicht auch zwei Tote? Später tritt ein Jugendfreund auf und macht sich darüber lustig, dass die Fünfzehnjährige sich aus Angst vor Vergewaltigungen das Haar gestutzt und als Junge verkleidet hat. Mit einer blauen Pistole zielt er in die Luft. Noch später versteckt sich das Mädchen als Lehrbub bei einem Schuster. Der versucht ein Minimum an Ordnung in seiner Werkstatt aufrechtzuerhalten. Plötzlich schaufelt einer die ganze Werkstatt samt Lehrbub auf den Hinterhof. Schaufel um Schaufel fliegen Schuhe hinaus, »uralte, ruinierte Schuhe, Latschen, abgerissene Sohlen, kleine, rostige, eiserne Monde, die dich zerkratzen, altes stinkendes Lederzeug, das um dich wächst, wächst, dir bald über den Kopf wächst. Du wolltest schreien, dich wehren? Nein. Denn eigentlich hast du seit Langem gewusst: so muss es enden.«

Wie viel an dieser Erinnerung ist Erfahrung? Wie viel Traum? Dramen kehren wieder, »unwahrscheinlich, falsch und stillos wie alle Geschichten, die nicht erfunden sind, die auf jeden Fall verschwiegen werden müssen, weil es unmöglich ist, sie wahr wiederzugeben. Erinnertes, Gelesenes, Geträumtes: übereinander projiziert, Bilder, die sich überschneiden, überdecken, nicht mehr auseinanderzulösen.« Mal vorsichtig tastend, mal von Alpträumen mitgerissen, bewegt sich Erica Pedrettis Ich-Figur bei der Erinnerung an ihre Vergangenheit voran, eine Gratwanderung zwischen Schweigegeboten und dem dringlichen Verlangen, eine möglichst richtige, präzise, »wahre« Sprache für diese Vergangenheit zu finden und sie so ein für alle Mal zu beschwören und zu bannen.

Dass das nicht »ein für alle Mal« zu leisten war, versteht sich von selbst. Immer wieder hat Erica Pedretti angesetzt zu ihrer ganz spezifischen Gedächtnisarbeit. Die wirkt später nicht mehr so aufgewühlt und aufwühlend wie in ihrem suggestiven Erstling. Dort war die Angst vor dem Verdrängten ins Schriftbild eingedrungen, hatte Sätze aufgebrochen, ausfransen und abreißen lassen. In den späteren Büchern – »Heiliger Sebastian«, erschienen 1973, und »Veränderung«, erschienen 1977 – fließt die Erinnerung ruhiger. Hinzu treten Kontrastfiguren wie etwa Frau Gerster, eine vitale, alte Frau, die jederzeit freudig in ihrem Gedächtnis kramt. Fertigen, schön abgerundeten Geschichten gegenüber bleibt Erica Pedretti misstrauisch. Sie nennt sie »Grabreden«, will ihr eigenes Erzählen offen und unfixiert halten. Nach mehreren eigenen Reisen in die alte Heimat schickt sie in »Engste Heimat« aus dem Jahr 1995 auch ihr fiktives Alter Ego Anna an die Orte ihrer Kindheit zurück. Dort stürmen mit den alten Bildern unzählige neue Wahrnehmungen auf sie ein. Wieder wird ihr bewusst, »dass ich nur fragmentarisch sagen kann, wie etwas wirklich war, was ich empfinde. Als erzählte ich Unwahres.« Auch die im Altersheim auf ihren Tod wartende Sophie Morlang – Erica Pedrettis bislang letzte Protagonistin in dem Buch »Kuckuckskind oder Was ich ihr unbedingt noch sagen wollte« von 1998 – kann nur fragmentarisch aus ihrem Leben erzählen. »Wackelkontakte« im Gehirn der hochbetagten Frau erschweren die Erinnerung. Kein Wunder, dass sich diese Autorin auch für eine Gedächtnisarbeit unter solch gnadenlosen Bedingungen interessiert.

»Nur das Unausgesprochene bleibt genau das, was es mir bedeutet«, schreibt Erica Pedretti einmal. Für eine Schriftstellerin ist das ein erstaunlicher Satz. Und doch ist es von dieser Position aus nicht weit zu ihrem erfolgreichsten und schon vorab bei der Lesung eines Auszugs mit dem Bachmann-Preis ausgezeichneten Buch, dem 1986 erschienenen Roman »Valerie oder das unerzogene Auge«. Inspiriert wurde sie dazu durch den Schweizer Maler Franz Hodler und dessen Modell – seine krebskranke Geliebte Valentine Godé-Darel. Ein Hodler-Porträt der noch gesunden Valentine schmückt den Buchumschlag. Damit waren Erinnerungen geweckt an jenen eindrucksvollen Hodler'schen Bilderzyklus, der in den siebziger Jahren zum ersten Mal in Zürich und München, später auch in Paris und Berlin gezeigt worden war und großes Aufsehen erregt hatte. »Ein Maler vor Liebe und Tod« lautete der Titel der Ausstellung. Ihr Herzstück war eine umfangreiche Serie von Skizzen, Zeichnungen und Gemälden, die Valentine Godé-Darel als Kranke, Sterbende und Tote darstellen.

Erica Pedretti hat viele biografische Details, Briefzitate und Aussagen von Hodler in ihr Buch eingebaut. Doch übersetzt sie nicht einfach den Bilderzyklus in Text. Sie vollzieht einen radikalen Blickwechsel und ergreift Partei: für das Modell und gegen den Maler, für die leidende Frau und gegen den ihr Sterben dokumentierenden Mann, für das Unfixierte, Offene und gegen Festlegungen. Ihr Buch ist eine Polemik gegen das, was die feministische Kunst- und Literaturkritik jener Jahre als die »Herrschaft des männlichen Blicks« bezeichnet hat. Doch Erica Pedretti geht noch weiter.

Die Geschichte wird in die Gegenwart verlegt und aus der Optik der Frau erzählt. Sie handelt von der Liebe zwischen dem von Hodlers Kunst stark beeindruckten Maler Franz und seinem Modell Valerie, was Erica Pedretti Gelegenheit gibt, Hodlers Kunsttheorie plausibel einzuarbeiten. Wie Hodler und seine Geliebte haben Franz und Valerie ein gemeinsames Kind, das noch klein ist. Valerie erkrankt an Krebs, wird operiert, muss Bestrahlungen über sich ergehen lassen und siecht dahin, während Franz zeichnend an ihrem Bett sitzt, Künstler, Voyeur und Peiniger in einer Person. Valerie spürt, wie sich seine Liebe, ja jedes Interesse an ihr aufs Papier verlagert, es kommt ihr vor, »als zöge er mit jedem Bleistiftstrich ein Stück Oberfläche, ihre Haut, Stück um Stück ihres Lebens von ihr ab«. Der künstlerische Prozess erscheint hier als eine Form von Aggression.

Jeder künstlerische Prozess? Die Titelformel vom »unerzogenen Auge« geht auf Hodler zurück, der ein solches Auge dem geübten Auge des Künstlers gegenübergestellt hat. Valerie zitiert den von Franz hochgeschätzten Hodler zunächst gehorsam, geht dann aber auf Distanz und bekennt sich zu ihrem unerzogenen Auge. Alles, was sie in diesem Buch zu Papier bringt – sogar, was sie verschweigt und als leere Seite in ihre Aufzeichnungen einlegt, etwa den Schmerz beim endgültigen Abschied von ihrem Kind –, zeigt, dass das »unerzogene Auge« für Valerie (und für Erica Pedretti) Programm ist. Dabei wird nicht einfach Vorästhetisches gegen Ästhetisches ausgespielt. Es geht um eine humane Kunst, die ihr Können in Frage stellen und von einem erschütternden Gegenüber aus dem Konzept gebracht werden kann. Es geht um Diskretion, mehr noch, es geht darum, Verrat zu vermeiden.

Valeries und damit Erica Pedrettis Polemik ist von Hodlers tatsächlichem künstlerischen Ansatz in den Zeichnungen aus dem Valentine-Zyklus gar nicht so weit entfernt. Am Krankenbett Valentines hatte sich der Maler im Wettlauf mit dem Tod von seiner Konturbesessenheit befreit. Kalkulierte Unfertigkeit war ihm damals wichtig geworden, erstmals hatte er mit einer Ästhetik der Offenheit experimentiert. Genau das aber lag damals im Trend, und Hodler wusste es. Kein Wunder, dass er auch die intimen, schockierenden Gemälde und Zeichnungen der kranken und toten Valentine Godé-Darel auf Ausstellungen zeigte und zum Verkauf anbot. »Das hat noch niemand gemacht«, soll er über diesen Zyklus gesagt haben.

Erica Pedretti hält sich nicht mit solchen historischen Details auf. Ihr geht es darum, Gegensteuer zu den aggressiven Momenten zu geben, die – wie sie spürt – im traditionellen Erzählen liegen. Die Konturen der Geschichte von Valerie und Franz sind aufgelöst und durch ein Mosaik von Kurzprosastücken ersetzt, die bisweilen mehrdeutig changieren. Erica Pedretti ist selbst Malerin genug, um sich auch in die Figur ihres Franz einfühlen zu können. Ihr atmosphärisch dichter Roman bleibt trotz seiner starken feministischen Akzente wunderbar in der Schwebe, wozu auch ihre lyrisch intensive Sprache beiträgt. Am Ende scheint es, als könne die sterbende Valerie den ihr fremd gewordenen Freund sogar bis zu einem gewissen Grad verstehen. Denn die letzten Sätze des Buches klingen überraschend versöhnlich: »Was ist das für ein Mensch, der alles aufzeichnen, sichtbar machen muss, als ginge ich ihm so nicht für immer verloren. Ihm geht es um seine Bilder (mein Werk nach den Maßen meiner Erfahrung, meines Herzens und meines Geistes): Er will weder sich selbst noch die Betrachter täuschen. Er will überleben.« Zieht solche Versöhnlichkeit der vorangegangenen Polemik am Ende den Stachel? Wohl kaum. Dieser sorgfältig ausbalancierte Roman mit seiner betont offenen Struktur sorgt dafür, dass wir als Leser Widersprüchliches nebeneinander stehen lassen und betrachten können. Auch das eine Errungenschaft des »unerzogenen« Auges.

Biografisches

Erica Pedretti wurde am 25. Februar 1930 als Erica Schefter im damals tschechoslowakischen, später von NS-Deutschland annektierten Sternberg (Mähren) geboren und wuchs in Hohenstadt/Zábřeh nahe der deutsch-tschechischen Sprachgrenze auf. Bei Kriegsende musste sie das bisher rein deutschsprachige Gymnasium ihres Heimatorts verlassen, an dem vor 1945 keine tschechischen Schüler und nachher keine deutschen mehr zugelassen waren. Anschließend arbeitete sie bei einem Bauern und bei einem Schuster. Im Dezember 1945 kam sie auf Einladung von Verwandten mit einem Rotkreuztransport in die Schweiz. In Zürich besuchte sie die Kunstgewerbeschule und lernte dort den späteren Bildhauer Gian Pedretti kennen. Da sie in der Schweiz keine Aufenthaltsbewilligung erhielt, emigrierte ihre Familie 1950 in die USA. Erica Schefter arbeitete zwei Jahre in New York als Silberschmiedin. 1952 kehrte sie in die Schweiz zurück, heiratete Gian Pedretti und zog zu ihm ins Engadin. Zweiundzwanzig Jahre lang wohnte sie mit ihrem Mann und ihren fünf Kindern in Celerina. Seit 1974 lebt sie mit ihrer Familie in La Neuveville am Bielersee. In den achtziger Jahren wurde sie mit großen Flugobjekten auch als Plastikerin bekannt. Ihre literarischen Werke wurden vielfach ausgezeichnet, unter anderen mit dem Bachmann-Preis (1984) und dem Mitteleuropäischen Literaturpreis Vilencia, Slowenien (1999). 2005 wurde sie von ihrer Geburtsstadt Sternberg (Tschechien) zur Ehrenbürgerin ernannt.

Leseempfehlung

»Harmloses, bitte«, »Heiliger Sebastian«, »Die Zertrümmerung von dem Kind Karl. Veränderung« (3 Romane in einem Sammelband).
»Valerie oder Das unerzogene Auge« (Roman).
»Engste Heimat« (Roman).

Gunhild Kübler

GENIE UND LEBENSWUT

Sylvia Plath *1932–1963*

Sylvia Plath ist »ein Fall«. Nach der postumen Veröffentlichung ihres letzten Gedichtbandes »Ariel« im Jahre 1965 war ihr Ruhm als eine große Lyrikerin begründet; seit ihrem Tod zwei Jahre zuvor umgab ihr dramatisches Schicksal das Werk mit einer Aura, die – vom Heiligenschein nur unweit entfernt – Dichtung und Leben zu einem schwer entwirrbaren Mythos verdichtete.

»Wohin mit der Wut, fragt sie«, zitiert die Wütende im Tagebuch ihre Psychiaterin und gibt die Richtung an: »Eines kann ich sagen: Ja, ich will gelobt werden von der Welt & will Geld und Liebe und bin wütend auf alle, die weiter sind als ich, vor allem, wenn ich sie kenne und wenn sie ähnliche Erfahrungen gemacht haben wie ich.« Wütend ist sie jedoch genauso intensiv auf ihre Nase, ihre Faulheit, ihre Bedürftigkeit, auf ihre Vergangenheit, ihre Talente, auf ihre Wut. In diesem Frühsommer 1959 ist Sylvia Plath sechsundzwanzig

Jahre alt, verheiratet, Schriftstellerin und Patientin von Dr. Ruth Beuscher, die sie »heimlich« besucht – ohne Wissen von Mutter und Mann, den wichtigsten Menschen in ihrem Leben. Sie hat eine beachtliche Karriere als hochbegabte Studentin hinter sich, sie hat den Mann geheiratet, den sie haben wollte, sie hat einen Brotberuf am College ausgeschlagen zugunsten einer Künstlerexistenz. Sie lebt als freier Mensch und ist gefesselt an ihre Psyche wie ein Tier an seinen Pflock.

Keine vier Jahre später, inzwischen als zweifache Mutter mit den Kindern in London allein, wird sie in ihrer Küche den Gashahn aufdrehen und den Kopf in den Backofen stecken – und nicht gerettet werden. Sie hinterlässt gut dreißig Gedichte, die in der allerletzten Lebenszeit entstanden sind, und einen Zettel, auf dem steht: »Bitte rufen Sie Dr. … an«, nebst Telefonnummer, aber die Person, die sie hätte finden sollen, kam aus trivialen Gründen zu spät. Es spricht viel dafür, dass sie nicht sterben wollte, doch ist ihre poetische Aura von diesem gewaltsamen Abbruch des Lebens nicht mehr zu trennen. Er hat die Autorin Sylvia Plath zu einer Ikone weiblichen Genies und weiblichen Scheiterns gemacht und unmittelbar dafür gesorgt, dass die nach ihrem Tod veröffentlichten Tagebücher und ihre »Briefe nach Hause«, an ihre Mutter, mit einer Mischung aus Anteilnahme und Grusel gelesen werden, die dem Monströsen und Tragischen dieses Lebens fatal entspricht.

Ihre späte Lyrik ist schroff und groß; frei in der Behandlung von Rhythmus und Reim, aber bedachtsam geschöpft aus einer soliden literarischen Bildung, erworben am legendären Smith College für Mädchen. Viel Fleißarbeit ging dem voraus: Mit zwanzig Jahren ist sie eine preisgekrönte Hoffnung, die ihre Kurzgeschichte »Sonntag bei den Mintons« in der Zeitschrift »Mademoiselle« veröffentlicht sieht; wenig später wird sie dort Gastredakteurin, ein Fulbright-Stipendium in Großbritannien folgt. Sie arbeitet unaufhörlich, feilt an ihrer Prosa, entwirft Romane, übt sich an Gedichten, die sie – wie in den USA üblich – einzeln an Zeitschriften schickt. Ihre spezifische Begabung zeigt sich sehr früh. Die durchdringende Beschreibung von Atmosphären und Menschen, gepaart mit einem hohen Vermögen, für Wahrnehmung und Empfindung neue, oft spektakuläre Bilder zu finden, trainiert sich am Alltag und bleibt bei diesem: bei ihrer Jugend mit Mutter und Bruder – der Vater starb, als sie acht Jahre alt war –, ihren Erfahrungen als College-Girl, als Hilfssekretärin in der Psychiatrie, als eifersüchtig Liebende, als zornige Tochter, als Gebärende: »Die Hebamme schlug deine Sohlen: dein kahler Schrei / Nahm seinen Platz ein unter den Elementen.«

Das im besten Sinne Sonderbare ihrer lyrischen Sprache – das manchmal das Gesuchte streift – ist Frucht einer Entwicklung, die sich immer zwischen Anpassung und Eigensinn bewegt: Ihr phänomenaler Ehrgeiz treibt sie an und ist ihr zugleich im Wege, denn lange Zeit bringt sie nichts zu Papier, ohne zugleich den möglichen Empfänger zum Auftraggeber, ja Richter zu machen: das Magazin, die Zeitschrift, die Jury. So bewegt sie sich zugleich getrieben und gehemmt, schwankend zwischen dem Bewusstsein ihrer Begabung und einer erbarmungslosen Selbstkritik, die nicht allein auf ihre Leistungen, sondern auf die ganze Persönlichkeit zielt: »Kann ich schreiben? Werde ich schreiben, wenn ich genug übe? Wie viel soll ich für das Schreiben opfern, bevor sich herausstellt, ob ich gut bin? Und vor allem: *Kann eine egoistische, egozentrische, eifersüchtige und phantasielose Frau überhaupt etwas Wertvolles schreiben?*« In ihrem Roman »Die Glasglocke«, einige Wochen vor ihrem Tod unter dem Pseudonym Victoria Lucas erschienen, beschreibt sie die Depression einer talentierten, attraktiven jungen Frau, die mit Elektroschocks behandelt wird – so, wie es tatsächlich war: »Dann bog sich etwas herunter und griff mich und schüttelte mich, wie das Ende der Welt. Wiiiiiii schrillte es durch berstende Luft in blauem Licht, und mit jedem Blitz fuhr ein riesiger Schlag auf mich nieder, dass ich glaubte, meine Knochen würden brechen und der Saft würde aus mir herausjagen wie aus einer aufgeschlitzten Pflanze. Was hatte ich denn nur Furchtbares getan.«

Doch der Moment des Mitgefühls währt nur kurz. In der Folge erwägt die Heldin Todesarten. »Ich hatte zwar die Rasierklingen, aber kein warmes Bad.« Sie fragt einen Bekannten: »›Wenn Sie sich umbringen wollen, wie würden Sie das machen?‹ Cal schien das zu gefallen. ›Ich habe oft daran gedacht. Ich würde mir mit einem Gewehr das Lebenslicht ausblasen.‹ Ich war enttäuscht. Typisch Mann, es mit einem Gewehr zu machen. Was hatte ich schon für Gelegenheit, ein Gewehr in die Hand zu bekommen.« Schließlich nimmt Plaths Protagonistin Tabletten – so wie sie selbst zum ersten Mal mit zwanzig Jahren. Der reale Suizidversuch wird als eine Störung abgebucht, nach dem man umso energischer das alte Programm wieder aufnehmen muss, das da heißt: Leistung auf allen Gebieten. Die Beste sein in Literatur und Philosophie, eine beliebte Kommilitonin, eine begehrte Kandidatin für ein Date, eine erfolgreiche und fleißige Autorin. Die Lebenswut bleibt: als Ehrgeiz, das Leben voll auszuschöpfen, und als destruktive Energie, in deren Umsetzung sie ebenso Ehrgeiz zeigt:

> Sterben
> Ist eine Kunst, wie alles.
> Ich kann es besonders schön.

So lauten die berühmten, für sie sprichwörtlich gewordenen Zeilen aus dem nachgelassenen Gedicht »Madame Lazarus«. Und so ist ihr Werk von ihrem

Tod nicht zu trennen – nicht nur, weil das Handwerk des Sterbens und die Wut auf das Leben einen bedeutenden Teil ihres Schreibens bestimmen. Sondern auch, weil wir von ihr viel wissen. Die anhaltende Beunruhigung, die von ihrem Werk ausgeht, kreist um die Frage, ob und wie sie »zu retten gewesen wäre«. Ihrem Mann, dem britischen Lyriker Ted Hughes, hat die feministische Rezeption phasenweise ein gutes, schlechtes Teil Verantwortung an ihrem Tod übertragen. Anhaltspunkte dafür hat Sylvia Plath gegeben: »...irgendwie macht es mir Spaß, für ihn zu kochen (gestern abend habe ich eine Zitronen-Schichttorte gebacken) und seine Sekretärin zu sein und so weiter«, notiert die Jungverheiratete in ihr Tagebuch. Irgendwann jedoch ist die Differenz zwischen Hughes' wachsendem Ruhm und ihrem prekären Status als dauernde Hoffnung – die immer wieder Zurückweisung erfährt – kaum noch zu ertragen. Und wie gewöhnlich macht sie aus der Wahrnehmung von Leid ein Koppelungsgeschäft: »Wenn ich mich und meine Arbeit ausbauen kann, bin ich für uns als Paar ein Gewinn und nicht die abhängige und schwache Hälfte.«

Es gab Autorinnen, die sie bewunderte – Elizabeth Bowen, Marianne Moore –, aber auch Kolleginnen ihrer Generation wie Anne Sexton, Adrienne C. Rich; sie war nicht ohne realistische Vorbilder. Doch anders als Bowen und VIRGINIA WOOLF – um nur diese beiden zu nennen – war sie auf des Lebens Fülle fixiert, auf die amerikanische Art: die strebsame Stipendiatin, die Auszeichnungen einsammelt in Sport und Handarbeit, Hauswirtschaft und Geschichte und außerdem noch modelt; die ist sie lange geblieben. Neid, der »ihre Eingeweide zerfraß«, war ein starkes, destruktives Motiv: Sie beneidete Männer um eine unbekümmerte Freiheit, die sie sich nicht nehmen konnte, und sie beneidete Frauen um all das, was sie nicht war. »Ich bin ich selbst, das ist nicht genug.« Sie war weder bereit, ihre Umwelt, noch bereit, sich selbst zu nehmen, wie sie war: unvollkommen. Sie blieb »das Mädchen, das Gott sein wollte«.

Zugleich spielt noch eine andere Konstellation eine Rolle: ihre Ehe mit einem Genie vom Kontinent. Hughes führte mit somnambuler Sicherheit ein Leben, das ganz in der Tradition europäischen Künstlertums stand: Nur auf die Begabung bedacht, die Gabe und Gnade ist; radikal egozentrisch und entlastet von jedem Anspruch an Normalität. Die Gleichung von Wert und Erfolg – der sich gar auszahlen soll –, die Plath so geknebelt hat, focht ihn nicht an. Sie stak in der Halskrause der Tüchtigkeit, er ruhte auf der Ottomane des Geniekults. Und auch das war wohl nicht zu ertragen.

In ihren letzten Lebenstagen schrieb sie eines ihrer besten Gedichte, hier wiedergegeben in der Übersetzung von Erich Fried:

Rand

Die Frau ist vollendet.
Ihr toter

Körper trägt das Lächeln des Erreichten.
Der Anschein einer griechischen Notwendigkeit

Fließt in den Schnörkeln ihrer Toga,
Ihre bloßen

Füße scheinen zu sagen: Wir kamen bis
Hierher, es ist vorbei.

Jedes tote Kind eingerollt, eine weiße Schlange,
Eines um jeden kleinen

Milchkrug, nun leer.
Sie hat sie gefaltet

Zurück in ihren Körper, wie Blätter einer
Rose sich schließen wenn der Garten

Erstarrt und Düfte bluten
Aus den süßen tiefen Schlünden der Nachtblume.

Der Mond starrt aus seiner Knochenkapuze.
Er hat keinen Grund zur Trauer.

Er ist dergleichen gewohnt.
Seine schwarzen Hüllen knistern und schlurfen.

Biografisches

Sylvia Plath kam am 27. Oktober 1932 als erstes Kind ihrer Eltern Aurelia und Otto Plath in Jamaica Plain, Massachusetts, zur Welt. Ihr Vater, Biologe und Linguist, ließ die Familie nach seinem Tod 1940 mittellos zurück. Die Mutter arbeitete als Lehrerin, um Sylvia und den jüngeren Bruder Warren durchzubringen. 1950 begann Plath ihr Studium mit einem Begabtenstipendium am Smith

College in Northampton, Massachusetts; zwei Jahre später veröffentlichte sie ihre erste Erzählung. Am 24. August 1953 versuchte sie, sich mit Schlaftabletten das Leben zu nehmen; die darauffolgenden Monate verbrachte sie in einer psychiatrischen Klinik. Im Februar 1956 lernte Plath während ihres Fulbright-Stipendiums in Cambridge den Lyriker Ted Hughes kennen, den sie im Juni heiratete; 1957 übersiedelte das Paar in die USA, wo Plath ein Jahr am Smith College unterrichtete. 1958 fasste sie den Entschluss zur freien Autorenexistenz; sie übernahm Aushilfstätigkeiten als Bürokraft und erhielt mehrere Stipendien. 1959 ging sie mit Hughes nach London, wo 1960 ihre Tochter Frieda geboren wurde. Im Oktober desselben Jahres erschien Plaths Gedichtband »The Colossus«. Im folgenden Sommer zog die Familie nach Devon; im Januar 1962 kam der Sohn Nicholas zur Welt. Die Ehe mit Ted Hughes stand unter starken Spannungen. Ende des Jahres bezog Plath mit den beiden Kindern eine Wohnung in London – in einem Haus, in dem Yeats gelebt hatte, was sie als gutes Omen nahm. Im Januar 1963 erschien der Roman »Die Glasglocke« in London (unter dem Pseudonym Victoria Lucas). Am 11. Februar 1963 nahm sich Sylvia Plath in Primrose Hill, London, das Leben.

Leseempfehlung

»*Die Glasglocke*« *(Roman)*. Aus dem Englischen von Reinhard Kaiser.
»*Ariel. Gedichte. Englisch und Deutsch*«. Aus dem Englischen von Erich Fried.
»*Ariel. Urfassung. Englisch und Deutsch*«. Aus dem Englischen von Alissa Walser.
»*Die Bibel der Träume*« *(Erzählungen)*. Aus dem Englischen von Julia Bachstein und Sabine Techel.
»*Die Tagebücher*«. Herausgegeben von Frances McCullough. Aus dem Englischen von Alissa Walser.
»*Briefe nach Hause. 1950–1963*«. Herausgegeben von Aurelia Schober Plath. Aus dem Englischen von Iris Wagner.

Elke Schmitter

DAS GANZE KRUMME HOLZ

Katherine Anne Porter *1890–1980*

Ihr Leichentuch kaufte sie fünfundzwanzig Jahre vor ihrem Tod. Es war aus feinstem belgischen Leinen; eher eine Investition als ein Reiseandenken: Kaum jemand wusste, dass sie schon fünfundsechzig war – sie schummelte gern zehn Jahre herunter –, doch 1955 fühlte sie sich erschöpft und dem Sterben nah. Es gab keinen Ort, der ihr gehörte, zu dem sie zurückkehren konnte, und sie war das Vagabundieren leid. Der große Roman, an dem sie schon so lange arbeitete, wollte nicht fertig werden, und es gab gerade auch keinen Mann, der eine stationäre Heimat sein konnte.

Sieben Jahre später war es so weit: »The Ship of Fools«, »Das Narrenschiff«, erschien und wurde unverzüglich gefeiert; sie war angekommen im Parnass der Literatur. Von der ersten Honorar-Rate, stattlichen 27 000 Dollar, zahlte sie einen Diamantring an. Sie sammelte Antiquitäten, Porzellan und kost-

444

bare Stoffe, kleidete sich in Dior. Purismus, Strenge und realistischer, manchmal sardonischer Ernst waren ihr literarischer Stil. Privat liebte sie Täuschung und Wahn, barocke Fülle und weiblichen Luxus.

Katherine Anne Porter war lange das große Versprechen der amerikanischen Literatur. 1930 erschien ihre erste Sammlung von Storys, sogleich erkannt als das, was es war: ein außergewöhnliches Debüt, in jedem Satz gefeilt und von zeitloser Schönheit. Die Enttäuschungen der Kindheit, die armselige Rechtschaffenheit der ländlichen Südstaatenwelt, die Seligkeit erster Liebe – alles schien sie erfassen zu können, ohne viel Worte zu machen, und sie wiederholte sich nie. Es gab keinen »Porter-Stil«, keine Marotten, keine schnell erkennbare Diktion. Die Produktion war karg: drei Erzählungsbände und eine Auswahl von Gedichten, ein paar Essays und Kritiken und ein Roman in einem Schriftstellerleben von fünfzig Jahren.

Obwohl sie das Abenteuer suchte und liebte, traute sie schriftstellerisch nur der Erfahrung: jenem Amalgam aus Erinnerung, Durchdringung und Erkenntnis, das sich nicht herstellen lässt, sondern aus der gelebten Zeit als ein unwillkürlicher Rückstand bleibt, der sich, wenn alles gutgeht, in Worte fassen lässt. Wie ihre Zeitgenossin DJUNA BARNES hatte sie eine unruhige, in mancher Hinsicht verwahrloste Kindheit und Jugend und erhielt keine akademische Bildung; wie sie wechselte sie zwischen journalistischem und literarischem Schreiben; wie sie zog sie die ungesicherte Existenz einer Bohemienne der bürgerlichen Bescheidenheit vor. Ein Drittes gab es nicht.

Hätte es vielleicht geben können – wenn die Fünfzehnjährige sich in einen anderen verliebt hätte, als in den, der ihr erster Ehemann werden sollte. Sie sehnte sich danach, der familiären, patriarchal geprägten Wirrnis zu entkommen, und landete bei einem Mann, der sie abwechselnd anbetete, prügelte und vergewaltigte. Ein paar Jahre hielt sie das aus. Dann ergriff sie die Flucht und schlug sich zunächst alleine durch: ohne Ausbildung und mittellos; ein hübsches Mädchen aus den Südstaaten, begabt und energisch und mit einer fatalen Neigung für ansehnliche Männer, die nicht zu ihr passten. Sie ging zum ersten Mal nach Mexiko, Ende der zwanziger Jahre das Land der Verheißung – und noch eine Dekade später ein freundliches Exil für Künstler aus Europa wie ANNA SEGHERS. Hier konnte man den Aufbruch der Arbeiterbewegung erleben, das Erwachen eines indigenen Selbstbewusstseins, hier trafen sich nordamerikanische Avantgardisten in Lebensführung und Intelligenz. Hier wurde ein Werbefilm mit ihren bemerkenswert schönen Beinen gedreht – mehr sah man von ihr nicht; einziges Honorar: die zweiundzwanzig Paar Schuhe, die sie durch die Bilder trugen –; hier verliebte sie sich neu und wieder falsch; hier ließ sie ein Kind abtreiben und trug schwer daran, physisch und psychisch. Sie verschickte Texte an Redaktionen in New York und entwickelte die Technik der Reportage zur Kunst der Literatur. Geldnot, Einsamkeit und politische Wirren trieben sie zurück in die USA, von wo aus sie, wann immer ihre Mittel es erlaubten, weite und lange Reisen antrat. Fünfmal war sie verheiratet, Scheidungen, Aborte und mindestens eine Totgeburt sorgten für immer neue und schwere Krisen. Mit zunehmendem Alter wurden die Männer jünger, die Illusionen größer – nur bei der Arbeit nahmen Realismus und Scharfsinn zu. Am Ende ihrer Karriere war ihr Selbstbewusstsein groß genug, sich gegen die Anpreisung ihres Verlages zu verwahren, »the most distinguished woman writer of our time« zu sein. »Mich so zu nennen heißt, dass ich nicht nach den höchsten Kriterien beurteilt werde. Ich schäme mich nicht der Gesellschaft von EMILY BRONTË, GEORGE ELIOT, VIRGINIA WOOLF, aber eben die gehören selbstverständlich in eine Reihe mit Flaubert und Turgenjew und Henry James ... Wer würde T. S. Eliot als einen der besten männlichen Dichter loben? Wenn Sie meine Arbeit für erstklassig halten, dann stellen Sie mich nicht implizit an die erste Stelle der zweiten Klasse.«

»Das Narrenschiff« war zu jener Zeit bereits verfilmt – mit Stars wie Vivian Leigh, Oscar Werner, Lee Marvin und Simone Signoret. Die Reise von Veracruz (Mexiko) nach Bremerhaven auf einem deutschen Schiff – im Roman 1931 – hatte sie Anfang der dreißiger Jahre selbst absolviert; sie war dann von Bremerhaven nach Berlin gereist und hatte dort die Bekanntschaft Hermann Görings gemacht, der ihr auf einer Abendgesellschaft Avancen machte: Eine Frau wie sie, soll er gesagt haben, sei nicht dazu bestimmt, allein durch die Welt zu ziehen, sie dürfe über ihrem Schreiben nicht vergessen, dass sie eine Frau sei. »Ich gab zur Antwort, dass meine Probleme eben daher rührten, dass ich viel zu sehr Frau sei. Das begeisterte ihn so, dass er mich herzhaft küsste, *schmatz schmatz.*« Eher Amüsement als Schaudern schwang in der Anekdote mit, die sie gern zum Besten gab; Moralisieren und Entsetzen lagen ihr nicht. Ihr Blick auf die menschliche Spezies war nicht ohne Erbarmen, aber ohne Sentimentalität, und vor allem von Neugier geführt.

»Das Narrenschiff« – der Titel spielt auf die gleichnamige allegorische Dichtung von Sebastian Brant aus dem fünfzehnten Jahrhundert an – ist das seltene Beispiel eines großen Gesellschaftsromans, von einer Frau verfasst. Hier, in der Ausnahmesituation auf einem Schiff, waren einem weiblichen Passagier dieselben Einblicke möglich wie einem Mann. Patriotische Deutsche, eine biedere Schweizer Familie, ein jüdischer Handlungsreisender, ein junges amerikanisches Künstlerpaar, eine Kubanerin aus den besten Kreisen, eine heruntergekommene Gräfin, ein Sterbenskranker im Rollstuhl, ein Buckliger, eine Tänzergruppe aus Spanien, eine verwitwete Lehrerin und eine enttäuschte Verlobte fortgeschrittenen Alters – sie alle sind für dreiundzwanzig Tage auf engstem Raum eingepfercht und blicken auf das Zwischendeck herab, in dem Hunderte spanische Arbeiter und Arbeiterinnen, für die Mexiko keine Verwendung mehr hat, samt ihren Kindern nach Hause verfrachtet werden. Ein müder Schiffsarzt, ein faschistischer Kapitän, gedemütigtes Personal und ein perfider Zahlmeister, der die Kabinenbelegung organisiert: Diese Zusammenstellung genügt auch ohne schweren Seegang für eine komfortable Höllenfahrt, an deren Ende man ohne Bedauern auseinandergeht.

In Deutschland nahm man das Buch, als es ein Jahr nach der amerikanischen Erstausgabe 1963 erschien, nicht mit Interesse auf. Porters amerikanische, lässig-erstaunte Sicht auf eine Gesellschaft, die auf Hierarchie und Abgrenzung beruht und Zivilisation mit Disziplin verwechselt, wurde als feindselig empfunden. Und in der Tat: Keinerlei Gemütlichkeit trübt hier die Wahrnehmung ein. Doch die Nöte der plumpen jungen Elsa Baumgarten, die triebhaften Verwirrungen des einsamen Wilhelm Freytag, die Kämpfe der stolzen Mrs. Treadwell, die Beziehungsdramen von Jenny und David, die selbstzufriedenen Phrasen des Professor Hutten und die Seekrankheit seiner Bulldogge – all diese Realitäten haben in Katherine Anne Porter eine faire Protokollantin gefunden. Mit gleichbleibendem Abstand, in unbestechlicher Ruhe zeichnet sie auf, woraus die Menschen gemacht sind. Das ganze krumme Holz. Mit jeder einzelnen Maserung.

Biografisches

Katherine Anne Porter wurde am 15. Mai 1890 als Tochter eines gebildeten Farmers und einer Lehrerin in Indian Creek, Texas, geboren. Nach dem frühen Tod der Mutter wuchs sie mit ihren Geschwistern bei der Großmutter, einer selbstbewussten Südstaatenlady aus alter Familie, auf. Die Großmutter starb, als Katherine im zwölften Lebensjahr war; der Vater gab die vier Kinder zu verschiedenen Verwandten. Katherine heiratete mit sechzehn Jahren, um dem familiären Regime zu entkommen. Nach fünf Jahren wurde die Ehe geschieden; vier weitere Ehen folgten. Porter lebte als freie Journalistin in New York, Mexiko, Boston, Kalifornien, auf den Bermudas und in Paris; die letzten Lebensjahre verbrachte sie in Texas. 1930 debütierte sie mit Erzählungen. 1962 erschien »Das Narrenschiff«, der Roman, »auf den eine ganze Generation dreißig Jahre lang gewartet hat«, wie die »New York Times« schrieb – »und wenn wir noch einmal dreißig Jahre hätten warten müssen, dann hätte sich auch das gelohnt«. 1966 wurde sie für eine Sammlung ihrer Erzählungen mit dem Pulitzer-Preis ausgezeichnet. Katherine Anne Porter starb am 18. September 1980 im Alter von neunzig Jahren in Silver Spring, Maryland.

Leseempfehlung

»*Blühender Judasbaum*« *(Erzählungen).* Aus dem amerikanischen Englisch
von Joachim Uhlmann.
»*Fahles Pferd und fahler Reiter*« *(Erzählungen).* Aus dem amerikanischen
Englisch von Maria von Schweinitz.
»*Das Narrenschiff*« *(Roman).* Aus dem amerikanischen Englisch von
Susanna Rademacher.

Elke Schmitter

MEUTEREI DER LEBENSLUST

Fanny Gräfin
zu Reventlow *1871–1918*

Sie hat es gut gemeint. Doch gut gemeint ist oft nicht nur das Gegenteil von Kunst, sondern auch ein nur entfernter Verwandter der Wahrheit. Als die Schwiegertochter der Autorin Fanny Gräfin zu Reventlow in den zwanziger Jahren daranging, die Tagebücher ihrer verstorbenen Schwiegermutter zu publizieren, hatte sie vermutlich ein ehrenwertes Ziel: aus einer Skandalfigur der Münchner Bohème etwas Seriöseres zu machen. Das Bild der ewig verschuldeten, vor Gläubigern flüchtenden Mutter, der selbstbewussten Geliebten wechselnder Männer, vor allem aber der Frau, die gelegentlich anschaffen ging, sollte verblassen gegen die lächelnde Bohemienne – mehr Anmut als Armut, weniger anstößig als anschmiegsam.

1925, sieben Jahre nach Fannys Tod, präsentierte Else Reventlow – ihr Mann hatte den Adelstitel 1919 abgelegt – deren »Gesammelte Werke«; neben schon veröffentlichten Romanen und Geschichten nun auch sorgsam gewählte, teils redigierte Auszüge der Tagebücher. Bilder eines Lebens, das mit dem Münchner Aufbruch in die Moderne, mit Protagonisten wie Ludwig Klages, Rainer Maria Rilke, Stefan George, Erich Mühsam in dichter Verbindung stand. Beinahe fünfzig Jahre später gab sie eine neue, erweiterte Fassung der Tagebücher heraus. War nach dem Ersten Weltkrieg die Jahrhundertwendezeit – aus der anarchistische, männerbündische und Naturbewegungen hervorgingen – noch in unschuldig vibrierender Erinnerung, so galt nun für die zweite Ausgabe: Obacht vor neuen Gefahren! Einige »Stellen« sexualmoralisch schwierigen Charakters nahm die Herausgeberin wieder hinein, tilgte dafür aber vereinzelte Bemerkungen, die der Political Correctness widersprachen. Aus einem »Niggerrendezvous« von 1925 wurde 1971 ein »Negerrendezvous« (das heutzutage wohl in »Afrikanerrendezvous« zu korrigieren wäre). Erst 2006 erschien eine zuverlässige Edition der Tagebücher.

Das Bild der Fanny zu Reventlow wurde, den Zeiten entsprechend, retuschiert und umgedeutet wie das eines Klassikers. An ihrem Werk kann es nicht liegen: Es ist und bleibt ein leichtes Vergnügen, elegant und wie nebenbei entstanden – was auch den Tatsachen entspricht. Es liegt an ihrem Leben, einer Meuterei von Lebenslust und Eigensinn.

Fanny Gräfin zu Reventlow wird 1871 in einem Landschloss bei Husum geboren; das vierte von fünf Geschwistern, ein Ausnahmekind: künstlerisch begabt, vital und eigensinnig. Aus der Sicht eines spröden Landrats und seiner konventionellen Frau schwer zu erziehen. Fanny bricht aus, wo sie kann. Als Kind sind es die Fluchten in die Natur, ins »Kindersommersonntagsnachmittagsgefühl«; als Jugendliche wird die Widerspenstige zur Zähmung ins Freiadlige Magdalenenstift Altenburg eingewiesen, wo sie mit Briefzensur, Arrest und Strafpredigten die üblichen Torturen jener Aufzucht erlebt, die im Wilhelminismus Erziehung hieß. Unehrenhaft entlassen, wird sie in Sicherheitsverwahrung zu einer Tante geschickt, die ihr Unterricht in Malerei erlaubt. Dort begründet sich ihr Selbstverständnis als Malerin, aus dem, zu ihrem Kummer, so wenig entstand. Produktiv und bekannt wurde und blieb sie als Schriftstellerin. In ihrem Nachlass liegt nicht einmal eine Skizze.

Nach dem Umzug der Familie nach Lübeck ist es wieder die Literatur, die den Weg ins Freie zeigt: Fanny wird Mitglied in einem geheimen »Ibsen-Club«. Lektürezirkel dieser Art gab es viele. »Nora«, »Die Frau vom Meer«, »Hedda Gabler«: All diese Ikonen von Langeweile und Rebellion waren so bestimmend für das Lebensgefühl jener Generation wie die Werke Tolstois, Zolas, Gerhart Hauptmanns – und Nietzsches. »Das war nicht Verstehen und Begreifen«, erinnert sich Reventlow an ihre »Zarathustra«-Lektüre, »– es war Offenbarung… Und alles andere, der Alltag, das Alltagsleben und -empfinden schrumpfte in eine öde, farblose Masse zusammen, verlor sein Dasein – nur das wahre, heilige, große Leben leuchtete, lachte und tanzte.«

Das war nicht weit entfernt von dem, was tatsächlich kommen sollte: Zu den spektakulärsten Kapiteln von Reventlows Biografie gehört ihre Zeit im Münchner Kreis um Stefan George, Ludwig Klages und Karl Wolfskehl, den »Kosmikern«. Arbeitslose Akademiker, angehende Künstler und Lebensphilosophen rührten hier gemeinsam eine moderne Ursuppe aus Zivilisationsmüdigkeit, Antikenverehrung, Mutterkult und Lebensüberdruss an, die, mit viel Alkohol versetzt, auf größeren Gelagen gemeinsam ausgelöffelt wurde. Stefan George, als Caesar verkleidet, präsidierte einer berüchtigten Faschingsgesellschaft, auf der Bacchantinnen, Hermaphroditen, mit Lorbeer bekränzte Adoleszente in antiken Gewändern lateinische Oden rezitierten und sich entschlossen, sozusagen aus Gründen der Bildung und Vernunft, einem dionysischen Rausch ergaben. Reventlow, die hier als Mutter verehrt und als Hetäre gefeiert wurde, erhielt dieses Milieu in ihrem ironischen Roman »Herrn Dames Aufzeichnungen« als »Wahnmoching« der Nachwelt.

Denn inzwischen hatte sie die Flucht geschafft: Sie lebte seit 1893 in München, ohne Kontakt zu ihrer Familie, frei von Verpflichtungen der Herkunft und jeglicher Konvention. Nach Umwegen über ein Lehrerinnenseminar und eine so kurze wie unglückliche Ehe studierte sie hier privat Malerei – an staatlichen Akademien waren Frauen bis 1919 nicht zugelassen. Das Schwabing ihrer Zeit hat der Freund Erich Mühsam charakterisiert: »Maler, Bildhauer, Dichter, Modelle, Nichtstuer, Philosophen, Religionsstifter, Umstürzler, Erneuerer, Sexualethiker, Psychoanalytiker, Musiker, Architekten, Kunstgewerblerinnen, entlaufene Höhere Töchter, ewige Studenten, Fleißige und Faule, Lebensgierige und Lebensmüde, Wildgelockte und adrett Gescheitelte«. In diesem Milieu – durch kleinbürgerliche Vermieter notwendigerweise ergänzt –, erwirtschaftet Reventlow ihren Lebensunterhalt: vor allem und äußerst mühsam mit Übersetzungen aus dem Französischen, deren Vorlagen – wie Maupassant – zwar würdig waren, deren Bezahlung aber lausig. Hin und wieder verkauft sie Witze, Honorar fünf Mark, oder kleinere Texte an den »Simplicissimus«; zahllos aber sind Eintragungen aus dieser Zeit über durchwachte Nächte und »Arbeit im Galopp«.

1897 bringt sie einen Sohn zur Welt, dessen Vater unbekannt bleibt. Überwältigend ist für sie die Erfahrung einer unerschütterbaren Liebe, die zudem ihr Bedürfnis nach innerer Freiheit nicht berührt. Obwohl labile Stimmungslagen, Depressionen und tiefe Erschöpfungszustände zu ihren Jahren als junge

Mutter gehören, durchzieht ein durchgehender Jubelton, eine nie nachlassende Begeisterung über »Misemaus« und »das Göttertier« ihr Tagebuch. Rolf ist der einzige Mensch, der – sie selber durchaus eingeschlossen – in ihren Augen nichts zu wünschen übriglässt, eine Erfahrung innerer Großzügigkeit, die sie beflügelt.

Und vielleicht ist die Mutterschaft tatsächlich eine Art Lebensrettung, denn sie zwingt die radikal ihren Stimmungen folgende und unterworfene Reventlow zu einem Minimum an Vorsorge und Beständigkeit. Das Baby braucht frische Luft, hin und wieder Natur, seine Mutter darf nicht verkommen: »Mein Gott, mein Gott, wenn du nicht wärest Bubi, ich ließe alles zum Teufel gehen.« Ein Vater wird nicht gebraucht, ist nicht erwünscht: »Nein, ich mag keinen Papa, das ist für mich ein ungeliebtes Volk«, so der Vierjährige. Der Armut – »Hungersnot u. Pestilenz, muss wieder Vorschuss nehmen« – kann nur so fintenreich und radikal begegnet werden, wie sie sich zeigt: durch harte Arbeit, durch Pump, notfalls durch rechtzeitiges Verschwinden. Mal werden die Federbetten versetzt, dann bietet Reventlow dem Gerichtsvollzieher, aus Mangel anderer Möglichkeiten, den Sterilisierungsapparat für Muttermilch an. Als das Kind in einem Gasthaus Bierdeckel aufeinandertürmt, soll es auf die Frage, was das denn würde, geantwortet haben: »Ein Leihhaus.«

Hin und wieder besucht die Mutter einen Salon, in dessen Hinterzimmern Geld verdient werden kann; daraus ergibt sich manches. »Der Franzose ist wieder weg, aber die 300 Fr. waren auch weg wie Eis an der Sonne.« Eine Karriere als Kurtisane lehnt sie trotz großer Begabung ab, es beleidigt ihr Freiheitsgefühl: »Wäsche, Stiefel, Kleider für Bubi und mich. Schulden – Himmel nimmt das nie ein Ende. S. N. würde mich eventuell ›übernehmen‹, vor allem soll ich aber den Bubi in Pension tun, bis er größer ist, dann könnte man an eine andere Wohnungseinrichtung denken etc. pp. Wahrscheinlich darf ich dann nur auf dem Sofa liegen, Nägel polieren und mit Herzklopfen auf sein Kommen warten. Nein, mein Freund, so haben wir nicht gewettet.« Sie bleibt mit Bubi zu Hause und erzieht ihn selbst; vom Schulalltag ist er befreit. »Liegen in unsrem Wäldchen mit der sonnigen Lichtung und erzähle ihm trojanischen Krieg.«

Private Liebschaften beschäftigen sie außerdem – leider geht ihre Neigung zu Gentlemen ohne Vermögen oder gleich zu ihresgleichen: der Künstler Bohdan von Suchocki wird eine große Liebe. Mit ihm und dem Romancier Franz Hessel, dem Jules aus Henri-Pierre Rochés Roman »Jules und Jim«, bezieht Reventlow 1903 eine Wohngemeinschaft, die in ihrer skandalösen Besetzung – ein Kind, zwei Männer und eine Frau ohne Trauschein – eine Art Kommune 1 des Schwabing dieser Jahre wird. Die russische Malerin Marianne Werefkin erinnert sich an einen Besuch: »Der Freund, ein polnischer Maler, dessen Mutter eine Prinzessin war und der die Hosen eines anderen trägt, weil er keine eigenen mehr hat, öffnet mir und begrüßt mich mit einem Handkuss. Die früher hier gewohnt haben, sind einst reich gewesen. Alle Zimmer sind bis zur halben Höhe vertäfelt. Überall Glaslüster. Jetzt alles verwahrlost, modriger Geruch und eine geheimnisvolle Stimmung.«

Um sich aus der Misere zu retten, beschließen Suchocki und Reventlow, das Angebot einer Scheinehe gegen Honorar anzunehmen; ein zu erwartendes Kind im Freundeskreis braucht einen legalen Vater. Die Sache wird aber überraschend ernst, und als Unterhaltsklagen drohen, wandert Suchocki nach Amerika aus. Die Liebesbeziehung zwischen den beiden war ohnehin zur Neige gegangen, das Thema Scheinehe als Rettung sollte aber wieder auftauchen: 1911 vermählt sich Reventlow, am Ende ihrer Mittel und vom Überlebenskampf erschöpft, mit dem baltischen Baron Alexander von Rechenberg-Linten, der seinem Vater im Hinblick auf die Erbschaft eine standesgemäße Gattin präsentieren will. Die beiden halten in Ascona, wohin Reventlow mit ihrem Sohn inzwischen übersiedelt ist, allerdings allzu losen Kontakt: Rechenberg, ein höflicher Alkoholiker, taucht hin und wieder mit Blumen oder Tee bei Reventlow auf, die ihren eigenen Hausstand behält. Als Rechenbergs Vater schließlich stirbt, erbt der Sohn nur das Pflichtteil; die Camouflage war durchgesickert. Doch nicht einmal das wenige wird gerettet: Die Banca Credito Ticinese falliert, und die Baronin von Rechenberg ist zu Beginn des Ersten Weltkriegs so arm als wie zuvor die Gräfin von Reventlow.

1916 erscheint Fannys Buch »Der Geldkomplex«, eine geistvolle Novelle, die ihre finanziellen Erfahrungen souverän resümiert und »Meinen Gläubigern zugeeignet« ist. (Reich ist sie auch damit nicht geworden.) Hier, wie auch in »Von Paul zu Pedro«, den klugen Konfessionen einer erfahrenen Frau, zeigt sich Reventlows umwerfendes Talent zur Gesellschaftsbeobachtung: durchdringend, aber nie inhuman, denn sie selbst bleibt teilnehmende Beobachterin. Ihr Sohn desertiert 1917 von der Front in Frankreich und flüchtet in die Schweiz. Ein letztes Mal gerät sie in die Schlagzeilen, weil – in sensationsheischender Übertreibung, doch intentional treffend – die Fluchthilfe der Mutter als seltener Widerstand gegen den Irrsinn des Gemetzels durch die Zeitungen geht.

Sie stirbt bei einer Operation in Locarno, kurz vor Ende des Ersten Weltkriegs. Ihr letztes Einkommen bezieht sie als »vornehm in Schwarz gehüllte Dame« am Spieltisch im Kursaal von Locarno; als Lockvogel, der zehn Franken pro Abend bekommt.

Biografisches

Fanny von Reventlow wurde am 18. Mai 1871 auf einem Landschloss in Husum (Schleswig) geboren, das vierte Kind eines preußischen Landrats und Aristokraten alten Schlages. Die wenig geliebte Tochter – »Nicht einmal die Hunde bekamen so viel Prügel«, erinnert sich die Hauptfigur in dem autobiografischen Roman »Ellen Olestjerne« – quälte sich durch diverse wilhelminische Erziehungsanstalten und entkam schließlich in eine Ehe, die schnell wieder geschieden wurde. In München, wo sie ab 1893 privat Malerei studierte, schlug sie sich zunächst mit Übersetzungen, mit Witzen und Geschichten für die satirische Zeitschrift »Simplicissimus« durch; 1903 erschien »Ellen Olestjerne«, ihr erster Roman. Von ihrem Leben als alleinerziehende Mutter, als Bohemienne und Autorin geben ihre Tagebücher mitreißend und sprachmächtig Auskunft. 1911 übersiedelte sie zunächst nach Paris, dann, einer Scheinehe und der Geldgewinnung halber, nach Ascona. Sie starb als baltische Baronin von Rechenberg am 26. Juli 1918 in Locarno.

Leseempfehlung

»Der Geldkomplex« (Roman).
»Herrn Dames Aufzeichnungen« (Roman).
»Von Paul zu Pedro. Amouresken« (Prosa).
»Tagebücher 1895–1910«. Herausgegeben von Irene Weiser und Jürgen Gutsch.

Elke Schmitter

MIT DEM VATER LACHEN

Yasmina Reza *1957

Aber ja, viel, sehr viel hat sich geändert im Verlauf der letzten hundert Jahre. Manches aber nicht; manches lässt sich vielleicht auch gar nicht ändern. Nach wie vor ist es beispielsweise ein kleiner Unterschied, ob ein Mann in einem Theaterstück »Scheiße« sagt oder eine Frau. Sagt ein Mann »Scheiße«, signalisiert er damit lediglich, dass ihm der Sinn nach deftiger Fäkalsprache steht. Sagt eine Frau »Scheiße«, signalisiert sie damit ihren Anspruch, sich genauso auszudrücken wie ein Mann, dem der Sinn nach deftiger Fäkalsprache steht. Folglich geht es, wenn eine Frau »Scheiße« sagt, nicht nur um die Sache, die mit dem bösen Wort gemeint ist, sondern auch um das Geschlecht der Figur, die das Wort in den Mund nimmt. Da aber Yasmina Reza die berühmteste Szene ihres berühmtesten Bühnenstücks – »Kunst« – so frontal und direkt wie ein Duell geplant hat und Geschlechterfragen dabei nur vom Hauptgeschehen ablenken würden, kann es eben nur ein Mann sein, der »Scheiße« sagt.

Der Mann heißt Marc, lebt in Paris und ist ein Bürger unserer Zeit. »Weiße Scheiße«, mehr hat er zu der Anschaffung seines Freundes Serge nicht zu sagen. Serge hat für 200 000 Francs ein Bild gekauft, etwa ein Meter sechzig mal ein Meter zwanzig groß, »ein echter Antrios«. Er ist ungeheuer stolz auf das Kunstwerk, das er für radikal modern hält. Marc wirft einen Blick auf das Bild. Das Bild schaut zurück. Marc zielt und macht das Bild mit einem viersilbigen Kommentar nieder: »Weiße Scheiße.« Denn das Bild ist nichts anderes als ein Stück weiß bemalte und gerahmte Leinwand. Nichts als weiße Farbe mit kaum erkennbaren Schraffuren im leeren Weiß. Ein weißes Nichts, schimpft Marc. Ein Nichts an Kunst, typisch für Angeber und Kulturkonformisten wie Serge, typisch für den Zeitgeist der verblödeten Gegenwart, die goldene Kälber feiert.

Jetzt bricht der große Krach aus zwischen den alten Freunden Marc und Serge. Es kommt indes ein dritter Mann dazu, der herzensgute Ivan, um Versöhnung und Vermittlung bemüht zwischen den Streithähnen. Zu dritt streiten, palavern, beleidigen, philosophieren sie sich durch Yasmina Rezas eineinhalbstündige Konversationskomödie »Kunst«, die nach der Uraufführung in der Comédie des Champs-Élysées im November 1994 einen Siegeszug durch die Welt antrat. Allein in Paris wurde das Stück achtzehn Monate vor über einer Million Zuschauern gespielt, ging dann in Starbesetzung auf Tournee durch Frankreich, wurde in Deutschland in siebzig Städten nachgespielt, in zwanzig Sprachen übersetzt, kam nach London und nach Tel Aviv, in alle Metropolen rund um den Erdkreis und 1998 an den Broadway in New York. »Kunst« von Yasmina Reza ist das erfolgreichste Theaterstück unserer Epoche. Ein offenbar global vermittelbares und verstehbares Stück. Die ganze Welt hat sich kaputtgelacht über das weiße Bild, über das Beziehungsdrama von drei Männern, die ihre kleinen Lebenskrisen zum Existenzdrama hochquasseln. Die ganze Welt fand es normal, dass Frauen dabei nur als Zitat in Erscheinung treten.

Aber nein, das ist in Yasmina Rezas in zwei Jahrzehnten entstandenem dramatischem Werk natürlich nicht immer so. Natürlich schrieb sie Stücke, in denen Frauen Rollen einnehmen und dramaturgisch ausschlaggebende Rollen spielen. In ihrem ersten Stück, »Gespräche nach einer Beerdigung« aus dem Jahr 1986, nutzt eine Familie die Beisetzung des Vaters als Anlass einer längst fälligen Eifersuchtsschlacht. Eine Tante ist mit von der Partie und eine junge Frau, derentwegen sich die beiden Söhne die Köpfe einschlagen. In anderen Stücken wiederum, die auf der Symmetrie zweier Paare aufgebaut und auf ein barbarisches Salongetümmel hin entwickelt sind, geht es gar nicht ohne Ehefrauen. Sie giften, geifern und kokettieren in »Drei Mal Leben« aus dem Jahr

2000, sie mischen die Vierergeometrie in Rezas bislang jüngstem Eskalations-stück »Der Gott des Gemetzels« auf, das 2008 in Paris mit Isabelle Huppert in einer Hauptrolle aufgeführt wurde.

Nein, man kann nicht sagen, dass Frauen in der Theaterwelt der Französin Yasmina Reza zu kurz kämen. Selbst Schauspielerin im Erstberuf, schrieb sie großen Schauspielerinnen wie Huppert oder Jeanne Moreau große, umfang-reiche Rollen auf den Leib. Aber groß ist etwas anderes als ausschlaggebend. Und in Yasmina Rezas Weltsicht geben männliches Bewusstsein und dessen Tradition eindeutig den Ausschlag. Männliche Hirne arbeiten sich an Rezas Lieblingsthemen, Vergänglichkeit und Zeit, ab. Männliche Stimmen fällen Ur-teile wie »weiße Scheiße«. Männlicher Zorn ergießt sich über die Mittelmäßig-keiten der Moderne. Der deutsche Schriftsteller und Dramatiker Botho Strauß ist eines von Rezas Vorbildern, Luc Bondy einer ihrer Lieblingsregisseure, von der englischen Kollegin SARAH KANE indes hält sie nicht viel. Gnade vor Yas-mina Rezas Auge findet allenfalls die französische Schriftstellerin MARGUE-RITE YOURCENAR. Kein großes Wunder, denn Yourcenar darf ihrerseits als ge-schlechtliche Überläuferin gelten. Nur legt Yasmina Reza, die von sich selbst behauptet, zu denken und zu schreiben, ja selbst Bleistift und Kugelschreiber zu halten wie ein Mann, großen Wert auf die Unterscheidung zwischen ihrer Iden-tität als Schriftstellerin und ihrer Identität als Frau.

Man wüsste es auch ohne diesen Hinweis, denn von Superlativen ihres Markt-erfolges abgesehen, darf Yasmina Reza als die glamouröseste, auf ausgesprochen feminine Weise eleganteste Schriftstellerin der Gegenwart gelten. Eine Frau, die den unverkrampften Schick, die selbstverständliche Eleganz der typischen Pariserin besitzt. Literarische Ehrungen nimmt sie in aufregend dekolletierten Abendkleidern entgegen, Reporter sitzen einer Autorin gegenüber, die ein Cha-nel-Kostüm so selbstverständlich trägt wie andere Jeans und schwarze Pullo-ver. Gern umgibt sich Yasmina Reza mit der Aura kleiner weiblicher Wider-sprüchlichkeiten und Ungereimtheiten, äußert in publizierten Gesprächen, sie hasse Zeitungen und gebe nie Interviews. Keine Frage: Yasmina Reza ist ein Literaturstar und beherrscht die delikate Balance zwischen Selbstdarstellung und Selbstvernebelung. Wenig ist ihr, auch hierin Geistesverwandte von Botho Strauß, so verhasst wie ideologischer Automatismus und nachplappernder Kon-sens, und nicht ohne Wohlgefallen dürfte Yasmina Reza die irritierten Reak-tionen beobachtet haben, als im Frühjahr 2007 ihr Tagebuch-Essay »Frühmor-gens, abends oder nachts« auf den Markt kam, in dem sie ausgerechnet einen Konservativen, den damaligen Präsidentschaftskandidaten Nicolas Sarkozy, als Phänotyp des modernen Politikers beschreibt, den nicht der Kampf um politi-sche Inhalte, sondern der Kampf gegen die Zeit antreibt. Über Monate hinweg hatte Yasmina Reza den fanatisch ehrgeizigen Aufsteiger Sarkozy aus nächster

Nähe im Wahlkampf beobachtet und dabei einen Menschen im Zustand monotoner Raserei studiert. Ein Siegertyp, aber der banalen Art, ein Gegenwartstyp, dessen größter Schrecken das eigene Altern ist, die eigene Vergänglichkeit, und der durch pathologische Unrast den Schrecken zu bannen sucht, sich dabei aber in Wahrheit die Substanz entzieht.

In der Männerwelt Yasmina Rezas gehört ein Mann wie Sarkozy in das Lager der etwas geistarmen, etwas lächerlichen und reichlich stadtneurotischen Söhne, die alles in allem schlecht abschneiden im Vergleich mit dem Lager der Väter. Ihnen gilt Yasmina Rezas Sympathie. Sie, die Väter, stellen den heimlichen Bezugspunkt, das Gravitationszentrum ihres Werks dar. Seit Yasmina Reza Mitte der achtziger Jahre für das Theater und ab dem Ende der neunziger Jahre auch Prosa zu schreiben begann, genießen das Alter und insbesondere die Figur des älteren Mannes ein erstaunliches Privileg in ihrem Werk. In ihrem ersten Theaterstück, den »Gesprächen nach einer Beerdigung«, ist die eigentliche, wenn auch schweigende Hauptfigur der im Sarg liegende Vater. In ihrem Roman »Eine Verzweiflung« aus dem Jahr 1999 erhebt ein Vater die Stimme und lässt eine alttestamentarische Gardinenpredigt auf seinen Sohn herabdonnern, weil dieser nichts im Kopf hat als ein bisschen persönliches aktuelles Glück.

Wo die Söhne in ihrer Lächerlichkeit zappeln, verfügen die Väter über abgründige Komik. Wo die Söhne der Gegenwart hinterherrennen, öffnet sich hinter den Vätern der tiefe Raum tragender Vergangenheit. Wo die Söhne sich in die Anpassung zwängen, entfaltet sich der Eigensinn der Väter nach den Maßen wahrer, natürlicher Autorität. Unschwer ist als Vorbild der patriarchalen Protagonisten, die Rezas Werk durchqueren, ihr eigener, 1992 verstorbener Vater zu erkennen, dessen Vorfahren in der Tat auf eine lange, bewegte Geschichte zurückblicken. Als sephardische Juden waren sie vor fünfhundert Jahren in Spanien ansässig, emigrierten von dort nach Persien, Ende des neunzehnten Jahrhunderts nach Moskau und in den Wirren der Russischen Revolution schließlich nach Paris.

»Mein Leben verlief durch und durch banal«, sagt Yasmina Reza über sich selbst. »Ich bin in Paris geboren, ging in Paris zur Schule, habe in Paris studiert ... Was allerdings weniger banal ist, ist meine Herkunft. Mein Vater war Iraner, meine Mutter Ungarin und meine Großeltern liegen irgendwo in Amerika begraben.« So hatte sie, die Tochter, die Szenerie bedeutender Genealogie im Bild des Vaters immerhin vor Augen, wurde literarische Zeugin seines Witzes, seiner Originalität. »Mein Vater pflegte sich im Morgenmantel vor uns Kinder zu stellen und Beethovens Fünfte zu dirigieren, während dazu die Aufnahme der Berliner Philharmoniker lief.«

In Rezas Zwei-Personen-Stück »Der Mann des Zufalls« (1995) sitzen sich ein Mann und eine Frau in einem Zugabteil gegenüber. Sie kennen sich nicht und lernen sich, obwohl sie sprechen, auch nicht weiter kennen. Denn sie sprechen nicht miteinander, sondern in wechselnden Monologen vor sich hin und aneinander vorbei. Er ist zu weltverdrossen, zu sarkastisch, um am Kontakt mit einer Reisebekanntschaft interessiert zu sein. Sie ist zu schüchtern, um sich als bewundernde Leserin seiner Bücher zu erkennen zu geben. Der Zufall hat ihr den großen Schriftsteller verführerisch nah vor die Nase gesetzt. Doch Scheu, Anstand und Respekt verbieten es, die Grenze stiller Verehrung und heimlicher Beobachtung zu überschreiten. Vom Altersunterschied her könnte der Mann im Zugabteil fast ihr Vater sein. Symbolisch ist er dies auch. Eine Art geistiger Vater, ein Patriarch des Intellekts, ein Häuptling des elitären Stammes schreibender, denkender, künstlerisch fähiger Menschen. Und somit ein Vertreter jener männlichen Autoritätsgestalten, die Yasmina Rezas Denken und Schreiben inspirieren und lenken. Beim »Mann des Zufalls« habe sie, äußerte Reza vor ein paar Jahren, ein wenig an Thomas Bernhard gedacht, und noch ein wenig mehr an E. M. Cioran, den Philosophen des radikalen Pessimismus. Einmal, ein paar Jahre vor Ciorans Tod, hatte sie ein Erlebnis, das der Szene im Zugabteil ähnelt. Cioran wohnte damals in Paris nur ein paar Straßen von Yasmina Reza entfernt. Sie war in der Gegend zum Einkaufen unterwegs, als sie plötzlich den alten Mann auf der gegenüberliegenden Straßenseite entdeckte. Eine wunderbare Gelegenheit, sie wollte ihn ansprechen, ihm sagen, was seine Bücher ihr bedeuten. Aber sie traute sich nicht. Sie lief nur wie eine Detektivin eine Weile lang hinter ihm her, schaute die Geschäfte und Ecken an, die er anschaute, sog glücklich seine Haltung, seine Bewegung, seine Erscheinung auf.

Das Rollenmuster, das hier sichtbar wird, trifft auf eine ganze Reihe schreibender Frauen zu: Vatertöchter, die sich in der Spur eines männlichen Vorbilds bewegen. In einem ihrer schönsten Texte, dem autobiografischen, aus Prosaminiaturen komponierten Band »Hammerklavier« (1997) beschreibt Yasmina Reza eine Szene im Badezimmer, die sich wie eine Urszene der Beziehung zwischen Vater und Vatertochter liest. Kurz vor seinem Tod steht der Vater nackt vor dem Spiegel und betrachtet seinen alten Körper. Die Tochter betrachtet ihn dabei und wartet auf seinen Selbstkommentar. Er fällt schonungslos aus. Die Schultern: »Auschwitz«. Der Bauch: »Eine im siebten Monat schwangere Frau«. Das Gesicht: »Ganz einfach die Maske des Todes«. Und dann: »Er lacht. Er fängt an zu lachen, und wir lachen nun beide. Ich auf dem Rand der Wanne sitzend und er sein Nachthemd überstreifend, er herzlich, ich am Ende ebenfalls, nicht, dass ich lache, sondern dass ich ihn lachen sehe, sondern dass er lachen kann, sondern dass wir, er und ich, imstande sind, angesichts einer solchen Betrachtung zu lachen.«

Helden der schonungslosen Wahrheit und der kompromisslosen Botschaft sind die Helden in Yasmina Rezas Welt. Männer, die sich hinstellen, ein Bild anschauen und »weiße Scheiße« sagen. Männer wie Marc. In Rezas Erfolgsstück ist Marc Ingenieur von Beruf. Rezas Vater war dies auch.

Biografisches

Yasmina Evelyne Agnès Reza wurde am 1. Mai 1957 in Paris geboren. Sie wuchs in einer wohlhabenden, weltoffenen Familie auf, in der Musik eine große Rolle spielte. Ihr Vater, ein Iraner jüdischen Glaubens, der in Moskau geboren wurde und in Paris als Geschäftsmann erfolgreich war, spielte hervorragend Klavier. Ihre Mutter, eine ungarische Jüdin, war Violinistin von Beruf. Nach dem Besuch des Lycée Saint-Cloud studierte Yasmina Reza zunächst Soziologie und Theaterwissenschaften. Nach ihrem Diplom absolvierte sie eine Schauspielausbildung bei Jacques Lecoq. In den siebziger und achtziger Jahren übernahm sie Rollen in verschiedenen Theaterstücken, wirkte außerdem in Kinofilmen mit. 1987 debütierte sie als Dramatikerin, ein Jahrzehnt später als Prosa- und Romanautorin. Zweimal wurde sie mit dem Prix Molière als beste Theaterautorin des Jahres ausgezeichnet. Yasmina Reza ist mit dem Filmemacher Didier Martiny verheiratet und hat mit ihm zwei Kinder. Die Familie lebt in Paris.

Leseempfehlung

»*Gesammelte Stücke*«. Aus dem Französischen von Eugen Helmlé und C. Bernd Sucher.
»*Hammerklavier: Eine Sonate*« (Prosa). Aus dem Französischen von Eugen Helmlé.
»*Adam Haberberg*« (Prosa). Aus dem Französischen von Frank Heibert und Hinrich Schmidt-Henkel.
»*Eine Verzweiflung*« (Prosa). Aus dem Französischen von Eugen Hemlé.
»*Frühmorgens, abends oder nachts*« (Essay). Aus dem Französischen von Frank Heibert und Hinrich Schmidt-Henkel.

Ursula März

NICHT FÜRS GLÜCK GEBOREN

Jean Rhys *1890–1979*

Jean Rhys war nicht fürs Glück geboren. Alle, schrieb sie, »reden immer vom glücklichen Leben, aber glücklich wird das Leben erst, wenn man nicht mehr danach fragt, ob man lebt oder stirbt«. So wie Feuer und Wasser sich gegenseitig das Spiel verderben, standen sich in ihrem Leben die beiden Erdteile, die Jean Rhys' Biografie bestimmten, feindlich gegenüber. Links, wo das Herz ist, bewahrte sie in ihrer Brust die Insel der Kindheit, Dominica, zaubergrün umtänzelt von der Karibik; rechts England. Schmutziggrau und eiskalt war das Wasser, als das Schiff mit der Siebzehnjährigen in Southampton vor Anker ging. Seit ihrer Ankunft in England litt Jean Rhys am Leiden des ewigen Emigranten. Sie fühlte sich als Fremde, ob in England oder in Frankreich, gepeinigt vom Riss zwischen den beiden Kulturen, zwischen ihrer Kindheit auf der Tropeninsel und ihrem europäischen Leben. In beharrlicher Zerbrechlichkeit hielt sie ihr unglückliches Dasein bis zu ihrem neunundachtzigsten Lebensjahr aus. Doch schon dem Kind, so steht es in ihren unvollendeten Erinnerungen »Lächeln, bitte!«, fehlte das Talent zum Glück, nicht aber die Leidenschaft fürs Träumen. Als Kind glaubte sie, Gott sei ein Buch, und als erwachsene Frau suchte sie Gott – voller Hingabe, aber vergeblich. Alle ihre Romanfiguren irren suchend umher im Zwiespalt zwischen Passivität und Rückzug. Sie heißen Marya Zelli (»Quartett«), Julia Martin (»Nach der Trennung von Mr. Mackenzie«), Anna Morgan (»Irrfahrt im Dunkel«), Sascha Jansen (»Guten Morgen, Mitternacht«) und Antoinette Cosway (»Sargassomeer«), und sie leben jede für sich in einer Welt moralischer Mehrdeutigkeit. Was gut ist, was böse, können sie, kopflos, wie sie sind, nicht klar unterscheiden. Keine miese Pension, keine schmierige Bar, kein billiges Bett ist für ihre Figuren zu schmutzig, keine Demütigung zu niedrig. Diese Frauen sind arm, sie verdienen ihr geringes Einkommen als Tänzerin, Verkäuferin oder Serviererin und verschwenden das Wenige, das sie besitzen, immer an den Falschen. Marya, Julia, Anna, Sascha und Antoinette, sie alle tragen einen Teil jener Jean Rhys mit sich herum, die wir aus Briefen und aus ihren eigenen Erinnerungen kennen. Dass andere über sie eine Biografie schreiben, ließ sie aus Furcht, falsch verstanden zu werden, zu Lebzeiten nicht zu. Sie war eine Frau, um die viele einen Bogen machten, galt als misstrauisch, neidisch und zu Zornesausbrüchen fähig. Männer entkamen ihrer durch heftigen Alkoholkonsum gesteigerten Aggressivität manchmal nur knapp mit dem sprichwörtlichen blauen Auge.

Jean Rhys muss, als sie 1907 aus ihrem tropischen Inselleben nach England vertrieben wurde, einem Vogel geglichen haben, der seine schönsten Federn verloren hat. Die Kontinuität war zerstört, zum Schulbesuch in Cambridge hatte sie keine Lust mehr, weil sie tanzen wollte. Sie studierte an der Royal Academy of Dramatic Art in London, musste aber, weil der Vater starb und kein Geld mehr da war, das Studium abbrechen, und tourte fortan als Revuegirl durch die Provinz. Sie begriff, dass Frauen, die so etwas tun, Ware sind, und begann aufzuschreiben, was sie beobachtete und was ihr selbst widerfuhr. Anna Morgan in »Irrfahrt im Dunkel« lebt das lausige Leben eines Revuegirls noch einmal. Annas Sprache ist flach, das ändert sich, wenn sie über die Kindheit spricht, die sie wie Jean Rhys in Dominica verbrachte: »Es war, als ob ein Vorhang gefallen wäre, alles versteckend, was ich jemals gewusste habe. Es war beinah, als wäre ich neu geboren«, sagt Anna über ihre Ankunft in England. Weder bei Anna noch bei den anderen Romanfiguren von Jean Rhys gibt es ein zentrales, aktives Ich, in dem die Erfahrungen zusammenlaufen. Anna erlebt ihr Selbst als zwei separate Personen. »Es war ein Sichgehenlassen und Zurückfallen ins Wasser und sich selbst grinsend durch das Wasser sehen.« Whisky und Geld nimmt Anna, Liebe bekommt sie nicht. Billig und flittchenhaft sind Jean Rhys' Heldinnen dennoch nicht, eher scheu und leicht zu verunsichern. Jean Rhys selbst hatte beim Tingeln durch England gemerkt, dass sie eine unbegabte Selbstdarstellerin war – trotz ihres exotischen Aussehens, trotz ihrer auffallend grünen Augen, ihrer fragilen, anziehenden Figur. Ihre Stimme war zu schwach, und auch sie selbst war zu schüchtern und zu leicht zu verunsichern.

Während des Ersten Weltkriegs arbeitete sie in einer Soldatenkantine, lernte dort den Chansonsänger Jean Lenglet kennen, der undurchsichtigen Geschäften nachging, und heiratete ihn. Den Tod ihres Sohnes drei Wochen nach der Geburt beschreibt Jean Rhys später in der Erzählung »The Left Bank« als Teilung und Tötung der eigenen Person. Der englische Schriftsteller und Herausgeber Ford Madox Ford druckte ihre Geschichten in der in Paris erscheinenden »Transatlantic Review« und machte Jean Rhys mit Hemingway und James Joyce bekannt. Uneigennützig tat er all dies nicht. Ford Madox Ford verwickelte Jean Rhys in eine Liebesbeziehung, die zur Scheidung von Jean Lenglet führte. Jean Rhys verarbeitete diese Trennungsgeschichte in ihrem Roman »Quartett«. Zum Schluss denkt Maryas Ehemann Stephan in »Quartett«, dass ihn alle Frauen ekeln würden, »weiche, widerliche Wesen, die sich bleischwer an die Hälse der Männer hängen und sie in die Tiefe zerrten«. Nachdem die Wut von der Seele geschrieben ist, lässt die Autorin Stephan in Paris in ein Taxi steigen und inszeniert eine überstürzte Abreise. Über Ziel und Ankunft ist, wie so oft in Jean Rhys' Büchern, nichts bekannt.

Abgesehen von »Sargassomeer« spielen Jean Rhys' Romane und Erzählungen in London und Paris an austauschbaren Orten, zwischen Cafés, Bars und Pensionen. Man leidet unter der Liebe und sehnt sich nach ihr, spricht über Geld und Kleider, weil man das eine nicht hat und sich das andere nicht leisten kann, und fügt sich ins Schicksal. »Ist schon gut. Ganz wie du willst«, sagt Marya in »Quartett«, »ist ja auch egal.« Die Frauen wissen wenig über sich selbst, sie lassen sich als besitz- und rechtlose Mündel der Männer treiben. Mitten im aufgedrehten Jazz-Zeitalter, in den »goldenen Jahren« des Charleston und Foxtrott, spricht aus Jean Rhys' Büchern Melancholie, Einsamkeit und tiefe Unzufriedenheit.

»Sargassomeer« ist anders als all ihre anderen Bücher, »Sargassomeer« ist ihr kunstvollster und stimmungsreichster Roman. Darin vermischen sich Episoden aus »Jane Eyre«, CHARLOTTE BRONTËS spätviktorianischem Roman, mit Erfahrungen aus dem eigenen Leben. Jean Rhys hatte »Jane Eyre« schon als Kind gelesen und die herzergreifende Geschichte des frierenden und unterernährten, zwischen Pflegeeltern hin und her geschobenen Waisenkindes jahrzehntelang in ihren Erinnerungen verwahrt. Brontës Roman war Teil ihres eigenen Lebens, ihrer Phantasie und ihrer Träume. Jean Rhys fühlte sich insbesondere der Figur der Bertha Mason verbunden, der geistesgestörten Ehefrau des Schlossherrn Mr. Rochester, die eine Kreolin aus Jamaika war. Nach jenem Vorbild erfand Jean Rhys Antoinette Cosway, ihre Hauptfigur in »Sargasso-meer«. Ein morbides Herrenhaus als Szenerie, eine ausbrechende Geisteskrank-heit und ein Papagei, der aus dem brennenden Haus zu Tode stürzt – all diese Motive sind aus Brontës Roman entlehnt.

Schon auf der ersten Seite von »Sargassomeer« spricht die Erzählerin Antoi-nette über das Problem, auf Jamaika zu leben, aber nicht dazuzugehören. Nicht zu den Weißen, nicht zu den Farbigen. Antoinettes Mutter ist eine schöne, farbige Kreolin, aber Antoinettes Hautfarbe ist weiß, und sie hasst sich selbst dafür. Sie zertrümmert ihre weiße Puppe, begräbt sie und verhätschelt ihre far-bige. Nach dem Freitod eines Nachbarn sagt Antoinettes Mutter, die Witwe eines Sklavenbesitzers und Tochter eines Sklavenbesitzers: »Jetzt sind wir von aller Welt verlassen« – und so ist es auch gewesen. »Weiße« auf Jamaika waren nach der Sklavenbefreiung bloß noch »weiße Nigger«, und sie wurden, wenn sie arm waren, wie Antoinettes Mutter, gedemütigt. »Du falsches Niggermäd-chen«, rufen die anderen Kinder hinter Antoinette her, und Tia, ihre schwarze Freundin, will nicht mehr mit ihr spielen. In »Sargassomeer« spiegelt sich auch die unglückliche Beziehung Jean Rhys' zur eigenen Mutter. Sie selbst war un-fähig, eine verantwortungsvolle Mutter zu sein, und trennte sich für mehrere Jahre von ihrer Tochter.

»Sargassomeer« ist die Geschichte einer »Vertreibung aus dem Paradies«. Antoinette muss den Garten mit dem Lebensbaum, so groß und so schön wie der Lebensbaum im Garten Eden, verlassen. Diese »Vertreibung« war Jean Rhys' eigene nie heilende Wunde. Mit »Sargassomeer« wurde Jean Rhys in den Kreis der postkolonialen Autorinnen wie DORIS LESSING und NADINE GORDIMER aufgenommen, weil der Roman vielseitige Themen wie Rasse, Ge-schlecht, Nation und Klassenzugehörigkeit behandelt und das gesamte Werk von Jean Rhys ohne die frühe Erfahrung einer kulturell vielseitigen karibischen Kindheit undenkbar wäre.

Jean Rhys arbeitete an »Sargassomeer«, als man glaubte, sie sei tot, und ein bisschen fühlte sie sich selbst so, wie sie am 22. Oktober 1956 an die be-freundete Schauspielerin Selma Vaz Dias schrieb. Sie war sechsundsechzig Jahre alt, hatte zwischen den beiden Weltkriegen vier Romane veröffentlicht, die man mehr oder weniger freundlich wahrgenommen und mehr oder weniger unfreundlich wieder vergessen hatte, als Selma Vaz Dias Jean Rhys und ihre Bü-cher aus der Versenkung holte. Nach der Lesung des Romans »Guten Morgen, Mitternacht« am 3. Mai 1957 im Dritten Programm der BBC – eine rührselige Geschichte über eine Frau namens Sascha Jansen, die beschließt, sich in einem Pariser Hotelzimmer durch exzessives Trinken ins Jenseits zu befördern – be-dankte sich Jean Rhys bei der Schauspielerin. Da sie kein Radio besaß, hatte sie die Lesung nicht hören können, aber davon in der Zeitung gelesen. Jean Rhys war mit ihrem dritten Ehemann Max Hamer nach Cornwall gezogen. Von einem Fenster ihrer Wohnung aus konnte sie die Klippen sehen und das Tosen des Meers hören. Aber Jean Rhys wollte nicht auf diese steinige Landschaft mit Meer und Felsen schauen, sondern Sand und Bäume sehen, möglichst viele Bäume. Sie wollte immer das Unmögliche, das, was unwiederbringlich war, wie der Strand von Roseau auf Dominica. Ihr Leben lang sehnte sie sich nach der karibischen Vegetation, den Farben, den Geräuschen, dem Klima. All ihre Romanfiguren frieren, auch in ihren privaten Briefen fehlt fast nie eine Bemerkung über die Kälte. »Bitterkalt« findet sie es im englischen April, sie fühlt sich wie eine »nasse, traurige Katze« und schimpft über die Schmerzen, die ihr der »eisige und tödliche« Wind verursacht. »Sargassomeer« erschien 1964 nach vieler Jahre Arbeit und brachte Jean Rhys zwei wichtige Literaturpreise, Ruhm, relativen Wohlstand und 1978 sogar eine Einladung zur Queen in den Buckingham Palace ein.

Biografisches

Jean Rhys wurde als Ella Gwendolen Rees Williams am 24. August 1890 in Roseau auf der britisch-karibischen Insel Dominica geboren. Ihr Vater war ein lebenslustiger Arzt, aus Wales stammend, ihre Mutter eine Kreolin. Während ihrer Kindheit – sie hatte zwei Brüder und eine jüngere Schwester – war sie eine begeisterte Leserin. Den Kulturschock, den es für die Siebzehnjährige bedeutete, in England die Schule zu besuchen, überwand sie nie. Anstatt zu studieren, lernte sie tanzen, tingelte durch die englische Provinz und schrieb nebenbei als Ghostwriter ein Buch über Möbel. Sie wurde ausgehalten von einem älteren Liebhaber, 1919 heiratete sie den holländisch-französischen Sänger Jean Lenglet. Sie zog mit ihm nach Wien, Budapest und Paris, nach 1927 lebte sie hauptsächlich in England. 1920 bekam sie einen Sohn, der drei Wochen nach der Geburt starb, und 1922 eine Tochter. Im Jahr 1924 erschien ihre erste Geschichte »Vienne« in der von Ford Madox Ford herausgegebenen »Transatlantic Review« – Sie benutzte auf Fords Rat zum ersten Mal das Pseudonym »Jean Rhys«. Zu »The Left Bank and Other Stories« schrieb Ford 1927 ein Vorwort. 1928 erschien »Quartett«, 1931 »Nach der Trennung von Mr. Mackenzie«. Nach der Scheidung von Jean Lenglet 1933 heiratete Jean Rhys ihren Literaturagenten Leslie Tilden-Smith, den sie quälte und unter Alkoholeinfluss prügelte. Nach dessen Tod stellte die Familie Tilden-Smith ihre monatlichen Überweisungen ein. Jean Rhys zog sich in ein abgelegenes windiges Häuschen in der Grafschaft Devon zurück. 1947 heiratete sie den Testaments-

vollstrecker von Leslie Tilden-Smith, Max Hamer. Die Freude an ihrem Erfolgs-
buch »Sargassomeer«, das 1964 erschien, wurde durch den Tod ihres Mannes
getrübt. Außerdem verleideten zwei überflüssige Wörter der Perfektionistin die
Freude an ihrem Buch. Jean Rhys starb am 14. Mai 1979 im englischen Exeter.
Im gleichen Jahr erschien ihre unvollendete Autobiografie »Lächeln, bitte!«.

Leseempfehlung

»*Sargassomeer*« *(Roman)*. Aus dem Englischen von Anna Leube.
»*Lächeln, bitte! Unvollendete Erinnerungen*«. Aus dem Englischen
von Anna und Victoria Leube.

Verena Auffermann

UND DANN KAM HARRY POTTER

Joanne K. Rowling *1965*

Reden wir nicht drum herum. Die Fakten sind eindeutig: Der größte Bucherfolg in der Geschichte der Menschheit geht auf das Konto des weiblichen Geschlechts. Die Erfindung der berühmtesten und beliebtesten Romanfigur unserer Zeit verdankt sich einem Genie, das mit zwei X-Chromosomen geboren wurde und die Mühen täglicher Bartrasur nie kennenlernte. Dafür aber die Mühe, in hochhackigen, engen Schuhen zu stolzieren. Tatsächlich schlüpft die Engländerin Joanne Rowling, die sich als Autorin J. K. Rowling nennt, gerne in Pumps, wenn sie eine der Ehrungen entgegennimmt, die kaum mehr zählbar sind. Denn die Gigantin der Phantasie ist mit 162 Zentimetern körperlich nicht sehr groß.

Da wir schon bei Zahlen sind, hier die atemberaubenden ihrer literarischen Gipfelerstürmung: Der siebenteilige von Rowling verfasste, 4000 Seiten umfassende Romanzyklus wurde in 66 Sprachen übersetzt. Weltweit wurden seit 1997, dem Erscheinungsjahr des ersten Bandes, mehr als 400 Millionen Buchexemplare verkauft. Allein in deutscher Sprache 26 Millionen. In den USA rund 140 Millionen. So viel zur kommerziellen Seite des Erfolges. Von seiner kulturellen Rückseite ist zu erfahren, dass vierzig Prozent aller amerikanischen Kinder zwischen dem neunten und dem fünfzehnten Lebensjahr mit Rowlings Büchern in Händen das Abenteuer besessenen Lesens entdeckten. Für ein paar glückliche Jahre bildete sich am Ende des zwanzigsten Jahrhunderts eine globale Leserattengemeinde; bereit, auf alles zu verzichten, was die Weihnachtsmänner in Peking, Rejkjavik, Chicago und Kapstadt an elektronischem Kram unter den Baum legen – wenn nur bald das nächste, von J. K. Rowling verfasste Buch ins Haus kommt.

Mrs. Rowling selbst ist dabei zur Dollar-Milliardärin, ja zur reichsten Frau Großbritanniens geworden. Elisabeth II. sieht sich offenbar ohne Neid überrundet. Bei einer Buchvorstellung in London erschien die englische Königin höchstpersönlich, nahm am Rand des Tisches Platz, hinter dem die Schriftstellerin strahlend saß, und ließ ihrem royalen Andeutungslächeln entnehmen, dass sie den ekstatischen Hype um ihre Untertanin nicht ohne Wohlgefallen beobachtet. Sie liebt das Rowling-Opus nicht weniger als ihre Enkel. Und ihr Sohn, so heißt es, hat sich das zähe Warten auf die Thronbesteigung mit fieberhaft durchlesenen Nächten verkürzt. Denn auch Prinz Charles von England ist Mitglied im Leserattenclub. Er ist Fan von, nun ja: Harry Potter.

Dies also ist der Name des schwarzhaarigen Jungen mit Brille, für den Kinder aller Herren Länder in langen Schlangen vor Buchhandlungen anstanden. Für den Kinder plötzlich Englisch paukten. Aus einem einzigen Grund: Sie konnten es nicht erwarten, bis der neue Harry-Potter-Band in ihrer Sprache erschien, und lasen das Original. Sie setzten sich Brillen mit Fensterglas auf und dachten endlos seine Abenteuer weiter. Sie lieben Harry Potter wirklich.

Warum? Weil er ist wie sie. Weil er ganz normal zur Schule geht, in sieben Bänden sieben Jahre älter wird und wie seine Leser vom Kind zum Teenager heranwächst. Weil er Flausen im Kopf und Nöte auf der Seele hat, sich vor Schamesröte lieber wegdreht, als das Mädchen zu küssen, das er seit Wochen küssen will. Sie lieben Harry, weil er realistisch ist – und sie lieben ihn, weil er das glatte Gegenteil davon ist: durch und durch mythologische Fantasy-Figur und reichlich unnormal. Denn Harry ist ein Zauberer. Als Zauberer geboren in der Erbfolge des Zauberervolkes. Er reitet auf Besen, geht durch Wände und schultert, von solchen Selbstverständlichkeiten des Zaubereralltags abgesehen, den Kampf zwischen Gut und Böse. Das Schicksal hat ihn hierfür von Geburt an auserwählt. Nur er, Harry Potter, kann die Welt der Zauberer vor dem mörderischen Tyrannen Lord Voldemort retten. Durch Harrys Leben zieht sich folglich der Auftrag einer gewaltigen, gleichsam religiösen Mission. Von vorne Durchschnittsbengel, ist Harry Potter von hinten höchst irreale Kunstfigur. Oder umgekehrt: Der mythische Kind-Erlöser sieht um die Achse gedreht wie ein netter, harmloser Elfjähriger englischer Herkunft aus. Von welcher Seite auch immer man Harry betrachtet: Im Wesen der Ambivalenz dürfte der Schlüssel für seinen Erfolg, ja für den Erfolg des ganzen Romanopus zu finden sein. Denn dieses ist, wie sein Held, mit doppeltem Faden gestrickt. Ein literarisches Gewebe, in dem sich Band für Band, Kapitel für Kapitel, zwei Welten und zwei Zeiten vermengen. Die Welt einer magischen, undatierten Zeitsphäre, die ans Mittelalter erinnert. Und die empirische Welt eines Landes, das in jedem Atlas zu finden ist, England heißt, sich am Ende des zwanzigsten Jahrhunderts befindet und von einer Königin geschmückt wird, die bei offiziellen Anlässen große runde Hüte trägt. Auch bei Buchvorstellungen.

J. K. Rowling hat die Gattung des literarischen Fantasy-Blockbusters keineswegs erfunden. Die Kaufhausregale sind voll mit den entsprechenden trivialen Schmökern. Nur sind diese in der Regel eher eindimensional. Sie sind vor allem am Horror des Irrealen interessiert und gehen unaufmerksam mit den Muggles um. Und das sind schließlich wir. Leute, die zu Fuß gehen müssen, weil sie nicht auf Besen reiten können. Erdbewohner, die Kaffee trinken anstatt Hexensäfte. Auch Elizabeth II. und Prinz Charles sind Muggles. Nichtzauberer, die nicht einmal wissen, dass sie die Luft und den Londoner Smog mit einem zaubernden und hexenden Parallelvölkchen teilen. Muggles spielen bei Harry Potter eine entscheidende Rolle. Sie stellen das Dokumentarische dar im Kontrast zum Phantastischen. Unter anderem bevölkern sie den Londoner Bahnhof King's Cross, der durch J. K. Rowlings Werk zu einem der berühmtesten Bahnhöfe auf dem Globus wurde. Es gibt ihn, wie jeder London-Reiseführer weiß, tatsächlich.

Im Harry-Potter-Universum indes ist er die Schnittstelle der magischen und der realen Welt. Am Bahnhof King's Cross, zwischen Gleis neun und zehn, befindet sich das für Muggles unsichtbare Gleis 9 ¾. Von hier fährt jedes Jahr, am Ende des Sommers, ein Sonderzug ab, der sogenannte Hogwarts-Express, welcher die Zauberschüler für ein weiteres Schuljahr ins Internat bringt. Nach Hogwarts eben, dem in Schottland gelegenen Zaubererinternat, Hauptschauplatz und Zentrum aller sieben Harry-Potter-Bände. In Organisation und äußerer Struktur ist Hogwarts einem soliden englischen Internat recht ähnlich. Nur das Curriculum unterscheidet sich doch stark. Statt Biologie wird das Mixen von Wundertränken gelehrt, statt Fußball gibt es Quidditch, eine in den Lüften und in rasender Fluggeschwindigkeit gespielte Sportart. Zu Beginn des vierten Bandes lässt J. K. Rowling Quidditch-Weltmeisterschaften austragen. Ein Tribut vermutlich an die globale Bekanntheit ihrer Bücher. Im zweiten Band lässt sie einen literarisch tätigen Zauberer auftreten, der mit seinen Bestsellern zum Star geworden ist. Der arme Mann kann den Griffel vor Autogrammen kaum mehr halten und ist, wie sollte es auch anders sein, eine charakterlich durchaus ambivalente Erscheinung.

Joanne Rowlings eigene Schriftstellergeschichte begann im Jahr 1990. Und sie begann am Bahnhof King's Cross. Dort kam die damals Fünfundzwanzigjährige an einem Juniabend mit dem Zug an. Sie war nur von Manchester nach London gefahren. Aber die Fahrt hatte vier Stunden länger als üblich gedauert, weil der Zug wegen eines technischen Defekts auf freier Strecke stehengeblieben war. Das Abteil war brechend voll, Joanne Rowling konnte nicht lesen, sie konnte nichts machen als warten und aus dem Fenster schauen. Und dann »kam plötzlich diese Idee aus dem Nichts, und wenn eine Idee gut ist, dann spüre ich das körperlich, springt mir das Herz im Leib. Zauberschule. Das war zuerst da. Gleichzeitig spazierte dieser schwarzhaarige Junge in mein Hirn, und da war diese grundlegende Tatsache, dass er nicht wusste, was er war.« Bis zu seinem elften Lebensjahr weiß Harry dies tatsächlich nicht. Harry ist ein Waisenkind. Beide Eltern wurden kurz nach seiner Geburt von Lord Voldemort getötet, und Harry muss bei der widerlichen Familie seiner widerlichen Tante Petunia leben. Niemand sagt Harry, dass er ein Zauberer ist, von seiner Mission als Retter ganz zu schweigen. Wenn der Leser Harry zu Beginn des ersten Bandes kennenlernt, darbt dieser wie ein geprügelter Hund im Haus der Zieheltern. Er kennt weder Freundlichkeit noch eine anständige Unterkunft. Harrys Zimmer bei Onkel und Tante ist der Schrank unter der Treppe. Bis eines Tages Eulenschwärme über das Heim der Spießer herfallen und eine Lawine von Einschulungsbriefen aus Hogwarts hinterlassen. Jetzt geht Harrys Leben in der Zaubererwelt endlich los und entfaltet sich als Abenteuer von enzyklopädischem Episodenreichtum.

Um das Gigantische von Rowlings Phantasie zu erfassen, muss man sich klarmachen, dass sie das fiktive Zauberuniversum nicht nur in Grundzügen erfand. Sondern bis in jedes Detail, jeden Gegenstand, jeden Straßennamen, jedes Unterrichtsfach der Zauberschule hinein. Sie erfand sogar die Bibliothek von Hogwarts mit Buchtiteln, Verfassernamen, Inhaltsangaben. Mit mehr Lust am Fabulieren wurde die Literatur selten verwöhnt. Eineinhalb Jahrzehnte verbrachte Joanne Rowling mit Harry Potter. So lange plante, strukturierte, erdachte und schrieb sie ihr Harry-Potter-Werk. In der Mitte dieser Zeit aber, im Jahr 1997, brach über den Jungen und seine Erfinderin ein in der Geschichte des Buchgeschäfts nie zuvor gesehener Erfolg herein.

Jede amerikanische Tellerwäscherkarriere verblasst neben dem Lebensmärchen Joanne Rowlings. Als sie Mitte der neunziger Jahre mit der Niederschrift des ersten Bandes begann, lebte sie als alleinerziehende Mutter im schottischen

Edinburgh von Sozialhilfe. Sie konnte sich mit Mühe eine kleine Wohnung leisten, eine schäbige, feuchte Unterkunft, die sie mit Mäusen teilte. Soziale Schmach, Schwermut und Depressionen teilte sie nur mit sich. Sie sah freudlos in die Zukunft, trauernd in die Vergangenheit. Im Dezember 1990 war ihre Mutter gestorben, im Jahr darauf war sie nach Portugal gegangen, um andere Luft zu atmen, sich beruflich zu verändern. In England hatte sie nach ihrem Studienabschluss als Sekretärin gearbeitet. Kein Traumberuf, aber ein Job, der ihrem Kopf so wenig abverlangte, dass genug Platz für Harry blieb. Er war seit der Vision im Eisenbahnabteil immer dabei. Er war dabei, als sie 1991 in Portugal eine Stelle als Lehrerin annahm, sich kurz darauf in eine Leidenschaftsehe mit einem ebenso betörenden wie jähzornigen Portugiesen stürzte und dieser Ehe in einer Nacht- und Nebelaktion, Gerüchten nach unter Polizeischutz, entfloh. Als sie nach England zurückkehrte und sich in Edinburgh niederließ, brachte sie nichts mit als ein Baby und einen Stapel von Schuhkartons. Sie waren gefüllt mit Zetteln, Notizen, auf denen das Harry-Potter-Universum heranwuchs. Und es wuchs. Die Sozialhilfeempfängerin arbeitete wie besessen. Tagtäglich fuhr sie nach dem Mittagessen mit dem Kinderwagen zu einem Pub in der Edinburgher Innenstadt, setzte sich im ersten Stock an einen Fensterplatz und schrieb, bis das Kind aufwachte. Das Manuskript des ersten Bandes tippte sie eigenhändig ab, um es an Verlage und Agenturen zu schicken, weil sie kein Geld für Kopien hatte. So war es. So, als das Märchen vom Aschenputtel, das am Küchenherd der Gesellschaft im Staub sitzt, bis mit einem Schlag seine Genialität entdeckt wird, kann man Rowlings Geschichte verstehen.

Man kann sie indes auch anders verstehen: Als ein Paradebeispiel für die unauflösliche Wechselbeziehung zwischen dem Leben eines Autors und seinem Werk. Einerseits beutet dieses natürlich Erfahrungen aus, die sich im Leben angesammelt haben. Andererseits steuert der Autor sein Leben gelegentlich genau zu jenen Erfahrungen, die sein Werk ihm abverlangt. Und dies könnte im Fall Rowling so gewesen sein. Denn Harry Potter hatte in ihrem Kopf längst Platz genommen, bevor ihr sozialer Abstieg begann. Überspitzt gesagt: Sie schuf nicht einen Megaseller, obwohl, sondern weil sie Sozialhilfeempfängerin war. Ihre Lage versorgte sie mit der Erfahrung des Kontrastes, auf dem die Doppelwelt der Romane beruht. Sie lebte als Sozialhilfeempfängerin selbst zwischen zwei Welten. Zwischen gesellschaftlicher Unterprivilegiertheit einerseits und literarischem Größenwahn andererseits. Sie lebte in einer Muggle- und in einer Zaubererwelt. Die Edinburgher Wohngemeinschaft mit den Mäusen mag sie aufs Schlimmste deprimiert haben. Einen Vorteil besaß das Loch auf alle Fälle: Es diente bestens als Vorbild für Harrys Schrank unter der Treppe.

So schlicht das Urthema der Harry-Potter-Bücher, der Kampf zwischen Gut und Böse, auch sein mag, der siebenbändige Romanzyklus, in dem der Kampf ausgetragen wird, ist es nicht. In diesen Romanen glüht auf jeder Seite der Funke der Ambivalenz. Und erst aus ihm entsteht das Feuerwerk literarischer Komplexität. Joanne Rowling wurde 1997 zu Recht als epochale Entdeckung gefeiert. Aber sie ist kein naives Naturtalent aus der englischen Unterschicht. Sie entstammt einer harmonischen Mittelschichtfamilie, genoss durch ihre Mutter, die selbst Lehrerin war, eine musikalische und literarische Bildung. Sie war eine exzellente, ehrgeizige Schülerin, eine ambitionierte Studentin, und vor allem war Joanne Rowling schon ziemlich früh eine hervorragende Kennerin der Weltliteratur, der Mythologiegeschichte und der Kulturgeschichte. Ein paar Dutzend Philologen sind seit 1997 in aller Welt damit beschäftigt, die Bedeutungsschichten der Harry-Potter-Bücher zu durchdringen. So begegnet man der Fantasy-Trilogie »Herr der Ringe« von Tolkien auf Schritt und Tritt. Auch die metaphorische Verarbeitung des deutschen NS-Regimes und seiner Rassenideologie ist offensichtlich. Lord Voldemort hat von den Nürnberger Rassegesetzen gelernt, Halbzauberer, die von einem Muggle und einem Zauberer abstammen, zu verfolgen. Die Sagenwelt der abendländischen Klassik ist ebenso vertreten wie aktuelle Zeitgeschichte.

Das alles müssen die Millionen Kinder, die Harry Potter lieben wie ihren besten Freund, nicht wissen. Und können dennoch von diesem Freund etwas Wichtiges lernen: dass auch zwischen Gut und Böse Ambivalenz herrscht. Denn die Guten sind bei J. K. Rowling nie nur gut. Die Bösen nie nur böse. Der fieseste aller Hogwarts-Lehrer entpuppt sich nach ein paar tausend Seiten als edelste Seele. Und Harry? Unübersehbar ist er durch diverse Seelen- und Seinsanteile mit Lord Voldemort verbunden, der selbst nicht immer böse, sondern in seiner Jugend ein lieber, tüchtiger Hogwarts-Schüler, ja sogar Schulsprecher war. Eben ein Typ wie Harry. Der größte Bucherfolg in der Geschichte der Menschheit geht, wie gesagt, auf das Konto des weiblichen Geschlechts. Einen lauten Trompetenstoß ist diese Nachricht indes wert, weil der Erfolg ein Werk trifft, das zwar hochgradig populär ist – aber ganz und gar untrivial.

Biografisches

Joanne Rowling wurde am 31. Juli 1965 in Yate im Südwesten Englands geboren. Ihre Eltern waren recht jung, kaum zwanzig Jahre alt, als sie sich 1964 in einem Zug kennenlernten, der vom Londoner Bahnhof King's Cross (von wo auch sonst) nach Schottland fuhr, Harrys späterer Schulweg also. Joanne Rowlings Kindheit und frühe Jugend darf man sich als ausgesprochen intakt, ja idyllisch vorstellen. Die Idylle zerbrach, als ihre Mutter 1980 an Multipler Sklerose erkrankte und zehn Jahre später, 1990, starb. Der Autorenname J. K.

Rowling verdankt sich der Warnung ihres Agenten, Abenteuerliteratur für Kinder unter einem Frauennamen zu veröffentlichen, da Mädchen zwar die Bücher von männlichen Autoren läsen, Jungs aber kein Buch von einer Frau in die Hand nähmen. So kam es zu den Initialen ihres Vornamens und des Vornamens ihrer Großmutter Kathleen. Auch sonst wurde die Veröffentlichung des ersten Harry-Potter-Bandes von merkantiler Skepsis begleitet. Bei dem ersten Mittagessen, zu dem ein Manager ihres künftigen englischen Verlages Joanne Rowling einlud, sagte der Verlagsangestellte, um überhöhte Hoffnungen der bedürftigen jungen Frau zu dämpfen: »Mit Kinderliteratur kann man leider kein Geld verdienen.« Die Startauflage des ersten Bandes betrug deshalb auch nur: 500 Exemplare.

Leseempfehlung

»Harry Potter und der Stein der Weisen«.
»Harry Potter und die Kammer des Schreckens«.
»Harry Potter und der Gefangene von Askaban«.
»Harry Potter und der Feuerkelch«.
»Harry Potter und der Orden des Phönix«.
»Harry Potter und der Halblutprinz.«
»Harry Potter und die Heiligtümer des Todes«.
Alle Titel aus dem Englischen von Klaus Fritz.

Ursula März

FERN DER ELFENBEINTÜRME

Arundhati Roy *1961*

In Platons Schrift »Das Gastmahl« erzählt der Komödiendichter Aristophanes von einem merkwürdigen Wesen. Er nennt es Kugelmensch. Der Kugelmensch war einst eine Doppelgestalt mit vier Armen, vier Beinen, zwei entgegengesetzten Gesichtern und doppelten Schamteilen. Es trat in drei Geschlechtern auf: als ein männliches, ein weibliches und ein androgynes, zusammengesetzt aus Mann und Frau. Zeus hatte den Verdacht, das Kugelgeschlecht sei hochmütig und wolle die Götter angreifen, also bestrafte er es, indem er es in zwei Hälften teilte. Seitdem werden die zerschnittenen Menschen von der Sehnsucht getrieben, sich wieder zu einem Ganzen zu vereinen. Dieses Bestreben kennen wir unter dem Namen Liebe.

Diese alte platonische Parabel ist das Grundmuster des Romans »Der Gott der kleinen Dinge«, mit dem die indische Schriftstellerin Arundhati Roy im

Jahr 1997 auf Anhieb weltberühmt wurde. Arundhati Roy erzählt in diesem Roman die Geschichte eines Zwillingspaares, das in der Kindheit auseinandergerissen wird, sich erst nach Jahrzehnten wiederfindet und sich schließlich inzestuös vereint. Rahel heißt das Mädchen, Estha der Junge. Sie sehen sich äußerlich nicht sehr ähnlich, Rahel und Estha sind zweieiige Zwillinge, auch ihre Charaktere unterscheiden sich. Rahel ist aufsässiger und lauter als Estha. Aber ihre Seelen sind aus einem Element, aus einem Stoff, sie reagieren aufeinander wie die Teilchen eines Gewässers, die sich immer in eine, in die gleiche Richtung bewegen. Sie müssen nicht miteinander sprechen, um zu wissen, wie der oder die andere fühlt. Sie existieren im gleichen Gefühlsstrom. Daran kann auch die Gewalt der Familientragödie nichts ändern, die die beiden Kinder trennt. Als sie sich nach Jahrzehnten wiedersehen, als Mann und Frau, sind sie sich äußerlich fremd, innerlich symbiotisch wie im Mutterleib.

»Der Gott der kleinen Dinge«, Arundhati Roys großer und bislang einziger Roman, folgt der langsamen, fast unheimlich langsamen Schwingung einer Elegie, die auf den Schock der Katastrophe zuläuft. Der Roman umkreist die Mystik der Zwillingsparabel und ist zugleich ein umfassendes indisches Gesellschaftspanorama. Eine in Fragmenten erzählte Chronik der Geschichte Indiens nach der Unabhängigkeit von 1948, ein Abbild seiner politischen Unruhen Ende der sechziger Jahre, seines tief verwurzelten Kastensystems, seiner konfliktreichen Religionsvielfalt, seiner Armut, seiner grausamen sozialen Ungleichheit. Es ist ein engagierter Roman, der zugunsten der Poesie indes auf alles Pamphlethafte verzichtet und eine kommunistische Protestdemonstration mit der gleichen Aufmerksamkeit beschreibt wie die Spiegelung der Sonne im grün schimmernden Rückenpanzer eines Käfers. Das Ende der Romangeschichte, die stumme Wiederbegegnung von Rahel und Estha, stellt den Erzählbeginn, die erste Szene des Buches dar. Der ganze Roman ist als feinverknüpftes Netz aus vorausdeutenden Mitteilungen und zurückführenden Episoden konstruiert. Erzähltechniken der literarischen Moderne und Motive indischer Tradition begegnen sich ohne die geringste Disharmonie.

Man versteht, weshalb der englische Agent David Godwin, nachdem er das Manuskript in die Hände bekommen hatte, auf der Stelle zum Flughafen stürzte und nach Indien reiste, um die unbekannte Autorin Arundhati Roy zu überreden, ihm die Vermarktung des Romantextes zu überlassen, woraufhin sich acht internationale Verlagshäuser mit finanziellen Angeboten überschlugen und schließlich das Verlagshaus Random House für 500 000 Pfund Sterling die internationalen Publikationsrechte erhielt. Der Roman wurde innerhalb kurzer Zeit in achtundzwanzig Sprachen übersetzt. Man versteht, weshalb dieses Werk einer kleinen, sehr schmalen und filmreif schönen indischen Debütantin 1997 innerhalb eines Jahres zum Weltbestseller, zur Weltsensation aufstieg und noch im Jahr der Publikation mit dem höchsten englischen Literaturpreis, dem Booker-Preis, ausgezeichnet wurde – als erstes Buch einer indischen Frau. Denn »Der Gott der kleinen Dinge« ist so anrührend wie packend und belehrend, wie Literatur es in ihren günstigen Momenten sein kann. Sein Ausgangspunkt ist das Intime persönlicher Erfahrung. Seine Reichweite die zeitgeschichtlicher Bedeutung.

Man versteht indes auch, weshalb Arundhati Roys Mutter die allgemeine Begeisterung nicht ganz zu teilen vermochte und ihre Lektüre des Romans nicht gerade zur Entspannung des Verhältnisses zur Tochter beitrug. Denn das indische Dorf, in dem die Schullehrerin Mary Roy als geschiedene Frau ihre Tochter Arundhati allein großgezogen hatte, bis die rebellische Sechzehnjährige das Haus verließ und nach Neu-Delhi verschwand – dieses Dorf heißt in der Realität wie im Roman: Ayemenem oder Aymanam. Es liegt in Kerala, einem südwestlichen Bundesstaat Indiens, in dem viele Christen, wie Arundhati Roys christliche Mutter, beheimatet sind und die kommunistische Partei in den sechziger Jahren – der Zeit, in der der Roman spielt – eine bedeutsame politische Macht darstellte.

Ammu, so heißt im »Gott der kleinen Dinge« die Mutter von Rahel und Estha. Sie ist, wie Roys eigene Mutter, von ihrem Ehemann geschieden, sie ist mit den beiden Kindern in ihre Heimat, nach Ayemenem, zurückgekehrt und lebt nun zwischen Tante und verwitweter Mutter ein Leben, das zu Ende ist, bevor es überhaupt begann. Ammu ist noch keine dreißig, als sich die Gefängnismauern des Stillstands um sie herum aufbauen. Doch dann kommt Bewegung in die vater- und männerlose Großfamilie. Der Besuch einer Engländerin und ihrer Tochter aus dem Mutterland des ehemaligen Empire sprengt innerhalb von zwei Wochen das gesamte Sippengefüge. Die kleine Engländerin ertrinkt bei einem Bootsunfall. Die Zwillinge werden beschuldigt, ihren Tod aus Eifersucht mutwillig verursacht zu haben, und Ammu, ihre gefangene Mutter, bricht aus. Sie tut das Unvorstellbare und geht ein sexuelles Verhältnis mit einem Mann ein, der der Kaste der Unberührbaren angehört. Er ist erfolgreicher Techniker in der Fabrik von Ammus Mutter, er ist Mitglied der kommunistischen Partei. Aber beides schützt ihn nicht. Als das tabuisierte Liebesverhältnis ans Licht kommt, lässt die Partei ihn fallen. Die Parole »Klasse statt Kaste«, mit der die indischen Kommunisten sich in dieser historischen Phase schmückten, stellt sich als Lüge heraus. Der Unberührbare wird von der Polizei brutal massakriert, Ammu aus dem Dorf verjagt, das Zwillingspaar von der Mutter und voneinander getrennt. Rahel bleibt bei Großmutter und Tante. Estha muss zu seinem Vater in den Norden. Ein paar Jahre später stirbt Ammu elend. Und viele Jahre später kehrt eine Frau in ihr Heimatdorf zurück und findet ihren verlorenen Zwillingsbruder wieder. Einen schönen traumatisierten Mann, der mit niemandem spricht, niemanden wahrzunehmen scheint, der wie ein Gespenst herumgeht und dessen Seele doch mit ihrer Seele wie die Hälfte eines Ganzen verbunden ist.

Die Schriftstellerin Arundhati Roy selbst ist eine solche getrennte Hälfte. Wer ihr Leben und ihr Werk als Ganzes betrachten will, muss auch von der politischen Aktivistin Arundhati Roy sprechen. Die kämpfende Roy nimmt im Leben der Inderin mindestens so viel Platz ein wie die schreibende Roy. Heute, über zehn Jahre nach der Publikation des Romans »Der Gott der kleinen Dinge«, ist Arundhati Roy eher auf den Kongressen von Globalisierungskritikern, eher auf Demonstrationen gegen die amerikanische Irak-Politik, gegen die Finanzpolitik der Weltbank zu finden denn auf literarischen Veranstaltungen. In Buchseiten gemessen, überwiegt der Anteil politischer Essays und Sachbücher in ihrem schmalen Werk den Anteil an belletristischer Literatur. Denn diese besteht nur aus jenem einen Roman, dem »Gott der kleinen Dinge«. Als er 1997 erschien, bündelte sich in Arundhati Roys Leben mehr an Erfolg, an Ruhm und Reichtum, an Liebe, Anfeindung, Verehrung und Ächtung, als andere Schriftsteller in Jahrzehnten erfahren. Ein Jahr lang reiste die Inderin quer durch die Welt, von einer Hauptstadt zur anderen, von einem Podium, einem Auftritt zum nächsten. In diesem Jahr genoss Arundhati Roy für ein paar Sekunden der Weltgeschichte die mediale Weltaufmerksamkeit und nutzte ihre Popularität, um die Welt Punkt für Punkt über die Vergehen indischer Politik und die Nöte der indischen Gesellschaft aufzuklären. Sie griff die atomare Aufrüstung Indiens und Pakistans an, die indischen Atomwaffenversuche und die indische Agrarpolitik, sie beteiligte sich als Autorin und als Bürgerrechtlerin an der Widerstandsbewegung gegen ein Staudammprojekt entlang des Narmada-Tales in Zentralindien. Die Aktivistin Roy belässt es nicht wie andere zeitgenössische Schriftsteller bei politischen Statements vom Schreibtisch aus. Ihr Leben findet inzwischen in der Politik statt, ihr Name steht als Link auf den Webseiten von Greenpeace, von Human Rights Watch, von Attac und zahlreichen anderen internationalen Organisationen.

Der Schreibtisch der Schriftstellerin Roy indes scheint auf die Zeit zu warten, die der Aktivistin den Rückzug erlaubt. Diese Zeit aber kommt nicht. Vier Jahre, von 1992 bis 1996, schrieb Arundhati Roy am »Gott der kleinen Dinge«. Diese Muße gönnte sie sich danach nicht mehr. Drei Wochen nachdem die US-Regierung am 7. Oktober 2001 die ersten Luftangriffe auf Afghanistan gelenkt hatte, wurde ihr zorniger Essay über die Geschichte der bewaffneten Einmischungspolitik der USA publiziert. Wo die kleine, noch immer filmreif schöne Frau hinsieht, türmen sich Notstände, Kriege, Katastrophen, Ungerechtigkeiten, die ihre populäre Stimme benötigen. Dass sie in Amerika heute weniger beliebt ist als noch vor zehn Jahren, ergibt sich daraus von selbst. Im Kampf gegen die US-Weltmacht, gegen die Weltbank und die Welthandelsorganisation bündelt sich ihr aktuelles Engagement. Es lässt vermutlich wenig Raum für die Poesie der kleinen Dinge. Und vermutlich warten Arundhati Roys zwei Hälften, ihre politische und ihre literarische, wie in Platons Parabel, beständig auf eine zukünftige Wiedervereinigung.

Biografisches

Suzanna Arundhati Roy wurde am 24. November 1961 in Shillong, der Hauptstadt des nordindischen Bundesstaates Meghalaya, geboren. Ihr Vater ist Hindu aus Bengalen und Besitzer einer Teeplantage, ihre Mutter ist Christin und stammt aus dem südindischen Bundesstaat Kerala. Dort verbrachte Arundhati Roy nach der Scheidung der Eltern in dem Dorf Aymanam ihre Kindheit. Lesen und schreiben lernte sie in der von ihrer Mutter geleiteten Grundschule. Im Alter von sechzehn Jahren ging sie nach Neu-Delhi, wo sie anfangs ihren Unterhalt durch das Einsammeln und Verkaufen leerer Flaschen verdiente, bis sie ein Architekturstudium aufnahm. In dessen Verlauf hielt sie sich eine Zeitlang als Stipendiatin in Italien auf, um italienische Kunst zu studieren. Durch ihren zweiten Ehemann, den Filmemacher Pradip Krishen, den sie 1984 kennenlernte, erwachte ihr Interesse am Film. Sie spielte kleinere Rollen, verfasste aber vor allem mehrere Drehbücher und das Buch für die Fernsehserie »Banyan Tree«. Ihr politisches Engagement, ihr Protest gegen Menschenrechtsverletzungen und ihre Analyse sozialer und ökologischer Missstände in Indien schlugen sich in einer ganzen Reihe von Essays nieder, die Roy vor und nach der Publikation ihres Weltbestsellers »Der Gott der kleinen Dinge« verfasste. Heute ist Arundhati Roy, die mit ihrem Ehemann und dessen zwei Töchtern aus erster Ehe in Neu-Delhi lebt, gleichermaßen als Aktivistin und Globalisierungskritikerin wie als Schriftstellerin bekannt. Sie wurde unter anderem mit dem Booker-Preis und 2004 mit dem Sydney-Friedenspreis ausgezeichnet.

Leseempfehlung

»*Der Gott der kleinen Dinge*« *(Roman)*. Aus dem Englischen von
Anette Grube.
»*Die Politik der Macht*« *(Essays)*. Aus dem Englischen von
Helmut Dierlamm u. a.
»*Wahrheit und Macht*« *(Interviewband)*. Aus dem Englischen von
Andrea Brandl.

Ursula März

IN DEN WOHNUNGEN DES TODES

Nelly Sachs *1891–1970*

In der Biografie der Dichterin Nelly Sachs gibt es ein großes Geheimnis. Kein Biograf, kein Freund, kein Lebenszeuge war je imstande, es zu lüften, so wird es auch für immer ungelüftet bleiben.

Das Geheimnis betrifft die Liebestragödie, die Nelly Sachs im Jahr 1908 erlebte, also im Alter von siebzehn Jahren. Es war die erste Verliebtheit ihres Lebens. Und es blieb ihre einzige. Denn Nelly Sachs fühlte sich dem Schmerz, der in der Jugend in ihre Seele einschnitt, auf schicksalhafte, nahezu religiöse, nicht ganz unpathetische Weise verpflichtet und ebenso dem Mann verbunden, den sie 1908 kennengelernt hatte. Wer dieser aber war, welchen Namen und Beruf, welche Herkunft, welchen bürgerlichen Status er hatte, erzählte Nelly Sachs nie irgendjemandem. Auch über die Umstände der tragischen Verliebtheit teilte sie nichts mit, kein Wort darüber, worin die Tragödie eigentlich bestand. Nur ein einziger Mensch, äußerte sie später gelegentlich, habe Bescheid gewusst: ihre Mutter. Und die habe das Geheimnis, als sie 1950 im schwedischen Exil starb, mit ins Grab genommen.

Gerüchte sagen, es habe sich um einen schon etwas älteren, geschiedenen Mann gehandelt, den Nelly Sachs während eines mit den Eltern unternommenen Urlaubs an einem Kurort getroffen habe. William Sachs, ihr Vater, habe die Liaison und eine mögliche Ehe aber mit einem Machtwort unterbunden und nicht erlaubt, dass seine Tochter einen geschiedenen Mann heirate. Verbürgt ist, dass Nelly Sachs an dem Liebesunglück seelisch und körperlich lebensgefährlich erkrankte, in den Jahren 1908 und 1909 an Anorexie litt, sich vor Depressionen kaum rühren konnte und wohl auch selbstmordgefährdet war.

Fraglich ist, ob ein anderer Kandidat vor den Augen des herrischen Unternehmers William Sachs als Schwiegersohn Gnade gefunden hätte. Denn dem Leben seiner Tochter gab der Vater schon früh die fatale Präambel mit auf den Weg: »Für einen Mann ist mir meine Nelly zu schade.« Sie war das einzige Kind des jüdischen Ehepaares Sachs, sie wuchs in der Dekade der Epochenwende vom neunzehnten zum zwanzigsten Jahrhundert in Berlin auf, im Milieu des westeuropäisch assimilierten, großbürgerlichen Judentums, verlebte Kindheit und Jugend in einer stattlichen Villa im feinen Berliner Tiergartenviertel, in jenen Verhältnissen materiellen Wohlstands, die es vermögen, ein Kind gleichzeitig zur kleinen Diva zu verziehen und jämmerlich vereinsamen zu lassen. Im Fall von Nelly Sachs war wohl beides der Fall. Sie vergötterte den Vater als »Renaissance-Mensch«, dem die Talente, Begabungen, Erfindungen nur so zugeflogen seien. Er vergötterte seine überzart besaitete, musische, verträumte, immer leicht kränkelnde Tochter, nahm sie von der öffentlichen Schule, mit deren Zumutungen das Kind nicht zurechtkam, und ließ sie von Privatlehrern unterrichten. Dann wieder reagierte er unduldsam, wenn Nelly Sachs beim geringsten Anlass in Tränen ausbrach. Kam William Sachs am Abend aus seiner Gummifabrik nach Hause – gelegentlich wird er als Erfinder des Expanders genannt –, setzte er sich sogleich im Musikzimmer ans Klavier und spielte den ganzen Abend lang, während die schmale, dunkelhaarige Tochter Nelly in improvisierten rhythmischen Bewegungen zu seinen Melodien um das Klavier herumtanzte.

Sie blieb Tochter. Sie blieb im Haus. Sie eilte herbei, wenn im Familien- und Bekanntenkreis Krankenpflege vonnöten war. Sie unternahm mit Freundinnen – jungen Frauen, die wie sie im Vakuum resignierten Wartens im Elternhaus verharrten – schwärmerische Ausflüge in die Natur. Sie hielt schwärmerische Leseabende ab. Nelly Sachs war neununddreißig Jahre alt, als sie nach dem Tod des Vaters, den sie jahrelang gepflegt hatte, eine Art eigenständige Existenz zu führen begann und, nun in Lebensgemeinschaft mit der Mutter, die Verwaltung des Familienbesitzes übernahm. Man darf die erste Hälfte der Biografie von Nelly Sachs als nahezu ereignislos bezeichnen; fern der Welt, auch fern ihrer Zeit. Obwohl mitten in Berlin, in den kulturell dynamischen zwanziger Jahren lebend, scheint Nelly Sachs von ihrer Gegenwart wenig Notiz genommen, zum literarischen Leben Berlins kaum Kontakt unterhalten zu haben. Der frühe, Berliner Teil ihres Werks, der hinter ihrem lyrischen Hauptwerk, das nach 1940 in Stockholm entstand, fast vollkommen verschwunden und mehr oder weniger in Vergessenheit geraten ist, treibt im Schatten von Romantik und poetischem Jugendstil Blüten von heute nur noch schwer konsumierbarer Süßlichkeit. Im Jahr 1921 erschien ohne allzu große öffentliche Beachtung der Prosaband »Legenden und Erzählungen«, 1929 veröffentlichte die »Vossische Zeitung« zum ersten Mal Gedichte von Nelly Sachs. Da näherte sich die Dichterin bereits ihrem vierzigsten Lebensjahr. Und doch dauerte es noch zwei, drei Jahrzehnte, bis jene großen Gedichte und Gedichtzyklen entstanden – »In den Wohnungen des Todes«, 1947, »Sternverdunkelung«, 1949, »Flucht und Verwandlung«, 1959, »Fahrt ins Staublose«, 1961, »Glühende Rätsel«, 1964 –, die Nelly Sachs den Rang einer der bedeutendsten deutschsprachigen Lyrikerinnen des zwanzigsten Jahrhunderts eintrugen.

Keines jener Gedichte, für die sie berühmt wurde, schrieb sie auf deutschem Territorium. Ihr Hauptwerk entstand in der engen, von lautstarken und trinkfesten Wohnungsnachbarn umgebenen Einzimmerwohnung eines fünfstöckigen Mietshauses am Bergsunds Strand 23 in Stockholm: Ihr Werk entstand im schwedischen Exil. Einen Tag vor dem Abtransport ins Lager gelang es Nelly Sachs und ihrer Mutter am 16. Mai 1940, mit dem buchstäblich letzten Flugzeug, das Berlin mit Exilanten an Bord verließ, vor dem Hitler-Regime nach Schweden zu fliehen. Selma Lagerlöf hatte sich kurz vor ihrem Tod noch persönlich beim schwedischen Königshaus für Nelly Sachs verwendet und ein Einreisevisum der schwedischen Behörden erwirkt. Nelly Sachs stand seit Jahren mit Selma Lagerlöf in brieflichem Kontakt, verehrte die märchenhaften Phantasien der schwedischen Autorin seit ihrer Jugend und schickte ihr 1921 die »Legenden und Erzählungen« mit der Widmung einer »deutschen Schriftstellerin« und Grüßen »aus Deutschland«.

Nelly Sachs gehört zu jenen Künstlern, denen ihre jüdische Identität von den Nationalsozialisten gleichsam aufgezwungen und erst durch die am jüdischen Volk verübten Verbrechen zur moralischen Verantwortung wurde. Zwar hatte Nelly Sachs vermutlich schon in Berlin Texte jüdischer Mystik, Schriften des Chassidismus und Bücher des jüdischen Philosophen Martin Buber kennengelernt. Aber bis in die dreißiger Jahre ist der religiöse Bezug ihres Schreibens christlicher Herkunft. Ihr früh gefallener Entschluss, das eigene Leben als Schmerzens-, Leidens- und Opfergeschichte hinzunehmen, erfuhr durch die

Shoah, durch die Leidensgeschichte des jüdischen Volkes eine, so paradox es klingt, historische Bestätigung. Die Erfahrung der persönlichen Tragödie, die sie 1908 erlebt hatte, ging in die Erfahrung der kollektiven Tragödie gleichsam über.

Anderen Gerüchten und Interpretationen zufolge hatte Nelly Sachs die ganzen Jahre über, von 1908 bis 1940, heimlich Kontakt zu dem unbekannten Mann, den sie so tragisch liebte. Er sei, heißt es bei einigen Biografen, ebenfalls Jude gewesen, nach 1933 von der Gestapo verfolgt, verhört und gefoltert worden. Nelly Sachs, heißt es, sei sogar mit ihm zusammen gewesen, als er von der Gestapo abgeholt und abtransportiert wurde. In Schweden habe Nelly Sachs 1943 von seinem Tod in einem Konzentrationslager erfahren. Einige Gedichte und Gedichtinhalte, zumal jene, in denen vom »toten Bräutigam« die Rede ist, lassen diese Interpretation plausibel erscheinen.

Vordergründig spielt das biografische Liebesgeheimnis von Nelly Sachs für die Würdigung und Wertung ihres Werks keine Rolle. Ihr Name wird in der Literaturgeschichte nicht mit fatalen Amouren in Verbindung gebracht, sondern mit dem Leiden, der Verfolgung und der industriellen Vernichtung des jüdischen Volkes durch die Nationalsozialisten. In der Nachkriegszeit litt Nelly Sachs allerdings zunehmend darunter, sich auf ein Markenzeichen, das der jüdischen Dichterin, festgelegt zu sehen, und ausgerechnet die höchste literarische Ehrung, die ihr zuteil wurde, die Verleihung des Literatur-Nobelpreises im Jahr 1966, schien ihre Furcht vor einer moralisch-politischen Vereinnahmung zu bestätigen. Sie erhielt den Nobelpreis gemeinsam und zu gleichen Teilen mit dem israelischen, in hebräischer Sprache schreibenden Autor Samuel Josef Agnon, mit dem sie nichts gemeinsam hatte außer der Tatsache, jüdischer Abstammung zu sein.

Häufig wird der Name Nelly Sachs in einem Atemzug mit dem Namen des neunundzwanzig Jahre jüngeren Dichters Paul Celan genannt. Beide Opfer des deutschen Antisemitismus, beide außerhalb Deutschlands lebend, beide nach 1945 Außenseiter des deutschen Literaturbetriebs, beide Verfasser von Gedichten, deren Kern eine verdichtete, bisweilen verrätselte, bisweilen hermetische Metaphorik ist. Über fünfzehn Jahre hinweg, von 1954 bis 1969, standen Nelly Sachs und Paul Celan in Briefkontakt, versicherten sich ihrer, lange bevor sie sich persönlich kennenlernten, durch die Gedichte hindurch erspürten Seelenverwandtschaft. Ihre erste Begegnung im Jahr 1960 in Zürich, der sich ein Besuch von Nelly Sachs bei der Familie Celans in Paris anschloss, hatte für die seelische und geistige Verfassung der damals fast siebzigjährigen Dichterin allerdings tragische Folgen.

Celan hatte sie im Gespräch eindringlich vor einem neu aufkeimenden Antisemitismus gewarnt, er hatte alte Verfolgungsängste in ihr wachgerufen, die sich im Lauf der anschließenden Wochen zu einem krankhaften Verfolgungswahn steigerten. Zurück in Stockholm, wurde Nelly Sachs im August 1960 in eine psychiatrische Klinik eingeliefert. Es war der erste von mehreren Aufenthalten in Psychiatrien und Sanatorien, denen sie sich in den Jahren bis zu ihrem Tod unterziehen musste, einschließlich mehrerer Elektroschock-Behandlungen. Paul Celan hatte Nelly Sachs auch davor gewarnt, auf deutsche Versöhnungsgesten gegenüber Juden einzugehen, die er für Perfidie ansah. Ohne es zu wollen und ohne es zu ahnen, hatte er mit diesem resoluten und lückenlosen Pessimismus vielleicht den Hauptnerv der persönlichen und literarischen Welt verletzt, in der sie sich seit Jahrzehnten, seit jener Tragödie des Jahres 1908 bewegte: die religiöse Dialektik von Leid und Erlösung, von diesseitigem Schmerz und jenseitigem Trost. Nelly Sachs sah ihren Lebensweg durchaus als den einer Märtyrerin, die dazu berufen ist, Opfer auf sich zu nehmen und stellvertretend für andere auszudrücken. Ein Schicksalsbegriff von äußerster Schwere, der die Aussicht auf eine transzendente, von Welt und Wirklichkeit befreite Ferne Erleichterung verschaffte.

Etwas von dieser Aussicht schimmert sogar durch das große Gedicht »In den Wohnungen des Todes«, in dem Nelly Sachs erkennbar die Krematorien von NS-Konzentrationslagern beschreibt und das in mancher Hinsicht mit Paul Celans »Todesfuge« verwandt ist. In Stockholm hatte sie begonnen, sich intensiver mit den freien Formen moderner, radikaler Lyrik vor allem schwedischer Dichter zu befassen. Auch aus Dank gegenüber dem Land, das ihr seit 1940 Zuflucht gewährte, übersetzte sie mit großer Energie und großem Erfolg schwedische Lyrik ins Deutsche. Mag sein, dass sich die Verschärfung und Verdichtung ihres eigenen lyrischen Tons auch dieser Beschäftigung mit Zeitgenossen verdankten. Der Schock über die historische Katastrophe der Judenvernichtung aber trägt unüberhörbar Anteil an der rauen Atemlosigkeit ihrer wie abgeschnürt wirkenden Verszeilen der »Wohnungen des Todes«. Die Strophen besitzen kein Gleichmaß, sie sind reimlos, die Gedankenstriche am Ende einiger Zeilen deuten an, dass die Gedanken abbrechen, buchstäblich nicht zu Ende zu denken sind. Einheitlich ist nur der Klagelaut »O« am Beginn der Strophen. Auffallend wiederum sind zwei vom Bild vollkommener Negativität abweichende Begriffe: »Freiheitswege« zum einen, »Sonnenstrahl« zum anderen.

    O die Schornsteine
    Auf den sinnreich erdachten Wohnungen des Todes,
    Als Israels Leib zog aufgelöst in Rauch
    Durch die Luft –
    Als Essenkehrer ihn ein Stern empfing
    Der schwarz wurde
    Oder war es ein Sonnenstrahl?

O die Schornsteine!
Freiheitswege für Jeremias und Hiobs Staub –
Wer erdachte euch und baute Stein auf Stein
Den Weg für Flüchtlinge aus Rauch?

O die Wohnungen des Todes,
Einladend hergerichtet
Für den Wirt des Hauses, der sonst Gast war –
O ihr Finger,
Die Eingangsschwelle legend
Wie ein Messer zwischen Leben und Tod –

O ihr Schornsteine,
O ihr Finger,
Und Israels Leib im Rauch durch die Luft!

Nichts am Inhalt des Gedichts ist, in unmittelbarer Weise, autobiografisch. Sein kollektives Subjekt ist das jüdische Volk, das Judentum. Indirekt aber, in vermittelter Weise, macht sich Nelly Sachs' biografische Kernerfahrung im Gedankenraum des Gedichts bemerkbar. Nelly Sachs, die nie verheiratet, nie offiziell liiert oder verlobt war, ihre weiblichen Gefühle offensichtlich nur für einen Mann, jenen vergeblich geliebten Unbekannten aus dem Jahr 1908, reservierte, erlebte ihr Liebes- und ihr Frauenleben nur in zwei Formen: als symbolische Witwenschaft und als symbolische Brautschaft. In der Trauer um einen Verlorenen und in der Erwartung eines Zusammenkommens jenseits der Realität. Dieser Erwartung erscheint der Tod als »Freiheitsweg«. Und eben diese Erwartung drückt sich in einem, den »Glühenden Rätseln« entstammenden kurzen Liebesgedicht aus. Von »Auferstehung« ist darin die Rede und von einem »Sehnsuchtsseil«, das durch die Tür, die wohl den Tod darstellt, die beiden verbindet, die sich vor und hinter ihr aufhalten.

Meine Liebe floss in dein Martyrium
durchbrach den Tod
Wir leben in der Auferstehung –

Hinter der Tür
ziehst du an dem Sehnsuchtsseil
bis Tränen kommen
In dieser Quelle spiegelst du dich –

Biografisches

Nelly Sachs wurde am 10. Dezember 1891 als Leonie Sachs in Berlin geboren. Sie war das einzige Kind des Fabrikanten William Sachs und seiner Frau Margarete. Am 1. Januar 1939 musste sie wie alle jüdischen Frauen den Vornamen Sara annehmen. Im Mai 1940 erhielten Nelly Sachs und ihre Mutter von den NS-Behörden den »Gestellungsbefehl zur Zwangsarbeit«. Einen Tag vor dem Abtransport konnten die beiden Frauen am 16. Mai 1940 mit der buchstäblich letzten Passagiermaschine für Flüchtlinge, die Berlin nach Stockholm verließ, fliehen. In Schweden machte sich Nelly Sachs zunächst als Übersetzerin schwedischer Lyrik einen Namen. Auf den Tod ihrer Mutter im Jahr 1950 reagierte Nelly Sachs mit einem Nervenzusammenbruch, dem noch mehrere psychische Krisen folgten, eine nach ihrer ersten persönlichen Begegnung mit dem Lyriker Paul Celan im Jahr 1960, die aus der NS-Zeit herrührende Verfolgungsängste wachrief. Nelly Sachs erhielt 1965 den Friedenspreis des Deutschen Buchhandels und 1966 gemeinsam mit dem israelischen Schriftsteller Samuel Josef Agnon den Nobelpreis für Literatur. Sie starb am 12. Mai 1970 in Stockholm und ist auf dem Stockholmer jüdischen Friedhof begraben.

Leseempfehlung

»Das Leiden Israels« (Enthält: »Eli. Ein Mysterienspiel vom Leiden Israels«; »In den Wohnungen des Todes«; »Sternverdunkelung«).
»Fahrt ins Staublose« (Gedichte).
»Paul Celan – Nelly Sachs. Briefwechsel«. Herausgegeben von Barbara Wiedemann.

Ursula März

TRAURIGKEIT – KOMM, TRAURIGKEIT

Françoise Sagan *1935–2004*

War es dem konservativen Frankreich in den fünfziger Jahren des zwanzigsten Jahrhunderts erlaubt, ein junges Mädchen in das literarische Schaufenster der Nation zu setzen, ein junges Mädchen, das ungezügelte Sexualität und weibliche Unabhängigkeit propagierte? War es möglich, in einem katholischen Land, das gerade den Zweiten Weltkrieg, die Okkupation der Deutschen und die Kollaboration der Vichy-Regierung überstanden hatte, dem für damalige Standards amoralischen Buch einer Neunzehnjährigen entfesselt zuzujubeln?

850 000 Franzosen kauften »Bonjour Tristesse«. Weltweit waren es über vier Millionen Menschen. Françoise Sagan, die eigentlich Françoise Quoirez hieß, hatte durch ihr recht dünnes Buch Gesprächsstoff ins Pariser Nachkriegsleben gebracht. Sie war die jüngste Tochter eines Industriellen, eigentlich ein schüchternes, zartes Mädchen, das am liebsten Bücher las und während der Pu-

bertät ihr rebellisches Potential entdeckte. Eine Kindheit während des Krieges, bei den Großeltern auf dem Land in der Nähe von Lyon, lag hinter ihr. Sie hatte die Romanzen zwischen deutschen Soldaten und französischen Mädchen beobachtet und miterlebt, wie ihre Familie einen Widerstandskämpfer versteckt hielt. Nach Kriegsende zog die Familie zurück nach Paris. Françoise verbrachte, versunken in die Lektüre von Prousts »Auf der Suche nach der verlorenen Zeit«, ihre Ferien wieder bei den Großeltern. Dass Literatur Versteck für die Elixiere des Guten und des Bösen war, merkte die exzellente Schülerin, als sie wegen ihres ungehörigen, aufmüpfigen Benehmens und wegen unerlaubter Lektüre, darunter die Gedichte von Jacques Prévert, von der Klosterschule flog. Nach dem Baccalauréat nahm sie wieder das ernste Leben nicht ernst genug und durchfeierte die Nächte in Bars mit einem Cognacschwenker in der Hand, anstatt für die Prüfung zur Aufnahme an der Sorbonne zu lernen. Prompt rasselte sie durchs Examen, und von da an tat sie, was sie tun wollte. Sie schrieb ihren ersten Roman über einen hemmungslosen Teenager namens Cécile. Weil die Eltern, die das Manuskript mit Erstaunen und Bewunderung gelesen hatten, auf einem Pseudonym bestanden, suchte sie bei Proust und fand Gefallen am Namen der Duchesse de Sagan. Ein Gedicht von Paul Éluard über die Traurigkeit wählte sie zu ihrem Motto. Das Pseudonym »Françoise Sagan« und der Titel »Bonjour Tristesse« waren gefunden.

Die Autorin schickte ihr Manuskript an die Pariser Verlage Julliard und Plon. Ein Herr vom Verlagshaus Julliard meldete sich umgehend, vergewisserte sich bei ihren Eltern, dass der Plot nicht autobiografisch war, und die Rotationsmaschinen begannen zu laufen. Der Pariser Markt der fünfziger Jahre schien genau auf das Phänomen eines jungen, vorwitzigen Weibchens gewartet zu haben. Ein leichtlebiges, bourgeoises Wesen vom rechten Ufer der Seine brach in das von existentiellen Grübeleien getriebene Saint-Germain-des-Prés ein. Dort hielten Jean-Paul Sartre und SIMONE DE BEAUVOIR in den Cafés Hof, dort wurde nächtelang darüber diskutiert, wie man den Menschen, die durch zwei Weltkriege verroht und haltlos geworden waren, helfen könnte, die Welt neu zu interpretieren, und man fragte sich, wie das allgemeine Leben und Denken zu verbessern sei. Simone de Beauvoirs »Das andere Geschlecht«, das bahnbrechende Buch über ein neues Frauenbild, war seit fünf Jahren Gesprächsstoff vieler Zirkel. Zur gleichen Zeit ging Brigitte Bardots Stern auf, und der Vamp mit sehr blonden Haaren, einem sehr schönen Busen, sehr langen Beinen und einem erregenden Schmollmund machte die Männer verrückt und wurde als Marke »BB« zum größten französischen Exportartikel. Als der Schriftsteller Jewgeni Jewtuschenko 1963 gefragt wurde, welche Französin er unbedingt kennenlernen wollte, nannte er den Namen von Françoise Sagan vor dem der Brigitte Bardot.

Françoise Quoirez war neunzehn Jahre alt, als 1954 »Bonjour Tristesse« erschien. Der Roman handelt vom siebzehnjährigen Biest Cécile, das während der Sommerferien am Mittelmeer die beiden Geliebten seines Vaters austrickst und zwischendurch schuldbewusst trotzt, bockt und um Liebe und Anerkennung kämpft. Denn eigentlich ist Cécile nur ein eifersüchtiges verwöhntes Töchterchen, das den Vater vergöttert und dessen Freundinnen mit aller Kraft hasst. Mit dem pathetischen Schlusssatz: »Traurigkeit – komm, Traurigkeit« rührte Françoise Sagan Millionen. Selbst der prominente katholische Schriftsteller François Mauriac pries im »Figaro« dies »funkelnde Talent«, beschwerte sich aber gleichzeitig über die Unmoral des »charmanten Monsters«. Ihre große Lesergemeinde störte es gar nicht, dass der damals bekannteste Literaturkritiker Bernard Pivot sie mit einem aus dem Nest gefallenen Vogel verglich, der den modernen Kannibalen in Gestalt der Medien vor die Füße geworfen worden sei, oder dass irgendeine Journalistin ihr in der Zeitschrift »Marie Claire« das Fehlen von Weiblichkeit vorwarf.

Jahre später wird sie sagen, sie habe etwas in der Art des französischen Dichters Jean Racine schreiben wollen, etwas über Menschen, die nichts zu tun haben, »die über nichts anderes nachdenken als über ihre Gefühle«. Unter den vielen Vorwürfen, die sie sich anhören musste, konnte sie einen am leichtesten zurückweisen. Was, sagte die Sagan, die immer über die finanziell gesicherten Mitglieder der Bourgeoisie schrieb, hätte sie über ein Arbeiterleben, das sie selbst nicht kannte, berichten sollen?

Ihr zweiter Roman – »Ein gewisses Lächeln« – über die Affäre einer Zwanzigjährigen mit einem viel älteren verheirateten Mann begeisterte die Kritik noch mehr, als es »Bonjour Tristesse« getan hatte. Man pries ihren »elliptischen Stil«, mit dem sie äußere Ereignisse und innere Gefühlszustände in Einklang brachte, und bewunderte, dass in ihrem Universum die Dinge so waren, wie sie sind, vorgetragen in einer natürlichen Art und stets mit dem genau richtigen Wort auf den Punkt gebracht. Zu schreiben, behauptete Françoise Sagan, bedeutet nicht, sich zu offenbaren, zu schreiben bedeutet, ein Bild von sich zu projizieren, das im Gedächtnis bleibt. »Meine Romane«, erklärte sie, »brauchen mich zum Leben, so wie auch ich sie zum Leben brauche.«

Ihr autobiografisches Schreiben, das die Spuren zwischen Fiktion und Realität bewusst verwischte, war Wasser auf den Mühlen der Einbildungskraft ihrer Leser. Seit dem umjubelten Debüt wurde jedes ihrer Bücher mit Sehnsucht und Ungeduld erwartet. Denn Françoise Sagans Bücher markieren einen kulturellen Umbruch. Bei ihr wird das Weibchen beschrieben, das mit kleiner Stimme den naiven Ton kultiviert, ins Rollenbild der bissigen Frau passend, die ihre Rivalin unerbittlich im Blick hat und zugleich die sexuelle Unabhängigkeit propagiert.

Knapp fünfzig Jahre später findet der 1958 geborene Michel Houellebecq mit seinen Sex- und Hassromanen den neuen treffenden Sound für eine neue vater- und mutterlose Generation.

Sagans luxurierende, in den Dunst der Gauloises gehüllte Welt ist das, was man Jetset nannte. Paris war das Fest fürs Auge, die Habitués von Saint-Tropez, zu denen Roger Vadim, Brigitte Bardot, Jean-Louis Trintignant gehörten, waren ein Fest für die Neugier der Leserinnen. »Die Sagan«, wie sie halb abschätzig, halb bewundernd genannt wurde, stellte Gefühlsüberfülle oder Gefühlsman-gel im Zwielicht der Mittelmeersonne zur Schau und beschrieb, was sie selbst gut kannte: Männer, Autos, Schlaftabletten, Drogen, Halbtote, Leopardensofas und Stundenhotels. Nachdem sich 1957 ihr Aston Martin viermal überschla-gen hatte und sie halbtot aus dem Wrack geborgen und mit der letzten Ölung versorgt worden war, litt sie solche Höllenschmerzen, dass sie sich umbringen wollte. Morphium erleichterte die Qualen. Drogen und Alkohol bestimmten bis Mitte der siebziger Jahre ihr Leben.

Wenn man sich die Energie dieser Frau vor Augen führen will, muss man den nach ihrem Unfall 1959 erschienenen Roman »Lieben Sie Brahms?« lesen, eins ihrer besten Bücher. Er handelt von Paule und Roger, einem schon mehrere Jahre in gegenseitiger sexueller Freiheit zusammenlebenden Paar. Das labile Gleichgewicht wankt, als sich der deutlich jüngere Simon in Paule ver-liebt. Paule versucht, zurückhaltend zu sein. Aber es gelingt ihr nicht, eine Ein-ladung Simons zu einem Konzertabend mit Werken von Johannes Brahms än-dert ihr Verhalten. Doch zum Glücklichsein reicht es nicht. Paule ist durch ihre Erfahrungen mit Roger desillusioniert. Auch in diesem Buch ist die Einsamkeit das Hauptthema. Die junge Sagan beschreibt das Liebesunglück und den Pes-simismus, der damit verbunden ist, reif und sanft und – das ist ihre Kunst – mit einem gewissen Lächeln.

Was auch immer diese Frau mit dem »Mausgesicht«, wie Spötter sagten, dachte und tat, sie inszenierte ihr Leben wie ein perfektes Hollywood-Dreh-buch. Sie, der weibliche Dandy mit Vorliebe für teure Autos, für Exzesse, Ma-nifeste und den Staatspräsidenten François Mitterrand, überhäuft mit Preisen und Ehrungen, versäumte nie, weder als junge noch als ältere Frau, ihr Talent herunterzuspielen. War es Teil ihres lebenslangen Vexierspiels, war es unbe-wusste Selbsttäuschung? – Auf jeden Fall war es typisch weibliches Selbstmiss-trauen, dass und wie sie auf ihre »albernen kleinen Romane« herabschaute, die, so klagte sie, wie »seltsame Schnecken am Literaturfelsen« kleben.

Die Sehnsucht nach einem angemessenen Selbstbild hat aus Françoise Sagans eigenem Leben einen Raubdruck gemacht. Die Stadt ihrer Romane ist Paris, ihre Sommerlandschaft die Côte d'Azur. Ihr Personal ist im Journalismus, in der Werbung, der Modebranche oder im Buchgewerbe beschäftigt, spricht jedoch selten über den Job. Man lebt in gemieteten Appartements oder Hotelzimmern und genießt die Intimität von Nachtclubs und Bars.

Die meisten Protagonisten sind weiblich, die Darsteller auf zwei bis drei kinderlose Personen nach dem Modell »Ein Mann und eine Frau« beschränkt. Die Plots sind einfach. Wie in »Lieben Sie Brahms?« verlässt auch in »Ein gewisses Lächeln« eine Frau ihren Liebhaber und nimmt sich einen neuen. Das Happy End wird verweigert. Die Figuren sind immer so alt, wie die Autorin selbst, die beschriebenen Romanzen ähneln ihren eigenen. Verheiratet, geschieden, wieder verheiratet, eine Frau, die ihre Begleiter nur etwas seltener wechselt als ihre Appartements und Verleger.

Mit jeder neuen Klatsch- und Skandalgeschichte wuchs die Neugier auf das Leben der Sagan und auf ihre Bücher, von ihr geschickt unterstützt durch griffige Aussagen in unzähligen Interviews. Es gehörte zu ihren Tricks, ihr emotionales Leben in Fiktion zu transformieren, um persönliche Krisen zu überwinden und Schlagworte für die allgemeine Lebenssehnsucht zu liefern. Sie liebte Dinge, von denen die Massen träumten: Schnelligkeit, das Rauschen des Meeres, die Mitternacht, alles Explosive und dunkel Ephemere. Da sie intelligent war und selbst viel las, zum Beispiel André Gide, die Bücher von Camus, Rimbaud und natürlich immer wieder Proust, bediente sie den Markt mit guten, einprägsamen Sätzen und achtete penibel darauf, sich in der Mischung aus Wohlanständigkeit (grauer Rock, Cashmerepullover) und Verruchtheit (halbleere Whiskyflasche, halbgerauchte Zigarette) auf ihren Selbstporträts darzustellen. Aus der Position der durch Erfahrung reifen Frau schrieb sie ihre späteren Romane über die Spielarten der Liebe – nach einem bemerkenswert ähnlichen Muster. Auf Perioden des Glücks folgten Enttäuschung und Absturz. »Liebe ist Krieg«, sagte sie und stellte diesen Satz ins Zentrum ihrer Bücher. Seit ihrem ersten Roman befand sich Françoise Sagan selbst auf der Kippe, reif für die Rettung im allerletzten Moment.

Biografisches

Françoise Sagan (eigentlich Françoise Quoirez) wurde am 21. Juni 1935 in Cajarc im französischen Département Lot als Tochter eines Industriellen geboren. Sie war viel jünger als ihre beiden Geschwister und wuchs quasi als Einzelkind während des Krieges auf – in Paris, im Haus der Großeltern in Cajarc und in der Nähe von Lyon. Ihr erster Roman »Bonjour Tristesse«, der 1954 erschien, war ein Sensationserfolg und der Beginn einer Karriere als Bestsellerautorin. Sie reiste 1955 im Auftrag der Zeitschrift »Elle« nach Italien und in den Mittleren Osten und zum Erscheinen der amerikanischen Übersetzung von

»Bonjour Tristesse« nach New York. Kurz nach der Genesung von den Folgen eines schweren Autounfalls heiratete sie 1958 den Verleger Guy Schoeller. Ihr zweiter Mann war der amerikanische Maler und Bildhauer Robert Westhoff, der auch der Vater ihres 1962 geborenen Sohnes Denis ist. Neben ihren Romanen schrieb sie Theaterstücke, Filmdrehbücher und Liedtexte und adaptierte Tennessee Williams' »Süßer Vogel Jugend« für die Bühne. 1975 verfasste sie die Bildlegenden zu einem Fotoband von Ghislain Dussart über Brigitte Bardot, die sie im gleichen Jahr kennengelernt hatte. Zwei Jahre später trat sie gemeinsam mit dem Philosophen Roland Barthes in Bernard Pivots berühmter Fernsehsendung »Apostrophes« auf. Mitte der siebziger Jahre beschloss sie, ihren Alkohol- und Drogenkonsum einzuschränken. Sie starb am 24. September 2004 nach einer längeren Krankheit in Honfleur im Département Calvados an einer Lungenembolie.

Leseempfehlung

»Bonjour Tristesse« (Roman). Aus dem Französischen von Helga Treichl.
»Ein gewisses Lächeln« (Roman). Aus dem Französischen von Helga Treichl.
»Lieben Sie Brahms?« (Roman). Aus dem Französischen von Helga Treichl.
»Mein Blick zurück. Erinnerungen«. Aus dem Französischen von Claudia Feldmann.

Verena Auffermann

LUSTVOLLE GRENZGÄNGERIN

George Sand *1804–1876*

Sie schrieb bis zur Erschöpfung, acht Stunden Nachtarbeit waren da nichts Besonderes: »Ich versuche immer, mich mit Hilfe von Kaffee und Zigaretten wach zu halten, damit ich gegen drei Uhr morgens mein Pensum geschafft habe und die wenigen Briefe, die mir am Herzen liegen, noch schreiben kann. Ich glaube, der Kaffee wirkt inzwischen wie Opium, und der Tabak macht mich unempfindlich.« Ihren ersten Roman »Indiana« schrieb sie 1832 in nur zwei Monaten nieder und ließ schon ein halbes Jahr später den nächsten folgen (»Valentine«). Für »Das Teufelsmoor« brauchte sie 1846 nur noch vier Tage. Kein Wunder, dass sie ein riesiges Romanwerk hinterlassen hat: etwa 180 Bände, nicht mitgerechnet eine Flut von Zeitungsartikeln und ihre umfangreiche Korrespondenz – von ihren 40000 Briefen sind rund 15000 erhalten.

Für ihre Liebhaber war ihre Arbeitswut erschreckend, besonders wenn sie selbst Schriftsteller waren. Als Théophile Gautier miterlebte, wie sie nachts um ein Uhr einen Roman beendete und sofort mit dem nächsten begann, zeigte er sich »angewidert« von ihrer maschinenhaften Produktion. Und das junge Dichtergenie Alfred de Musset bemerkte frustriert: »Ich habe den ganzen Tag gearbeitet. Am Abend hatte ich zehn Verse gemacht und eine Flasche Schnaps getrunken; sie hatte einen Liter Milch getrunken und ein halbes Buch geschrieben.«

Als sie Musset 1833 kennenlernte, hatte Madame Aurore Dudevant, geborene Dupin, ihre Verwandlung in George Sand bereits hinter sich. Seit einem Jahr schon kleidete sie sich wie ein Mann – mit Hosen, Stiefeln, kurzem Überrock, Halsbinde und Zylinder –, sprach von sich in der männlichen Form und legte Wert darauf, auch so angeredet zu werden. 1831 hatte sie nach neunjähriger Ehe ihren jähzornigen, ungetreuen Ehemann und ihre beiden Kinder auf ihrem Landgut Nohant zurückgelassen und war mit dem neunzehnjährigen Jurastudenten Jules Sandeau nach Paris gezogen. Hier hatten Handwerker, Arbeiter und Studenten gerade den reaktionären König Karl X. zur Abdankung gezwungen und verjagt. Jetzt waren die Republikaner dabei, sich zu arrangieren. Der »Bürgerkönig« Louis Philippe bestieg den Thron, und in Frankreich begann die »Julimonarchie«, das »Goldene Zeitalter« der Bourgeoisie.

Energisch stürzte sich die Siebenundzwanzigjährige ins brodelnde Pariser Leben, besuchte Theater, literarische Zirkel, politische Clubs. Die Baronin begeisterte sich für die Republik und den Sozialismus. Für ihre Ausgänge nähte sie sich ein Männerkostüm, das praktischer, haltbarer und billiger war als Frauenkleider. Über diesen als äußerst lustvoll erlebten Coup, der sie in ganz Europa berühmt machte, freute sie sich noch Jahre später beim Erzählen ihrer Lebensgeschichte. Am liebsten hätte sie damals ihre Männerstiefel auch nachts im Bett anbehalten: »Mit meinen eisenbeschlagenen Absätzen hatte ich einen sicheren Schritt und lief von einem Ende der Stadt bis zum anderen; mir war zumute, als könnte ich so die Reise um die Welt beginnen ... Ich konnte bei jedem Wetter, zu jeder Tageszeit ausgehen und in allen Theatern das Parterre besuchen. Niemand beachtete mich oder ahnte meine Verkleidung, weil ich das Kostüm, dessen Einfachheit jeden Verdacht zerstreute, mit größter Sicherheit trug.«

Die Pressezensur war gerade gefallen, und bald gehörten sie und Sandeau dem Redaktionsstab der Zeitschrift »Figaro« an. Ihre gemeinsam verfassten kleinen Satiren zeichneten sie mit Jules Sand. Daneben schrieben sie zusammen einen Roman, der unter dem Pseudonym J. Sand erschien und gut ankam. Wenig später hatte Aurore Dudevant bereits ihren ersten eigenen Roman »Indiana« fertig. Weil aber ihre Schwiegermutter nicht wollte, dass sie ihren adeligen Namen zur Publikation benutzte und weil der Name Sand beim Publikum schon so gut eingeführt war, kombinierte sie ihn mit dem Vornamen George, was in ihren Ohren bodenständig klang.

»Indiana« wurde ein sensationeller Erfolg. Titelfigur ist eine schöne Kreolin, die mit der Liebe zu ihrem viel älteren, brutalen Ehemann und einem noch widerwärtigeren Nachbarn so schlechte Erfahrungen macht, dass sie lebensmüde wird und sich ertränken will. Statt des ersehnten absoluten Gefühls hat sie bei Männern nur Grobheit und erotischen Opportunismus gefunden. Ein edler Engländer kann die Selbstmörderin retten, verliebt sich in sie und findet bei ihr Gegenliebe. Aber umstimmen kann er sie nicht mehr, zu groß ist ihre Liebesfrustration. Also stürzen sie sich nun beide ins Wasser. Wundersam gerettet, so behauptet ein Epilog, leben sie später auf einer einsamen Insel.

Was sich heute, noch dazu so kurz zusammengefasst, abstrus ausnimmt, verstanden die Zeitgenossen zu lesen. Balzac fand das Buch »köstlich ersonnen« und sah darin »eine Reaktion der Wahrheit gegen Phantasterei, der Gegenwart gegen das Mittelalter«. In der Tat: Indiana revoltiert gegen eine Ehe, die Frauen zum legalen Besitztum ihres Mannes macht. Zudem wirft sie zum ersten Mal die brisante Frage nach der Gleichberechtigung im Gefühlsleben auf. Sie fordert von Männern eine Hingabe, die ebenso groß ist wie die von den Frauen erwartete. Und sie will erotische Freiräume für sich. Neben einer solchen Romanheldin sahen all die demütig liebenden Gretchen, Käthchen und Ophelias der Literatur plötzlich verteufelt alt aus.

Darf eine Frau lieben wie ein Mann und also ihren erotischen Impulsen ungehindert folgen? Schon diese Frage war riskant. Dass der Verfasser, von dem jedermann wusste, dass er eine als Mann getarnte Frau war, sie im Roman bejahte, war ein Tabubruch. Dass die Autorin ihre Romanthesen noch dazu vorlebte, ihrem Ehemann davongelaufen war, ihre meist jüngeren Liebhaber häufig auswechselte, miteinander betrog und die Kraft hatte, das Leben zu führen, das ihrem Temperament und ihrer Überzeugung entsprach, das war schockierend und löste den Skandal aus, der sich bis heute mit ihrem Namen verbindet. George Sand proklamierte nicht bloß, sie lebte die Emanzipation. Das verschreckte das Bürgertum, kam aber gut an bei der Bohème – bei Balzac, Mérimée, Musset und Flaubert, Chopin, Liszt und Delacroix, bei Turgenjew und Dostojewski, der nach ihrem Tod bekannte, ihre Romane hätten bei ihm »seinerzeit Entzücken und Verehrung... ja, Glück« hervorgerufen.

Sands folgende Romane setzten die Tendenz von »Indiana« fort. Zentral ist in ihnen ihr Engagement gegen das immer noch vom Mittelalter geprägte Eherecht des »Code civil«. Die Unterdrückung von Frauen hatte alle revolutionären Umwälzungen überstanden und der Kampf um Egalität und Bürgerrechte immer nur den Männern genützt. Scheidungen waren zwar nicht verboten, aber bevorzugten einseitig den Ehemann. Männern wurden Mätressen zugestanden und zugleich das Recht, ihre Ehefrau, falls sie sie mit einem Liebhaber ertappten, zu töten.

Politische Tendenzromane sind nicht besonders aufregend zu lesen, weil man keine differenzierte Figurenzeichnung, keine Komplexität von ihnen erwarten kann. George Sands Männerfiguren sind häufig abschreckend wüste Ausbeuter, während ihre Frauen mit größter Sympathie gezeichnet sind. Man ahnt bald, wohin das Ganze steuert. Zusammen mit Sands Weitschweifigkeit, die von ihrem Schreibtempo herrührt, kann einem dieses Manko die Lektüre vergällen. All das fiel auch schon den frauenbewegten Autorinnen aus der Generation der Jungdeutschen in den dreißiger und vierziger Jahren des neunzehnten Jahrhundert auf. Während ein gleichaltriger Autor wie Karl Gutzkow bei der Lektüre von George Sand vor allem ihre Darstellung einer von bürgerlichen Konventionen befreiten Liebe genoss und sich ähnliche Heldinnen zu erschaffen begann (»Wally, die Zweiflerin«, 1835), wirkten Sands Romane auf die damals erfolgreiche deutsche Schriftstellerin Fanny Lewald bloß langweilig. »Jene idealischen Weiber« kamen ihr unwahr vor.

Der Roman »Lélia« aus dem Jahr 1833, ein umfangreiches Prosa-Oratorium, in dem sich verschiedene Stimmen abwechseln, gilt als George Sands aufrichtigstes Buch. Sie selbst scheint es später gehasst zu haben, überarbeitete es mehrfach, und im Alter hat sie nur noch wegwerfend davon gesprochen. Titelfigur ist eine geistig hochbegabte Frau, die aufgrund ihres Geschlechts von allen Bereichen, in denen sie sich auszeichnen könnte, ausgeschlossen ist. Nur in der Liebe kann sie Größe beweisen. Doch gerade da muss sie scheitern. Und diesmal sind nicht die Regeln der Konvention oder wankelmütige Herzen schuld. Lélia scheitert an einer grundsätzlichen Zwietracht zwischen dem männlichen und dem weiblichen Körper. Sie geht aus allen Amouren unbefriedigt hervor, weil sich ihr Leben in eine geistige und eine sinnliche Sphäre gespalten hat, die sie nicht zusammenbringt. George Sand analysiert diesen desolaten Zustand mit einer Unerschrockenheit, die ihrer Zeit weit voraus ist: »Das Begehren war bei mir eine Seelenglut, die alle Kraft der Sinne lähmte, bevor sie sie noch erweckt hatte, eine wilde Raserei, die sich meines Gehirns bemächtigte und sich ausschließlich darin konzentrierte. Mein Blut wurde eisig, ohnmächtig und dünn unter der ungeheuren Anstrengung meines Willens.« Auf der Suche nach körperlicher Liebeserfüllung irrt Lélia – ein ewig unerfüllter weiblicher Don Juan – von Mann zu Mann und wird am Ende ermordet.

Der Roman ist häufig als Quelle für biografische Enthüllungen missbraucht worden, die von der symbolischen Frigidität der Heldin auf die der Verfasserin schlossen. George Sand litt darunter und stürzte sich, um die »Kälte und hassenswerte Rolle« der Lélia loszuwerden, in neue Liebesaffären. Besonderes Aufsehen erregte die mit Alfred de Musset, die beiden Autoren viel Stoff für neue

Bücher schenkte. Im Winter 1833 fuhr das Paar nach Venedig, wo Musset sich mit Alkohol und Prostituierten tröstete, während Sand ihr tägliches Arbeitspensum absolvierte. Als er erkrankte, pflegte sie ihn und verliebte sich dabei so glühend in seinen italienischen Arzt Pagello, dass Musset sie freigab und, kaum genesen, in melancholischer Stimmung nach Paris zurückreiste. George Sand, die inzwischen vier weitere Bücher geschrieben hatte, reiste im Sommer 1834 mit Pagello nach Paris und versöhnte sich wieder mit Musset. Neuer Streit, neue Trennungen folgten. In einem Anfall von Verzweiflung schnitt sie sich ihr prachtvolles langes Haar ab, schickte es an Musset und ließ sich gleich darauf von Delacroix porträtieren – als kurzhaarige Büßerin in dunklem Wams und Seidenschal, mit traureumflortem, bleichem Gesicht und großen, dunklen, tränenfeuchten, schräg nach oben blickenden Augen.

Die Leidenschaft erschöpfte sie dermaßen, dass sie – zum ersten Mal in ihrem Leben – nicht mehr schreiben konnte. So weit war es mit ihr gekommen. Sie brach mit Musset und verschwand unter dem Vorwand, ihre Mutter pflegen zu müssen, in ihr Schloss nach Nohant, wo sie schon in der ersten Nacht einen neuen Roman zu schreiben begann. Daneben widmete sie sich der Erziehung ihrer Kinder. Sie gewann einen Prozess gegen ihren Ehemann, erreichte, dass er aus Nohant wegzog, und setzte ihm eine Jahresrente aus. Für die Liebe, schrieb sie dem Kritiker Sainte-Beuve, sei sie nun zu alt. Da war sie dreißig und hatte ihre berühmteste Liebesaffäre, die achtjährige, ausschließliche und platonische Beziehung zu dem aufopferungsvoll von ihr bemutterten Chopin, noch vor sich.

Inzwischen gehörte sie zu den bestbezahlten Schriftstellern ihrer Zeit, und sie wusste, wie sich ihre Werke mehrfach vermarkten ließen. Sie erschienen als Vorabdruck in Zeitschriften, wo sie vom Bürgertum eifrig gelesen, wenn auch als obszön missbilligt wurden. Dann kamen sie als Buch heraus und hernach als Bühnenstück. Als ihr Verleger François Bulot in den vierziger Jahren königstreu wurde, trennte sie sich von ihm und gründete eine eigene Zeitschrift, die »Revue Indépendante«, wo 1842 und 1843 ihr ins Okkulte ausuferndes Hauptwerk, der Roman »Consuelo« und seine Fortsetzung »Die Gräfin von Rudolstadt«, erschien. »Ich habe niemals gearbeitet, um Ihre Abonnenten zu erfreuen«, schrieb sie an Bulot. »In diesem Punkt bin ich dickköpfig und werde mich frohen Herzens ruinieren, solange ich meine Überzeugungen äußern kann.« Sie verstand sich als sozialkritische Autorin, war und blieb empört über die Ungleichheit zwischen Mann und Frau, Reich und Arm, machte Arbeiter und später Bauern zu ihren Helden und bezeichnete sich – was Bulot besonders bestürzte – als Kommunist.

Als 1848 der Bürgerkönig gestürzt, das allgemeine Wahlrecht eingeführt und die Zweite Republik ausgerufen wurde, war George Sand demonstrierend und schreibend dabei. Ihre neugegründete Zeitschrift »La Cause du peuple« musste sie jedoch schon nach drei Nummern wieder einstellen – das allgemeine Wahlrecht hatte zum Sieg der konservativen Provinz über das fortschrittliche Paris geführt. Die brutale Niederschlagung des proletarischen Juniaufstands durch die Nationalgarde ein paar Monate später trieb sie in die Resignation. Seit der Zeit sei sie »Menschenfeindin«, schrieb sie an eine Freundin, und halte die Idee einer »brüderlichen Republik« für eine Utopie. Was sie nicht daran hinderte, sich für die einzusetzen, die noch immer glaubten, diesen Traum verwirklichen zu können. Als Louis Napoléon noch im Exil war, korrespondierte sie mit ihm und suchte ihn später auf, als er Präsident der Republik war, um sich für eine Amnestie zugunsten der in Haft sitzenden oder geflohenen Revolutionäre einzusetzen. Vier Jahre später allerdings, als er als Napoleon III. den Thron bestieg, brach sie die Beziehung ab und wies später auch alle Ehrungen des Zweiten Kaiserreichs von sich.

Durch ihre moralische und finanzielle Unterstützung der Republikaner wurde sie zu einer Instanz und zu einer Anlaufstelle in Europa. Sie war mit Bakunin und Mazzini befreundet und versteckte den in Deutschland zum Tode verurteilten Revolutionär Müller-Strübing in Nohant. Doch mit sozialkritischen Tendenzromanen war es im Zweiten Kaiserreich vorbei. Die Presse und auch ihre Briefe wurden jetzt zensiert. Sands späte Erzählungen und Romane sind ländliche Idyllen mit nur noch einem Anhauch von Sozialkritik. Sie konzentrierte sich auf ihre Memoiren (»Geschichte meines Lebens«, erschienen 1854/55) und widmete sich zusammen mit Sohn und Enkelinnen dem Marionettentheater, das sie auf Schloss Nohant eingerichtet hatte.

Als Flaubert mit seiner »Madame Bovary« in einen Prozess verwickelt wurde, ergriff sie in Zeitungsartikeln für ihn Partei und lud ihn 1863 zu sich ein: »Es ist nicht weit, ich bin auch immer anzutreffen, doch ich bin betagt, warten Sie nicht, bis ich kindisch werde.« Damit war zwischen den beiden in ihrer Einstellung zum Leben und in ihren künstlerischen Auffassungen so sehr verschiedenen Schriftstellern eine wunderbare Freundschaft eröffnet. Wir verdanken ihr einen der schönsten Briefwechsel des neunzehnten Jahrhunderts, vielleicht sogar der Weltliteratur. Als die Korrespondenz neun Jahre später mit dem Tod George Sands abbrach, schrieb der trauernde Flaubert: »Man musste sie so kennen, wie ich sie gekannt habe, um zu wissen, was alles an Weiblichem in diesem großen Mann war, welche unermessliche Zärtlichkeit in diesem Genie.«

Biografisches

Aurore Dupin, geboren am 1. Juli 1804 in Paris, kam nach eigener Einschätzung »rittlings zwischen den Klassen« zur Welt. Von der Vaterseite her war sie eine Ururenkelin Augusts des Starken, von der Mutter her »ein armes Kind der großen Stadt Paris«. Nur die Wirren der Revolution ermöglichten eine solche Ehe. Als ihr Vater 1808 verunglückte, riss der Graben zwischen den Klassen auf. Die aristokratische Großmutter Marie-Aurore de Saxe nahm Aurore zu sich auf Schloss Nohant. Nach einer wilden Kindheit und Jugend auf dem großelterlichen Landgut, wo Aurore sich angewöhnte, in Männerkleidern zu reiten, bekam sie eine solide Ausbildung durch Hofmeister, die in einem Kloster vollendet wurde. Beim Tod der Großmutter kam sie mit siebzehn Jahren unter die Fuchtel der ihr fremd gewordenen Mutter und tauschte diese Vormundschaft schnell gegen eine andere aus: Sie heiratete den mittellosen Landjunker Casimir Dudevant und bekam einen Sohn und eine Tochter. 1830 zog sie mit Jules Sandeau, einem republikanisch gesinnten Studentenfreund aus der heimatlichen Provinz Berry, nach Paris. Dort fasste sie als Journalistin Fuß und trat ab 1832 als Schriftsteller George Sand mit männlichem Anzug und Habitus auf. In späteren Jahren hat sie sich auch in Frauenkleidern und sogar mit Blumen im Haar malen und fotografieren lassen. Ihre Romane, ihr Auftreten und ihr Einsatz für eine gerechtere Gesellschaft machten sie in ganz Europa berühmt. Sie starb an einem Darmverschluss am 8. Juni 1876 auf Schloss Nohant, das heute eine Gedenkstätte ist.

Leseempfehlung

»Geschichte meines Lebens«. Herausgegeben von Renate Wiggershaus. Enthält Auszüge aus den drei Werken »Lettres d'un voyageur«, »Un hiver à Majorque« und »Histoire de ma vie«. Aus dem Französischen von L. Meyer, Ulrich Krebs und Claire von Glümer.
»Gustave Flaubert–George Sand. Eine Freundschaft in Briefen«. Aus dem Französischen von Annette Lallemand, Helmut und Tobias Scheffel.

Gunhild Kübler

DIE ERSTE

Sappho *um 617–um 560 v. Chr.*

Die Dichterin Sappho aus Griechenland war, wieder einmal, verliebt. Seit Tagen ging ihr die anmutige Gestalt nicht aus dem Kopf. Wenn sie allein war, wanderten ihre Gedanken unwillkürlich zu dem Bild des schönen jungen Mädchens, fast noch ein Kind, das seit Kurzem bei ihr lebte. Es stammte aus Kleinasien, seine Eltern hatten es zur Ausbildung auf die griechische Insel Lesbos geschickt. Dort, auf dem Anwesen der Dichterin Sappho, das im Hinterland der Inselhauptstadt Mytilene lag, sollte es im Kreis anderer Mädchen und Schülerinnen eine musisch-kultische Ausbildung erfahren, eine Art ästhetische Erziehung als Vorbereitung auf die Ehe. Vor ein paar Wochen war das Mädchen aus Kleinasien mit dem Schiff auf Lesbos angekommen, und seitdem ruhte das Auge der Hausherrin und Lehrmeisterin Sappho mit besonderem Wohlgefallen auf seiner Gestalt. Wenn sich das Mädchen in ihrer Nähe aufhielt, vor ihr in einer Gruppe Gleichaltriger im Garten saß, sang und musizierte, schaute Sappho immer wieder unauffällig in seine Richtung. Wie alle Verliebten hoffte sie auf einen Blick, der ihre Gefühle erwiderte. Wie alle Verliebten hoffte sie, die Aufmerksamkeit der heimlich Angebeteten zu erregen, ohne sich allzu sehr lächerlich zu machen.

War es so? Wir nehmen es an, wissen es aber nicht. Wir wissen auch nicht, ob Verliebtheit für den Gefühlszustand, dem Sappho sich vor zweieinhalbtausend Jahren hingab, das passende Wort ist. Sie war hingerissen, hingezogen. Sie war in erotischer Verzückung, aber sie empfand Eros als das begeisterte Schwärmen einer Lehrerin für eine besonders begabte Schülerin, als Ekstase eines sinnlich-pädagogischen Lebensgefühls. Spielten Sexualität und sexuelles Begehren dabei eine Rolle? Wohl ja, aber welche genau, ist seriöserweise nicht zu entscheiden.

Sappho von Lesbos gilt als die erste Dichterin unserer Kulturgeschichte, ihre formal meisterhaften Liedverse definieren den Beginn abendländischer Dichtung. Ebenso gilt sie als Urmutter und Schutzherrin homosexueller Frauenliebe – dies aber nur halb zu Recht. Einige ihrer Verse, die sich im Lauf der Jahrhunderte an ihren Namen knüpften, lassen den Schluss zu, dass Sappho bis ins Alter auch für Männer schwärmte. Als junge Frau hatte sie im Übrigen geheiratet, einen wohlhabenden Geschäftsmann von der Insel Andros, und sie hatte ein Kind mit ihm, die Tochter Kleis. Vermutlich starb dieser Ehemann früh, unter welchen Umständen, ist nicht bekannt. Vielleicht verschwand er auch einfach aus Sapphos Leben. Im heutigen Image der Dichterin spielt er keine Rolle mehr. Aus Sappho von Lesbos wurde im Lauf von zweieinhalbtausend Jahren die lesbische Sappho. Mag sie Frauen nur platonisch geliebt haben oder auch sexuell – die Festlegung auf das eine oder andere wird ihr so wenig gerecht wie ihrer Zeit. Denn die Zeit, in der Sappho lebte, betrachtete die Knaben- wie die Mädchenliebe als eine keineswegs skandalöse pädagogische Voretappe der Geschlechterliebe.

Die Gefühlswelt des antiken Menschen ist uns nur begrenzt zugänglich. Für seine Bewusstseinswelt indes gilt dies noch mehr. Denn so vertraut uns Sapphos Wunsch erscheint, sich in ihrer, nennen wir es: Verliebtheit an eine gute Freundin zu wenden, mit ihr Liebeshoffen, Liebeszagen zu besprechen und sich Rat zu holen, so fremd ist uns die Vorstellung, dass es sich bei einer solchen Freundin um eine Göttin handelt. Nichts anderes aber war Aphrodite für die Dichterin Sappho: Göttin und persönliche Freundin zugleich. Die antiken Götter lebten in der Nähe des Menschen, sie kamen, wenn es nötig war, auf ein Gespräch vorbei, machten sich bei Gelegenheit sogar nützlich. In einem ihrer Gedichte erzählt Sappho von Hermes, der bei der Hochzeit der Thetis eigenhändig Ambrosia ausgeschenkt habe.

Und nur vor dem Hintergrund dieser Atmosphäre eines intimen und persönlichen Umgangs mit den Göttern ist eines der berühmtesten Gedichte Sapphos zu verstehen, eine Ode an die Göttin Aphrodite, in der sie die himmlische Freundin bittet, sich herzubemühen und ihr bei der Lösung ihres kleinen Liebesproblems zu helfen. Es ist eines von nur zwei Gedichten Sapphos, die der Nachwelt in vollständiger Form überliefert sind. Eine Kostbarkeit auch deshalb, weil die Aphrodite-Ode Auskunft gibt über Versmaß und Reimtechnik, die Sappho verwandte. Das Gedicht hat sieben Strophen, jede Strophe besteht aus vier elfsilbigen Zeilen, von denen die drei ersten metrisch gleich gebaut sind. Die erste Zeile der ersten Strophe lautet: »*Poikilóthron' áthanat' Aphrodíta*«, dies lautet in der Übersetzung Joachim Schickels: »Bunten Thrones ewige Aphrodite«.

Sappho huldigt ihrer Göttin also, wenn sie das Wort an sie richtet, betont, dass Aphrodite auf einem Thron sitzt, und dies für ewig. Ein bisschen schmeichelt sie ihr sogar, sie will sie schließlich anlocken und zum Zwiegespräch verführen:

> Bunten Thrones ewige Aphrodite,
> Kind des Zeus, das Listen flicht, ich beschwör dich
> nicht mit Herzweh, nicht mit Verzweiflung brich mir,
> Herrin, die Seele.

> Nein, komm hierher, so du auch früher jemals
> meinen Ruf vernommen und ganz von ferne
> hörtest drauf und ließest des Vaters Haus, das
> goldene, und kamst, den

> Wagen im Geschirre. Dich zogen schöne
> schnelle Spatzen über der schwarzen Erde,
> flügelschwirrend, nieder vom Himmel durch die
> Mitte des Äthers,

> gleich am Ziele. Du aber, Selig-Große,
> lächeltest mit ewigem Antlitz und du
> fragtest, was ich wieder erlitten, was ich
> wiederum riefe ...

Der Inhalt des Gedichts ist ganz konkret zu verstehen, er zeugt von einem ausgesprochen selbstbewussten wie praktischen Verhältnis Sapphos zu ihrer Göttin. Nachdem sie ihren Rang gewürdigt hat, nimmt sie Aphrodite schon in der zweiten Zeile der ersten Strophe vorsichtig in die Pflicht und erinnert daran, dass die Göttin gelegentlich ja »Listen flicht«. Mit einer solchen List, heißt das im Klartext, soll Aphrodite doch auch jetzt zur Stelle sein. Und Aphrodite hört den Ruf und kommt. Strophe für Strophe werden ihr Weg, den sie mit dem Wagen »vom Himmel« herunter zurücklegt, ihre Annäherung, »gleich am Ziele«, und schließlich, am Ende der vierten Strophe, ihre Ankunft bei der Dichterin beschrieben. Aphrodite ist da, lächelt und fragt, was wieder los ist, was Sappho »wieder erlitten« hat.

Lyrik wurde zu Sapphos Zeiten nicht in stiller Zurückgezogenheit genossen. Sie hatte Gesellschaftscharakter, sie wurde vor Publikum vorgetragen, und sie war vertont. Sapphos Verslieder wurden gesungen und von einem Saiteninstrument begleitet, einer Phorminx, einer Lyra, einer Kithara, dazu gab es noch kleinere Instrumente wie Barbiton, Pektis und Magadis. Reine Lesepoesie ist eine Erfindung späterer Epochen. So wurde vermutlich auch die Aphrodite-Ode von Sappho vor Zuhörerinnen vorgetragen, und vermutlich handelte es sich dabei um eben jene Mädchen und Schülerinnen, in deren Kreis sich diejenige befand, an deren Verführung sich die Göttin mit Rat und Tat beteiligen sollte. So hat das Gedicht zwei Adressatinnen und verfolgt auf raffinierte Weise zwei strategische Ziele, wobei das offensichtliche Ziel, die Herbeirufung Aphrodites, das verborgene Ziel, die Liebeserklärung an das zuhörende Mädchen, charmant verdeckt. Ab der fünften Strophe nehmen die Verse einen auffallend resoluten Ton an. Jetzt, da sie angekommen ist, verwendet die Dichterin ihre Göttin als eine Art Pressesprecherin und legt ihr die entscheidenden Sätze in den Mund, daher die Anführungszeichen, und lässt sie fragen: Wer ist es denn, wen willst du verführen und wie packen wir das an?

> ... was ich maßlos wünschte, dass mir geschähe,
> rasend in der Seele. »Ja wen soll Peitho
> deinem Liebeswerden verführen, wer, o
> Sappho, verschmäht dich?
>
> Ist sie heut noch flüchtig, wie bald schon folgt sie,
> ist sie Gaben abhold, sie selbst wird geben,
> ist sie heut noch lieblos, wie bald schon liebt sie,
> auch wenn sie nicht will.«
>
> Komm zu mir auch jetzt; aus Beschwernis lös mich,
> aus der Wirrnis; was nach Erfüllung ruft in
> meiner Seele Sehnen, erfüll. Du selber
> hilf mir im Kampfe.

Als die Dichterin Sappho diese Verse verfasste, führte sie, auch nach unseren heutigen Maßstäben, das Leben einer selbständigen, beruflich erfolgreichen, allseits respektierten Frau. Sie genoss eine weit über die Insel Lesbos hinausreichende Prominenz. Sappho leitete eine Art informelle Privatakademie für junge Mädchen. Diese kamen aus dem Elternhaus für eine Weile zur ihr, um in allen Bereichen musischen, kultischen und ästhetischen Wissens unterrichtet zu werden. Sie genossen Spracherziehung, lernten singen und musizieren; sie erlernten die Rituale und Zeremonien der Götterverehrung; sie erlernten aber auch lebenspraktische Kulturtechniken wie das seitliche Hochraffen der bodenlangen Gewänder, aus dem der elegante, kaskadenförmige Faltenwurf entstand, den wir auf antiken Skulpturen bewundern. Der Funktion nach war Sapphos Mädchenakademie eine Brautschule. Denn sie bereitete die Mädchen in erster Linie auf ihre Hochzeit und ihre Ehe vor, die meist arrangiert war. In vielen Fällen war das Hochzeitfest der Abschluss der Ausbildung und das Ende des Aufenthaltes der Mädchen auf dem Landsitz von Sappho. Zu deren Aufgaben gehörten auch die Inszenierung und die Organisation des Festes bis hin zur Einrichtung des Schlafgemachs der beiden Hochzeiter. Natürlich sorgte Sappho auch für den musikalischen Rahmen, trug vermutlich selbst Lieder und Verse für die Hochzeitsgesellschaft vor. So darf man annehmen, dass es sich bei einem beträchtlichen Teil ihres Werkes um Hochzeitlieder handelte, die sie als Auftragsarbeiten verfasste – ein vielleicht auch kommerzieller Aspekt der Kunst, der vor zweieinhalbtausend Jahren nicht im Geringsten als schmählich empfunden wurde.

Sapphos Mädchenakademie dürfte die bekannteste auf der Insel Lesbos gewesen sein, aber sie war nicht die einzige. Mindestens zwei weitere kultivierte Griechinnen gesetzten Alters unterhielten private Bildungsstätten für angehende Bräute. Der Markt, auf dem Sappho sich betätigte, war umkämpft. Zwischen den Unternehmerinnen herrschte Konkurrenz. Mehrmals musste Sappho erleben, dass sie eine besonders geliebte Schülerin an eine Rivalin verlor. Verluste, die sie schmerzten und der Eifersucht auslieferten, als hätte sie tatsächlich eine Geliebte verloren – was das betreffende Mädchen, in einer engen Auslegung des Eros-Begriffs, vielleicht tatsächlich ja auch war.

Von Platon bis Friedrich Schlegel, von Horaz bis MARIE LUISE KASCHNITZ wurden die Klarheit, die sinnliche Bildlichkeit ihrer Sprache, die zugleich strenge und elastische Form ihrer Verse gepriesen. Überliefert sind diese indes fast ausschließlich in Fragmenten, oftmals nur als Zitate von Nachfahren. Wir kennen ihr Werk fast nur aus indirekten Quellen. Sappho ist die bekannteste Unbekannte der Weltliteratur und eben dadurch seit zweieinhalbtausend Jahren wie geschaffen für Legenden und Projektionen. Das tatsächliche Wissen über ihr Leben, ihre Lebensdaten und Lebensumstände ist schmal. Reiseführer, die den Felsen zeigen, von dem herunter sie sich ins Meer gestürzt haben soll, sind mit Vorsicht zu genießen. Denn wie sie wirklich starb, ist durch keine historische Quelle verbürgt. So viele Sappho-Bilder es aus späteren Epochen auch gibt, keines sagt etwas über ihre wirkliche Erscheinung aus. Anders als die Phantasie es möchte, war Sappho wohl keineswegs eine klassische Schönheit und entsprach auch nicht dem Schönheitsideal ihrer Zeit. Eben darüber beklagte sie sich gelegentlich. Sie war, dies darf vermutet werden, recht klein und recht dunkelhäutig, ein Hinweis darauf, dass sie von der Urbevölkerung ihrer Insel abstammte.

Um 800 v. Chr. wurde Lesbos von dem griechischen Volksstamm der Äolier besiedelt, etwa fünfzig oder hundert Jahre später traten Homer und Hesiod, die Giganten der epischen Versdichtung, in Erscheinung. Bis zur Erfindung der Lyrik, dieser kleinen, persönlichen Ausdrucksform, dauerte es noch ein oder zwei Jahrhunderte. Es gab zu Sapphos Zeiten wohl eine Handvoll anderer griechischer Lyriker, aber keinen, dem gelang, was Sappho auf rätselhafte Weise vollbrachte: wie aus dem Nichts heraus Verse von einem formalen Anspruch zu gestalten, die in einem Rang stehen mit den Gedichten aus den Glückszeiten der Lyrikgeschichte. Die Erfindung der Lyrik, für die der Name Sappho steht, verdankt sich indes einer Veränderung der antiken Bewusstseinswelt: der Entdeckung des Individualismus. Der Wertschätzung der Erfahrung des Einzelnen und der Wertschätzung des Ausdrucks dieser Erfahrung.

Gleichzeitig mit der Lyrik indes trat in Sapphos Epoche eine andere, politische Form des Individualismus auf den Plan: die Tyrannis, die Willkürmacht des Einzelnen. Eben diese Macht bekam Sappho zu spüren. Als Angehörige einer einflussreichen Adelsfamilie von Lesbos wurde sie in Machtkämpfe verwickelt und zweimal von dem regionalen Tyrannen Pittakos verbannt: im Jugendalter an einen Küstenort von Lesbos, ein paar Jahre später auf das griechisch kolonisierte Sizilien. Fast ein Jahrzehnt verbrachte Sappho im sizilianischen Exil. Als sie mit ihrer Tochter nach Lesbos zurückkehrte, war sie bereits eine Frau in der Lebensmitte und eröffnete auf dem alten Landsitz der Familie ihre Mädchenakademie. Sie lebte vom Kostgeld, das ihr die Eltern der Mädchen zahlten. Ob sie auf Sizilien bereits Gedichte schrieb – man weiß es, wie so vieles von ihr, nicht. Vorstellbar indes ist, dass ihr Werk ursprünglich aus der Sehnsucht der Exilantin nach der verlorenen Heimat entstand. Damit stünde Sappho, die Singuläre, in der Literaturgeschichte nicht allein da.

Biografisches

Die griechische Dichterin Sappho wurde vermutlich zwischen den Jahren 617 und 612 v. Chr. auf der Insel Lesbos geboren. Ihre Lebenszeit fiel in die sogenannte archaische Epoche Griechenlands, die der eigentlichen griechischen Klassik und der Begründung der in Athen zentrierten Polis-Demokratie vorausging. Sappho entstammte einer vornehmen Familie, sie hatte drei Brüder und war in jungen Jahren mit einem Handelsunternehmer von der Insel Andros verheiratet, über den wenig bekannt ist. Von ihm hatte sie eine Tochter. Infolge politischer Wirren und Machtkämpfe, in die ihre Familie verwickelt war, wurde Sappho zweimal in die Verbannung geschickt, zunächst als knapp Zwanzigjährige an einen Küstenort von Lesbos, dann nach Sizilien, wo sie etwa ein Jahrzehnt im Exil lebte. Nach ihrer Rückkehr nach Lesbos, vermutlich 586 oder 585 v. Chr., unterhielt Sappho auf ihrem ländlichen Anwesen in der Nähe der Inselhauptstadt Mytilene ein privates Bildungsinstitut für junge Mädchen, die sie in Künsten und kultischen Riten unterwies. Sappho starb, nach antiker Lebenszeitrechnung als hochbetagte Frau, zwischen den Jahren 570 und 560 v. Chr.

Leseempfehlung

»Sappho. Strophen und Verse«. Herausgegeben und aus dem Griechischen von Joachim Schickel.

Ursula März

MENSCHEN OHNE NAMEN

Nathalie Sarraute *1900–1999*

Sie schrieb ihre Romane nicht zu Hause am Schreibtisch, sondern im Café. Dutzende von Schriftstellern haben bekanntlich so gearbeitet, im Schaufenster der Gesellschaft und doch ganz für sich, umgeben von Zigarettenqualm und Kaffeeduft. Aber wohl niemand mit solch bürokratischer Regelmäßigkeit und Disziplin wie die Französin Nathalie Sarraute. Jeden Morgen – wenn sie sich nicht in ihrem Landhaus in der Nähe von Paris aufhielt – verließ Nathalie Sarraute gegen neun Uhr ihre Wohnung in der Pariser Innenstadt, setzte sich an den Ecktisch eines Bistros, dachte nach, rauchte und schrieb. Von Viertel nach neun bis Viertel nach zwölf. Jahrzehntelang, bis sie sich in den achtziger Jahren zu gebrechlich für den Fußweg ins Bistro fühlte.

Natürlich wurde sie oft gefragt, warum. Warum sie ein lautes, etwas schäbiges Lokal ihrer großzügigen eleganten Wohnung, von der aus sie direkt auf den Eiffelturm sehen konnte, als Arbeitsplatz vorzöge. Sie schätze es, antwortete Nathalie Sarraute gelegentlich, in das diffuse Schriftstellerdasein die Werktagsordnung von Menschen einzuführen, die morgens akkurat bekleidet das Haus verlassen, im Büro ihr Pensum erledigen und wieder nach Hause zurückkehren. Außerdem fühle sie sich im Bistro nicht so einsam wie zu Hause, aber dennoch ungestört. Ob es sich, wurde sie auch gefragt, tatsächlich um ein libanesisches Bistro handele? Nein, antwortete die studierte Juristin mit der ihr eigenen Genauigkeit, nicht um ein libanesisches Bistro im strengen Sinn, sondern um ein französisch geführtes Bistro, in dem allerdings sehr viele libanesische Emigranten verkehrten. Sie sitze beim Schreiben eben gern mitten im Menschen- und Stimmengewirr. Mitten in einer Szenerie also, in der sich alles mischt. Bekannte Sprachen mit fremden Sprachen. Gesprächsfetzen mit Geschrei. Gelächter mit Gewisper. Unwillkürliche Reflexe der Körper mit kontrollierten Gesten. Gewählte Worte mit Gemeinplätzen.

Wer Nathalie Sarrautes Bücher kennt, der ahnt wohl, auf welche Erfahrung es ihr in erster Linie ankam, wenn sie so in ihrem Stammbistro saß, vor sich das Schreibheft, um sich fremde Menschen, die sich morgens ein Gläschen gönnten: auf die Erfahrung, wie sich das Individuelle des Menschen in der Strömung des allgemeinen Geschehens verliert. Und: wie das Allgemeine die Züge des Anonymen annimmt. Diese Erfahrung lag in den ersten Jahrzehnten des zwanzigsten Jahrhunderts gleichsam in der Luft. Die Psychologie hatte das Unbewusste entdeckt. Die Elektrotechnik die unsichtbaren Energien der drahtlosen Funk- und Radioübertragung. Die Soziologie das Phänomen der gesichtslosen Masse. Die Philosophie das sogenannte »man«. Und die Literatur den Unterschied zwischen dem geordneten Dialog und dem ungeordneten Gedanken- und Assoziationsgewusel des Inneren Monologs im Kopf der Figuren.

Kein anderer Schriftsteller aber hat die Erfahrung der Anonymität so früh und so konsequent in ein Erzählprinzip verwandelt wie Nathalie Sarraute. Es ist, buchstäblich von ihrem ersten veröffentlichten Text an, der Ansatzpunkt ihrer Literatur. Nur konnte, als 1939 ihr erstes Buch – oder vielmehr ein dünnes Büchlein aus vierundzwanzig Prosaabschnitten – in Frankreich erschien, kaum jemand etwas damit anfangen. Die paarhundert gedruckten Exemplare blieben in den Buchhandlungen liegen, die wenigen Rezensionen, die in französischen Zeitungen erschienen, drückten allenfalls Verwunderung aus. Zu merkwürdig war dieses Büchlein einer jüdischen Rechtsanwältin, die noch ein paar Jahre zuvor als Strafverteidigerin an einem Pariser Gericht tätig gewesen war. Merkwürdig allein der Titel: »Tropismen«. Was sollte das bedeuten? Tropismen ist ein Begriff aus der Biologie. Er bezeichnet Bewegungen pflanzlicher, niedrigster vegetativer Organismen auf Außenreize hin, auf Licht, Druck oder Temperatur. Was aber haben Tropismen, was haben die Reflexe von Pflanzen mit den

Geschichten zu tun, die denkende und fühlende Menschen erleben? Schon die erste Prosaseite von »Tropismen« beantwortet die Frage. Denn dieser poetische Text beschreibt Menschenwesen nicht nur in der allgemeinen Pluralform als »sie«. Er betrachtet Menschenwesen in einer gleichsam vegetativen Bewegungsweise:

»Überall scheinbar quollen sie hervor, ausgekrochen aus der lauen, etwas feuchten Luft, sie flossen langsam hin, als hätten die Mauern sie ausgeschwitzt, oder die umgitterten Bäume, die Bänke, die schmutzigen Trottoirs, die Parks. In langen düsteren Trauben zogen sie sich zwischen den toten Fassaden der Häuser hin. Ab und zu bildeten sie vor den Auslagen der Kaufhäuser festere Knoten, die sich nicht bewegten und, wie leichte Stauungen, Strudel verursachten.«

Quantitativ, vom schieren Umfang her, ist Sarrautes Werk nicht unbedingt groß zu nennen. Zwischen 1939 und 1997, als Nathalie Sarraute mit dem ebenfalls schmalen Text »Aufmachen« den Vorhang ihrer schriftstellerischen Tätigkeit schloss, entstanden nicht mehr als zwanzig Bücher. Darunter auch Sammelbände ihrer Theaterstücke und Hörspiele und jener 1953 veröffentlichte literaturtheoretische Essayband, mit dessen Titel nicht nur der Name Nathalie Sarrautes bis heute eng verknüpft ist, sondern eine ganze Geisteshaltung ihrer Epoche: »Zeitalter des Misstrauens«. Sie schrieb langsam, ließ sich Zeit zwischen dem einen und dem nächsten Satz. Bisweilen kam sie mittags nur mit ein paar neuen Zeilen nach Hause. Sie ließ sich auch zwischen ihren Veröffentlichungen Zeit – drei, vier, fünf oder sogar sechs Jahre. Ein einziges Buch Nathalie Sarrautes aber genügt, um festzustellen, dass dies, qualitativ gemessen, das Werk einer literarischen Solistin ist. Einer Einzelgängerin der Moderne, die vom Bistrotisch aus eine ebenso abenteuerliche wie unbescheidene Expedition unternahm – mit dem Ziel, auf der Landkarte der Gattung Roman einen unbekannten Kontinent zu erforschen. Sie hat ihn erforscht. Sie schrieb Romane, in denen das Sichtbare, Hörbare, Sprachliche des Menschen eine Einheit bilden mit dem Unsichtbaren, Unhörbaren, Vorsprachlichen.

Über alle literarische Meisterschaft hinaus kommt Sarrautes Werk eine noch seltenere Sensation zu: die Erfindung des Neuen. Ihr Stammbistro war ihr Forschungslabor. Zwischen den Libanesen und Franzosen brachte Nathalie Sarraute Prosa zu Papier, wie es sie zuvor noch nicht gegeben hatte. Einfach gesagt: Die Schriftstellerin, die in den neunundneunzig Jahren ihres Lebens mit keiner einzigen Schlagzeile aus ihrem Privatleben oder mit spektakulären Auftritten von sich reden machte, die sich immer etwas distanziert und distinguiert, dem Literaturbetrieb gegenüber skeptisch, gelegentlich ziemlich sarkastisch verhielt, diese Schriftstellerin schlug in der Literaturgeschichte ein neues Kapitel auf. Glänzende, interessante oder zumindest unterhaltsame Schriftstellerinnen sind, entlang des zwanzigsten Jahrhunderts, in einer langen Reihe aufzählbar.

Die Reihe derer indes, die im Maschinenraum der europäischen Literatur neue Formen, neue Techniken erfanden, wirkliche Avantgardistinnen waren, schul- und traditionsbildend wirkten, diese Reihe ist vergleichsweise kurz. GERTRUDE STEIN gehört ihr an, VIRGINIA WOOLF und eben: Nathalie Sarraute. So waren, von Woolf abgesehen, die Vorläufer, Kollegen und Geistesverwandten, auf die sich Sarraute bezog, männlichen Geschlechts. Sie sah sich in einer Runde mit Proust und Joyce, Dostojewski, Faulkner und Kafka. Dies ist die Tafelrunde, deren Verdienste um die Modernisierung des Romans sie in ihren Essays der vierziger und fünfziger Jahre, im »Zeitalter des Misstrauens«, analysierte – und historisierte. Sie verstand sich als Erbin, deren Aufgabe darin bestand, das Erbe weiterzuentwickeln. Sie dankte Kafka für die Einführung eines neuen Menschenbildes in die Literatur, das Bild vom absurden Menschen. Und schuf selbst ein neues: das Bild vom anonymen Menschen. Wie aktuell, wie kulturgeschichtlich bedeutsam dieses Bild ist, wussten erst Sarrautes Nachfahren wirklich zu schätzen, die Angehörigen des Medienzeitalters, die sich in anonymen Realitäten, in anonymen Datenströmen und zwischen anonymen Zeichen bewegen.

Ein einziges Buch aus dem Werk Sarrautes genügt allerdings auch, um festzustellen, dass es sich hierbei um eher schwierige, ja sperrige Literatur handelt, die nichts bietet, was vom Erzählen gemeinhin erwartet wird. In Sarrautes Romanen treten Menschen auf, die weder einen Namen haben noch das, was man persönlichen Charakter oder Subjektivität nennt. Ebenso wenig sind sie mit sozialer oder lebensweltlicher Kontur ausgestattet. Sie sind einfach da – als stimmliche, gestische, habituelle und psychische Erscheinungen. In Nathalie Sarrautes Romanen werden auch keine Geschichten erzählt, gibt es keine Handlung im üblichen Sinn. Es gibt keine Zeit- und Ortsangaben, keine historisch wiedererkennbaren Umstände. Dennoch geschieht ziemlich viel. Es handelt sich dabei um Dramen und Komödien – nur auf minimaler und minimalster Größenordnung. Um Vorgänge aus dem Mikrokosmos der menschlichen Existenz. Um, beispielsweise, das Kratzen eines Fingernagels auf der Oberfläche eines Buttermessers während eines gesellschaftlichen Abendessens.

In fast jedem anderen Roman eines anderen Schriftstellers wäre das Gekratze mit einem Halbsatz erledigt. Bei Sarraute wird daraus ein halbes Dutzend Prosaseiten, wird der Kratzvorgang zum Anlass einer Art Indizienermittlung, der nichts, nicht die kleinste Nuance, nicht das unsichtbarste Element aus der Wirklichkeitssumme dieses einen Moments, dieser einen Sekunde entgeht. Sarraute betrachtet das Leben durchs Vergrößerungsglas und beschreibt es in einer Dehnung der Zeit, die dem Stillstand nahekommt. Man wüsste ohne Sarraute kaum, was es über die Begegnung eines weiblichen Fingernagels mit einem silbernen Buttermesser alles zu sagen gibt. Das Kratzen am Metall kann den Lack auf dem Nagel der Frau zerstören, die mit der anderen Hand gerade ein

Stück Weißbrot in den Mund schiebt. Vielleicht entsteht nur ein Riss im Nagellack, vielleicht reißt ein gezacktes Stück aus dem Farboval. Das Kratzen kann der unwillkürliche Ausdruck eines aggressiven Impulses sein, der sich plötzlich, während rundherum gespeist, geplaudert und gelächelt wird, in den Gehirntiefen der Frau aus einer Zorneswallung gelöst hat. Es kann aber auch ein frühkindliches, Nähe suchendes Kratzen sein, dessen Geschichte zurückführt ins Stadium des Neugeborenen, das ohne Berührung bekanntlich ebenso wenig überleben kann wie ohne Nahrung. Oder das Kratzen ist ein Indiz für beides, für Zorn und infantile Verzweiflung. Weil sich beides in der Frau regt, als ein Satz ihres Tischnachbarn in ihr Ohr dringt, auf den sie keine Antwort weiß. Ein Satz aus einem Chor von Sätzen, die gleichzeitig rund um den Tisch gesprochen werden.

Eine »Phänomenologin des Geschwätzes« wurde Nathalie Sarraute gelegentlich genannt. Eine Detektivin des Geschwätzes könnte man sie ebenso gut nennen. Denn eine Tendenz zur Verhörsituation zeigen eine Reihe ihrer Romane. Zu der Situation der misstrauischen Strafverteidigerin Sarraute, die in den dreißiger Jahren straffälligen Mandanten gegenübersaß und zwischen dem, was man ihr sagte, das heraushörte, was man ihr verschwieg. Ihre Spezialität war die Protokollierung des Unterschwelligen. Sie nannte es »sous-conversation«, jenes sprechende Schweigen zwischen den Worten, dessen Inhalt sich nicht nur bei Kriminellen von der eigentlichen »conversation« erheblich unterscheiden kann. Aus dem Unterschied entsteht Komik, und komisch, regelrecht satirisch sind einige Bücher Nathalie Sarrautes, bei aller ästhetischen Strenge. In dem Roman »Die goldenen Früchte« aus dem Jahr 1963 zog Sarraute die große Geschwätzmaschine der französischen Intelligenzija durch den Kakao. Der Roman gibt das Hörspiel einer fiktiven Party von Bildungsbürgern und Möchtegerngebildeten wieder. Hauptthema der Gesellschaft ist ein gerade in Paris erschienener Bestseller, der die Gemüter erhitzt. Von den einen verdammt, wird das Buch von anderen in den Himmel gelobt. Dann wendet sich das Blatt, die Lobhudler werden zu Verdammern, und am Ende ist es wieder umgekehrt.

Natürlich machte sich Sarraute in »Die goldenen Früchte« rückblickend über ihren eigenen Fall lustig. Den Fall einer Schriftstellerin, die erst als unklassifizierbar gilt, ignoriert, kaum gelesen und dann plötzlich, gleichsam über Nacht, als Anführerin einer ganzen literarischen Bewegung gehandelt wird. Die Bewegung hatte den Namen Nouveau Roman, neben Sarraute wurden ihr vor allem Michel Butor, Alain Robbe-Grillet und Claude Simon zugerechnet. Die Geburtsstunde der Bewegung ist das Jahr 1957: Gleichzeitig erschienen in diesem Jahr »Die Jalousie« von Robbe-Grillet und, fast zwei Jahrzehnte nach der Erstveröffentlichung, noch einmal, überarbeitet, Sarrautes »Tropismen«. Ein

Publikumserfolg waren Sarrautes Romane noch lange nicht, sie wurden es auch nie. Aber jetzt befanden sie sich auf dem Monument der Moderne.

Die Verzögerung der schriftstellerischen Biografie Nathalie Sarrautes – als sie berühmt wurde, näherte sie sich bereits dem sechzigsten Geburtstag, hatte drei erwachsene Töchter und gerade ein halbes Dutzend Bücher verfasst – hat wohl verschiedene Ursachen, politische wie persönliche. Ausschlaggebend aber ist vor allem eines: Erst nach 1945, erst nach dem Ende des Nationalsozialismus und, ein rundes Jahrzehnt später, nach dem Ende des Stalinismus, wurde der Bezug zwischen Sarrautes Bild vom anonymen Menschen und dem Anonymisierungsprinzip der Totalitarismen sichtbar. Erzählerisch spielen Zeitgeschichte und Historie in Nathalie Sarrautes Romanen selbstredend nicht die geringste Rolle. Aber von der Essenz ihrer Literatur, von ihrem literarischen Umgang mit namen- und beinahe identitätslosen Menschen führt ein direkter Weg zum Mechanismus des sowjetischen Gulag und der deutschen Konzentrationslager. In deren Höllen waren Menschen nicht Menschen, sondern Nummern. Was für Franz Kafka gilt: die zivilisatorische Verdüsterung unter den Bedingungen totaler Macht erahnt und vorweggenommen zu haben, das gilt in gewisser Weise auch für Nathalie Sarraute. Schon ihre allerersten Texte beschreiben jenen Riss im Menschenbild, der in der historischen Realität furchtbare Gestalt annahm.

Sie kannte Namenlosigkeit. Genauer gesagt: Sie kannte den Verlust des eigenen Namens. Und sie kannte die Anonymisierung der eigenen Person. Denn Nathalie Sarraute hieß so nicht immer. Sie kam als Natascha Černiak auf die Welt. Als Russin, nicht als Französin. Sie war die Tochter eines Chemikers, der in der russischen Stadt Iwanowo eine Farbstofffabrik leitete, und einer Unterhaltungsschriftstellerin, die ihre Romane unter Pseudonym veröffentlichte. Die Ehe ihrer Eltern darf man sich als langjährigen Rosenkrieg vorstellen, dem die Versorgung des gemeinsamen Kindes Natascha als Streitobjekt diente. Als sie vier Jahre alt war, trennten sich die Eltern. Natascha ging mit der Mutter in die Schweiz, von da aus nach Paris, von dort zurück nach Russland, nach Sankt Petersburg. Phasenweise hielt sie sich beim Vater auf, bis dieser schließlich aus politischen Gründen aus dem zaristischen Russland emigrierte, sich in Paris niederließ und die Tochter endgültig mitnahm. Natascha Černiak war, als ihre Verwandlung in die französischsprachige Nathalie Sarraute begann, acht Jahre alt. Über diese Zeit ihres Lebens, über diese Kindheitswirren, schrieb sie ihr einziges autobiografisches Buch, »Kindheit«, das 1983 erschien. Ein Roman, verfasst als erinnerungsskeptischer Selbstdialog, eher ein Selbstverhör, in dem Worte und Sätze geprüft, gewendet, verworfen und durch genauere Worte ersetzt werden. So viel literarische Methode dabei im Spiel sein mag, so stark ist doch der Eindruck anrührender Zartheit. »Kindheit«, ein Meisterwerk über das Kindsein im Allgemeinen, ist das einzige Buch Nathalie Sarrautes, das ein großes Publikum erreichte. Es ist indes, was den Bestsellererfolg erklärt, auch Sarrautes zugänglichstes Buch.

Sie hatte nicht nur zwei, sie hatte drei Namen. Im Jahr 1941 musste die Jüdin Nathalie Sarraute, geborene Natascha Černiak, vor den Nationalsozialisten aus Paris fliehen und tauchte bis 1944 unter dem Namen Nicole Sauvage in einem Dorf in der Normandie unter. Sie gab sich unter dem falschen Namen als Kinderfrau ihrer drei Töchter aus. In dieser Zeit verfasste sie ihren ersten längeren Roman, »Porträt eines Unbekannten«, der 1948 erschien, aber erst bei der Neuauflage neun Jahre später, 1957, Erfolg genoss. Befördert wurde der Erfolg von Jean-Paul Sartre. Er adelte den Roman mit einem berühmt gewordenen Vorwort, nannte ihn einen »Anti-Roman« und machte die Autorin mit dieser Zuschreibung keineswegs glücklich. Noch unglücklicher aber war sie darüber, dem Kollegium des Nouveau Roman zugerechnet zu werden. Zeitlebens dementierte sie, irgendeiner literarischen Bewegung anzugehören oder irgendjemand ähnlich zu sein. Am wenigsten war sie es der Generationsgenossin SIMONE DE BEAUVOIR, mit der sie dennoch eine kurze Zeit lang nach dem Zweiten Weltkrieg Freundschaft verband. Später verloren die Damen giftige Worte übereinander, einem Gerücht nach war Beauvoir eifersüchtig auf die engere Freundschaft zwischen Sartre und Sarraute. Mag dies Pariser Klatsch sein, Tatsache ist, dass sich zwei Schriftstellerinnen, ihr Leben, ihr Werk, ihre Persönlichkeit betreffend, kaum stärker unterscheiden können als Beauvoir und Sarraute. Während die eine, Beauvoir, eine öffentliche Existenz führte und sich die Offenlegung ihres Lebens und ihrer amourösen Wechselfälle zur Aufgabe machte, hielt sich die Biografie der anderen an das Muster von Kontinuität und Diskretion. Nathalie Sarraute wohnte – dies weiß man, aber viel darüber hinaus nicht – sieben Jahrzehnte in derselben Wohnung und war ebenso lang mit demselben Mann verheiratet. Dies spricht für den Glücksfall einer harmonischen Ehe. Dafür spricht auch Sarrautes gelegentliche Mitteilung, ihr Ehemann sei nicht nur ihr erster, sondern auch ihr wichtigster Leser, oder vielmehr ihr Zuhörer. Sie las ihm abends vor, was sie geschrieben hatte. Meistens schwieg er kommentarlos, und an der Art seines Schweigens erkannte sie, ob und in welcher Art er einverstanden war.

Biografisches

Nathalie Sarraute wurde am 18. Juli 1900 als Natascha Černiak in der russischen Stadt Iwanowo geboren. Über den Zeitpunkt, wann ihre Eltern sich trennten, ab wann sie mit dem Vater in Paris lebte, gibt es abweichende Angaben. Sehr wahrscheinlich ist jedoch, dass sie ab dem achten Lebensjahr in Paris aufwuchs. Sie genoss eine breite akademische Ausbildung, studierte Anglistik an der Sorbonne, Geschichte in Oxford, zwei Jahre lang Soziologie in Berlin und schließlich von 1922 bis 1925 Jura in Paris. Nach dem Studium arbeitete sie als Rechtsanwältin, kehrte aber nach dem Ende des Zweiten Weltkriegs nicht in diesen Beruf zurück. Seit 1925 war Nathalie Sarraute mit dem Juristen Raymond Sarraute verheiratet. Die Ehe hielt bis zum Tod ihres Mannes Anfang der neunziger Jahre. Sie war Mutter von drei Töchtern, die 1927, 1930 und 1933 zur Welt kamen. Fotografien nach zu urteilen, blieb Nathalie Sarraute nicht nur ihren Lebensumständen, ihrem Stammbistro und ihrer Pariser Wohnung über Jahrzehnte hinweg treu, sondern auch ihrer Frisur, einem seitlich gescheitelten, zum Kinn reichenden geraden Haarschnitt. Ihr Grab befindet sich in dem Dorf Cherence in der Normandie, wo Nathalie Sarraute ein Landhaus besaß – in der Umgebung jenes Dorfes, in dem sie während der deutschen Besetzung Frankreichs untergetaucht war. Die Lebenszeit Nathalie Sarrautes, die dem zwanzigsten Jahrhundert ein neues literarisches Gesicht gab, erreichte fast die Dauer dieses Jahrhunderts. Nathalie Sarraute starb am 19. Oktober 1999 in Paris.

Leseempfehlung

»*Tropismen*« *(Prosastücke)*. Aus dem Französischen von Max Hölzer.
»*Porträt eines Unbekannten*« *(Roman)*. Aus dem Französischen von Elmar Tophoven.
»*Zeitalter des Misstrauens*« *(Essay)*. Aus dem Französischen von Helmut Scheffel.
»*Das Planetarium*« *(Roman)*. Aus dem Französischen von Elmar Tophoven.
»*Kindheit*« *(Romanautobiografie)*. Aus dem Französischen von Elmar Tophoven.

Ursula März

TREUE UND VERSCHLEISS

Anna Seghers *1900–1983*

Sie gibt noch immer Rätsel auf. Es existieren Tagebuchnotizen, Gespräche und Briefe, Porträts: Doch ihr Schweigen hallt länger nach als ihre Reden. Die große Anna Seghers, die Unangefochtene, die Staatsdichterin der DDR, schwieg öffentlich fast immer dann, wenn es aufs Sprechen angekommen wäre: Beim Arbeiteraufstand im Juni 1953 in Berlin. Beim Einmarsch der sowjetischen Truppen in Ungarn 1956. Beim Schauprozess gegen Walter Janka, den Leiter des Aufbau-Verlags und alten Freund aus Mexiko, der dann im Gefängnis verschwand. Beim Mauerbau und danach. Zur Niederschlagung des Prager Frühlings 1968. Bei der Biermann-Ausbürgerung 1976. CHRISTA WOLF, ihre Nachfolgerin in der Rolle der weisen Frau des Wortes in Ostdeutschland, erinnert sich an ihre schweigende Not. »Was denkst du denn, sagte sie einmal zu mir, auch wir reden jeden Abend um zehn über Stalin.« Zu Hause. Im Wohnzimmer.

Über Anna Seghers reden heißt, über das vergangene Jahrhundert zu reden. Dass sie im Jahr seines Beginns geboren wurde, ist ein sprechender Zufall, denn ihr intensives Leben – in der Landschaft von Rhein und Main, in Berlin und Paris, in Südfrankreich, Mexiko und dann in Ostberlin – ist bewegt und einge-keilt von den großen deutschen Dilemmata: Faschismus oder Stalinismus, West oder Ost. Treue oder Verrat. .

Heutzutage hat der Mensch gelernt, selbstbewusst zurückzuweisen, was als *double bind* witzwürdig geworden ist: Die Frau schenkt ihrem Mann eine rote und eine grüne Krawatte zum Geburtstag. Als er am nächsten Morgen mit der roten zum Frühstück erscheint, fragt sie enttäuscht: »Die grüne gefällt dir also gar nicht?« – Wie man's macht, macht man's falsch. Was aber, wenn es das Leben selbst ist, das unlösbare Aufgaben stellt? Die einen verzweifeln, die an-deren laufen Amok, die dritten wählen den stillen Verschleiß. Sofern man über-haupt von einer Wahl sprechen kann.

Dass sie Kommunistin wurde, war ihr, Jüdin aus kunstsinnigem Main-zer Haus, nicht in die Wiege gelegt. Wie bei DORIS LESSING war ein theo-retisch und parteipolitisch versierter Ehemann der biografische Wegweiser ins Engagement: László Radványi, ein exilierter Ungar, der – wie seine Frau mit zwei Namen ausgestattet – zwei Pässe führte, den seiner Geburt und den seiner Partei als Johann-Lorenz Schmidt. Schon vor der Begegnung mit ihrer großen und vermutlich einzigen Liebe war die anmutig hübsche, strebsame Studentin der Kunstgeschichte Netty Reiling von ausgeprägtem Gerechtigkeitsgefühl – und einfühlsam und phantasievoll genug, sich die Leiden der armen Leute zu vergegenwärtigen. »Ich sah jetzt mit wachen Augen«, erinnerte sie sich an ihre Jungmädchenzeit, »dass es Menschen gab, die schlechter als andere gekleidet waren, dass es Menschen mit schlechten Schuhen gab. Ich scheute mich, bessere Schuhe zu tragen als diese.« Schmidt gab dem Mitgefühl eine Form und dem Schuldgefühl eine Erlösungsaussicht: Im Bolschewismus, heißt es in seiner Dis-sertation, »handelt es sich um den Angriff einer wahrheitsbewussten Minder-heit auf die empirische Welt, um die Verwirklichung ihrer Postulate in ihr mit Gewalt zu erzwingen.«

Die Gewalt war Seghers Sache nicht, aber als Teil der wahrheitsbewussten Minderheit empfand sie sich schon. Und als die Minderheit endlich Mehrheit war, in der DDR, da gab es ringsum so viele Feinde, dass man weltpolitisch doch irgendwie Minderheit blieb. So dass man allerlei aushalten konnte – und anderen raten musste, ebenfalls allerlei auszuhalten. Nach einer Auseinander-setzung um die korrekte Linie der Kunst auf dem elften Plenum des ZK der SED im Jahre 1965 ging die aufgebrachte Christa Wolf nach ihrer Rede ins Foyer, um sich zu beruhigen. Anna Seghers, die Vorsitzende des Schriftsteller-verbands, entführte sie ins Vorderasiatische Museum. Und »als wir zu der Prozessionsstraße kamen und zum Ischtar-Tor, sagte sie: Guck mal, damals war es verboten, überhaupt Menschen darzustellen, und solche schönen Sachen haben die gemacht. Die Menschendarstellung ist doch bei uns nicht verboten. Und das andere, glaub mir, geht alles vorbei.« Sie schlossen eine Wette ab, die beiden Schriftstellerinnen: »In einem Jahr ist ›das‹ vorbei«, meinte Seghers. Und Christa Wolf entgegnete: ›Nein, keinesfalls‹. Wir wetteten um einen Kaffee. Wir haben nie wieder darüber gesprochen.«

Anna Seghers war eine schweigende, bescheidene Macht. Eine Funktionärin, die versuchte, offizielle Loyalität mit privater Fürsorge zu verbinden, das Engagement für den Einzelnen mit der Solidarität fürs große Ganze – also das Stillhalten mit dem Handeln, das Hinsehen mit dem Darübergleiten. Was es sie menschlich gekostet haben mag, ist ihr Geheimnis geblieben. Was es künstlerisch kostete, war offensichtlich: Die Autorin von »Transit« und »Das siebte Kreuz«, die literarische Zeugin des widerständigen Deutschland, die wichtigste weibliche Stimme der Emigration und einer selbstbewussten Linken, war in ihrem dritten Leben, in der DDR, zum Trostpflaster geworden. Reißfest und beständig, lindernd und willkommen. Und irgendwann fällt so ein Pflaster von selber ab, und man bemerkt es kaum.

Mit einem Aufstand fing ihre Karriere an. »Aufstand der Fischer von St. Barbara«, eine allegorische Erzählung über den Zusammenschluss der Ärmsten gegen ihre Ausbeutung, brachte ihr 1928 den Kleist-Preis und Berühmtheit ein. Sie fand einen neuen Ton, um von dem ewigen Drama der Kleinen gegen die Großen zu berichten. Keine Prosa für die Kommunistische Partei (der sie im Jahr des Erscheinens beitrat) – dafür war sie zu diskret in ihren Mitteln, zu vieldeutig in der Fabel selbst. Der sozialistische Agent, der auf die imaginäre Insel kommt: Wie weit ist er entfernt von denen, die er agitieren soll! Was hat er zu schaffen mit den Fischern, die er nicht kennt, mit den Frauen, die mit ihren Kindern hungern während des Streiks? Gerade das abgründig Suggestive ihres Tons, fernab von jeder Phrase, aber wie grau geworden von Mitgefühl, macht das Buch zeitlos erschütternd.

Als Seghers diese Novelle schrieb, begann auch ihr Leben als Kommunistin. Zwei Fluchten standen ihr bevor: Nach dem Reichstagsbrand im Februar 1933 entkam sie (nachdem die Nazis sie vorübergehend in Haft genommen hatten) über die Schweiz nach Paris. Und von dort floh sie im Juni 1940 mit Sohn und Tochter aufs Land, mit eben dem riesigen Treck, in dem auch IRÈNE NÉMIROVSKY mit ihren beiden Töchtern versuchte, der Wehrmacht zu entkommen. Die Zeit in Paris gestaltete sich anfangs nicht als schwierig, da sie gut Französisch sprach, politisch und literarisch aktiv war und materiell hinreichend versorgt.

Von ihrem nächsten Lebensabschnitt als »Politische«, von der Zeit in Marseille, berichtet der Roman »Transit«: Der Ich-Erzähler – männlich, wie viele ihrer Protagonisten – erzählt in jener existentialistisch trockenen Sprache, die zur selben Zeit Brecht wie Sartre, Hemingway wie Kästner kultivieren, vom bürokratischen Irrsinn jeder Flüchtlingsexistenz. Juden und Antifaschisten, Reiche und Arme, verstörte Zivilisten und strategisch denkende Linke laufen sich im südlichsten Hafen des unbesetzten Frankreich die Hacken ab, um erst das Aufenthaltsrecht, dann die Schiffspassage, dann die Ausreisegenehmigung, dann das Visum, schließlich das Transit zu besorgen. Und haben sie endlich das Transit, ist das Visum inzwischen ungültig geworden. Unzählige Emigranten, darunter Heinrich Mann und seine Frau, sein Neffe Klaus, Walter Benjamin und Lion Feuchtwanger, drängten durch das Nadelöhr am Mittelmeer, gepeinigt von den Schikanen des Vichy-Regimes und der Willkür des Geldes, der Macht und den Verbindungen ausgeliefert, die einen rechtmäßigen Passagier aus dem einen und einen Illegalen aus dem anderen machten. Manche, wie Benjamin, brachten sich aus Verzweiflung um; andere wurden darüber verrückt.

Der Ich-Erzähler im Roman von Anna Seghers bleibt freiwillig in Frankreich – weil er die Frau nicht bekommt, die er liebt, weil er sich unter der Fremde nichts vorstellen kann, weil er den Widerstand, das Bleiben dem Gehetztwerden vorzieht. Seghers selbst, verantwortlich für zwei Kinder und einen Mann, der nichts verdiente, schiffte sich mit der Familie erfolgreich nach Mexiko ein. Was Frau und Mann dabei half, war das Spiel mit den doppelten Namen; entscheidend war schließlich Seghers' Berühmtheit als antifaschistische Autorin. Ihr selbst war das nicht des Aufhebens wert: Radványis Tätigkeit als Dozent der Partei wurde von ihr als ebenso wichtig erachtet wie ihre Arbeit. Auch war für sie selbstverständlich, dass sie die Familie hausfraulich zusammenhielt – mit oder ohne Personal. »Du bekommst, weil du ein berühmter Mann bist«, schrieb sie in dem für sie typischen, abrupten und herben Briefstil 1937 an den Genossen Bredel, »auch deine Knöpfe von weiblichen Personen angenäht und deine Kinder ernährt, gekleidet und erzogen und deine Briefe getippt, all das machen für mich keine.«

Dann Mexiko, zu jener Zeit ein Hoffnungsland. Man nahm gezielt Flüchtlinge auf, die antifaschistisch und den USA suspekt waren – wie Anna Seghers. Die Fremden aus Europa trafen dort auf eine neue, emanzipatorische Volkskultur, für Analphabeten gemacht wie die Wandbilder von Diego Rivera (dem Ehemann Frida Kahlos), im Geist eines lateinamerikanischen Aufbruchs, der elementarer schien als alles, was die verfolgte und zersplitterte europäische Linke nach dem verlorenen Spanischen Bürgerkrieg und dem Hitler-Stalin-Pakt noch aufbringen konnte. Gesellschaftlich blieb Seghers in ihrer Kultur, dem Emigrantenmilieu um Egon Erwin Kisch, Lenka Reinerová und Walter Janka, und sie blieb auch ideologisch Touristin voller Mitgefühl. In ihren Erzählungen, die in der Karibik und Lateinamerika spielen, sind es verlässlich die Europäer, von denen die Initiative ausgeht. Das Volk bedarf der Caritas und hat Anspruch auf Respekt vor seiner Kraft, doch es ist der weiße Mann, der Ideen und Fortschritt bringt. Gleichwohl sollte Mexiko der letzte Sehnsuchtsort bleiben, die zweite Heimat nach der ersten an Rhein und Main: Ein gewisses Gefühl von Kälte, von unbehaustem Frösteln hat sie in ihrem letzten Leben in der DDR, wie ihre Briefe zeigen, nicht mehr verlassen.

In Mexiko schloss sie 1942 »Das siebte Kreuz« ab. Es ist der einzige Widerstandsroman, der sich auf den Lehrplänen in den Schulen beider Deutschland behauptete. Sogar in den USA war er, als willkommene literarische Unterstützung zum Kriegseintritt, erfolgreich als Buch, als Comic und in einer Verfilmung mit Spencer Tracy. Der Roman vergegenwärtigt eine gefahrvolle Woche, in der Georg Heisler, Flüchtling des Konzentrationslagers Westhofen (dem KZ Osthofen bei Mainz nachgebildet), versucht, seinen Häschern zu entkommen. Sieben Männer sind geflohen, und sieben Bäume werden geköpft, um an den Stämmen Kreuze zu errichten, an welche die wieder Eingefangenen gefesselt werden sollen. Niemand kann uns entkommen, soll diese Botschaft sagen. Dass Georg Heisler es schafft, zu entkommen, schlägt einen Spalt in die brutale Totalität: »Wir fühlten alle«, heißt der letzte Satz, »wie tief und furchtbar die äußeren Mächte in den Menschen hineingreifen können, bis in sein Innerstes, aber wir fühlten auch, dass es im Innersten etwas gab, was unangreifbar war und unverletzbar.« Dass es so weit kam, verdankt Georg Heisler dem unerforschlichen Ratschluss einzelner Menschen. Der Malermeister, der eine Beobachtung verschweigt; der Maschinist, der einen ehemaligen Gewerkschafter benachrichtigt; der Pfarrer, der einen Lumpen verbrennt; der Lehrer, der eine Nacht der Angst riskiert: Die Männer, die Seghers hier schildert – und es handeln nur Männer in diesem Roman –, sind nicht unangefochten von Zweifel, Bedenken und Unsicherheit. Sie wägen ab, wer sie sind und sein wollen, das aber weder rhetorisch noch intellektuell, sondern im Fühlen, im Zögern und im Tun. Seghers politischer Ehrgeiz – Deutsche zu schildern als Einzelne, die (auch ohne Schulung der Partei) in der Diktatur menschlich bleiben – trifft sich in diesem Buch mit ihrer künstlerischen Ambition. Die Sprache ist klar und karg, das Milieu ist anspruchslos, doch die Figuren haben jenen Schatten von Unwägbarkeit, der die literarische Entsprechung von Würde ist.

Und eben das sollte verlorengehen. Als Seghers nach Deutschland heimkehrt – ohne die inzwischen erwachsenen Kinder und zunächst ohne den Mann, der noch mehrere Jahre mit einer anderen Frau in Mexiko lebt –, lässt sie sich schnell vereinnahmen vom Regime der DDR. Friedenskongresse, Tagungen und Funktionärsreisen wechseln sich ab. Sie bleibt produktiv, doch mehr und mehr bestimmt die pädagogische Absicht ihre Kunst, wird Literatur zum ideologischen Nestbau. Gerade der »arrivierte Schriftsteller«, meint die über Fünfzigjährige, müsse sich »mit dem Volk und den Problemen des Volkes verjüngen, sonst gehört er zum alten Eisen«. Also: Termine in der Schraubenfabrik, Gespräche mit verdienten Arbeitern, um ein genaues Bild davon zu bekommen, was die Werktätigen denn so beschäftigt. Und Figuren wie Richard Hagen und Robert Lohse, Lina Sachse und Heinz Köhler sagen dann zum Slansky-Prozess 1952 in Prag (in dessen Folge jüdische Kommunisten hingerichtet wurden, weil sie die »Interessen zionistischer Monopolkapitalisten« vertreten haben sollen) so einsichtsvolle Sätze wie: »Man hat dort nicht genug achtgegeben. Nicht nur in Prag, im ganzen Land stecken Agenten in Ämtern und Betrieben.« Und nicht nur in einem Seghers-Roman dieser Zeit stecken Sätze wie: »Denn für uns ist jeder Tag, den Stalin lebt, ein ungeheurer Gewinn.«

Ihr zweites deutsches Schriftstellerleben ist geprägt von Eskapismus und Unterwerfung. Sie ist häufig auf Reisen, und hin und wieder, in ihren späten Erzählungen, entkommt sie auch literarisch in andere Welten. Lateinamerika und die Karibik sind neue Schauplätze, und sie wendet sich freieren Formen zu wie Sagen und Märchen. Was die DDR-Romane betrifft, schreitet die Prosa der Verhältnisse mit festem Schritt voran. Das ist umso erschütternder, als die fugendichte Propaganda unendliche Mühe bereitete: Wieder und wieder schrieb Seghers ihre Wälzer des sogenannten sozialistischen Realismus um; auf ausgedehnte Recherchephasen zur Produktionsweise der Glühbirne folgten noch ausgedehntere Phasen, in denen Figuren, Handlungen und Sätze politischen Rücksichten und Doktrinen angepasst wurden. Die Welt ihrer späten Romane ist die einer abgestorbenen Utopie; spießig, farblos und von lähmender Schlichtheit. Ihre Erfahrungen als deutsche Jüdin, als Frau und Mutter und als frierende Heimkehrerin aus einer anderen Kultur bleiben unerwähnt. Der stalinistische Wahnsinn von Kontrolle, Bespitzelung und Vernichtung wird sorgsam verschwiegen. Was immer sich in ihr abgespielt haben mag, im Ergebnis folgt sie der Losung einer ihrer Figuren, in diesem seltenen Fall einer weiblichen: »Ich, jedenfalls, ich gehöre zu euch. Und nirgendwo sonst hin. Das andre ist eure Sache. Vertrauen, Misstrauen, eure Sache. Ich nehm's in Kauf.«

Nicht noch einmal heimatlos werden, das scheint das Wichtigste gewesen zu sein. Wie RICARDA HUCH stand auch sie vor der unausweichlichen Alternative, sich für ein Nachkriegsdeutschland zu entscheiden. Aus ihrer Geburtsstadt Mainz war ihre Mutter 1943 nach Auschwitz abtransportiert worden, und eine Kommunistin wie sie hatte keinerlei Anlass, sich in der jungen Bundesrepublik willkommen zu fühlen. »Der Faschismus hat das Land entsetzlich verwüstet, innen wie außen, vor allem innen«, schreibt sie in einem Brief kurz nach ihrer Rückkehr nach Ostberlin. Hier traf sie alte Genossen und Freunde, und fast alle gingen, wie sie, den Weg von der Treue in den Verschleiß.

Biografisches

Unter dem Taufnamen Netty Reiling wurde Anna Seghers am 19. November 1900 als einziges Kind jüdischer Eheleute in Mainz geboren. Der Vater handelte mit Kunst und Antiquitäten, das Elternhaus war wohlhabend und bürgerlich. 1920 begann sie ihr Studium der Kunstgeschichte in Heidelberg, wo sie vier Jahre später promovierte. Ihre erste Veröffentlichung in einer Frankfurter Zeitung erschien unter dem Pseudonym Antje Seghers, aus dem später der Künstlername Anna Seghers wurde. 1925 heiratete sie den ungarischen jüdischen Kommunisten László Radványi, mit dem sie nach Berlin zog. 1926 wurde dort ihr Sohn geboren, zwei Jahre später die Tochter. Für die Erzählung »Grubetsch« und ihr erstes Buch, die Novelle »Aufstand der Fischer von St. Barbara«, erhielt sie 1928 den Kleist-Preis. Im selben Jahr trat sie der KPD bei. Nach der Machtübernahme Hitlers floh Seghers mit ihrer Familie 1933 über die Schweiz nach Frankreich. 1939, als die deutschen Truppen Frankreich überfielen, wurde ihr Mann vorübergehend interniert. Ein Jahr später gelang der Familie die Ausreise nach Mexiko. 1942 erschien »Das siebte Kreuz« in einem deutschsprachigen Exilverlag; im Jahr darauf schloss Anna Seghers das Manuskript von »Transit« ab. 1947 übersiedelte sie nach Ostberlin und erhielt im selben Jahr den Büchner-Preis. Sie lebte allein (die Kinder studierten, ihr Mann blieb noch fünf Jahre in Mexiko) und nahm an Kongressen teil, reiste viel, recherchierte die sozialistische Wirklichkeit für Erzählungen und Romane. 1952 wurde sie Vorsitzende des Schriftstellerverbandes der DDR (und blieb es bis 1978). 1971 erhielt sie den Nationalpreis der DDR, 1981 die Ehrenbürgerschaft der Stadt Mainz. Anna Seghers starb am 1. Juni 1983 in Berlin.

Leseempfehlung

»Aufstand der Fischer von St. Barbara« (Novelle).
»Das siebte Kreuz« (Roman).
»Transit« (Roman).
»Briefe 1924–1952«. Herausgegeben von Christiane Zehl Romero und Almut Giesecke.

Elke Schmitter

DIE LISTEN DER HOFDAME

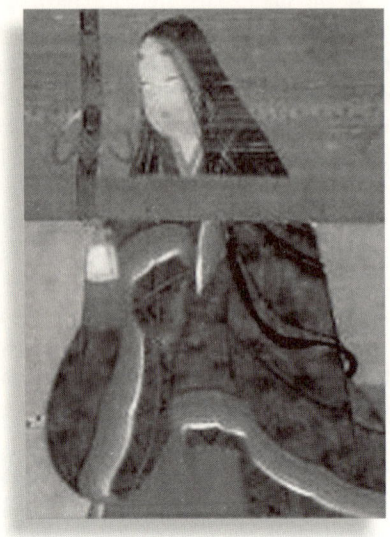

Sei Shonagon   *um 966–nach 1017*

Vor tausend Jahren bekam die japanische Kaiserin Teishi von ihrem Bruder einen Stoß Papier geschenkt. Erlesen schönes Papier. Auf so edlem Material pflegten die Herren des Kaiserhofes Gedichte und Chroniken zu verfassen oder abzuschreiben. Und zwar meist auf Chinesisch, weil diese Sprache – wie das Latein im europäischen Mittelalter – damals die Sprache der Gebildeten in Japan war. Was würden die Damen der Kaiserin mit solchem Papier anfangen? Dass sie es ebenfalls mit chinesischen Schriftzeichen füllen würden, war nicht zu erwarten. Es wäre nicht *ladylike* gewesen. Frauen sollten in ihrer Muttersprache schreiben und dazu eine phonetische Silbenschrift benutzen.

Die junge Kaiserin beriet sich eine Zeitlang mit ihren Hofdamen. Zuletzt schenkte sie das Papier ihrer zehn Jahre älteren Lieblingshofdame Sei Shonagon. Ein »Kopfkissenbuch« sollte daraus werden, in das eingetragen werden konnte, was die Damen des Hofs sonst nur ihrem Kissen anvertrauten: Stimmungen und Einfälle jeder Art, Gesehenes, Gehörtes und Gedachtes. Die als besonders klug und schlagfertig geltende Sei Shonagon machte sich ans Werk. Sie ließ niemand über ihre Schulter blicken und versteckte das Manuskript in ihrem Zimmer. Dort wurde es eines Tages entdeckt, am Kaiserhof herumgereicht und von allen bewundert. Seither ist das schlanke Buch mit seiner eigenwilligen Mischung von Beobachtungen und Sentenzen, Geschichten, Erinnerungen und idiosynkratischen Listen berühmt und gilt – zusammen mit dem etwa gleichzeitig verfassten »Prinz Genji«-Roman der Hofdame MURASAKI SHIKIBU – als eines der Meisterwerke der klassischen japanischen Literatur.

Wer das »Kopfkissenbuch« heute liest, begibt sich auf eine kulturgeschichtliche Zeitreise ins Japan der goldenen Heian-Periode. Der Grundstein dafür wurde 794 mit dem Umzug des Kaiserhofs von Nara nach Heian-kyo (heute: Kyoto) gelegt, und das Ende sollte im ausgehenden zwölften Jahrhundert mit dem Aufstieg der Kriegerclans kommen. Doch das zehnte und elfte Jahrhundert (eine Zeit, in der im mittelalterlichen Europa die Heldentaten von Beowulf aufgezeichnet wurden) war eine unkriegerische, milde und duldsame Zeit. Unter buddhistischem Einfluss ließ man auch den Tieren Schonung angedeihen, brachte aber für die Leiden der Unterprivilegierten so wenig Mitgefühl auf wie der englische Landadel zur Zeit von Charles Dickens. Adel und Kaiserhof bildeten einen von den Unterschichten abgeschotteten kultivierten Zirkel, in dem Kunst, Musik und Literatur (nicht aber die Naturwissenschaften) in höchstem Ansehen standen. Man verschrieb sich der Feier der Schönheit und dem verfeinerten Lebensgenuss. Unendlich viel Zeit nahm man sich für den Kult der schönen Handschrift, für den Entwurf von Mitteilungen und Briefen auf passendem Papier, für die sparsame Bemalung des weißgepuderten Gesichts, für das Arrangement feiner Stoffschichten beim Ankleiden, für die sinnreiche Anordnung von Steinen, Pflanzen und Gewässern in den Gärten. Und für Liebesaffären. Die herrschende Moral erlaubte den Männern des Hofs eine Promiskuität, die weniger reglementiert und daher abenteuerlicher war als die der in ihren halbdunklen Gemächern ausharrenden Frauen. Doch konnten auch diese sich erotische Eskapaden gönnen, vorausgesetzt, sie waren findig und gingen diskret vor.

Sei Shonagon war abenteuerlustig, findig und diskret, und sie schrieb ausführlich über eigene und fremde Liebesaffären. Sind es also die Bettszenen dieses »Kopfkissenbuchs«, die über die Jahrhunderte hinweg Leser anzogen, die sich – verführt vom Buchtitel – tausendjährige Erotika erhofften? Wohl kaum. Es muss sich herumgesprochen haben, dass Sei Shonagon solche Erwartungen enttäuscht. Die ihr liebste erotische Szene ist die auch in der europäischen Literatur berühmte »Alba«-Situation – der Abschied der Liebenden am Morgen nach der Liebesnacht. Es gibt wunderschöne Passagen im »Kopfkissenbuch«, die das frühmorgendliche Alleinsein von Frauen und Männern veranschaulichen, die eben noch in den Armen ihrer nächtlichen Partner lagen und jetzt dringlich auf deren Brief warten. Aber deutlich wird auch, dass diese Schreiberin nur mit den wenigsten ihrer Liebhaber zufrieden ist. Täppische Typen sind darunter wie der Erzkämmerer, der mit lautem Klopfen und Fragen wie »Hättet Ihr etwas dagegen, wenn ich eintrete?« das halbe Haus aufweckt. So viel Dummheit ist nur auszuhalten, wenn die Mondnacht so schön ist, dass es fast schon egal ist, mit wem man schläft.

Andere Kavaliere dringen zwar mit der gebotenen Heimlichkeit ins Schlafzimmer ein, fangen aber gegen Morgen an, ohrenbetäubend zu schnarchen. Oder sie springen mit einem Satz aus dem Bett, suchen endlos am Boden ihre Kleider zusammen, reißen beim Sichaufrichten mit den Schultern den Vorhang herunter, schieben krachend die Tür auf und lassen dann auch noch die Gartenpforte offen stehen. Ein gefundenes Fressen für den Hofklatsch. Noch schwerer erträglich ist ein Mann von der Sorte: Er »spricht dir gegenüber lobend von einer Frau, die er früher gekannt hat. Sein Erlebnis gehört zwar inzwischen der Vergangenheit an; aber es ist dadurch für dich nicht weniger unangenehm und peinlich.« Übel ist auch der Liebhaber, der sich betrinkt und dann immer die gleichen Worte lallt. Aber zum Schämen ist es für eine Frau wie Sei Shonagon, wenn sie mit anhören muss, wie ein geübter Herzensbrecher eine andere Frau mit Komplimenten einseift, obwohl man es ihm ansieht, dass er sie insgeheim verachtet. Dieser männliche Typus gehört für sie zur selben Kategorie wie einer, der einer hilflosen Hofdienerin ein Kind macht und sie dann im Stich lässt.

All diese Herren finden sich auf Sei Shonagons Listen wieder, auf denen sie unter Titeln wie »Der ungeschickte Liebhaber«, »Was ein Mann nicht tun sollte«, »Peinliche Situationen«, »Worüber ich mich schäme« in extrem reduzierter Form einfängt, was sie an ihren Liebhabern geärgert hat. Über die Distanz der Jahrhunderte spürt man da die Gegenwart einer selbstbewussten, jungen Frau mit starken Meinungen und Abneigungen. Und mit starken Vorlieben. Sei Shonagon liebt das Hofleben mit seinen festlichen Zeremonien, sie ist verliebt in die schöne junge Kaiserin. Aber am meisten liebt sie die Natur, die kleinen Signale, die den Wechsel der Jahreszeiten begleiten, den klaren Himmel, die Abendkühle, Flötentöne, Mondlicht, Weidenblättchen, die im Vorfrühling »wie Seidenkokons zusammengerollt sind«, den Kuckucksruf »aus solcher Ferne, dass man sich fragen muss, ob man ihn auch wirklich gehört hat«. Und sie kann sich hinreißen lassen von etwas, das sie im Vorübergehen aufschnappt: etwa vom Anblick kleiner Mädchen, die in der Vorfreude auf ein

Fest aufgeregt in Hauskleidern herumrennen, aber schon Feiertagsfrisuren tragen.

164 Listen enthält das Kopfkissenbuch. Manche sind bloß eine Sammlung von Substantiven ohne Kommentar. Auch sie können aufschlussreich sein – etwa, wenn in einer Liste mit bemerkenswerten Bergen der Fuji fehlt, weil er aus der Perspektive des Hofes von Kyoto zu weit weg und daher im Wortsinn unerheblich ist. Andere Rubriken enthalten Keime von Erzählungen. Wieder andere wirken elliptisch wie moderne Gedichte. Schon die Titel der Listen lassen aufhorchen: »Was verwirrend und befremdlich aussieht« (»Die Innenseite einer Stickerei«; »Katzenohren von innen«); »Was glücklich macht« (»Wenn ich einen hochmütigen Menschen kurz abfertigen kann«; »Wenn jemand, den ich hasse, Pech hat«). Sei Shonagon kultiviert eben auch die Schadenfreude. Und sie kann sarkastisch spotten. Unter dem Titel »Wobei man sich langweilt« notiert sie neben Regenwetter den Besuch im Haus eines Mannes, der bei der letzten Beförderungswelle vergessen wurde.

Viele Abschnitte wirken leicht und graziös hingetuscht und evozieren doch machtvoll eine längst versunkene Zeit. Auch wenn bloß von einem schwerfälligen Ochsenkarren die Rede ist, der langsam durch eine Wiese voller Unkraut voranholpert: »Die unter den Rädern zerdrückten Blätter kleben an den Rädern fest, kommen durch das Drehen der Räder herauf und schicken ihren erfrischenden Duft in den Wagen. An einem Sommerabend gibt es nichts Erfrischenderes. Auch nur so einen Wagen zu sehen vermittelt einem Kühle ... Wenn ich behaupte, dass es interessant sei, nach solch einem offenen Wagen den Geruch des Tieres zu riechen, wird man mich für sonderbar halten.« Nicht dass es Sei Shonagon etwas ausgemacht hätte, als sonderbar zu gelten. Im Gegenteil. Einmal beschreibt sie den von Wassertropfen funkelnden Palastgarten am Morgen nach einer Regennacht. Ob so viel Herrlichkeit noch einer anderen aufgefallen sei, fragt sie in die Runde der Hofdamen. Es sieht nicht so aus. »Zu wissen, dass das etwas ist, woran nur ich Freude habe, macht alles noch viel reizender.«

So viel Ich-Stärke hat ihr nicht nur Sympathie eingetragen. Das zeigt ein böser Seitenhieb von MURASAKI SHIKIBU, der Verfasserin der »Geschichte vom Prinzen Genji«, die in ihrem Tagebuch über die Kollegin schrieb: »Sei Shonagon hatte eine äußerst selbstgefällige Art. Sie hielt sich für so klug und streute in ihre Schreibereien viele chinesische Schriftzeichen ein; doch wenn man sich die einmal genauer ansieht, dann sieht man, dass sie viel zu wünschen übriglassen. Jemand, der sich für so überlegen hält, wird unvermeidlich Niederlagen erleiden und eine schwere Zukunft vor sich haben, und Leute, die so affektiert sind, dass sie noch unter den unpassendsten Umständen empfindlich für Reize zu sein versuchen, um auch noch jedes winzigste interessante Detail zu erwischen, wirken lächerlich und oberflächlich. Wie kann das in Zukunft für sie gut ausgehen?«

Der Abschnitt ist von Konkurrenzneid diktiert, auch vom Ressentiment einer Autorin, die sich in ihrem Tagebuch selber als scheu und introvertiert beschreibt, gegenüber einer temperamentvollen, sinnenfreudigen Geschlechtsgenossin, die, statt darüber melancholisch zu werden, die bösen Seiten des Hoflebens mit beißendem Witz kommentiert. Hat MURASAKI SHIKIBU mit ihrer Prophezeiung einer »schweren Zukunft« recht bekommen? Sei Shonagon soll nach dem frühen Tod ihrer Kaiserin ins Unglück gefallen und als einsame Alte in einer schmutzigen Hütte gestorben sein. Das behauptet eine populäre Legende, doch die stammt vermutlich von Leuten, denen das freizügige Leben der Hofdame ein Dorn im Auge war.

Wie dem auch sei, ihre Prosa-Improvisationen wirken auch nach tausend Jahren so frisch, als habe die Schreiberin eben erst ihren Pinsel hingelegt. In Japan begründete sie eine literarische Gattung. Generationen von Schriftstellern haben ihr »Kopfkissenbuch« nachgeahmt und nie erreicht. Bis japanische Autoren da mithalten konnten, dauerte es zudem noch eine Weile. Die Herren am Kaiserhof schrieben noch zwei Jahrhunderte lang fast ausschließlich Chinesisch.

Biografisches

Über das Leben von Sei Shonagon (dieser Name wurde ihr vom Hof verliehen, »Shonagon« bezeichnet einen kaiserlichen Rang) ist wenig bekannt, das über ihr Buch hinausgeht. Schon ihr Vater und ihr Großvater hatten Gedichte geschrieben. Sie selbst muss um 966 geboren sein. Sie heiratete, hatte vermutlich ein Kind und war geschieden, als sie 993 im Alter von siebenundzwanzig Jahren Hofdame bei der sechzehnjährigen Kaiserin Teishi wurde. 996 wurde das erste Manuskript des »Kopfkissenbuchs« entdeckt und bekannt. Einige Jahre später kam Teishi dem Ehrgeiz des mächtigen Regenten Fujiwara no Michinaga in die Quere. Der erreichte, dass im Jahr 1000 seine eigene, damals zehnjährige Tochter Shoshi zur zweiten Ehefrau des Kaisers Ichijo erhoben wurde. Teishi, die erste Kaiserin, blieb zwar am Hof, aber ihre Position war bedroht, sie starb im selben Jahr im Kindbett. Was danach aus Sei Shonagon wurde, ist nicht bekannt. 1004 trat ihre Konkurrentin MURASAKI SHIKIBU als Hofdame in den Dienst von Kaiserin Shoshi. Kaiser Ichijo starb einunddreißigjährig im Jahr 1011. Sei Shonagon wird 1017 zum letzten Mal urkundlich erwähnt.

Leseempfehlung

»*Das Kopfkissenbuch einer Hofdame*«. Aus dem Japanischen von
Mamoru Watanabe.
Zwei schöne kommentierte Übersetzungen liegen auf Englisch vor:
1967 von Ivan Morris; 2006 von Meredith McKinney.

Gunhild Kübler

GESCHRIEBENE GESELLIGKEIT

Madame de Sévigné *1626–1696*

Im März 1671 wurden drei junge Hofdamen der Königin von Frankreich von einem tollwütigen Hündchen gebissen. Das war damals, nicht ganz zweihundert Jahre vor der Entwicklung einer Schutzimpfung gegen Tollwut, mit Sicherheit ein Todesurteil. Therapien wurden trotzdem sofort eingeleitet. Die drei Damen wurden in die von Paris aus am schnellsten zu erreichende Küstenstadt Dieppe gebracht, wo sie sich in den eisigen Fluten des Ärmelkanals untertauchen lassen mussten – einer der vielen aberwitzigen und verzweifelten Heilversuche in der Geschichte der Tollwutbehandlung vor Louis Pasteur.

Erzählt wird von diesem Vorfall in einem Brief der Marquise de Sévigné an ihre Tochter Françoise-Marguerite. Die Marquise, eine schöne und kluge reiche Witwe, hatte jene zwei Jahre zuvor etwas überstürzt mit dem finanziell schwer angeschlagenen Comte de Grignan verheiratet. Mit ihren beinahe vierundzwanzig Jahren hatte Françoise-Marguerite das beste Heiratsalter schon überschritten. Und vermutlich sollte sie auch aus dem Bannkreis des Hofs von König Ludwig XIV. heraus, wo man sie als Balletteuse feierte. Anfang 1671 zog die Tochter zusammen mit ihrem soeben zum Statthalter des Königs in der Provence ernannten Mann in das nahe bei Montélimar gelegene Grignan. Fortan kam sie nur noch selten besuchsweise nach Paris.

Madame de Sévigné hatte immer schon mit Verwandten und Freunden ausgiebig korrespondiert, aber erst diese Trennung löste bei ihr jene Flut von Briefen aus, die heute zum klassischen Bestand der europäischen Literatur gehören. Mehr als fünfundzwanzig Jahre lang schrieben sich Mutter und Tochter mehrmals pro Woche, mitunter sogar täglich. Ermöglicht wurde das durch jene zuverlässigen Kurierdienste, die der König kurz zuvor hatte einrichten lassen. Sie verkehrten bis zu drei Mal pro Woche zu festen Zeiten zwischen Paris und der Provence. Die königliche Küche kam so zu Früchten und Frühgemüse aus dem Süden, zudem spülte das Postmonopol Bargeld in die von den Expansionskriegen und Luxusausgaben des Sonnenkönigs geplünderte Staatskasse.

Die damals schier unüberwindliche Entfernung von mehr als sechshundert Kilometern zwischen Paris und Grignan musste überbrückt werden. Zu diesem Zweck entwickelten Mutter und Tochter mit großer Hingabe das Ritual ihrer Korrespondenz, jene zauberische Simulation von Anwesenheit, die ihre Trennung für die Dauer der Lektüre eines Briefes aufhob. Virtuelle Geselligkeit als Ersatz für gelebte Gegenwart. Die Briefe der Mutter – die der Tochter sind leider verloren – enthalten Histörchen wie die eingangs erwähnte, erzählen von Hofklatsch und Hinrichtungen, Skandalen und Sensationen, vom Sturz mächtiger Minister und von den Amouren des Königs. Zudem bleibt die Tochter auf dem Laufenden über Pariser Moden und Frisuren, Bücher und Theaterstücke. Und sie kann in den liebevoll mit Anekdoten ausstaffierten privaten Alltag der Mutter blicken und wird eingeweiht in das momentane Befinden der Mutter, in ihre genießerisch ausgekosteten Schreibwonnen, aber auch in ihre Furcht vor dem Tod: »Ihr werdet mir sagen, ich wolle ewig leben. Ganz und gar nicht; aber hätte man mich nach meiner Meinung gefragt, so wäre ich gern schon in den Armen meiner Amme gestorben: das hätte mir eine Menge Ärger erspart und mir einen ebenso sicheren wie leichten Zugang zum Himmel verschafft.«

Man kann diese Briefe als Fragmente einer Kulturgeschichte des siebzehnten Jahrhunderts lesen, so wie es Voltaire getan hat, der sie als Quelle für sein Geschichtswerk »Das Jahrhundert Ludwigs XIV.« benutzte. Bereits von den Zeitgenossen, die sich im privaten Kreis ihre Episteln herumreichten, wurde Madame de Sévigné jedoch auch als eine große Meisterin in der Kunst der schriftlichen Konversation verehrt. Ohne Zweifel ist ihre Briefsprache von der Gesprächskultur der Pariser Salons geprägt, in denen sie jahrzehntelang ein gerngesehener Gast war. Für den weiblichen Hochadel war dies ein Paradies der Freiheit und Kultur, in dem beide Geschlechter sich auf Augenhöhe begegneten.

Der Brief war die Schule der schreibenden Frauen. Überall in Europa machten sie seit dem siebzehnten Jahrhundert korrespondierend ihre ersten selbständigen Schreibversuche, ehe sie sich an die von männlichen Literaten etablierten literarischen Gattungen (Lyrik, Roman, Drama) wagten. Das Verfassen eines Buchs habe damals für eine Frau als lächerlich gegolten, notierte dazu VIRGINIA WOOLF, aber das Verfassen von Briefen habe nie als unziemlich gegolten: »Und so wird das Schweigen nach und nach gebrochen, wir beginnen das Rascheln im Buschwerk zu hören.« Aus dem raschelnden Buschwerk wuchsen schnell veritable Bäume und kleine Wäldchen heraus, etwa die vielbändigen, heute kaum mehr gelesenen heroisch-galanten Romane der Mademoiselle de Scudéry, die den Beginn des französischen Romans markieren, oder das singuläre Romanmeisterwerk der MADAME DE LA FAYETTE, einer langjährigen Freundin von Madame de Sévigné.

Sie selbst schrieb in ihren Briefen ein gelenkiges Französisch, gesprenkelt mit frisch erfundenen Wörtern, familiären Wendungen und Dialektausdrücken. Ihr Stilideal war die »Négligence«, ein nachlässiges und trotzdem elegantes Laufenlassen der Feder. Dass Frauen generell spontanere, auch gefühlvollere und trotzdem elegantere Briefe schrieben als Männer, nämlich ohne gekünstelte Formen und geschraubte Sätze, fiel auch männlichen Literaten auf. Manche vermuteten gar, dass der Grund dafür im Ausschluss der Frauen von den Universitäten liege. Von der dort vermittelten Pedantengelehrsamkeit waren sie unberührt geblieben. Die weibliche Briefkultur machte in den europäischen Ländern die Landessprachen geschmeidiger und durchlässiger für Gefühle. Sollte man diese Entwicklung nicht dokumentieren? Schon Anfang des siebzehnten Jahrhunderts wurden Briefe von Frauen gesammelt und herausgegeben. Das Briefwerk der Madame de Sévigné kam freilich erst nach ihrem Tod ans Licht. Erste Buchausgaben unter dem Namen der Marquise wurden beifällig aufgenommen und bald danach auch in Deutschland gelesen, wo die Briefe ebenfalls als stilistisch vorbildlich galten, wenn es auch – anders als in Frankreich – nie zu einer vergleichbaren Breitenwirkung bis hinein in die Schulbücher kam.

Dass sich jemand anderes als ihre Tochter und deren Familie für ihre Briefe interessieren würde, hätte sich Madame de Sévigné wohl ebenso wenig träumen lassen wie den Umstand, dass sie im achtzehnten Jahrhundert als eine der »Größen« der französischen Literatur kanonisiert sein würde. Keinen ihrer Briefe ließ sie abschreiben oder in Umlauf bringen, nicht einer an ihre Tochter wurde vor 1725 gedruckt. Einzig ihr Cousin Roger de Rabutin, Graf von

Bussy, mit dem Madame de Sévigné sechsundvierzig Jahre lang korrespondierte, hat den künstlerischen Rang ihrer Briefe früh erkannt und eine kleine Auswahl davon in sein Memoirenbuch aufgenommen. Lebenslang bemühte er sich erfolglos, sich ihre Lakonie anzueignen, ihren Gebrauch der direkten Rede, ihre Kunst, einer Szene Leben einzuhauchen. Sogar ihre Wiederholungen fand er schön, in ihnen sah er den bescheidenen Preis für das hohe Gut ihrer unpedantischen weiblichen Spontaneität.

Wenn sie an den Grafen von Bussy und andere Briefpartner von Rang und Namen schrieb, legte Madame de Sévigné weit mehr Kunstanstrengung an den Tag als in den Briefen an die Tochter. Auch bei ihr liefert sie stilistische Bravourstückchen ab, doch ab und zu wirft sie eine unerbittlich ratternde Plaudermühle an. Im eingangs zitierten Brief werden neben den an Tollwut erkrankten Hofdamen noch rund zwanzig andere adelige Damen und Herren erwähnt, dazu eine Jahrmarktsattraktion – ein »großmächtiges Teufelsweib« – und die pikante Tatsache, dass ihr dreiundzwanzigjähriger Sohn Charles sich mit der mehr als doppelt so alten Kurtisane Ninon de Lenclos eingelassen hat. Am meisten befremden jedoch heute die maliziösen Scherze, mit denen die Briefschreiberin die drei todgeweihten Hofdamen abserviert. Diese Passage des Briefes fängt an mit dem kaltherzigen Satz: »Übrigens, wenn Sie denken sollten, die jungen Hofdamen der Königin seien toll, so haben Sie recht.« Dann wird vom Biss des tollwütigen Hündchens und von der Abreise der drei Damen nach Dieppe erzählt. Und schon folgt eine kuriose kleine Szene, in der eine der drei Hofdamen, geschmiedet an ein Riff überm Wasser, als nackte Andromeda posiert. Zu ihrer Rettung erscheint ein Kavalier auf geflügeltem Pferd. Und am Ende darf sie der fernen Leserin in der Provence zurufen: »Ach, Herr Jesus, Frau von Grignan! Wie sonderbar, nackt ins Meer geworfen zu werden!«

Auch die qualvolle Hinrichtung der Herzogin von Brinvilliers, die als Giftmischerin verurteilt, gefoltert, enthauptet und danach verbrannt wurde, kann das gnadenlos Humorige in diesen Briefen nicht dämpfen. »Nun sind wir endlich so weit«, heißt es da, »die Brinvilliers ist in der Luft.« Tödliche Unfälle, Selbstmordversuche, lebensgefährliche Verletzungen und Erkrankungen, qualvolle Operationen und Missgeschicke – all das provoziert bei Madame de Sévigné lockere Späßchen. Dutzendfach verbrämt sie damit ihre Berichte von Todesfällen bei Hof und setzt dieses Spiel noch beim Sterben von Familienangehörigen oder Freunden fort. Drei Tage nach dem Tod des von ihr verehrten großen Aphoristikers und Moralisten La Rochefoucauld schreibt sie an die Tochter ein seltsam neckisches: »Es ist endlich Mittwoch. M. de La Rochefoucauld ist noch immer tot.«

Ist sie fühllos? Egonzentrisch? Unfähig zur Empathie? Immerhin folgen ihre Bemerkungen über die eigene Gesundheit demselben Muster. Vom Schnupfen über eine Nierenkolik bis zum »lieben Rheumatismus« wird alles mit dem gleichen ironischen Lächeln kommentiert. Während einer schweren Erkrankung lässt sie 1676 die Tochter wissen, sie sei, von ihren Händen abgesehen, kerngesund, bedauere allerdings, dass man nicht mit den Füßen schreiben könne. Ihre Bereitschaft, alles Unglück durch ein paar Scherze zu bagatellisieren, hat demnach mit Fühllosigkeit wenig zu tun. Sie signalisiert die von der Aristokratie jener Zeit kultivierte Attitüde des »Badinage«, des witzigen Wortgeplänkels. Scherze sollen helfen, sich über niederschmetternde Fakten locker hinwegzusetzen.

Die Zeit der Marquise de Sévigné, das französische »Grand Siècle«, war alles andere als eine heiter-idyllische Epoche. Die adelige Gesellschaftsschicht, der sie angehörte, wurde von der politisch-sozialen Entwicklung mehr und mehr an den Rand gedrängt und zur Funktionslosigkeit verdammt. In Friedenszeiten hatte sie keine echte Aufgabe und Verantwortung. Nach dem Scheitern des Aufstands der in der »Fronde« vereinten Exponenten von Adel und Parlament gegen das absolutistische Zentralregime des Kardinals Richelieu platzten die Illusionen. Eine ganze Gesellschaftsschicht wurde von der Gier nach Zerstreuung ergriffen und stürzte sich ins Leben am Königshof, wo ein Wirbel von Vergnügungen als perfektes Theater inszeniert wurde. Glücksspiele und Jagden, Liebeshändel, ja sogar Hofintrigen und Duelle wurden zum Ersatzfeld aristokratischer Selbstbestätigung. Diese Sucht des Adels, die eigene Ohnmacht in der Selbstbetäubung zu vergessen, registrierte der Philosoph Blaise Pascal schon damals in seinen »Pensées«. In der Scherzbereitschaft des »Badinage« steckt der letzte Rest einer aristokratischen Standesethik, die darauf abzielt, wenigstens im Alltag der Einzelnen unter Missachtung von Gefahr, Leiden und Tod die alte lockere Überlegenheit noch einmal zu demonstrieren.

Man kann heute Madame de Sévigné aus verschiedenen Gründen lesen. Einer davon, und nicht der schlechteste, liegt in der Erkenntnis, dass der Brief als literarische Gattung gegenwärtig am Verschwinden ist. Blitzschnelle Elektronik hat das bedachtsame Hin und Her der alten Korrespondenzen ersetzt. Wer mag schon die Anstrengungen einer schriftlich elaborierten Geselligkeit auf sich nehmen, wo sich auch weite Entfernungen zwischen Menschen wortwörtlich im Flug, per Mausklick oder am Telefon, überwinden lassen. Das Regelwerk der alten Briefkunst ist verschwunden, die überschwängliche Freundschaftsrhetorik vergangener Epochen hat praktischen Kürzeln Platz gemacht.

Und doch wird man beim Lesen dieser weit über dreihundert Jahre alten Briefe mitunter etwas spüren vom großen Zauber der versunkenen Gattung. Dann dämmert die Einsicht, dass uns Heutigen etwas Schönes und Unersetzliches unauffällig und wie nebenbei, aber unrettbar verlorenging.

Biografisches

Marie de Rabutin-Chantal, die spätere Madame de Sévigné, wurde am 5. Februar 1626 in Pariser Stadtpalast ihres Großvaters im heutigen Quartier Marais geboren. Früh verwaist, wurde sie von Verwandten aufgezogen, die ihr eine vorzügliche Erziehung angedeihen ließen. Achtzehnjährig heiratete sie den bretonischen Adligen Henri de Sévigné, einen leichtsinnigen, verschwenderischen Mann, der ihr Vermögen kräftig dezimierte und sieben Jahre nach der Hochzeit im Duell um eine seiner Mätressen ums Leben kam. Da war Madame de Sévigné fünfundzwanzig Jahre alt, hatte eine sechsjährige Tochter und einen vierjährigen Sohn. Fortan blieb sie unverheiratet. Von ihren zahlreichen Verehrern verlangte sie, dass sie sich mit Freundschaft begnügten. Sie widmete sich der sorgfältigen Erziehung ihrer Kinder und der Verwaltung ihrer Güter. Den Tag ihrer Witwenschaft feierte sie als ihren zweiten Geburtstag. Porträts aus jener Zeit zeigen eine hübsche, erotisch anziehende Frau mit dunkelblonden Locken und leicht mokantem Lächeln. Sie lebte erst mit einer Tante in einer kleinen Wohnung in Paris, später abwechselnd in ihrem Pariser Stadthaus und in ihrem bretonischen Schloss. Der Umzug ihrer mit dem Grafen von Grignan verheirateten Tochter im Februar 1671 in die Provence wurde zum zweiten wichtigen Einschnitt in ihrem Leben. Fortan wurde die Korrespondenz mit der Tochter zu ihrem Lebensinhalt. Schon möglich, dass sie dabei, wie VIRGINIA WOOLF behauptet hat, in der überschwänglichen Verehrung einer Tochter, die gar nicht existierte, ihre wirkliche Tochter aus den Augen verlor. Für die Nachwelt ist die Marquise trotzdem zum unsterblichen Sinnbild der Mutterliebe geworden. Sie starb auf Schloss Grignan am 18. April 1696, während ihre Tochter abwesend war.

Leseempfehlung

»*Correspondance*«. Herausgegeben von Roger Duchène.
Deutsche Auswahl: »*Briefe*«. Herausgegeben und aus dem Französischen von Theodora von der Mühll.

Gunhild Kübler

BIS ZUM ZERREISSEN

Zeruya Shalev *1959*

Die ersten Sätze des ersten Romans von Zeruya Shalev entstanden aus einem Zufall heraus, spielerisch, ohne Absicht, und sie entstanden in einem Jerusalemer Café. Die Israelin arbeitete damals, Mitte der neunziger Jahre, als Verlagslektorin. Sie war im Café mit einem Autor verabredet, dessen Manuskript sie gerade redigierte. Aber er kam nicht. Sie saß da, wartete und begann schließlich, auf der Rückseite des Manuskripts, das vor ihr auf dem Tisch lag, ein paar Gedichtzeilen zu notieren. Die Zeilen wurden immer länger, die Verse kamen in Fluss und verbreiterten sich zu Zeruya Shalevs eigenem Erstaunen zu einer durchgehenden Prosapassage.

In mehrfacher Hinsicht ist diese Szene sinnbildlich für den Charakter der Romantrilogie, mit der die Schriftstellerin international bekannt wurde. Für jene drei Bücher, »Liebesleben«, erschienen 1997, »Mann und Frau«, 2001, und »Späte Familie«, 2005, in denen es in drei Versionen nur um ein Thema geht: um Liebeskrisen. Um Privat- und Seelenleben im ganz engen Sinn also, um Innenwelt. An keiner Stelle ihrer Bücher thematisiert Zeruya Shalev die Schrecken des Nahost-Konflikts, die Politik Israels, die ständige, alarmierte Furcht vor Gewalt und Terror, die das Leben der israelischen Gesellschaft begleitet. Selbst nachdem sie am 29. Januar 2004 in Jerusalem persönlich Opfer eines Attentats geworden war, hielt Zeruya Shalev an ihrer Idee fest, Politik nicht mit Literatur vermischen zu wollen, und an ihrer Weigerung, den zeitpolitischen Erwartungen nachzukommen, die sich an israelische Literatur und israelische Schriftsteller üblicherweise richten. Es wäre naheliegend gewesen, das fürchterliche Ereignis in die Geschichte der weiblichen Romanfigur einfließen zu lassen, über die Shalev gerade schrieb, als mitten am Tag ein Selbstmordattentäter einen Bus in die Luft sprengte, ein paar Meter von ihr entfernt. Neun Menschen kamen dabei ums Leben, viele wurden verletzt. Zeruya Shalev erlitt eine schwere Knieverwundung, konnte monatelang nicht weiterarbeiten. Doch als sie den Faden ihres dritten Romans, »Späte Familie«, wieder aufnahm, dachte sie gar nicht daran, die politische Dramatik in das private Drama der Archäologin Ella einzuweben, die sich von ihrem Mann trennt, weil die Liebe erloschen und von der Ehe kaum mehr als ein Häuflein Asche übrig ist. Ellas Geschichte könnte sich, wie alle Romangeschichten Shalevs, ebenso gut in Stockholm, in Dortmund oder Marseille abspielen. Dass Jerusalem der Schauplatz ihrer Romane ist, lässt sich nur erahnen und aus den Namen der Romanfiguren schließen. Shalev verwendet weder Straßen- noch Städtenamen, es gibt in ihren Büchern weder Jahresangaben noch Hinweise auf historische Gegebenheiten.

Wie sie die ersten Sätze ihres ersten Romans auf der Rückseite eines fremden Manuskripts notierte, so verfasst Zeruya Shalev ihre empfindsamen, universal verstehbaren Ehe- und Liebesgeschichten gleichsam auf der Rückseite der Historie. Sie ist nicht sichtbar, und scheint als Abdruck doch anwesend zu sein. Nicht erzählerisch, nicht episodisch, aber atmosphärisch. In jener unverkennbaren, erhitzten, eruptiven Atemlosigkeit der Shalev'schen Schreibweise, in der es keine Pausen und pro Romanseite allenfalls einen Punkt zwischen den Sätzen und Satzströmen gibt, scheint sich der politische Spannungszustand des Landes auszudrücken, in dem Zeruya Shalev seit ihrer Geburt lebt.

Hörbar ist in Zeruya Shalevs literarischer Tonlage noch etwas anderes: der wellenförmige, anhebende, sich absenkende und wieder anhebende, fast singende Rhythmus biblischer Psalmen. Mit diesem Ton und diesen Texten ist Zeruya Shalev aufgewachsen. Ihr Vater unterrichtete als Bibelgelehrter an der Schule eines kleinen Ortes in der Nähe von Tel Aviv. Als Zeruya Shalev zwanzig Jahre alt war, ging sie nach Jerusalem und studierte selbst Bibelwissenschaft.

Seitdem ist Jerusalem ihr Wohnsitz. Und die Stadt, die sie gegen keine andere eintauschen möchte.

Ursprünglich wollte sie Psychologin oder Psychoanalytikerin werden. Ursprünglich wollte sie realen Menschen helfen, ihre realen Seelennöte zu überwinden. Ihr fehlte für diesen Beruf indes eine Fähigkeit: Abstand zu halten. Sie litt mit, wenn andere vom Leiden erzählten, als wäre es ihr eigenes. Sie haderte mit ihren Emotionen, mit ihrem Hang zur Identifizierung, als sie vor dem Studium ihren Militärdienst leistete und als Sozialarbeiterin traumatisierte israelische Soldaten betreute. Sie war nicht geschaffen für kühles, objektivierendes Betrachten. Und ist es auch als Romanautorin nicht. Doch sind die mitreißende Emotionalität, der abstandslose Nahblick auf Menschen, auf ihre kleinen und kleinsten Handlungen im normalen und allernormalsten Alltag, eben jene Eigenschaften der Texte Zeruya Shalevs, die ihren Lesern – in erster Linie: ihren Leserinnen – das Glück der Selbstbegegnung vermitteln. Kaum eine andere international bekannte Schriftstellerin der Gegenwart wird von ihrer Leserschaft so sehr als Freundin, als Zeugin und Botschafterin des eigenen Lebens geschätzt, geliebt und anerkannt.

Mag sein, dass der explosive Erfolg, den Shalevs erster Roman, »Liebesleben«, zuerst 1997 in Israel, dann, im Jahr 2000, auch in Deutschland genoss, zum Teil der herausfordernden, sexuell kühnen Story geschuldet ist. Eine Studentin begibt sich in eine erotische Amour fou mit einem Jahrzehnte älteren Mann, der nicht nur ihr Vater sein könnte, sondern, wie sie nach und nach erfährt, in der Vergangenheit auch der Liebhaber und die große Liebe ihrer eigenen Mutter war. Eine Geschichte, die gleich mehrere Motive sexueller Entgrenzung berührt, Inzest, Perversion, masochistische Unterwerfung, sadistische Kränkung, Hörigkeit. Dies ist indes am Ende des zwanzigsten Jahrhunderts, inhaltlich betrachtet, nicht unbedingt als Entdeckung eines unbekannten Kontinents literarischer Stoffe zu werten. Die Faszination geht von der literarischen Stimme aus, die diese Geschichte einer unseligen, unbedingten Verfallenheit vorträgt. Denn Zeruya Shalves psalmierende, tempostarke Erzählerstimme besitzt die Wirkung der Mündlichkeit. Sie scheint das Buch zu verlassen und sich unmittelbar an den Leser zu wenden. Shalevs Erzählerstimme führt nicht in die Ferne, nicht in die Vergangenheit, nicht in unbekannte Kulturen. Sie schafft Nähe und Gegenwart, bildet eine Gesellschaft, ja fast eine Art Lebensgemeinschaft zwischen der Erfahrung des Romanpersonals und den Erfahrungen derer, die den Roman lesen. Das Zentralthema, das Shalevs Schreiben umkreist, ist den Angehörigen moderner Gesellschaften so vertraut wie kaum ein anderes: familiäre Trennung.

Leicht wäre über diesem Bündnis zwischen Leserschaft und Werk die poetische Anstrengung zu übersehen. Shalevs Romane sind feingliedriger konstruiert, als der scheinbar unkontrollierte Sprach- und Erzählfluss es erkennen, und sie sind komplexer, als die Alltags-, Ehe- und Familienszenarien ihrer Geschichten es vermuten lassen. Mit zahllosen Hinweisen führt Shalev die Geschichte des Judentums, jüdische Mythen, biblische und alttestamentarische Inhalte als symbolische Parallelerzählung in ihre Romane ein. Der Zusammenbruch der Kleinfamilie in Shalevs Roman »Späte Familie« versinnbildlicht nicht weniger als die Zerstörung des heiligen Tempels. Der Auszug des Ehemannes Udi aus der gemeinsamen Wohnung in »Mann und Frau« stellt, gleichsam in Miniaturform, die Vertreibung des jüdischen Volkes vor Augen. Seine Rückkehr in die Drei-Zimmer-Mietwohnung die Rückkehr der Juden nach Palästina. Ein gewisses Pathos strahlt von dieser symbolischen Parallelwelt auf die vordergründige Erzählwelt ab. Die Aufladung mit Bedeutung kann sich als leiser Mangel an Nüchternheit bemerkbar machen und dieser, ganz gelegentlich, ein Gespenst herbeirufen, das den schlimmen Namen Kitsch trägt. Nie aber verliert Zeruya Shalevs Schreiben seine Hauptversorgungsquelle aus den Augen: die Nähe zum Lebensalltag, zum Leben, wie es sich vom Zähneputzen am Morgen über das Essenkochen am Mittag bis zum Lichtlöschen am Abend vollzieht. Paare lieben sich, Paare trennen sich, Paare diskutieren nächtelang, Paare schweigen oder schreien sich an, Paare fallen bösartig oder voller sexueller Gier übereinander her – aber all diese Erregungen, so außerordentlich sie sein mögen, ereignen sich in den Räumen einer Wirklichkeit, die alles andere als außerordentlich, die sehr normal ist. Auch Zeruya Shalev selbst zeigt und schildert sich als eine Frau, deren Leben, von Ruhm und Schriftstellerei abgesehen, recht normal und, wie das ihrer weiblichen Romanfiguren, im Takt des Alltags verläuft. Sie schreibt zwischen acht Uhr morgens und vierzehn Uhr am Mittag, weil dann die Kinder aus dem Haus sind. Danach beugt sie sich über Schularbeiten und den Küchenherd. Dass sie solche eher beiläufigen Selbstaussagen unkokett und sachlich trifft, trägt ihr ebenfalls Sympathien zu.

Zeruya Shalev scheint ein Literaturstar ohne Absicht und Bestreben zu sein. Eine Frau, deren Charisma sich warmherziger Intelligenz verdankt und der Weite undogmatischer Weltsicht. Sie schuf in drei Romanen drei Frauenfiguren, die sich in einem Punkt gleichen: Sie sind nicht auf ein Weiblichkeitsbild festgelegt, weder auf emanzipative Dominanz noch auf defensive Schwäche. Sie bewegen sich von Fall zu Fall zwischen Stärken und Schwächen, zwischen Euphorien und Depressionen, zwischen kühnen Aufbrüchen und bewahrenden Sicherheitsbedürfnissen. Ja'ara, Na'ama und Ella, dies sind, in der Reihenfolge der Romantrilogie, die Namen der drei Frauen. Die erste, die Studentin Ja'ara, unterwirft sich einem alternden Liebhaber und brennt dabei ihr Leben nieder. Sie will gefährliches Glück um jeden Preis und die existentielle Erfahrung, die sie daraus zieht. Die zweite, die Sozialfürsorgerin Na'ama, scheint das Gegenteil zu sein, eine nachgiebige Frau, die aus dem Wohl von Kind und Mann ihr eigenes ableitet. Die dritte, die Archäologin Ella, findet am Ende zu einer Balance zwischen den Ansprüchen des Egos und familiärer Verpflichtung. Sie zerstört eine Familie und gründet mit einem anderen Mann und mit dessen Kindern eine neue. Ellas Lebenslauf ähnelt dem der Autorin Shalev, die selbst in dritter Ehe verheiratet ist und mit Kindern unterschiedlicher biologischer Herkunft lebt.

Für ein Programm indes, für eine Norm eignet sich keine der Frauenfiguren. Zeruya Shalevs Romane entlasten gleichermaßen vom zeitgenössischen Emanzipationsdruck wie vom Konventionsdruck. Auch dies dürfte ein Grund sein, weshalb Leserinnen sich in Shalevs Literatur gleichsam zu Hause fühlen. Denn diese Literatur, die von der seelischen Innenwelt des Lebens erzählt, ohne es zu bewerten, verlangt ihnen, von der Bereitschaft zu Lektüreintensität abgesehen, nichts ab. Sie ist tolerant im besten Sinn. Und sie ist, sagen wir es einfach: Frauenliteratur im besten Sinn.

Toleranz indes entsteht nicht aus Unkenntnis, sondern nur aus Kenntnis. Und Zeruya Shalev kennt das Spektrum weiblicher Stärken und weiblicher Schwächen aus anschaulicher Nähe. Sie entstammt einer zionistischen Familie reinsten Geblüts. Ihre vier Großeltern gehörten der zweiten Einwanderungswelle jener Pioniere an, die in den Jahren zwischen 1905 und 1914 nach Palästina kamen. Der patriotische Idealismus, das Dogma geschlechtlicher Gleichberechtigung, das Dogma harter körperlicher Arbeit, die diese Einwanderungsgeneration nach Palästina mitbrachte, überformt das Selbstverständnis Israels bis heute. Die Generation der Großeltern Shalevs gilt als entscheidende ideelle Gründergeneration Israels. Vor allem die Frauen. Stärkere, tatkräftigere Frauen als jene, die in den zwanziger Jahren in kurzen Hosen und Sonnenhüten in der Wüste standen und der harten Erde landwirtschaftliche Erträge abtrotzten, dürfte es zu dieser Zeit nirgendwo anders auf der Welt gegeben haben. Das Bild der Israelin, die mit der Maschinenpistole auf dem Rücken und einem herausfordernden Blick in den dunklen Augen auf dem Panzerwagen steht, dieses auch propagandistisch verwendete Rollenbild weiblicher Souveränität genießt in Israel eine fast hundertjährige Tradition. In ihrer eigenen Großmutter lernte Zeruya Shalev diese Tradition kennen. In ihrer Mutter die Gegentradition musischer, verträumter, empfindsamer und dünnhäutiger Weiblichkeit. Unter der Hand Zeruya Shalevs, der israelischen Schriftstellerin mit dem leichten Silberblick, verflüssigen sich weibliche Rollenbilder. Sie werden nicht von abstrakten Vorstellungen geformt, sondern vom konkreten Leben.

Und so, aus dem unmittelbaren konkreten Leben, entstanden Mitte der neunziger Jahre auch Zeruya Shalevs erste Romansätze. Sie saß im Café, wartete, dass ihr Autor durch die Tür trete. »Liebesleben« beginnt damit, dass sich eine Tür öffnet und ein Mann dasteht: »Er war nicht mein Vater und nicht meine Mutter, weshalb öffnete er mir dann ihre Haustür, erfüllte mit seinem Körper den schmalen Eingang, die Hand auf der Türklinke, ich begann zurückzuweichen, schaute nach, ob ich mich vielleicht im Stockwerk geirrt hatte, aber das Namensschild beharrte hartnäckig darauf, dass dies ihre Wohnung war ...«

Biografisches

Zeruya Shalev wurde am 13. April 1959 im Kibbuz Kinneret am See Genezareth in Israel geboren. Sie ist die Tochter einer Malerin und Kunstdozentin und eines renommierten Literaturkritikers und Bibelgelehrten. Kurz nach ihrer Geburt verließ die Familie den Kibbuz und zog in eine Kleinstadt in der Nähe von Tel Aviv, später nach Jerusalem. Ihren Militärdienst leistete Zeruya Shalev als Sozialarbeiterin ab, danach studierte sie Bibelwissenschaften und arbeitete als Verlagslektorin. Mitte der neunziger Jahre begann sie literarisch zu schreiben, ihre Romantrilogie über modernes Liebes-, Ehe- und Familienleben machte Zeruya Shalev schnell international bekannt. 2001 wurde sie mit dem Corine-Preis, 2002 mit dem Prix Femina ausgezeichnet. Im Januar 2004 wurde Zeruya Shalev Opfer eines Anschlags, als in Jerusalem ein Selbstmordattentäter einen Bus neben ihr in die Luft sprengte. Sie erlitt eine Verletzung am Knie, die sie monatelang am Arbeiten hinderte. Sie ist zum dritten Mal verheiratet und lebt in einer klassischen Patchwork-Familie. Aus ihrer zweiten Ehe hat sie eine Tochter, ihr Mann brachte aus seiner ersten Ehe zwei Kinder mit, gemeinsam haben sie einen Sohn. Zeruya Shalev wohnt mit ihrer Familie in Jerusalem.

Leseempfehlung

»Liebesleben« (Roman).
»Mann und Frau« (Roman).
»Späte Familie« (Roman).
Alle Titel aus dem Hebräischen von Mirjam Pressler.

Ursula März

SCHWERMUT UND SCHICKSAL

Mary Shelley *1797–1851*

Das Monster ist Ergebnis einer Wette, und deren Umstände könnten behaglicher kaum sein: Einige junge Menschen sitzen am Kamin. Sie sind gebildet, ansehnlich und begabt. Zwei der Männer sind bereits bekannte Dichter, Briten und von Adel, von der moralischen Welt geächtet und von der Jugend vergöttert. Das Mädchen an ihrer Seite ist von interessanter Herkunft, ein Freigeist wie sie, und ihre Begabung noch ein Versprechen.

Ein Juniabend im Regensommer 1816: Unter den Fenstern der Villa Diodati liegt dunkel der Genfersee; die Luft ist bewegt. »Wir unterhielten uns hin und wieder mit deutschen Gespenstergeschichten ... Meine zwei Freunde (eine Geschichte aus der Feder des einen wäre dem Publikum sehr viel willkommener gewesen als alles, was ich je zu produzieren hoffen kann) und ich beschlossen, jeder eine Geschichte zu schreiben, die auf einem übernatürlichen Ereignis beruhte. Die folgende Erzählung ist die einzige, die vollendet wurde.«

In ihrem Vorwort zu »Frankenstein«, 1817 erschienen, verschweigt Mary Shelley, wer diese Freunde waren: Lord Byron und Percy B. Shelley, berüchtigte Romantiker. Die kleine sportliche Übung, die Gegenstand der Wette war, absolvierte keiner der drei. Die beiden Poeten verloren die Lust, vielleicht aber auch den Mut, als die junge Geliebte Shelleys statt einer Gespenstergeschichte Kapitel um Kapitel einer Erzählung vorlegte, die schließlich ein Roman von mehreren hundert Seiten werden sollte: griffig erzählt, spannend und derart absonderlich und schlicht zugleich, dass niemand, der ihn gelesen hatte, ihn je wieder vergaß.

Und keiner der drei sah voraus, dass jenes Monster, das der Wette entstammt, berühmter würde als alle ihre Werke zusammen, berühmter auch als sie selbst – die Vorstellung hätte speziell die Herren sehr geschmerzt. Die Story allerdings wurde inzwischen von Adaptionen überwuchert und entstellt, so dass, wer über »Frankenstein« spricht, erst einmal klarstellen muss: Nicht das Geschöpf, sondern sein Schöpfer heißt Frankenstein. Und keineswegs hatte das Ursprungsmonster ein krankes Hirn. Das Wesen, das der junge Chemiker Frankenstein in faustischem Ehrgeiz aus Leichenteilen zusammenflickt und zum Leben erweckt, hat ein fühlend Herz und einen klaren Verstand. Seine Erscheinung allerdings schockiert Frankenstein gleich im ersten Moment: »abgrundtiefer Abscheu und Ekel erfüllten mein Herz«. Die zurückgewiesene Kreatur flüchtet, irrt einsam durch die Welt und wendet sich endgültig erst gegen seinen Schöpfer, als der sich weigert, ihm eine Gefährtin zu erschaffen.

Das Adam-und-Eva-Motiv spielt hier also eine nicht minder große Rolle als das Element des Schaurigen. Das regierte die Schundliteratur der Zeit, die Gothic Novel, unterhielt aber auch die europäische Bildungselite. Shelleys Zeitgenossen Goethe, E. T. A. Hoffmann und Achim von Arnim verfolgten ebenfalls mit Grusel und Kitzel das Thema »künstlicher« Mensch, ein literarischer Dauerbrenner seit der Antike. Die »Frankenstein«-Variante wird im Regelfall mit dem Fortschritt der Naturwissenschaften in Verbindung gebracht, als eine prophetische Warnung vor der sich verselbständigenden, maßlosen Forschung. Nach dieser Lesart kippt hier die Aufklärung in ihr Gegenteil: Aus Wissenschaft wird Wahn und aus der Erhellung objektiver Gesetze entsteht subjektive Dämonie. Doch liegt die humanistische Pointe von Shelleys Erzählung gerade darin, dass lediglich der Forscher Frankenstein – Prototyp aller durchgedrehten Professoren in der Science-Fiction-Literatur – dämonische Züge in sich trägt; sein Waisenkind wird nur aus grauenvoller Einsamkeit zum rächenden, frevelnden Bösen. »Ich war friedfertig und gut; das Unglück hat mich zum Teufel gemacht.« Jedes psychiatrische Gutachten würde auf Freispruch plädieren, und jede Resozialisierungskommission hätte ihre helle Freude an dem Fall. Schon Mary Shelley sah ihren Roman, übrigens mit Vergnügen, verdreht und verkürzt auf der Bühne eines Londoner Theaters – verdiente aber zu ihrem Bedauern keinen Cent daran. 1910 entstand die erste Kino-Fassung, 1931 der cineastische Klassiker mit Boris Karloff als Monster, dem zahllose sogenannte Fortsetzungen folgten: »Ghost of Frankenstein«, »House of Frankenstein«, »The Evil of Frankenstein«, »Bride of Frankenstein«, »Son of Frankenstein« und so fort. Alle mehr oder minder schaurig und suggestiv und von der Vorlage immer weiter entfernt. Dass das moderne Schauermärchen sui generis hinter der hohen Stirn einer sehr blassen jungen Frau entstand, die von edlem Sinn sowie empfindsamer Gemütsart und philologisch bewandert war, ist kaum einem Menschen geläufig.

Mary Shelley kam aus Familienverhältnissen, die so privilegiert wie belastet waren. Ihre Mutter, Mary Wollstonecraft, Autorin der »Verteidigung der Rechte der Frau«, war gewissermaßen die englische Antwort auf Olympe de Gouges – die für den originellen Gedanken, die Frau sei dem Manne ebenbürtig, 1793 unter der Guillotine starb. Mary Wollstonecraft hatte sich durch Liberalität im Elternhaus, freundliche Nachbarn und einige glückliche Zufälle eine beinahe männliche Bildung aneignen können und wurde zum Paradebeispiel für die Richtigkeit ihrer Überzeugungen. Sie war weltoffen und produktiv, weitgereist, von unerschrockenem Verstand. Ihre Leidenschaften indes waren so konventionell wie die Gesellschaft, in der sie lebte: Sie wollte geliebt und geheiratet sein. Eine unglückliche Liebe zu dem in London lebenden Maler Johann Heinrich Füssli trieb sie fort nach Paris, wo sie ein Verhältnis mit einem Amerikaner begann. Sie wurde von ihm schwanger, er machte sich nach London davon. Sie verfolgte ihn mit ihrer Liebe und ihrer Verzweiflung, brieflich und leibhaftig, die Tochter Fanny im Arm. Zwei Suizidversuche und eine schwere Depression lagen hinter ihr, als sie sich 1796 mit William Godwin verband, einem radikalen Freidenker und erfolgreichen Publizisten. Seine philosophischen Schriften und seine Romane buchstabieren mit kühner Nüchternheit aus, was Aufklärung bedeutete: die Selbstregierung des Menschen und sein moralischer Untergang, wenn er sich der Verantwortung zur Mündigkeit entzieht.

Zwei Großkaliber des Geistes und der moralischen Erneuerung also fanden sich hier zusammen, beide allerdings schon mitgenommen vom Leben, wie es eben war: sie eine Enddreißigerin mit unehelicher Tochter, er ein Junggeselle über vierzig, der stets vor der Leidenschaft Reißaus genommen hatte. »Die Neigung, die wir für einander verspürten«, resümierte er ihre Verbindung, »war von der Art, die ich stets als die reinste und vollkommenste Art der Liebe ansah. Kein Geschlecht nahm die Führungsrolle ein ... Es war Freundschaft, die in Liebe überging.«

Und dabei blieb es auch. Die beiden schlugen sich keine Wunden, taten sich wohl, dachten gemeinsam und lebten in respektvollem Abstand miteinander: Mary Wollstonecraft wohnte mit der kleinen Fanny in Godwins Nähe, und als Godwin und sie aus Gründen juristischer Vernunft in aller Stille heirateten, behielten sie die häuslichen Verhältnisse bei. Ausrichten konnte »das schlimmste aller Monopole« – so der Junggeselle Godwin über die Ehe – bei dieser Familie nichts; schon die Zeit reichte nicht dazu. »Ganz gewiss«, schrieb der Vater in spe am 30. August 1797 der werdenden Mutter ein paar Häuser weiter, »werde ich heute das Tierchen sehen ... Bitte schick mir die Zeitung.« – Das Tierchen (das Kind) kam und auch die Zeitung (die Nachricht), aber die Mutter stand nicht mehr auf. Sie starb am elften Tag nach der Geburt von Mary Godwin, der späteren Mary Shelley, am Kindbettfieber.

Die Verhältnisse konnten trister kaum sein. Der Witwer mit zwei Töchtern behalf sich mit wechselndem Personal, bis er vier Jahre nach dem Tod Mary Wollstonecrafts eine Frau aus der Nachbarschaft ehelichte, die ihrerseits Kinder mitbrachte, Godwin bald noch einen Sohn gebar und offenbar Talent zur bösen Stiefmutter hatte. Als junges Mädchen ergriff Mary jedenfalls dankbar die Gelegenheit, fast zwei Jahre bei Freunden der Familie in Schottland zu verbringen. Als sie zurückkam, hatte ihr häufig klammer Vater in den Kreis seiner Bewunderer und Gönner einen gutaussehenden, charismatischen jungen Dichter aufgenommen, dessen zu erwartendes Erbe als Baronet ihn kreditwürdig und großzügig machte: Percy Shelley, einundzwanzig Jahre alt, von der Oxforder Universität wegen akuter Freigeisterei entfernt, liebenswürdig, verheiratet und zweifacher Vater. Kaum acht Wochen später war es so weit: »28. Juli – In der Nacht, die diesem Morgen voranging, da alles entschieden war, bestellte ich eine Kutsche, die um 4 Uhr bereitstehen sollte. Ich wartete, bis die Blitze und Sterne verblassten. Endlich war es 4 Uhr. Ich glaubte nicht, dass es uns gelingen würde; selbst in der Gewissheit scheint noch eine gewisse Gefahr verborgen zu sein. Ich ging; ich sah sie; sie kam auf mich zu. Wir hatten noch eine Viertelstunde ... Es war, als spielten wir mit Leben und Hoffnung – wenige Minuten vergingen, sie lag in meinen Armen – wir waren in Sicherheit; wir befanden uns auf dem Weg nach Dover.«

Ihr Tagebuch führten sie gemeinsam. Das war der erste Eintrag, von ihm, von der Nacht, da sie mit ihm durchbrannte: Er auf der Flucht vor seiner unglücklichen Ehe und einem despotischen Patriarchen, sie eine nunmehr Entehrte, die ihrem Vater nicht mehr unter die Augen treten durfte. In den acht Jahren ihrer Verbindung behielten sie die Gewohnheit des offenen Tagebuchs bei, wie sie überhaupt vieles vorwegnahmen, was die Künstlerehe im zwanzigsten Jahrhundert für sich als Entdeckung beanspruchte: gemeinsames Lesen und Schreiben, vollstes Vertrauen, Gleichwertigkeit. Selbst sexuelle Freiheit scheint es gegeben zu haben. Den beiden gelang es außerdem, sich in schlechten wie ganz schlechten Zeiten die Unbekümmertheit um materielle Dinge nicht völlig austreiben zu lassen. Nur eine Asymmetrie zu beheben lag nicht in ihrer Macht: Mary brachte die Kinder zur Welt. Die meiste Zeit ihres Lebens mit Shelley war sie schwanger, im Wochenbett oder in Trauer, denn nur ein Kind überlebte; die anderen starben im Säuglings- oder Kleinkindalter.

Das junge Paar war von familiärem Unglück malträtiert. Shelleys erste Frau ging aus Verzweiflung ins Wasser, er wurde als nicht sorgerechtswürdig eingestuft und verlor die Kinder ganz. Marys Halbschwester Fanny vergiftete sich. Ihr Vater, von Altersstarrsinn befallen, peinigte Mary und Percy mit moralischer Ächtung und finanziellen Forderungen. Die Ortswechsel in der Schweiz und in Italien waren auch immer wieder eine Flucht – vor traurigen Erinnerungen und vor neurotischen Verwicklungen des Clans, der mit ihnen zog. Dazu gehörten Edward Williams, Offizier der Royal Navy, und seine Geliebte Jane Johnson. Auch Marys Stiefschwester Claire, ein literarisches Groupie *avant la lettre*, wich den Shelleys nicht von der Seite. Claire suchte und fand Kontakt zu Lord Byron und sah ihre Hoffnungen auf eine Ehe vernichtet, als der Lord das gemeinsame Kind zu sich nahm, von ihr aber nichts mehr wissen wollte. Als eine Stellung für Claire gefunden war, zog vorübergehend etwas Ruhe ein; die Freundschaft der Shelleys mit Byron war jedoch gestört. Mary las Homer und Tacitus, studierte mit Shelley die Kunst und die alten Sprachen und schrieb. Nach einer erneuten Fehlgeburt Marys fand der verkleinerte Clan – zu dieser Zeit nur die Shelleys und das Paar Williams mit Dienerschaft – ein Haus an der ligurischen Küste. Marys postnatale Schwermut wurde zu einer Belastung der Ehe; Shelley flirtete mit der Hausgenossin Jane und widmete ihr schwärmerische Gedichte. In dieser trüben Lage brachen Percy Shelley und Edward Williams von dem kleinen Küstenort Lerici mit einem Segelboot nach Livorno auf und gerieten auf der Rückfahrt am 8. Juli 1822 in einen Sturm. Elf Tage später erhielten die Freundinnen die Nachricht, dass die Leichen ihrer beiden Männer angeschwemmt worden seien.

Den dritten Akt ihres Lebens – der immerhin fast dreißig Jahre dauerte – empfand Mary Shelley zeitlebens als Nachspiel. »Acht Jahre lang verkehrte ich in schrankenloser Freiheit mit einem Menschen, dessen Geist dem meinen so weit überlegen war, der meine Gedanken weckte und leitete. Jetzt bin ich allein – ach, wie allein!« Sie ging zurück nach England und widmete sich fortan der Erziehung ihres Sohnes, dem Andenken ihres Mannes und der eigenen literarischen Arbeit – und war in all dem von Zwängen umstellt. Eine angemessene Ausbildung für den Jungen zu finanzieren war nur möglich mit Beihilfe von Sir

Shelley senior. Der traditionsbewusste alte Herr bestand zunächst darauf, dass der Name Shelley nicht in der Öffentlichkeit erschien, womit er sowohl Marys Schreiben als auch ihre Herausgabe der Werke ihres Mannes boykottierte. Mary vereinsamte, auch aus Mangel an Geld: »Ich war so arm, dass ich nicht einmal ein Abendessen anbieten konnte.« Sie arbeitete an einem utopischen Roman, dessen Szenario die »Frankenstein«-Geschichte an Düsternis noch überbietet: »The last Man«. Lional Verney, der letzte Mensch auf Erden, erlebt und beschreibt darin in Rom den Untergang der Menschheit, die sich am Ende des einundzwanzigsten Jahrhunderts in Kriegen und Misswirtschaft zugrunde gerichtet hat. Pesthauch liegt über dem Land und den zertrümmerten Städten: Industrie und Wissenschaft haben eine Vernichtungskraft entfesselt, der die Zivilisation keinen Einhalt gebieten konnte. Wie bei »Frankenstein« liegt der Horror nicht im Außerirdischen oder im Geisterhaften, sondern darin, dass Menschen tun, was ihnen möglich ist. Shelley formulierte die Alpträume ihrer Epoche – die den unseren gleichen. »Der letzte Mensch« versteht das heutige Publikum, das den Atomtod, die Erderwärmung und andere Szenarien des hausgemachten Weltuntergangs im Schlaf buchstabieren kann, besser, als es Shelleys Zeitgenossen vermochten.

Die Witwe und Mutter schlug sich durch mit Beiträgen für Sammelbände und literarische Enzyklopädien, mit Novellen und Reisebeschreibungen. Mehrfach wurde sie erpresst – einmal mit Liebesbriefen Shelleys an Jane, die Geliebte von Edward Williams, dann mit solchen, die sie einem Mann geschrieben hatte, der vorgab, sich für sie zu interessieren. Sanftmütig und nervenschwach, war sie das geborene Opfer: von tyrannischen Vaterfiguren gemaßregelt und von einer ehrpusseligen Gesellschaft gemieden, von Abhängigkeit und Einsamkeit gequält. Die letzten Lebensjahre verbrachte sie mit ihrem Sohn und dessen Frau auf dem Familiensitz.

Ihre Kommentare zu Shelleys Werk, so sorgsam wie inspiriert, sind bis heute die Grundlage der Forschung. »Frankenstein« wurde weltberühmt. Was außerdem möglich gewesen wäre, erstickten Schwermut und Schicksal.

Biografisches

Mary Shelley wurde als Tochter der Frauenrechtlerin Mary Wollstonecraft und des Schriftstellers William Godwin am 30. August 1797 in London geboren. Ihre Mutter starb wenige Tage nach Marys Geburt am Kindbettfieber. Nach vier Jahren als alleinerziehender Vater des Säuglings und der zwei Jahre älteren Schwester Marys – das uneheliche Kind einer früheren Verbindung Wollstonecrafts – heiratete Godwin seine Nachbarin, die ihrerseits zwei Kinder mit in die Ehe brachte. Aus dieser Patchworkfamilie brach Mary zum frühestmöglichen Zeitpunkt aus: Sie wurde mit siebzehn Jahren die Geliebte des Dichters Percy Bysshe Shelley, des verheirateten Sohns eines Baronets. Nach dessen Scheidung heirateten die beiden; aus der Verbindung entstanden vier Kinder, von denen drei in den ersten Lebensjahren starben. Mary lebte mit Shelley, den Kindern und wechselnden Hausgenossen vor allem in der Schweiz und Oberitalien. Nach Shelleys Tod 1822 – er ertrank an der ligurischen Küste – kehrte sie mit dem Sohn Percy Florence nach England zurück und intensivierte ihr Schreiben, um dessen Ausbildung zu finanzieren. Sie fristete von literarischen und journalistischen Arbeiten und den Zuwendungen von Shelleys Vater ein bescheidenes Dasein, bis ihr Sohn das großväterliche Erbe antreten konnte. Bei Percy und seiner Frau lebte sie in London bis zu ihrem Tod nach einer Folge von Schlaganfällen am 1. Februar 1851.

Leseempfehlung

»*Frankenstein oder Der moderne Prometheus*« *(Roman)*. Aus dem Englischen von Ursula und Christian Grawe.
»*Der sterbliche Unsterbliche*« *(Erzählungen)*. Aus dem Englischen von Alexander Pechmann.
»*Flucht aus England. Reiseerinnerungen und Briefe aus Genf 1814–1816*« (gemeinsam mit Percy B. Shelley). Aus dem Englischen von Alexander Pechmann.

Elke Schmitter

ANTIPODIN IHRER SELBST

Susan Sontag *1933–2004*

Wann ist ein Star ein echter Star? So berühmt in aller Welt, dass ein einziges Attribut (Albert Einsteins rausgestreckte Zunge beispielsweise oder Che Guevaras kubanische Zigarre) genügt, um ihn abzubilden, und der Vorname genügt, um von ihm zu reden? Wer »Marilyn« hört oder die Strichzeichnung eines kelchförmig über zwei Frauenbeinen auffliegenden Rocks sieht, weiß automatisch, wer gemeint ist: Marilyn Monroe, Inbild des absoluten Starruhms. Die amerikanische Schauspielerin starb 1962, zwei Jahre bevor eine andere Amerikanerin ihren Durchbruch zu jenem Ruhm erlebte, der sich in Kürzeln, in Codes und Chiffren ausdrückt. Sie hieß Susan. Einfach »Susan«, wie Marilyn eben »Marilyn«. Und sie, diese starmäßig berühmte Susan, ist verewigt im Piktogramm ihrer Frisur. Der dicken schwarzen Mähne mit der weißen Strähne über der Stirn. Susan Sontags Frisur ist vielleicht nicht ganz so legendär wie Einsteins Zunge und Ches Zigarre. Aber sie war schon zu Lebzeiten der Essayistin und Schriftstellerin berühmt genug, um als Standardrequisit, als Susan-Sontag-Perücke in der Comedy-Sketch-Show »Saturday Night Life« Verwendung zu finden.

Stellt man sich die beiden Star-Amerikanerinnen, Marilyn und Susan, nebeneinander vor, erscheint sofort das Bild des klassischen Gegensatzpaares: *The body and the brain.* Die Frau mit dem berühmtesten Körper und die Frau mit dem berühmtesten Intellekt ihrer Zeit. Aber das Bild täuscht. Denn weder die Schöne noch die Kluge ergeben jeweils eine glatte Summe. Beide waren sie geprägt von Zerrissenheit. Beide, jede für sich, Antipodinnen ihrer selbst. Marilyn Monroe, die am Image des platinblonden Sexdummchens verzweifelte, las in der Freizeit Rilke und Dostojewski.

Und Susan Sontags Werk ist nichts anderes als ein Ausdruck des schieren Dualismus, Sinnbild des Spagats. Es ist das Werk einer Amerikanerin, deren ganze Leidenschaft der europäischen Kultur galt. Das Werk einer Essayistin, die immer wieder von der Form des Essays wegstrebte, sich Genialität und Ruhm als Romanautorin ersehnte.

Vor allem aber ein Werk, in dem sich der elementare Konflikt moderner Kunst und modernen Denkens in größter Schärfe ausdrückt: Der Konflikt zwischen Ästhetizismus und Moralismus. Zwischen verspieltem Dandytum einerseits und verantwortlichem Engagement andererseits. Zwischen Kunstgenuss und Gesinnungskunst. Zwischen selbstbezogener Betrachtung der Welt und selbstloser Aneignung ihrer Leiden und Ungerechtigkeiten. Zwei Modelle, die über die ganze Strecke des zwanzigsten Jahrhunderts nebeneinander herlaufen und sich im Bewusstsein der höchst begabten, umwerfend schönen Intellektuellen überkreuzen, die am 16. Januar 1933 als Susan Lee Rosenblatt, polnisch-jüdischer Abstammung, in New York City geboren wurde. Die in ihrer Jugend nichts so sehr liebte wie Bücher. Und nichts so sehr hasste wie die kleinbürgerlichen Barbecue-Veranstaltungen ihres Stiefvaters, dessen schönen Nachnamen Sontag sie allerdings beibehielt. Vermutlich, weil er mit ihrem Vornamen Susan eine ebenso schöne Alliteration ergab. Sie fing früh an, sich zu erfinden und zu entwerfen, sich vom Barbecue-Leben weg in das Leben von Menschen zu träumen, die in Bibliotheken und am Schreibtisch sitzen, in Cafés und Bars, im Kino und im Theater. Menschen, die unentwegt denken, viel reisen, viel reden. Genauso wurde und war das Leben der ausgeprägten Ästhetin und ausgeprägten Moralistin Susan Sontag.

Eine Frau mit dem denkbar erotischsten Verhältnis zur Kunst. In ihren New Yorker Hochzeiten, in den sechziger und siebziger Jahren, las sie fünf französische Romane pro Woche, ging mehrmals täglich ins Kino und in Ausstellungen. Und eine Frau mit der denkbar größten Bereitschaft, an keinem Kriegsschauplatz der Nachkriegszeit, von Hanoi über Palästina bis Sarajewo zu fehlen. Sie war Titelbild der »Vogue« und Präsidentin der amerikanischen Sektion der Schriftstellervereinigung P.E.N. Sie machte den Ereignisreiz der Popkultur für die Hochkultur diskutabel. Und verachtete zugleich das Treiben Andy Warhols als wertlosen Rummel. Mit ihren literarischen Aufsätzen ebnete sie in den sechziger Jahren der Postmoderne den Weg. Und schnitt ihn, als sie in den neunziger Jahren die historisch-epischen Romane »Der Liebhaber des Vulkans« und »In Amerika« verfasste, auch wieder ab. Ihr Sinn für Glamour, für den Thrill der Oberfläche war durch und durch amerikanisch, genauer gesagt: kalifornisch. In Los Angeles, in der Nähe von Hollywood hatte Susan Sontag schließlich ihre Jugendjahre verbracht. Ihre geistige Heimat aber war, von eben dieser Jugend an, der alte Kontinent, genauer gesagt: Paris. Als sie, in einem ihrer schönsten Aufsätze, über die phänomenologische Weltsicht des französischen Strukturalisten Roland Barthes schrieb und dabei Barthes zum Antipoden der Partei nehmenden Weltsicht Jean-Paul Sartres erklärte, schrieb sie auch ein wenig über sich. Eine Antipodin ihrer selbst, auf die keine Rolle besser zugeschnitten war als die der Vermittlerin, der Botschafterin. Susan Sontag hat für Amerika die Tür aufgestoßen und der europäischen Moderne Eintritt verschafft in die Zeitschriften und Buchhandlungen jenseits des Großen Teichs. »Geistige Transatlantikerin« wäre in ihrem Reisepass die präziseste Berufsbezeichnung gewesen. Die europäische Künstler- und Denkergesellschaft, die sie in ihren Schriften versammelte, ist gewaltig. Ein Kanon, der seinesgleichen sucht: Canetti, Benjamin, Pavese, Cioran. Artaud, Levi-Strauss, Simone Weil, NATHALIE SARRAUTE, Godard, Riefenstahl, Resnais ...

Was, fragte Susan Sontag, als sie 2003, ein Jahr vor ihrem Tod, in der Frankfurter Paulskirche den Friedenspreis des Deutschen Buchhandels entgegennahm, was wäre Amerika ohne seine »Tatkraft«? Was Europa ohne seinen »Weltschmerz«? Was das menschliche Leben ohne die Fähigkeit der Verwandlung? Womit sie auch meinte: ohne die Fähigkeit zur Ambivalenz, zur Uneindeutigkeit, zu fluktuierenden Mustern und Positionen. Sie war tatsächlich weltberühmt für den Farbkontrast ihrer Frisur. Auch deshalb, weil nie ganz klar war, ob Susan Sontag schwarze Haare mit einer weiß gefärbten Strähne hatte. Oder weiße Haare, die bis auf diese Strähne schwarz gefärbt waren. Es war ihr *signature look,* und dieser Look war ein ziemlich geniales Emblem der Ambivalenz ihrer Epoche zwischen kulturellem Leichtsinn und kulturellem Tiefsinn, zwischen Trash und Tragödie. Ziemlich genial war auch der Zeitpunkt, an dem Susan Sontag das intellektuelle Establishment Amerikas eroberte. Es war das Jahr 1964. Das Jahr des Umbruchs in der amerikanischen Kulturgeschichte. Der Beginn der Rebellion und der Subkultur.

In diesem Jahr erhielt Martin Luther King den Friedensnobelpreis, der amerikanische Kongress verabschiedete den Civil Rights Act, zwischen Ost- und Westküste brach das Beatles-Fieber aus, Andy Warhol bezog die »Silver Factory« – und eine Einunddreißigjährige namens Susan Sontag veröffentlichte jenen Essay, für den sie zeitlebens so berühmt war wie für ihre Frisur. Er war der Geburtsschein ihres Lebens als öffentliche Person und glamouröse Intellektuelle. Der Essay mit dem Titel »Anmerkungen zu Camp«, erschienen in der Herbstausgabe der »Partisan Review«.

Was war, was meinte sie mit »Camp«? Sontag hat den Begriff – der nicht, wie später missverständlich oft geschehen, mit Pop und Popkultur gleichzusetzen ist – nicht erfunden. Er existierte im angloamerikanischen Raum als Code für eine subversive, kitschverliebte, ironische Attitüde, als Geschmacksrichtung. Aber Sontag definierte ihn als Kunstrichtung; einer Richtung, die sich in der Überbetonung und Überkultivierung von Stil ausdrückt. Camp ist eine Alternative zwischen der Bedeutungsschwere klassischer Hochkultur und der Seichtheit anspruchsleerer Konsumkultur. Camp spielt mit kulturellen Zeichen ohne Moralisierung ihres Niveaus und ihrer ästhetischen Herkunft. Vor allem pflegt Camp die Tradition des Dandytums. Sontags Essay, durchzogen von Zitaten Oscar Wildes, war indirekt eine Hommage an diesen Vater aller Dandys. Nur scheinbar verlor sich das Wilde'sche Postulat – alles Wesentliche, was es über die Welt zu sagen gäbe, läge an ihrer Oberfläche – aus dem späteren Denken Susan Sontags. Ihre berühmteste Streitschrift, »Krankheit als Metapher« aus dem Jahr 1980, diese aus eigener Leidenserfahrung gespeiste, aufklärerische Polemik gegen die psychologische Mystifizierung der Krankheit Krebs, ist ohne die Schule des Sichtbaren kaum denkbar. So wenig wie Sontags ein Jahr zuvor erschienene Pionierarbeit »Über Fotografie«.

Worüber schrieb, was machte und versuchte sie nicht? Wenig. Sie drehte Filme, inszenierte Theaterstücke, verfasste Erzählungen. Vielleicht malte sie auch, und wir wissen es nicht. Wir wissen, dass sie im Lauf ihres Lebens immer stärker, immer eindringlicher als politische Moralistin der Menschenrechte und als Pazifistin auftrat. Dass sie auch todkrank nicht anders konnte, als sich im Frühjahr 2004 in einem Essay über die Folterfotos von Abu Ghraib zu äußern.

Sucht man in Susan Sontags Biografie nach der Stelle, nach dem Zeitpunkt, an dem sich das antipodische Wesen der Ästhetin und Moralistin ausformte, könnte dies das Jahr 1968 sein, Sontags Reise nach Nordvietnam, die Erfahrung des Vietnam-Kriegs. Sie vertrug sich schlecht mit Camp. Denn Camp, schrieb Sontag in ihrem legendären Essay, sei alles Mögliche, aber eines nicht: tragisch. »Der ganze Sinn des Camp liegt in der Entthronung des Ernstes.« Dies hatte sie 1964 formuliert, als es schien, als gehörte die Tragödie des Zweiten Weltkrieges der Vergangenheit an und die Zukunft der Freiheit des Lebens und des

»campigen« Lebensstils. Mit Vietnam kehrten das Tragische und das Ernste zurück. Ernst ist auch der Duktus von Susan Sontags Schriften, zumal ihrer essayistischen, getragen von gleichmäßiger Gedankenstrenge. Jeder Satz konzentriert wie eine Maxime. Jedes Wort im Dienst der Reflexion. »Anmerkungen zu Camp« beispielsweise ist wie ein Katalog der Erkenntnis in achtundfünfzig nummerierte Paragrafen gegliedert. Vielleicht verdankte Susan Sontag dieser Bestimmtheit, die sie im Schreiben wie im öffentlichen Wirken besaß, den Respekt, den sie zeitlebens als intellektuelle Celebrity und als moralische Instanz genoss. Das Bild einer Zerrissenen gab sie weiß Gott nicht ab. Dafür waren labile Celebritys wie Marilyn Monroe zuständig. Indes: Wer von Susan Sontag spricht, meint ein Spannungsfeld des zwanzigsten Jahrhunderts, in dem viel, auch Widersprüchliches, zusammenläuft.

Biografisches

Susan Sontag wurde am 16. Januar 1933 in New York geboren und wuchs in zerrissenen Familienverhältnissen und weitab intellektueller Förderung in Tucson, Arizona, und in Los Angeles auf. Sontags leiblicher Vater starb, als sie fünf Jahre alt war. Sontags Mutter verbat sich, in der Öffentlichkeit als »Mama« angesprochen zu werden. Susan Sontag nannte sie nie anders als »M«, was vieles bedeuten konnte: Madame, Mama oder Mildred, der Vorname der Mutter. Kennzeichen des Lebens von Susan Sontag sind Schnelligkeit und Unabhängigkeit. Drei Tage nach ihrer Einschulung wurde sie in die dritte Klasse versetzt. Mit sechzehn immatrikulierte sie sich an der Universität von Berkeley, mit siebzehn heiratete sie den Soziologen Philip Rieff, mit neunzehn wurde sie Mutter, mit fünfundzwanzig ließ sie sich scheiden, mit sechsundzwanzig zog sie als alleinerziehende Mutter nach New York, mit einunddreißig gab sie ihre Dozentenstelle an der Columbia Universität auf und lebte von da an als freie Autorin. Erfolg und Stabilität ihrer Laufbahn sind nicht vorstellbar ohne das lebenslange Freundschafts- und Vertrauensverhältnis mit dem New Yorker Verlagschef Roger Straus, der sie väterlich protegierte. Aus ihrer Homosexualität machte Susan Sontag kein großes Geheimnis. Im Jahr 1988 lernte sie die Fotografin Annie Leibovitz kennen und lieben. Die Amerikanerin wurde nach ihrem Tod am 28. Dezember 2004 in Paris begraben, am Ort ihrer geistigen Heimat. Auf dem Friedhof Montparnasse ruht sie in der Gesellschaft ihrer geistigen Idole des Alten Kontinents, denen ihre essayistische und schriftstellerische Leidenschaft galt.

Leseempfehlung

»Kunst und Antikunst: 24 literarische Analysen«. Aus dem Englischen
von Mark W. Rien (Um drei literarische Essays erweiterte deutsche Ausgabe
von *»Against Interpretation and Other Essays«*).
»Über Fotografie« (Essay). Aus dem Englischen von Mark W. Rien und
Gertrud Baruch.
»Krankheit als Metapher« (Essay). Aus dem Englischen von Karin Kersten
und Caroline Neubaur.
»Im Zeichen des Saturn« (Essay). Aus dem Englischen von
Werner Fuld u. a.
»Der Liebhaber des Vulkans« (Roman). Aus dem Englischen von Isabell
Lorenz.

Ursula März

KIND SEIN FÜR IMMER

Johanna Spyri *1827–1901*

Tomi Ungerers Titelbild für das Kinderbuch »Heidi« ist kongenial. In der Bildmitte liegt die Alphütte im letzten Abendlicht, in der Tiefe das schon schattige Tal, in der Höhe rosig leuchtend das Hochgebirge, und von rechts vorn läuft ein kleines Kind mit rotem Halstuch und weißem Kleidchen mit großen Schritten ins Bild hinein. Eine Art Alpenrotkäppchen mit dunklem Haar, Henkelkorb und festem Schuhwerk. Man sieht es von hinten, auf dem Bergpfad rennt es der Alphütte zu, wo der Großvater als winziges schwarzes Männchen einsam auf der Bank sitzt.

Und Generationen von Kindern rennen hinterher. Denn diese Geschichte entfaltet einen unwiderstehlichen Sog gleich auf den ersten Buchseiten. Rasch und anschaulich baut Johanna Spyri ihre alpine Szenerie auf und stellt ein paar scharf umrandete Figuren hinein: Heidi, das fünfjährige Waisenkind, seine

Tante Dete, die Schwester von Heidis früh verstorbener Mutter, den als Menschenfeind verschrienen Großvater, zu dem Tante Dete Heidi bringt, und den elfjährigen Geißenpeter, schuldumm und trotzdem lebensklug, nämlich nüchtern und praktisch, eine nützliche Identifikationsfigur für alle lesenden Jungen.

Heidi weiß nichts von der Vergangenheit des »Alpöhi« und begegnet dem schroffen alten Mann zutraulich. Der schafft in der Hütte Platz für das Kind und leitet verständnisvoll dessen Wissbegier. Zwei glückliche Jahre verlebt Heidi auf der Alp, lernt Natur und Tiere und das einfache Leben kennen und lieben. Als der Pfarrer darauf drängt, Heidi zur Schule zu schicken, weist ihn der Öhi ab. Da taucht Tante Dete wieder auf und bringt Heidi gegen den Willen des Großvaters nach Frankfurt. Im noblen Haus der Familie Sesemann soll sie der gelähmt im Rollstuhl sitzenden zwölfjährigen Klara als Spielkameradin die Langeweile vertreiben. Heidi erlebt einen Kulturschock, kommt vor Heimweh fast um und gerät zudem unter die Fuchtel der bösartigen Gouvernante Rottenmeier. Die hat gemeinsam mit einem Hauslehrer ein Erziehungsprogramm installiert, das mit der kindlichen Wissbegier auch gleich noch die Lebensfreude abtötet. Selbst die angereiste freundliche Großmutter Sesemann, die Heidi lesen und beten lehrt, kann da wenig ausrichten.

Auf Anraten des Doktors wird die in der Stadt abgemagerte, psychisch kranke Heidi wieder ins Gebirge zurückgeschickt. Wo sie sofort gesundet. Zudem bringt sie den Öhi zur Versöhnung mit Gott und seinen alten Feinden. Eine ähnliche Spontanheilung wie Heidi erlebt im zweiten Teil des Romans die gelähmte Klara. Bei einem Besuch auf der Alp kann sie plötzlich stehen und lernt bald darauf mit Heidis Hilfe gehen. Zum Dank dafür sichern die reichen Frankfurter fortan das finanzielle Wohlergehen von Heidi, Alpöhi und Geißenpeterfamilie. Fasziniert von der Heilkraft der Alpen, wird der Doktor ins Gebirge ziehen. Der Roman klingt in Dankgebeten aus.

Als sie ihren »Heidi«-Roman schrieb, war Johanna Spyri dreiundfünfzig Jahre alt, verheiratet mit dem angesehenen Zürcher Stadtschreiber Bernhard Spyri und Mutter eines fünfundzwanzigjährigen Sohns. Der erste Teil des Romans (»Heidis Lehr- und Wanderjahre«) kam 1880 im Verlag von Friedrich Perthes in Gotha heraus. Es war ihr viertes Buch bei dem deutschen Verleger, dem sie ihr Leben lang treu blieb – vermutlich mit Blick auf den größeren Markt und auch weil ihr der geografische Abstand einen alpenländischen Exotenbonus eintrug. Seit nicht ganz zehn Jahren hatte sie neben erbaulichen Geschichten für Erwachsene auch »Geschichten für Kinder und Solche, welche die Kinder lieb haben« anonym publiziert. Dieser Untertitel war ihr Markenzeichen, sie konnte damit ihr Publikum über den jüngeren Leserkreis hinaus erweitern und sich als Volksschriftstellerin etablieren. Noch im Jahr der Veröffentlichung von »Heidi« wurden bei Perthes zwei weitere Auflagen gedruckt, anders als noch in der ersten Auflage diesmal mit Autorenangabe; ein Jahr später, 1881, erschien die Fortsetzung: »Heidi kann brauchen, was es gelernt hat«. Wenig später war das Buch schon in ganz Europa verbreitet, 1884 erschien es in Amerika und trat seinen Siegeszug über die ganze Welt an mit Buchverkäufen in Millionenhöhe, Übersetzungen in über fünfzig Sprachen, mehreren Heidi-Verfilmungen und einer japanischen Heidi-Trickfilmserie, Heidihotels, Heidibekleidung, Heidibettwäsche, Heidigeschirr – und der Vermarktung der halben Schweiz als Heidiland.

Kritisiert wurde schon früh Johanna Spyris Sentimentalität, es hieß, sie interessiere sich nicht für das Elend der Menschen und benutze es nur, um Gottvertrauen und Herzensgüte ihrer Figuren ins rechte Licht zu rücken. Bemängelt wurde auch, dass sie das Leben der Bergler simplifiziere und beschönige und – wie üblich in der Trivialliteratur – Klima und Wetter als Stimmungsmacher einsetze. In der Tat grünen und duften in ihrem Buch unentwegt die Alpwiesen, obwohl nie ein Tropfen Regen fällt. Ankreiden kann man ihr zudem ihren schlichten Rousseauismus, die klischeehaften Stadt-Land-Gegensätze in ihrem Roman, wo das Stadtleben konsequent verteufelt und das Landleben als von Grund auf gut und gesund beschrieben wird (»So gut wie unsere Milch ist doch gar nichts auf der Welt«). Kritisieren kann man die Entwicklungslosigkeit ihrer Titelfigur, die noch als Zehnjährige genauso infantil auf der Alp herumhüpft wie als kleines Mädchen, und die Anmaßung, die sich in Spyris Verwendung des Titels von Goethes zweibändigem Entwicklungsroman zeigt (»Wilhelm Meisters Lehrjahre« und »Wilhelm Meisters Wanderjahre«). Und besonders übel kann einem aufstoßen, dass sie Heidi, je länger ihre Geschichte dauert, desto ungenierter, zum Sprachrohr sentimentaler Frömmelei werden lässt. Kein Sonnenuntergang, ohne dass das Kind die Hände faltet, den Blick zum Himmel schickt und ein Gebet spricht, während ihm die »hellen Tränen« über die Wangen laufen. Noch im Schlaf bleiben Heidis Hände gefaltet, was nun seinerseits den knorrigen Alpöhi zu Tränen rührt und seine innere Wandlung zum guten Kirchenchristen vorantreibt.

Wer den Lebensweg der Autorin kennt, wird davon nicht überrascht sein. Johanna Spyri war die Tochter der als Lyrikerin in pietistischen Kreisen geschätzten Pfarrerstochter Meta Heusser und des Arztes Johann Jakob Heusser, der unweit von Zürich praktizierte. Von Beginn ihrer späten literarischen Karriere an sah sie sich als religiöse Schriftstellerin, und sie ist es zeitlebens geblieben. Ohne ihren Förderer, den Bremer Pastor Vietor, den sie in Zürich kennenlernte, hätte sie, wie sie immer betonte, nie zu publizieren gewagt. Er vertrat ein pietistisch geprägtes konservatives Christentum, war in der Volksbildung engagiert und brauchte für sein Kirchenblatt Erzählmaterial. Auf sein Drängen hin (sie selbst schrieb in einem Brief, dass er sie »mit Drohungen zwang, ihm etwas für sein Blatt zu schicken«) belieferte sie ihn und später ihren Verleger Perthes in Gotha mit Dutzenden von Erzählungen, die von Verlassenheit, Not und Sünde, von Gebetserhörung und Gottes Barmherzigkeit handelten. Sie sind heute längst vergessen. Alle bis auf »Heidi«.

Einer der wichtigsten Gründe dafür ist künstlerischer Natur. Bereits der Dichter Conrad Ferdinand Meyer, mit dem Spyri korrespondierte, hielt das Eingangskapitel für überaus gelungen. Mit der brillanten Erzählung von Heidis erstem Tag im Gebirge sind die meisten Leser – besonders aber die Flachländer unter ihnen – für den Roman gewonnen und nehmen fortan der Schweizer Autorin ab, was immer sie beschreibt: den wunderbaren Geschmack von Geißenmilch, die Qualität des Tiefschlafs in einem Heubett und dass man in einem solchen Paradies gar nicht anders kann, als beständig fröhlich zu sein. Etabliert wurde damit ein Mythos, der sich glänzend verkauft, von dem bis heute die Tourismusindustrie zehrt und an den sogar die Schweizer selber ab und zu glauben. Kein Wunder, dass es »Heidi«-Leser so heftig ins Gebirge drängt. Irritierendes, wie Heidis Frömmelei, stecken sie dabei quasi im Vorüberspringen weg. Umsichtig wird zudem im Roman die Anteilnahme gesteuert. Die Leser finden sich einbezogen in Heidis Erkundung des Älplerlebens und später in ihre Frankfurter Erfahrungen. Wobei sie die meisten Eskapaden des Kindes (etwa wenn Heidi für sich und Klara Kätzchen ins Haus holt) als Streiche genießen und allen Widerwillen gegen pädagogisch gemeinte Strenge auf dem bösen Fräulein Rottenmeier abladen können. Selbst Heidis Leiden am »Heimweh« bringt Gewinn – hier kann man lesend das seit dem siebzehnten Jahrhundert als »Schweizer Krankheit« bekannte Gefühl schon mal einüben, bevor es einen selbst überkommt.

Man kann das Buch aber auch als psychologischen Roman lesen. Dann geht es für Heidi in Frankfurt um Entfremdungserfahrungen, den plötzlichen Verlust einer geliebten Person, um das Ende von Geborgenheit und um Verlassenheitsängste. Damit wird ein Problem der kindlichen Entwicklung thematisiert: die Ablösung von den Eltern, die – wie Heidis Geschichte zeigt – eine Aufgabe ist, an der man auch scheitern kann. Heidi bewältigt ihre seelische Krise nicht, sie rettet sich ins Schlafwandeln. Schon ihre Mutter war mondsüchtig gewesen und erkrankte und starb an innerem Elend. Auch Heidi ist labil und wird psychisch krank, doch in ihrem Fall kommt es zur Wunscherfüllung: Sie darf wieder heimreisen. Damit erweist sie sich gerade *nicht* als das unverwüstlich gesunde Alpenkind, die Kontrastfigur zum städtischen Milieu, das die »Heidi«-Werbung in ihr sehen will. Nur auf der Oberfläche ist Spyris Buch ein von der zeittypischen Abscheu vor der Großstadt zehrender Heimatroman. In seinem Kern geht es nicht um realistische Beschreibungen, sondern um die Evokation von Seelenlandschaften, die in geschlossenen Räumen und in freier Natur verbildlicht werden.

»Heidi« erweist sich damit als Anti-Entwicklungsroman, ein Buch, das zur Regression einlädt und die mit ihr verbundenen befremdlichen und bezaubernden Fantasien aktiviert. Von der Autorin wird es zwar frömmlerisch umnebelt, aber in Wahrheit ist dieser Roman ein »antipädagogischer Wolf im Schafspelz« (so die Kinderbuchforscherin Bettina Hurrelmann), weil er Kinder bei der Lektüre von der Forderung, sich weiterzuentwickeln, entlastet. Liegt vielleicht darin das Geheimnis von Heidis Welterfolg? Und darf Kinderliteratur solche Entlastung anbieten, ohne sich selber dem Vorwurf der Trivialität auszusetzen? Alle große Literatur verbinde uns mit unseren archaischen Phantasien, schreibt die Kinderbuchexpertin, und für uns als Leser gehe es schließlich nicht darum, so zu werden wie die Helden im Buch, sondern darum, etwas über uns selbst zu erfahren, das uns vielleicht weiterbringt.

Ob Johanna Spyri bewusst war, was für einen gefährlich knisternden Stoff sie da unter den Händen hatte? Ihre Briefe verraten, dass sie selber labil und psychisch gefährdet war und in den ersten Jahren ihrer Ehe unter starken Depressionen litt. Zur Zeit ihrer Schwangerschaft schreibt sie an ihre Freundin Betsy Meyer, die Schwester Conrad Ferdinand Meyers: »Ich sitze zu Haus und lasse die Tage an mir vorüberziehn und dabei ist's so still in mir wie in der Raupe, die der Enthäutung entgegengeht. Es steigt ja nie ein neues Leben auf, ohne dass ein altes fällt; ich sehe meinem jungen Leben entgegen und lasse vom alten sich abschälen, was geopfert sein muss. Dabei werd ich schweigsamer als je.« Als Spyris Sohn geboren ist, geht es im selben Stil weiter: »Morgen will ich zu meiner Mutter gehen nach dem Hirzel und will ihr zeigen, dass in mir zusammengebrochen ist, was in mir gelebt, alle Kraft und Freudigkeit, aber weiter kann ich nicht reden.«

Johanna Spyri war unglücklich als Ehefrau und junge Mutter an der Seite ihres auch in seiner Freizeit vielbeschäftigten Mannes. »Jetzt isst man gar nichts mehr bei uns«, schreibt sie, »heut am Mittagstisch las mein Mann so stramm seine Zeitung, dass er das Essen vollständig vergaß, und ich hatte von Anfang an schon genug.« Wie sie diese Krise überwunden hat, ist unbekannt, biografische Neugier hat sie stets rigoros zurückgewiesen. »Heidi« entstand mehr als zwanzig Jahre nach den hier zitierten Briefen. Wie es scheint, hatte Johanna Spyri inzwischen das Schreiben als Selbsttherapie für sich entdeckt. Aber ohne ihre Bekanntschaft mit der eigenen psychischen Gefährdung hätte ein so antipädagogisches Kinderbuch wie »Heidi« niemals entstehen können.

Biografisches

Johanna Heusser kam am 12. Juni 1827 in Hirzel, einem Dorf über dem linken Zürichseeufer, zur Welt. Ihre Mutter Meta Heusser war als Verfasserin von pietistischer Lyrik bekannt, ihr Vater Johann Jakob Heusser war Chirurg und Nervenarzt. Sie besuchte die örtliche Dorfschule und erhielt nebenbei Privatunterricht. Mit sechzehn Jahren wurde sie in ein Pensionat nach Yverdon geschickt, um Französisch zu lernen, kehrte zwei Jahre später nach Hirzel zurück und arbeitete in den folgenden sieben Jahren im Haushalt der fünfzehnköpfigen Familie. 1852 heiratete sie den Rechtsanwalt und späteren Zürcher Stadtschreiber Johann Spyri. Das Paar hatte einen Sohn. Von 1871 an schrieb sie Erzählungen, die in Deutschland herauskamen. 1880 erschien der erste Teil von »Heidi«, ein Jahr später die Fortsetzung. Der »Heidi«-Roman wurde ein Welterfolg. Im Winter 1883 fuhr Johanna Spyri mit ihrem an Tuberkulose erkrankten Sohn nach Italien. Er starb neunundzwanzigjährig im folgenden Jahr, wenig später starb auch ihr Mann an einer Lungenentzündung. Die Autorin widmete sich intensiv dem Schreiben und unternahm Reisen in die Westschweiz und ins Tessin. Sie starb im Alter von vierundsiebzig Jahren am 7. Juli 1901 in Zürich.

Leseempfehlung

»Heidis Lehr- und Wanderjahre«. Mit vielen Zeichnungen von Tomi Ungerer.

Gunhild Kübler

GENIE HAT KEIN GESCHLECHT

Madame de Staël *1766–1817*

An einem Novembertag des Jahres 1803 fuhr die Pariser Schriftstellerin und Salondame Germaine de Staël bei Mainz über die Grenze und sah trübsinnig aus dem Fenster ihrer Kutsche. Das öde, winterliche Land, die rauchgeschwärzten Häuser mit ihren kleinen Fenstern, aus denen beim Vorbeirasseln ihres Wagens die Bewohner neugierig die Köpfe streckten, schlugen ihr aufs Gemüt. Sie war nicht freiwillig unterwegs. Napoleon hatte sie aus Paris verbannt. Gerade hatte sie dort ihren ersten Roman publiziert, dessen Titelheldin Delphine, eine geistig und finanziell unabhängige Frau, in der Liebe und im Leben an kleinmütigen Männern scheitert und sich am Ende vergiftet. Napoleon hatte den Roman als unmoralisch kritisiert und Spitzel auf die Verfasserin angesetzt. Denn noch viel mehr als ihr Buch missfiel ihm ihr Salon. Hier versammelten sich oppositionelle Unruhestifter, und einer der schlimmsten war der Liebhaber der Gastgeberin, der politische Publizist Benjamin Constant. Der war zudem Mitglied im Tribunat, der gesetzgebenden Kammer, und schwang dort aufwieglerische Reden, was zu einem Zeitungskommentar geführt hatte, der Napoleon aus dem Herzen sprach: »Es ist nicht Ihre Schuld, dass Sie hässlich sind, aber es ist Ihre Schuld, dass Sie eine Intrigantin sind … Sie kennen den Weg in die Schweiz … Nehmen Sie Ihren Benjamin mit, und lassen Sie ihn seine Gaben im Schweizer Senat erproben.«

Tatsächlich stammten beide, die Dame und ihr Liebhaber, aus der Schweiz. Er kam aus einer nach Genf emigrierten Hugenottenfamilie. Sie war die einzige Tochter von Jacques Necker, dem aus Genf gebürtigen Bankier, Finanzminister und Berater von Ludwig XVI., der sich nach der Enthauptung des Königs 1793 aus der Politik zurückgezogen hatte. Zur Welt gekommen und aufgewachsen war sie in Paris, wohlbehütet und gefördert von ihrer Mutter, in deren Salon namhafte Gäste wie die Enzyklopädisten Diderot und d'Alembert aus und ein gingen. Hier hofierte man die kleine Germaine als Wunderkind. Mit modisch aufgetürmtem Haar thronte sie kerzengerade auf einem Stühlchen neben ihrer Mutter und mischte sich ohne Scheu ins Gespräch der größten Gelehrten des Landes – schon als Kind geistreich, schlagfertig, amüsant. Und eine der reichsten Erbinnen Europas. Entsprechend lang war die Schlange der Heiratskandidaten.

Einer davon – Baron Magnus de Staël-Holstein, schwedischer Botschafter in Paris und siebzehn Jahre älter als sie – hatte schon um ihre Hand angehalten, als sie zwölf war. Acht Jahre später ging sie eine Vernunftehe mit ihm ein und erklärte ihm gleich den Tarif: »Freundschaft und Freiheit« verlangte sie, »mein Herz will das eine, mein Geist das andere«. Der Baron ging darauf ein. Madame de Staël machte ihren Salon während der Revolutionszeit zum Treffpunkt liberaler Adeliger und Großbürger und mischte sich mit Hilfe ihrer Liebhaber in die hohe Politik ein. Schön war sie nicht. Ihr Teint war dunkel, und sie neigte zur Korpulenz. Aber erotisch attraktiv war sie trotzdem. Namhafte Politiker, Künstler und Diplomaten gerieten in ihren Bann, ihre fünf Kinder stammten von vier verschiedenen Vätern ab. Nur Napoleon war immun. Schon 1798 fiel sie ihm auf die Nerven, als sie ihn von einer Eroberung der Schweiz abzubringen versuchte – ohne Erfolg. Nach seinem Staatsstreich 1799 ging sie endgültig auf Distanz und wurde bald zur europaweit berühmten Exponentin des Widerstands gegen Napoleons diktatorisches Regime. Seine Aversion gegen sie war legendär. Einmal soll er nach einem Blick in ihr tiefes Dekolleté rüde behauptet haben: »Sie haben gewiss Ihre Kinder selbst gestillt.« Das verschlug selbst ihr die Worte. Für einen Augenblick soll da die große Konversationskünstlerin sprachlos gewesen sein.

Und jetzt vertrieb Napoleon sie aus Frankreich. Vor einem Jahr war sie

Witwe geworden. Nun reiste sie in Begleitung von Benjamin Constant, hatte zwei von ihren Kindern dabei und eine Handvoll Bedienstete. Ein Rückzug auf das elterliche Schlösschen Coppet am Genfersee, das ihr schon mehrfach als Fluchtort gedient hatte, war wenig verlockend. Sie hasste die Provinz, brauchte Stadtluft zum Leben, ganz besonders im Winter. Jetzt wollte sie über Frankfurt, Fulda und Eisenach nach Weimar, wo sie die deutschen Geistesgrößen zu treffen hoffte. In ihrer Abhandlung »Über Literatur, in ihren Verhältnissen mit den gesellschaftlichen Einrichtungen und dem Geiste der Zeit« hatte sie im Jahr 1800 als eine der Ersten die Theorie formuliert, dass literarische Werke durch das historische und soziale Umfeld, in dem sie entstehen, geprägt sind. Daher hatte sie die französischen Literaten aufgerufen, sich nicht nur von ihrem antik-mittelmeerischen Erbe, sondern auch von der christlich-germanisch geprägten Kultur des mittelalterlichen Mittel- und Nordeuropa inspirieren zu lassen. Der beginnenden Romantik hatte sie damit die Richtung gewiesen. Aber jetzt erlitt sie erst einmal einen Kulturschock. Betten, Essen, Kochgeräte, ja »alles Sinnliche« fand sie in Deutschland unerträglich. Furchtbar das »Schweigen in der Natur und in den Menschen«. Blieb nicht sogar die Zeit stehen? Ihr kam es vor, »als übereile sich das Wachstum der Pflanzen ebenso wenig wie die Bildung der Gedanken in den Köpfen.«

In Frankfurt erkrankte ihre kleine Tochter, was sie zu einem Aufenthalt von drei Wochen zwang. Das war schlimm, doch je länger sie blieb, desto restloser verschwanden die gegenseitigen Vorurteile. Madame de Staël studierte die Deutschen und die studierten sie. Ihr »Delphine«-Roman hatte hier bereits viele Leserinnen gefunden. Die deutschen Frauen gefielen ihr, sie erschienen ihr gebildeter als die Männer, die ihr schwerfällig vorkamen. Bald darauf sang der ganze Weimarer Hof ihr Lob, Wieland, Schiller und später auch Goethe rühmten ihre Kunst des aktivierenden Zuhörens und das »genialische Vermögen« ihres Verstands. Sie aber staunte, dass die deutschen Geistesheroen keine Zeitung lasen. Später wird ihr das als Indiz für ihre These dienen, dass die deutschen Intellektuellen keine Bodenhaftung haben und sich in ihren Gedankengebäuden so weit verlieren, dass ihnen der Bezug zu den politischen Verhältnissen abhanden kommt. Hier herrsche eine spezifische Ruhe, stellte sie in Weimar fest, nämlich »die Ruhe oder vielmehr der Schlaf des Idealen im Realen«. (Wie brisant und verfallsresistent diese Erkenntnis ist, lässt sich heute ermessen, wenn ein Historiker wie Fritz Stern als Charakteristikum der deutschen Gesellschaft in der ersten Hälfte des zwanzigsten Jahrhunderts das »feine Schweigen« beschreibt, jenes politische Desinteresse des Kulturbürgertums, das für den Erfolg des Nationalsozialismus mindestens ebenso wichtig war wie das Gebrüll der Begeisterten.)

Von Weimar reiste Madame de Staël weiter nach Berlin, wo sie den Literaturhistoriker August Wilhelm Schlegel als Mentor für sich selbst und als Hausleh-rer für ihre Kinder gewann. Eingenommen von ihrem Charme und von einem Jahresgehalt von 12 000 Franken, schloss er sich ihr an und stand ihr von da an dreizehn Jahre lang bis zu ihrem Tod treu zu Seite, wenn er auch nie in den Rang eines Liebhabers aufstieg. Mit ihm reiste sie 1804 nach Italien, was sie zu ihrem zweiten Roman »Corinna oder Italien« inspirierte. Er erschien 1807. Wieder rückte sie eine vitale, emanzipierte Frau ins Zentrum, deren Unabhängigkeit die Männer um sie herum nicht verkraften. Ein Satz aus »Corinna« wurde zum geflügelten Wort: »Genie hat kein Geschlecht«, heißt es da. Madame de Staël dehnte, in diesem Punkt eine radikale Tochter der Revolution, das Gleichheits-postulat auch auf die Frauen aus.

Seit Jahren arbeitete sie schon an dem Buch, das zu ihrem berühmtesten wer-den sollte: der umfangreichen kulturgeschichtlichen Studie »Über Deutsch-land« (»De l'Allemagne«), für die sie auf ihren Reisen nach Deutschland und Österreich unablässig Informationen gesammelt hatte. Napoleon stand inzwi-schen auf dem Gipfel seiner Macht. In Anwesenheit des Papstes hatte er sich sel-ber zum Kaiser gekrönt, Österreich und Preußen militärisch geschlagen, sich in Tilsit mit dem Zaren Alexander arrangiert und von Berlin aus eine Kontinen-talsperre gegen England verhängt. Aber trotzdem hörte er nicht auf, Madame de Staël nachzustellen, sie bespitzeln, verhören und immer wieder ausweisen zu lassen. Vorübergehend lebte sie in Coppet praktisch unter Hausarrest, schaffte es aber, durch ihre Gastfreundschaft das Schlösschen am Genfersee zu einem Anziehungspunkt für europäische Intellektuelle zu machen. »Ihr Haus in Cop-pet wurde zu einem wahren Arsenal. Man ging dorthin, um sich die Sporen ge-gen mich zu verdienen«, so sah das Napoleon.

Die Originalausgabe ihres Deutschlandbuchs wurde auf seinen Befehl hin sofort nach Erscheinen verboten, konfisziert und eingestampft. Ihr war es in diesem Buch um die gegenseitige kulturelle Befruchtung von zwei europäischen Nachbarländern gegangen. Er sah darin einen gezielten Angriff auf sein Regime. Zwar kam sein Name nicht vor, doch hatte sie ein so idealisiertes, regionalistisch vielfältiges, gefühls- und phantasiebetontes Deutschland beschrieben, dass der Kontrast zum militaristischen, zentralistischen, diktatorisch geknebelten Frank-reich ins Auge sprang. »Mit uns ist es noch nicht so weit gekommen, dass wir Vorbilder unter den Völkern suchen sollten, die Sie bewundern«, schrieb man ihr aus dem Polizeiministerium.

Als 1813, kurz vor Napoleons Sturz, die französische Erstausgabe von »De l'Allemagne« im Londoner Exil der Autorin endlich erschien, war sie innerhalb von drei Tagen vergriffen. Von der wenig später in Paris publizierten Ausgabe wurden in wenigen Wochen 70 000 Exemplare verkauft. In Deutschland aber waren die Reaktionen vorsichtig und geteilt. Positiv war Goethes Urteil: »Sie hat sich eine unglaubliche Mühe gegeben, den Begriff von uns Deutschen aufzufassen.« Aber viele bemängelten, was auch Karl August Varnhagen in einem Brief an seine Frau Rahel monierte: Das Buch »spricht uns unter anderem den militärischen Geist ab, den doch keine Nation je so besessen, selbst die Römer«. Das im nationalen Aufbruch begriffene Deutschland dankte der Französin ihre gründliche Analyse nicht. Die Deutschen mochten sich nicht mehr bloß als ein »Volk der Dichter und Denker« gezeichnet sehen.

Noch härter ging – lange nach ihrem Tod – Heinrich Heine mit der Verfasserin ins Gericht. In seinen »Geständnissen« von 1855, die den Schlussteil der Neuausgabe seines eigenen Deutschlandbuchs bilden, sollte die vielgelesene Konkurrentin ausgeschaltet werden. Heine tat das nach altbewährtem Rezept, indem er Madame de Staël aufgrund ihres Geschlechts rundweg die Kompetenz absprach. Ihr Satz »Genie hat kein Geschlecht« sei nichts als ein schlechter Witz. Dieser »Wirbelsturm im Weiberrock« sei wie alle Frauen unfähig zur Sachlichkeit, einzig angetrieben von den Wünschen ihres Herzens und ohne politische Bedürfnisse. Denn: »Wenn sie (die Frauen) schreiben, haben sie ein Auge auf das Papier und das andre auf einen Mann gerichtet, und dieses gilt von allen Schriftstellerinnen.« Wieder einmal galten die aufklärerischen Egalitätspostulate nur für Männer.

Als sie im Mai 1814 schließlich aus ihrem über zwölfjährigen Exil nach Paris zurückkam, wurde Madame de Staëls Wohnsitz zum Treffpunkt der Sieger. Zar Alexander und der Herzog von Wellington, der von Napoleon entlassene Außenminister Talleyrand und sogar Napoleons Polizeiminister Fouché fanden sich ein. Mit Ludwig XVIII. kehrten die Bourbonen nach Paris zurück, unterstützt auch von Madame de Staël, wenngleich sie in ihrer damals entstehenden Abhandlung »Betrachtungen über die Französische Revolution« zu dem Schluss kam, die Errungenschaften der Revolution dürften nicht mehr rückgängig gemacht werden.

Napoleons »Hundert Tage« – seine kurze Rückkehr an die Macht – verbrachte sie am Genfersee. Von Coppet aus beobachtete sie, wie ihr ehemaliger Lebensgefährte Benjamin Constant Napoleons Werben erlag, als Staatsrat in dessen Regierung eintrat und sich an der Ausarbeitung einer neuen Verfassung beteiligte. Als Napoleon zum zweiten Mal abdanken musste, rechtfertigte sich Constant schriftlich bei ihr. Würde seine alte Freundin ihn je wieder empfangen? Sie zeigte sich großherzig: »Immer können Sie auf mich und meine Tochter zählen.« Wenige Monate zuvor hatte die Fünfzigjährige heimlich in Coppet ihren letzten Liebhaber, den kaum halb so alten, aber schwer erkrankten John Rocca, Vater ihres fünften Kindes, geheiratet. Sie selber fühlte sich innerlich ausgebrannt. Gegen die Schlaflosigkeit half ihr das viel zu oft eingenommene Opium schon lange nicht mehr. Bei einem Empfang in Paris erlitt sie einen

Hirnschlag, der sie halbseitig lähmte und die zeitlebens so aktive Frau ans Bett fesselte. Dort diktierte sie ihre letzten Briefe und empfing noch einmal Freunde. Im Grunde habe sie sich in ihrem Leben gar nie verändert, sagte sie zuletzt zu ihrem Schriftstellerkollegen Chateaubriand, »ich habe nur Gott, meinen Vater und die Freiheit geliebt«.

Biografisches

Anne Louise Germaine de Staël-Holstein wurde am 22. April 1766 als Tochter des Genfer Bankiers Jacques Necker in Paris geboren. Im Salon ihrer Mutter, die ebenfalls aus der Schweiz stammte, lernte sie viele Autoren der Spätaufklärung kennen und begann schon als Kind zu schreiben. Über ihren Vater, mit dem sie sich zeitlebens eng verbunden fühlte, kam sie früh in Kontakt mit dem französischen Königshaus und mit der Politik. 1786 ehelichte sie den schwedischen Botschafter in Paris, Baron von Staël-Holstein. Mehrere Jahre lang profitierte sie von seinem diplomatischen Status. Als gemäßigte Anhängerin der Revolution setzte sie sich erfolglos für einen gerechten Prozess gegen die Königin ein. Napoleon, dessen diktatorisches Regime sie mit Abscheu erfüllte, stellte ihr mit einem Eifer nach, der an Verfolgungswahn grenzt. Zwölf Jahre lang lebte sie im Exil und reiste ruhelos durch halb Europa – nach Berlin, Wien, Rom, Moskau, Stockholm, London. Nach dem Sturz Napoleons kehrte sie nach Paris zurück. Dort starb sie im Alter von einundfünfzig Jahren am 14. Juli 1817, dem Jahrestag des Sturms auf die Bastille.

Leseempfehlung

»Über Deutschland«. Vollständige Fassung der deutschen Erstausgabe von 1814 in der Übersetzung aus dem Französischen von Friedrich Buchholz, Samuel Heinrich Catel und Julius Eduard Hitzig, herausgegeben von Monika Bosse.

Gunhild Kübler

DIE JAHRHUNDERTFRAU

Gertrude Stein *1874–1946*

Wie ein Eisbrecher löste sich Gertrude Stein von den Klippen der Neuen Welt, um in Paris zu landen. Übersehen konnte diese Frau mit den kurzgeschnittenen Haaren, den flink blitzenden Augen und dem wuchtig-männlichen Körper niemand. Tagsüber streifte sie durch Ateliers und Lagerhäuser auf der Suche nach dem großen Künstler, den sie sammeln, unterstützen, dessen Bilder sie bei sich zu Hause ausstellen konnte. Nachts schrieb sie an einem eigenen Werk, das die Tradition des Erzählens auf den Kopf stellen sollte. Gertrude Stein war für Paris und für die vielen Ausländer, die zu Beginn des zwanzigsten Jahrhunderts dort lebten, eine Sensation. Samstagabends ging die Tür ihrer Wohnung in der Rue de Fleurus 27 auf, und viele kamen. Die Freunde und die Freunde der Freunde, die Künstler und die Neugierigen, die Hungrigen und die Klatschmäuler, und mittendrin saß die imposante Frau, die kein Alter zu haben schien, obwohl sie bei ihrer Ankunft in Paris erst neunundzwanzig Jahre alt war, und dirigierte die quirlige Gesellschaft.

Als jüngstes von sieben Kindern wurde Gertrude Stein 1874 in eine unstete deutsch-jüdische Familie hineingeboren, die aus Amerika nach Wien kam, dort kurze Zeit lebte, wieder nach New York zog und sich, als Gertrude fünf Jahre alt war, in Baltimore im Haus der Großeltern niederließ. Ihre enorme Selbstsicherheit führte sie darauf zurück, dass sich in ihrer Kindheit jeder um sie kümmerte. Ein ungarischer Hauslehrer brachte ihr sogar österreichisches Deutsch und Französisch bei, in Baltimore lernte sie Immigrantenenglisch, dies gesamte Kuddelmuddel war für ihre eigene Sprachlogik ein erster Meilenstein.

Diese Frau hatte etwas zu sagen, was noch keiner vor ihr gedacht und gesagt hatte. Die Kubisten hatten die Welt des Sehens revolutioniert, sie wollte die Welt der Sprache revolutionieren. Vom Sehen der Bilder auf das Verstehen der Sprache zu schließen war absolut neu. Sie war entschlossen, das, was sie auf den Bildern Picassos gesehen und erkannt hatte, der damals wie Juan Gris und Cézanne seine kubistische Phase durchlebte, in ihren eigenen Satzbau umzuleiten. Die Maler hatten sich von den heiligen Regeln der Zentralperspektive verabschiedet, Gertrude Stein verabschiedete sich von den heiligen Regeln der Grammatik mit Subjekt, Prädikat und Objekt. Sie versuchte das, was hinter der Sprache verborgen war, an die Oberfläche zu holen. Dieses »kubistische« Vorgehen war nicht auf einen eigenen Geistesblitz zurückzuführen, sondern auf den Satz der leidenschaftlichen Briefschreiberin MADAME DE SÉVIGNÉ: »Tout est à facettes, tout est vrai«. Alles ist zersplittert, alles ist wahr. Diesen Satz schrieb Madame de Sévigné am 25. September 1689 an ihre Tochter.

Das Zersplitterte, Zerteilte, Gespaltene war das Rohmaterial, das die Kubisten in den Vordergrund ihrer Bilder rückten und Gertrude Stein in den Vordergrund der Sprache. Sie gab es nie zu, aber sie hatte ihre Theorien von Künstlern wie Cézanne übernommen. Denn was Cézanne über den Gehalt und das Gewicht der Farbe, über Eckigkeit und Begrenzung der Form gesagt hatte, wurde Baustein ihrer Sprachphilosophie. Gertrude Stein wollte, dass die Sprache, wie Cézannes Farben, im Inneren Spannung auslöst. Sie gehörte nicht zu den Vorreitern der Rechtschreibreform, denn bei ihr gab es weder »Rechtschreiben« noch Zeichensetzung. Falsch oder richtig akzeptierte sie nicht. Ihre mäanderndverzwickten Rätselsätze – die zum Beispiel so klangen: »Ich habe gesagt und jeder kann es sagen jeder könnte es sagen dass Wissen ist was man weiß« – knackte, wer dazu in der Lage war.

Experimente sind schwere Kost, aus Selbstschutz polterte die Lady süffisant: »was wäre eine sprache die jeder kerl kapiert?« Und fauchte im Ton der ungeduldigen, aber humorvollen Gouvernante: »habt ihr noch immer nicht gelernt, dass Dinge nun mal passieren …« – und genommen werden wollen, wie sie nun mal sind. Das verstand niemand, und sie hätte allen Grund gehabt, zu verzweifeln, aber sie dachte nicht daran, ihre Zeit unproduktiv zu verschwenden. Sie glaubte an sich, das machte sie stark.

Ihre Dickköpfigkeit begann in der Schule, wo sie nur lernte, was sie interessierte. Sie studierte Philosophie und Mathematik am Radcliffe College, dem »Harvard Annex« für Frauen, lernte den Psychologen und Vater des amerikanischen Pragmatismus, William James, kennen, spiegelte sich in James' Theorien von der Einzigartigkeit des individuellen Lebens und plädierte wie er dafür, jede Lebensform, auch die gegenseitige Liebe unter Männern und die unter Frauen, zu respektieren. Eine Ungeheuerlichkeit, wenn man bedenkt, wie viele Jahre es noch dauern sollte, bis die gleichgeschlechtliche Liebe gesellschaftlich akzeptiert wurde. Gertrude Steins Begeisterung für William James' Theorien hielt sie nicht davon ab, von der Philosophie und der Mathematik zur Medizin zu wechseln und dann das ganze Studieren nach einem verfehlten Examen abzubrechen und zusammen mit ihrem Bruder Leo Stein nach Paris zu ziehen.

Gertrude zu ertragen muss für Leo ein Martyrium gewesen sein. Nicht weil Gertrude die Frauen liebte, was damals in Künstlerkreisen durchaus Mode war; nicht weil sie 1907 die kleine dickliche und exotisch aussehende Alice B. Toklas kennen- und lieben gelernt hatte oder weil sich die Geschwister erbittert über Picassos »Les Demoiselles d'Avignon« stritten, ein Werk, dessen epochale Qualität Gertrude im Gegensatz zu ihrem Bruder erkannte. Leo war ein Traditionalist, er schwärmte für den Impressionisten Renoir, den Gertrude nicht ausstehen konnte. 1914 kam es zum geschwisterlichen Eklat, und Leo verließ mit seiner Frau und sechzehn Gemälden von Renoir und zwei Cézannes die Rue de Fleurus 27, zog nach Florenz, und Alice B. Toklas zog ein. Leo und Gertrude sind sich in ihrem Leben nie wieder begegnet.

Der Blick Gertrude Steins war untrüglich. Sie kaufte Werke unbekannter Schlucker, Bilder jenes kleinen spanischen Malers, der Pablo Picasso hieß und seine Arbeiten in einem Möbelgeschäft zeigte, Bilder von Juan Gris und vom großen alten niedergeschlagenen Monsieur Paul Cézanne. Gertrude Stein machte den Künstlern durch ihre Käufe Mut, und ihr Salon, in dem die Bilder in Dreierreihen übereinander hingen, wurde Stadtgespräch. Im bodenlangen schwarzen Kleid, im Cordkostüm mit gehäkelter Kappe oder einer Leopardenfellmütze sah sie anders aus als die anderen und wurde Modell. Picasso malte ihr Porträt, sie nahm vor der Leinwand wie die prominenteste Schaufensterpuppe Platz. Der großartige »Vogue«-Fotograf und experimentelle Künstler Man Ray fotografierte sie immer und immer wieder.

Dass sie für die *happy few* arbeitete, ach, das wusste sie. Auch wer keines ihrer Bücher kennt, und das sind die meisten, kann den einen Bandwurm-

satz von ihr zitieren: »Rose is a rose is a rose...« Das klingt nach unbedingter Behauptung oder nach Poesiealbum und Abziehbildern, aber was soll das
bedeuten? Rose ist eine Rose ist eine... oder, was ist eine Rose? Ganz einfach, Rose ist ein kleines Mädchen. Keine Ahnung, ob, wo und wie Rose gelebt hat, jedenfalls ist sie die Figur eines Kinderbuchs, das Gertrude Stein
1939 unter dem Titel »The World is Round« veröffentlichte. Rose ist
ein misstrauisches Kind. Sie glaubt den Lehrern nicht, dass die Welt rund
ist. Rose macht sich allein auf den Weg, um den Fall zu überprüfen. Im Wald
gefällt ihr ein dicker Baum, und sie schreibt um den Stamm: »rundherum
immer rundherum aber nicht krumm Rose ist eine Rose ist eine Rose ist eine
Rose...« Das Mädchen tut, was Gertrude Stein tat. Denken, suchen, finden
und benennen. Am letzten Tag ihres Lebens wiederholte Gertrude Stein die
Essenz ihres Interesses: »Was ist die Antwort? Was ist die Frage?« Sie war
davon überzeugt, dass die Welt sie erst in hundert Jahren verstehen würde.
Es sei, behauptete sie, eine »menschliche Gewohnheit, in Jahrhunderten zu
denken«.

Ein erstes dünnes Buch, »Q.E.D.«, noch ganz konventionell geschrieben,
setzt sich mit der Liebe zum eigenen Geschlecht auseinander. Drei junge amerikanische Frauen unterhalten sich über Sex und über die Krisen ihrer Beziehung. Die Fragen lesbischer Liebe greift Gertrude Stein in ihrem Tausend-
Seiten-Werk »The Making of Americans« noch einmal auf. Als die englische
Ausgabe in der Hogarth Press von VIRGINIA und Leonard WOOLF erschien,
debattierte der Londoner Bloomsbury-Kreis leidenschaftlich über Steins Buch.
Gertrude Stein war von der Vorstellung besessen, dass die Sprache dem Menschen vorschreibt, wie die Welt anzuschauen und wie die Dinge und die Personen einzuordnen sind. Sie kümmerte sich nicht um Freuds Lehren, interessierte
sich nicht für das Unbewusste, sondern nur für die objektive Wirklichkeit. Ihr
ekelte vor den guten alten von rechts nach links, von Anfang bis Ende durcher-
zählten Geschichten. Nur keine Storys, rief sie aus. Ihr Schreckensruf verhallte,
bis fünfzig Jahre später, zur Blütezeit der Postmoderne, der französische Philosoph Jean-François Lyotard das »Ende der großen Erzählung« proklamierte,
und die Wiener Schriftstellerin FRIEDERIKE MAYRÖCKER und ihr Lebensgefährte Ernst Jandl energisch den linear erzählten Geschichten abschworen. Als
die Kritik aus ihr eine »verrückte Frau« machte, ließ sie das kalt, aber es ärgerte
sie doch, dass die amerikanische Öffentlichkeit sich mehr für ihre Person als für
ihr Werk interessierte.

In Gertrude Steins verdeckter »Autobiografie von Alice B. Toklas«, 1933
in Amerika veröffentlicht, hatte sie den Trick gefunden, aus der Position ihrer
Freundin und »Leibeigenen« auf die Welt zu sehen. So konnte sie ungehemmt
über sich selbst schreiben, und niemand wusste, was wahr oder falsch, was

Realität oder Fiktion war. Auf der letzten Seite macht sie sich den Spaß, Alice B. Toklas' umfassende Vorzüge beim Kochen, Nähen, Gärtnern, als Herausgeberin und Sekretärin aufzuführen und den Stoßseufzer anzuhängen: »Und ich muss alles auf einmal machen, und ich finde es schwierig, auch noch eine ziemlich gute Autorin zu sein.« Raffiniert und selbstironisch erteilt sie sich selbst Absolution. Mit diesem Bericht, der das Leben der Gertrude Stein zwischen 1903 und 1932 erzählt, konnte sie unmöglich ihrem eigenen Anspruch an Sprache gerecht werden. Süffig liest sich diese gemogelte und klatschsüchtige »Autobiografie« noch heute.

Gertrude Stein starb am 27. Juli 1946. Alice B. Toklas, die Gertrude Stein um einundzwanzig Jahre überlebte, genoss die Rolle der gestressten Muse auf ihre Art und wurde nach dem Tod ihrer berühmten Lebensgefährtin selbst eine kleine Berühmtheit. Sie schrieb ein Kochbuch und das »Buch vom Salz« und liegt seit 1967 neben ihrer großen Chefin auf dem Pariser Friedhof Père Lachaise begraben.

Nicht das Publikum, nicht der von ihr umschmeichelte »liebe Leser«, sondern die Schriftstellerkollegen feierten sie und benutzten ihr Werk. Vom Nouveau Roman zur experimentierfreudigen Gruppe Oulipo um Georges Perec, von Jack Kerouacs Beat Generation bis zur experimentellen Wiener Literatengruppe um Friederike Mayröcker und Ernst Jandl. Das Wort, behauptete Gertrud Stein, ist das, was es ist! Die »Mutter und Muse der Moderne« behandelte es wie ein sehr kostbares Ausstellungsstück.

Biografisches

Gertrude Stein wurde am 3. Februar 1874 in Allegheny, Pennsylvania, geboren. Sie zog mit den deutsch-jüdischen Eltern als jüngstes von fünf Kindern zwischen Europa und Amerika hin und her. 1879 ließ sich die Familie in Baltimore nieder. 1888 starb die Mutter an Krebs, drei Jahre später der Vater. Gertrude Stein begann 1893 ein Philosophiestudium am Radcliffe College. In Baltimore studierte sie an der John Hopkins University Medizin, bestand das Examen nicht und zog 1903 mit ihrem Bruder Leo Stein nach Paris. 1905 kaufte sie ihr erstes Bild von Matisse, 1906 stand sie Picasso Modell. Im Jahr darauf traf sie Alice B. Toklas, 1913 verließ Leo Stein die gemeinsame Wohnung und zog nach Florenz. In Sylvia Beachs Buchhandlung »Shakespeare & Company« trafen Gertrude Stein und Alice B. Toklas die bekannten Schriftsteller ihrer Zeit, von Paul Bowles bis Scott Fitzgerald. 1931 gründeten sie den Verlag »Plain Editions«, weil Gertrude Stein keinen Verleger für ihre Bücher finden konnte. In den dreißiger Jahren unternahm Gertrude Stein Vortragsreisen nach England und in die USA. Die Zeit während der deutschen Besatzung im Zweiten Weltkrieg verbrachte sie im Süden Frankreichs auf dem Land. Gertrude Stein starb am 27. Juli 1946 in Paris an Krebs.

Leseempfehlung

»*Erzählen: 4 Vorträge*«. Aus dem Englischen von Ernst Jandl.
»*Autobiografie von Alice B. Toklas*«. Aus dem Englischen von Elisabeth Schnack.

Verena Auffermann

DIE MACHT DES MITGEFÜHLS

Harriet Beecher Stowe *1811–1896*

Der Witz war aufschlussreich. Mit einem Foto vom Weißen Haus in Washington und der Schlagzeile »Onkel Baracks Hütte« meldete die Berliner »tageszeitung« im Juni 2008 auf dem Titelblatt den Vorwahlsieg Barack Obamas gegen Hillary Clinton. Es hagelte Proteste. US-Amerikaner und Afrodeutsche fanden den Vergleich Obamas mit dem Titelhelden von Harriet Beecher Stowes Roman »Onkel Toms Hütte« rassistisch. Da half es wenig, dass die Redakteure erklärten, der Kalauer sei satirisch gemeint gewesen. Ihnen war entgangen, dass der in Deutschland meist in gekürzter Fassung als Kinder- und Jugendbuch gelesene Roman ein heftig umstrittenes Buch ist, »Onkel Tom« als Prototyp des allzu unterwürfigen Schwarzen gilt und sein Name nicht nur unter Afroamerikanern als Schimpfwort in Gebrauch ist.

Dabei waren bei seinem Erscheinen der moralische und künstlerische Rang dieses Buchs unbestritten und sein Erfolg beim Publikum beispiellos. Die kleine, gegen die Sklaverei kämpfende Wochenzeitung »The National Era«, in der am 5. Juni 1851 die erste Folge des Romans erschien, hatte sich neun Monate später, als die Buchausgabe herauskam, in ein auf nationaler Ebene einflussreiches Blatt verwandelt. Der Roman zog Leser beiderlei Geschlechts, aller Altersstufen und aller sozialen Klassen an. 300 000 kauften ihn in Amerika im ersten Jahr nach seinem Erscheinen, mehr als eine Million erwarben ihn in derselben Zeit als Raubdruck-Kopie in England. Danach übertraf bis zur Jahrhundertwende nur noch die Bibel die Verkaufszahlen dieses Bestsellers in der englischsprachigen Welt.

Auch unter zeitgenössischen Schriftstellern gab es viele Bewunderer. GEORGE SAND pries in einer enthusiastischen Rezension Stowes empfindsame Erzählweise als die allerweiblichste unter den literarischen Ausdrucksformen. GEORGE ELIOT hielt den Roman in hohen Ehren und begann eine Korrespondenz mit der Autorin. Tolstoi verglich das Buch mit Werken von Dostojewski und Heine es sogar mit der Bibel. Es bewirke moralische Besserung bei seinen Lesern, hieß es. An den Straßenecken Londons verteilte der britische Premierminister Gladstone das Buch an Prostituierte. Und in einer grotesken Vermengung von Fakten und Fiktionen applaudierte ein breites englisches Publikum in den siebziger Jahren des neunzehnten Jahrhunderts dem ehemaligen Sklaven Josiah Henson, der seine Autobiografie schon vor dem Erscheinen von »Onkel Toms Hütte« geschrieben hatte, aber jetzt als »Onkel Tom auf Tournee« galt und sogar Königin Viktoria vorgestellt wurde. Vergeblich beklagte er sich über diese Verwechslung unter anderem mit dem Hinweis, dass Tom doch in Stowes Roman ums Leben gekommen, er selbst aber quicklebendig sei. Das Publikum entschied selber, was es für wahr halten wollte und was nicht.

Die Autorin wurde mit »Onkel Toms Hütte« auf einen Schlag weltberühmt. Harriet Beecher entstammt einer neuenglischen Predigerfamilie, in der soziales Engagement Tradition hatte. Alle sieben Brüder wurden Geistliche, die älteste ihrer drei Schwestern engagierte sich für die Mädchenbildung, die jüngste schloss sich der Suffragettenbewegung an. Harriet fiel schon als Zwölfjährige durch ihr Schreibtalent auf und begann früh, andere zu unterrichten. 1832 zog sie mit ihrer Familie nach Cincinnati, Ohio, und arbeitete als Lehrerin in einer von ihrer Schwester gegründeten Mädchenschule. Vier Jahre später heiratete sie den Theologieprofessor Calvin E. Stowe und bekam in den folgenden Jahren sieben Kinder. In dieser Zeit war sie ständig mit der Sklavereifrage konfrontiert, Gegner und Befürworter bekämpften sich auf den Straßen und in den Zeitungen von Cincinnati. Einmal tauchte ein Sklavenhalter aus Kentucky sogar in ihrem Haus auf, um ein Dienstmädchen der Stowes als sein Eigentum zu reklamieren. Das Mädchen wurde umgehend heimlich bei Freunden in Sicherheit gebracht.

Als sie noch ledig war, hatte sie einmal einen Kurzgeschichtenwettbewerb gewonnen und von einer Schriftstellerkarriere geträumt. Jetzt schrieb sie in ihrer Freizeit für Zeitungen Geschichten und Artikel, um das Familieneinkommen aufzubessern. Mit Mann und Kindern kam sie 1850 wieder nach Neuengland zurück, in einer Zeit, in der das Gesetz über die Behandlung entflohener Sklaven (»Fugitive Slave Act«) vom Kongress beraten und verabschiedet wurde. Es machte alle Weißen zu Sklavenfängern, indem es denen mit Strafe drohte, die flüchtigen Sklaven beistanden. In ihrer Empörung soll damals Harriet Beecher Stowe ihrer Schwägerin geschworen haben, sie werde etwas schreiben, das dieses fluchwürdige System vor der ganzen Nation an den Pranger stelle. Ihre berühmte Behauptung, den Plot des Romans habe sie durch eine Vision im Gottesdienst erfahren und »unter Gottes Einfluss« zu schreiben begonnen, war ein uraltes Argument für Frauen, die öffentlich das Wort ergreifen wollten (man kann dabei sogar an HILDEGARD VON BINGEN denken). Noch im neunzehnten Jahrhundert lief eine Frau, die zu politischen Fragen öffentlich Stellung nahm, Gefahr, sozial geächtet zu werden. Besser, sie stellte sich unter den Schutz des Heiligen Geistes, wenn es auch in Stowes Fall wenig nützte. Ihre Gegner griffen sie trotzdem als »Windel-Diplomatin« an.

Der Roman zeichnet ein weitgefächertes, aufwühlendes Bild der Sklaverei in den Vereinigten Staaten vor dem Bürgerkrieg. In den Eröffnungskapiteln bringt der brutale Sklavenhändler Haley einen Plantagenbesitzer in Kentucky dazu, zwei wertvolle Sklaven zu verkaufen, um sich und seiner Familie aus einer finanziellen Notlage zu helfen: den sanften, tiefreligiösen Tom und den hübschen kleinen Harry, das Kind der schwarzen Dienerin Eliza und ihres Mannes George Harris. In den Augen der Weißen gibt es unter Farbigen keine emotionalen Bindungen, die schwarzen Familien werden bedenkenlos auseinandergerissen. Während Tom sich aus Treue zu seinem Herrn in sein Schicksal ergibt, entschließen sich Eliza und George mit ihrem Kind zur Flucht. Von hier an folgt ein Handlungsstrang des Buches Tom in den Süden. Er landet auf der heruntergekommenen Plantage des für seine Grausamkeit berüchtigten Simon Legree und wird von ihm zu Tode gepeitscht. Ein zweiter Handlungsstrang folgt Eliza und George Harris auf ihrer abenteuerlichen Flucht nach Norden. Gegen Ende des Romans wandert die schwarze Familie nach Afrika aus. Toms Leidensgeschichte und sein Tod veranlassen zuletzt den Sohn seines ursprünglichen Besitzers, alle Sklaven seiner Familie freizulassen, ihnen einen angemessenen Lohn zu zahlen und für ihre Ausbildung zu sorgen.

»Onkel Toms Hütte« ist ein politischer Agitationsroman, geschrieben für eine weiße Leserschaft, die durch die Macht des Mitgefühls für die Sklavenbefreiung gewonnen werden sollte. Alles ist auf dieses Ziel hin abgestimmt, der spannende Plot, die prägnante Figurenzeichnung, die Auswahl der im Leser-gedächtnis zu verankernden Hauptszenen, eingelagerte erzählerische Kabinett-stückchen und die Logik der vielen Dialoge, in denen Sklavereigegner und -be-fürworter gegeneinander antreten. Registerwechsel vom Aufregenden über das Rührende und Komische bis hin zum Satirischen verhindern Langeweile. Diese Autorin – Tochter, Schwester und Ehefrau von Predigern – predigte als Schrift-stellerin selber auch. Auch wenn sie dabei zeitweise in Gefühligkeit badete: Sie hatte gelernt, dass in Predigten an strategisch wichtigen Punkten nicht bloß ge-weint, sondern auch gelacht werden musste.

Dabei ging es ihr nicht um einen Frontalangriff auf die Südstaaten. Sie ließ keinen Zweifel daran, dass es die Sklavereiwirtschaft im Süden ohne deren stillschweigende Duldung durch den Norden nicht gäbe. Ihre Abschaffung, so Stowes Überzeugung, nütze den Weißen genauso wie den Schwarzen. Mit allen Mitteln der Sympathieregie wollte sie ihre Leser dazu bringen, sich von den Sklavenhaltern zu distanzieren, auch wenn die sich wohlwollend gaben – und erst recht, wenn sie Bibelzitate zu ihrer Entschuldigung vorbrachten. Die ausführliche Beschreibung des Leidens der Schwarzen sollte den Leser zum gefühlsmäßig engagierten Betrachter machen, der, um seine Hilflosigkeit zu kompensieren, sich in der Sklavereifrage engagiert. Wie das vor sich geht, de-monstrierte Stowe in den ersten Kapiteln an Mr. Bird, einem weißen Politiker. Der hat eben noch mitgeholfen, den berüchtigten »Fugitive Slave Act« durch-zusetzen, bricht ihn dann aber in einer Aufwallung von Mitleid kurz darauf. Ohne zu zögern und ohne schlechtes Gewissen nimmt er die in seinem Haus Schutz suchende Eliza auf.

Für einen Roman, der Mitgefühl aktivieren und politisch nutzen wollte, war ein »schwarzer Mann« mit all den negativen Konnotationen, die Stowes Zeit den Schwarzen zuschrieb, als Hauptfigur unbrauchbar. Die Figur musste weiß-gewaschen werden. Daher verlieh Stowe ihrem Tom zwar physische Stärke und Mut, machte ihn aber, wenn es darum ging, dass er sich für seine eigenen Be-lange, am Ende sogar für sein Überleben einsetzte, zum Repräsentanten der christlichen Moral: Alles Jagen nach Eigennutz hört auf angesichts der Jenseits-hoffnung. Anders als der »Mischling« George Harris, der sich im Roman sei-nen Verfolgern durch Flucht entziehen und immerhin auf sie schießen darf, lässt Tom alle Quälerei ohne Gegenwehr über sich ergehen und vergibt seinem Pei-niger. Dafür kann er im Tod zur Christusfigur überhöht werden, gerahmt von zwei Bösewichtern, die sich unter dem Eindruck seines Sterbens zu Christus bekehren.

So viel edles Duldertum war damals schon manchem zu viel, darunter auch GEORGE ELIOT. Sie hätte es bei allem Lob für den Roman lieber gesehen, wenn

Stowe »schwarze Figuren auch in ihren weniger liebenswerten Phasen« vorgeführt hätte, zumal sie sich bei den weißen keine solchen Rücksichten auferlegte. Noch viel entschiedenere Kritik kam aus den Südstaaten, nicht nur in Form wütender Rezensionen, die darlegten, dass diese Nordstaatlerin keine Ahnung von den wahren Verhältnissen im Süden habe. Sondern auch in Form von umfangreichen Anti-Tom-Romanen, die von netten Südstaatlern und ihren als Familienmitglieder innig geliebten Sklaven handelten. Sklaverei, so tönte es aus dem Süden, habe auf die Schwarzen einen zivilisierenden Effekt, und sogar im schlechtesten Fall gehe es ihnen im Süden noch immer viel besser als in Afrika. An die Stelle von Szenen, in denen Sklaven als Opfer gezeigt wurden, traten hier solche, in denen der »schwarze Mann« eine Gefahr für unschuldige weiße Frauen war. Und noch fast ein Jahrhundert später äußerte sich MARGARET MITCHELL, deren Weltbestseller »Vom Winde verweht« von glücklichen, kindlichen Schwarzen und kultivierten weißen Herren nur so wimmelt, voller Wut gegen Harriet Beecher Stowe.

Die ersten afroamerikanischen Leser schätzten zwar den Roman als Waffe im Kampf gegen Sklaverei, störten sich jedoch an seiner pro-kolonialistischen Schlusswendung, die an Bestrebungen der »American Colonization Society« anknüpfte. Die hatte schon 1818 damit begonnen, Land an der westafrikanischen Küste zu kaufen, um dort Afroamerikaner anzusiedeln (die Kolonie erhielt 1824 den Namen Liberia). Schwarze Führer protestierten dagegen in Briefen an Stowe, und die Autorin änderte daraufhin ihre Meinung. Ein paar Jahre später schickte sie in ihrem nächsten Anti-Sklaverei-Roman »Dred. Eine Erzählung über den trostlosen Sumpf« keine einzige ihrer schwarzen Figuren mehr nach Afrika.

Den meisten Afroamerikanern war jedoch der unerträglich unterwürfige Tom ein Dorn im Auge. Auch sie publizierten Gegenromane. Die bezeugen, dass trotz der Bemerkung von TONI MORRISON, »Onkel Toms Hütte« sei nicht als Lesestoff für Onkel Tom selber geschrieben, Stowes Roman innerhalb der schwarzen Kultur produktiv geworden ist. Wenn auch nur als Stein des Anstoßes. Die Helden dieser schwarzen Gegenromane sind Lichtjahre entfernt von der Passivität Onkel Toms. Auch dass Stowe für ihren Roman die Lebensbeschreibungen schwarzer Sklaven benutzt hat, wurde ihr angekreidet. In ihrem Buch »Schlüssel zu Onkel Toms Hütte« aus dem Jahr 1853 kam Stowe darauf zurück und gab freimütig zu, aus Josiah Hensons Autobiografie geschöpft zu haben. Kein Wunder also, dass das englische Publikum ihn mit Onkel Tom verwechselte.

Nach dem immensen Erfolg ihres Romans machte Stowe drei Europareisen und sammelte Geld, mit dem sie Sklaven freikaufte und Schulen für Farbige unterstützte. 1861 – zehn Jahre nach der Erstveröffentlichung von »Onkel Toms

Hütte« – kam es zum offenen Bruch zwischen Nord- und Südstaaten und damit zum Bürgerkrieg. Präsident Abraham Lincoln lud die Autorin ins Weiße Haus ein und begrüßte sie mit den Worten »Sie sind also die kleine Frau, die mit ihrem Buch diesen großen Krieg ausgelöst hat!« Der berühmte Ausspruch bestätigt die geschichtliche Wirkung von »Onkel Toms Hütte«. Keine Frau vor oder nach Harriet Beecher Stowe hat mit einem Buch derart die eigene Nation aufgewühlt, polarisiert und deren fortschrittlicheren Teil in einer zentralen moralischen und sozialpolitischen Frage hinter sich vereint.

Im zwanzigsten Jahrhundert verblasste der Ruhm von »Onkel Toms Hütte«. Als melodramatisch und sentimental geriet der Roman ins Kreuzfeuer der Kritik. Die berühmteste und unerbittlichste Attacke gegen ihn führte der schwarze Schriftsteller James Baldwin, der die künstlerische und sozialpolitische Relevanz von Protestromanen wie »Onkel Toms Hütte« generell in Frage stellte. Für Baldwin hatte Beecher Stowe in ihrer »selbstgerechten, tugendhaften Sentimentalität« versagt bei der Auslotung von Motiven für die Grausamkeit Weißer gegen Schwarze. Die »schreckliche Macht« ihrer Figurenzeichnung habe zudem rassistische Stereotype fixiert – wie das, dass nur ein unterwürfiger, seiner Sexualität beraubter Schwarzer akzeptabel sei. Auch TONI MORRISON glaubt, dass Stowe wie andere weiße amerikanische Autoren von den wirklichen Schwarzen nur wenig wusste. Sie habe ihre schwarzen Figuren als Kontrastfolie benutzt, deren Funktion es sei, die Ideale der weißen Prototypen zu definieren. Wie recht sie damit hat, zeigt ein Blick auf die Kinderfiguren des Romans. Schwarze Kinder sind durchweg als verschlagener, naiver, trotteliger gezeichnet als die gleichaltrigen weißen und lassen im Kontrast deren blonde Schönheit, Intelligenz und Umsicht glanzvoll hervortreten.

Erst durch die feministische Revision des literarischen Kanons in Amerika kam es in der zweiten Hälfte des zwanzigsten Jahrhunderts zu einer Neubewertung von Harriet Beecher Stowe. Jetzt wurde der weibliche Blickwinkel auf das Geschehen in »Onkel Toms Hütte« betont und der Roman als ein Buch gelesen, dessen Kritik an der amerikanischen Gesellschaft viel schärfer sei als die von bekannten Größen der Gesellschaftskritik wie etwa Melville oder Hawthorne. Zur Feier des 150. Geburtstags der Autorin einigten sich schließlich schwarze und weiße amerikanische Autoren darauf, dass Harriet Beecher Stowe – auch wenn man ihr Hauptwerk sowohl als progressiven wie als reaktionären Text lesen kann – eine zentrale Figur der amerikanischen Literaturgeschichte ist.

Biografisches

Harriet Beecher wurde am 14. Juni 1811 als sechstes von elf Kindern des pres-
byterianischen Erweckungspredigers Lyman Beecher in Litchfield, Connecticut, geboren. Schon als Schülerin unterrichtete sie in der von ihrer älteren
Schwester geleiteten Mädchenschule. Von 1832 bis 1850 lebte sie mit ihrer
Familie in Cincinnati, Ohio, wo sie mit der Sklaverei hautnah in Berührung
kam. 1836 heiratete sie den verwitweten Theologieprofessor Calvin E. Stowe.
Von ihm bekam sie sieben Kinder. Um die Sklaverei als Unrecht an den Pranger zu stellen, schrieb sie das Buch » Onkel Toms Hütte «, das 1851 als Fortsetzungsroman erschien. Die Buchveröffentlichung wurde 1852 ein sensationeller Erfolg, der alles in den Schatten stellte, was sie in späteren Jahren zu Papier
brachte. Danach schrieb sie fast dreißig Jahre lang jährlich ein Buch und beteiligte sich bis ins hohe Alter an politischen und religiösen Debatten. An ihrem
siebzigsten Geburtstag fand zu ihren Ehren in Boston eine Gartenparty statt,
an der viele der bekanntesten Autoren Amerikas teilnahmen. Anschließend zog
sie sich aus dem öffentlichen Leben zurück. 1886 starb ihr Mann, sie lebte, umsorgt von zwei Töchtern, noch zehn Jahre länger. 1896 starb sie dort, wo sie geboren und aufgewachsen war, in Connecticut.

Leseempfehlung

» Onkel Toms Hütte «. Aus dem amerikanischen Englisch von
Susanne Althoetmar-Smarczyk.

Gunhild Kübler

ZWANG UND SELBSTBEHAUPTUNG

Magda Szabó *1917–2007*

Gestern sprachen sie Deutsch miteinander, heute reden sie Englisch, und morgen wird es Französisch sein. Die Autorin und ihr Mann üben für den Beruf – sie übersetzen beide aus Lust, für den Lebensunterhalt und weil sie nicht schreiben, sondern nur übersetzen dürfen. Doch sie wechseln die Sprachen auch, um sich zu vergewissern, dass sie jetzt, in den fünfziger Jahren des zwanzigsten Jahrhunderts, nicht allein Ungarn sind, nicht nur geächtete Untertanen einer so brachialen wie spießigen Diktatur. Sondern auch das, was sie waren, seit sie denken können, und was sie zu bleiben gedenken: Weltbürger.

Als Schülerin hatte Magda Szabó mit ihrem Vater beim Mittagstisch in Latein Konversation betrieben, als Studentin wählte sie das Fach der alten Sprachen, die Altphilologie. Für sie war es eine Selbstverständlichkeit, in jenem

Land zu siedeln, aus dem nur der Gedächtnisverlust vertreiben kann: der europäischen Kultur.

Debrecen, ihr Heimatort, war eins von deren Schlachtfeldern gewesen: ein stolzer Handelsort, belagert und erobert von Awaren und Sarmaten, von Römern und Türken, von Serben und Böhmen, den ungarischen Haiduken, von Russen, den Habsburgern und Siebenbürgen, den Deutschen ... Eine trotzige Stadt, bewohnt von Calvinisten – wie Szabós Herkunftsfamilie – und frequentiert von Zigeunern und Hirten. Ein unwahrscheinlicher Ort, wie das Petersburg ANNA ACHMATOWAS: im endlosen Tiefland errichtet, nicht einmal Baustoffe gibt es dort, keinen Wald, keinen Stein, kein Wasser, kein fruchtbares Land, doch »ruht hier der Pusztahimmel auf Rosenknospen und Narzissen«. Szabós großer Roman über das verkorkste, ertrotzte und doch leuchtende Leben ihrer Mutter, »Eine altmodische Geschichte«, beginnt mit einem Schnelldurchlauf der Jahrhunderte in Debrecen, eher kühl als sentimental, durchformt von historischem Wissen und historischer Skepsis, doch von fühlbarem Stolz getragen, Teil dieser unwahrscheinlichen Geschichte der Selbstbehauptung zu sein. Hier wurde sie geboren, hier gehörte sie hin, Glied einer unendlichen Kette, die so lange nicht reißt, solange sich eines erinnert.

Von einer in ihrer Kindheit schon versinkenden – und im Stalinismus dann restlos ausgemerzten – Kultur berichtet dieses Buch frei, ja postmodern *avant la lettre*: im Stil des Realismus so anschaulich wie selbstverständlich erzählt, doch angereichert mit Selbstzeugnissen und Dokumenten. »Ich sammelte das Material wie ein Detektiv. Es gab Monate, in denen eine große Familie, die in fast alle Gegenden des Landes verstreut war, sowie mehrere evangelische und katholische Pfarrämter nach alten Schriftstücken forschten, lebende Zeugen anhörten, um gewisse Wendepunkte zu klären, die irgendwann das Schicksal meiner Mutter bestimmt hatten. Hochwürden Mészáros stieß in den Kirchenbucheintragungen von Füzesgyarmat auf eine Angabe, die Antwort auf die wichtigste Frage der ›Altmodischen Geschichte‹ gab. Es fanden sich der Erzählband und zwei Hefte mit Gedichten meines Großvaters, auch sein Tagebuch und sogar die Haushaltsbücher meiner Urgroßmutter Maria Rickl, mit deren Hilfe ich Leben und Gewohnheiten der Familie sehr genau rekonstruieren konnte.« Die »Altmodische Geschichte« ist der literarische Versuch, ein Lebensrätsel zu lösen, das Schicksal eines verlassenen Kindes.

Das Leben dieser Lenke Jablonczay ist ein Parforceritt durch die Leidenschaften, Nöte und Missverständnisse zweier Familien, die vom Herrgott (an den sie glauben) eigentlich ausgestattet sind mit dem, was zur Zufriedenheit genügen kann: Gesundheit und Bildung, Geld und Besitz, Schönheit und sogar Begabung. Doch was hilft all das, wenn der Lebemann mit der Kaufmannstochter nicht leben kann, wenn die Rechtschaffenheit mit dem Hedonismus kollidiert, die Nüchternheit mit der Phantasie? Und wenn Liebe und Fürsorge zwanghafte Formen annehmen? Und wenn, bei alledem, die Kräfte für den Eigensinn genügen, aber die Anpassung verbieten? Wie in EMILY BRONTËS »Sturmhöhe« prallen hier die Temperamente mit antikischer Wucht aufeinander, und wie in den »Buddenbrooks« von Thomas Mann ist das mit geradezu verspielter Unerbittlichkeit erzählt.

Gelobt und berühmt wurde Szabós Werk für anderes. Debütiert hatte sie mit Gedichten; ein bedeutender Lyrikpreis wurde ihr Ende der vierziger Jahre »wegen bürgerlicher Herkunft« aberkannt. Als sie wieder publizieren durfte, nach zehnjähriger Zwischenzeit als Übersetzerin, machte sie sich einen Namen mit Theaterstücken und Romanen, die der sozialistischen Realität virtuos ausweichen und sie so, indirekt, kommentieren: Ihre meist weiblichen Figuren gehen in inneren Monologen allein jenen Wünschen und Zwängen nach, die unter allen Umständen wirksam sind. Sie erzählen von Konflikten zwischen den Generationen, von vergeblicher Liebe, vom Wahn der Eifersucht und ausbleichender Freundschaft.

Für ihr zeitgenössisches Publikum war die Lektüre ihrer Romane ein Erlebnis der Freiheit. Schon das Absehen von der Wirklichkeit normierter Lebensläufe, normierter Wohnungen, normierter Sprache und politischer Rituale war ein diskreter, aber unmissverständlicher Akt der Selbstbehauptung gegen die stalinistische Totalität. Kein Satz über die Partei, keine Parole, keine patriotischen Floskeln, keine stolzen Arbeiter, kein Industrie-Euphemismus, keine Beschwörung der ruhmreichen Revolution. Szabós Figuren sind müde von ihrer Arbeit, zermürbt von persönlichen Sorgen, beschäftigt mit ihren bescheidenen Wünschen nach Zeit für sich, nach Schlaf, nach Zuwendung: keine sozialistischen Helden. Schon das war literarischer Widerstand. Manches davon hat Bestand.

»Pilatus« ist ein großer, emphatischer Roman über die Unfähigkeit erwachsener Kinder, ihren alternden Eltern angemessen zu begegnen, und über die Entfremdung von der ländlichen Kindheitswelt, die ein urbanes Leben wider Willen mit sich bringt. Doch hat das Bemühen einer vom Temperament her realistischen Autorin, von ihrer äußeren Wirklichkeit abzusehen, eben doch Auswirkungen auf den Stil. Was ein farbiges Gemälde sein sollte, wird dann zur kunstvollen Radierung, und was lebendige Anmut sein könnte, ist abgezirkelte Bewegung geworden. Je mehr Szabó sich der Vergangenheit überließ, umso weniger Zwang musste sie sich und ihrer Begabung antun und umso mehr konnte ihre polemische Intelligenz die ihr eigene Pracht entwickeln. Mit der Geschichte ihrer Familie, einem literarischen Eskapismus in ihrem Werk, ist Szabó das geworden, was ihr entsprach: eine Archivarin Mitteleuropas und Teil einer Kette, die nicht reißt.

Biografisches

Magda Szabó wurde am 5. Oktober 1917 in Debrecen geboren, einer alten Handelsstadt am Rande der ungarischen Puszta, wo sie auch den Großteil ihres Lebens verbrachte. Sie studierte dort klassische Philologie und Literatur und arbeitete zunächst als Lehrerin in einer Mädchenschule, dann im Ministerium für Religions- und Unterrichtsfragen. 1947, im Jahr ihrer Heirat mit dem Autor und Übersetzer Tibor Szobotka, debütierte sie als Lyrikerin. Zwei Jahre später wurde sie aus dem Staatsdienst entlassen und lebte fortan von Übersetzungen. Nach Aufhebung des Publikationsverbots 1959 schrieb sie in dichter Folge Romane, Essays, Schauspiele und Kinderbücher sowie Reisebeschreibungen mit großem Erfolg im In- und Ausland. Schon zu Lebzeiten war Szabó weltweit erfolgreicher als jeder andere Autor ungarischer Sprache. Sie starb, beim Lesen eines Buches eingeschlafen, am 19. November 2007 in Kerepes.

Leseempfehlung

»*Katharinenstraße*« *(Roman)*. Aus dem Ungarischen von Vera Thies.
»*Eine altmodische Geschichte*« *(Roman)*. Aus dem Ungarischen von
Hans-Henning Paetzke.
»*Pilatus*« *(Roman)*. Aus dem Ungarischen von Vera Thies.
»*Hinter der Tür*« *(Roman)*. Aus dem Ungarischen von Hans-Henning
Paetzke.
»*Inselblau. Ein Roman für alle Kinder und sehr gescheite Erwachsene*«.
Aus dem Ungarischen von Mirza von Schüching.

Elke Schmitter

DEN AUGENBLICK ANHALTEN

Wisława Szymborska *1923–2012*

Ihre Publikumsscheu war legendär und hat der zierlichen alten Dame mit dem weißen Haar und den großen dunklen Augen den Beinamen »Greta Garbo der Poesie« eingetragen. Wisława Szymborska lebte zurückgezogen in einer Dreizimmerwohnung am Rand des alten Krakau. Das Gebäude war unscheinbar, die Hausnummer geheim, auf dem Klingelschild stand ein fremder Name. Als sie 1996 die Nachricht erhielt, sie sei mit dem Nobelpreis für Literatur ausgezeichnet worden, erklärte sie, dass sie sich freue, aber auch erschrocken sei und nun ins Bett gehen wolle: »Nein, feiern werde ich jetzt erst einmal nicht.« Das Preisgeld werde sie für soziale Zwecke stiften. Und im Juni 2008, kurz vor ihrem fünfundachtzigsten Geburtstag, als sie vom polnischen Kulturminister einen hohen Kulturpreis in Empfang nehmen sollte, bat sie um den Ausschluss der Öffentlichkeit bei dieser Veranstaltung. Die fand dann tatsächlich unter nahezu konspirativen Bedingungen statt. »Ich bin keine kulturelle Institution«, sagte sie in einem ihrer seltenen Interviews. Sie könne nicht »von acht Uhr morgens bis zehn Uhr in der Nacht reden, reden, reden«. Um ihre Gedichte entstehen zu lassen, brauche sie Zeit zum Schweigen. Alles, was es über sie zu berichten gebe, sei in ihren Gedichten zu finden.

Darüber hinaus ist wenig in Erfahrung zu bringen. Man weiß, dass sie in der Nähe von Posen geboren wurde und seit 1931 in Krakau lebte, dass sie unter deutscher Besatzung ihr Abitur gemacht, später Soziologie und polnische Literatur studiert hat, fast dreißig Jahre lang für die Zeitschrift »Literarisches Leben« gearbeitet und eine vielgelesene Kolumne mit dem Titel »Außerplanmäßige Lektüren« geschrieben hat. 1945 veröffentlichte sie ihr erstes Gedicht. Drei Jahre später wurde die Veröffentlichung ihres ersten Lyrikbandes abgelehnt – aus ideologischen Gründen. Als linientreue sozialistische Dichterin war sie in den frühen fünfziger Jahren mit zwei Gedichtbänden erfolgreich, distanzierte sich aber später vom Sozialistischen Realismus. 1966 trat sie aus der Partei aus. Die Niederschlagung des »Prager Frühlings« und die politische Instrumentalisierung eines zunehmenden Antisemitismus in Polen führten bei ihr zum Bruch mit dem System. Aber schon 1957 hatte sie mit »Rufe an Yeti« die Reihe von inzwischen gut einem Dutzend Gedichtbänden begonnen, in denen sie gedanklich und formal völlig unabhängig und konsequent ihr Werk entwickelte.

Ihre Gedichte sind – anders als die zurückhaltende Dichterin selbst – ohne Schwierigkeiten zugänglich, ja einladend, geschrieben in einer klaren, prägnanten, weder durch Metrik noch durch Reime gebundenen Sprache. Beim Lesen folgt man ihr mühelos, meist gespannt, oft verblüfft, stellenweise amüsiert. Man spürt, diese Dichterin will einen an ihren Erfahrungen, Beobachtungen und an ihrem Nachdenken, ihrem ganz persönlichen freien Philosophieren, teilhaben lassen. Dabei ist sie oft ironisch, selbstkritisch, aus Weisheit nachsichtig. Ihr Denken mag kompliziert sein, ihre Sprache ist einfach. Sprachskepsis ist ihr fremd ebenso wie lyrisches Raunen. Kaum eines ihrer Gedichte ist länger als eine Seite. Keines gleicht dem anderen, jedes von ihnen hat seinen besonderen Charakter und Duktus. Und nie wird schon nach den ersten Versen klar, wohin das Ganze führt. Oft weiß man es bis kurz vor der letzten Zeile noch nicht und wird von der Pointe überrascht. Allesamt laden sie ein zum Mitdenken. Es sind gut gedachte, hochverdichtete Essays, in denen die Dichterin, ausgehend von Alltagsbeobachtungen, hartnäckig nachhakend bei der Sache bleibt und zu unerwarteten Einsichten kommt. Gedankenlyrik, wie sie anschaulicher nicht sein könnte.

Ein Beispiel. In »Das Haus des großen Mannes« wird der Rundgang in dem zum Museum umgewandelten Haus eines längst Verstorbenen beschrieben: die Marmortafel beim Eingang, der Gartenweg (»die Fußwege streute er mit

Kies persönlich aus«); das Arbeitszimmer (»dort vertraute er sich in Briefen an, ohne zu bedenken, sie könnten unterwegs geöffnet werden«); das Schlafzimmer (dort starb er, und »jemand war bei ihm, der die gemurmelten Worte im Gedächtnis behielt«); sein Lebensgefühl (»der Weltuntergang lag allein in Gottes Hand«) und zuletzt die von ihm hinterm Haus angepflanzten Bäume: »Iuglans regia / und Quercus rubra und Ulmus und Larix / und Fraxinus excelsior«. Die drei Schlusszeilen des Gedichts sind gespickt mit botanischen Ausdrücken. Solide, unverrückbare lateinische Wortfelsen. Sie stehen hier als Garanten einer stabilen, wohlgeordneten Welt. Gegenwelt zu all dem Üblen, unter dem die Besucherin des Museums in ihrem heutigen Leben leidet: Sie lebt allein und anonym unter Fremden, muss fürchten, dass ihre Post überwacht, ihre Tagebücher konfisziert werden, und der Weltuntergang liegt heute ganz gewiss nicht »allein in Gottes Hand«. Indes muss das alles gar nicht eigens gesagt werden. Nach einem Minimum an Informationen über die heutige Besucherin zu Anfang des Gedichts läuft diese Kontrapunktik sozusagen von allein weiter. So gut funktioniert bei Szymborska die lyrische Ökonomie.

Manches wird in diesen Gedichten überhaupt nicht beredet und ist doch überwältigend und mit allen Schrecken präsent wie etwa die Liebe in dem Gedicht »Danksagung«. Diese Danksagung gilt all denen, »die ich nicht liebe«. Aufgezählt wird, wofür sich das Ich bei ihnen bedankt: dass man in Frieden und Freiheit leben kann mit ihnen, dass man geduldig auf sie warten und ihnen verzeihen kann, was die Liebe niemals verziehe: »Vom Stelldichein bis zum Brief / verfließt keine Ewigkeit, / nur eben Tage und Wochen. / Die Reisen mit ihnen gelingen immer, / Konzerte werden erlebt, / Kirchen besichtigt, / Landschaften deutlich.« Am Ende der langen Liste ein Resümee: »Sie wissen es selbst nicht / was ihre leeren Hände alles tragen«. Und dann fegt die Liebe als Großtyrann alles vom Tisch mit dem Sätzchen: »Ich schulde ihnen gar nichts«.

»In die Arche« ist ein Gedicht betitelt, in dem allerlei Sinnvolles und Unnützes aufgesammelt und vor dem Untergang gerettet wird: »private Freudentaumel, überflüssige Talente, unnütze Wissbegierden, Trauer und Ängste von kurzer Reichweite« und – unter vielem anderen – die »Lust, eine Sache von sechs Seiten zu betrachten«. Von genau dieser Lust leben Wisława Szymborskas Gedichte.

Von vielen Seiten betrachtet werden bei ihr beispielsweise Briefe, ein Familienalbum, Träume, Liebesmomente, ein Einsiedler, der sich dem Publikum andient, Figuren der Überlieferung wie Hiob und Lots Weib, aber auch einzelne Motive auf Bildern: die Feudalgesellschaft auf einer alten Miniatur; von Rubens gemaltes, schwellendes weibliches Fleisch. Und: ein paar Menschlein, die über eine Brücke hasten auf einem Bild von Utagawa Hiroshige. Der alte japanische Maler ist ein Geistesverwandter der polnischen Dichterin. Er hat einen Lebensmoment angehalten und zum Sinnbild werden lassen. Heute erkennen manche durchs Museum flanierende Besucher – wie durch einen inneren Blitz erleuchtet – sich selber in den Menschen auf der Brücke. Aber das wird im Gedicht nur indirekt gesagt. Die Berichterstattung aus dem Kunstmuseum ist nämlich einem Spötter anvertraut. Die Ironie, dieser literarische Trick des Registerwechsels, macht das philosophische Reden über die menschliche Existenz origineller und unaufdringlicher: »Unschuldig ist das Bildchen keinesfalls. / Hier ist die Zeit angehalten worden … merken wir an, was folgt: / Hier gehört es zuweilen zum guten Ton, / dieses Bildchen hochzuschätzen, / sich von ihm begeistern zu lassen und ergriffen zu sein seit Generationen« (»Menschen auf der Brücke«).

Eine Sekunde der Vergänglichkeit entreißen und zum Sinnbild machen, das wollen viele Gedichte von Wisława Szymborska. Einmal macht sie sich lustig über das, was der Tod alles *nicht* kann: »nicht einmal das, / was zu seinem Handwerk gehört: / ein Grab ausheben, einen Sarg zimmern, / hinterher aufräumen« und kommt zum Schluss: »Wer behauptet, der Tod sei allmächtig, / ist lebendiger Beweis dagegen. // Es gibt kein solches Leben, das nicht wenigstens für einen Augenblick / unsterblich wäre. // Der Tod / kommt immer um diesen einen Augenblick zu spät« (»Vom Tod ohne Übertreibung«).

Sogar den entsetzlichen freien Fall der Menschen, die am 11. September 2001 aus dem brennenden World Trade Center in den Tod sprangen, betrachtet sie auf einem Foto mit ihrem das Hinfällige der Vergänglichkeit aufhebenden Blick. Sie erfasst die Dramatik der Szene mit größter Anschaulichkeit in kleinen Details und friert sie ein (»Fotografie vom 11. September«):

Jeder ist noch ganz
mit eigenem Gesicht
und gut verstecktem Blut.

Es ist genügend Zeit,
dass die Haare wehen
und aus den Taschen Schlüssel,
kleine Münzen fallen.

Sie sind immer noch im Bereich der Luft,
im Umkreis jener Stellen,
die sich soeben geöffnet haben.

Nur zwei Dinge kann ich für sie tun –
diesen Flug beschreiben
und den letzten Satz nicht hinzufügen.

So aktuell auch die Ereignisse sind, die Wisława Szymborska kommentiert, mit ihrem trotzigen Bemühen, das Hinfällige im Gedicht haltbar zu machen, steht sie in einer alten lyrischen Tradition. Die gipfelte einst glanzvoll in Shakespeares berühmtem Sonett Nummer 18, wo die Idee, dass Gedichte dem Bedichteten Unsterblichkeit verleihen, als Programm mit grandiosen Versen proklamiert wird: »So long as men can breathe or eyes can see, / so long lives this and this gives life to thee.« (Solange Menschen atmen, Augen sehn, / wird dieses Lied und du in ihm bestehn.)

Bei Szymborska geht es weniger feierlich zu. Pathos ist ihr fremd. Nur einmal hat sie sich in den hohen Ton verirrt, als sie in ihrer Nobelpreisrede in die Lage kam, vor erlauchtem Publikum über das eigene Tun sprechen zu müssen. Wie leicht, selbstironisch und überzeugend ist ihr das in Gedichten wie »Freude am Schreiben«, »Lampenfieber«, »Autorenabend« oder »Manche mögen Poesie« geglückt. Bei ihrem Stockholmer Auftritt befand sie sich auf fremdem, schwierigem Boden. Und sie wusste es, redete gleich zu Beginn davon: »Der erste Satz in einer Rede ist – sagt man – immer der schwerste. Das also habe ich schon hinter mir ... Aber ich fühle, dass auch die nächsten Sätze schwer sein werden, der dritte, sechste, zehnte bis hin zum letzten, denn ich soll über Poesie sprechen. Zu diesem Thema habe ich mich selten geäußert, fast überhaupt nicht. Und immer begleitet von der Überzeugung, dass ich das nicht sonderlich gut mache. Deshalb wird mein Vortrag nicht allzu lang. Unvollkommenheiten sind leichter erträglich, wenn man sie in kleinen Dosen verabreicht.«

Sprach's und hielt die kürzeste Rede in der langen Geschichte des Nobelpreises für Literatur.

Biografisches

Wisława Szymborska wurde am 2. Juli 1923 in Bnin bei Posen als Tochter eines Gutsverwalters geboren. Ab 1931 lebte sie in Krakau. Nach dem Studium der Soziologie und polnischen Philologie an der Jagielloński-Universität in Krakau war sie von 1953 bis 1981 bei der Zeitschrift »Życie Literackie« (Literarisches Leben) Redakteurin, beantwortete Leserbriefe und schrieb eine vielgelesene Kolumne mit Alltagsbeobachtungen und Rezensionen. Ihr erstes Gedicht erschien noch im Krieg, im März 1945, unter dem bis heute für ihre Tätigkeit gültigen Titel »Ich suche das Wort«. Ihr erster Gedichtband konnte »aus ideologischen Gründen« nicht veröffentlicht werden. Zwei nachfolgende wurden erfolgreich und in Polen ausgezeichnet, doch sind nur wenige dieser frühen Gedichte in Auswahlbänden zu finden. Die Autorin betrachtet sie heute mit selbstkritischer Distanz und lässt erst die beiden nächsten Bände »Rufe an

Yeti« (1957) und »Salz« (1962) gelten. In ihnen fand sie zu ihrem eigenen Stil. 1982 übersetzte sie Fragmente aus dem Werk des französischen Barock-dichters Théodore Agrippa d'Aubigné. Von 1980 bis 1990 schrieb sie unter Pseudonym in der polnischen Samizdat-Publikation »Arka« und in der Pari-ser Exilzeitschrift »Kultura«. 1996 wurde sie mit dem Nobelpreis für Literatur ausgezeichnet, was ihre Publikumsscheu noch gesteigert hat. Über ihr Privat-leben ist wenig bekannt. Man weiß von ihrer kurzen Ehe mit dem Journalis-ten Adam Wlodek und von ihrer langjährigen Beziehung zu dem Lyriker und Schriftsteller Kornel Filipowicz, der 1990 starb. Wisława Szymborska wohnte in Krakau an geheim gehaltener Adresse. Sie starb im Februar 2012 an Lungen-krebs.

Leseempfehlung

»*Die Gedichte*«. Herausgegeben und aus dem Polnischen von Karl Dedecius.
»*Liebesgedichte*«. Ausgewählt und aus dem Polnischen von Karl Dedecius.
»*Der Augenblick / Chwila*«. Gedichte polnisch und deutsch, übertragen und herausgegeben von Karl Dedecius.

Gunhild Kübler

DAS MATRJOSCHKA-PRINZIP

Ljudmila Ulitzkaja *1943

In Ulitzkajas Romanen ist es voll. In jeder Person wartet mindestens eine Geschichte, die erzählt werden will, dann gibt es noch die ihrer Freundin, der
Mutter, der Tante, und hin und wieder hat auch ein Mann etwas zu berichten.
In jedem Zimmer der großen Moskauer Wohnungen, die als Gemeinschafts-
wohnungen genutzt werden, sitzt ein Mensch mit einem Schicksal, und in der
Küche warten die Verwandten vom Land, eine Zugehfrau, die Geigenlehrerin
und der Hauswart, die auch alle ein solches haben. Lässt man sie reden, entwickelt sich eins aus dem anderen: Die Geigenlehrerin war früher Ingenieurin,
als sie – in zweiter Ehe – noch mit Pawel verheiratet war, den hat sie aber nur
genommen, weil ihr erster Mann, dieser unglaublich schöne Ungar, sie sitzengelassen hat, als sie mit Tanja schwanger war, die heute Morgen nach Tel Aviv
abgereist ist, dabei hätte sie in Paris, wo sie früher gearbeitet hat, viel besser

leben können – aber wohin dann mit Boris, der ... – Wollen Sie eine Tasse Tee? Nehmen Sie doch ruhig Platz!

Wenn man einmal angefangen hat, Ulitzkajas Personen zuzuhören, reicht eine Tasse Tee nicht hin. Nach dem Matrjoschka-Prinzip entblättern sich ihre meist weiblichen Figuren bis auf den Kern, der – das ist das Prinzip – sich nicht von seinen Umkleidungen unterscheidet: Die sinnliche, schöne Valerija, die leider gehbehindert ist und als Schuriks Chefin ein scharfes, aber menschliches Regiment führt, ist auch als Liebhaberin bestimmend, fordernd, heißblütig und intelligent. Die Leserin lernt sie, wie Schurik, gern näher kennen, und ist zu Recht auf unterhaltsame Bereicherung, aber nicht auf Vertiefung gefasst. Die freundliche Redseligkeit von Ulitzkajas Figuren, die rückhaltlose Offenheit, mit der das Gegenüber im Roman, aber auch der Leser ins Vertrauen gezogen wird, erscheint wie der humane Kontrapunkt zur unmittelbaren Vergangenheit. Gut siebzig Jahre lang, bis zum Zusammenbruch des Sowjetischen Imperiums 1989, waren Zensur und Überwachung, Bespitzelung und Denunziation buchstäblich an der Tagesordnung – und Schweigen, Notlüge und Verheimlichung notwendige Selbstverteidigung. Jetzt aber darf geredet werden, bekannt, offenbart – die Wahrheit, oder was man dafür halten will.

Wenn es nicht gar zu politisch ist. Die Beschränkung auf das private und gesellschaftliche Leben ist eine verbreitete Reaktion sowohl auf die stalinistische Vergangenheit, in der Staat und Politik eine erdrückende Bedeutung hatten, als auch auf die Gegenwart, in der Staat und Politik vor allem lästig, korrupt und deprimierend sind. Ulitzkajas Figuren haben nichts zu verbergen. Selbst in Erzählungen mit dem warnenden Titel »Die Lügen der Frauen« ist eine Lüge zwar auch das Gegenteil der Wahrheit, vor allem aber ein Zurechtrücken des Tatsächlichen. Die Psyche übernimmt die Regie, wie im Traum, und schreibt die Lebensgeschichte auf ihren tieferen Sinn hin um: So hätte mein Leben werden sollen, so bin ich eigentlich, so möchte ich sein. Nehmt meine Sehnsucht für die Wirklichkeit. Die ist nicht mehr, wie zu Zeiten Zwetajewas und Achmatowas, verbrecherisch, düster und bitter arm, vom Stalinismus eingezwängt wie von einem eisernen Korsett. Aber sie ist doch trostlos und eng; einsamer auch, als es der weiblichen russischen Seele entspricht.

Denn die ist viel allein. Die Männer sind auf der Flucht, in die Arbeit oder den Alkohol, zu anderen Frauen, zu ihren Müttern. Die Frauen schlagen sich durch, nicht immer mit einem Lied, aber doch mit einem Wort auf den Lippen, das immerhin Erleichterung verschafft – bis zum nächsten Unglücksfall: Der Geliebte geht fremd, der Chef macht Avancen, das Kind wird krank und der Ehemann depressiv. Wie schon in der Sowjetgesellschaft ist Vernetzung oft die einzige Rettung. Sonja kennt den richtigen Arzt, die Großmutter ein Rezept, und Mascha hat eine Datscha, die sie gerade nicht braucht, weil ihr Mann ... und so weiter.

Was als Tragödienstoff taugen könnte, wird als Farce erzählt, aber mit einer Anteilnahme, die sich gut demokratisch verteilt. Ulitzkaja ist immer aufseiten all ihrer Figuren; sie sind komisch, neurotisch, verdreht, doch lächerlich sind sie nie. Das begründet die Beliebtheit ihrer Erzählungen und Romane im gegenwärtigen Russland und in Europa; es sind solidarische Mitteilungen aus einer Welt, in der stabile Tristesse und rasende Veränderung sich scheinbar die Waage halten.

Das leere, halbdunkle Moskau, in dem Ulitzkajas Frauen ihre ersten Liebschaften hatten, ist heute mit Reklamewänden bepflastert; am Straßenrand stehen Witwen, die nichts zu verkaufen haben als ein paar Zwiebeln; und die verlassenen Kinder, die früher in sowjetischen Heimen lebten, schlafen nun unter den Brücken. In dieser urbanen Kulisse – die nicht Ulitzkajas Thema ist – steuern ihre Figuren das Weberschiffchen des Lebens tapfer vor und zurück; in jener mittleren Sphäre, in der niemand vor Armut krepiert, aber die Zeit doch unaufhaltsam im Provisorium verrinnt. Nichts stimmt, doch geht es auch so, weil es anders nicht geht. Die Überforderung ist die neue russische Norm; der Fünfjahresplan heißt nun: Wir wursteln uns durch.

In ihrem bisher letzten Roman hat Ulitzkaja ihre etablierte literarische Welt verlassen. »Daniel Stein« erzählt vom Schicksal eines jüdischen Polen, der, von Nazis wie Sowjets verfolgt, den Zweiten Weltkrieg mittels odysseischer Listen übersteht und aus Dankbarkeit für das Wunder seines Überlebens zum Katholizismus konvertiert. Diese Entscheidung führt zu kuriosen Verwicklungen, und die machen die groteske zweite Etappe einer Lebensgeschichte aus, die unter düsteren Vorzeichen begonnen hatte. Das Vorbild für Stein, der deutsch-polnische Jude Oswald Rufeisen, führte einen Prozess gegen den Staat Israel, der den gläubigen Christen Rufeisen nicht als (gebürtigen) Juden einbürgern wollte. Auch von diesem verzwickten Kasus berichtet Ulitzkaja historisch genau, aber nicht in dokumentarischer Form. Die ständige Rücksicht auf verbriefte Fakten lähmte, wie sie freimütig berichtet, ihr literarisches Vermögen. Die Kombination aus Tatsächlichem und loyal Erfundenem, aus realen und fiktiven Briefen, Berichten und Interviews, vor allem aber das freie, zuweilen gegenläufige Spiel von Stimmen, die eine Geschichte des Überlebens in Stalinismus und Nationalsozialismus und eine politisch absurde Existenz in Israel anschaulich machen, entspricht ihrem Temperament vollkommen. In den theologischen Diskussionen, die ihren Roman durchziehen, scheint der melancholische Hintergrund ihres tragikomischen Werkes auf. Sechs Millionen ermordete Juden, meint der Bruder Daniel Steins, könnten eigentlich genügen, nicht mehr an Gott zu glauben. Wenn es aber unbedingt sein muss, warum genügt ihm dann nicht der jüdische Gott? Warum muss es ein christlicher sein?

»Wer über gewissen Dingen den Verstand nicht verliert, der hat keinen zu verlieren«, schrieb der lutherisch getaufte Aufklärer Gotthold Ephraim Lessing. Wie man mit dieser Erfahrung weiterlebt, ist schwer zu sagen. In Ulitzkajas Romanen kann man es ahnen.

Biografisches

Ljudmila Jewgenjewna Ulitzkaja wurde am 23. Februar 1943 in Dawlekanowo im Ural geboren; die jüdische Familie war vor dem Angriff der deutschen Wehrmacht auf Moskau dorthin evakuiert worden. Seit 1945 wuchs sie wieder in der sowjetischen Hauptstadt auf; später studierte sie dort Biologie. Ab 1967 arbeitete sie als Genetikerin am Akademie-Institut in Moskau, wurde aber 1970 wegen der illegalen Abschrift und Verbreitung von Samisdat-Literatur entlassen. Sie brachte zwei Kinder zur Welt und arbeitete nach ihrer ersten Scheidung zwei Jahre als Autorin und Dramaturgin am »Jüdischen Kammermusiktheater«, bevor sie sich als freischaffende Autorin und Publizistin etablieren konnte. 1983 wurde ihr erster Erzählungsband im Staatlichen Kinderbuchverlag veröffentlicht. Mit der Novelle »Sonetschka« wurde sie 1992 als Prosa-Autorin entdeckt. Im selben Jahr erschien auch ihre erste Erzählung in Deutschland. 1996 erhielt sie den Prix Médicis für »Sonetschka«, 2001 den Russischen Booker-Preis für »Reise in den siebenten Himmel«.

Leseempfehlung

»Die Lügen der Frauen« (Roman).
»Ergebenst, euer Schurik« (Roman).
»Ein fröhliches Begräbnis« (Roman).
»Ein glücklicher Zufall und andere Kindergeschichten«.
»Daniel Stein« (Roman).
Alle Titel aus dem Russischen von Ganna-Maria Braungardt.

Elke Schmitter

DAS ICH UND SEINE MÖGLICHKEITEN

Christa Wolf *1929

Unter den Linden« ist der Titel einer Erzählung, mit der sich Christa Wolf im Jahr 1969 beschäftigte. Sie wohnte zu dieser Zeit in Kleinmachnow, einer Ortschaft zwischen Berlin und Potsdam, in Sichtweite der Mauer. Sie pflegte eine zurückgezogene Lebensweise, aufgehoben im Alltag, umgeben von einem großzügigen Haus, einem idyllisch verwilderten Garten, einem eng verknüpften Freundeskreis und einer Familie, die jeder, der bei dem Ehepaar Gerhard und Christa Wolf und ihren beiden, damals dreizehn- und siebzehnjährigen Töchtern zu Gast war, als bilderbuchartig, als Wunder sozialer Intaktheit empfand. Sie nahm am politischen Betrieb der DDR mit einer gewissen Distanz Anteil, wurde von der Staatssicherheit überwacht, wusste dies längst. Und: Sie befand sich im Zustand zermürbenden Wartens.

Zwei Jahre zuvor hatte sie das Manuskript ihres Romans »Nachdenken über

Christa T.« abgeschlossen. Jenes Romans, der ihren Ruhm als die, neben Günter Grass, wohl international renommierteste Person der deutschsprachigen Gegenwartsliteratur begründen sollte. Zwei Jahre lang war das Manuskript zwischen ihrem Verlag und den Zensurbehörden der DDR, zwischen Gutachtern und Parteigremien der SED hin- und hergewandert und hatte sich zu einem Politikum ersten Ranges entwickelt. Die Veröffentlichung war nun, nach langem Verzögern und Verschieben, für den Mai 1969 in einer Startauflage von 20 000 Exemplaren angekündigt. Aber dann erreichten die politischen und publizistischen Vorgänge um »Christa T.« ihren absurden Höhepunkt. Ein von heute aus gesehen in allen Einzelheiten kaum mehr nachvollziehbares Schauspiel, bei dem der Staatsapparat der DDR sich als ebenso dumpf und repressiv wie chaotisch erwies. Im Januar 1969 erscheinen bereits erste Kritiken – zu einem Buch, das noch gar nicht auf dem Markt ist. Die Herstellung geht, warum auch immer, schleppend voran. Die Auflage wird plötzlich auf 4000 Exemplare reduziert. Dann, ebenso plötzlich, wird die Auslieferung dieser 4000 Exemplare gestoppt, just vor dem Beginn des VI. Schriftstellerkongresses im Mai 1969. Gleichzeitig taucht das Buch in der Internationalen Buchhandlung in Hamburg auf. Marcel Reich-Ranicki schreibt eine lobende Kritik in der Hamburger Wochenzeitung »Die Zeit«. Ein paar Monate später tritt Christa Wolfs ostdeutscher Verleger mit einer peinlichen Selbstkritik an die Öffentlichkeit und zählt Mängel des Romans auf. Erst 1972 erscheint »Nachdenken über Christa T.« in der DDR in einer zweiten Auflage, deren Erscheinungsdatum jedoch auf das Jahr 1968 zurückdatiert wird.

Wer Christa Wolf nahestand, mochte in dieser Zeit um ihr seelisches Befinden fürchten. Wappnende Dickhäutigkeit gegenüber den Drangsalierungen des Regimes und seiner Vertreter gehörte in dieser Zeit ihres Lebens nicht zu ihren persönlichen Eigenschaften. Als sie im Herbst 1969 Walter Ulbrichts Sekretär im Staatsrat einen Besuch abstattet, um ihren drohenden Ausschluss aus dem Vorstand des Schriftstellerverbands der DDR abzuwenden, und, anders als erhofft, auf eine Mauer eisiger Anfeindung und kaum verhüllter Drohungen stößt, fällt sie auf dem Weg vom Schreibtisch zur Tür des Büros in Ohnmacht. Sie kippt einfach um. An die Schriftstellerin Brigitte Reimann, eine enge Freundin, schreibt sie: »Ich hab nackte Angst.« Sie ist nicht wie die temperamentvolle, extrovertierte Reimann, die türenknallend Sitzungen verlässt, wenn ihr das phrasenhafte Ideologiegerede zu dumm wird, und sich mit schnippischen Bemerkungen über die verklemmt-frivole Herrenriege der Nomenklatura lustig macht. Christa Wolf, eher introvertiert, eher bänglich, verwandelt Leiden an Verhältnissen auffallend oft in Leiden an sich. Sie hat Herzrhythmusstörungen, plagt sich mit anhaltender Schlaflosigkeit, mit Migräne, braucht Medikamente für Nerven und Gemüt.

Sie fühlt sich angegriffen, im doppelten Wortsinn. Aber: Sie ist schriftstellerisch keineswegs außer Gefecht gesetzt von dem »Rummel« um »Nachdenken über Christa T.«. Die Schreib- und Arbeitsblockade, in deren Klauen mancher Zeitgenosse sie wähnt, stellt sich nicht ein. Im Gegenteil: Christa Wolf, in ihrer physischen, psychischen Konstitution in der Zeit um 1969 arg geschwächt, scheint in ihrer Konstitution als Autorin von der Krise zu profitieren. Sie schreibt, forscht, liest sich intensiv in die Literatur der deutschen Romantik ein, entwickelt Ideen zu neuen Romanen, die sie mit großer Energie im kommenden Jahrzehnt auch verwirklichen wird. Sie bricht zu neuen Ufern auf. Die siebziger Jahre werden mit dem Roman »Kindheitsmuster«, erschienen 1976, der Erzählung »Kein Ort. Nirgends«, erschienen 1979, und mit einer Reihe von Essays und Vorträgen zur bedeutendsten, zur künstlerisch kraftvollsten Phase ihrer schriftstellerischen Laufbahn.

Sie reagiert auf den politischen Druck, den sie Ende der sechziger Jahre persönlich erfährt, in einer Mischung aus Schwäche einerseits und neuer Stärke andererseits. Einer Mischung aus seelischer Defensive und intellektueller Offensive. Genau so hatte sie schon ein paar Jahre zuvor auf das berühmt-berüchtigte elfte Plenum des Zentralkomitees der SED im Dezember 1965 reagiert, das in die Geschichte der DDR als Datum eines katastrophalen kulturellen Kahlschlags, als trauriger Höhepunkt künstlerischer Freiheitsbeschneidung eingegangen ist. Christa Wolf fiel nach dem Plenum in eine »sehr lange, tiefe Depression, in einem klinischen Sinne«. Und erlebte zugleich einen furiosen Schreibschub. Schon im Januar 1966, kurz nach jenem elften Plenum, das der sozialistischen Vorzeigeschriftstellerin Wolf ungeahnte Kritik des Regimes eintrug, fertigte sie einen ersten Entwurf des »Christa T.«-Projekts an.

Dieses Projekt indes, dieser Roman markiert in der Werkgeschichte Christa Wolfs den entscheidenden Bruch: das Ende des Schreibens in den Mustern dogmatischer Ideologie. Und den Beginn des Schreibens in den Mustern literarischer Innerlichkeit. Es entstand ein vollkommen neuer Ton. Der elegisch weiche, in sich ruhende, immer ein wenig fatalistische, unverkennbare Christa-Wolf-Ton. Und es entstand eine vollkommen neue Schreibweise. Essayistisch erzählend, den Stoff in tastenden, prüfenden Suchbewegungen umkreisend. Wer heute kurz nacheinander Christa Wolfs Bestseller »Der geteilte Himmel« aus dem Jahr 1963 liest und »Nachdenken über Christa T.«, kann kaum glauben, dass beide Bücher von ein und derselben Autorin sind.

Sie schrieb nun auf einer anderen Prosabühne. »Subjektive Authentizität«, lautete der Maßstab, den Christa Wolf ab der Mitte der sechziger Jahre an ihr Denken und Schreiben anlegte. In dieser Zeit etablierte sich in ihren Texten ein bestimmtes Motiv, das deshalb auffällig ist, weil es in fast allen ihrer künftigen Bücher wiederkehrt: das Motiv der Doppelgängerin, der weiblichen Parallel- und Projektionsfigur. Schon der Name Christa im Romantitel »Nachdenken über Christa T.« ist ein Hinweis auf dieses Motiv. »Christa T.«, die in der Erzählung an Leukämie stirbt, gab es real. Sie hieß Christa Tabbert und starb 1963 tatsächlich an Leukämie. Christa Wolf kannte sie schon aus der Schulzeit in Landsberg an der Warthe, das bis 1945 zu Deutschland gehörte, heute in Polen liegt und Gorzów Wielkopolski heißt. Während der Flucht nach Westen am Ende des Zweiten Weltkriegs hatte sie Christa Tabbert aus den Augen verloren, später beim Studium in Jena durch Zufall wiedergetroffen. Christa Tabberts Biografie, der Schock ihres frühen Todes, ist der Ausgangspunkt, den der Roman umkreist. In Gang gesetzt wird dieses Kreisen jedoch von Fragen nach dem Verhältnis der eigenen Person, Christa Wolf, zur anderen Person, Christa Tabbert. Von der Frage der Vergleichbarkeit des eigenen Lebens mit dem der literarischen Schwester.

Immer ist Christa Wolf in der Beziehung zu einer solchen Doppelgängerin die Vernünftigere, Realistischere. Immer sind die anderen die Kompromissloseren. Die, die sich nicht abfinden, Verrücktheiten wagen, aus Ehen ausbrechen, gesicherte Verhältnisse über den Haufen werfen, sich, wie »Christa T.«, mit anderen Männern einlassen, mit der Welt nicht zurechtkommen. Und nicht zurechtkommen wollen. Wie Brigitte Reimann. Wie Karoline von Günderrode in »Kein Ort. Nirgends«. Wie Kassandra, wie Medea. Über die beiden Letzteren verfasste Christa Wolf Prosawerke historischer Anverwandlung. Das Motiv der weiblichen Gegenfigur ist in Wolfs Literatur so präsent wie wohl auch in ihrem Leben. Die Freundschaft mit Brigitte Reimann lebte geradezu vom Reiz des schieren Gegensatzes: zwischen einer gebändigten schwarzhaarigen Schönheit namens Wolf und einer ungebändigten schwarzhaarigen Schönheit namens Reimann, beide DDR-Schriftstellerinnen in der Mitte des Lebens, aber mit ausgesprochen konträrer Lebensführung. Eine Moskaureise der Freundinnen in den sechziger Jahren vollzog sich als einziges pädagogisches Rettungsunternehmen Christa Wolfs im Dienste Brigitte Reimanns. Sie bewahrte sie vor Taxifahrten in die falsche Richtung, vor Nächten mit den falschen Männern, vor Alkoholgenuss in zu hoher Dosierung und vor dem Verlust der Ausweispapiere.

Ohne dass sie sie je persönlich kennengelernt hätte, wurde die österreichische Schriftstellerin INGEBORG BACHMANN, ebenfalls in den sechziger Jahren, für Christa Wolf zu einer wichtigen imaginären Gesprächspartnerin über weibliche Literatur. Das intime Zwiegespräch ist eine Art Ursituation in Christa Wolfs Welt. In einigen ihrer Bücher spricht die Erzählerin ein »Du« an. Es kann sie selbst sein, es kann der Leser sein. Oder, so lässt sich zumindest phantasieren, der Ehemann Gerhard Wolf, mit dem Christa Wolf nicht nur sechs Lebensjahrzehnte, sondern eine atemberaubend gelungene Ehe teilt. Einen Blick in ihr Privatleben erlauben die Tagebuchaufzeichnungen aus den Jahren 1960 bis 2000, die Christa Wolf unter dem Titel »Ein Tag im Jahr« 2003 veröffentlichte. Dass Gerhard Wolf, ein paar Zentimeter kleiner als die Ehefrau, in den eigenen vier Wänden im Schatten seiner nach außen hin fraglos berühmteren Frau stünde, kann nicht behaupten, wer aus dem Tagebuch erfahren hat, wie er als strengster Leser und als Widerpart in Phasen psychischer Krisen fungiert. Glücksfall einer Ehe offensichtlich, in der Symbiose und Eigenständigkeit sich nicht stören. Anders denn als Paar, hat Christa Wolf gelegentlich geäußert, könne sie sich überhaupt nicht denken.

Man könnte in Wolfs Doppelgängermotiv ein fernes Echo der Zeitgeschichte sehen. Ein Echo der Teilung Deutschlands in zwei Staaten. Man könnte auch Christa Wolfs Herkunft heranziehen. Landsberg an der Warthe, wo sie 1929 geboren wurde, liegt jenseits der Oder. Jenseits einer geografischen Linie, die über ihre Funktion als heutige Staatsgrenze hinaus eine, zumal für deutsche Flüchtlinge, hohe symbolische Bedeutung besitzt. Als Zeichen verlorener Heimat und, im übertragenen Sinn, als Zeichen gespaltener biografischer Ganzheit. Daraus, aus diesem Verlustgefühl, mag Christa Wolfs Methode resultieren, das eigene Ich in Beziehung zu setzen zu einem Double, einem Möglichkeits-Ich, ob es Tabbert, Günderrode, Kassandra oder Reimann heißt.

Ausschlaggebend aber dürfte etwas anderes sein: In der Idee eines solchen Möglichkeits-Ichs kehrt die sozialistische Uridee der anderen, der besseren, der utopischen Zukunftsgesellschaft wieder. Nur bürstete Christa Wolf die Idee gegen den Strich, setzte an die Stelle abstrakter Ideologie konkrete Individuen. Als Bürgerin der DDR bekannte sie sich zum Sozialismus, wenn auch mit Kritik an seiner ostdeutsch-realen Gestalt. Als Schriftstellerin benahm sie sich, ab der Mitte der sechziger Jahre, im Grunde antisozialistisch, zumindest antiideologisch. Als Schriftstellerin war und ist sie Humanistin – und wurde dies in jeder ihrer politisch-psychischen Krisen in noch stärkerem Maße. So paradox es klingt: Christa Wolfs literarische Höchstleistungen scheinen davon abhängig zu sein, sich gegen die Zumutungen eines Systems, dem der Einzelne wenig wert ist, aufzulehnen. Zieht man die ersten vier Kinderjahre ab, verbrachte Christa Wolf ihr gesamtes Jugend- und Erwachsenenleben von 1933 bis 1989 in und unter totalitären Systemen. Wie Heiner Müller, wie Hans Magnus Enzensberger, beide ebenfalls 1929 geboren, gehört sie den Jahrgängen einer deutschen Schriftstellergeneration an, die in den Nationalsozialismus hineingeboren wurde.

Keines ihrer nach 1989, nach dem Ende der DDR, erschienenen Bücher erreicht den Rang jener, die sie zuvor verfasste. Bereits an »Medea« aus dem Jahr 1996 haftet ein Zug allzu mechanischer, gewollter Parabelhaftigkeit und demonstrativer Mitteilsamkeit. Noch spätere Schriften werden bisweilen von pauschalen Ressentiments beschädigt, Ressentiments gegen den technischen Fortschritt, den Kapitalismus, die Männerherrschaft. Wolfs Innerlichkeit zeigt dabei ihre mürbe Kehrseite: eine gewisse Weltverengung, die sich im Übrigen auch im fast gläubig verschworenen Verhältnis zwischen der Schriftstellerin und ihrer Lesergemeinde wiederfindet. War der Vorwurf der Larmoyanz, der sentimentalen Wehleidigkeit, der Christa Wolfs Literatur bisweilen traf, je berechtigt, dann wohl in Hinsicht auf ihre jüngere Werkepoche.

Wer ihr indes vorwirft – wie es in der maßlosen, legendär gewordenen Christa-Wolf-Debatte nach 1990 geschah –, dem DDR-Regime opportunistisch gedient zu haben, der übersieht, wie stark die Reibung am Regime ihrem Schreiben diente. Diese Reibung aber bedurfte der spürbaren politischen Nähe. Der Widerstand, aus dem heraus Christa Wolf ihr vielleicht bedeutendstes Buch, »Kein Ort. Nirgends«, die fiktive Begegnung der beiden Romantiker Heinrich von Kleist und Karoline von Günderrode, zustande brachte, dieser Widerstand bedurfte der unmittelbaren Auseinandersetzung mit einem System, in dem Selbstmörder nicht vorgesehen waren. Sie fiel, im Herbst 1969, in Ohnmacht, weil eine Parteischranze im Staatsrat sie einschüchterte. Sie stand auf, drehte dem System den Rücken zu, fuhr in ihre Idylle nach Kleinmachnow und übte ihre Art von Opposition: indem sie den stummen Dialog mit einem weiblichen Gegenüber, einer Romantikerin aufnahm. »Kennst du die Günderrode?«, schrieb Christa Wolf im Herbst 1969 an Brigitte Reimann. »Mit ihr beschäftige ich mich ein bisschen, dabei mit dem Umkreis der Romantikweiber. Gar nicht uninteressant. Kann ich dir sagen.« Wer davon ausgeht, dass der Roman, der aus dieser Beschäftigung hervorging, zum Kanon deutscher Literatur des zwanzigsten Jahrhunderts zählt, der kann nicht gleichzeitig davon ausgehen, die Verfasserin hätte ihn etwa auch in einem Vorort Stockholms im demokratischen Schweden zu Papier bringen können.

Auch jene Erzählung mit dem Titel »Unter den Linden«, an der Christa Wolf während der Zerreißprobe um »Nachdenken über Christa T.« arbeitete, lehnt sich an die deutsche Romantik, an eine Geschichte E. T. A. Hoffmanns. »Unter den Linden« – ein deutsches romantisches Lied könnte so heißen. Fast könnte man die harten Fakten der Zeitgeschichte vergessen, die mit der realen Straße gleichen Namens verbunden sind. Denn sie, die Prachtallee Unter den Linden, gilt bis heute als symbolisches Zentrum der deutschen Teilung, ja, des Kalten Krieges. Wo die Straße Unter den Linden auf das Brandenburger Tor trifft, endete bis 1989 der Ostblock und begann, getrennt durch die Berliner Mauer, der Westblock. Zeitgeschichte indes nimmt die Ich-Erzählerin nicht wahr, zumindest nicht mit wachen Augen. Denn die Erzählung ist der Bericht eines Traums, mit Traumfiguren, die erscheinen und weghuschen, geträumten Erinnerungsszenen aus der Studentenzeit der Träumerin. Sie lässt sich treiben, die Straße entlang, zum Eingang der Humboldt-Universität, auf die Straße zurück.

»Da kam mir ein einzelner Mensch entgegen, eine junge Frau. Nie hat der Anblick eines fremden Menschen mir einen solchen Stich versetzt. Sie trug ein Kostüm aus dem Stoff, den ich lange schon suchte, und einen leuchtenden Pullover, dessen Farbe als Widerschein auf ihrem Gesicht lag. Sie ging schnell und locker, wie ich immer gehen wollte, und sah uns alle aufmerksam, doch vorurteilsfrei an. Ihr halblanges dunkles Haar wehte der Wind zurück, und sie lachte, wie ich von ganzem Herzen zu lachen wünschte.« Idealer als in dieser Beschreibung kann ein mögliches Ich nicht beschaffen sein. Die Frau, die der Träumerin entgegenkommt, »würde niemals vom Glück verlassen sein. Alles, was anderen misslang, würde ihr glücken ... Ihr war es gegeben, unter den Verheißungen und Verlockungen des Lebens frei zu wählen, was ihr zukam. Vor Neid und Kummer begann ich unter all den Leuten heftig zu weinen. Davon erwachte ich.«

Man versteht, dass es kein schönes Erwachen ist, nach einem Traum, der einem, wie dem Esel die Mohrrübe, die eigene Doppelgängerin als unerreichbare Konkurrenz vorgegaukelt hat. Aber: »Auf einmal sah ich: Das war ja ich. Ich war es gewesen, niemand anders als ich selbst, der ich begegnet war. Nun klärte sich mit einem Schlage alles auf. Ich sollte mich wiederfinden – das war der Sinn der Bestellung.« Und ist zugleich der tiefere Sinn des Werks von Christa Wolf: das vom System geraubte Ich zurückzuerobern.

Biografisches

Christa Wolf wurde am 18. März 1929 als Tochter des Kaufmanns Otto Ihlenfeld in Landsberg an der Warthe geboren. Im Jahr 1945 floh sie von dort mit ihrer Familie Richtung Westen und übersiedelte nach Mecklenburg. Ab 1949 war sie Mitglied der SED, im gleichen Jahr begann sie ein Literaturstudium in Jena, das sie in Leipzig abschloss. Ihre 1951 mit dem Germanisten, Essayisten und Verleger Gerhard Wolf geschlossene Ehe dauert bis heute an. 1952 kam die erste gemeinsame Tochter, 1956 die zweite Tochter zur Welt. Bis 1962 war Christa Wolf neben ihrer literarischen Arbeit als Lektorin, Kritikerin, Redakteurin und wissenschaftliche Mitarbeiterin des Schriftstellerverbandes der DDR tätig. Mit ihrem Umzug von Halle nach Kleinmachnow 1962 endete dieses berufliche Engagement. Gleichzeitig endete Christa Wolfs sporadische, 1959 angenommene Tätigkeit als Informantin der Staatssicherheit der DDR unter dem Decknamen »Margarete«. Beobachtungsobjekt der Stasi waren Christa und Gerhard Wolf jahrzehntelang, der Vorgang hatte den Decknamen »Doppelzüngler«. Über diese Erfahrung der Observation verfasste sie 1979 die Erzählung »Was bleibt«, die sie erst 1990 veröffentlichte. Das Buch und der Zeitpunkt seiner Publikation wurden zum Zündfunken der sogenannten Christa-Wolf-Debatte, in deren Verlauf die Schriftstellerin als Repräsentantin der DDR, als »Staatsdichterin« angegriffen wurde. 1980 wurde sie mit dem Büchner-Preis, 1964 und 1985 mit dem Nationalpreis für Literatur der DDR ausgezeichnet. Man kann vermuten, dass der Nobelpreis wegen der Debatte Anfang der neunziger Jahre und wegen Wolfs zurückliegender Rolle als IM der Stasi einen Bogen um sie machte. Christa Wolf lebt heute in Berlin-Pankow.

Leseempfehlung

»Nachdenken über Christa T.« (Roman).
»Kein Ort. Nirgends« (Erzählung).
»Unter den Linden« (Erzählungen).
»Kassandra« (Erzählung).
»Ein Tag im Jahr. 1960–2000 (Tagebuchaufzeichnungen).

Ursula März

WERKSTATT DES EIGENSINNS

Virginia Woolf *1882–1941*

Adeline Virginia Stephen, die zweite Tochter von Leslie und Julia Prinsep Stephen, geboren am 25. Januar 1882, entstammt einer langen Reihe von Vorfahren, einige berühmt, andere unbekannt; hineingeboren in eine große Familie, nicht von reichen, aber wohlhabenden Eltern; hineingeboren in eine sehr redselige, literarische, Briefe schreibende, Besuche machende, typische Gesellschaft des späten neunzehnten Jahrhunderts…«

Sie war, als sie diese Zeilen über sich schrieb, schon die Berühmteste dieser Sippe, die mit Berühmtheiten verkehrte: In ihrem Elternhaus gingen Henry James, GEORGE ELIOT und Thomas Hardy aus und ein, und als sie erwachsen war, hießen ihre Freunde John Maynard Keynes, E. M. Forster, T. S. Eliot und Vita Sackville-West. All diese Leute lebten von dem, was sie im Kopf hatten; manche waren Erben (wie Woolf selbst); niemand machte Geschäfte. Das

Bewusstsein, dass die englische Kultur – Tee mit Gurkensandwiches im Park, das National History Museum in London, prachtvolle Lesesäle, viktorianische Hüte – bezahlt war mit dem Imperialismus, mit Sklavenhandel und der Ausbeutung der Arbeiter und Frauen, hatte sich in ihren Kreisen durchgesetzt, doch sie und ihre Freunde zogen unterschiedliche Schlüsse: Manche verzichteten auf Bedienung (und verwirrten damit die Hausmädchen und Köche im Herrenhaus), manche wurden Pazifisten, andere Szientisten, und manche gaben ihre Partys im Schloss nun mit schlechtem Gewissen. Virginia Woolf selbst lebte bescheiden und hatte beinahe lebenslänglich quälende Beziehungen zu ihren Haushilfen (sie waren ihr lästig und zu nah; sie fühlte sich für sie verantwortlich wie für dumme und ungeliebte Kinder). Sie war mit einem Sozialisten verheiratet und hielt bei Gelegenheit radikale politische Reden, von denen ein Titel – »Ein Zimmer für sich allein« – sprichwörtlich wurde. Was wäre aus einer Schwester Shakespeares geworden, fragt Woolf in diesem Essay, der 1928 entstand. »Sie war, nehmen wir einmal an, ebenso abenteuerlustig, ebenso phantasievoll, ebenso begierig, die Welt zu sehen, wie er. Aber sie wurde nicht in die Schule geschickt. Sie hatte keine Gelegenheit, Grammatik und Logik zu lernen, von Horaz und Vergil ganz zu schweigen. Sie nahm hin und wieder ein Buch zur Hand, eines ihres Bruders vielleicht, und las ein paar Seiten. Aber dann kamen ihre Eltern herein und hießen sie die Strümpfe stopfen oder sich um den Hammelbraten kümmern und nicht mit Büchern und Papieren ziellos herumzutrödeln.« Als Feministin war Woolf klar und entschieden, und sie passte ihre Sprache mühelos ihrer gewünschten Wirkung an. Für sie war das Schreiben Kunst, Selbstverwirklichung und Handwerk zugleich. Sie verdiente damit ihr Geld, und es war ihre persönliche Befreiung aus dem Käfig von Abhängigkeit, Bevormundung und »Weiblichkeit«, in dem die Frauen ihrer langen Reihe von Vorfahren ihr Leben fristen mussten.

In der Kunst jedoch war sie keineswegs Sozialistin. Ihre Bücher – alle angesiedelt in ihrem Milieu – gelten als schwierig, was sie nicht sind. Doch die meisten ihrer Romane stoßen zurück, wenn man eine schnell fassbare Handlung, pralle Charaktere, dramatische Dialoge erwartet. Das sah sie nicht als Makel oder Marotte; ihr besonderer Stil war im Gegenteil ein Experiment, auf den Grund des Bewusstseins zu kommen. Die bewährten Prosaisten ihrer Zeit (wie Thomas Hardy und John Galsworthy) nötigten ihr wenig Respekt ab: »Wenn also ein Schriftsteller ein freier Mann wäre und nicht ein Sklave, wenn er schreiben könnte, was er wollte, nicht, was er muss, wenn er sein Werk auf seinen eigenen Gefühlen aufbauen könnte und nicht auf Konvention, dann gäbe es keine Fabel, keine Komik, keine Tragik, keine Liebesgeschichte oder Katastrophe im üblichen Sinne und vielleicht keinen einzigen Knopf, der so angenäht wäre, wie die Schneider in Bond Street es vorschreiben.« Die Schneider in Bond Street besuchte sie nicht. Sie hatte Interesse nicht am Fertigen, sondern ausschließlich am Prozess – daran, wie Denken und Fühlen sich zum Bewusstsein amalgamieren: zu diesem fragilen Netz aus Erinnerungen, Ideen und sinnlichen Sensationen, das sich verhärtet oder zerreißt, wenn man es von außen betrachtet. Und das man mit Worten nur zeigen kann: in einer reichen, melodischen Sprache, in einem Fluss von Worten, von Strömungen getragen, denen man folgen muss und die man in Sätzen sichtbar macht. »Stil ist eine sehr einfache Sache«, erklärte sie ihrer Freundin und Kollegin Sackville-West, »nichts als Rhythmus. Sobald man den gefunden hat, kann man keine falschen Wörter benutzen. Das, was Rhythmus ist, ist wirklich sehr tiefgründig und geht viel tiefer als Worte. Ein Anblick, ein Gefühl, bewirkt diese Welle im Geist; lange bevor er die dazu passenden Worte formuliert.«

Das ist das Prinzip ihrer Poetik. Woolfs Romane folgen dieser »Welle im Geist«, die Impressionen, Gedanken und Erinnerungsfetzen, Wahrnehmungspartikel und Elemente des Wohlklangs zusammenspült, hochwirft und unter sich begräbt. Von Buch zu Buch nähert sie sich ihrem Ziel, einer »ganz anderen Methode: keinerlei Gerüst; kaum ein Baustein zu sehen; alles im Zwielicht, aber das Herz, die Leidenschaft, die Stimmung, daraus hervorleuchtend wie ein Feuer im Nebel«. Und mit beinahe jedem neuen Werk bricht sie zu neuen Ufern auf: »Orlando«, die über vier Jahrhunderte reichende Lebensgeschichte einer Märchenfigur, gehört wie »Flush«, die Biografie eines Hundes, zur Abteilung Scherz und tiefere Bedeutung; »Mrs Dalloway« (mit Vanessa Redgrave eindrucksvoll verfilmt) kontrastiert den Bewusstseinsstrom einer Londoner Lady mit dem eines geisteskranken jungen Mannes in einem Tageslauf; »Die Wellen« ist ein Chor aus sechs Stimmen, die Erinnerungen und Reflexionen austauschen.

Während die spielerischen und kühnen Experimente wie »Flush« und »Orlando« ihr leicht von der Hand gingen, war die Niederschrift der Bewusstseinsexpeditionen (wie »Zum Leuchtturm«, »Jacobs Raum« und »Die Wellen«) oft eine Qual. »Ich schreibe zwei Seiten völligen Blödsinn, mit Anstrengung; ich schreibe Varianten zu jedem Satz; Kompromisse; schlechte Ansätze; Möglichkeiten; bis meine Kladde wie der Traum einer Irren wirkt.« Diese Arbeit im Bergwerk des Geistes brachte Woolf immer wieder an ihre Grenzen; sie hörte buchstäblich Stimmen, und ihre Jugendkrankheit – heute als »schizophrene Psychose« betrachtet – brach wieder auf. In ihrem eigenen kleinen, mit Ehemann Leonard betriebenen Verlag »The Hogarth Press« erschienen die ersten Schriften Freuds auf Englisch, doch sie selbst wurde in psychiatrischen Kliniken mit Methoden behandelt, die aus der Zeit der Schwestern Brontë stammten und einen Gesunden problemlos verrückt machen konnten: Wasserkuren, Isolation, Zwang zur Untätigkeit, Liegen im Dunkeln. Mit seinen pragmatischen

Hausmitteln hatte Leonard mehr Erfolg; er achtete auf strenge Regelmäßigkeit bei Essen und Trinken, auf ausgedehnte Ruhezeiten, Bewegung an frischer Luft. Selbst die Verlagsgründung war ursprünglich als therapeutisches Hobby gedacht: die Bedienung einer Druckerpresse erforderte Konzentration, war manuell anspruchsvoll und schließlich für beide eine geliebte Schinderei: Worte setzen statt Worte schreiben. Sich dabei unterhalten.

Woolf blieb lebenslänglich den Vorlieben ihrer Herkunftsfamilie treu: redselig, Briefe schreibend, Besuche machend. Nach dem Tee führte sie Tagebuch. Was auf diese Weise »nebenher« entstand, ihre Briefe und privaten Notizen, nimmt inzwischen den größeren Teil des edierten Werkes ein. Ihre Begabung zur Nähe und ihr Interesse an Menschen machen die Lektüre der Tagebücher und Briefe zu einem speziellen Genuss: Es gibt hier kein repräsentatives Geschwätz, keine blasierte Reserve; stattdessen Witz, radikale Introspektion und pointierte Beobachtung. Ihr persönlicher Stolz und das Bewusstsein ihres Genies hielten sie, trotz wachsenden Ruhms, auf Distanz zum Betrieb: »Habe ich Dir erzählt, dass ich, da Wells sich aus dem PEN-Club zurückgezogen hat, gebeten wurde, seine Nachfolgerin zu werden? Woraufhin ich mit der Hand schnippte, wie eine Griechin eine Laus vom Kopf ihres Kindes schnippt.«

Zu Lebzeiten war sie persönlich scheu, zu ihrer Hinterlassenschaft hatte sie ein entspanntes Verhältnis: »Ich bewahre weder auf, noch vernichte ich, sondern sammle gemischte Bündel aus diesem und jenem, und überlasse es der Nachwelt, falls es eine gibt, zu verbrennen oder nicht.« Dies und ihr enormer Fleiß führten schließlich dazu, dass wir von kaum einem Menschen so viel wissen wie von ihr. Wen sie wann getroffen hat, was sie aß und trank, wie sie angezogen war, wen sie küsste und wen vor allem nicht, was sie fühlte und von sich selber dachte. Selbst der Brief an ihren Mann, den sie schrieb, bevor sie sich das Leben nahm, gehört zum gedruckten Werk. Sie wurde als Genie und als »Fall«, als Frauenrechtlerin und als Frau, zum Inbegriff einer Schriftstellerin. Das wollte sie, und so kam es.

Biografisches

Virginia Stephen, geboren am 25. Januar 1882, war das siebte Kind einer Patchwork-Familie des literarischen Großbürgertums in London; beide Eltern waren verwitwet. Nach deren Tod machten die jüngeren Kinder sich selbständig; Virginia bezog mit ihrer Schwester Vanessa, einer Malerin, ihren Brüdern Adrian und Thoby und Freunden wechselnde Adressen im Londoner Stadtteil Bloomsbury. Ein lebenslänglich vertrauter Kreis mit den Freunden der Brüder – alle Studenten in Cambridge – entstand; man feierte, reiste, lebte und dachte gemeinsam. Sexuelle Libertinage und Radikalität des Denkens machten die Gruppe als »Bloomsbury« zum Synonym anti-bürgerlicher Moderne. 1910 erster Aufenthalt in einer psychiatrischen Privatklinik. 1912 heiratete Virginia den ehemaligen Kolonialbeamten und Cambridge-Absolventen Leonard Woolf; er war Jude, Sozialist und mittellos. Drei Jahre später veröffentlichte sie ihren ersten Roman, »Die Fahrt hinaus«. 1917 erschien ihre Geschichte »Der Fleck an der Wand« als erste Publikation der Hogarth Press. Nach dem Krieg lernte Woolf die Schriftstellerin Vita Sackville-West kennen (Vorbild des Romans »Orlando«), mit der sie eine Liebesaffäre hatte. Leonard und sie lebten im Wechsel in London und in »Monk's House« im ländlichen Rodmell an der Ouse. Während der deutschen Luftangriffe im Zweiten Weltkrieg wurde ihr Haus in London schwer beschädigt. Leonard und sie erwogen den gemeinsamen Suizid für den Fall einer deutschen Besetzung. 1941, mit der Beendigung des Manuskripts von »Zwischen den Akten«, verschlechterte sich Virginia Woolfs Zustand rapide. Am 28. März 1941 ging sie, die Manteltaschen mit Steinen beschwert, in die Ouse.

Leseempfehlung

»Mrs Dalloway« (Roman). Aus dem Englischen von Walter Boehlich.
»Zum Leuchtturm« (Roman). Aus dem Englischen von Karin Kersten.
»Die Wellen« (Roman). Aus dem Englischen von Maria Bosse-Sporleder.
»Ein eigenes Zimmer« (Essay). Aus dem Englischen von Heidi Zerning.
»Drei Guineen« (Essay). Aus dem Englischen von Brigitte Walitzek.
Tagebücher (5 Bände; aus dem Englischen von Claudia Wenner und Maria Bosse-Sporleder) und *Briefe* (2 Bände; aus dem Englischen von Brigitte Walitzek).

Elke Schmitter

VAGABUNDIN DES GEISTES

Marguerite Yourcenar *1903–1987*

Und was, bitte schön, zieht sie an? Etwa Hosen? Dazu eine goldbestickte grüne
Weste, einen soldatischen eckigen Hut und einen Gürtel mit Degen um die
Hüften? Das war, seit über dreihundert Jahren, seit der Gründung der Académie Française 1635, nun mal die Uniform der »Unsterblichen«. Sie sahen, stilistisch betrachtet, in dieser Maskerade vielleicht ein bisschen anachronistisch,
gar bizarr aus. Aber als Geschlechterproblem hatte sich die Uniform ganz einfach deshalb nie dargestellt, weil noch nie eine Frau den Olymp französischen
Geistes betreten hatte. Seit über dreihundert Jahren waren die Mitglieder der
Académie ausschließlich Männer, mit Hut und Degen unter sich.

Nun, im Jahr 1980, erlebt der Olymp eine Revolution, und die Geschichte
der weiblichen Literatur den einzigartigen Moment ihrer Zuspitzung auf die
Kleiderfrage. Als erste Frau wird Marguerite Yourcenar in die Académie Fran-

çaise aufgenommen. Die furiosen kulturpolitischen Kämpfe, die der Entscheidung für eine Schriftstellerin vorausgegangen waren und in die zuletzt sogar der französische Präsident Giscard d'Estaing persönlich eingriff, waren überstanden, doch auf die delikate Frage – Yourcenar war immerhin eine Dame von siebenundsiebzig Jahren –, wie das neue Mitglied bei der Aufnahmezeremonie eigentlich gekleidet sein soll, gibt es keine Antwort. Frankreich grübelt. Frankreich besinnt sich. Die Lösung des Problems heißt: Yves Saint Laurent. Der berühmteste Pariser Modeschöpfer wird beauftragt, ein würdiges Gewand für die Verleihung der höchsten Ehre des französischen Geisteslebens zu entwerfen. Der Juwelier Cartier wiederum soll für Marguerite Yourcenar ein Schmuckstück herstellen, das in irgendeiner Weise als weibliches Pendant zum männlichen Ehrendegen der Unsterblichen gelten kann. Also schneidert Saint Laurent. Und Cartier schmiedet.

So merkwürdig, so umständlich und unbeholfen diese Logik der Transformation von Geschlechterrollen und Geschlechterattributen von heute aus gesehen wirkt, sie trifft, wenn auch unbeabsichtigt, den Kern des gesamten literarischen und intellektuellen Schaffens Yourcenars. Denn die gelehrte Humanistin, die allein mit ihrem Vater aufwuchs, mit ihm durch die Welt zog, vor den Spielcasinos der Côte d'Azur auf einer Bank saß und, während er die Reste des Familienbesitzes verspielte, Heraklit studierte, diese autodidaktische Altphilologin und kosmopolitische Vagabundin, für die reales und imaginäres Reisen die natürlichste Existenzform darstellte und die in der Kindheit nicht das Geringste mit Puppen anfangen konnte – sie schrieb von der ersten Erzählung bis zum letzten Roman in der phantasierten Haut männlicher, meist homosexueller Protagonisten; als gäbe es für sie keine Kluft zwischen den Geschlechtern. Yourcenars – für eine Frau des zwanzigsten Jahrhunderts recht ungewöhnliches – künstlerisches Ziel bestand darin, »das Werk so wenig wie möglich mit dem eigenen Leben zu belasten«. Ihren ersten literarischen Erfolg feierte sie 1929 mit der Brieferzählung »Alexis«. Dies ist der Name eines Mannes, der seine Frau verlassen hat und ihr mit einem langen Brief nun seine Beweggründe erklärt. Er legt eine Lebensbeichte ab, vor allem deckt er eine Lebenslüge auf, denn Alexis ist in Wahrheit homosexuell. Seine unterdrückte Sehnsucht nach Männern ist verbunden mit seiner Sehnsucht nach einem Leben als Künstler. Beides erlaubte ihm die Konvention bis dahin nicht, und Alexis ist entschlossen, mit der Konvention ein für alle Mal zu brechen. Obwohl nur ein schmales Prosastück, verglichen mit den umfangreichen Romanwerken, die Yourcenar ein paar Jahrzehnte später verfassen wird, sind alle für ihre Literatur typischen Merkmale und Motive bereits in »Alexis« versammelt: die Tradition der französischen moralischen Bekenntnisliteratur; die Verbindung von Homosexualität und Künstlerschaft, von geistigem Adel und gesellschaftlicher Freiheit. Sichtbar wird auch der klassisch-kühle Sprachstil, für den Yourcenar von Kennern der französischen Sprache bis heute bewundert wird, der vielleicht aber auch dafür verantwortlich ist, dass ihr Werk nie zum breiten Publikum fand, nie populär wurde und schon zu ihren Lebzeiten von der Aura des leicht Unzeitgemäßen umgeben war. Marguerite Yourcenars Denken und Schreiben neigen zu Verallgemeinerungsformen, entwickeln sich im auffälligen Abstand zum persönlichen Autoren-Ich. Eine französische Forscherin will in der 130 Seiten langen Erzählung »Alexis« allein zweihundert Maximen gezählt haben. Auch wenn es weniger sind, ist es ein Zeichen für den literarischen Habitus der Schriftstellerin, in den wohl auch ihre aristokratische Abstammung hineinspielt. Sie war ein Sprössling des französischen und des flandrischen Adels, das historische Rückwärtsdenken in Ahnenreihen war ihr so selbstverständlich wie die Ausdrucksweise der Diskretion und der Distinktion. So ist die entscheidende Textstelle von »Alexis«, die Stelle, an der der Ehemann sich zum ersten Mal zu seiner Homosexualität bekennt, in die raffinierte, wenn auch leicht umständliche Rhetorik der bestimmenden Verneinung gehüllt: »Man verliebt sich nicht, wo man achtet und vielleicht auch nicht, wo man – liebt; vor allem verliebt man sich nicht in Wesen, denen man irgendwie gleicht. Es waren aber nicht die Frauen, von denen ich mich am wesentlichsten unterschied.«

Auch der homosexuelle deutsche Offizier in dem Roman »Der Fangschuss« geht mit sich ins Gericht. Der Roman erschien 1939, er spielt in den Jahren nach dem Ersten Weltkrieg im Baltikum in den Kreisen des militärischen Adels. Erich von Lhomond kämpft auf der Seite der Freikorps gegen die Bolschewisten. In den Nachkriegswirren gerät er auf das Gut eines Geschwisterpaares, Konrad und Sophie. Zu Konrad unterhält er eine geheime erotische Beziehung, mit Sophie, die ihn leidenschaftlich liebt und begehrt, verbindet ihn eine platonische Seelenverwandtschaft. Als Sophie hinter das Geheimnis der beiden Männer kommt, fühlt sie sich so grausam verschmäht, dass sie das Gut verlässt und sich der Roten Armee anschließt. Eines Tages fällt sie ausgerechnet der von Lhomond angeführten Einheit in die Hände. Sie besteht darauf, von ihm persönlich erschossen zu werden. Der »Fangschuss«, der *coup de grâce,* mit dem er sie am Ende des Romans niederstreckt, wirkt wie ein strenges, symbolisches Opferritual.

So kontrolliert geformt, so klassisch konstruiert Marguerite Yourcenars Literatur auch wirken mag – in ihrem Privatleben glich die leidenschaftliche Altphilologin und Bibliotheksliebhaberin nicht im Mindesten einer verstaubten Gelehrten. Sie war der freieste Mensch, den man sich denken kann und eine große Bohemienne des zwanzigsten Jahrhunderts. Bis zu ihrem siebenunddreißigsten Lebensjahr lebte sie ausschließlich in Hotels und aus Koffern, folgte literarisch, lebenspraktisch und erotisch vor allen Dingen einem Ziel: »Weit herumkommen«. Bezeichnend für den Vagabundenstil ihrer ersten Lebensjahrzehnte ist ein Brief an ihren Lektor, in dem sie ihre Sorge um den verlässlichen Empfang von Druckfahnen ausdrückt, da sie sich momentan im winterlichen Österreich aufhalte, demnächst aber vielleicht nach Polen aufbreche, um dann den Frühling im geliebten Griechenland, vielleicht aber auch, je nachdem, am ebenso geliebten Golf von Neapel zu verbringen. Sie schrieb eine Pindar-Biografie, übersetzte aus mehreren Sprachen ins Französische, unter anderem Kavafis und VIRGINIA WOOLF, aber auch amerikanische Gospels. Sie bearbeitete Legenden aus dem Orient, gab Mythologien der abendländischen Antike heraus, verfasste Versdramen und zahlreiche Essays über Schriftsteller wie Thomas Mann, Mishima, Kavafis, Borges, die alle eines gemeinsam hatten: Sie waren männlichen Geschlechts und meist homosexuell. Niemals schrieb Yourcenar ein Buch aus der Sicht einer Frau. Danach gefragt, weshalb beispielsweise »Der Fangschuss« nicht von Sophie erzählt sei, sondern von Erich von Lhomond, antwortete Marguerite Yourcenar unverblümt, mit der Frauenperspektive könne sie literarisch einfach nichts anfangen: »Das Leben von Frauen ist begrenzt und geheim.« Die Bewegung durch große imaginäre Spielräume sei ein Männern vorbehaltenes Abenteuer. Sie selbst hielt sich für einen »Sonderfall«. Bis ins Alter hinein mangelte es Marguerite Yourcenar oft an Geld, an Selbstbewusstsein keinen einzigen Tag.

Ihr Lebensstil änderte sich, als sie 1940 ihrer Lebensgefährtin Grace Frick nach Amerika folgte und sesshaft wurde. Fast vier Jahrzehnte lebten die beiden Frauen auf der nordostamerikanischen Insel Mount Desert Island, bewirtschafteten einen großen Garten, verkauften im Sommer bisweilen selbstgebackenes Brot auf dem Markt und versetzten die Inselbewohner mit ihrer ungewöhnlichen Garderobe, langen, wallenden Gewändern und bunten Tüchern, in erschrecktes Staunen. Literarisch waren dies, unterstützt von der Privatlektorin, Privatsekretärin und Haushälterin Grace Frick, Yourcenars produktivste Jahre. Der räumliche Abstand zu Europa öffnete ihren literarischen Phantasieraum in historische Fernen. Auf Mount Desert Island entstand ihr Opus Magnum; zunächst die fiktiven Memoiren des römischen Kaisers Hadrian (»Ich zähmte die Wölfin«), den Yourcenar als Inbild des philosophischen, kultivierten Staatsmannes darstellte, als indirektes Kontrastbild zu Adolf Hitler; dann ein Roman über den fiktiven Freidenker und Naturwissenschaftler Zenon aus dem sechzehnten Jahrhundert (»Die schwarze Flamme«). Und schließlich, ab den siebziger Jahren, begab sich Marguerite Yourcenar ins »Labyrinth der Welt«, in ihre große dreibändige Autobiografie, die sich in einem entscheidenden Punkt von jeder anderen autobiografischen Literatur unterscheidet: Yourcenar erzählt nicht die Geschichte ihres Lebens, sondern dessen Vorgeschichte, die von ihrer bösartigen Großmutter Noémi bis zu den Kelten, bis zum Beginn der Menschheit und zu Bildern von Urlandschaften zurückreicht. Sie erzählt nicht vorwärts, sondern rückwärts in der Zeit. Sie betrachtet sich nicht als Individuum, sondern als Knoten in einem riesigen genealogischen Netz. Der erste Band, »Gedenkbilder«, verfolgt die Familiengeschichte ihrer Mutter Fernande, die bei Marguerites Geburt starb; der zweite Band, »Lebensquellen«, zeichnet die Herkunft des Vaters Michel nach; der dritte Band, »Liebesläufe«, erzählt die gemeinsame Geschichte der Eltern und läuft auf die Liaison des verwitweten Vaters mit Jeanne de Vietinghoff zu, einer schönen, überaus aparten, klugen und liberalen Frau, die Marguerite Yourcenars heimatlose Kindheit als Ersatzmutter erwärmte und das Mädchen »aus der Ferne erzog«.

Nah, näher aber als das eigene Geschlecht war ihr von Beginn an das männliche. Buchstäblich aus einem männlichen Kopf heraus entstanden auch ihre ersten literarischen Arbeiten. Denn Michel de Crayencour, ihr Vater, machte der achtzehnjährigen Tochter den Vorschlag, eine Novelle, die er begonnen, aber nicht beendet hatte, an seiner Stelle einfach weiterzuschreiben. Er machte ihr auch den Vorschlag, sich einen Künstlernamen zuzulegen. Einen Namen, der sich aus seinem ergab. Yourcenar ist ein fast perfektes Anagramm aus Crayencour – und ein Signal dafür, dass sich die Identität der Schriftstellerin in männlichem Erbe bewegte.

All dies war den Kämpfern für und den Kämpfern gegen Marguerite Yourcenars Aufnahme in die Académie Française im Jahr 1980 durchaus bewusst. Interessanterweise bedienten sie sich der gleichen Argumente. Erstens: Die Literatur Marguerite Yourcenars sei nun mal sehr männlich. Zweitens: Die Literatur Marguerite Yourcenars sei nun mal ausgesprochen unzeitgemäß. War sie überhaupt eine Frau des zwanzigsten und nicht vielmehr ein Mann des achtzehnten Jahrhunderts? Und zu guter Letzt: War sie überhaupt Französin? Sie lebte ja nicht nur seit Jahrzehnten mit ihrer amerikanischen Lebensgefährtin in Amerika, im Bundesstaat Maine, sie war seit 1947 auch Bürgerin der Vereinigten Staaten. Eine Frau in der Runde der Unsterblichen – das geht zur Not, und ist auf dem Höhepunkt der europäischen Emanzipationsbewegung wohl unabwendbar. Aber eine Amerikanerin – das geht auf keinen Fall. Zum Geschlechter- und zum Kostümproblem tritt ein Rechtsproblem. Alles scheint für diese Schriftstellerin, die sich an kein Land, keine Epoche, kein Geschlecht gebunden fühlt, in neuen Kategorien erfunden werden zu müssen: Kostüm, Kopfbedeckung und sogar die Nationalität. Letzteres wiederum geht nicht ohne die Entscheidung des französischen Justizministers, er ordnet schließlich an, Marguerite Yourcenar die französische Staatsbürgerschaft einfach zurückzugeben. Der höchsten literarischen Ehrung des Landes geht das denkbar komplizierteste, spektakulärste Prozedere voraus. Die Geehrte selbst beobachtet die französischen Vorgänge von ihrem Häuschen auf Mount Desert Island aus mit stoischem Vergnügen. Sie hat sich dem Herrenclub nicht aufgedrängt; sie hat es abgelehnt, die üblichen Vorstellungsbesuche bei den Akademiemitgliedern zu absolvieren; sie hat sich geweigert, ihre Kandidatur, was ebenfalls zum üblichen Akademieritual gehört, selbst anzumelden. Auch jetzt gibt sie keinen Kommentar. Sie kommt nicht als Bittstellerin. Sie lässt sich bitten und kommt als Fürstin. So hat sie schließlich, freizügig im Umgang mit Geld wie mit Leidenschaften, immer gelebt: im Bewusstsein geistigen Adels und im Bewusstsein, etwas Besonderes zu sein.

Am 22. Januar 1981, ein knappes Jahr nach ihrer Wahl zum Akademie-Mitglied, ist es so weit: Marguerite Yourcenar, die erste Unsterbliche, schreitet in der Académie Française zum Podium, um ihre Antrittsrede zu halten. In erstaunlicher Aufmachung, man könnte auch sagen: in erstaunlicher, nonnenhaft anmutender Vermummung. Sie trägt eine weiße, bauschige Seidenbluse, darüber ein schwarzes Samtkostüm mit langem Rock und halblangem Jäckchen, darüber wiederum ein großes, schwarzes Cape. Als Ersatz für den Degen steckt am Revers ihrer Jacke eine goldene Brosche, es handelt sich um eine symbolische römische Münze aus der Zeit Kaiser Hadrians. Um Yourcenars Kopf liegt ein weißes, über den Schultern gekreuztes Tuch. Marguerite Yourcenars Kostüm war ein Unikat, nur für sie geschaffen, und eben dadurch entsprach es ihr vollkommen: ihrem Ideal freier Selbstschöpfung.

Biografisches

Marguerite Yourcenar wurde am 8. Juni 1903 unter dem Namen Marguerite de Crayencour in Brüssel geboren und wuchs als Halbwaise auf. Ihre Mutter starb zehn Tage nach ihrer Geburt. Ihr Vater, ein mondänes, abenteuerliches und vor allem unstetes Leben gewohnt, hielt die Tochter für »robust« genug, dieses Leben schon im Kleinkindalter zu teilen. Yourcenar eignete sich autodidaktisch eine Universalbildung an, war Schriftstellerin und Privatgelehrte in einem und am liebsten auf Reisen. Ihre erotische Vorliebe galt den Frauen – vier Jahrzehnte lebte sie mit der Amerikanerin Grace Frick zusammen, die dabei die Hausfrauenrolle übernahm. Doch auch als Lesbierin entsprach Marguerite Yourcenar nicht den üblichen Mustern: Ihre erste und ihre letzte Liebespassion waren homosexuelle Männer. Auch ihre Romanhelden sind Männer, die Männer begehren. Als sie den Roman über den römischen Kaiser Hadrian verfasste, habe sie – so Yourcenar – seine Anwesenheit so real, so physisch gespürt, dass sie glaubte, er läge neben ihr, wenn sie sich in der Mittagspause auf dem Bett ausstreckte, und hielte ihre Hand. Marguerite Yourcenar starb am 17. Dezember 1987 auf Mount Desert Island in den USA.

Leseempfehlung

»Alexis oder der vergebliche Kampf« *(Roman).* Aus dem Französischen
von Richard Moering.
»Der Fangschuss« *(Roman).* Aus dem Französischen von Richard Moering.
»Ich zähmte die Wölfin. Die Erinnerungen des Kaisers Hadrian« *(Roman).*
Aus dem Französischen von Fritz Jaffé.
»Im Labyrinth der Zeit« *(Familientrilogie).* Band 1: *»Gedenkbilder«;*
Band 2: *»Lebensquellen«;* Band 3: *»Liebesläufe«.* Alle drei aus dem
Französischen von Rolf und Hedda Soellner.
»Mishima oder die Vision der Leere« *(Essay).* Aus dem Französischen
von Hans-Horst Henschen.

Ursula März

ZORN UND MELANCHOLIE

Zhang Jie *1938

Es ist Nacht in Peking. Auf Zehenspitzen schleicht die grazile Yuanyuan, Tochter eines hohen Funktionärs, nach Hause in die elterliche Wohnung, noch ganz erfüllt vom Glück ihrer heimlichen Verlobung. Ihr Auserwählter ist ein Typ, den alle Mädchen lieben – bis sie von seiner Vergangenheit erfahren. Seine Eltern, Professoren für Französisch an einer chinesischen Universität, wurden in der Kulturrevolution ermordet. Daraufhin schlug er sich als Dieb durch, bevor eine Journalistin den Jungen adoptiert und auf den rechten Weg gebracht hat. Doch er gilt als sozial deklassiert und ist kein akzeptabler Schwiegersohn für Yuanyuans Eltern. Die wissen schon längst Bescheid und erwarten entsprechend vorwurfsvoll ihre Tochter. Es gibt einen heftigen Auftritt mit Geschrei und Handgreiflichkeiten, ein Hocker fliegt durch die Luft, und unten klopfen die Nachbarn mahnend an die Heizungsrohre. Yuanyuan packt ein paar Sachen zusammen und zieht aus für immer. Aber vorher hält sie noch eine kleine flammende Rede an ihre Eltern, deren lieblose, linientreue Ehe sie verächtlich findet – »so ein verlogenes Dasein will ich nicht«. Den Rest der Nacht wird sie bei ihrem Liebsten verbringen.

Mit diesem Happy End beschließt Zhang Jie eine der vielen ineinander verschlungenen Geschichten, die sie in ihrem Buch »Schwere Flügel« erzählt. Wie eine große Klammer soll die Liebesgeschichte dem turbulenten Romangeschehen einen Rahmen und damit Halt und Kontur geben. Doch im Gewimmel von etwa dreißig Romanfiguren aus allen sozialen Schichten und jeden Alters verliert man die beiden jungen Leute häufig aus den Augen. Entrollt wird hier ein riesiges, überwältigend detailreiches Panoramabild der Pekinger Gesellschaft in den beginnenden achtziger Jahren. Umbruchszeiten. Nach den Schrecken der Kulturrevolution, Maos Tod und dem Ende der Viererbande begann China unter Deng Xiaoping, sich vorsichtig in Richtung Westen zu öffnen. Reformisten rangen mit Traditionalisten um die Zukunft des Landes. In Zhang Jies Roman werden diese Richtungskämpfe auf vielen Ebenen geschildert – unter Arbeitern in einem Autowerk genauso wie auf den höchsten Etagen des Ministeriums für Schwerindustrie. Es geht um das Aufbrechen verkrusteter Strukturen, um Selbstverwaltung und um den Vorrang von technischem Können vor politischer Gesinnungstreue. Es geht um Machtgerangel, Überwachungswahn, Intrigen und Korruption, um den Kampf gegen prüde Moralapostel, das Recht auf mehr Freiheit und Demokratie, auf Liebe und Individualität – kurz: Es geht um eine menschenfreundlichere Gesellschaft.

Dieser Umwälzungsprozess wird im lebendigen Spiel und Gegenspiel von zahlreichen Figuren geschildert. Dabei liegen Zhang Jies Sympathien bei den Neuerern. Mit tendenziösem »sozialistischem Realismus« hat dieses Erzählen dennoch wenig zu tun. Zhang Jie beschreibt die Konflikte aus wechselnder Perspektive und in mehreren Stillagen. Sie schlüpft in verschiedene Rollen und bringt so beim Porträtieren ihrer Helden auch Nuancen zum Vorschein. Zwar sind bei den Nebenfiguren Licht und Schatten klar verteilt, besonders auf höchster Ebene: So ist etwa der Minister ein skrupelloser Traditionalist, dem es einzig um die Sicherung seiner Machtposition geht. Ihm ist jede Reform schon deswegen zuwider, weil sie eingreift in sein mühsam geknüpftes Netz von Gefälligkeiten und Beziehungen. Aber zahlreiche Hauptfiguren sind mit all ihren Widersprüchen gezeichnet – etwa der couragierte Reformer und Vizeminister Zheng Ziyun. Sein Credo lautet: »Man muss sich um die Leute kümmern.« Doch viel zu spät kommt er auf die Idee, seiner löblichen Devise auch im Privaten nachzuleben, und versagt ausgerechnet als Vater von Yuanyuan. Nach dem Auszug seiner zornigen Tochter kommt er mit einem Herzanfall ins Spital, was seinen politischen Gegnern, die schon lange an seinem Stuhl sägen, endgültig

Oberwasser verschafft. Sein bevorstehender Sturz überschattet das glückliche Ende der Liebesgeschichte seiner Tochter. Skepsis, Ernüchterung und Resignation machen sich breit und lasten schwer auf den Flügeln der aufbruchswilligen Optimisten.

Zhang Jies Roman ist 1981 in China erschienen, ein Erstlingsroman und zugleich ein brisanter großer Wurf. Er gilt als das bedeutendste literarische Werk dieser Umbruchszeit und wurde ein Welterfolg. In China war er brandaktuell, löste heftige Kontroversen aus und beeinflusste – ausgezeichnet mit einem hohen Literaturpreis – die sich gerade erst abzeichnenden gesellschaftlichen Entwicklungen, von denen er erzählt. Zhang Jie, damals knapp Mitte Vierzig, überzeugte Kommunistin und Parteimitglied, kannte sich aus auf den Schauplätzen, die sie beschreibt. Fast zwanzig Jahre hatte sie in einem Pekinger Ministerium für Maschinenbau als Sachbearbeiterin gearbeitet. Erst drei Jahre vor »Schwere Flügel« hatte sie ihre ersten Erzählungen publiziert, von denen einige, wie etwa »Liebe ist unvergesslich«, auch im Westen erschienen sind. Bereits der gefühlvolle Titel war in China ein Tabubruch, weil die Liebe – zu allen Zeiten eins der zentralen Sujets der Weltliteratur – im Kulturgeschehen der Volksrepublik China jahrzehntelang als Thema verpönt war. Entsprechend heftig umstritten war diese Erzählung, die von der lebenslang unerfüllten, unbedingten Liebe einer Frau zu einem verheirateten Mann handelt. Ein merkwürdiges Paar. Nur selten und meist nur von fern können sie sich sehen, aber in der Lektüre von Tschechows Werken sind sie über große Distanz beieinander. Die Geschichte ist nur im chinesischen Kontext ganz zu verstehen. Jenseits von Sexualität und Erotik insistiert sie auf dem Recht auf Privatheit und Geheimnis, Innerlichkeit und unbedingten Gefühlen. Den Ort und den Raum für ihr Schreiben musste Zhang Jie sich jedoch buchstäblich erst erschaffen. Die Angestellte des Ministeriums hatte als Schriftstellerin kein eigenes Zimmer. Noch den umfangreichen Roman »Schwere Flügel« hat sie großenteils mit einem Brett als »Tisch« auf der Toilette geschrieben.

Wie weit ist es her im China des »Pekinger Frühlings« mit der Gleichstellung von Frauen? Schon in »Schwere Flügel« warf Zhang Jie diese Frage auf. In ihrem folgenden Buch stand sie im Zentrum. Der Roman »Die Arche« aus dem Jahr 1982 fängt dort an, wo die offiziell propagierte Frauenemanzipation aufhört. Drei Frauen leben in einer Pekinger Wohngemeinschaft: eine Redakteurin, eine Filmregisseurin, eine Hochschulabsolventin. Alle drei wirken auf den ersten Blick emanzipiert, sie leben ohne Männer und gehen – allerdings wenig erfolgreich – ihrer Arbeit nach. Alle drei haben aber auch Ehescheidung oder Trennung hinter sich und leiden unter deren Folgen – der Angst um das Sorgerecht für ihr Kind, den Übergriffen von Chefs und Kollegen, der unersättlichen Neugier der Nachbarn, die auch noch die Katze der drei Frauen für moralisch minderwertig halten. Die Razzien der Kulturrevolution fanden besonders häufig in ihrer Wohnung statt. Alleinlebende Frauen sind eben per se verdächtig. Der an ihnen begangene Rufmord, der sich auf alte konfuzianische Moralvorstellungen stützt, wirkt stärker als jedes neue Gleichstellungsgesetz. Die drei sind von diesen Erfahrungen im Innersten demoralisiert, lassen sich hängen und die Wohnung verkommen. Manchmal suchen sie die Schuld dafür auch bei sich selbst, und einmal diagnostizieren sie eine grundlegende Misere der weiblichen Natur: »Anders als Männer müssen Frauen lieben. Als bestünde darin der Sinn ihrer Existenz. Ohne die Liebe zu einem Mann, einem Kind verliert ihr Leben seinen Reiz. Und wenn Mann und Kind fehlen, lieben sie eine Katze, ein Möbelstück oder Kochrezepte.« Ist dieser Roman wirklich – wie es oft heißt – ein »feministisches Manifest«? Zornige Sätze über ihr missglücktes Leben in einer rückständigen Gesellschaft formulieren die Frauen darin genug. Doch besteht insgesamt kaum Anlass zur Hoffnung.

Ähnlich trist sieht das Bild der chinesischen Gesellschaft auch in Zhang Jies satirischen Texten aus. Sarkasmus schon im Titel: »Solange nichts passiert, geschieht auch nichts«. Der Satz ist die Antwort auf die einfache Frage eines Mannes, der eben auf dem Klo war und fragt, warum das Abflussrohr im Klo darüber seit Monaten leckt, braune Brühe durch die Decke tropft und die Hausverwaltung nichts dagegen tut. Die Erklärung ist: »Sobald etwas passiert, ist die Katastrophe da.« Mit anderen Worten: Soll das Abflussrohr saniert werden, muss man erst das halbe Haus einreißen. Kein Wunder, dass der Mann, bei dem wegen Wassersperre bereits das Frühstück ausgefallen ist, sich die Frage stellt: »Was war heute nur los? Essen, pissen, kacken, nichts klappte.«

Mit beißendem Spott karikiert Zhang Jie die Missstände in ihrem Land, entlarvt die nachrevolutionäre Gesellschaft als neu-alten Bonzen- und Günstlingsstaat und stellt ungerührt die Ruppigkeit ihrer Genossen aus. Sie tut es mit Sinn für Komik und mit einer Freude an der Provokation, die an den russischen Satiriker und Dissidenten Alexander Sinowjew erinnert. Ein Interview, das Zhang Jie kurz nach dem Erscheinen ihrer Satiren im Westen gegeben hat, lässt ahnen, dass sie ihre Rolle als unverblümte Kritikerin nicht ganz angstfrei spielt: »Wenn Sie in nächster Zeit einmal hören, dass ich freiwillig aus der Partei ausgetreten bin oder dass ich aufgrund meines engen Kontaktes zu Ausländern eine Spionin geworden sei, dass ich mit Devisen spekuliert oder mit Rauschgift gehandelt hätte, dann muss ich Sie bitten, das alles nicht zu glauben. Alles, was mir zustößt, passiert, weil ich die Wahrheit gesagt habe. Damit möchte ich aber nicht behaupten, dass das in jedem Fall geschehen muss. Sie wissen, dass ich in meiner Kritik sehr direkt bin, und man wird sehr einfach einen Vorwand finden, um mich zum Schweigen zu bringen.« Bisher ist nichts dergleichen geschehen.

Es waren seelische Erschütterungen, die sie in den neunziger Jahren in eine schwere Krise brachten. Ihre betagte und gebrechliche Mutter starb 1991 im Anschluss an eine Operation, ein Anlass für Zhang Jie, ihr eigenes (Fehl-)Verhalten als überforderte Tochter und Sterbebegleiterin erbarmungslos auszuleuchten. In einem dichten Gewebe von Bekenntnissen, Erinnerungen, Briefen und Reflexionen hat sie 1994 in »Abschied von der Mutter« ihr letztlich erfolgloses Ringen um das Leben der Mutter festgehalten. Sie hat immer das Beste für ihre Mutter gewollt und doch bei ihrem Sterben Fehler gemacht, die ihr im Nachhinein unverzeihlich vorkommen. Warum kann man Sterbebegleitung und Tod nicht üben? Jetzt quält sie sich mit Schuldgefühlen, weil sie der Mutter nicht genug Dankbarkeit und Liebe gezeigt und die ersten Anzeichen der Krankheit falsch gedeutet hat – sie hat die alte Frau mit »Leibesübungen gegen Hirnschwund« traktiert. Erschütternd ist zweierlei in diesem Buch: das langsame Sterben der Mutter, die sich still der hektischen Betriebsamkeit ihrer Tochter entzieht, und die Unerbittlichkeit, mit der diese Tochter über sich selbst zu Gericht sitzt. Dieses Abschiedsbuch bezeugt auf jeder Seite die Unfähigkeit der Tochter, von der Mutter Abschied zu nehmen. Ständig schlüpft sie in Mutters abgetragene Kleider und trägt ein paar Gramm von der Asche der Toten mit sich herum. Was hier an Missständen in Krankenhäusern sichtbar wird, wäre für Zhang Jie früher ein prächtiger Anlass für zornige Kritik gewesen. Jetzt wird daraus ein Mosaikteilchen beim Basteln am eigenen Psychogramm, ein Prüfstein des Ich. Der neue Weg führt in die inneren Abgründe.

Zhang Jie hat diesen Weg seither fortgesetzt in ihrem erst teilweise übersetzten Erzählwerk mit dem Titel »Wu zi« (Ohne Sprache), das in drei Bänden in den Jahren 1998 bis 2002 erschien. Die stark autobiografisch geprägte Trilogie erzählt die Schicksale von Frauen aus drei Generationen einer chinesischen Familie. Wu Wei heißt die zentrale Figur, eine Schriftstellerin, die wegen eines unehelichen Sohns und der Liebe zu einem verheirateten Mann gesellschaftlich geächtet wird, nach dem Tod ihrer Mutter in geistige Umnachtung fällt und kein Wort mehr sagen, geschweige denn schreiben kann. Von diesem Endpunkt her rollt der Roman die Schicksale von Wu Weis Mutter und Großmutter auf und verknüpft sie mit denen historischer Persönlichkeiten. Zhang Jie, der schon immer die besondere Lebenssituation der Frauen ihres Landes am Herzen lag, hat hier eine Geschichte der weiblichen Wort- und Wehrlosigkeit in China vom Kaiserreich bis in die Revolutionszeit geschrieben. Darin erweist es sich, dass Frauen den Männern immer wieder und bis heute unterliegen – nicht moralisch, aber mental. Jahrtausendealte gesellschaftliche Konventionen, so Zhang Jies resignative Einsicht, sind eben nicht in ein, zwei Generationen zu durchbrechen.

Biografisches

Zhang Jie wurde am 27. April 1937 in Peking als Tochter einer Volksschullehrerin geboren, die bald danach von ihrem Mann, einem Journalisten, verlassen wurde. Sie wuchs ohne Vater in kargen Verhältnissen auf, konnte aber trotzdem an der Volksuniversität Peking studieren – allerdings nicht das Fach ihrer Wünsche, Literaturwissenschaft. Sie wurde dem Studium der Planungswissenschaften zugeteilt. Als Tochter eines »Rechten« musste sie sich von 1969 bis 1972 an einer Kaderschule einer Umerziehung unterziehen. In diese Zeit fällt der Beginn ihres Schreibens. Fast zwanzig Jahre arbeitete sie in einem Pekinger Ministerium für Maschinenbau. Erst zwei Jahre nach der Kulturrevolution (1966–1976), veröffentlichte sie ihre erste Erzählung, für die sie den nationalen Preis für die beste Kurzgeschichte erhielt. Im gleichen Jahr trat sie in den chinesischen Schriftstellerverband und zwei Jahre später in die Kommunistische Partei Chinas ein. 1981 startete sie ihre literarische Karriere mit einem großen Wurf, der sie auf einen Schlag berühmt machte: dem politischen Roman »Schwere Flügel«. Das Buch löste in China heftige Kontroversen aus und wurde mit Literaturpreisen im In- und Ausland bedacht. Als einzige chinesische Autorin hat sie zweimal den höchsten Literaturpreis Chinas, den Mao-Dun-Preis erhalten (1985 für ihren Erstling »Schwere Flügel« und 2005 für ihre Romantrilogie »Wu zi«/Ohne Worte). Von Stipendien unterstützt, war sie mehrfach für längere Schreibaufenthalte im Westen. Sie hat zwei Ehen hinter sich und eine Tochter, die heute in den USA lebt. Zhang Jie wohnt in Peking.

Leseempfehlung

»*Schwere Flügel*« *(Roman).* Aus dem Chinesischen von Michael
Kahn-Ackermann.
»*Solange nichts passiert, geschieht auch nichts*« *(Satiren).*
Aus dem Chinesischen von Michael Kahn-Ackermann.
»*Die Arche*« *(Roman).* Aus dem Chinesischen von Nelly Ma und
Michael Kahn-Ackermann.
»*Abschied von der Mutter*« *(Tatsachenroman).* Aus dem Chinesischen
von Eva Müller.

Gunhild Kübler

IN DEN EINGEWEIDEN DER SPRACHE

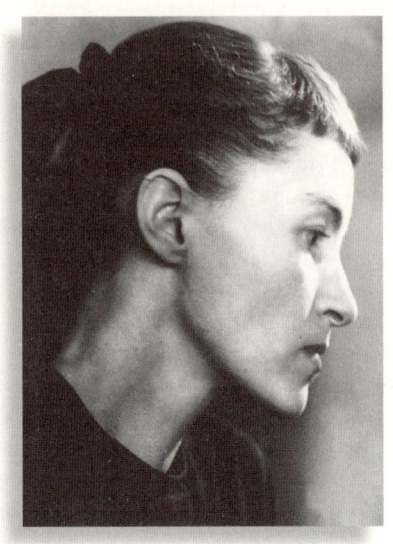

Unica Zürn *1916–1970*

Aus dem Leben eines Taugenichts

Es liegt Schnee. Bei Tau und Samen
leuchtet es im Sand. Sieben Augen
saugen Seide, Nebel, Tinte, Schaum.
Es entlaubt sich eine muede Gans.

Strenge Form gibt große Lust. Das Anagramm, in dem jeder Buchstabe der
Kopfzeile in jeder neuen Zeile seine Verwendung finden muss, ist eine enge,
strenge Form, aus der eigene, große Freiheiten entstehen. Die freilich mit Arbeit
verbunden sind: einer besonderen Art von Arbeit, in der das stupide und nimmer-
mermüde Auszählen sich mit dem hellen, absonderlichen Einfall verbindet –

und beides mit einem lyrischen Plan, der eine Stimmung oder auch eine Aussage meinen kann. »Es entlaubt sich eine muede Gans« ist eine Um-Schreibung des Novellentitels »Aus dem Leben eines Taugenichts« von Joseph von Eichendorff; sie passt, wie ihre vorausgehenden Metamorphosen, zu ihrem Vorbild: Auf rätselhafte Weise fängt sie die ein wenig trübe Ruhe des Lebenskünstlers ein, der sich nicht engagiert, nur den Erscheinungen, dem Augenschein vertraut, dem Wohlleben ergeben und schließlich einer gewissen Langeweile ausgeliefert ist. Ein friedvoll-sarkastisches Lebwohl ist diese letzte Zeile, vorbereitet durch ein Gewirk aus sinnlichen Metaphern, die Gegenwart, Vergänglichkeit und Zukunft, Natur und kulturellen Luxus, Reflexion, Täuschung und Verwirrung in Szene setzen: das Leben eines Taugenichts.

1958 hat Unica Zürn dieses Anagramm verfertigt, in ihrer gewohnt zähen, fast kindlichen Weise, die wir den überlieferten Manuskripten ablesen können: Buchstabe für Buchstabe ist da durchgestrichen, immer wieder neu mühen sich Verstand und Phantasie, aus den Zeichen neue Wörter zu bilden, die sich sinnvoll verbinden lassen, wieder und wieder wird da probiert, verworfen, gepuzzelt, gedreht. Zugleich an der Außenseite und in den Eingeweiden der Sprache zu sein, das ist die Erfahrung des Anagrammdichtens; in jenen Jagdgründen zu suchen, zu warten, zu schnuppern, zu hetzen, in denen Klang und Bedeutung, Laut und Luise dicht beieinanderliegen und beim ersten Schuss gemeinsam ins Blaue hochflattern. Dazu braucht es die Lust am Zufall, der mit System ermittelt wird, und dazu braucht es einen Glauben an tiefere Zusammenhänge, wie ihn Esoteriker und Kabbalisten haben, Geisteskranke und Gurus, Kinder und Surrealisten. Unica Zürn, Zeichnerin und Dichterin, hat auch »ein ganz kleines Büchel« über ihre Lieblingsziffer 9 gemacht, die sich wie alle kleinen Zahlen für endlose Spekulationen eignet.

Als Unica Zürn mit den Anagrammen begann, war sie in ihren produktivsten Jahren. Nach der Scheidung von ihrem ersten Mann, mit dem sie einen gescheiterten Versuch in bürgerlicher Lebensform unternahm – soweit in Berlin mitten im Krieg von einem bürgerlichen Leben die Rede sein konnte –, hatte sie 1949 die Existenz auf die eigenen Beine gestellt: als Schriftstellerin und Zeichnerin in Berlin. Sie schrieb Zeitungsfeuilletons und Geschichten, und sie schuf in feinen Umrissen Figuren der Phantasie; Drachengestalten, verschlungene Wesen; Landschaften der Möglichkeit. Merkwürdigkeit und Anmut war ihren beiden Kunstformen eigen, auch eine gewisse Ferne: als wundere sich da jemand, nicht ohne Heiterkeit, über die Welt, die er zum ersten Mal sieht. Und in der Tat fühlte sie sich entkommen. Arm, aber lebendig, das war die Losung in dieser Phase. Freilich mit einem großen nagenden Kummer: Die beiden Kinder waren beim Vater geblieben; der Kontakt war dünn und von Sorge gezeichnet.

1953 veranstaltete der Galerist Rudolf Springer eine Ausstellung mit dem Surrealisten Hans Bellmer, bekannt für seine Installationen mit Puppen; bei dieser Gelegenheit, erinnert er sich, »lernte Bellmer Unica Zürn kennen, die ja genauso aussah wie seine Puppe, ein Abbild. Er sah plötzlich eine lebendige Frau, die ein schwarzes kurzes Kleid anhatte, an dem unten seitlich eine rote Rose war, das weiß ich noch, er sah sie und verliebte sich in sie. Sie sind dann ein Paar geworden.«

Sie sind auch ein Paar geblieben. Zürn war Bellmers Muse, Geliebte, Freundin, Geisha, Geisel und Geißel. Sie ging mit ihm nach Paris. Das Milieu, die Freunde und Bekannten – das Künstler-Ehepaar Hans und Sophie Arp, die Fotografin Juliet Man Ray, die Malerin Leonor Fini – passten ihr, die Arbeits- und Lebensgemeinschaft tat ihr zunächst wohl. Zürn ließ sich von Bellmer porträtieren, ihren Körper verschnüren und fotografieren. Bellmer kombinierte, wie viele Surrealisten, Fragmente menschlicher Körperattrappen; Zürn zeichnete Köpfe und Körper, die schattenlos und unirdisch, ähnlich wie Klees Figuren, auf dem weißen Papier balancierten. Das Malen war für sie, wie für den bewunderten Doppelkünstler Henri Michaux, ein Schreiben ohne Worte, eine natürliche Mitteilungsform, spontan wie das Sprechen.

Zürn und Bellmer arbeiteten beide in jener Sphäre, in der Gegensätzliches sich aneinander reibt, so dass es, wenn es gutgeht, Funken sprüht. Selbsterforschung und die Bereitschaft, sich dem Unbewussten zu unterwerfen; Bohème und Arbeitsdisziplin; Verschmelzung und Rückzug. Sie inspirierten sich, und sie bedrängten sich.

1959 war sie in der Abteilung Grafik bei der »documenta II« in Kassel vertreten. Im Jahr darauf verließ sie Bellmer und ging zurück nach Berlin, wo sie kurz nach ihrer Ankunft wegen psychotischer Schübe in die Psychiatrie eingewiesen wurde. Sie schrieb über ihre Erfahrungen mit der Krankheit und ihre Behandlung; sie widmete sich ihrer Kindheit und versuchte, die Stücke ihres Lebens neu zusammenzusetzen: »Das alte gefährliche Fieber der Anagramme hat sie gepackt. Eines nach dem anderen entsteht. Gefährlich für sie, weil sie sich wieder vollkommen gegen ihre Umwelt abschließt. Eine neue Krise, von ihr nicht bemerkt, kommt auf sie zu. Keine Halluzinationen, nichts Außergewöhnliches, aber man bemerkt eine Veränderung an ihr. Sie schläft und isst nicht mehr, sie will frei sein. Sie erklärt, allein leben zu wollen. Dieser Wunsch, der jedes Mal zu einer Katastrophe für sie führt und dessen Folgen sie kennt, aber im kritischen Augenblick wieder vergisst.«

Der nüchtern-analytische Gestus, in dem sie in der dritten Person über sich schreibt: Ist das die äußerste Entfremdung von sich selbst, von ihrer Empfindungsfähigkeit und Phantasie? Oder ein tauglicher Versuch, wieder zum Souverän der eigenen Lebensgeschichte zu werden? Sie übernimmt jedenfalls den Ton eines psychiatrischen Gutachtens, in all seiner Leblosigkeit.

Aus der Klinik entlassen, geht sie zu Bellmer nach Paris zurück; die Sommer verbringen die beiden künftig an der Côte d'Azur in kleinen Appartements. Der Lebenskreis wird enger, die Grundstimmung ist ins Trostlose, ins untergründig Verzweifelte gekippt. Zürn schreibt an Texten, von denen viele Fragment bleiben, wie auch die Fragmente ihrer Biografie, die Beziehungen zu den Kindern und Freunden, sich immer weniger zusammenfügen wollen. In den letzten Lebensjahren protokolliert sie ihr Versinken in Apathie und äußerer Verwahrlosung: »Keinen Mut zum Leben und keinen Mut zum Selbstmord. Sie verachtet sich selbst.«

Bellmer trinkt, und auch Zürn, seit ihrer ersten Hospitalisierung immer wieder Patientin in wechselnden Kliniken, kennt kaum noch Bewusstseinszustände, die frei von Medikamenten, Drogen oder Entzugserscheinungen sind. Ihre Zeit als Patientin der Psychiatrie fällt in jene Epoche, in der neurologische Wissenslücken und Bedenkenlosigkeit in der Medikamentierung das Elend häufig vergrößerten. Noch herrscht die traditionelle Verachtung der psychisch Kranken vor, wie sie beispielsweise VIRGINIA WOOLF, SYLVIA PLATH und LEONORA CARRINGTON erfuhren, erst langsam regt sich das einfühlende Interesse seitens Intellektueller wie Jacques Lacan (der in der Pariser Klinik Sainte-Anne, in der Zürn 1961 Patientin war, gearbeitet hatte). Zürns konsistente Texte der sechziger Jahre beziehen sich allein auf ihre Erfahrungen als Patientin und auf Erinnerungen, die zu ihrer Erkrankung führen.

Folgen der Medikamente waren dumpfe Depressionen und ein Parkinson-Syndrom. Bereits neun Jahre vor ihrem Tod schrieb Zürn an eine Vertraute: »Mein Kopf ist vollkommen leer und ich bin immer müde. Ich bekomme eine Menge Medikamente, aber die haben bis jetzt leider nicht viel geändert. Ich bin immer noch sehr ungeschickt in den Hantierungen. Das Treppensteigen ist noch sehr wackelig.«

Die Patientin Unica Zürn bewegt sich kleinschrittig, ohne die Arme zu rühren, wie ein Automat. Wenn er sie sehe, so Bellmer in einem Brief, denke er an Olympia aus »Hoffmanns Erzählungen«. Der Traum des Surrealisten ist zu einem Alptraum geworden: Der Mensch wurde Puppe, und dabei bleibt es. Eines von Zürns letzten Anagrammen hat den Titel »Das geht niemanden etwas an«:

Mann, Deine Hand sagte etwas.
Das geht niemanden etwas an!
Mann, was sagte Deine Hand? Tee!
Wann? Nie! – He, Atmen! – Da sagte des
Mannes Hand: Tat! Wage es! Dein

Name ist Wege – Ahnen! Da stand
eine Wand. He, Mann, es tagt! Das
wehte, das nagte im Sand. Anne
ist da, Mann, Anne! Wehe! Tag des
Niemand. Da hang etwas, Nest
im Tannenast. He da! Wagen des
Hades, steig' an! Man wendet an,
man wendet ein – das geht. Sana,
Getamea, Wahnsinn – das endet.
Das geht niemanden etwas an.

Biografisches

Nora Berta Ruth Zürn wurde am 6. Juli 1916 in Berlin geboren; den Namen Unica nahm sie nach ihrer Scheidung 1949 an. Ihre Kindheit verbrachte sie in einer Villa im Grunewald. Beide Eltern waren schriftstellerisch tätig; die Mutter schrieb für Zeitungen. Der von der Tochter idealisierte Vater, ein Oberleutnant der Reserve, war häufig abwesend; er starb 1939. Die Mutter, von Zürn als kalt erlebt, führte in zweiter Ehe mit einem ranghohen Beamten des Dritten Reiches ein mondänes Haus. Von 1934 bis 1942 arbeitete Zürn bei der Ufa, zuerst als Sekretärin, dann als Archivarin. 1942 heiratete sie einen wesentlich älteren Kaufmann, von dem sie während des Krieges in Berlin zwei Kinder bekam. Ihr Bruder Horst fiel 1944 an der Ostfront. Im März 1949 ließ sie sich scheiden; das Sorgerecht für die Kinder erhielt der Vater; sie durfte sie alle vier Wochen besuchen. Zürn verkehrte in der Berliner Künstlerbohème und lebte von poetischen, von ihr selbst illustrierten Zeitungsfeuilletons. 1953 lernte sie den Surrealisten Hans Bellmer kennen, dem sie nach Paris folgte. Sie schrieb Anagramme und zeichnete und knüpfte Kontakte zu Henri Michaux, Man Ray, Max Ernst und André Breton. 1954 erschien ihr erstes Buch, der Band »Hexentexte«, 1956 folgte die erste Ausstellung ihrer Zeichnungen in Paris; drei Jahre später war Zürn Teilnehmerin der »documenta II« in Kassel.

1959 wurde sie zum ersten Mal in eine psychiatrische Klinik eingewiesen. In ihren autobiografischen Novellen beschäftigte sie sich mit den Erfahrungen von Gewalt und Erotik in ihrer Kindheit. Die Bombennächte in Berlin, die Verbrechen des Nationalsozialismus, mehrere Abtreibungen und die Enge in der Beziehung zu Bellmer, die sie als »Duell« beschreibt, waren immer präsent. Das Leben mit Bellmer, der vierzehn Jahre älter war als sie, isolierte sie zunehmend. Am 19. Oktober 1970, auf einem kurzen Klinikurlaub, nahm sie sich in der gemeinsamen Pariser Wohnung durch einen Sprung aus dem Fenster das Leben.

Leseempfehlung

»Gesamtausgabe«. 8 Bände. Herausgegeben von Günter Bose und Erich Brinkmann.

Elke Schmitter

KEIN HAKEN, KEIN LÜSTER

Marina Zwetajewa *1892–1941*

Nichts für zarte Gemüter. Alles für zarte Gemüter. Das Leben Marina Zwetajewas war eine Treibjagd durch die Schrecken der ersten Hälfte des zwanzigsten Jahrhunderts: Bürgerkrieg und Revolution, Elend und Emigration, Bespitzelung, Terror und Krieg. Ihre lyrischen Texte jedoch sind, von Anfang an, eine Beschwörung der reinen Dichtkunst. Engel der Inspiration flüstern hier die eigentlich wahren, bedeutenden Worte, mit Unerbittlichkeit geformt – und in derselben Unerbittlichkeit als Luxus von Geist und Seele erkannt. »Ein Arzt oder Priester sind notwendiger als ein Dichter«, heißt es 1932 in ihrem Essay »Die Kunst im Lichte des Gewissens«, »sie sind es, die am Totenbett stehen, nicht wir ... Und obwohl ich das weiß, bekräftige ich nach bestem Wissen und Gewissen, dass ich meine Berufung gegen nichts anderes eintauschen würde ... Solche wie ich werden sich vor dem letzten Gericht des Gewissens verantworten müssen. Aber wenn es ein letztes Gericht des Wortes gibt: vor diesem werde ich rein dastehen.«

Neun Jahre später war es so weit. Zwetajewa erhängte sich. Vielleicht an jenem Strick – denn es war Mangel an allem –, den Boris Pasternak ihr brachte, um ihren Koffer zu verschnüren, als es auf die letzte Reise ging, aus dem von den Deutschen belagerten Moskau ins tatarische Jelabuga. »Der Strick«, erinnert sich Pasternak im Scherz gesagt zu haben, »ist so fest, dass man sich daran sogar aufhängen könnte.« Der Satz ging ihm sein Leben lang nach.

Mit zwei Kilo Mehl, einem Kilo Zucker, Graupen und einigen silbernen Löffeln kam die Dichterin mit ihrem halbwüchsigen Sohn in der überfüllten Stadt Jelabuga im August 1941 an und fand Unterschlupf bei den freundlichen Brodelschtschikows. »Warum hat sie sich bloß so beeilt?«, fragte sich die Gastgeberin später fassungslos. »Vielleicht hätte sie sich hier eingelebt, vielleicht wären wir Freunde geworden? Sie hatte ja noch so viele Lebensmittel; sie hätte wirklich warten können, bis alles aufgegessen war.«

Sie wartete nicht mehr; sie hatte keine Zeit. Ihr unglücklicher Sohn erinnert sich, ihr in der Hitze eines Streits die Worte an den Kopf geworfen zu haben: »Also *einen von uns beiden* wird man von hier mit den Füßen zuerst hinaustragen!« Er sollte es nicht sein. Sie vergötterte ihn, und es ist kaum gewagt, anzunehmen, dass sie auch diesen Satz als Besiegelung einer Absicht nahm, die seit ihrer Rückkehr aus dem Pariser Exil 1939 in ihr schmorte: »Niemand sieht, niemand weiß«, notierte sie in ihr Tagebuch am 5. September 1940, dass ich seit (ungefähr) einem Jahr einen Haken suche, aber es gibt keinen. Überall ist elektrischer Strom, nirgends ein ›Lüster‹.« Es gab kaum Lüster mehr in Moskau. »Zu Ende leben. Zu Ende kauen. Den bitteren Wermut.«

Immerhin, in einem Koffer überstand ein großer Teil ihres Werkes den Krieg und Jahrzehnte des Terrors. Ihre älteste Tochter, ursprünglich eine überzeugte Kommunistin, kehrte 1955 aus stalinistischer Haft und Verbannung nach Moskau zurück und fand dürftige Unterkunft bei ihrer Tante in Moskau. Diese und deren Freundin nahmen sie in ihr Zimmer auf. Die eine war bettlägerig, die andere schlief auf einem Koffer. Darin: alle Handschriften Tagebücher, Briefe und gedruckten Texte, die Zwetajewa aus Frankreich nach Russland mitgebracht hatte; die Grundlage ihrer Renaissance im Land ihrer Geburt. Seitdem wächst ihr Ruhm. Es hätte sie nicht gewundert. Von ihrem unzeitgemäßen Genie war sie zeitlebens überzeugt: »Das alles ist für später, wenn ich nicht mehr existieren werde, wenn man mich ›entdecken‹, aber nicht mehr ausgraben wird.« Mit dieser Haltung schrieb sie seit den zwanziger Jahren.

Sie war ein gebildetes Kind aus gebildeten Kreisen; der Vater ein bedeutender Kunsthistoriker, die Mutter Pianistin. Die melancholische Patchwork-Familie – während der Vater seiner ersten Frau nachtrauerte, von der er bereits zwei Kinder hatte, sehnte die Mutter sich nach ihrer Jugendliebe zurück – reiste über Jahre durch Europa, auf der Suche nach Heilung für die tuberkulosekranke Mama. Zwetajewa und ihre jüngere Schwester lebten, mal notdürftig beaufsichtigt von wechselnden Gouvernanten, dann wieder in der strengen Zucht katholischer Internate, in Genua, am Genfersee, im Breisgau; Marina lernte so gut Deutsch und Französisch, dass sie später in beiden Sprachen korrespondierte und dichtete. Sie studierte Literaturgeschichte an der Sorbonne, publizierte mit achtzehn Jahren den ersten Gedichtband und heiratete wenig später einen schönen, jungen Offizier. Alles in ihrer Dichtung wie in ihrem Leben schien denselben Gesetzen zu folgen: plötzliche Entschiedenheit, entschiedene Maßlosigkeit, Hingabe und Eigensinn zur selben Zeit, am selben Objekt. Sie hielt zu ihrem Gatten, einem politischen Unglückswurm, getreulich bis in den Untergang (und sie war sich bewusst, dass er untergehen würde); gleichwohl quälte sie ihn mit homo- und heterosexuellen Affären inklusive deren literarischer Bekanntmachung. Sie unterhielt Briefwechsel von phantastischer Überspanntheit; rhetorisch immer bereit, Kinder und Mann zu verlassen, um von Genie zu Genie etwas Neues, ganz Großes zu beginnen. Von Boris Pasternak an Rainer Maria Rilke empfohlen, traktierte sie bald beide mit ihrer Eifersucht; herrisch, niemals willens zu teilen, überhaupt allem abhold, was Verbindlichkeit und Einsicht nahelegten. Sie war zäh, aber ohne Geduld; loyal, aber ohne Freundlichkeit; gesellig und zugleich von heroischer, trotziger Einsamkeit. Äußeres Elend ertrug sie mit bitterem Stolz, doch die Mühsal des Alltags erschöpfte sie physisch und psychisch. »Abends lag Marina auf ihrem kleinen Divan«, erinnert sich ihre Schwester an Zwetajewas Leben im Pariser Exil, »blies Zigarettenrauch in die Luft, in ihren Augen standen Tränen: ›Versteh mich, wie soll ich schreiben, wenn ich morgens auf den Markt gehen muss, auswählen, rechnen, ob das Geld reicht – wir kaufen natürlich nur das Allerbilligste –, nach Hause komme und weiß, dass der Vormittag verloren ist: ich muss aufräumen, kochen, Alja geht um diese Zeit mit Mur (ihrem Sohn) spazieren – und wenn alles fertig ist, liege ich so da, vollkommen leer, nicht eine Zeile.‹«

Sie dichtete im Morgengrauen: historische Epen in Versen wie kurze lyrische Notizen, in ihrem ganz spezifischen, so schwer übersetzbaren Stil, der Dringlichkeit und Kürze, Abschweifung und Genauigkeit verbindet und formal von einzigartigem Reichtum ist. Ihre autobiografische Prosa, von leuchtender Präzision und Gegenwärtigkeit, liest sich mühe- und atemlos. Sie gehörte keiner »Schule« an und folgte keinem Programm – ein strategischer Fehler in einer Zeit, da nicht nur die russische Politik, sondern auch die russische Literatur ein Schlachtfeld der Programme und Kampftruppen war: Ultras gegen Gemäßigte, Symbolisten gegen Akmeisten gegen Naturalisten; Trotzki gegen Stalin, Majakowski gegen Gorki gegen Bunin gegen Pasternak und ACHMATOWA ... Die

Russen in Paris, verschwörerisch und verloren, in immer wechselnden Bündnissen, mieden die Unzuverlässige mehr und mehr; sie war vom strahlenden Genie zum heiklen Fall geworden. »Ein halbes Jahr habe ich ›Perekop‹ (ein Poem über den Bürgerkrieg) geschrieben – niemand will es, den Rechten ist es zu links in seiner formalen Gestalt, den Linken zu rechts im Inhalt.«

Als ihr Mann, geistig labil und von Heimweh getrieben, vom aktiven Gegner der Revolution zum Stalinisten wurde, war ihre Einsamkeit gewissermaßen vollkommen. 1937 musste er, in ein politisches Attentat verwickelt, vor der französischen Polizei in die Sowjetunion fliehen; im selben Jahr ging auch ihre Tochter nach Moskau. Zwei Jahre später folgte Zwetajewa mit ihrem Sohn.

Während ihre persönlichen Beziehungen häufig von sehnsüchtigen Projektionen getragen und verzerrt wurden, war sie politisch von nüchternem Scharfsinn: »Und Hinrichtungen, mein Täubchen«, schrieb sie an eine tschechische Freundin, »– alle Henker sind Brüder, egal, ob es sich um die Hinrichtung eines Russen nach einem ordentlichen Gericht oder um einen Schuss in den Rücken durch einen Tschekisten handelt –, ich schwöre Ihnen, dass alles das Gleiche ist, wie immer es sich nennt: eine Gemeinheit, der ich mich nie unterordnen werde, wie überhaupt keiner organisierten Gewaltanwendung, gleich, in wessen Namen sie begangen wird und wessen Name dafür als Aushängeschild dient.«

Sie ging in ihre Heimat zurück, weil es keinen anderen Platz für sie gab – und im Bewusstsein, dass sie auch dort am falschen Ort und gefährdet war. Ihre letzte Buchveröffentlichung lag mehr als zehn Jahre zurück; ihr letztes erhaltenes Gedicht trägt den Titel: »Noch immer sage ich den ersten Vers«. In der Sowjetunion wurden Mann und Tochter verhaftet, übliche wie tragische Opfer schrankenloser Willkür und des grassierenden Antisemitismus; sie reihte sich, wie Achmatowa, ein in die Schlangen der Frauen, die vor den Gefängnissen standen. Ein Vierzeiler, einige Monate vor ihrem Tod, trägt allen Verlusten Rechnung, ohne sie zu benennen:

> Zeit ists, den Bernstein abzulegen,
> Zeit ists, den Wortschatz zu wechseln,
> Zeit ists, die Lampe zu löschen
> über der Tür...

Biografisches

Marina Iwanowna Zwetajewa wurde am 8. Oktober (nach dem russischen Kalender: 26. September) 1892 in Moskau geboren. Wegen der Tuberkulosekrankheit ihrer Mutter verbrachte die wohlhabend-bürgerliche Familie – der

Vater war Professor für Kunstgeschichte und Museumsleiter – Jahre im Ausland. Marina begann 1908 in Paris mit dem Studium der Literaturgeschichte an der Sorbonne; 1910 erschien ihr erster Gedichtband, »Abendalbum«. 1912 heiratete sie den Offizierskadetten Sergei Jakowlewitsch Efron. Im selben Jahr wurde die Tochter Ariadna geboren, fünf Jahre später folgte die Tochter Irina. 1914 meldete sich Efron freiwillig an die Front, nach dem Ausbruch der Russischen Revolution kämpfte er aufseiten der »Weißen« gegen die Rote Armee. Marina Zwetajewa lebte mit den Töchtern in Moskau. Um die kranke Ariadna pflegen zu können, gab sie Irina in ein Kinderheim, wo das Kind 1920 an Unterernährung starb. Die Familie emigrierte 1922 über Berlin nach Prag; 1925 wurde der Sohn Georgi (»Mur«) geboren. Im Jahr 1928 erschien Marina Zwetajewas letzter Gedichtband zu Lebzeiten. Von 1925 bis 1939 lebte sie in Paris in materiell und sozial prekären Verhältnissen. 1939 folgte sie Ehemann und Tochter in die Sowjetunion. Sergej und Ariadna wurden inhaftiert. Dass ihr Ehemann erschossen wurde, erfuhr sie nicht mehr. Nach dem Angriff der deutschen Truppen auf die Sowjetunion wurde sie am 8. August 1941 mit ihrem Sohn nach Jelabuga evakuiert, wo sie sich am 31. August 1941 erhängte.

Leseempfehlung

»*Auf eigenen Wegen. Tagebuchprosa Moskau 1917–1920, Paris 1934*«.
Aus dem Russischen und mit einem Nachwort von Marie-Luise Bott.
»*Poem vom Ende. Neujahrsbrief*«. Aus dem Russischen und mit einem
Nachwort von Hendrik Jackson.
»*Liebesgedichte*«. Aus dem Russischen und mit einem Nachwort
von Ilma Rakusa.
»*Liebesgedichte*«. Aus dem Russischen und mit einem Nachwort
von Ralph Dutli.
»*Rainer Maria Rilke und Marina Zwetajewa. Ein Gespräch in Briefen*«.
Herausgegeben von Konstantin M. Asadowski.

Elke Schmitter

NACHWORT

»Auf nichts war Verlass. Nur auf Wunder.«
Mascha Kaléko

Am Anfang dieses Buches stand die Leidenschaft – die der Autorinnen und unsere. Die Autorinnen: das sind beinahe hundert, aus allen Erdteilen, aus allen Zeiten, mit dem Schwerpunkt der deutschen Sprache im Original. Wir: das sind vier Kritikerinnen, die viele Vorlieben teilen, viele Überzeugungen auch. Und die sich doch in ihren Temperamenten und ihren Lese-Leidenschaften gerade so unterscheiden, dass es immer anregend ist, über diese Unterschiede zu sprechen. Wir haben gemeinsam ein Lesebuch verfasst, das aus Porträts besteht. Sie erheben nicht den Anspruch auf lexikalische Vollständigkeit; sie ermöglichen einen Zugang, geben ein Bild oder auch eine Skizze und wollen eine Lesart plausibel machen. Wir stellen 99 Autorinnen vor, die uns viel bedeuten und deren Beitrag zur Kultur- und Literaturgeschichte von eminenter Wirksamkeit ist, weil sie wichtige oder gute Bücher geschrieben haben.

Wie viele gute Bücher gibt es im Laufe eines Leselebens, die nicht vergessen werden sollen? Und was heißt eigentlich »gut«? Die Antwort darauf ist so einfach wie schwer, wenn man dem Rechnung trägt, dass immer ein Einzelner liest – ein Mensch, zu einer bestimmten Zeit, an einem bestimmten Ort, auf der Suche nach einer Lektüre, die zu einer Erfahrung wird. Wie man von Erfahrungen weiß, kann man sie nicht bestellen: Eine Rundreise zu den Palästen Südindiens kann vor allem als Darminfektion in Erinnerung bleiben, und die Entdeckung einer kleinen romanischen Kirche in einem nordenglischen Industriegebiet als unerwartetes Glück. Dasselbe Buch, das eine Siebzehnjährige mit geröteten Ohren liest, kann sie als Pensionärin kaltlassen, aber womöglich liest sie jetzt eine Geschichte, die sie damals nicht las. Und mit dieser Differenz, sofern sie ihr bewusst wird, liest sie auch ihr eigenes Leben mit. »Gut« kann alles Mögliche heißen: ergreifend, beglückend, erheiternd, verzweifelnd, zum Staunen, zum Schämen, zum Nachdenken zwingend. Es gibt Bücher, in denen man wohnt und in die man sich einrollen kann wie in die Decke auf der Couch, und solche, deren Fremdartigkeit man schätzt. Ob das auch »objektiv« gute Bücher sind? Die Literaturwissenschaft hat, wie jede akademische Lehre, dafür ein Bündel von Kriterien, die vielgestaltig sind, Traditionen und Moden folgen. Ihr jeweiliger Kanon kann sich mit der persönlichen Erfahrung decken, muss aber nicht; vor allem, was die Geschlechter betrifft, sind die Klüfte enorm. Helden des männlichen Selbstwertgefühls wie Jünger, Benn und Hemingway bestücken mit ihrer leicht ranzigen Erhabenheit oder testosterongeschwängerten Angriffslust selten weibliche Bibliotheken, während umgekehrt Austen und Barnes, Levin Varnhagen und Morgner in männlichen Bibliotheken wohl eher aus Versehen zu finden sind. Die Suche nach Übereinstimmung mit einem Kanon ergibt auch biografisch nur wenig Sinn, weil die eigene Lesezeit endlich ist. Und weil es im Reich des Ästhetischen nur Bereicherung, aber kein Funktionsgesetz gibt. Von einem Kühlschrank wissen wir, was er leisten soll; von einem Bild, einem Musikstück, einem Buch erhoffen wir uns nicht Funktionieren, sondern eine Erfahrung. »Dahinter« steht eine Leistung, von der wir oft ebenso wenig wissen wie von Edisons Forschung, die doch dazu führte, dass wir des Nachts im Bett lesen können, wenn uns das Leben oder die Bücher nicht schlafen lassen.

Dieses »Dahinter« hat uns interessiert. Das Schreiben ist zunächst ein einfacher Vorgang; es braucht wenig und nur preiswertes Material. Anders als Bildhauerei, Komposition, Malerei ist die Literatur eine demokratische Kunst, wie gemacht für arme Leute. Bildung schadet natürlich nicht, vor allem aber braucht man: Zeit. Und darum ist es, obwohl für jeden der Tag vierundzwanzig Stunden hat, doch wieder sehr undemokratisch bestellt. Denn Zeit heißt hier: Verfügungsmacht. Eine geschlossene oder doch angelehnte Tür. Ein paar Minuten wenigstens, um den Satz, der angefangen ist, zu Ende zu schreiben. Und mit dem letzten zusammen zu lesen, des Wohlklangs und des Zusammenhangs halber. Und für den nächsten Tag die Chance der Fortsetzung.

In weiten Teilen der Welt sind diese Bedingungen inzwischen auch für Autorinnen erreicht. In Europa, Australien und den USA, in Lateinamerika und in vielen Regionen Asiens gehen Mädchen inzwischen zur Schule und zur Universität, können ihren Lebensweg suchen und – ein nicht zu überschätzender Vorteil – sich Vorbilder wählen, die nicht in der Psychiatrie, im Wochenbett oder in der Namenlosigkeit verkommen sind. Für diese Teile der Welt ist eine solche Anthologie eine Art historischer Bilanz: unvollständig, selbstverständlich, aber in der Tendenz erfreulich und in den Lebensgeschichten eine Galerie der Emanzipation. Am einsamen Anfang steht Sappho, von der wir wenig mehr wissen, als dass sie vor etwa 2600 Jahren mit der Göttin Aphrodite ihre Liebesqualen besprach – und am dicht bevölkerten Ende steht Joanne K. Rowling, eine öffentliche Figur, erfolgreicher als alle Schriftstellerinnen und Schriftsteller jemals. Von ihr wissen wir unter anderem, dass sie den ersten Roman der Harry-Potter-Serie an einem Teestubentisch verfasste. Sie hatte, alleinerziehend, geschieden und ohne Beruf, so wenig Geld, dass sie mit einem Glas Tee den Vormittag hinbringen musste, aber sie hatte Zeit, da ihre Tochter im Kindergarten war. Und sie ist eine gebildete und gut ausgebildete Frau.

Virginia Woolfs berühmtes Gedankenspiel, was aus einer Schwester Shake-speares geworden wäre – vorausgesetzt, sie wäre so begabt wie ihr Bruder –, gilt mit unverminderter Brisanz für weite Teile Afrikas, der arabischen und muslimischen Welt. Es hat nicht nur mit der Übersetzungslage zu tun, dass so wenige Autorinnen aus diesen Teilen der Erde in unserer Sammlung auf-tauchen. (Im englischen und französischen Sprachraum jedenfalls gibt es aus diesen Regionen weit mehr zu lesen.) Auch wenn es zunächst nur Zeit, Pa-pier und Bleistift braucht: Damit aus einem Erfahrungsbericht eine Erzäh-lung werden kann, die wir nicht nur der Neuigkeit wegen lesen, muss in al-ler Regel die Autorin selbst viel gelesen haben, was nicht allein Bericht von Neuigkeiten ist. Die Bibel war nicht nur für Hildegard von Bingen, Emily Dickinson und Margaret Mitchell die wegweisende ästhetische Schulung. Wo, wie in vielen Regionen Afrikas, die Schriftlichkeit ein Importphäno-men ist – und ein Lesepublikum erst langsam wächst –, wird die Literatur als Raum der Selbsterfahrung und des Ausdrucks womöglich später entdeckt als andere Medien. Auch ist die Vereinzelung, die zum Schreiben erforder-lich ist, kein überall gleichermaßen geschätzter Zustand. Beengte Verhältnisse machen sie unmöglich. Die erfolgreichste Formel der Literatur aber lautet, immer noch: Ein Mensch gibt Auskunft. Einer. Von sich und dem, was er im Kopfe hat.

Für dieses Buch war zweierlei von Bedeutung: Wir wollten Autorinnen vor-stellen, weil deren Geschichte eine andere war und ist als die ihrer männlichen Kollegen. Und sie sollten für die Literaturgeschichte bedeutsam sein. Dafür kann es, so wie wir es sehen, nicht nur ein Kriterium geben. Bei dem Versuch zu definieren, was ein Spiel ist, kam der Philosoph Ludwig Wittgenstein auf den Gedanken der Vernetzung, der Vielzahl von Ähnlichkeiten und Überlap-pungen: Es gibt unterhaltende Spiele, Brettspiele, Glücksspiele, Spiele mit dem Ball oder mit Murmeln, es gibt Mannschaftsspiele, Kampfspiele et cetera – und nicht *eine* Eigenschaft ist *allen* gemeinsam. So stellen wir aus der Ge-schichte der weiblichen Literatur vor, was Geschichte geschrieben hat, und das aus ganz unterschiedlichen Gründen. Hedwig Courths-Mahler erfand mit ih-ren zweihundertacht Romanen ein Genre, das sprichwörtlich geworden ist, so wie Agatha Christie nicht nur die erste erfolgreiche Kriminalautorin war, son-dern ihr Name auch Synonym für eine weltweit erfolgreiche Gattung wurde. Hildegard von Bingen und Christine de Pizan sind die ersten noch heute be-kannten weiblichen Stimmen Europas, 1800 Jahre nach Sappho, Ikonen von In-nigkeit und Furor, während von der alten Hochkultur Japans Sei Shonagon und Murasaki Shikibu geblieben sind. Harriet Beecher Stowe hat mit einem einzi-gen Buch, mit »Onkel Toms Hütte«, Weltgeschichte gemacht, doch kämpfen

in unserem Bewusstsein ihre drastisch-blutigen Bilder mit dem anmutig-senti-
mentalen Panorama des amerikanischen Südens, wie Margaret Mitchell es in
»Vom Winde verweht« ausgemalt hat. Allerdings beschrieb sie nicht nur Reif-
röcke, sondern auch das Elend der heimkommenden Soldaten, die Ruhr und
den Hunger so realistisch wie kein Mann zuvor. Bettine von Arnim, Mutter von
sieben Kindern, ging ihren literarischen Träumen mit kindlichem Enthusiasmus
nach und hatte doch politische Empfindsamkeit genug, das Elend ihrer erstickten Epoche einem preußischen König unter die Nase zu reiben. Rahel Levin
Varnhagen, Brief-Schriftstellerin, fasste dieselbe zeitgenössische Lage in ihrem
Tagebuch so kurz wie hellsichtig zusammen: »Negerhandel, Krieg, Ehe! – und
sie wundern sich, und flicken –«. Friederike Mayröcker, mehr als ein halbes
Leben in derselben Stube mit dem Rücken zum Weltgeschehen, erdichtet einen
Kosmos sui generis, radikal mit sich beschäftigt wie Emily Dickinson, die zwanzig Jahre ihr Haus nicht verließ und von der zu Lebzeiten nicht mehr als zehn
Gedichte anonym veröffentlicht wurden. Wisława Szymborska, Nobelpreisträgerin, verfasst ihre lyrischen Kommentare zu dem, was für sie von Bedeutung ist, unter geheim gehaltener Adresse; Elfriede Jelinek, Nobelpreisträgerin,
packt die Übel unseres Alltags frontal mit radikalen sprachlichen Mitteln an,
fährt aber zum Schutz ihrer Persönlichkeit nicht einmal nach Stockholm, um
den berühmtesten Preis der Welt entgegenzunehmen. Die Amerikanerin Gertrude Stein schrieb eine literarische Revolution; die Schwedin Astrid Lindgren
und die Schweizerin Johanna Spyri erfanden zwei weltweit bekannte Figuren.
Françoise Sagan wurde mit melancholischen, schmalen Romanen weltberühmt,
von denen so schwer zu sagen ist, was sie so überaus wirkungsvoll macht – während bei Anaïs Nin doch ziemlich klar gesagt werden kann, dass eine solche
Ausbeutung des intimen weiblichen Lebens zu literarischen Zwecken einzigartig ist.

Es gibt also viele Kriterien, die unsere Auswahl begründen. Es spielen heiße,
persönliche Leidenschaften eine entscheidende Rolle – so wie, beispielsweise,
für Unica Zürn, eine niemals prominente Autorin, die, wie Friederike Mayröcker und Emine Sevgi Özdamar, ihren eigenen Stollen in das Bergwerk der
Sprache trieb. Oder für die Surrealistin Leonora Carrington, die ihre Erfahrung mit dem hellen wie düsteren Wahn zum Material ihres Schreibens machte.
Und es gibt die gewissermaßen kühle Leidenschaft, die Kultur- und Literaturgeschichte erzwingen: Was machte das Werk einer Courths-Mahler so legendär,
warum ist Spyris »Heidi« bis heute ein Exportschlager, und weshalb sind die
Zumutungen, die Jelinek uns aufgibt, so produktiv? Der kulturgeschichtliche
Kanon ist, weil er die tatsächliche Wirkung zum letzten Kriterium nimmt, weniger anfechtbar und veränderlich als der literarische, doch eine spezielle Qualität beider Übereinkünfte liegt eben darin, dass sie, wie das Wetter für alle und

die Fußballbundesliga für die meisten, ein Gespräch ermöglichen. Eine andere Qualität: Dieses Gespräch führt immer zurück zu den Fragen, die wir, indem wir lesen, an uns stellen. Was wollen wir wissen? Worauf hoffen wir? Was wollen wir vielleicht sogar tun?

Die Inderin Arundhati Roy verbindet das Leben einer Literatin mit dem einer politischen Aktivistin; sie steht damit in einer Reihe mit Susan Sontag und Simone de Beauvoir – um nur diese zu nennen. Sie nutzt ihre literarische Prominenz für gesellschaftlichen Einfluss, was, wie beispielsweise auch bei Allende, die übliche Reihenfolge ist. Doch kann auch eine spezifische politische Erfahrung, wie bei Herta Müller und Anna Seghers, jene Unruhe erzeugen, die beim literarischen Schreiben den Basso continuo anschlägt. In unseren Porträts ist das Wechselspiel von Zeitgenossenschaft, von familiärer Erfahrung, von Rasse und Klasse, von muttersprachlicher Prägung und, natürlich, dem weiblichen Geschlecht unterschiedlich bedeutsam. Irène Némirovsky, Mascha Kaléko und Christa Wolf sind, wie andere in diesem Buch, in ihrem Werk eher gegen ihren Willen von dem geprägt, was die Zeitgeschichte ihnen diktierte. Für viele Lebensläufe gilt das trotzige und nur deshalb nicht vollkommen trostlose Diktum Marina Zwetajewas: »Das Allerwertvollste in den Gedichten wie im Leben ist das, was misslang.«

Die Bedingungen für das Schreiben sind so spezifisch und unterschiedlich wie die Umstände, die zum Erfolg führen. Emily Brontë blieb lebenslang in ihrem Elternhaus, während ihre Schwestern Charlotte und Agnes als Gouvernante und Lehrerin immerhin Erfahrungen jenseits eines armen englischen Pfarrhaushalts machten. Und während diese beiden davon in ihren Romanen berichteten, die literarisch recht ähnlich sind, schuf jene mit »Sturmhöhe« ein radikales Werk, das beispiellos und einsam in der literarischen Landschaft steht. Charlotte war überaus erfolgreich, Agnes komplett erfolglos, Emily ebenso. An den Namen kann es nicht gelegen haben, denn sie schrieben allesamt unter männlichem Pseudonym, und der durchaus clevere Verleger gab sie sogar als Brüder aus.

Aurore Dupin, bekannt als George Sand, profitierte wie Mary Ann Evans, bekannt als George Eliot, von historischen Umständen, die ein bisschen komfortabler und freier waren als die der Schwestern Brontë. Doch während die französische Adelstochter Sand, Freigeist und Abenteurerin wie Eliot, aus dem Vollen des Lebens schöpfte und schrieb, lag der Segen für ihre bürgerliche britische Kollegin in der Beschränkung. Die eine hatte geerbtes Geld, Verbindungen und jene Sorglosigkeit, die daraus erwachsen kann; sie schrieb mit Leidenschaft und Lässigkeit zugleich und konnte sich Kinder sowie Geliebte leisten. Die andere, vom Vater aufs schmale Pflichtteil gesetzt, war ein fleißiges Genie, das seinen kinderlosen Haushalt der Produktion unterzuordnen wusste, und zudem mit einem Mann gesegnet, der sie inspirierte und stärkte: ein weibliches Ausnahme-Leben. Selbstbewusst waren beide, aber was heißt das schon? Selbstbewusst war Zwetajewa auch. »Das Schicksal meiner Bücher: jeder will sie 1. einfacher, 2. lustiger, 3. schöner.« Die Überzeugung, ein literarisches Genie zu sein, konnte nichts ausrichten gegen die Wucht eines Schicksals, das Bürgerkrieg und Emigration, Armut und Diktatur in dieses kurze Leben drängte. Wann soll ich schreiben, klagte sie, wenn Kinder und Mann an mir zerren, das Geld vorn und hinten nicht reicht und niemand liest, was ich des Nachts und in den frühen Morgenstunden zu Papier bringen kann? »Die Epoche ist gegen mich ... nicht so gegen mich, wie ich gegen sie. Ich hasse sie, sie bemerkt mich nicht ...«

Das Selbstbewusstsein, so viel ist klar, reicht alleine nicht hin, doch wenn die Umstände günstig sind, pflügt es den Lebenslauf in geradezu männlicher Weise um: Gertrude Stein, Marguerite Yourcenar, Patricia Highsmith sind Autorinnen, die mit Frauen so lebten, wie ihre erfolgreichen Kollegen immer schon: hier Geld und Glanz und Ruhm, dort Fürsorge und narzisstische Bescheidenheit. Das sind, um eine kleine Statistik aufzumachen, drei von 99. Nimmt man stabile Partnerschaften als gute Basis an, um sich der Arbeit widmen zu können, sind es schon mehr, kaum zwanzig, was wiederum bedeutet: Es handelt sich um ein Ausnahmeschicksal, das im Übrigen seine relative Verbreitung dem zwanzigsten Jahrhundert verdankt. Mit einem erwachsenen Gegenüber, das Beruf und Berufung erträgt oder sogar unterstützt, mit statistisch normalen Lebensläufen steigt die Produktivität. Zeruya Shalev, Doris Lessing und Joanne K. Rowling sind Beispiele für moderne Biografien, in denen Scheidung wie Kinder sich nicht verheerend auswirken, während für Mary Shelley Geburten und Totgeburten ein erstickendes Unglück waren. Und sicher ist der Wohlstand, der eben auch Zeit und Gesundheit bedeutet, ein Grund dafür, dass das Leben mit Kindern, die Geburt als elementare Erfahrung und die Reflexion auf die Mutterschaft erst in den letzten Jahrzehnten einen größeren literarischen Raum einnimmt. Fanny Reventlow, Magda Szabó, Sylvia Plath – um nur drei zu nennen – konnten ihre Kinder mit jener Aufmerksamkeit betrachten, die nicht nur von Überlebenssorge getrieben war; mit jener Zuversicht, mit der man auf etwas sieht, das bleibt.

Statistik führt nicht weit, wenn man hier Schlüsse ziehen will. Dazu ist kein Leben einfach genug. Immerhin: von unseren 99 waren rund vierzig von Schwermut befallen, die sich, je nachdem, in sogenannter Geistesstörung äußerte oder in einfacher Melancholie, in Trunksucht mit Todesfolge oder Suizid. Zwetajewa hängte sich auf, Woolf ging in die Ouse, Plath steckte den Kopf in den Gasofen, Zürn sprang aus dem Fenster, Kane erhängte sich an ihren Schnürsenkeln in einer psychiatrischen Klinik. Immer einzelne Gründe, und immer auch »Schicksalsprügel; wovon die Flecke nicht vergehen«, wie Levin Varnhagen schreibt. Empfindsamkeit, das Produktionsmittel, das sich nicht beherrschen lässt – mit suizidalen Folgen vermehrt seit etwa einem Menschenalter.

Es gibt aber *eine* große Bewegung; die zeigt sich seit dem neunzehnten Jahrhundert: ein Mehr an Produktivität und mehr Autorinnen, die von ihrem Schreiben leben wollen und können. Diese Bewegung geht mit der Wohlstandsentwicklung einher, mit einem Zugewinn an Gesundheit, mit Geburtenkontrolle und Emanzipation. Davor entschieden Bedingungen im Kleinsten, Ausnahmen von Ort, Zeit und Gesundheit: Die Klosterfrau von Bingen in ihrem geschützten Lebensraum, mit einer Infrastruktur samt Sekretariat und Lektorat fürs Latein. Die kinderlose Jane Austen, die materiell sorgenfrei gestalten konnte, was sie hörte und sah. Die Witwe Madame de Sévigné, wohlhabend wie die getrennt lebenden Madame de La Fayette und Madame de Staël; die einsame, aber gutsituierte Annette von Droste-Hülshoff. Sie alle hatten Bildung und das »Zimmer für sich allein«, von dem Woolf in ihrem berühmten Essay schrieb: Zufälle, Sonderfälle, Glücksfälle. Inzwischen so etwas wie Standard, wenn auch nicht überall. Zhang Jie schrieb die sechshundert Seiten des Epos »Schwere Flügel«, erschienen 1981, mit Hilfe eines Brettes als Tisch auf der Toilette. Und wer weiß, wo gerade in Simbabwe, in Nordkorea, im Iran geschrieben wird, was wir in zehn und zwanzig Jahren lesen werden.

Dieses Buch ist als Coda *und* Auftakt gedacht. Es zieht eine mögliche Bilanz. Es zeigt Vereinzelung und Traditionen, die Entwicklung von Genres, ein Geflecht von Bedingungen und Ausnahmen, das schon historisch geworden ist. Für fast alle Autorinnen gilt noch, was Mascha Kaléko, deutsche Jüdin im Exil, für ihr Leben in zwei Gedichtzeilen brachte: »Auf nichts war Verlass. Nur auf Wunder.« Das hat sich, in unserer Sphäre, geändert. Das Erscheinen des Wunders kann sich einstweilen auf die Kunst beschränken, wo es gut aufgehoben ist.

Wenn es aber so kommt, wie wir es wünschen, setzt sich das Buch als Projekt fort: indem es in anderen Ländern erscheint, wo hinzugefügt wird, was dort von Bedeutung ist und was wir noch nicht kennen. Auf dass der Wunder mehr werden.

Elke Schmitter

DIE VERFASSERINNEN

VERENA AUFFERMANN, geboren 1944 in Höxter, studierte nach einer Buchhandelslehre und einem Volontariat Kunstgeschichte in Frankfurt am Main. Sie ist als freischaffende Publizistin, Jurorin, Dozentin und Kritikerin tätig mit den Schwerpunkten Literatur und Kunst unter anderem für die »Frankfurter Rundschau«, den Deutschlandfunk, die »ZEIT«, »Literaturen« und die »Süddeutsche Zeitung«. Als Autorin veröffentlichte sie unter anderem den Essayband »Das geöffnete Kleid. Von Giorgione zu Tiepolo« (1999) und, zusammen mit Iso Camartin, die Briefromanze »Nelke und Caruso« (1997). Verena Auffermann lebt in Berlin.

Verena Auffermann schrieb über: Ilse Aichinger, Margaret Atwood, Djuna Barnes, Karen Blixen, Leonora Carrington, Inger Christensen, Paula Fox, Elfriede Jelinek, Lidia Jorge, Sarah Kane, Marie Luise Kaschnitz, Sarah Kirsch, Hanna Krall, Agota Kristof, Else Lasker-Schüler, Katherine Mansfield, Friederike Mayröcker, Carson McCullers, Margriet de Moor, Herta Müller, Alice Munro, Joyce Carol Oates, Silvina Ocampo, Dorothy Parker, Jean Rhys, Françoise Sagan und Gertrude Stein.

GUNHILD KÜBLER, geboren 1944 in Karlsruhe, studierte Germanistik und Anglistik in Heidelberg, Berlin und Zürich. Sie war Literaturkritikerin bei der »Neuen Zürcher Zeitung«, Redakteurin der »Weltwoche« und schreibt heute für die »Neue Zürcher Zeitung am Sonntag«. Von 1990 bis 2006 war sie Mitglied im Kritikerteam der Sendung »Literaturclub« des Schweizer Fernsehens. Für ihre Übertragung der Gedichte von Emily Dickinson wurde sie 2008 mit dem Paul Scheerbart-Preis ausgezeichnet. Ihre gesammelten Kolumnen für die »NZZ am Sonntag« erschienen 2008 in Buchform unter dem Titel »Noch Wünsche?«. Gunhild Kübler lebt in Zürich.

Gunhild Kübler schrieb über: Ingeborg Bachmann, Christine de Pizan, Emily Dickinson, Annette von Droste-Hülshoff, Hildegard von Bingen, Juana Inés de la Cruz, Brigitte Kronauer, Madame de La Fayette, Astrid Lindgren, Clarice Lispector, Irmtraud Morgner, Toni Morrison, Murasaki Shikibu, Erica Pedretti, George Sand, Sei Shonagon, Madame de Sévigné, Johanna Spyri, Madame de Staël, Harriet Beecher Stowe, Wisława Szymborska und Zhang Jie.

URSULA MÄRZ wurde 1957 in Mittelfranken geboren. Sie absolvierte ein Volontariat bei der »Hessisch-Niedersächsischen Allgemeinen« in Kassel und studierte nach Auslandsaufenthalten Philosophie und Literaturwissenschaft in Köln und Berlin. Zunächst war sie als Autorin für den Rundfunk tätig, verfasste Feature und Hörspiele. Seit Mitte der achtziger Jahre arbeitet sie hauptsächlich als Kritikerin und Feuilletonistin für das »Kursbuch«, die »Frankfurter Rundschau« und die »ZEIT«. Im Jahr 1999 veröffentlichte sie den biografischen Essay »Du lebst wie im Hotel« über die Fotografin Ré Soupault. 1990 wurde sie beim Klagenfurter Publizistik-Wettbewerb mit dem Preis für Essayistik, 2005 mit dem Berliner Preis für Literaturkritik ausgezeichnet. Seit mehreren Jahren verfaßt sie auch Zeitungskolumnen, unter anderem die »ZEIT«-Kolumne »Vom Stapel«, die sich populärer Literatur widmet. Ursula März lebt in Berlin.

Ursula März schrieb über: Simone de Beauvoir, Eileen Chang, Colette, Hedwig Courths-Mahler, Assia Djebar, Marguerite Duras, Marieluise Fleißer, Natalia Ginzburg, Nadine Gordimer, Patricia Highsmith, A. L. Kennedy, Elsa Morante, Anaïs Nin, Emine Sevgi Özdamar, Yasmina Reza, Joanne K. Rowling, Arundhati Roy, Nelly Sachs, Sappho, Nathalie Sarraute, Zeruya Shalev, Susan Sontag, Christa Wolf und Marguerite Yourcenar.

ELKE SCHMITTER wurde 1961 in Krefeld geboren. Sie studierte Philosophie an der Universität München. 1989 wurde sie Kulturredakteurin der »tageszeitung« in Berlin, wo sie von 1992 bis 1994 als Chefredakteurin tätig war. Anschließend schrieb sie als freie Autorin vor allem für die »Süddeutsche Zeitung« und die »ZEIT«. Seit 2001 gehört sie der Kulturredaktion des »Spiegel« an. 1989 veröffentlichte sie einen Essayband über Heinrich Heine. 2000 erschien ihr erster Roman »Frau Sartoris«, er wurde in neunzehn Sprachen übersetzt. Ihm folgten die Romane »Leichte Verfehlungen« (2002) und »Veras Tochter« (2006). Außerdem hat sie zwei Lyrikbände veröffentlicht: »Windschatten im Konjunktiv« (1981) und »Kein Spaniel« (2005). Elke Schmitter lebt in Berlin.

Elke Schmitter schrieb über: Anna Achmatowa, Isabel Allende, Bettine von Arnim, Jane Austen, Jane Bowles, Anne, Emily und Charlotte Brontë, Willa Cather, Paulina Chiziane, Agatha Christie, George Eliot, Ricarda Huch, Mascha Kaléko, Doris Lessing, Rahel Levin Varnhagen, Margaret Mitchell, Irène Némirovsky, Sylvia Plath, Katherine Anne Porter, Fanny Gräfin zu Reventlow, Anna Seghers, Mary Shelley, Magda Szabó, Ljudmila Ulitzkaja, Virginia Woolf, Unica Zürn und Marina Zwetajewa.

BILDNACHWEIS